환태평양 연계성과 도시의 변화

다중스케일적 접근

이 책은 2020년 대한민국 교육부와 한국연구재단의 지원에 의하여 연구되었음
(NRF-2020S1A5C2A02093112).

환태평양 연계성과 도시의 변화

다중스케일적 접근

박상현 · 박원용 · 조세현 · 백두주 · 현 민 · 서지현
박지훈 · 정현일 · 정호윤 · 전지영 · 노용석 지음

환태평양
연구총서
13

이담북스

21세기는 '태평양의 시대'라고 예측되고 있다. 동북아시아, 동남아시아, 북아메리카, 라틴아메리카 등 여러 지역(region)을 포괄하는 메가-지역으로서 환태평양 지역은 경제적 통합과 문화적 상호침투 속에서 세계화의 다양한 양상을 보여주는 사례가 되고 있다. 태평양은 사람과 사물이 횡단하고 문화가 교류되는 통로가 되는 동시에 미·중 '전략적 경쟁'으로 대표되는 경쟁과 갈등의 무대가 되기도 한다.

이를 배경으로 최근 '환태평양 연구'(Trans-Pacific Studies)라고 불리는 일련의 연구작업이 진행되고 있는데, 국내에서도 『환태평양 연구』(원제, *Trans-Pacific Studies*)와 『환태평양 지역학 입문』(원제, *The Pacific Basin: An Introduction*)이 소개된 바 있다. 이들 연구는 태평양을 중심에 두고 그 주변 지역들의 역사와 문화를 설명하고 태평양 주변 지역들의 정치적·경제적 상호작용을 다루며 태평양을 횡단하는 이주의 흐름이나 이주자의 역사적 경험에 초점을 맞춘다.

많은 연구들이 지적하고 있는 것처럼 환태평양 지역질서의 역사는 유럽인들에 의한 '태평양의 발견'으로 거슬러 올라간다. 이른바 '발견의 시대'에 태평양을 횡단하는 유럽인들의 시도가 지속되었고 태평양은 '스페인의 호수'로 불리기도 했다. 이후 '세계일주의 시대'에는 일본과 중국도 영국이 개척한 해로를 따라서 태평양을 횡단하는 사절단을 파견했다. 아편전쟁 이후 유럽의 관심이 중국에 몰려 있는 동안 페리 제독은 중국으로 가는 항로에서 주요한 '기항지'로 일본을 개방시켰다. '태평양 전쟁' 이후 태평양은 '미국의 호수'가 되었다. 초기의 환태평양 연계는 주로 상업적인 성격이 강했지만 강압과 식민화 나아가 전쟁을 수반하기도 했다. 환태평양 연계성은 현대 초기부터 태평양 연안의 국가들이 대외전략뿐만 아니라 '태평양 국가'라는 민족적 정체성의 형성에도 중요한 역할을 했다.

특히 냉전 시기 동아시아의 발전이나 냉전 해체 이후 중국의 급속한 성장은 환태평양 연계성을 제외하면 이해될 수 없을 것이다. 미·소가 주축이 된 환대서양(Trans-Atlantic) 냉전이 문자 그대로 냉전(cold war)의 양상을 띠었다면 동아시아 식민지의 민족해방투쟁과 결합된 환태평양(Trans-Pacific) 냉전은 열전을 수반하기도 했다. 이와 동시에 동아시아의 '자유세계' 국가들은 태평양을 횡단하는 대미수출을 통해 급속하게 성장했고 이 과정에서 해안지역을 중심으로 하는 임해공업화 모형이 정착되었다. 환대서양 냉전과 달리 환태평양 냉전은 미-중, 중-일 관계의 개선으로 상대적으로 일찍 긴장이 완화되었고, 중국은 개혁개방 이후 대미수출을 통해 급속히 성장했다. 최근까지 환태평양 가치연쇄(value chain)는 환태평양 연계성을 심화시키는 주된 동력이 되었고 환태평양동반자협정(TPP)을 비롯한 다양한 형태의 경제통합을 추동시켰다.

환태평양 연계성은 국가들 사이의 연계성뿐만 아니라 도시들 사이의 연계성으로도 드러난다. 기존의 환태평양 도시연구는 환태평양 도시들의 수

렴이나 공통된 발전유형을 발견하려고 시도하면서 환태평양 도시의 공통된 발전유형이 없다는 결론에 도달했다. 이와 달리 본 연구는 태평양을 횡단해서 연안 지역을 연결시키는 다양한 연계망이 도시의 형성과 발전에 결정적인 역할을 한다는 분석을 제시한다. 예컨대, 동아시아의 주요 해양도시와 남북 아메리카의 주요 해양도시는 서로 다른 형태와 특징을 보이면서 발전했지만 그런 상이한 특성의 상당 부분은 그 도시들을 연결시키는 연계성의 산물로 이해될 수 있다는 것이다. 동아시아의 주요 해양도시들이 '개항도시'의 성격을 띤 반면 북아메리카의 해양도시들이 일종의 '개척도시'의 성격을 띠었던 것은 우연이 아니다. 동남아시아의 주요 해양도시들이 중개항의 성격을 띠는 것이나 남아메리카의 해양도시들이 추출(explotation) 자원의 유출을 중심으로 형성되었던 것도 마찬가지다. 태평양 연안의 많은 관문도시들에 태평양을 횡단한 다양한 이주자 집단이 고유의 '에스닉 시장공간'을 형성하면서 상이한 문화들의 상호진화의 잠재적 공간이 되는 것도 환태평양 연계성의 중요한 효과다.

본서는 3부로 구성되는데, 각각의 부분은 서로 다른 공간적 스케일에 기초해서 환태평양 연계성의 역사와 효과를 분석한다. 1부에서는 민족적·지역적 스케일에서 미국, 중국, 러시아, 일본 등 태평양 주변국가들 사이의 연계성의 역사를 분석하며, 2부에서는 환태평양 연계성이 도시 스케일에서 어떤 방식으로 작동하는가를 분석하고, 3부에서는 환태평양 해양도시 내부에서 대외적 연계성의 효과를 보여주는 이주와 에스닉 공간에 초점을 맞춘다.

1부는 미국, 중국, 러시아, 일본 등 태평양 주변국가들의 대외전략을 중심으로 환태평양 연계성의 역사를 추적하는데, 특히 이들 국가의 '태평양 전략'이 단순한 외교 전략이 아니라 장기간에 걸친 태평양 연계성의 산물이라는 점에 주목한다. 환태평양 연계성은 개별 국가들의 정체성 뿐만 아니라 태평양 연안 지역과 도시의 발전에 중요한 영향을 미쳤다.

박상현의 「미국은 어떻게 태평양 국가가 되었나」는 세계적인 상업적 연계가 민족국가의 형성에 미친 영향에 주목하면서 '장기 19세기'에 태평양 연계가 미국 국가형성과정과 태평양 전략에 미친 효과들을 추적한다. 특히 중국과의 교역관계는 초기부터 미국의 태평양 정책에 중요한 영향을 미쳤을 뿐만 아니라 캘리포니아와 알래스카 등 북미 태평양 연안지역이 미국의 영토로 통합되는 과정에도 중요한 요인으로 작용했다. 농업적 이해관심에 따른 서부팽창이 진행되기 이전부터 뉴잉글랜드 상업세력의 상업적 이해관심이 미국을 태평양 국가로 만들었다. 자유로운 정부와의 자유무역이라는 전망에서 개방된 태평양을 지향하는 미국의 정책은 건국 초기로까지 소급되며 유럽 열강들의 식민주의적 접근과는 구별된다.

박원용의 「러시아 제국의 해외 식민지 루스카야-아메리카: 러시아-아메리카 회사의 역학관계」는 러시아 제국의 유일한 해외 식민지인 루스카야-아메리카, 즉 알래스카의 매각을 지정학적·사회적 요인과 같은 거대 담론이 아니라 해외 식민지 운영에 직접 관여했던 주요 행위자들 사이의 역학관계를 중심으로 설명한다. 루스카야-아메리카라는 식민지 건설에서 상업적·경제적 연계는 중요한 역할을 했다. 모피 상인들의 경제적 이득을 일정 정도 보장하면서 전제정의 재정 강화에도 도움을 줄 수 있는 연결고리로서 러시아-아메리카 회사가 출범했다. 그러나 러시아-아메리카 회사의 관리 주체였던 러시아 전제정, 모피 거래의 확대를 통해 부를 얻고자 했던 상인 계층, 실질적 수익 창출의 주역이었던 원주민들 사이의 긴장은 러시아-아메리카 회사의 내재적 한계였고 러시아 제국의 해외 식민지가 신생 국가인 미국에게 매각되는 원인 중 하나가 되었다.

조세현의 「개항 시기 태평양을 건넌 청국과 조선사절단」은 19세기 말 개항 시기 중국과 조선의 태평양 횡단의 역사적 경험에 주목한다. 미국이나 러시아 사람들에게 태평양 횡단은 상업적 연계에 의해 추동된 것이었다면, 중국과 조선의 사절단에게 태평양 횡단은 대양으로 연계된 세계라는 새로운 공간 경험이자 '날짜변경선'을 넘나드는 새로운 시간 경험이었다. 상해나 제물포에서 출발해서 요코하마를 거쳐 샌프란시스코나 밴쿠버에 이르는 태평양 횡단의 여정은 전통적 중국 중심의 세계관을 해체시켰으며 산업혁명의 놀라운 발명품인 증기선을 통해 서양문명을 몸소 체험하게 했다.

박상현의 「전후 일본의 대외경제전략과 환태평양 연계성」은 '태평양 전쟁' 패전 이후 일본의 대외 경제전략의 유산을 중심으로 태평양 통상국가로서 일본의 정체성과 대외전략이 형성되고 진화하는 과정을 추적한다. 냉전의 역사적 배경 속에서 미국은 일본을 태평양 경제에 통합시키는 동시에 동남아시아 개발에 참여시키려 했으며 일본 정부는 '요시다 노선'에 따라 방어비용을 외부화하는 동시에 일본을 평화지향적 통상국가로 전환시키려 했다. 미국의 지원 하에 태평양을 가로지르는 '석탄·철강 동맹'이 형성되어 일본의 중공업 수출경제를 지지했고 일본 내에서는 '태평양 벨트'를 중심으로 임해공업지역이 형성되었다. 고도성장을 거치면서 일본은 동남아시아에 대한 개발협력의 강화와 함께 '태평양연대'를 구상했고, 이런 구상은 역사적 굴곡과 변형을 거치면서 '아시아-태평양' 경제협력으로 진화했다.

백두주의 「냉전의 태평양과 컨테이너 물류혁명」은 베트남 전쟁을 계기로 태평양을 횡단하는 해상운송 체계의 '컨테이너화'가 진행되면서 물류혁명이 전개되는 과정을 분석한다. 한국전쟁 당시 만들어졌던 태평양 횡단 물류공급망은 베트남 전쟁을 거치면서 역사적으로 가장 혁신적인 기술 중 하나로 손꼽히는 '컨테이너화'된 공급망으로 진화했다. 또한 동아시아의 냉전과 열전은 미국-베트남-일본·신흥경제국-미국을 잇는 컨테이너 삼각무역과

'역삼각무역' 형성하면서 동아시아 산업화와 경제성장에 기여했다. 이러한 역사적 맥락은 탈냉전 이후 기존 대서양 중심의 무역구조를 환태평양 중심의 무역구조로 전환시키는 토대가 되었다.

2부는 환태평양 연계성의 역사 속에서 태평양연안 해양도시들의 역사적 변천과정을 분석한다. 민족국가의 중앙권력이 채택한 태평양 전략뿐만 아니라 항구도시 고유의 연계성이 해양도시의 성장과 역사적 변화 과정에 중요한 역할을 했다.

현민의 「캘리포니아 관문도시의 형성과 환태평양 연계성」은 19세기 말부터 20세기 초까지 미국 서부 태평양 연안의 주요 도시인 샌프란시스코와 로스앤젤레스의 형성과정을 환태평양 연계성의 관점에서 비교·고찰한다. 샌프란시스코는 골드러시 이전부터 이미 세계적인 무역망 속에 자리 잡은 국제항이었으며, 동아시아와의 교역, 특히 광둥 무역체계와의 연계를 통해 관문도시로 발전하였다. 반면 로스앤젤레스는 천혜의 항만 조건을 갖추지 못했음에도 불구하고, 인공적인 항만 건설과 대륙횡단철도의 확장 그리고 산페드로항 개발 등을 통해 태평양 물류 중심지로 부상하였다. 특히 로스앤젤레스는 철도와 항만의 연계를 기반으로 성장하였으며, 20세기 초반부터는 항공산업이라는 새로운 가능성을 품은 도시로 변모하였다. 두 도시의 발전은 단순한 서부 개척의 결과가 아니라, 태평양을 매개로 한 세계자본과 이주, 기술, 제국적 상상력이 맞물린 결과였으며, 이를 통해 미국은 '태평양 국가'로서의 위상을 확립해갔다.

서지현의 「라틴아메리카 식민도시에서 근대도시로의 전환: 19세기 페루 리마의 사례」는 라틴 아메리카의 자원을 유럽 식민모국으로 유출시키는 데 적합한 해양요새 도시의 전형적 사례인 페루 리마가 근대도시로 변화하는 과정을 분석한다. 스페인 제국의 항만 네트워크는 리마의 성장에 결정적 역할을 했다. 외부의 공격으로부터 도시를 방어할 목적으로 건설된 리마 성벽은 식민도시의 경계 역할을 했지만 페루의 독립 이후 도시가 성장하면서 도시문제를 발생시키는 온상으로 인식되기 시작했다. 1869-72년에 실현된 리마 성벽 철거는 리마가 식민 도시에서 근대도시로 전환하는 중요한 계기가 되었다. 이러한 근대도시로의 전환은 1879년 발발한 '태평양 전쟁'으로 중지되었지만 도시 근대화의 중요한 초석이 되었다.

백두주의 「말레이시아 항구도시 페낭의 초국적 연결성과 진화」는 식민지 항구도시였던 페낭의 역사적 진화과정을 항구와 연결성의 변화에 초점을 맞추어 분석한다. 식민지 시기에 동아시아 내부의 제국적 연결망 속에서 빠르게 성장한 페낭은 탈식민화와 싱가포르의 성장 속에서 위기에 직면했다. 이런 위기 속에서 페낭은 공간재구조화를 통해 다문화 역사도시로 전환을 모색하는 동시에 항구재구조화를 통해 새로운 연결성을 강화하려 하고 있다. 이 연구는 항구도시의 성장과 발전에서 연결성 인프라가 중요한 역할을 한다는 것을 보여준다.

박지훈의 「중계무역항 홍콩의 역사적 변천과 환태평양 연계성」은 환태평양 연계성의 맥락에서 19세기 중반 이래 홍콩경제의 역사적 변천을 재해석한다. 남중국해의 돌섬에 불과했던 홍콩은 영국 헤게모니 하에서 19세기 세계시장의 창출에서 핵심적인 결절점 중 하나가 되었고 이로 인해 19세기 후반에 급속히 성장할 수 있었다. 20세기 미국 헤게모니 하에서 재조직된 세계시장 내에서도 홍콩은 유사한 역할을 했다. 그러나 냉전 시기 홍콩경제의 부상에는 영국이나 미국뿐만 아니라 홍콩을 거점으로 연결된 해외 화상(華商) 네트워크, 나아가 환태평양 과상(跨商, straddling merchant) 네트워크가 중요한 역할을 했다. 또한 금-달러본위제 하에서 홍콩은 달러 자유시장의 기능을 수행하면서 중국경제와도 독특하게 연결되었다. 이런 맥락에서

21세기 홍콩의 쇠락도 세계시장의 변화와 그에 따른 화상 및 과상 네트워크의 분화 및 재편이라는 차원에서 이해될 수 있다. 결국 도시적 성장 프로젝트의 성공 여부는 대외적 연계성 구축에 달려있다고 볼 수 있다.

정현일의 「환태평양 시대 도시의 글로컬라이제이션: 후쿠오카시의 사례」는 '환태평양 시대'에 조응해서 '글로벌'과 '로컬'을 성공적으로 결합시키는 도시 '글로컬리아제이션' 전략의 성공적 사례로 후쿠오카시의 도시외교와 도시브랜딩 전략을 분석한다. 후쿠오카는 추상적인 '국제도시'가 아니라 '아시아 관문도시'라는 역사적·지리적 조건을 활용해서 '아시아 거점 도시', '아시아 속의 성숙도시', '아시아 리더 도시'를 도시 정체성으로 설정하고 있다.

3부는 환태평양 연계성이 사람들의 이동과 이주를 낳으며 이와 같은 이주가 도시 내부의 공간을 변화시킨다는 사실을 보여준다. 이주자들이 형성하는 '에스닉 공간'은 도시의 대외적 연계성을 보여주는 지표다. 이주자들이 형성하는 도시 내부의 공간은 '배제된 공간'이 될 수도 있지만 도시의 문화적 다양성과 포용성을 보여주는 공간, 나아가 다중 문명의 평화적 공진화의 공간이 될 수도 있다.

정호윤의 「일계인(日系人) 디아스포라의 귀환이주와 브라질타운 형성과정: 시즈오카현 하마마쓰시 브라질타운 사례」는 일계인이라 일컫는 일계 브라질인들의 일본으로의 귀환이주가 대규모로 이루어진 사실에 주목하여 시즈오카현 하마마쓰시의 브라질 커뮤니티를 분석한다. 일계 브라질인은 20세기 초 태평양을 횡단하는 일본인들의 이주의 산물이었는데, 1980-90년대에는 그들의 귀환이주가 본격적으로 진행되었다. 하마마쓰가 보유한 풍부한 제조업 관련 공장의 점증하는 노동력 수요가 많은 일계 브라질인의 유입을 견인했으며, 다문화정책의 주요 실행주체로서 하마마쓰 시는 지역맞

춤형 다문화정책을 적극적으로 실행했다. 브라질인에 대한 우호적 환경조성은 더욱 많은 수의 브라질인들의 유입이라는 선순환적 구조로 귀결되었으며, 그 결과 하마마쓰는 일본에서 가장 많은 브라질인이 살고 있는 도시이자 브라질인들이 가장 살기 쉬운 도시로 손꼽히고 있다.

전지영의 「중국 광저우 이주 한인과 에스닉 공간의 형성」은 중국 광저우 한국인의 이주 특성을 분석한다. 2000년대 중반 이후 광저우를 향한 한인의 이주가 증가하기 시작했는데, 이는 광저우의 의류도매시장을 중심으로 하는 상업적 연계의 산물이었다. 광저우 이주 한인들은 외양상 단기체류의 형태로 거주하지만 계속되는 비자갱신을 통해 사실상 장기 체류자의 지위를 갖게 된다. 이들은 의류도매와 관련된 경제활동에 유리한 지역에 거주하면서 '웬징루 코리아타운'을 형성시켰다. '웬징루 코리아타운'은 상업적 동기에 따른 이주가 도시 내에서 에스닉 시장을 형성시키고 도시경관을 변화시키는 전형적인 양상을 보여준다.

노용석의 「관문도시 부산의 '텍사스촌'과 러시아어권 이주민 유입」은 해양관문도시 부산에 해양교역을 중심으로 형성된 러시아 이주민 지역을 분석한다. 부산역 인근에 위치한 동구 초량동 텍사스촌은 냉전 해체 이후 한국과 처음 수교를 한 러시아의 '데뷔 무대'로서 '러시아인의 거리'로 알려지기도 했다. 일반인들이 쉽게 접근하기 어려운 '윤락가'로 인식되는 텍사스촌은 한 때 러시아에서 배를 타고 온 '보따리상'으로 붐비던 곳이었고 여전히 러시아와의 해양교역에 관여하는 러시아인 방문자들이 거리의 번영에 중요한 역할을 하고 있다. 이 지역은 소규모 교역을 위한 단기방문 이주 역사의 전형적 모습을 보여준다.

정현일과 전지영의 「관문도시 오사카의 에스닉 공간을 통한 도시의 포용적 발전」은 '텍사스촌'처럼 슬럼이나 게토로 차별받는 에스닉 공간이 도시의 포용적 발전의 토대로 전환될 수 있는 가능성에 주목한다. 특히 일본 오사카의 이쿠노코리아타운은 에스닉 공간과 포용적 발전의 연관성을 잘 보여주고 있다. 1920년대에 형성되어 일본에서 가장 오래된 에스닉 공간으로 손꼽히는 이쿠노코리아타운은 이주민과 선주민, 에스닉 공간과 지역사회의 공존을 특징으로 한다. 특히 2000년대 이후 진입한 한국인 뉴커머는 한국에서 새롭게 유행한 문화를 일본사회에 소개하고 현지화했다. 재일조선인·한국인, 일본인, 뉴커머의 공존을 통해 구성된 독특하고 이색적인 에스노 경관은 포용적 발전의 기초를 마련하고 도시를 발전시켰다. 이쿠노코리아타운은 문화적 다양성과 포용성을 높였으며, 수많은 방문객을 유치하여 쇠퇴하던 도심에 활력을 불어넣었다.

목차

서문 | 4

제1부   환태평양 연계성의 역사

01. 미국은 어떻게 태평양 국가가 되었나? _박상현 | 18

02. 러시아 제국의 해외 식민지 루스카야-아메리카:

    러시아-아메리카 회사의 역학관계 _박원용 | 60

03. 개항 시기 태평양을 건넌 청국과 조선사절단 _조세현 | 94

04. 전후 일본의 대외경제전략과 환태평양 연계성 _박상현 | 136

05. 냉전의 태평양과 컨테이너 물류혁명 _백두주 | 175

제2부   환태평양 연계성과 도시의 진화

06. 캘리포니아 관문도시의 형성과 환태평양 연계성 _현민 | 216

07. 라틴 아메리카 식민 도시에서 근대도시로의 전환:

    19세기 페루 리마의 사례 _서지현 | 255

08. 말레이시아 항구도시 페낭의 초국적 연결성과 진화 _백두주 | 290

09. 중계무역항 홍콩의 역사적 변천과 환태평양 연계성 _박지훈 | 320

10. 환태평양 시대 도시의 글로컬라이제이션: 후쿠오카시의 사례

    _정현일 | 358

제3부 관문도시의 이주민과 에스닉 공간

11. 일계인(日系人) 디아스포라의 귀환이주와 브라질타운 형성과정:
　　시즈오카현 하마마쓰시 브라질타운 사례 _정호윤 | 402

12. 중국 광저우 이주 한인과 에스닉 공간의 형성 _전지영 | 429

13. 관문도시 부산의 '텍사스촌'과 러시아어권 이주민 유입 _노용석 | 453

14. 관문도시 오사카의 에스닉 공간을 통한 도시의 포용적 발전
　　_정현일, 전지영 | 486

제1부

환태평양
연계성의
역사

01

미국은 어떻게
태평양 국가가 되었나?[*]
'장기 19세기' 미국과 환태평양 연계

박상현

Ⅰ. 서론

21세기 미국의 대외전략에서 '환태평양 연계성'은 중심적인 위치를 차지한다. 2011년 오바마 대통령은 미국의 거대전략으로 '아시아로의 선회'를 제안함으로써 미국 대외정책에서 태평양 지역을 최우선 순위에 놓은 최초의 대통령으로 기록되었다. 그 뒤를 이어 국무장관 힐러리 클린턴(Clinton, 2011)은 『포린 어페어』 기고문에서 '미국의 태평양 세기'를 선언했고 백악관은 미국이 과거부터 현재까지 그리고 미래에도 '태평양 국가'(Pacific nation)(White House, 2012)일 것이라고 확언했다. 안보 · 경제 · 외교 · 규범 차원을 모두 포괄하는 다면적 거대전략으로서 아시아로의 '선회'가 미

---

[*] 이 글은 〈Journal of Global and Area Studies〉 Vol. 6, No. 2(2022년)에 게재된 '미국은 어떻게 태평양 국가가 되었나? : '장기 19세기' 미국과 태평양' 논문을 수정 · 보완한 것임.

국의 오래된 '태평양' 정체성의 연속으로 제시되었던 것이다(Kolmaš and Kolmašová, 2019). 이 같은 태평양 정체성은 '미·중 전략적 경쟁'의 맥락에서 바이든 행정부가 추진했던 '인도-태평양' 전략에서도 재확인되었다.

그렇다면 미국은 언제 어떻게 태평양 국가가 되었나? 어떤 이해관심(interest)이 대서양 연안 13개 주로 건국된 미국을 태평양 국가로 이끌었는가? 그리고 태평양 국가로서 미국의 국가형성은 미국의 '태평양 전략'에 어떤 영향을 미쳤나? 이런 질문들은 태평양과 연관된 미국의 역사를 재발굴하는 작업들을 낳고 있다.

최근까지도 미국의 역사는 주로 대서양 연안을 중심으로 서술되어 왔다. 통상적인 서사에 따르면, 미국인들은 대서양 13개 주의 독립 이후 서부로의 팽창을 '명백한 운명'(manifest destiny)으로 수용했고 결국 극서(Far West) 지역에 도달한 이후 태평양을 건너 계속 서진해서 하와이를 병합했다. 여기서 '서부개척'은 일종의 건국신화를 구성한다. 그리고 서부개척 시대는 '고립주의적인' 국내적 관심이 지배적이었던 것으로 묘사된다.

그러나 주로 새로운 경작지를 확보하려는 농업적 이해관심에 의해 추동된 초기의 서부팽창이 필연적으로 태평양 연안으로의 진출을 의미했던 것은 아니다. 게다가 서부팽창이 진행되기 훨씬 이전부터 상업적 이해관심에 근거한 태평양 연계가 존재했으며 미국 건국의 아버지들에게 태평양 너머에 위치한 중국문명은 중요한 영감의 원천 중 하나였다(Wang, 2021). 특히 중국과의 상업적 연계는 태평양 연안지역이 미국으로 통합되는 과정, 즉 신생국가로서 미국의 국가형성 과정에 중요한 영향을 미쳤다. 또 태평양과 관련된 미국의 거대전략은 대외 진출을 통한 미국의 상업적 이해의 확대를 지향했다는 점에서 고립주의로 묘사되기 어렵다(Hunt, 1983: 4; Green,

2017: 7).[1]

여기서는 세계체계, 특히 세계-역사적(world-historical) 관점(Arrighi and Moore, 2001)에서 세계적인 상업적 연계가 민족국가의 형성에 미친 영향에 주목하면서 미국독립 이후 1차 세계전쟁 이전까지의 시기, 즉 '장기 19세기'에 태평양 연계가 미국 국가형성과정과 태평양 전략에 미친 효과들을 추적한다. 특히 태평양 건너편에 위치한 중국과의 교역관계가 초기부터 미국의 태평양 정책에 중요한 영향을 미쳤을 뿐만 아니라 북미 태평양 연안 지역이 미국의 영토로 통합되고 그 지역의 주요 관문도시들이 성장하는 과정에도 중요한 요인으로 작용했다는 점을 강조할 것이다. 자유로운 정부와의 자유무역이라는 전망에서 개방된 태평양을 지향하는 미국의 정책은 건국 초기로까지 소급된다.

II. 전사(前史): 미국독립 이전의 태평양 연안

1. 스페인의 태평양 횡단 무역과 연안의 발견

1492년 콜럼버스의 '신대륙' 발견을 필두로 하는 '대발견의 시대'에 유럽인들은 한편으로는 대서양을 건너 아메리카 대륙을 식민화했고 다른 한편으로는 아프리카 남단을 돌아서 인도를 거쳐 중국 남동부에 도착했다. 이 시기에 바다를 통해 세계적인 연계망들이 형성되기 시작했는데 포르투갈과 스페인 등 해양팽창을 선도한 유럽 국가들은 주요 항로에 자국 선박들에게

---

1   최근에는 '고립주의'라는 용어가 1930년대에 '국제주의'를 옹호하기 위해 발명된 용어일 뿐이며 19세기도 미국은 언제나 국제적 지향을 갖고 있었다는 점을 강조하는 연구(Wertheim, 2020)도 등장하고 있다.

만 배타적으로 식량과 수리 등을 제공하는 요쇄형 항구도시들을 건설하고 해양에 대한 독점적 통제권을 주장했다.

포르투갈 탐험가 바스코 다 가마는 1497년에 아프리카 남단의 희망봉을 돌아서 인도양으로 진입했는데, 그가 개척한 '포르투갈 항로' 덕택으로 포르투갈인은 이슬람 세력을 거치지 않고 아랍-인도-중국을 연계하는 동아시아 교역망에 진출할 수 있었다. 네덜란드와 영국이 포르투갈의 뒤를 이어서 동남아시아 향신료 섬에 식민지를 건설하고 중국과의 교역을 추구했다. 한편 포르투갈과 경쟁관계에 있던 스페인의 국왕은 포르투갈 귀족 마젤란이 남아메리카 남단을 돌아서 '향신료 섬'으로 향해 항해하는 계획을 후원했고 마젤란은 '태평양'이라고 불릴 바다를 횡단해서 1521년에 필리핀에 도착했다. 스페인의 정복 이후 마닐라는 스페인 동인도회사와 필리핀의 수도가 되었고 마닐라와 라틴 아메리카의 아카풀코 사이에 태평양을 횡단하는 갤리온 무역이 향후 200년 동안 번성했다(Perry, 1994: 5).[2]

16세기에 중국인들은 중원 주변의 전통적인 오랑캐—동이, 남만, 서융, 북적—와 구별되는 해양 오랑캐를 위해 특수한 조공체계(tribute system)로 이른바 광동체계(Canton System)를 확립했다.[3] 중국과의 교역은 관청의 허가를 얻어서 무역을 독점한 중개상인 아행(牙行) 또는 홍상을 거쳐야만 했다. 그들과 외국상인 사이의 관계는 평화적이고 상업적인 것이었다. 양측은

---

2 스페인이 식민지 형성 과정에서 내세웠던 '종교적 사명'은 필리핀에서 큰 성공을 거두었다. 그러나 역으로 이는 기독교의 확산을 우려했던 일본 도쿠가와 막부의 쇄국정책을 야기했다(Booth, 2007)

3 '광저우 체제'는 외국상인과의 교역을 광저우로 제한하는 청의 해금정책의 산물이었다. 해금정책은 '서양'의 위협에 대한 대응이라기보다는 제국 내부의 안정이라는 관심에 의해 지배되었다. 중국의 통치자들은 대외무역을 외국인에게 베푸는 하나의 은사(恩賜)로 간주했고, 무역의 상대국을 제한하지 않았다. 교역기간은 10월부터 다음해 3월로 제한되어서 여름에는 상인들이 마카오로 퇴각해야 했다(Matsuda, 2012: 178).

자신들의 명예를 중요하게 생각했고 무역의 단절을 막는다는 공통의 이익이 있었다. 광저우에는 중국 당국의 통제 하에서 인도의 무슬림 상인들, 스페인 사람들, 프랑스와 영국의 동인도회사, 네덜란드, 스웨덴, 덴마크 무역업자들이 드나들었다.

스페인은 세계에서 가장 풍부한 은광을 통제하고 있었지만 아시아 해역에 이미 연계망을 확보했던 포르투갈과 네덜란드가 스페인의 접근을 막았기 때문에 향신료 무역뿐만 아니라 아시아 내부의 무역에서도 배제되었다.[4] 스페인은 오직 태평양을 통해서만 세계최대의 시장, 즉 중국에 진입할 수 있었다. 스페인은 중국에서 향신료가 아니라 비단을 얻었다. 아메리카 은과 중국 비단의 교환을 중심축으로 하는 필리핀 무역의 결과로 역사상 최초로 아시아와 아메리카의 지속적 연계망이 구축되었다(Kurashige, 2017: 3).[5] 중국의 비단은 역사상 최초로 서쪽이 아니라 동쪽으로, 즉 태평양을 횡단해서 '신대륙'으로 향했고 거기서 다시 유럽으로 흘러갔다(Ma, 1999: 52).

멕시코가 독립한 1815년까지 매년 한두 척의 갤리온이 마닐라와 아카폴코를 오갔다. 신스페인(Nueva España)의 은이 마닐라를 경유해서 중국으로 유입되었고 중국의 비단이 신스페인을 경유해서 스페인으로 유입되었다(Flynn and Giraldez, 1999: 24-27; Perry, 1994: 6).[6] 중국의 상인들은 서양

---

4 포르투갈과 스페인은 콜럼버스의 항해 이후 1494년 세계의 해양을 분할하는 토르데시야스 조약을 맺었다. 이 조약에 따르면 대서양의 서경 46도를 기준으로 동쪽은 포르투갈이 서쪽은 스페인이 독점적인 영토권을 가졌다. 한편 양국은 1520년대에 동남아시아 향신료 산지였던 말루쿠 제도를 둘러싸고 경쟁을 벌였는데, 양국의 갈등은 1529년 사라고사 조약을 통해 해결되었다. 이 조약을 통해 포르투갈은 말루쿠 제도와 그로부터 동쪽으로 마카오에 이르는 지역에 대한 권익을 보장받았다.

5 북미 지역을 향한 최초의 아시아인 이주자는 스페인 식민지 시기에 갤리온 무역의 일부로 멕시코와 캘리포니아에 정착한 필리핀인들이었다(Heffron, 2017: 50).

6 마닐라를 경유해서 라틴 아메리카에서 유입된 은에 기초해서 중국은 조세를 은으로 납부하는 '지정은세법'을 실시하고 장기간에 걸친 은본위제로의 이행을 완료할 수 있었다(Hung, 2015: 17).

인들이 가져온 어떤 상품보다 은, 특히 은화를 선호했기 때문에 스페인—이후에는 멕시코가—이 주조한 은화는 태평양 국제상업세계의 본위화폐로 기능했다. 스페인이 태평양을 횡단하는 무역을 독점한 결과로 유럽인들은 태평양을 '스페인의 호수'라고 불렀다.

스페인은 무역풍을 활용해서 남태평양을 횡단하여 마닐라로 손쉽게 항해할 수 있었지만 북서항로를 따라, 즉 태평양 북부를 통해 마닐라에서 아카폴코로 돌아오는 데에는 7개월이 걸렸다. 선박의 수리와 휴식을 위해 태평양과 캘리포니아 해안에 항구가 요구되었고 이에 따라 태평양과 북미의 태평양 연안에 대한 탐험이 시작되었다. 그러나 스페인의 탐험은 체계적이라기보다는 충동적이었고 스페인 탐험가들은 자신이 획득한 지식을 공유하지도 않았다. 스페인의 비밀주의로 인해 그들의 '북서항로'에 대한 정보는 유출되지 않았지만 대신 태평양 각지에 대한 스페인의 영토 주장도 취약해졌다(Matsuda, 2012). 스페인은 괌과 마리아나 제도를 태평양 횡단의 중간 기지로 활용했지만 그곳들보다 훨씬 중요한 역할을 할 수 있었던 하와이를 발견하지는 못했다(Perry, 1994: 6).

스페인은 16세기에 북미 해안지역 전체에 대해 영토권을 주장했고 그 후 200년 이상 북미의 서부 해안의 발전을 지배했지만 그들의 정착지는 오늘의 멕시코의 영토에 해당하는 남부에 국한되어 있었다. 신스페인(Nueva España)에는 과잉인구가 없었고 추운 북쪽으로 이동할 유인도 거의 없었다.[7] 스페인은 1769년이 되어서야 샌디에고에 정착지를 건설했고 1800년에는

---

7 스페인 사람들은 캘리포니아를 '지구의 끝에 있는' 섬이라고 생각했다. 스페인 탐험대가 1539년에 캘리포니아가 섬이 아니라 반도라는 사실을 밝혔지만 18세기 중반까지도 캘리포니아가 섬이라는 인식이 널리 퍼져 있었다. 이런 상황에서 스페인 국왕 페르난도 6세는 1747년에 '캘리포니아는 섬이 아니다'라는 칙령을 발표하기도 했다(Cumings, 2010: 45-46).

샌프란시스코 만까지 식민화를 시도하면서 그 지역에 대한 영토적 통제권을 행사하려고 했다. 스페인의 항구들은 점차 빈번하게 출현하기 시작했던 외국 무역선을 배제하는 정책을 지속했다(Delgardo, 1990: 1; Igler, 2013: 23). 18세기 말에 북태평양 연안에 대한 스페인의 이해관심은 러시아와 영국의 정착지 형성에 대응하는 방어적인 성격이 강했다. 그들은 북태평양 연안지역이 일종의 완충지로서 탐험되지 않고 발전되지 않은 상태로 남아 있기를 원했다(Perry, 1994: 11; Gibson, 1992: 18).

2. 영국의 동인도무역과 미국의 독립에서 태평양 요인

17-18세기에 포르투갈, 네덜란드, 프랑스, 영국 등이 태평양에서 스페인의 지배력에 도전했다. 그들의 도전은 태평양을 횡단하는 갤리온 무역과 태평양 연안 스페인 정착지에 대한 공격의 형태를 취했다. 그들은 점차 스페인 제국의 배타적 영역으로 이해되었던 태평양 지역에 관한 영향력을 확대하려고 노력했다. 특히 포르투갈과 네덜란드에 비해 상대적으로 늦게 해양에 진출한 영국은 공격적으로 태평양에 진입해서 태평양과 그 주변 지역에 대한 탐험을 시도했다(Chang, 2012: 5).

북미의 태평양 연안에 영국의 탐험은 이후 동인도회사를 설립할 드레이크의 태평양 탐험으로 소급된다. 그는 스페인이 개척한 북서항로를 발견하지는 못했지만 우연히 캘리포니아 해안에 도착해서 그곳을 뉴알비온(New Albion)이라고 명명했다. 영국은 1579년에 드레이크가 북미 서부해안의 북쪽 지역을 영국령으로 선언했던 것을 근거로 해서 그곳에 대한 영토적 지배를 주장했지만 1788년까지 어떤 영국인도 그곳에 정착 식민지를 건설하지 않았다.

그러나 1770년대에 아편에 기초한 인도-중국-영국의 3각 무역을 공식화했던 영국은 태평양으로 진출해서 그곳을 '영국의 호수'로 만들고 싶어했다(Chang, 2012: 6). 태평양을 향한 유럽인들의 새로운 팽창을 주도했던 제임스 쿡 선장은 그들의 영웅이었다. 쿡 선장은 태평양 탐험가로서 당대에 큰 명성을 떨쳤고 그의 태평양 항해를 기록한 책은 범유럽적인 베스트셀러가 되면서 태평양에 대한 관심을 불러일으켰다(Braun, 2019: 94). 그는 스페인 탐험가들이 발견하지 못했던 하와이를 발견하고 자신을 후원해준 백작의 이름을 따서 그곳을 샌드위치 제도라고 명명하기도 했다(Freeman, 2010; Matsuda, 2012). 그가 수행한 태평양에 대한 대규모 과학적 조사는 유럽 국가들 내에서 과학적 탐험을 둘러싼 경쟁을 촉발해서 18세기를 '2차 대발견의 시대'로 만들었다(Braun, 2019: 91).

1778년 쿡 선장은 마지막 세 번째 태평양 항해에서 북미 연안을 탐험하면서 캘리포니아에서 베링해협으로 가는 모든 경로를 지도로 기록했다.[8] 그는 누트카(Nootka), 즉 현재의 밴쿠버 인근에서 러시아인 정착촌을 만났고 그들로부터 모피를 획득할 수 있었다. 쿡 선장의 정보에 근거해서 1788년에 영국인들은 누트카 해협에 소규모 무역거점을 형성하고 광저우에서 상대적으로 수요가 컸던 모피를 수집했다. 이에 대응해서 이미 1774년부터 알래스카에 탐험대를 보냈던 스페인은 누트카 해협에 요새를 건설하고 영국과 북미 식민지 무역상들의 선박을 나포하면서 1789년에 스페인과 영국 사이에서 '누트카 위기'가 발생했다.

태평양 북서부의 통제권을 둘러싼 영국과 스페인의 분쟁은 세 차례에 걸

---

8   베링해협을 처음으로 개척한 사람은 덴마크의 항해가 베링이었다. 그는 1721년에 표트르 대제의 명을 받아 캄차카반도에서 아메리카 대륙을 찾기 위해 나섰고 항해 도중에 알류산 열도를 발견했다. 그는 안개로 인해 알래스카 근처에서 회항할 수밖에 없었고 표트르 대제에게 아메리카 대륙의로의 항해가 불가능하다고 보고했다(Curmings, 2010). 이후 러시아인들은 일련의 탐험을 거쳐서 1784년에 최초로 태평양 연안 북부에 정착촌을 형성했다.

친 누트카 협정을 통해 해결되었다. 협정에 따라 영국은 스페인이 자신의 영토라고 선언했지만 결코 점유한 적이 없는 어떤 지역이든 자신의 정착지를 건설할 권리를 인정받았다. 협정의 가장 큰 수혜자는 포트 밴쿠버에 모피 무역거점을 확립한 허드슨베이회사였다. 이 시기에 태평양 연안은 스페인, 러시아, 영국, 북미 식민지 등이 무역거점을 만들고 그 밖의 다른 나라 선박들도 드나들기 시작하면서 '민족적'이라기보다는 '국제적'인 지역이 되었다(Delgardo, 1990; Dolin, 2012).

한편 국제적 무역망의 일부이자 특히 대영제국의 일부로서 북미 식민지는 이국적인 영국의 '동인도 무역'이 번성하면서 중국 상품으로부터 중요한 영향을 받았다. 1700년 직전에 영국의 동인도회사는 이미 영국에서 유행했던 중국산 차를 식민지에 도입했고 이후에는 비단과 도자기 같은 사치품들도 수입했다. 유럽으로부터 식민지로 '중국풍'이 수입되었고 이국적인 중국산 제품들에 대한 선호가 확산되었다. 18세기 중반 식민지 경제가 팽창하면서 중국 상품 구매는 꾸준히 증가했다.[9] 중국 상품들은 점차 번영하는 북미 식민지의 문화적 풍경의 일부가 되었다(Dolin, 2012: 55; Yokota, 2017: 34).

광저우에서 들어온 다양한 상품들은 신비로운 나라로서 중국이라는 관념을 대중적으로 유포했다. 몇몇 미국인들, 특히 미국철학협회로 대표되는 지식인들은 스코틀랜드 계몽주의를 비롯한 초기 계몽주의의 영향 하에 중국문화의 긍정적 양상들에 대해서도 흥미를 가졌다.[10] 벤자민 플랭클린으로

---

9 또 영국이 중국으로부터 수입하고 있던 작물을 북아메리카 대륙에 이식하려는 실험도 진행되었다. 뿐만 아니라 북미 식민지 각지에서 중국으로 수출할 인삼이나 모피와 같은 자연자원이 채취되었다(왕위안충, 2022).

10 플랭클린(Benjamin Franklin)은 몽테스키외 등 초기계몽주의 사상의 영향 하에서 중국을 영감과 혁신의 원천으로 접근하는 경향을 대표했다. 특히 플랭클린은 유럽적인 귀족적 유산에 대한 견제 장치로 유가적인 능력주의를 활용할 것을 제안했다(Hunt, 1983: 32; Chang, 2015: 24; Wang,

대표되는 필라델피아의 지식인들은 과거제도라는 능력주의적 체제를 통해 선발된 관리들에 의해 통치되는 조화로운 사회이자 자혜로운 전제정으로서 중국이라는 초기 계몽주의의 관점을 공유했다(Hunt, 1983: 32; Wang, 2021: 23). 또한 그들은 식민지의 부를 증진시킬 수 있는 상업적 기회라는 관점에서 중국에 주목하기도 했다(Dolin, 2012: 64).

영국은 1783년 이전까지 식민지 상인이 희망봉 동쪽으로 무역활동을 수행하는 것을 금지했다. 아메리카 해안에서 독자적으로 희망봉을 돌아서 인도양으로 향했던 초기의 선박들은 '해적'으로 불렸고 영국 해군과 법정에 의해 제거되었다(Dolin, 2012: 60). 네덜란드로부터의 간헐적인 밀수도 동인도회사의 수입독점을 무너뜨리지 못했다. 동인도회사가 '새로운 소비자 경제의 상징'이었던 차를 독점하고 있다는 사실은 점차 영국에 대한 종속의 상징으로 간주되었다(Yokota, 2017: 36). 그리고 차에 대한 수입관세의 부과는 결국 미국 혁명전쟁의 발단이 되었다. 차 조례가 야기한 분노는 조세와 이윤의 상실에 관한 우려보다 훨씬 더 심층적이고 광범위한 것이었다. 그것은 식민지를 기업의 상업제국의 톱니바퀴의 일부로 변형시킨 동인도회사의 장기적 전략에 대한 공개적 반대로 간주되었다. 보스턴 차 사건을 주도했던 상인들은 차를 '자유무역의 순환을 문명화하는 신성한 씨앗'으로 상징화하면서 '무역할 자유'를 옹호했다(Dolin, 2012: 55, 69; Johnson, 2017: 23).

2021: 160).

III. 독립 이후 미국의 태평양 전략

1. '자유의 제국'로서 신생 공화국과 '광둥체계'의 연계

미국 건국의 아버지들은 미국의 기원이 반제국주의적인 성격을 가진다고 믿었고 필요에 따라 '제국'을 재규정했다. 제퍼슨은 당시 유럽 제국들에 만연한 전쟁이나 부패가 아니라 '상업'과 자유로운 인민의 확신에 기초한 '자유의 제국'(Empire of Liberty)을 희망했다. 여기서 '제국'의 의미는 오늘과 달라서 사실상 커져가는 미국의 영토를 함의했고 상업은 무엇보다 '자유무역'을 의미했다(Curmings, 2010). 또 '자유무역'은 비관세를 의미하는 것이 아니라 특권에 대한 반대, 즉 동인도회사처럼 특정 지역과의 무역을 독점하는 특권기업(Charted Company)에 대한 반대를 의미했다(Fichter, 2010; Johnson, 2017: 24).

미국인들은 자신들이 독립을 선언하던 1776년에 출판된 스미스의『국부론』에서 제시된 자유무역의 정신을 영국인들보다 더 적극적으로 수용했다(Dolin, 2012: 91; Johnson, 2017: 25). 스미스의 전망, 즉 전제정이 아니라 '자유로운 공화국'과의 자유무역을 통한 부의 상호적 증대라는 전망이 신생국가의 지도자들이 추구한 대외정책의 기본적인 준거가 되었다. 여기서 자유로운 상업 활동은 단순한 경제적 부의 증가뿐만 아니라 전제정과 폭력을 완화시키는 문명화의 효과를 갖는 것으로 간주되었다.

태평양을 향한 유럽인들의 새로운 팽창의 시대에 중국무역은 이 같은 관점을 실현한 중요한 사례를 제공했다. 특히 미국의 지도자들은『국부론』에서 중국이 유럽보다 더 부유하다고 언급했던 애덤 스미스를 믿었고 유럽의 교역 제국들처럼 세계에서 가장 부유한 중국과의 교역을 통해 민족적 번영과 세계적인 경제적 우위를 확보할 것이라고 생각했다. 극서 지평선 너머의 거대한 부라는 신화도 미국인의 강박으로 오래 동안 지속되었다(Perry, 1994: 26, 304).

그러나 그들은 가능한 정치적 문제를 일으키지 않으면서 무역을 확대한다는 신생 공화국의 기본적 정책을 따라서 중국과의 교역에 정부적 자원을 투여하지는 않았다(Cohen, 2019: 2-3). 대신 그들은 미국의 상업적 이해관심을 증진시키고 유럽의 경쟁자들에 대한 우위를 확보하는 경제적인 방식으로 중국의 선의를 촉진할 필요가 있다는 생각을 가졌다. 상인들의 보고에 기초를 둔 이 같은 관점은 중국에 대한 미국 정부의 기본적인 접근법이 되었다(Hunt, 1983: 12).

1775-83년의 혁명전쟁 동안 영국 해군의 공격으로 인해 미국의 대외교역 흐름은 사실상 중단되었다. 독립 초기에 미국의 상인들은 영국 왕립해군(Royal Navy)의 보호를 받을 수 없었고 영국 제국체계 내에서 무역을 할 수도 없었다. 그러나 미국은 이제 식민지 세계의 제한을 넘어서 자신의 활동을 확장할 자유를 가졌다. 미국인들, 특히 혁명을 촉발시켰던 뉴잉글랜드의 상인들은 상업적 독립의 열쇠를 발견하고 새로운 민족의 경제를 부양하기 위해 동인도무역의 세계로 진입하기를 희망했다(Yokota, 2017: 36; Perry, 1994: 25).

파리에서 영국과의 평화조약이 체결된 직후인 1784년에 미국 상선 중국황후(Empress of China)호가 인삼을 비롯해서 중국에서 인기가 있다고 알려진 상품들을 싣고 뉴욕을 출발하여 6개월 만에 광저우에 도착했다. 최초의 교역은 기대했던 것만큼은 아니더라도 상대적으로 큰 수익을 낳았지만 더 중요한 것은 미국이 영국의 독점을 벗어나서 거대한 부의 원천으로서 중국과 자유롭게 무역을 진행하는 독립적 교역국가가 되었다는 정치적 상징성이었다. 1844년 양국 사이에 최초의 공식적 조약이 체결될 때까지 향후

'구중국무역'(Old China Trade) 시대라고 불릴 새로운 교역의 시대, 즉 외교 없는 직접교역의 시대가 열렸다(왕위안총, 2021: 57; Wang, 2021: 7-8). '광둥이 만든 세계'(Matsuda, 2012)에 참여한 결과로 이국적인 '동인도 무역'은 이제 '광둥무역'(Canton Trade)으로 불렸다. '구중국무역'은 뉴잉글랜드와 중부대서양 항구도시들의 성장과 결합되었다(Chang, 2015: 20).

몇몇 사람들은 영국의 동인도회사처럼 국가의 후원 하에 광둥무역을 독점하는 특권기업(charted company)의 설립을 주장했지만 그런 주장은 수용되지 않았다. 뉴잉글랜드의 중국 상인들은 고도로 경쟁적인 교역이라는 스미스의 철학을 행동으로 옮긴 전위적 상인들에 속했고 인상적인 결과를 낳았다(Dolin, 2012: 92). 지역적 독점의 제한이 없었기 때문에 미국의 중국 무역상들은 더 신축적으로 영업을 진행하고 더 쉽게 사업 기회를 잡을 수 있었다. 그들의 성공은 영국의회가 1833년에 동인도회사의 중국무역 독점의 종결시키고 진정한 의미의 '자유무역 제국주의'로 이행하는 데 중요한 영향을 미쳤다(Dolin, 2012: 137; Ficher, 2010: 205).[11]

미국이 중국과 확립한 최초의 연계는 '기회의 연계'(Chang, 2015)였고 독립 이후 50년 동안 중국과 관련해서 미국이 추구한 이익은 전적으로 상업적인 것이었다. 초기 광저우와의 무역을 수행했던 상인들은 어떤 해군력도, 제국주의 전통도 없었다(Green, 2017). 상인들의 이해관심이 외교를 지배했고 심지어 상인이 중국 공사로 임명되기도 했다.[12] 상인들은 중국 상인

---

11 1833년에 미국이 광둥으로 가져온 터키아편이 동인도회사에 성공적으로 도전한 이후 동인도회사는 중국무역에서 독점을 상실했다(Haddad, 2013: 80).

12 상인 출신으로서 미국과 중국의 조약체결을 담당했던 쿠싱은 미국과 영국의 대립을 강조하면서 중국에 대한 정책에서 양국의 차이를 분명하게 했다. 그는 자신의 후임자에게 중국 정부와 인민의 선의를 강화시킬 필요성을 강조했다. 이후에도 중국에 파견된 미국 외교관들은 종종 무자비한 유럽의 공세로부터 중국을 보호하고 중국인을 평화적인 방식으로 고양시킬 필요성을 옹호했

들이 다른 유럽인들과 달리 미국인들에게 우호적이라고 보고했다. 공식조약이 체결될 때까지 상인들의 접촉이 중국에 대한 미국의 정책의 가장 중요한 원천이 되었다.

2. 광둥무역과 미국 상인의 태평양 진출

독립 직후에 중국과의 교역을 추구할 때 뉴잉글랜드의 상인들은 태평양을 횡단하는 새로운 항로를 개척하기보다는 더 안전하고 효율적인 것으로 인식된 포르투갈 항로를 활용함으로써 시행착오를 거치지 않고 중국 교역로를 확보할 수 있었다(Perry, 1994: 19).[13] 최초의 교역이 성공을 거둔 이후 1787년 말까지 9차례의 항해가 진행되었고 광둥에서의 차 무역이 규칙적이게 된 1790년에는 28척의 선박이 광둥으로 향했다(Hao, 1986: 13).

미국인들은 처음에 미국과 유럽에서 인기 있는 중국 상품, 즉 비단, 남경 목면, 도자기 그리고 무엇보다 차를 구매했다. 그들은 인삼처럼 중국인들이 원하는 것을 찾았지만 그런 상품은 언제나 중국에서 구매한 것을 지불하기에는 부족했기 때문에 19세기 초 미국의 법정통화이기도 했던 스페인 은화가 필수적이었다.[14] 뉴잉글랜드의 상인들은 계속해서 은화를 대신해서 중국에 판매할 상품을 찾았고 이 과정에서 영국 상인들처럼 태평양에 진입했다. 미국 상인들은 1790년경부터 태평양과 북미 연안을 돌아다니면서 백단목

다(Hunt, 1983: 19-20).

13 쿠크 선장의 원정에 참여했던 미국인 레드야드(John Ledyard)가 라틴 아메리카 남단을 돌아서 태평양을 횡단하는 항로를 제시했지만 그의 제안은 수용되지 않았다(Perry, 1994; Haddad, 2013).

14 1784년부터 1833년까지 멕시코 은화는 중국을 향한 미국의 수출의 64%를 차지했지만 이 시기에 미국에서는 은이 생산되지 않았다(Flynn, Frost and Latham, 1999: 15). 미국인들은 유럽인들의 시장을 통해 은을 획득해야 했는데, 19세기 초반에는 전쟁과 반란 등으로 인해 은화 시장이 불안정했다(Haddad, 2013: 61).

에서 바다표범 · 해달(sea otter) 모피에 이르는 모든 것을 얻었다. 19세기 동안 포경을 제외하면 태평양에서 이루어진 자연자원의 추출은 모두 중국시장을 위한 것이었다(Ficher, 2010: 205; Dolin, 2012: 109).

미국 대다수 지역이 농업경제에 의해 지배되고 있는 상황에서 뉴잉글랜드 상인들은 프랑스 혁명과 그 뒤를 이은 전쟁의 시기, 즉 '프랑스 전쟁' 시기(1793-1815년)에 중립국 지위를 활용한 중국 상품의 '재수출' 무역을 통해 호황을 누렸다. 특히 1809-11년에는 대륙봉쇄령으로 대륙 유럽의 차 수입은 완전히 중단된 반면 미 · 중 차 무역은 거의 영향을 받지 않았기 때문에 미국 함선은 차 무역에서 영국에 이어 2위의 위치에 오를 수 있었다(Hao, 1986: 14; Chang, 2015: 22). 1820년대에 광둥에는 4개의 미국기업 지사가 존재했다. 또 이 시기에 미국인들은 일본이 유일하게 개방한 나가사키에서 네덜란드 깃발을 걸고 일본인들과 교역을 진행했다.

특히 미국인들은 무역의 지역적 독점이라는 규제로부터 상대적으로 자유로웠기 때문에 북미 북서해안에서 모피를 구매하는 활동에서 영국의 상선들보다 우위를 보였다(Hao, 1986: 13). 그들은 점차 북태평양 국제교역에서 '프랑스 전쟁'으로 인해 추가적인 어려움을 겪던 영국인들을 밀어내고 러시아인의 주요한 경쟁자가 되기 시작했다. 별도의 조공무역 지역을 할당받았던 러시아는 광둥에서 교역을 할 수 없었기 때문에 러시아인들은 자신들의 모피를 취급할 미국인과 협상을 원했다. 그 결과 1796년부터 1812년 동안 북미와 중국 사이의 해양 모피무역 전체가 미국인의 수중으로 넘어갔다. 미국 상선은 1833년 동인도회사의 중국무역 독점이 폐지되기 이전까지 태평양 북서 연안을 지배했다(Perry, 1994: 37; Fichter, 2010: 213).

1830년대에 미국은 처음으로 중국과의 조약을 체결하기 위해 외교관을 광저우에 파견했지만 광둥체계 내에서 그런 시도는 실패로 돌아갔다. 반면 같은 시기에 선교의 행동주의는 활력을 띠었다. 선교사들에게 중국은 물질적 부의 원천일뿐만 아니라 영적인 부의 원천이기도 했다(Chang, 2015: 65). 선교활동도 상업활동과 마찬가지로 비정부적·개별적 성격을 띠었으며 언제든지 중국 관료의 부정적 조치에 직면할 수 있는 광둥체계의 제약을 벗어날 수 없었다. 선교사들은 활동범위가 광저우로 제한되어 있었기 때문에, 그런 제한을 극복할 수 있는 혁신적인 방법으로 중국인들을 광저우 내부로 끌어들일 수 있는 의료와 교육 사업을 고안했다. 선교사들은 자신의 포교활동과 중국의 '문명화'라는 전망을 결합시켰다. 미국인들의 이 같은 선교활동은 자신을 예수의 동생으로 칭한 태평천국의 난의 지도자 홍수천을 낳음으로써 그 난에 간접적으로 영향을 미쳤다(Hunt, 1983: 27-28).

한편 미국 상인들이 스페인 은화를 대체하기 위해 중국으로 가져갔던 백단목과 모피는 1820년대에 급속하게 고갈되었고, 결국 미국인들도 영국인들의 따라 아편을 수출하게 되었다. 아편은 영국인이나 미국인이 중국에게 판매할 수 있었던 은에 대한 유일한 대체재였다(Fichter, 2010: 230). 상품으로서 아편의 특수한 능력은 은을 대체할 수 있는 일종의 해외무역 통화 기능에서 기인했다. 아편은 상대적으로 소형이고 운송이 편리했으며 몇 년 동안 보존될 수 있었다. 스페인 은의 세계적 공급이 수축되었을 때, 영국은 그 공백을 채우기 위해 아편을 활용했다(Johnson, 2017: 55). 후발 주자였던 미국은 인도가 아니라 터키의 아편을 조달했다. 영국 동인도회사는 '동인도' 지역 외부에 위치한 터키의 아편을 중국으로 실어올 수 없었고 유럽 여타 나라들의 해상무역은 '프랑스 전쟁' 시기에 영국해군에 의해 파괴되었기 때문에 미국 상인들은 터키산 아편에 대해 사실상 독점거래를 획득했다

(Fichter, 2010: 229).[15]

아편무역으로 인해 중국의 은이 계속해서 해외로 빠져나고 광둥 지방의 경제가 어려움에 빠지면서 아편을 둘러싼 갈등은 불가피했다. 아편전쟁 전야에 중국인들은 자신들이 활용한 서양 관료들 덕택으로 영국인과 미국인을 구별했고 양국 사이에 갈등이 존재했다는 사실을 알게 되었다. 그들은 이이제이(以夷制夷)의 일환으로 양국에 차별적인 정책을 취했고 '프랑스 전쟁'에서 중립적 입장을 취했던 미국을 활용해서 충돌을 막으려 했다(Cohen, 2019: 7; Gibson, 1002: 106). 미국은 미국혁명의 역사적 경험에서 기인하는 반제국주의적 입장에서 전쟁을 반대했지만, 다른 한편으로 '자유의 제국'에 내포된 보편적인 공화주의적 가치의 확산이라는 관점에서 중국의 '전제정'에 비판적인 태도를 보이기도 했다. 유럽의 열강들과는 거리를 두면서도 자유무역의 확대에는 편승해서 상업적 이득을 획득하는 미국의 행보는 '자칼 외교'라는 비난을 듣기도 했다(Green, 2017: 37).

중국은 아편전쟁 이후 조약체계를 미국으로도 확대했는데, 이는 영국에게만 특별한 지위를 제공하는 것이 아니라 여타 국가들에게도 선의를 베푸는 것이 오랑캐를 다루는 데 이득이 될 것이라는 중국의 의도를 반영한 것이었다.[16] 그 덕택으로 미국은 어떤 군사적 행위나 위협 없이 자신들의 상업적 활동을 중국의 연안지역으로 확대할 수 있었다(Cohen, 2019: 11). 이와

---

15 미국인의 아편교역은 대략 1800-1860년에 번성했지만 그들이 중국으로 수출한 아편은 인도-영국 아편의 1/10을 넘지 않았다. 미국 기업가들은 영국 동인도회사의 캘커타 경매에서 배제되어 있었고 중국시장을 위한 표준화된 생산에서 동인도회사와 경쟁할 수 없었다(Fairbank, 1986: 4-5).

16 중국 관리들은 아편전쟁과 1850년대의 혼란 사이에 미국에 대한 최초의 일관된 묘사를 제공하는 서적을 발간했다. 1844년에 발간된 위원의 『해국도지』는 미국이 부강한 나라이지만 영국이나 프랑스와 달리 중국에게 무례하게 행동하지 않는다는 관점에서 미국에 대해 상대적으로 우호적인 입장을 취했는데, 이런 입장은 이후에도 지속적인 영향을 미쳤다(Hunt, 1983).

함께 어떤 외교도 없는 직접적 무역의 시대는 종결되었고 공식적인 조약체계가 시작되었다.

3. 태평양 국가로서 미국의 형성

1783년 파리협정은 미합중국을 미시시피 강을 서쪽 경계로 하는 주권국가로 만들었다. 그러나 그것은 '국가형성'(state-building)의 시작에 불과했다. 제퍼슨 대통령은 나폴레옹으로부터 루이지애나를 구입함으로써 미국의 서쪽 변경을 확대했다. 미국인들은 새로운 땅을 찾아 계속 서쪽으로 이동했다. 그런데 이러한 서부 팽창과 별도로 초기부터 미국의 지도자들은 태평양을 '자유의 제국'으로서 미국을 확립하는 데 결정적인 요소로 간주하는 경향이 있었다(Yokota, 2017: 38). 그 결과 농업적 이해관계에 의해 추진된 서부 팽창이 본격적으로 전개되기 이전부터 중국과의 상업적 연계에 대한 관심이 북미의 반대편 해안에 대한 영토에 대한 권리주장을 낳았다. 미국인들은 일종의 국제적 경쟁의 공간으로서 북미 태평양 연안(North American Pacific) 또는 태평양 북서부(Pacific Northwest)라는 지역에 진출해서 그 지역에 대한 통제권을 주장했던 스페인, 새로운 정착지를 개척하고 남하를 모색하던 러시아, 그들과 경쟁하며 식민화 노력을 하고 있던 영국 등에 대항했다(Perry, 1994: 31; Chang, 2012: 9).

쿡 선장의 태평양 탐험으로부터 영감을 얻었던 제퍼슨 대통령의 제안으로 1803-06년에 루이스와 클라크가 이끈 전설적인 원정대가 태평양 연안에 관한 과학적 조사를 수행했다. 그들은 전문적인 과학자들을 동승하고 남미 남단을 돌아서 북미 북서안의 콜럼비아 강 하구에 도달했다(Perry, 1994; Dolin, 2012). 1809년에 독일 출신 이민자였던 뉴욕의 모피상 아스토어(John Jacob Astor)는 제퍼슨의 지지를 얻어서 태평양모피무역회사(Pacific

Fur Trading Company)를 설립하고 루이스와 클라크가 개척한 항로를 따라 콜럼비아 강 하구에 태평양 연안 최초의 항구적 정착지 아스토리아(Astoria)를 건설했다(Dolin, 2012: 93; Green, 2017: 26; Haddad, 2013: 69).

제퍼슨은 새로운 정착지가 독립적인 자매국가, 즉 '미국과 피, 언어, 우애로 묶인 동료공화국'으로서 영국에 대항해서 미국의 북태평양 국경을 안정화하는 데 기여할 것을 희망했다(Green, 2017: 27; Fichter, 2010: 275). 아스토리아는 '2차 미국혁명'이라고 불린 영국과의 '1812년 전쟁'으로 상실되었지만 결국에는 오레건 전체에 대한 미국의 영토주장을 유효한 것으로 만드는 데 결정적인 전초기지가 되었다(Perry, 1994: 34). 그리고 바로 그 '1812년 전쟁'의 와중에 미국 전함 에식스호(USS Essex)가 전적을 올리기 위해 미국 해군 최초로 남미 남단을 돌아서 태평양에 진입했다.[17]

먼로 대통령의 국무부 장관 존 퀸시 애덤스(J. Q. Adams)는 미국 최초의 '거대전략가'로서 평가된다. 그는 1819년 애덤스-오니스 협정을 통해 캘리포니아 북부에 대한 주권을 스페인으로부터 양도받았다. 미국은 자신들이 북쪽으로는 알래스카까지 이르는 태평양 북서부 전체에 대한 스페인의 배타적인 권리를 취했다고 주장했는데, 이런 입장이 영국과 '오레건 국경 분쟁'으로 알려진 미국-캐나다 국경분쟁을 낳았다.[18] 태평양 연안 지역을 둘러싼 유럽 국가들과의 이 같은 경쟁이 1823년에 먼로 독트린—사실상 '애덤스 독트린'으로 평가되는—을 낳았다. 먼로와 애덤스는 아메리카 대륙이 더 이상 유럽의 어떤 새로운 식민지 확립에도 종속되지 않는다는 원칙을 천명하

---

17 미국 전함 에식스호(USS Essex)는 영국 해군을 격퇴하여 명성을 얻으려던 함장의 개인적 결정에 따라 태평양에 진입했다. 그 배는 몇몇 전과를 올렸지만 결국 1814년 칠레의 발파라이소 근처에서 영국군에 나포되었다(Green, 2017).

18 미국과 캐나다의 국경은 로키 산맥까지밖에 확정되어 있지 않았다. 1846년에 미국과 영국은 국경을 확정하는 오레건 협정을 체결한다(Chang, 2016).

고 그러한 반식민주의의 논리에 근거해서 아메리카의 북서 태평양 연안 영토를 방어하는 데 성공했다(Curmings, 2010; Green, 2017: 29).

1822년에 캘리포니아가 스페인의 지배로부터 벗어나 멕시코의 통제에 놓이고 난 이후 스페인이 부과했던 금지조치가 사라지면서 태평양 무역은 확대되었다. 뉴잉글랜드에서 교역을 진행하던 미국인들이 중국 무역에 관여하기 위해 몬테레이와 산타 바바라에 정착하기 시작했다. 이들 무역업자들은 곧 캘리포니아를 중국 무역체계에 통합시키는 것의 잠재성을 인식하게 되었다(Sinn, 2013: 37). 러시아와 경쟁을 하고 영국과 분쟁을 벌이기도 했던 오레건보다 샌프란시스코나 샌디에고가 태평양을 횡단하는 미래의 교역에 적합한 지역으로 주목을 받기 시작하면서 미국 선박들은 서서히 북서 연안에서 캘리포니아로 이동하기 시작했다. 1830년대부터 미국 상선이 점차 캘리포니아 수역에서 영국과 스페인을 추월하게 되었다(Perry, 1994: 62; Delgado, 1990: 3; Igler, 2013: 26).[19]

1824년 애덤스(J. Q. Adams)가 미국의 6대 대통령으로 당선되었을 때 미국인들은 전례 없는 확신을 가지고 태평양에 진입하고 있었다. 애덤스는 독립된 자매국가라는 제퍼슨의 관념을 태평양 연안에 대한 미국의 영토적 소유라는 관념으로 대체했다. 동시에 그는 미국의 자연적인 정치적 도달범위가 대서양에서 태평양으로 확대되어야 한다는 생각을 피력했다. 애덤스 대통령의 강력한 요청을 배경으로 1828년 의회는 태평양을 탐험하는 원정을 허가하는 결의안을 통과시켰다. 이에 따라 태평양에서 최초로 '과학적' 탐험이 실행되었다(Perry, 1994: 50-55).

같은 시기에 태평양의 샌드위치 제도는 중국으로부터의 상품과 중국을

---

19 1820-40년대에 캘리포니아 수역에 진입한 선박의 비중은 대략 미국(45%), 영국(13%), 스페인(12%), 멕시코(12%), 러시아(7%)의 분포를 보였다(Igler, 2013: 26).

향한 상품이 교환되는 자연적 중심이 되었다. 1820년대에 미국인들은 호노
눌루에 상인회사(merchant house)를 세웠고 선교사들이 그 뒤를 이었다. 하
와이는 회중교회주의자(Congregationalist)가 설립한 학교, 교회, 기관 등으
로 인해 '태평양의 뉴잉글랜드'로 불렸다(Igler, 2012: 185; Dudden, 1998:
95). 호노룰루는 북대서양, 북미 태평양 연안, 그리고 그 밖의 태평양 세계
사이의 상품의 흐름을 위한 중개항으로서 미국의 태평양 변경의 첫 번째 수
도가 되었다. 태평양에서 호노룰루의 우위는 1849년 캘리포니아 골드러시
때까지 지속되었다(Perry, 1994: 45).

　태평양을 통한 상업적 교류의 확대에 뒤이어 태평양 내에서 활동하는 해
군력이 확대되었다. 1835년에 태평양 양안에 더 내구적인 주둔을 위해 동
아시아분함대(East Asia Squadron)—이들은 이후 아시아함대(Asiatic Fleet)
로 불렸다—가 창설되었다. 1842년에는 타일러 대통령이 먼로 독트린을 하
와이로까지 확대했다. 서부 해안지역이 연방에 참여하기도 전에 방어선이
중부 태평양으로 확대되었던 것이다. 이 때부터 아시아분함대는 중국 해안
에서 정기적인 활동을 수행했다. 그러나 1861년 이전까지 미국 정부는 무
력의 사용을 허용하지 않았고 외교와 최혜국대우 조항을 통해 자국민의 권
리와 특권을 확대하는 것을 선호했다(Cohen, 2019: 26).

　미국인들은 이후에 정착될 거대한 대륙적 공간을 내버려 둔 채 태평양으
로 도약했다. 북미 대륙 전역에 미국인들이 자리잡기 훨씬 이전부터 미국
정부는 태평양을 향한 미국의 관문인 태평양 북서부에서 미국의 우위를 주
장했다. 극동부의 상업세력은 중국과의 자유무역이라는 초기 '민족적 로망
스'를 쫓아 극서부를 정복하고 무역거점 도시들을 건설했다(Johnson, 2017:
270). 선교사들이 그 뒤를 이어 '문명화의 사명'을 띠고 하와이와 중국으로
진출했다. 또 해군은 미국 정부의 대외정책과는 다소 독립적으로 태평양에

서 독자적인 활동을 전개했다.

그러나 태평양에서 미국의 상업·선교·해군 행동주의는 어떤 정책적 설계에 기초한 것은 아니었다. 당시에는 행정부 내에서 대외정책을 담당하는 국무부의 인적·제도적 자원이 취약했다. 의회에서는 태평양에서의 상업적 이해에 관한 광범위한 합의가 있었지만 상업적 휘그 및 뉴잉글랜드 세력과 달리 농업적 민주당은 중국과의 교역보다는 내륙팽창에 우선권을 부여했다 (Green, 2017: 33). 이 시기에 미국인들의 태평양횡단 활동은 대체로 정부가 아니라 민간이 주도했고, 집단적이라기보다는 개인적인 성격을 띠었으며, 체계적이라기보다는 간헐적인 양상을 보였다(Haddad, 2003: 6).

1800-1840년대까지 미국의 인구는 두 배로 증가한 반면 어떤 신생 주도 서부해안에 위치하지 않았다. 멕시코에서 알래스카에 이르는 북미 태평양 연안은 대체로 소수 미국인들의 정착지로 이루어진 일련의 섬들과 같았다 (Perry, 1994: 76). 1840년대까지 태평양이 자신들의 민족적 영역과 지리적으로 연계될 수 있다고 생각한 미국인은 소수에 불과했다. 대다수 미국인에게 태평양은 미국의 변경이 아니었다(Igler, 2013: 184).

IV. 태평양 횡단과 미국의 '첫번째 태평양 세기'?

1. 캘리포니아의 성장과 태평양 국가의 공고화

태평양의 상업적 연계는 캘리포니아 변경에 정착 도시들을 형성시켰다. 동아시아의 상업적 변경과 캘리포니아의 정착지 변경은 긴밀하게 상호작용했다. 해상운송이 양자를 창조하고 유지시켰다. 1841년에는 최초의 육로 정착자들이 캘리포니아에 도착했고 1840년대 중반에 상당한 규모의 미국인들이 캘리포니아에 도착하고 있었다. 미국의 상인들은 연방정부에게 중국 무역의 전반적 가치와 함께 캘리포니아가 가져올 혜택을 설득했다. 1846년 텍사스 병합 이후 2년에 걸친 멕시코와의 전투를 거친 다음 1848년에 미국이 캘리포니아를 점령한 주요 이유는 여기에 있다(Delgado, 1990: 11).[20] 1848년 뉴욕의 상인들이 동부에서 케이프 혼을 돌아서 캘리포니아에 이르는 대규모 증기노선을 확립했을 때 캘리포니아 금에 대한 관념은 존재하지 않았다(Sinn, 2013: 37). 단명한 캘리포니아 공화국 시대가 종결되고 1850년에 캘리포니아는 미국의 31번째 연방이 되었다.

그러나 1848년부터 시작된 골드러시는 19세기의 가장 극적인 이주운동 중 하나를 촉발했다. 미국의 동부에서 배를 타고 샌프란시스코로 채굴꾼들이 몰려들었을 뿐만 아니라 중국, 하와이, 유럽에서도 사람들이 몰려들었다.[21] 특히 태평양 연계는 캘리포니아가 성장할 수 있는 노동력을 제공했다. 금산(金山, Gold Mountain)의 소문이 퍼지면서 광둥 지역 중국인들이 캘리포니아로 몰려들었다. 1852년 정점에 이르렀을 때 중국인 이주자의 숫자는 30,000명에 이르렀으며 중국인은 대략 캘리포니아 금광 노동력의 20%를 차지했다(Freeman, 2010; England and Weiner, 2017: 95).

샌프란시스코는 미국 최초의 태평양 도시가 되었다. 캘리포니아에 도착한 사람들은 기본적 소비를 위한 상품의 생산에 큰 관심이 없었기 때문에 거의 모든 것이 수입되어야 했다. 캘리포니아는 거대한 소비자 시장을 형성하면서 해양무역의 규모와 유형을 변형시켰다(Heffron, 2017: 50; Igler, 2013:

---

20 또 1846년에는 영국과 미국이 캐나다 국경을 확립하면서 오레건 카운티를 둘러싼 영국과의 오랜 분쟁도 해결되었다.

21 이주의 흐름은 주로 서에서 동으로 향했지만 결코 일방향적인 것은 아니었다. 많은 중국인들이 캘리포니아에서 돈을 벌어서 또는 유골이 되어 중국으로 돌아갔다.

183). 유럽, 미국 동부해안, 남아메리카, 중국 등에 상품 수입을 위한 주문이 전달되었다. 샌프란시스코의 번성하는 해양교역은 태평양을 주변적인 무역지대에서 세계무역의 연결지점으로 변형시키면서 미국의 '태평양 세기'를 이끌었다(Sinn, 2013: 1).[22]

이와 함께 샌프란시스코와 가장 가까운 항구 중 하나였던 홍콩은 샌프란시스코의 주요 무역 파트너가 되었다(Sinn, 2013: 137). 1840년대에 중국무역에 대한 대응으로 더 빠르고 큰 쾌속범선(Clipper)이 발전했다. 미국은 쾌속범선과 영국이 제공해준 신용체계 덕택으로 더 큰 성공을 거둘 수 있었다. 1850년대 초에 캘리포니아로 고가의 상품과 승객을 실어 나르기 위한 쾌속범선 건조 경쟁이 격화되었다.[23] 빠른 속도와 상대적으로 높은 예측 가능성으로 인해 캘리포니아와의 정기적인 수요-공급 무역이 개시될 수 있다(Perry, 1994: 68; Delgado, 1990: 44).[24] 1848년 뉴욕에서 태평양 우편 증기선 회사가 설립되었고 이 회사는 1867년 최초의 공식적인 노선으로 로스앤젤레스-홍콩-요코하마 정기노선을 개통하고 이를 상하이까지 연장했다.

---

22 1850년대에 홍콩에서 샌프란시스코로 가는 데 걸리는 시간은 동부 항구도시에서 남미 남단을 돌아서 샌프란시스코에 도착하는 데 걸리는 시간의 1/3에 가까웠다.

23 1850년대에 쾌속범선 덕택으로 미국은 무역에서 점차 영국의 강력한 경쟁자가 되었다. 1850년대 초에 미국인들은 대략 200여개의 서양 회사들 중에서 25개를 운영하고 있을 뿐이었지만 중국과 서양의 무역의 대략 1/3을 담당했다(Cohen, 2019: 14).

24 그러나 중국과의 교역이 막대한 부를 가져다 줄 것이라는 기대가 실현된 것은 아니었다. 독립 이후 미국의 무역에서 중국 및 아시아의 비중은 전체의 작은 일부에 불과했다(Perry, 1994: 54). 게다가 1840년대에는 광동무역의 수익성이 과거만큼 높지 않았고 투자도 감소하기 시작했다. 태평양 횡단 무역에서 중국무역의 비중은 점차 하락했고 대신 일본무역의 비중은 증가했다. 일본의 주력 수출품은 비단이었는데, 1890년대에 미국은 일본이 수출하는 비단의 90%를 구매했다(Perry, 1994: 149). 그럼에도 불구하고 광저우 무역은 보스턴과 뉴욕의 상인들에게 원하는 곳에 투자할 수 있는 대규모 자본을 제공함으로써 미국 자본주의 형성, 특히 동부 금융가 집단의 형성에 결정적인 영향을 미쳤다(Ficher, 2010: 205; Perry, 1994: 54). 중국에서 획득된 자본은 1840-50년대에 국내 사업, 특히 대륙횡단철도와 면직산업 등에 투자되었다(Hunt, 1983: 24).

태평양 연안 지역의 성장과 함께 미국인들은 대서양과 태평양의 연계를 추진했다. 미국은 1850-55년에 파나마의 허리를 가로질러서 미국의 동부 연안과 서부연안을 파나마 지협에 연결시키는 대륙횡단 철도를 건설했다. 미국이 수행한 최초의 대규모 해외직접투자의 산물이었던 파나마 지협철도—사실상 미국 최초의 해외식민지였다—는 미국의 대륙횡단철도가 완성되기 전까지 대서양 연안에서 태평양 연안으로 가는 가장 빠르고 안전한 경로를 제공했다(Perry, 1994: 60). 지협철도는 이후 운하건설의 기초가 되었을 뿐만 아니라 미국 내 대륙횡단철도 건설의 원형이 되었다(Delgado, 1990: 65).

　남북전쟁 이후 서부팽창이 가속화되면서 동부해안과 서부해안을 연결시키는 대륙횡단철도의 건설이 새로운 추동력을 얻어서 1869년에 '태평양 철도'라고 불리는 대륙횡단철도와 완공되었다. 대륙횡단철도가 완성되자 동·서부 사이의 이동시간이 6개월에서 6일로 대폭 단축되었다. 동부의 백인들은 서부에서 새로운 이민자 집단을 형성했다. 대륙횡단 철도는 캘리포니아를 미국에 연계시키는 동시에 미국을 태평양에 연계시켰다(Heffron, 2017: 50). '태평양 철도'는 국내 시장의 통합과 동시에 동방교역을 둘러싼 경쟁에서 미국의 지배라는 새로운 현실을 만들 것으로 기대되었다.

　그러나 태평양 철도의 건설은 대규모의 자본과 책임있는 노동력을 필요로 했는데, 중국과의 연계가 다시 한 번 결정적인 역할을 했다. '구(舊)중국무역' 시대에 중국무역을 통해 형성된 뉴잉글랜드 상인들—포브스를 비롯한 일군의 중국 무역상—의 자본과 태평천국의 난으로 국내 투자에 불안을 느낀 몇몇 중국 홍상의 자본이 서부와 철도에 투자되었다(Hunt, 1983: 54; Ficher, 2010: 205; Perry, 1994: 54; Matsuda, 2012: 182; Dolin, 2012: 310). 또한 광둥과 인근 해양지역 출신 중국인 노동자들이 태평양을 건너와서 대륙횡단 철도의 서부 부문을 건설하는 데 결정적인 역할을 했다(England and Weiner, 2017: 95).[25] 철도건설에 대응해서 1868년에 시작된 중국인 이주의 두 번째 파동은 골드러시에 대응했던 첫 번째 파동보다 더 규모가 컸다.

태평양을 건너서 이주 노동력이 유입되면서 태평양 양안의 사람들이 서로 접촉하게 되었다. 백인 노동자들이 기피하기도 했던 위험한 철도건설 사업에 고용된 중국인들은 뛰어난 육체적 숙련, 지적 능력, 근면, 절약 등 미국인들이 존중하는 미덕을 소유하고 있었다(Hunt, 1983: 73-74). 그러나 새롭게 서부로 이주한 백인 노동자들과의 충돌은 불가피했다. 그들은 저임금 중국인 이주자들이 임금을 떨어뜨리고 있다고 불만을 표했고 그들의 불만은 '미국적 생활방식'을 따르지 않는 중국인 공동체에 대한 혐오와 공격을 수반했다. 이 시기 대중적 오해와 불안에 기초를 둔 반-중국인 투쟁은 '명백한 운명'을 따라서 서쪽으로 이동한 백인 캘리포니아인이 집단적 연대를 형성하는 수단이 되었다(Hunt, 1983: 75). 즉 이 시기의 중국인 혐오는 캘리포니아가 태평양 연계 속에서 백인 공화국 영토의 일부로 공고화되는 과정의 효과로 이해될 수 있다.[26]

태평양 연계의 강화와 미국의 영토적 공고화는 동시적으로 진행되었다. 캘리포니아를 비롯한 태평양 교역의 중심지들이 형성되는 과정에서 자본과 노동이 흘러들면서 태평양 연안지역은 미국의 '극서부'(Far West)가 되었다

---

25 중부태평양철도(Central Pacific Railroad) 건설에 고용된 중국인 노동자는 대략 15,000명 수준을 유지했던 것으로 추정된다. 그들은 백인 노동자들의 2/3 수준의 임금을 지급받았다. 그들이 정착 공동체를 형성하는 것을 막기 위해 여성의 진입은 통제되었다(England and Weiner, 2017: 95).

26 같은 시기에 개항도시를 벗어나서 내륙으로 선교지역을 확산했던 미국인 선교사들도 중국 향촌 사회에서 강한 저항과 불만에 직면했다(Hunt, 1983). 이런 측면에서 볼 때 태평양 양안에서 발생했던 반중·반미 정서는 태평양 연계가 낳은 중국인과 미국인의 대규모 접촉이 야기한 문화적 충돌의 일부로 이해될 수 있다.

(Igler, 2013: 183). 바로 이 시기에 태평양 연안의 주들이 연방에 참여하면서 미국, 캐나다, 멕시코의 현대적 국경이 확립되었다.[27] 태평양 연안에서 미국의 영토적 공고화는 아시아의 노동력과 시장, 그리고 중국무역을 통해 획득된 자본 없이는 불가능했다는 점에서 해외 상업적 연계망의 확대와 상호 연관된 현상으로 이해될 수 있다.

2. 자유무역의 제국과 '조약체계'

1차 아편전쟁 이후 1843년 난징조약의 체결로 '광둥체계'가 종결되었다. 미국은 어떤 위협이나 군사적 개입 없이 1844년 왕샤조약을 통해 중국과의 공식적 외교관계를 형성하고 조약체계의 이득을 누릴 수 있었다(Cohen, 2019: 11).[28] 조약체계에서는 광둥체계의 복잡한 관세들이 제거되고 상대적으로 낮은 수준의 단일관세가 확립되었다. 더 중요한 결과는 조약항구의 개방이었다. 1850년대에 미국은 중국의 5개 조약항구들에 안정적인 상업적 기반을 확립했는데, 특히 주요 기업들은 광저우가 아니라 상하이에 주요 사업시설을 마련했다. 이와 함께 미국은 영국 및 프랑스와 함께 1854년 상하이에 조계를 설치하고 연합으로 '상하이 공무국'을 세워서 도시를 관리했다 (왕위안총, 2021: 62).

5개 조약항구 중 가장 북쪽에 위치했으며 동쪽 태평양 방향으로 향했던 상하이는 곧 중국의 대외교역의 절반 이상을 차지하는 관문도시가 되었다.

---

27   1859년에 오레건이 32번째 주로 연방에 가입했다. 1867년에는 미국 정부가 러시아로부터 알래스카 구입했으며 영국이 지배하던 브리티시 콜롬비아가 캐나다 연방에 가입했다(Barter, 2017: 77).

28   19세기 중반 조공체계의 의례와 관습을 가장 중요한 문제로 생각했던 중국관료들에게 조약의 불평등성은 특별히 중요하지 않았다. 또한 그들은 민족의 개념이 결여되어 있었기 때문에 민족적 권리의 이론적 축소에 대해 우려할 이유도 없었다(Cohen, 2019: 13).

차 무역이 급증하는 와중에 특히 상하이는 중국이 미국에 판매한 차의 절반과 비단의 3/4을 수출했다(Perry, 1994: 77-79). 상하이 무역이 본격화되면서 미국에게 일본이 갖는 중요성이 커졌다. 1853년 태평양 해양 전략을 정력적으로 설파했던 페리 제독이 일본을 개항시켰는데, 당시 미국에는 식민화의 욕구가 없었고 중국을 향한 미래의 항로의 기항지—증기선에 석탄을 제공해줄—에 대한 요구가 가장 컸다. 태평양 항로를 향한 일본의 개항은 일본무역을 급증시키면서 북태평양으로 국제적 상업의 지리적 이동을 심화시켰다(Perry, 1994: 80).

그러나 미국 정부는 중국과의 조약을 실행하는 외교적 행동은 거의 수행하지 않았다. 중국 공사는 조약이 체결된 이후 10년 동안 어떤 특별한 지침도 워싱턴으로부터 받지 않았다. 미국 정부는 중국에서의 사태전개에 무관심했고 중국에 대한 정책에서 여타 국가들과의 공식적 협력보다는 일방적 정책을 추구했다(Cohen, 2019: 15-17). 대표적으로 1856년 애로우(Arrow)호 사건을 계기로 '2차 아편전쟁'이 발생했을 때 미국은 '중립정책'을 취하면서 텐진에서의 군사행동에 참여하지 않았다. 게다가 남북전쟁의 발발로인해 미국 내에서 해외개입에 대한 관심이 약화되었다.[29] 1860년대 이전까지 미국 정부는 태평양에 대해 어떤 장기적인 정책도 세우지 않았다.

1842-44년의 조약들은 선교사들에게 새로운 기회를 제공했다. 상인들처럼 그들도 개항도시, 특히 상하이에 기반을 확보했다. 몇몇 선교사들은 기독교적 대의를 진전시키는 수단으로 외교에 관심을 보이면서 조약이 제공

---

29 페리 제독은 동아시아 연안에서 미국의 정치적 입지를 강화시키자는 '태평양 전략'의 주창자였지만 '2차 아편전쟁'에 미국이 참여하는 것에 대해서는 반대했다. 오히려 그는 일본을 개항시키고 일본을 포함하는 태평양 도서들에 대한 미국의 영향력 확대를 추구했다(Perry, 1994: 82). 그러나 남북전쟁의 발발로 인해 미국은 일본에 대해 일관된 정책을 추진할 수 없었는데, 이는 메이지 유신이 성공할 수 있었던 대외적 조건 중 하나로 간주되기도 한다(So and Chiu, 1995).

한 권리들을 활용하기 시작했다. 그들은 문명화와 미국적 영향력의 대리인으로서 자신들이 상인들처럼 정부적 지원을 받을 자격이 있다고 생각했다. 몇몇 선교사들은 중국 정책의 형성에 개인적으로 관여하기도 했다(Hunt, 1983: 30). 선교사들과 잠시 동안 학습을 했던 홍수천은 자신을 예수의 동생이라고 주장하면서 태평천국의 지도자가 되었다. 선교사들은 태평천국 운동의 초기에 그에 대해 호의적인 태도를 취했지만 곧 그들이 기독교와 무관하다는 사실을 발견하고 홍수천을 파문했다(Cohen, 2019: 18-19).

링컨 행정부의 국무장관 수어드(William H. Seward)는 먼로-애덤스를 계승하는 전략적 사고의 소유자로서 중국과 교역하는 자유무역의 제국이라는 태평양 전망을 제시했다. 대륙횡단 철도의 건설을 지지했던 그는 태평양이 향후 세계사의 중심적 무대가 될 것이라고 예언했다. 그에 따르면, 북태평양을 가로질러 무역하는 유일한 나라로서 미국은 유럽의 지배로부터 자유로운 북태평양 공동체를 추구할 필요가 있다. 대서양이 과거의 문명을 상징한다면 태평양은 더 고등의 미래 문명을 창조할 것이라(Perry, 1994: 109). 이런 관점에서 그는 1867년 러시아로부터 알래스카를 구입하고 태평양의 미드웨이 제도를 획득했다. 또 그는 태평양 건너편 동아시아에 대해 유럽 열강과 경쟁 · 협력하면서도 중국 · 일본을 개혁하는 전략적 접근을 취했다(Green, 2017: 59).[30] 그는 1868년 중국 최초의 전권 외교공사 자격으로 중국 사절단을 이끌고 태평양을 횡단하여 미국에 도착한 벌링게임(A.

---

30 수어드는 아시아에서 대략 세 가지 전략적 선택지를 가졌다. 첫째, 유럽과 협력해서 세력균형을 유지하고 중국이 국제적 무역 및 규범에 개방되도록 압력을 행사하는 것. 둘째, 유럽의 침입에 대항하는 지역적 대항세력으로서 중국을 육성하는 것. 셋째, 유럽에 대한 대항세력이자 중국의 모범으로 일본을 육성하는 것. 그는 일차적으로 첫 번째 선택지에 주력할 수밖에 없었지만 나머지 두 가지 선택지도 결코 포기하지 않았다(Green, 2017: 59).

Burlingame)과 협정을 맺었다.[31]

벌링게임은 중국을 대표해서 주요 열강들과 중국이 맺은 불평등 조약을 개정한다는 목적을 가졌고 첫 번째 방문국 미국에서 2차 아편전쟁 이후에 체결된 불평등 조약을 부분적으로 개정했다. 중국인의 자유로운 이동과 법적 보호를 보장한 '벌링게임 조약'은 특히 유학과 관련된 조항을 두어서 중국학생이 미국으로 유학을 가는 길을 열었다.[32] 1872년에 중국은 역사상 최초로 30명의 국비유학생을 미국에 파견했다(왕위안총, 2922: 268). 미국 언론으로부터 현대적 자유주의의 화신으로 묘사된 벌링게임은 뉴욕에서 이른바 '중국을 존중하라 연설'(Let her alone speech)을 통해 포함외교를 비판하고 호혜평등과 상호이익을 옹호했다(왕위안총, 2022; Johnson, 2017: 252).

1870년대를 거치면서 캘리포니아에 기반을 확보하려던 민주당을 매개로 중국인 배척법이 점차 전국적인 쟁점이 되었다(Hunt, 1983: 85). 1876년 대통령 선거에 승리한 공화당 헤이즈(Rutherford B. Hayes) 대통령은 중국에서의 상업·선교 사업에 더 큰 무게를 두면서 중국인 배척법에 반대했다. 그러나 의회에서 논쟁이 지속되면서 공화당은 결국 태평양 주들에 대한

---

31 링컨 대통령은 1861년 노예제 폐지론자이자 공화당 창당발기인이었던 벌링게임을 주중국공사로 임명했다. 벌링게임은 중국에서 미국의 인도 하에서 중국을 개혁·문명화한다는 관점에서 유럽 열강과 같은 강압적 정책이 아니라 협력적 정책을 옹호했는데, 이런 관점은 1890년대까지 중국 공사관의 기본적 입장이 되었다(Hunt, 1983: 172). 중국 총리아문의 신뢰를 얻은 그는 선교사 윌리엄 마틴을 추천하여 『국제법 원리』(Elements of International Law, 1836)를 『만국공법』(1864)으로 번역하도록 했다. 벌링게임이 은퇴할 시점에 양무운동을 추진하던 중국 당국은 그를 설득해서 흠차대신에 임명했다. 그는 중국 최초의 공식 외교사절단을 이끌고 주요 서구국가들을 방문하여 불평등조약을 개정하려고 했다(왕위안총, 2022: 241).

32 벌링게임 조약은 중국이 19세기에 서구열강과 체결한 조약들 중에서 가장 평등한 조약이었다(Chang, 2015: 96). 개정된 조약은 최혜국대우로 중국 이민자들에게 미국에 입국할 수 있는 권리를 보장한다는 조항을 포함했다. 중국 이민자의 유입은 논쟁을 야기할 수도 있었지만 애초부터 자유이민을 옹호했던 공화당의 지도자 수어드는 조약에 그 내용이 포함되는 것을 수용했다(Hunt, 1983: 86).

통합이라는 관점에서 중국인 배척을 수용했고, 수어드-벌링게임 협정을 수정하는 앙겔 협정이 1881년 상원에서 비준되고 1882년에는 배화법이 통과되었다. 그런데 1882년 배화법은 무역, 여행, 취학 이외의 중국인 입국을 제한했기 때문에 중국 유학생들의 파견은 지속되었다. 또 양계초와 같은 중국 지식인들의 미국 방문도 지속되었는데, 그들은 미국에서 중국의 미래를 발견하려고 했다(Espritu, 2017: 82).

1890년대까지 태평양 건너편 국가들에 대한 미국의 정책 목표는 근본적으로 변화가 없었다. 그것은 본질적으로 건국의 아버지들이 취했던 '스미스적' 지향에 근거를 두었다. 미국인들은 자유롭게 교역하는 상업제국의 관점에서 오직 최대한도로 자유무역을 이끌어내어 국부(national wealth)를 증진시키는 것을 목표로 했다. 미국은 영국이나 프랑스와 달리 동아시아 지역에 군사력이 없었고 유럽 국가들이 강박적으로 집착했던 지정학적 역량을 확보하려고 하지도 않았다(왕위안총, 2022: 211; Stephanson, 1995: 71). '자유무역의 제국'이라는 관념은 세기 전환기에 미국의 정책당국이 중국에 대해 유럽 열강과 동맹질서를 형성하고 영향력을 확대하는 정책을 취하는 것을 주저하게 만들었다(Hunt, 1983: 181).

3. '주저하는 제국주의'에서 태평양 헤게모니로

'제국주의 시대'로 일컬어지는 19세기 말에 영국, 프랑스, 독일, 러시아 등 유럽의 열강들이 식민지 분할·재분할 경쟁을 벌이면서 동남아시아에도 '영토적 식민지' 체계가 확립되었고 중국을 둘러싼 경쟁도 심화되었다(Booth, 2007). 미국 내에서도 '새로운 제국'으로서 미국의 팽창에 대한 열망이 출현했는데, 이때 '팽창'은 주로 태평양과 연관되었다. 미국의 태평양 정책은 점차 상업적인 것에서 전략적인 것, 특히 유럽의 열강과 일본의 팽창으로 인한 갈등을 조정하고 미국의 상업적 이익을 방어하기 위한 정책적 개입으로 성격이 변화했다.

태평양에서 전략적 사고는 특히 해군에 의해 선도되었다. 1890년 마한(Alfred T. Mahan)은 역사와 바다에 대한 지식을 결합하여 '해양력'(sea power)을 옹호하고 태평양에서의 거대전략에 관한 최초의 포괄적 개념을 제시했다. 그는 미국 태평양 연안의 취약점을 지적하고 하와이 병합의 필요성을 옹호했으며 미국의 국익에 대한 가장 큰 위협은 태평양 건너편에서 도래할 수 있다고 지적했다. 특히 그는 청일전쟁에서 일본이 승리한 이후 태평양과 하와에서 미국과 일본의 경쟁의 가능성에 주목했다(Green, 2017: 80-82). 마한의 통찰에 영향을 받아 주요 해양국가들 내에서 건함 경쟁이 전개되는 상황에서 미국에서도 더 강력한 해군력에 대한 요구, 특히 전함선단에 기초한 '새로운 해군주의'(new navalism)가 등장했다(Heffron, 2017: 51). 새로운 해군주의는 동양과 서양이라는 양대 문명이 만나는 곳으로서 태평양의 중요성을 강조했다. 태평양을 통제하는 것이 미국의 운명이라는 믿음은 태평양을 '미국의 호수'로 만들려는 시도를 낳았다.

당시에 이미 미국에 상업적으로 종속되어 있던 하와이는 미국 해군의 규모가 증가하면서 새롭게 중요성을 획득했다. 1887년에 해군은 진주만을 잠재적 기지로 대여했다(Perry, 1994: 169). 그리고 1898년은 미국과 태평양 영토의 사람들에게 결정적인 해가 되었다. 스페인령 서인도, 즉 쿠바와 푸에르토리코에서 미·서 전쟁—국무장관 헤이가 '빛나는 작은 전쟁'이라고 부른—이 개시되던 때에 하와이와 필리핀에서도 미국의 영토적 이익이 대두되었다. 하와이 병합이 논쟁되던 시기에 미국 해군은 '방어적' 전망에 기초해서 하와이에서 필리핀에 이르는 항로를 장악했으며, 스페인 해군을 파괴할 필요성으로 인해 필리핀에 진입했다. 결국 1898년 하와이의 병합과 함께 필리핀과 괌에 대한 법적 지위가 확립되면서 태평양에 미국의 '공식적 제국'이 확립되었다(Hong, 2019: 3). 필리핀의 식민화는 미국의 영토와 관련된 대법원의 헌법 논쟁을 낳기도 했지만 중국진출을 위한 전략적 거점의 확보라는 관점에서 정당화되었다(Sparrow, 2006).[33]

1898년 의화단의 난을 계기로 유럽 열강의 쟁탈은 중국을 국제적 경쟁의 대상으로 만들었다(Fairbank, 1986: 2). 미국 해군이 억류된 공사관원들의 석방을 위해 북경에서의 행진에 참여하면서 미국은 지금까지의 '중립정책'에서 단절했다. 이는 미국이 현지의 상인, 선교사, 외교관 등의 요구를 수용해서 중국의 개혁을 위해 '강압적 정책'을 취하게 되었다는 것을 의미했다(Hunt, 1983: 197).

그러나 국무장관 헤이(John Hay)는 중국을 분할하려는 열강들의 시도를 막았고 문호개방정책을 지속하도록 설득했다. 이른바 '큰 방망이 정책'을 표방했던 맥킨리(Mckinley) 대통령도 미국이 중국영토를 분할하는 정책을 취하지 않을 것이라고 공개적으로 발표했다. 비록 강압적 수단을 활용하더라도 미국 정부의 핵심적인 관심은 열강들에 의한 차별로부터 미국의 상업을 보호하는 것으로 제한되었다. 일종의 '반제국주의적 교리'로서 '문호개방'은 미국의 중국 정책을 극적으로 변화시키지 않았고 중국에서 미국 상인의 활동조건을 근본적으로 변형시키지도 않았다. 미국 정부는 미국의 인도하에 자유무역과 기독교적 공화주의의 가치에 따라 개혁되는 중국이라는 때로는 모순적인 정책적 전망과 단절하기를 주저했다(Dudden, 1998: 99;

---

33 미국 대법원은 1900년대에 미국 헌법의 완전한 보호를 받는 통합된(incorporated) 영토와 그렇지 못한 통합되지 않은(unincorporated) 영토를 구별했는데, 필리핀과 하와이는 후자에 속했다 (Sparrow, 2006: 5).

Hunt, 1983: 153-154, 182, 273).[34]

미국은 필리핀에 '공식적 제국'(formal empire)을 구축했지만 광범위한 식민지 획득을 지향하지 않았다는 점에서 고전적인 영토적 의미의 제국이 아니었다(Chang, 2017). 게다가 미국은 유럽열강들과 달리 중국에서 정치적으로 민감한 투기적 투자를 활용해서 영토에 대한 통제력을 확보하는 이른바 '금융외교'(financial diplomacy)에 관여하지 않았고 제국주의적 영토분할 보다는 상업적 자유를 추구하는 데 머물렀다(Hunt, 1983).[35] 동아시아 지역에서 미국인의 활동은 여전히 정부적이라기보다는 개인적 · 상업적 · 선교적 성격을 띠었다. 많은 미국인이 중국과 일본에서 정부적 지원과 무관하게 수익성 있는 사업을 추진하고 현대화를 위한 교육과 선교활동을 벌였다. 게다가 미국 내에서는 필리핀의 식민화에 대한 반작용으로 강력한 반식민주의 세력이 형성되어서 윌슨의 민족자결주의를 지지했다(Stephanson, 1995: 75).[36]

미국의 지도자들은 대체로 아시아 세력균형의 안정화에 필수적인 '강력하고 독립된 중국'을 희망했다(Cohen, 2019). 1905-08년 동안 의화단의

---

34   실제로 의회단의 난 이후의 상황에서 이홍장과 그의 후견 속에서 성장한 중국의 외교 담당자들은 미국을 중국의 독립을 보호하는 데 관심을 갖는 상업적 국가들 중 하나로 간주했다. 이 같은 관점에서 위안스카이는 러일전쟁 이후 '만주문제'를 해결하기 위해 미국의 금융적 지원을 얻어 만주지역에 철도를 건설하려고 했다(Hunt, 1983: 203-204).

35   이런 측면에서 미국의 대외정책은 '주저하는 제국주의'(Heffron, 2017) 또는 '반제국주의적 제국주의'(Arrighi, 2010)으로 지칭되기도 한다.

36   대표적으로 2명의 전직대통령과 12명의 상원의원 그리고 카네기 같은 기업가 등이 참여한 반제국주의연맹(Anti-Imperialist League)은 1900년 민주당 강령에 필리핀의 독립을 삽입하게 만들기도 했다(Ferguson, 2004: 110-111). 미국은 어떤 식민지 행정가 계급도 존재하지 않았기 때문에 식민지 운영을 위해 토착세력에 의존해야만 했는데, 그 결과로 필리핀에서 '민족화된' 피후견 계급이 출현했다. 미국 의회는 1930년대에 필리핀이 15년 후에 독립국이 될 것이라고 결정했는데, 필리핀 수입품으로부터의 보호를 주장했던 경제적 이해당사자들의 요구가 가장 중요한 역할을 했다(Stephanson, 1995: 78; Booth, 2007).

난 배상금 협상에서 미국인들은 배상금이 지나치게 거액이라는 중국인들의 지적을 수용했고, 그 일부를 중국인의 교육—동시에 미국의 교육적 영향의 확대—에 활용하기 위해 '경관(庚款)장학금'을 조성했다(Hunt, 1983: 200). 미국 내에서 1898년 이후 중국인 배제법이 강력한 추동력을 얻는 상황에서도 중국의 학생들이 경관장학금으로 미국에 유학을 갔다. 미국인들은 유학을 준비하는 학생들을 위해 1909년에 칭화학원을 설립했고 칭화학원은 이후 칭화대학으로 발전했다. 그리고 이후에는 중국인들이 의화단 배상기금의 사용에 대한 통제력을 확보했다(왕위안총, 2022; Hsu, 2017: 88).

미국 최초로 국제무대에서 인정을 받았던 대통령 시어도어 루즈벨트는 취임사에서 미국이 '위대한 민족'이 되었다고 선언하고 그에 맞는 책임성을 갖고 행동할 것을 제안했다. 마한의 친구였던 그는 강한 해군, 무역, 공화주의적 자기-통치가 세계질서의 필수적 조건이라는 생각을 마한과 공유하면서 세계문명이 대서양에서 태평양으로 이동하고 있다는 전망을 제시했다(Green, 2017: 85-86). 미국의 치외법권을 보장받는 대가로 파나마 분리주의자들이 콜롬비아로부터 독립하는 것을 지원했던 그는 파나마 운하를 착공했고 1908년에는 세계일주 해군함대를 파견하기도 했다(Stephanson, 1995: 75).

루즈벨트는 1905년에 일본과 러시아 사이에서 종전을 중재하는 과정에서 동아시아에서 식민지를 둘러싼 경쟁이 격화되는 상황에서 미국이 원격제국을 유지하는 것이 불가능하다는 사실을 깨달았다. 그는 결국 태평양 주변 국가들의 세력균형이 아니라 일종의 '불능의 균형', 즉 어느 누구도 제국적 지배를 할 수 없는 세계라는 전망을 채택했다(Perry, 1994: 176).[37] '개방

---

37 일본을 진지하게 생각한 최초의 대통령이었던 루즈벨트는 일본의 성공적인 현대화뿐만 아니라 그 것을 가능케 만든 일본의 문명에도 주목했다. 또한 국무장관 헤이는 일본을 '동양의 영국'이라고

된 태평양'을 유지하기 위해 태평양에 개입한다는 미국의 '방어적 현실주의'가 공식화되었다(Green, 2017). 1차 세계전쟁 이후 미국이 워싱턴협상을 통해 태평양에서 군축을 추구하면서 일본의 전함 규모에 제한을 가했던 것은 이 같은 관점에 근거한 것이었다(Dudden, 1998: 99).

2차 세계전쟁 이전까지 미국은 태평양에서 진정한 권력자가 아니었다. 전간기(1918-1938)에는 어떤 나라도 세계적인 무역과 상업을 지배한다고 말할 수 없었다(Espirtu, 2017: 183). 유럽 식민권력이 여전히 존재했고 일본이 성장하고 있었으며 중국이 무질서에 빠지고 있던 당시의 지정학적 현실은 태평양 주변의 특정 국가가 지배력을 행사할 수 없게 만들었다(Heffron, 2017: 53). 필리핀, 괌, 하와이 같은 직접적 통제의 영역 밖에서 미국의 권력은 수사학적 요구로 제한되었다. 중국에서 민족주의가 확산되는 상황에서도 미국은 자신들이 인도하는 개혁이라는 모호한 전망으로부터 단절하지 못했다(Hunt, 1983: 266).

국제주의적 지향의 플랭클린 루즈벨트는 중국의 취약성이 아시아에서 열강의 경쟁을 야기함으로써 태평양에서 미국의 이익에 위협이 된다고 생각했고 일본의 중국진출에 반대했다. 그는 1941년에 태평양에서 일본의 지배력 확대는 워싱턴 조약체계가 사실상 붕괴했고 나치의 지배력 확대라는 유럽에서의 사태와 긴밀히 연계되어 있다는 사실을 인식했다. 결국 그는 일본의 만주침공에 대항해서 일본에 대한 석유금수조치를 취했는데, 그것이 '태평양 전쟁'의 결정적 계기가 되었다(Dudden, 1998: 100. Cohen, 2019). 그러나 역설적으로 1941년 진주만 공습 이후 미국의 태평양 연안 주와 도시는 전시경제의 성장 덕택으로 '대약진'을 이루었고 미국은 전례 없는 규모

칭하기도 했다. 일본에 대한 이 같은 관심은 동시에 급성장하고 있던 일본의 해양력에 대한 우려를 동반한 것이기도 했다(Perry, 1994: 176-177).

의 대륙형 산업경제를 완성했다(Cumings, 2010).[38] '태평양 전쟁'은 태평양 국가로서 미국의 국내적·국제적 위상을 확고하게 만들었다.

태평양 전쟁은 일본제국의 몰락뿐만 아니라 동아시아 내에서 유럽의 식민지들을 해체시켰다. 2차 세계전쟁 이후 미국의 세계헤게모니는 이 같은 탈식민화의 산물이었다. '태평양 전쟁' 시기에 확립된 태평양의 기지들은 냉전 시대에 확대·강화되었다. 미국은 태평양에서 '비공식적 제국'으로서 '안정적 해양질서'(good order at sea)를 추구했다(Sparrow, 2006: 233; Bratton, 2012: 26). 이러한 역량은 많은 부분 19세기 초부터 진행된 아시아 지역과의 상업적·군사적 관여와 자유무역 및 개방된 태평양이라는 오랜 전망에 뿌리를 두고 있었다.

V. 결론

미국이 처음부터 태평양 국가였던 것은 아니다. 미국이 태평양 국가가 되는 과정은 동아시아와 미국의 상업적 연계가 형성·강화되는 과정과 동시적으로 진행되었다. 그 지역에 대한 미국의 관심은 주로 농업적 관심에 의해 추동된 서부로의 팽창이 진행되기 훨씬 이전부터 존재했다. 미국을 태평양 국가로 만든 것은 중국과의 교역 확대라는 상업적 이해관심이었다. 동부

---

38 이 같은 전시경제의 중심은 로스앤젤리스였다. 1944년에 로스엔젤리스에서는 거의 모든 산업을 포괄하는 4만개의 전시 공장이 운영되고 있었고 1945년에는 로스엔젤리스 카운티가 전시생산의 총규모에서 디트로이트를 추월했다. 태평양 연안의 산업화는 미국사에서 최대 규모의 내부 이주를 낳아서 캘리포니아 인구는 1940-50년 사이에 3,500만 명이 증가했다. 1970년 이래 미국 총생산이 세계경제의 30% 수준을 유지할 수 있었던 것은 태평양 연안의 성장으로 인한 것이었다(Cumings, 2010).

상업세력의 열망에 따라 미국은 스페인, 영국, 러시아 등과 경쟁하면서 태평양 연안지역을 자국의 영토로 통합함으로써 태평양 국가가 되었다. 그리고 이 같은 상업적 관심이 환태평양(Trans-Pacific) 지역에 대한 미국의 초기 거대전략을 형성했다. 미국인들에게 태평양은 미래 열망의 무대였고 미국인들은 태평양에서 고립주의적인 정책을 취한 적이 없었다. 미국의 건국자들은 전제적이지 않은 자유국가와 자유로운 상업적 교류를 통한 상호이익의 증진이라는 애덤 스미스의 전망을 따르는 '상업의 제국'을 지향했다.

중국과의 교역이 태평양 연안에 미국인들의 진출을 추동하고 있었지만 태평양 국가로서 미국을 공고화한 것은 골드러시와 뒤이은 캘리포니아 도시들의 성장이었다. 골드러시는 태평양을 북미와 아시아를 연결시키는 바다의 '고속도로'로 만들었고, 이 과정에서 홍콩은 아시아의 주도적 태평양 관문이 되었다. 남북전쟁 이후 서부팽창이 가속화되는 상황에서 대륙횡단 철도는 미국의 동부와 서부를 통합시키는 동시에 미국과 태평양의 연계를 강화시켰다. 증기선의 출현으로 태평양을 횡단하는 인적·물적 흐름이 폭발적으로 증가하면서 하와이, 괌 등 태평양 도서들의 중요성이 증대했다. 페리 제독에 의한 일본의 개항도 이 같은 태평양 횡단의 부산물이었다.

미국은 19세기 말에 이른바 '고도 제국주의' 시대가 도래하기 이전까지 태평양에서 전형적인 '제국주의적' 경로를 걷지 않았다. 태평양 주변 국가들에 대한 상업적·선교적 이해관심이 미국 대외정책의 주된 추동력이었다. 미국인들은 '자유무역'을 옹호했고 18-19세기에 무역의 지역적 독점을 실행하면서 식민화를 주도했던 '동인도회사' 같은 특권기업을 기각했다. 대외 상업활동과 선교활동에 대한 정부의 지원은 없었다. 오히려 민간, 특히 개인적으로 활동하는 상인과 선교사가 태평양 정책에 중요한 영향을 미쳤다.

미국은 중국과 '조약체계'가 확립된 이후에도 유럽의 열강과 구별되는 정책을 추진하면서 중국과 '특수한 관계'를 형성하려고 했다. 자유로운 공화국과의 자유무역의 확대라는 미국의 관심은 종종 전제적인 중국의 조치를 개혁하려는 열강의 시도에 미국이 동참하도록 만들었지만 다른 한편 여타 열강의 제국주의적 조치에 대한 거부를 낳기도 했다. 중국 당국을 대표해서 사절단을 이끌고 불평등 조약을 개정하려고 했던 벌링게임의 사례는 중국에 대한 미국인들의 우호적인 태도를 전형적으로 보여준다.

1890년대 '제국의 시대'에 미국도 태평양에서 제국의 형성을 추구했다. 중국을 둘러싼 열강들의 경쟁이 첨예해지면서 미국에서도 상업적 · 선교적 이해를 넘어서는 전략적 사고가 출현했다. 그러나 미국은 여전히 영국과 프랑스 같은 유럽 열강들의 제국주의적 접근과는 구별되는 접근을 취했다. 미국은 중국에서의 사태에 개입해서 자국민을 보호하고 보편적인 공화국의 가치를 확산시키려 했지만 중국에 대한 제국주의적 분할에는 반대했다. 미국의 정치 지도자들은 중국의 독립과 미 · 중의 '특수한 관계'를 유지하기를 원했다.

태평양에서 자유로운 상업의 제국을 건설한다는 미국의 꿈은 건국 시기까지 소급된다. 독립 직후 미국인들은 동인도회사로 대표되는 특권기업에 반대하면서 중국과의 자유무역을 추구하는 동시에 태평양 교역의 거점으로서 북미 연안에 진출했다. 미국은 태평양 방향에서 외부적 충격이 있을 때마다 '책임의 영역'을 확대하는 방식으로 안전을 추구했다. 태평양에서 이같은 '방어적 현실주의'는 하와이의 병합과 필리핀의 식민화를 정당화하기도 했지만 본질적으로 유럽인들의 공식적 제국주의와는 구별되었다. 태평양 국가로서 미국의 거대전략은 강압적인 수단을 활용하기도 했지만 다른 세력이 태평양에 대한 배타적 통제력을 확립하는 것에 대한 반대, 즉 개방된 태평양을 지향하는 경향이 있었다. 개방된 태평양을 배경으로 미국의 태평양 연안 지역과 도시들이 환태평양 연계의 거점으로 성장했다.

참고문헌

Arrighi, Giovanni (2010), *Long Twentieth Century : Money, Power and the Origins of Our Time*, Verso.

_____ and Jason W. Moore (2001), "Capitalist Development in World Historical Perspective," in Robert Albritton et al., eds., *Phases of Capitalist Development*, Palgrave.

Booth, Anne (2007), *Colonial Legacies: Economic and Social Development in East and Southeast Asia*, University of Hawaii Press.

Bratton, Patrick (2012), "US as a Pacific Power", Geoffrey Till and Patrick C. Bratto, eds., Sea Power and the Asia-Pacific: The triumph of Neptune?, Routledge.

Braun, Juliane (2019), "'Strange Beasts of the Sea': Captain Cook, the Sea Otter and the Creation of a Transoceanic American Empire," in Nicole Poppenhagen and Jens Temmen eds., *Across Currents: Connections Between Atlantic and (Trans)Pacific Studies*, Routledge.

Campling, Liam and Alejandro Colás (2021), *Capitalism and the Sea*, Verso.

Capozzola, Christopher (2020), *Bound by War: How the United States and the Philippines Built America's First Pacific Century*, Basic Books

Chang, Gordon H. (2015), *Fateful Ties: A History of America's Preoccupation With China*, Harvard University Press.

Chang, Kornel (2012), *Pacific Connections: The Making of the US-Canadian Borderlands*, University of California Press.

Clinton, Hillary (2011), "America's Pacific Century," *Foreign Affair*, October.

Cohen, Warren I. (2019), *America's Response to China: A History of Sino-American Relations*, Columbia University Press.

Cumings, Bruce (2010), *Dominion from Sea to Sea: Pacific Ascendancy and American Power*, Yale University Press.

D'Arey, Paul (1998), "No Empty Ocean: Trade and Interaction Across the Pacific" in Sally M. Miller, A. J. H. Latham and Dennis O. Flynn, eds., *Studies in the Economic History of the Pacific Rim*, Routledge.

Delgado, James P. (1990), *The California by Sea*, University of South California University Press.

Dolin, Eric Jay (2012), *When America First Met China*, Liveright Publishing Corporation.

Dudden, Arthur P. (1998), "The American Pacific: Where the West Was Also Won," in Dennis O. Flynn, Lionel Frost and A. J. H. Latham, eds., *Pacific Centuries: Pacific and Pacific Rim History Since the Sixteenth Century*, Routledge.

Espiritu, Augusto (2017), "Inter-Imperial Relations, the Pacific, and Asian American History," in Lon Kurashige, ed., *Pacific America: Histories of Transoceanic Crossings*, University of Hawaii Press.

Fairbank, John K. (1986), "Introduction," in Ernest R. May and John K. Fairbank, eds. American's China Trade in Historical Perspective: The Chinese and American Performance, Havard University Press.

Ferguson, Niall (2004), *Colossus: The Rise and Fall of the American Empire*, Penguin Books.

Fichter, James E. (2010), *So Great a Proffit: How the East Indies Trades Transformed Anglo-American Capitalism*, Harvard University Press.

Flynn, Dennis O. and Arturo Giraldez (1999), "Spanish Profitablity in the Pacific: The Philippines in the Sixteenth and Seventeenth Century," in Dennis O. Flynn, Lionel Frost and A. J. H. Latham, eds., *Pacific Centuries: Pacific and Pacific Rim History Since the Sixteenth Century*, Routledge.

Flynn, Dennis O., Lionel Frost and A. J. H. Latham (1999), "Introduction: Pacific Centuries Emerging," in Dennis O. Flynn, Lionel Frost and A. J. H. Latham, eds.

Freeman, Donald (2010), *The Pacific*, Routledge.

Gibson, James (1992), *Otter Skin, Boston Ships, and China Trade: The Maritime Fur Trade of the North East Coast, 1783-1841,* McGill-Queens University Press.

Green, Michael J. (2017), *By More Than Providence: Grand Strategy and American Power in the Asia Pacific Since 1783*, Columbia University Press.

Haddad, John R. (2013), *America's First Adventure in China: Trade, Treaties, Opium, and Salvation*, Temple University Press.

Hao, Yen-Ping (1986), "China's Major Export Trades: A Synopsis," in Ernest R. May and John K. Fairbank, eds., *America's China Trade in Historical Perspective: The Chinese and American Performance*, Harvard University Press.

Heffron, John M. (2017), "The North American Sphere of Influence," in Shane J. Barter and Michael Weiner, eds., *The Pacific Basin: An Introduction*, Routeledge.

Hung, Ho-Fung (2015), *The China Boom: Why China Will Not Rule the World*, Columbia University Press.

Hunt, Michael H. (1983), *The Making of a Special Relationship: The United States and China to 1914*, Colombia University Press.

Hsu, Madeline Y. (2017), "Chinese and American Collaborations through Educational Exchange During the Era of Exclusion, 1872-1955," in Lon Kurashige, ed., *Pacific America: Histories of Transoceanic Crossings*, University of Hawaii Press.

Igler, David (2013), *The Great Ocean: Pacific Worlds From Captain Cook to the Gold Rush*, Cambridge University Press.

Johnson, Kendall A. (2017), *The New Middle Kingdom: China and the Early American Romance of Free Trade*, Johns Hopkins University Press.

Kolmaš, Michal and Šárka Kolmašová (2019), "A 'Ppivot' that Never Existed: America's Asian Strategy under Obama and Trump," *Cambridge Review of International Affairs*, Vol. 32, Iss. 1.

Kurashige, Lon (2017), "Introduction: Integrating the Pacific," in Lon Kurashige, ed., *Pacific America: Histories of Transoceanic Crossings*, University of Hawaii Press.

LaFeber, Walter (1997), *The Clash: US-Japanese Relations Throughout History*, W · W · Norton and Company.

Ma, Debin (1999), "The Great Silk Exchange: How the World was Connected and Developed," in Dennis O. Flynn, Lionel Frost and A. J. H. Latham, eds., *Pacific Centuries: Pacific and Pacific Rim History Since the Sixteenth Century*, Routledge.

Matsuda, Matt K. (2012), *Pacific Worlds: A History of Seas, Peoples, and Cultures*, Cambridge University Press.

Perry, John Curtis (1994), *Facing West: Americans and the Opening of the Pacific*, Praeger.

Sinn, Elizabeth (2013), *Pacific Crossing: California Gold, Chinese Migration, and the Making of Hong Kong*, Hong Kong University Press.

So, Alvin Y and Stephen W. K. Chiu (1995), *East Asia and the World Economy*, Sage.

Sparrow, Bartholomew H. (2006), *The Insular Cases and the Emergence of American Empire*, University Press of Kansas.

Sutter, Robert (2010), *US-Chinese Relations: Perilous Past, Pragmatic Present*, Rowman & Littlefield Publishers.

Wang, Dave Xueliang (2021), *China and the Founding of the United States: The Influence of Traditional Chinese Civilization*, Lexington Books.

Wertheim, Stephen (2020), *Tomorrow the World: The Birth of US Global Supremacy*, The Belknap Press of Havard University Press.

Yokota, Kariann Akemi (2017), "Transatlantic and Transpacific Connections in Early American History," in Lon Kurashige, ed., *Pacific America: Histories of Transoceanic Crossings*, University of Hawaii Press.

02

러시아 제국의 해외 식민지
루스카야-아메리카[*]

러시아-아메리카 회사의 역학관계

박원용

Ⅰ. 들어가는 말

1866년 12월 16일,[1] 차르 알렉산드르 2세와 외무성 및 해군성의 고위 관리들은 세계사를 바꾼 사건 중의 하나라고 할 수 있는 결정을 위해 외무장관 알렉산드르 고르차코프의 집무실에 모였다. 회의 안건은 러시아의 해외 식민지 루스카야-아메리카, 즉 알래스카[2]의 매각 여부였다. 각료들의 반대

---

* 이 글은 〈서양사론〉 제162권(2024년)에 게재된 '러시아 제국의 해외 식민지 루스카야-아메리카 -
  러시아-아메리카 회사의 역학관계를 중심으로-' 논문을 수정·보완한 것임.
1 율리우스력에 따른 날짜 표시로 그레고리력에 비해 12일이 늦다.
2 알래스카를 매각하기 이전 러시아의 해외 식민지는 알래스카는 물론 현재 알래스카주에 대부분 속
  해있는 알류산열도와 러시아 영토인 코만도르스키 제도까지 포함하고 있었기 때문에 당시의 용법
  인 루스카야-아메리카라는 용어를 사용했다. 이러한 식민지 전체를 포괄하는 의미가 아닐 때는 알
  래스카라는 현 명칭을 사용했다.

는 없었고 알렉산드르 2세 또한 미국과의 비밀 협상을 시작하자는 제안을 승인했다. 불과 석 달 후인 1867년 3월 18일, 미국과 러시아 모두에게 충격으로 다가온 알래스카 매각협정이 체결되었다.[3]

불과 720만 달러로 (2023년의 화폐 가치로는 1억 2900만 달러) 미국은 알래스카를 자국의 영토로 편입시켜 북아메리카의 정치 지형을 변화시킬 수 있는 토대를 마련했다. 미국 내의 여론이 알래스카 매입을 물론 한목소리로 열렬히 환호하지만은 않았다. 협상의 미국 측 대표였던 국무장관 윌리엄 수어드(William Seward)를 빗대어 미국의 언론은 알래스카 매입을 '수어드의 어리석음,' '수어드의 냉장고,' 또한 '존슨의 북극곰 정원'과 같은 표현으로 조롱했다. 남북전쟁의 혼란에서 막 벗어났고 알래스카의 미래 가치를 전혀 알 수 없었던 당시의 상황에서 이러한 비판이 황당하지만은 않았다. 그렇지만 미국 정관계의 엘리트는 물론 미국 대부분의 언론은 알래스카의 매입을 환영하였고 수어드 또한 자신의 가장 위대한 업적은 알래스카의 매입이었다고 회상했다.[4]

미국에 향후 엄청난 이익을 안겨다 준 알래스카의 매각을 러시아가 추진한 이유에 관해서는 그것이 갖는 세계사적 중요성 때문에 광범위한 분야에서 다양한 연구가 진행되었다. 범주별로 대표적 시각 몇몇을 소개한다면 이주민의 생필품을 본국으로부터 안정적으로 받기 어려운 루스카야-아메리카의 지리적 위치와 자급자족 경제를 운영하기 어려운 혹독한 기후 때문이었다는 자연환경적 요인의 설명,[5] 루스카야-아메리카 원주민의 저항을 이겨

3 Николай Н. Болховитинов, *Русско-американские отношения и продажа Аляски, 1834-1867* (*Москва*, 1990), pp. 188~202.

4 Richard E. Welch Jr., "American Public Opinion and the Purchase of Russian America," *American Slavonic and East European Review,* vol. 17, no. 4 (1958), pp. 481~95

5 J. R. Gibson, "Old Russia in the New World: Adversaries and Adversities in Russia America," J. R.

내고 그들을 통제할 정도로 러시아 본토로부터 넘어온 이주민의 수가 절대적으로 적었다는 사회적 요인의 설명,[6] 크림 전쟁에 패배한 러시아가 북태평양 연안으로 세력 확장을 도모하는 영국과의 분쟁 발생 시 이를 이겨낼 정도의 방어력을 루스카야-아메리카에서 완비하고 있지 못하므로 매각을 통해 분쟁의 위험을 미리 제거해야 한다는 지정학적 요인 등의 설명이 있었다.[7]

루스카야-아메리카의 매각을 이렇게 거시적 맥락에서만 바라보면 상대적으로 부각되지 못하는 부분이 있다. 러시아 전제정은 17세기 중반 시베리아 동부 타이가 지역을 정복하자 지역 경제활동의 중심이었던 모피거래 상인들에게 세금을 부과하여 전제정의 재정을 강화하려고 했다. 1640년대부터 1650년대까지 이 지역에서 흑담비, 비버, 백담비의 모피로 상인들은 매년 60만 루블 정도의 수입을 올렸는데 이는 차르 정부 수입의 33퍼센트에 해당하는 금액[8]이었다. 경제적 가치가 높은 모피동물의 남획으로 개체수는 대륙 내에서 감소했다. 베링과 같은 인물들의 탐험으로 알려진 알류산열도, 알래스카 북서 해안의 섬들에 지속적 이익을 보장할 수 있는 모피동물의 존재는 이러한 상황을 타개할 수 있는 대안이었다. 예카테리나의 지시로 항해에 나섰던 탐험가들은 알류산열도의 유니맥섬, 알래스카 연안의 움나크섬 등에서 모피동물의 존재를 확인하는 보고서를 올리며 기대를 증폭시켰다.[9] 이렇게 루스카야-아메리카로의 진출은 페테르부르크 중앙 전제정

Gibson ed., *European Settlement and Development in North America: Essays on Geographical Change in Honor and Memory of Andrew Hill Clark* (Toronto and Buffalo, 1978), pp. 64~65.

6   А. И. Алексеев, *Освоение русскими людьми Дальнего Востока и Русской Америки до конца XIX века* (Москва, 1982), pp.132~135

7   Н.Н. Болховитинов, *Русско-американские отношения и продажа Аляски,*, pp. 188~192.

8   Oleg V. Bychkov, "Russian Hunters in Eastern Siberia in the Seventeenth Century: Lifestyle and Economy," *Arctic Anthropology* vol. 31, no. 1 (1994), p. 73.

9   Алексеев, *Освоение русскими людьми Дальнего Востока и Русской Америки,* pp.95~96.

의 장거리 항해에 대한 지원과 새로운 영토획득의 관심, 그를 통해 재정 수입이 증가할 것이라는 기대가 없었다면 가능하지 않았다. 그렇다고 중앙정부의 정책만을 부각하여 루스카야-아메리카의 형성을 설명한다면 그 과정에서 나타났던 다양한 주체들의 역학관계를 놓치기가 쉽다. 루스카야-아메리카의 유지를 위해서는 러시아 제국 중앙정부에서 가장 멀리 떨어진 해외 식민지에서 수익을 추구하는 상인들의 이해를 일정 정도 보장하면서 그들의 이해를 전제정의 통치 체계 안으로 흡수할 수 있는 장치가 필요했다. 러시아-아메리카 회사 (Российско-американская компания)는 이러한 맥락에서 등장했다.

이 글은 러시아의 알래스카 매각을 지역의 경제활동에 관여했던 다양한 경제주체, 특히 러시아-아메리카 회사에 관여했던 주체들을 통해 재현하고자 한다. 거시적 접근방식을 통해 알래스카 매각을 이해할 수 있는 단서들이 있지만 그러한 시각들은 루스카야-아메리카라는 특정 지역에서 활동했던 경제주체들의 역동성을 충분히 부각하지 못했다는 아쉬움이 있다. 러시아-아메리카 회사에는 시베리아 모피거래의 경제적 이득을 지속하려 했던 상인, 상인들의 모피거래에서 황실 재정의 기여 방안을 찾으려고 했던 중앙의 관료들, 그리고 상인과 관료들의 압박을 받으며 모피를 공급해야 했던 루스카야-아메리카 원주민들의 역학관계가 복잡하게 얽혀있었다. 루스카야-아메리카에 관여했던 이러한 경제주체들의 역동적 관계를 제시함으로써 루스카야-아메리카의 매각에 관한 실질적 배경은 물론 러시아의 유일한 해외 식민지 운영과 관계된 러시아 제국의 태도 또한 드러날 것이다.

II. 러시아-아메리카 회사의 형성

18세기 전반 캄차카반도의 귀속으로 러시아 전제정은 북태평양과 같은 광활한 해양공간을 접하게 되었다. 표트르 대제의 후원에 힘입어 비투스 베링(Витус Беринг)은 1725년부터 1731년까지 캄차카반도에서 출발하여 유라시아 대륙의 동쪽 끝에 있는 축치반도를 거쳐 알래스카 북부에 도달하는 1차 캄차카 원정을 이끌었다. 특히 베링은 1728년, 이후에 그의 이름으로 명명된 해협으로 최초로 진입하여 아시아와 북아메리카 대륙이 연결되어 있지 않다는 사실을 러시아 정부에 보고했다. 1733년부터 1742년까지 진행된 베링의 2차 원정은 1차 원정의 성과를 바탕으로 베링 해협을 탐사하여 두 대륙의 분리를 증명하였고 알래스카 북서해안 및 알류산열도의 많은 섬들에 러시아가 진출할 수 있는 토대를 마련했다.[10] 아메리카 북서부의 알래스카반도가 러시아 제국의 영토로 편입된 것도 이러한 2차 원정대 활동의 결과였다.

루스카야-아메리카의 편입으로 러시아 제국은 시베리아 식민화 과정의 경제적 이득을 확대할 수 있었다. 시베리아는 모피동물 사냥과 그로 인한 모피거래로 이익을 얻고 있었던 토착 상인들과 그러한 이득을 좇아 이주한 러시아인들로 구성된 모피 상인들(*промышленники*)의 경제적 활동공간이었다.[11] 그들은 기존 사냥터에서 포획할 수 있는 개체수가 줄어들면 새로운 사냥터를 찾아 이동했다. 이러한 지속적 수익 확보의 과정에서 그들은 캄차카반도까지 나아갔다. 캄차카반도 연안과 베링의 탐험으로 알려진 알류산

---

10 베링의 1차 원정과 2차 원정에 대한 설명은 다음을 참조. 이상철, 박종관, 「비투스 베링 캄차카 원정대의 탐사에 관한 연구」, 『중소연구』 46집, 3호 (2022), pp. 411~441.

11 Andrei V. Grinëv, "The First Russian Settlers in Alaska," *The Historian,* vol. 75, no. 3 (2013), pp. 444~445.

열도의 바다에는 더 많은 돈을 벌 수 있는 모피동물이 서식하고 있다는 것이 알려졌기 때문이다. 시베리아에서 출생하여 캄차카반도에서 알류산열도까지 최초로 항해한 예멜리안 바소프(Емелян Басоф)는 1743년 항해에서 캄차카반도 동쪽의 코만도르스키열도에서 자신의 선원들이 하루에 50마리와 100여 마리의 북극여우를 포획했다고 전했다.[12] 해달의 모피가 캄차카에서 30루블에서 60루블, 중국 상인과의 교역 장소인 캬흐타에서는 이보다 많은 90루블에서 100루블로 거래되었기 때문에[13] 더 많은 경제적 이익을 확보하려는 욕구는 증대했다.

루스카야-아메리카라는 새로운 수익원을 모피 상인들이 발견했지만 이러한 사업을 개별 상인들이 지속해 나가기는 어려웠다. 알래스카의 근해까지 진출하기 위해서는 장거리 항해를 감당할 수 있을 정도의 선박이 필요했다. 더구나 그러한 선박에는 일회의 출항으로 최대한의 이익을 수확하기 위해 통상 30명에서 40명, 많을 때는 70명 정도의 선원이 승선했는데 이러한 규모의 선박 건조와 항해 시 선원들이 필요한 식량 공급을 위해 15,000루블과 30,000루블 사이의 자본이 필요했다. 이렇게 많은 자본을 개별 상인들이 충당할 수는 없었기 때문에 사업 참가의 핵심 당사자들, 즉 상인 자본가, 모피 상인들이 사업 비용 조성을 위한 회사를 먼저 조직한 다음 모피를 확보한 회사의 선박이 돌아와 판매한 이익을 투자한 자본의 비율에 따라 배분하는 방식으로 사업은 진행되었다. 일반적으로 상인 자본가와 모피 상인들의 투자 자본 비율은 거의 동등했기 때문에 배당금을 절반씩 분배하는 방

12　Ryan T. Jones, *Empire of Extinction: Russians and the North Pacific's Strange Beasts of Sea, 1741-1867* (New York, 2014), p. 68.

13　Mary E. Wheeler, "The Origins of the Russian-American Company," *Jahrbücher für Geschichte Osteuropas*, vol. 14, no. 1 (1966), p. 485.

식이 가장 일반적이었다.[14]

루스카야-아메리카의 모피 사업에 뛰어든 상인들 가운데 두 집단이 가장 돋보였다. 이들은 알래스카 남부 해안에 모피 사업을 위한 해외 기지를 설립하는 적극성을 보였다. 러시아의 서부 릴스크에서 출생하여 상인으로 입지를 굳힌 그리고리 셸리호프(Григорий Шелихов)는 이반 골리코프, 미하일 골리고프 형제와 더불어 1784년, 알래스카 남부 해안에 위치한 코디액섬에 회사의 기지를 설립했다. 3년 후, 야쿠츠크 출신 상인 파벨 레베데프-라스토치킨(Павел Лебедев-Ласточкин) 또한 알래스카의 케나이반도 해안에 사업 기지를 설립했다.[15]

케나이반도에 기지를 설립한 레베데프-라스토치킨 회사 고용인들의 최우선 과제는 모피동물 사냥터를 확장해 나가는 것이었다. 그렇지만 지역 원주민들인 추가치(Chugach)족은 자신들의 중요한 생계 수단 중의 하나인 모피동물의 개체수가 외부 침입자들에 의해 감소하는 상황을 우려했다. 더구나 총과 대포로 무장한 채 바다를 건너온 러시아의 침입자들은 강압적으로 원주민들을 지배하려고 했다. 바다의 모피동물 사냥에서 러시아인들보다 훨씬 숙련도가 높았던 이들 원주민과의 우호적 관계 수립이 필요했지만 처음부터 그것을 기대하기는 어려웠다. 실제로 레베데프-라스토치킨 회사에서 제공한 선박으로 그레콥스키섬에 상륙한 발루신 원정대와 원주민과의 교전에서 10여 명의 사망자가 발생한 사건도 있었다.[16] 레베데프-라스토치킨의 개인적 상황도 회사의 운명에 영향을 미쳤다. 이르쿠츠크에서 경제적

---

14   Ibid., 486~487.

15   Katerina Solovjova and Aleksandra Vovnyanko, "The Rise and Decline of the Lebedev-Lastochkin Company: Russian Colonization of South Central Alaska, 1787-1798," *The Pacific Northwest Quarterly,* vol. 90, no. 4 (1999), pp.191~192

16   Ibid., pp. 200~201.

기반을 다졌던 그는 루스카야-아메리카로 사업을 확장하면서 막대한 빚을 안게 되었는데 빚을 둘러싼 민사소송으로 이르쿠츠크를 떠날 수 없었다. 이러한 그의 상황은 루스카야-아메리카로 떠난 상선들이 오호츠크로 돌아왔을 때 사업 지속에 필요한 물자 및 선원확보를 어렵게 만드는 요인이었다. 그리하여 레베데프-라스토치킨 회사의 상선들은 본사의 지원 없이 자신들의 경험과 기술에 의존하며 임기응변식으로 대처해 나갔다.[17]

셸리호프는 항해 비용의 충당을 위해 임시로 회사를 조직하고 모피를 확보한 다음 이를 분배한 후 회사를 해산하는 당시의 일반적 관행으로는 루스카야-아메리카에서 모피 사업을 지속할 수 없다고 생각했다. 필요 자본의 확충을 위해 셸리호프는 주식을 발행하여 추가 자본을 확보하는 근대적 방식을 도입했다. 초기 투자자의 투자 액수를 보면 이반 골리고프가 30,000 루블, 미하일 골리고프가 20,000 루블, 셸리호프가 15,000 루블, 칼루가 출신 유딘이라는 상인이 1,500 루블이었다.[18] 셸리호프는 루스카야-아메리카의 모피 사업 독점이 궁극적으로 국가에도 이익이 된다고 주장하며 그 권리를 자신에게 허용해 달라고 제안했다. 정부로부터 호의적인 반응을 얻기 위해 그는 페테르부르크는 물론 이르쿠츠크의 유력 인사들과 수익 일부를 공유하기까지 했다. 그러나 전제권력의 통제를 벗어난 경제세력을 경계하였던 예카테리나 2세[19]의 강한 반대로 셸리코프의 독점권 시도는 좌절되었

17 Андрей Гринёв, *Кто есть кто в истории Русской Америки* (Москва, 2009), pp. 494~495.

18 Пётр А. Тихменев, *Историческое обозрение образования Российско-Американской компании и действий её до настоящаго времени, часть* 1, (Санктпетербургъ: 1861), p.7

19 예카테리나 2세가 허용한 경제활동의 자유는 사회의 위계적인 신분 질서 안에 통합되는 경제적 자유였다는 주장에 대해서는 다음을 참조. Robert E. Jones, "Morals and Markets: The Conflict of Traditional Values and Liberal Ideas in the Economic Thought and Policies of Catherine II," *Jahrbücher für Geschichte Osteuropas*, vol. 45, no. 4 (1997), pp. 526~540.

다. 1788년 칙령은 셸리호프-골리고프 회사에 대한 독점권을 불허한다고 명확하게 규정했다.[20]

레베데프-라스토쉬킨 회사와 셸리호프 회사 이외에 훨씬 적은 자본만을 동원할 수 있었던 30여 명의 상인들이 루스카야-아메리카의 모피 사업에 뛰어들기도 했다. 그렇지만 1790년대에 이르러 셸리호프와 레베데프-라스토치킨 두 상인 세력이 주도권을 놓고 경쟁하는 상황으로 일단락되었다.[21] 셸리호프 회사는 모피 무역의 독점권을 확보하지 못한 것에 좌절하지 않고 회사의 이익이 러시아 국가의 이익 증대에 이바지한다며 회사의 사업 확대를 위한 청원을 멈추지 않았다. 셸리호프 회사가 루스카야-아메리카에서 활동할 수 있는 인적자원의 확보를 위해 셸리호프는 1793년, 예카테리나로부터 20명의 수공업자와 10여 가구의 농노를 루스카야-아메리카로 보낼 수 있다는 승낙을 받았다.[22] 더 나아가 예카테리나는 신성종무회가 식민지에 정교회 선교사를 파견하여 셸리호프 관리 아래의 원주민을 러시아화 하는데 협조하라는 명령을 내렸다.[23] 그렇지만 셸리호프의 갑작스러운 사망으로 루스카야-아메리카에서 셸리호프 가문의 모피사업은 일시적으로 주춤했다.

루스카야-아메리카에서 셸리호프의 경제적 야심을 계승한 이는 그의 미망인 나탈리야 셸리호바(Наталья А. Шелихова)였다. 셸리호프가 부재한 틈을 이용하여 루스카야-아메리카의 모피무역에서 수익 확대를 도모하였던 이르쿠츠크의 상인 표트르 밀리니코프(Пётр Мыльников)를 셸리호바는 회유하여 골리코프-셸리호프 회사와 합자회사를 출범시켰다. 골리

---

20 *Полное собрание законов Российской империи с 1694 года* (Санкт Петербург 1830-1839), том 22, но. 16709, pp. 1106~1107.

21 Wheeler, "The Origins of the Russian-American Company," p.489.

22 *Полное собрание законов Российской империи,* том 23, но. 17171, pp. 478.

23 Ibid., но. 17135, pp. 440-441.

코프-셸리호프 회사의 이익을 침해하지 않는 범위에서 루스카야-아메리카에서 모피 사업을 할 수 있다는 단서 조항 때문에 재정적 어려움을 겪고 있던 밀리니코프는 합병에 동의했다. 1797년 7월 20일, 골리코프, 셸리호바, 밀리니코프는 주당 1,000루블의 가치를 지닌 주식으로 80만 루블의 자본금을 조성하여 합자 아메리카 회사를 출범시켰다. 파벨 1세의 국무위원회는 합자 아메리카 회사에 대한 상인들의 참여는 개방되어 있으므로 회사는 독점적 특권을 가지지 않는다는 논리로 그러한 독점권 부여를 합리화했다.[24] 레베데프-라스토치킨 회사는 합자 아메리카 회사의 출범 과정에서 소외되어 있었기 때문에 합자 아메리카 회사의 출범을 반대했지만 자사의 고용인들 상당수가 루스카야-아메리카를 떠난 상황에서 합자회사의 출범을 저지할 만한 여력이 없었다.[25]

1799년 1월, 파벨 1세의 상무성은 합자 아메리카 회사를 러시아-아메리카 회사로 개칭하며 러시아의 모든 신민의 회사 참여가 가능하도록 천주의 추가 주식을 발행하자는 셸리호바의 제안이 포함된 보고서를 제출했다. 몇 차례의 협의를 거쳐 국무위원회는 회사를 상무성의 관할 아래에서 황제의 관할 아래에 둔다는 결정을 내렸다. 1799년 7월 8일, 20년간 유효한 제국의 헌장을 가진 러시아 최초의 주식회사가 공식 출범했다. 이 회사는 북위 55도 이상의 북아메리카 해안의 섬들 및 육지에 서식하는 모든 자원, 즉 모피동물을 사냥하고 취득한 모피를 거래할 수 있는 독점권을 갖게 되었다.[26] 셸리호프는 이러한 결과물을 보지는 못했지만 루스카야-아메리카의 모피 사업에 대한 그의 초기 열정이 마침내 구현된 듯 보였다. 루스카야-아메리카

24 Wheeler, "The Origins of the Russian-American Company," p.490.

25 Solovjova and Vovnyanko, "The Rise and Decline of the Lebedev-Lastochkin Company," p. 203.

26 *Полное собрание законов Российской империи*, том 25, pp. 704-705.

에서 독점적 이윤 창출의 기회를 셀리호바와 같은 상인들이 확보한 듯 보였지만 그것은 차르 정부의 관리하에 있는 독점적 이윤이었다. 이러한 측면에서 러시아-아메리카 회사가 마주하게 될 도전 또한 만만치 않았다.

III. 러시아-아메리카 회사에 대한 통제

러시아-아메리카 회사를 출범할 수 있게 한 상인들의 이해를 어느 정도 허용하면서도 그것을 어떻게 차르 전제정의 재정 견고화를 위해 활용할 수 있는 경제기구로서 위치시킬 것인가는 출범 초기부터 제기된 중요한 과제였다. 1799년, 러시아-아메리카 회사가 출범하면서 제정한 규약에 따르면 회사의 경영진은 회사의 업무, 회사의 실적 및 이행 사항에 관한 모든 사항을 '황제 폐하'에게 즉시 보고해야 했다.[27] 이 규약을 지나치게 강조한 해석에 의하면 러시아-아메리카 회사는 루스카야-아메리카에서 차르 전제정의 핵심적 대리인에 지나지 않았다.[28] 그렇지만 러시아-아메리카 회사를 상인들의 이해를 고려하지 않는 전제정의 한 '부서'만으로 간주하기는 힘들어 보인다. 러시아-아메리카 회사의 출범은 자본의 투자로 더 많은 이윤을 얻으려는 상인 자본가가 있었기 때문에 가능했다. 따라서 러시아-아메리카 회사의 수익 창출의 핵심 당사자였던 상인집단과 식민지경영의 최종 결정권자인 러시아 황실 사이의 관계 정립은 회사의 유지에 중요한 문제였다.

러시아-아메리카 회사의 사업 지속을 위해서는 코디액섬과 같은 영구 정

---

27   Тихменев, *Историческое обозрение образования Российско-Американской компании,*
     часть 1, pp. 71~72.

28   Basili Dmytryshyn, "The Administrative Apparatus of the Russian-American Company, 1798-
     1867," *Canadian-American Slavic Studies,* vol. 28, no. 1 (1994), p. 52.

착지를 조성해야 한다고 생각한[29] 셸리호프의 구상은 루스카야-아메리카의 모피 사업에 관심을 가졌던 경쟁자들과 뚜렷하게 대비되는 전략이었다. 셸리호프는 자신의 사업을 러시아 전제정의 해외 식민지 경영과 같은 거대한 전략과 연계시키려고 했다. 러시아 전제정과 러시아-아메리카 회사의 긴밀한 협조 없이 셸리호프 전략의 실현을 기대할 수는 없는 것이기 때문에 중앙정부에서 전략 구현에 도움을 줄 수 있는 인물이 필요했다.

셸리호프의 사위 니콜라이 레자노프(Николай П. Резанов)는 러시아-아메리카 회사가 출범한 후 기반을 다지는 데 중요한 역할을 했다. 레자노프와 셸리호프의 딸 안나가 결혼한 다섯 달 후인 1795년 7월에 셸리호프가 사망했다. 레자노프는 셸리호바, 그녀의 둘째 사위 미하일 불다코프(Михаил М. Булдаков)와 더불어 페테르부르크에서 셸리호프 가문의 이익을 대변하는 핵심 인물이 되었다.[30] 이들은 셸리호프가 남긴 사업의 방향을 정하고 가문의 이익을 증대하기 위해 중앙정부의 인사들과 관계를 넓혀 나갔다. 특히 레자노프는 예카테리나부터 알렉산드르 1세 치하에 이르기까지 해군성, 국무협의회의 수석 서기 등의 자리를 거치면서 정부 내 주요 인사들과의 관계망을 구축했다. 이러한 관계망을 이용하여 레자노프는 러시아-아메리카 회사의 수입원인 모피 사업을 위협하는 영국과 미국 상선의 북태평양 연안 진출[31]을 러시아 정부가 막아야 한다고 역설했다. 외국 상선의 출입을 그대

---

29 셸리호프가 코디액섬을 비롯해 알래스카의 여러 곳에 영구 정착지를 조성하기 위한 시도에 대한 상세한 설명은 Grinëv, "The Firist Russian Settlers in Alaska," pp. 444~449 참조.

30 셸리호프 가문의 영향력과 야심에 대해서는 다음을 참조. Александр Петров, "Образование Российско-американскои компаний," Николай Болховтинов, *История Русской Америки 1732-1867, в трех томах* (Москва, 1997-99). 1. p. 335.

31 북태평양 연안 지역에 미국과 영국 상선의 출현 증가에 관해서는 다음을 참조. James R. Gibson, *Otter Skins, Boston Ships, and China Goods: The Maritime Fur Trade of the Northwest Coast, 1785-1841* (Montreal, 1999).

로 방치한다면 모피와 같은 귀중한 경제적 자원은 그들의 차지가 될 것이며 그것은 장기적으로 해외 식민지의 상실을 초래할 수 있다는 논리였다.

페테르부르크에서 레자노프가 더 구체적으로 셸리호프 가문의 이익에 봉사했다는 것을 보여주는 사례가 있었다. 러시아-아메리카 회사가 출범할 무렵 제정된 규칙에 따르면 1800년 1월까지 회사의 모든 재산에 대한 대차대조표가 제출되어야 했다. 회사 내에서 셸리호프 가문의 영향력 증대를 우려했던 이르쿠츠크의 상인세력 밀리니코프와 스타르쵸프는 회사 주식 67주에 해당하는 자본금 134,000 루블이 회계장부에서 누락되어 있는 것을 발견했다. 이에 근거하여 그들은 셸리호바의 회사 주식 보유분 67주를 차감할 것을 주장했다. 회사와 왕실 사이의 연락관(*корреспондент*)으로서 회사의 모든 업무에 관여할 수 있는 권한을 가진 레자노프가 갈등 해결을 위해 나섰다. 문제가 제기된 이르쿠츠크에 파견된 조사관이 국무위원회에 제출한 보고서를 근거로 레자노프는 누락된 주식에 대한 논쟁은 양측이 우호적으로 합의하여 종결되었다고 보고했다. 회사의 총자본에 45,000루블을 추가 납부한다는 셸리호바의 제안을 받아들이는 대가로 밀리니코프는 자신의 주장을 철회하기로 했다는 것이다. 레자노프는 그렇지만 이것을 문제의 최종 해결로 받아들이지 않았다. 러시아-아메리카 회사의 경영본부가 이르쿠츠크에 있는 한 러시아-아메리카 회사의 완전한 장악은 어렵다고 레자노프는 생각했다. 파벨 1세를 설득하여 레자노프는 회사의 경영본부를 페테르부르크로 이전하였고 이르쿠츠크를 회사의 지사로 만들었다. 셸리호프 가문의 핵심 인사들은 이제 회사를 더욱 확실하게 통제할 수 있는 기반을 조성하였고 셸리호프 가문의 결정에 저항하는 상인 세력들은 축출되었다.[32]

---

32 Mary Wheeler, "The Origins and Formation of the Russian-American Company," Ph.D. dissertation (1965), pp.184~189

러시아-아메리카 회사에서 레자노프를 통한 셀리호프 가문의 영향력
이 적지 않았지만 그렇다고 코디액섬과 같은 지역에만 식민지경영이 한
정될 수는 없었다. 루스카야-아메리카의 6대 총독인 페르디난트 브란겔
(Фердинанд Брангель)은 알래스카 남서부 내륙으로까지 진출하여 추가
적인 모피확보에 나섰다.[33] 해외 식민지의 관리 영역이 늘어난 만큼 회사 경
영진에 대한 정부의 통제도 강화되었다. 회사의 관리 업무를 맞는 특별 조정
위원회가 설치되었고 이 위원회는 주주총회의 유효성을 판단할 수 있는 권
한을 가졌다. 위원회는 정부가 염두에 두고 있는 인사들 가운데 두 명을 선
출하고 나머지 한 명은 황제가 임명하는 3인으로 구성되었는데 황제 임명
위원은 정부와 회사 사이에서 가교역할을 했다. 3인 위원회는 명목상 모든
주주의 이익을 대표하는 권한을 가졌지만 위원회의 구성 방식에서 추론할
수 있듯이 황제의 대리기구 이상의 의미를 갖기는 어려웠다.[34]

3인 위원회의 구성원 각각의 면면을 통해서도 러시아-아메리카 회사의
차후 행보를 예상할 수 있었다. 해군성 장관 모르드비노프(Н. Мордвинов),
내무성 차관 스트로가노프 (П. Строганов), 그리고 마지막 위원이 외무성
간부 가운데 능력을 인정받고 있던 비데마이에르(И. Видемайер)였다. 매
년 3인 위원 중 1명이 교체되어야 했지만 기존 위원이 재선출되거나 다른
위원으로 교체된다고 하더라도 전임자의 정치적 위치와 크게 다르지 않았
다. 즉 3인 위원회의 구성은 정부 기구의 대리인이거나 해군 또는 육군 관련
인사들이 차지하는 것이 관례였다.[35]

---

33 James W. Vanstone, "Russian Exploration in Interior Alaska: An Extract from the Journal of Andrei
    Glazunov," *The Pacific Northwest Quarterly* vol. 50, no. 2 (1959), pp. 37-47.

34 Anatole G. Mazour, "The Russian-American Company: Private or Government Enterprise?," *Pa-
    cific Historical Review,* vol. 13, no. 2 (1944), p. 169

35 Ibid., p. 170.

3인 위원회를 구성하는데 모르드비노프 같은 군 관계자가 초기부터 포함되었다는 사실을 주목할 필요가 있다. 알래스카 남동부 해안에 있는 알렉산더군도의 시트카에 (당시의 명칭은 노보아르한겔스크) 러시아 제국의 요새 건설로 페테르부르크에서 출발하여 북태평양 연안에 도달하는 항로가 열리게 되었다. 알렉산드르 1세가 통치하던 24년 동안(1801-1825) 그러한 세계 일주 항해가 25번 있었다.[36] 즉 매년 한 차례씩 러시아 제국의 가장 먼 변방으로 향하는 선박이 규칙적으로 운행되었다. 시베리아 횡단철도가 착공되기 훨씬 이전에 루스카야-아메리카를 제국의 중앙과 연결하기 위해 장거리 해양항로가 이렇듯 빈번하게 활용됐다는 의미이다. 더구나 아무르강이 오호츠크해 뿐만 아니라 동해로 진출을 가능케 한다는 통로라는 사실은 19세기 중반에 가서야 네벨스코이의 탐험으로 알려졌고[37] 1860년에 가서야 베이징 조약을 통한 중국과의 국경 확정으로 아무르강의 통행권을 러시아 전제정이 확보했기 때문에 장거리 항로를 통한 접근이 유일한 대안이었다.

북서 태평양 연안 지역의 러시아 식민지에서 모피 사업을 둘러싼 외국 상선과의 경쟁이 가속화되는 시점에서 해외 식민의 관리와 접근을 위해서는 장거리 항해의 기술과 경험을 갖춘 인적자원이 필요했다. 러시아-아메리카 회사의 주된 사업 무대인 루스카야-아메리카의 관리 문제는 단순히 상업적 이해에만 한정될 수 없다는 의미였다. 선박 운행의 경험을 축적해 왔으며 외부로부터의 공격이 있을 시 상선을 보호할 수 있는 자질을 갖춘 해군 장교들이 회사 간부진에 지속적으로 합류한 이유이다. 1802년 차르의 칙령은

36　알래스카를 미국에 매각했던 1867년까지 발트해에서 북태평 연안까지 약 65차례의 항해가 있었다고 한다. James R. Gibson, *Imperial Russia in Frontier America: The Changing Geography of Supply of Russian America* (New York, 1976), pp. 78~81

37　А. И. Алексев, *Русские географические иследования на Дальнем Востоке и в северной Америке, XIX - начало XX века* (Москва, 1976), p. 8.

이러한 방향을 확인해 준다. 황제의 칙령은 회사에 고용될 수 있는 해군 장교와 도선사의 인원 제한을 없앴고 이들이 회사에서 받을 임금의 절반을 정부가 제공할 것이라고 명시했다. 아울러 이들이 해군에서 누렸던 권리와 특권은 회사에서도 그대로 유지될 것이라고 규정했다.[38] 러시아-아메리카 회사가 상인들의 주도로 출범하였지만 해군성 장관 모르드비노프의 3인 위원회 편입, 해군 장교들의 고용 비율 증가 등을 고려할 때 정부의 공적 기구로서의 성격은 출범 직후부터 강화되어 갔다.

사적 이익을 중시하는 상인들이 러시아-아메리카 회사의 출범에 적지 않은 역할을 했음을 고려할 때 군 장교들의 영향력 증가는 루스카야-아메리카에서 회사를 직접 운영하는 책임자와 갈등의 소지가 있었다. 1818년까지 루스카야-아메리카의 1대 총독이자 회사의 사장 알렉산드르 바라노프(А. Баранов)와 해군 장교 사이에 발생한 사건은 이러한 갈등의 한 예시이다. 러시아 전제정의 신분 구조에서 성장한 군 장교들은 상인 출신의 경영자가 내리는 명령은 권위 있는 명령이 아니었다. 바라노프의 허가 없이 군 장교들은 러시아 본토로 돌아가는 선박을 출항시켰다. 이에 대해 바라노프는 해안 초소에 발포 명령을 내리며 지시를 어기고 본국으로의 귀환을 시도한 장교들의 교체를 정부에게 요청했지만 기각되고 말았다. 루스카야-아메리카의 식민통치에서 상인 세력보다는 군의 간부들을 더 중시한다는 간접 증거였다. 바라노프도 1818년 본국으로 송환되고 그의 자리를 레온틴 가게메이스테르(Л. Гагемейстер) 함장이 승계했다. 이때부터 알래스카의 매각 시점까지 루스카야-아메리카의 총독 자리는 러시아 제국의 해군 장교 출신만이 임명되었다.[39] 페테르부르크에서 회사 운영을 원격으로 통제했던 3인 위

---

38   Mazour, "The Russian-American Company," p.171.

39   Grinëv, "The First Russian Settlers in Alaska," p. 463.

원회도 5인 위원회로 대체되었는데 4명이 모두 군 장성 혹은 퇴역 장성이었고 1명만이 상인 출신이었다.[40] 회사 운영 체계의 이러한 변화는 회사의 경영진은 상인들의 대표자뿐만 아니라 정부의 대표자로 구성되어야 한다는 1844년 회사 헌장의 조항 때문이었다.[41] 정부를 대표하는 군 장성들이 회사 경영진의 다수를 구성함에 따라 러시아-아메리카 회사에서 상인들의 이익 도모를 위한 기회는 줄어들었다.

러시아-아메리카 회사의 공적 통제 기능의 강화만으로 회사의 지속 가능성을 확신할 수는 없었다. 러시아의 해외 식민세력이 알류산열도를 지나 알래스카 북서해안의 코디액섬, 시트카 등을 해외 식민지로 확보하였지만 이들 지역은 본토로부터 대규모의 이주자를 유입할 수 있을 정도로 접근이 쉽지도 않았고 본토에서 누렸던 바와 같은 거주환경을 제공할 수도 없었다. 모피거래를 통한 이익 증대에 관심을 보였던 상인 세력들이 러시아-아메리카 회사가 출범하기 이전 교두보로 삼았던 지역이 코디액섬이었다. 그러나 1830년부터 1835년까지 루스카야-아메리카의 총독이었던 페르디난트 브란겔의 지적에 의하면 코디액에서 주택건설은 물론 장작으로 활용될 목재의 충분한 확보는 어려웠다.[42] 러시아 식민지의 수도로서 기능했던 시트카 또한 거주환경이 좋지는 않았다. 본토로부터 더 멀리 떨어진 지리적 위치, 열악한 날씨와 토질로 인한 낮은 농업 생산성은 이주를 꺼리게 하는 요인이었다.[43] 모피거래와 북아메리카의 러시아 정착지 확대를 위해서는 신뢰할 수

40　Mazour, "The Russian-American Company," pp. 171~172.

41　Тихменев, *Историческое обозрение образования Россйско-Американской компании, часть 2*, p. 25.

42　James R. Gibson, "Sitka versus Kodiak: Countering the Tlingit Threat and Situating the colonial Capital in Russian America," *Pacific Historical Review*, vol. 67, no. 1 (1998), p. 76.

43　Ibid., p. 69.

있는 러시아인들의 이주가 필요했는데 실상은 그렇지 못했다.

　루스카야-아메리카의 경영에 필요한 안정적 인력 공급을 위해 농업과 상업에 경험이 있는 농노를 회사가 소유할 수 있도록 해달라는 청원도 있었다. 예카테리나 2세는 이에 대해 1793년, 시베리아 총독에게 시베리아 추방 죄수들로부터 수공업자 20명, 농민 10명을 선발하여 셸리호프-골리코프 회사에 귀속시키라고 명령했다. 예카테리나는 회사가 이들을 활용하여 루스카야-아메리카에서 정착지를 확대해 나갈 수 있기를 기대했다. 한 해 뒤인 1794년, 시베리아 총독은 30명의 죄수와 그들의 가족을 루스카야-아메리카로 보냈다. 1799년 러시아-아메리카 회사가 출범한 이후 이들 중의 몇 명이 회사에 귀속된 상태로 있었는지는 알 수 없지만 본토에서 루스카야-아메리카로의 이주가 쉽지 않았다는 것을 다음의 기록을 통해 짐작할 수 있다. 1794년에 루스카야-아메리카로 이주시킨 30명 중의 4명 만이 1823년까지 루스카야-아메리카에서 회사의 고용인으로 살고 있었다. 1823년에 남아 있는 4명마저도 회사는 너무 나이가 들어 일할 수 있는 능력이 없다고 판단하고 그들을 본토로 돌려보냈다.[44] 전반적 거주환경과 인력 충원의 측면에서 바라볼 때 러시아-아메리카 회사의 운영을 위해 필요한 인적자원이 시베리아로부터의 이주만으로 충족되지는 못했다. 루스카야-아메리카 원주민들과의 우호적 관계 설정은 러시아-아메리카 회사의 지속적 운영에 필요한 또 하나의 요인이었다.

44　Winston L. Sarafian, "Russian-American Company Employee Policies and Practices, 1799-1867," Ph.D. dissertation (University of California, Los Angeles, 1970), pp.14~17

IV. 루스카야-아메리카 원주민과의 협력과 긴장

루스카야-아메리카에 진출한 러시아의 식민세력이 북아메리카 내륙의 원주민과 광범위한 도서 각지에 거주하는 원주민 모두와 관계를 맺을 수는 없었다. 러시아 식민세력은 알류산 열도의 알류트족, 북아메리카 북서 태평양 연안에 거주했던 틀링깃족, 코디액섬의 알류트족 등 약 열일곱 부족과 접촉했다.[45] 식민지 관리들은 러시아 정착지 혹은 러시아 통제 지역에 거주하는 원주민들, 즉 알류트족과 코디액섬의 원주민, 그리고 알래스카반도의 거주 원주민의 일부인 추가치족 등을 회사가 활용할 수 있는 종속부족으로 분류했다. 반면 그 수가 가장 많지만 회사의 운영에 적극 협력하지 않아 경계 대상인 틀링깃족을 독립부족으로 분류했다.[46] 종속부족인 알류트족 중에는 회사 소유의 자산으로 취급되어 물고기의 포획, 가공, 목재 운반 등의 가장 고된 일을 수행하지만, 임금은 받지 못해 노예와 다름없는 집단도 있었다. 그러나 대부분의 알류트족은 회사의 고용인으로 해달 사냥의 업무를 할당받았다.[47]

알류트족이 러시아-아메리카 회사에 고용된 원주민의 다수를 차지했던 이유는 그들이 알류산열도와 알래스카반도 남부, 코디액섬과 같은 넓은 지역에 분산되어 있었기 때문에 단결하여 러시아 식민세력에 대항할 수 없었다는 데에 있었다. 게다가 알래스카 내륙의 원주민들은 미국의 모피 상인들로부터 소총을 구입하여 러시아 식민세력의 침입에 대항할 수 있는 여지가 있었지만 이들에게는 그러한 여력이 없었다. 반면 알류트족의 모피동물 사

---

45   Ibid., p.7.

46   Ilya Vinkovetsky, *Russian America: An Overseas Colony of a Continental Empire, 1804-1867* (Oxford, 2014), p.75

47   G. I. Davydov, *Two Voyages to Russian America, 1802-1807* (Kingston, Ont., 1977), pp. 193-95.

냥의 기술은 시베리아에서 건너온 모피 상인들에게도 정평이 나 있었기 때문에 러시아-아메리카 회사의 이윤 확보를 위해 꼭 필요한 인적자원이었다. 알류트족의 해달 사냥에 관한 기록을 남긴 리샨스키(Ю.Ф.Лисянский)에 의하면 알류트인들은 해달이 호흡을 위해 수면 위로 잠시 올라오는 지점까지 방수용 가죽으로 덮인 바이다르키(байдарки)라는 캬약을 몰고 나가 창으로 해달을 잡는 달인들이었다.[48]

알류트족이 러시아-아메리카 회사의 수익원인 모피 사냥에 남다른 능력을 보유했다고 해서 그들의 전통적 관습과 문화까지 러시아 식민세력이 존중했다는 의미는 물론 아니다. 루스카야-아메리카에 건너온 정교회 선교사들이 전략상 원주민들의 신앙과 의례를 존중하는 듯한 태도를 보였지만 해군장교이자 탐험가인 리샨스키는 그렇지 않았다. 코디액섬 원주민들의 생활과 관습을 관찰한 리샨스키는 그들을 야만인으로 규정했다. 문명화되지 못한 야만인이라는 규정은 리샨스키가 보건대 그들의 일상 곳곳에서 확인되었다. 토착 종교를 버리고 러시아 정교에 귀의한 원주민들이 있기는 하지만 정교 신앙의 기본 원리를 이해하고 그런 것은 아니다. 그들은 단지 셔츠나 수건을 받기 위해 세례를 여러 차례 받는 것도 마다하지 않는다.[49]

질병을 대처하는 방식에서도 코디액섬 원주민들이 야만인이라는 인상을 리샨스키는 지울 수 없었다. 성병, 폐병, 가려움증, 궤양이 가장 흔한 질병으로 특히 거의 모든 원주민이 가려움증 아니면 궤양으로 고통을 받고 있었다. 주민들의 질병 치료는 샤먼의 주술, 질병 부위의 절개, 그리고 방혈이었다. 위독한 환자의 경우 샤먼이 소환되는 일도 있었다. 샤먼의 주술적 힘으로 환자가 소생하면 그는 상당한 보상을 받지만 사망하면 아무것도 받지 못

---

48 U. Lisiansky, *A Voyages round the World in the Years 1803, 4, 5 & 6* (London, 1814), p.203.

49 Ibid., p. 196.

했다.[50] 결국 루스카야-아메리카의 토착 부족은 아버지와 같은 러시아 계몽 군주의 신임을 받는 식민지의 관리인들, 즉 해군 장교들의 문명화 세례를 통해 제국의 신민으로 다시 태어나야 했다.

러시아 식민주체들이 루스카야-아메리카의 원주민들을 열등한 존재로 간주하는 상황에서 그들의 기술로 획득한 모피에 대한 정당한 보상은 기대하기 힘들었다. 골로브닌과 같은 해군 장교는 루스카야-아메리카 원주민들의 노동에 대해 정당한 임금을 지급하지 않고 그들에 대해 구타를 일삼는 회사의 태도를 비난했다.[51] 그렇지만 모피 이외에 러시아가 원주민들에게서 기대하는 바는 없는 반면 원주민들은 자신들의 거주지에서 구할 수 없는 물건들을 러시아로부터 얻고 싶었다. 특히 코디액섬 원주민들의 장신구, 특히 호박에 대한 욕구는 다이아몬드에 대한 러시아 내륙 주민들의 열망에 비견될 수 있었다. 리샨스키가 전하는 바에 따르면 본토에서 가져온 호박 목걸이를 선물로 받자 이들은 기쁨에 겨워 몸을 주체하지 못할 정도였다.[52] 원주민들이 쉽게 구할 수 없는 물건을 제공할 수 있는 지위를 이용하여 러시아-아메리카 회사는 모피를 시장가보다 저렴하게 구매할 수 있었다. 예를 들어 은빛 여우의 모피를 회사는 알류트인들과 코디액섬의 에스키모에게 2루블로 구매할 수 있었다면 러시아에서 그러한 모피의 가격은 80에서 150루블이었다.[53]

루스카야-아메리카의 원주민들 모두가 알류트족과 같이 러시아-아메리

---

50 Ibid., p. 201, p.208

51 Aleksandr Iu. Petrov, "The Activity of the Russian-American Company on the Eve of the Sale of Alaska to the United States (1858-67)," *Russian Studies in History,* vol. 54, no. 1 (2015), p.69.

52 Ibid., p. 195.

53 Andrei v. Grinëv, "The Dynamics of Barter between the Russians and Alaska Natives, 1741-1867," *Folk Life: Journal of Ethnological Studies,* vol. 55, no. 2 (2017), p.72

카 회사의 통제와 수탈을 순순히 받아들이지는 않았다. 알류트족과는 성향이 다른 원주민들과의 대면은 모피동물 서식지의 변화와 관련이 있었다. 러시아 식민세력의 첫 전초기지라고 할 수 있는 코디액섬 주변의 해달 개체수는 러시아-아메리카 회사의 출범 이전부터 남획으로 감소하고 있었다. 모피획득을 위해 1789년 늦은 여름에 코디액섬에 도착한 한 탐험대원에 의하면 북서 태평양 여러 섬에서 발견할 수 있었던 해달은 이제 그 어디에서도 찾아볼 수 없었다. "해달은 캄차트카 주변의 해안에 더 이상 나타나지 않는다. 알류산열도에서 해달을 찾기란 매우 어렵다. 해달은 근래에 서식지에서 다른 곳으로 떠났다."[54]

모피 확보를 위해서는 알류산열도에 상대적으로 더 근접해 있는 코디액섬을 떠나 북서 아메리카 해안에 인접한 시트카로 진출할 필요가 있었다. 더구나 북서 아메리카의 해안을 따라 모피 무역으로 이득을 얻으려는 영국과 미국의 상인들과 러시아-아메리카 회사는 경쟁 관계였다. 알렉산더군도 남쪽에 있는 시트카에 러시아-아메리카 회사의 본부 설립의 필요성은 이러한 맥락에서 제기되었다. 그렇지만 시트카에 러시아-아메리카 회사의 요새 설립은 외부 침입 세력에 대해 적대심이 강하고 다른 부족들에 비해 무장력도 강했던 틀링깃족의 강한 저항에 부딪혔다. 1802년, 1,500명 정도의 틀링깃족 무장병력이 회사의 요새를 급습하여 225명 정도의 러시아인들과 요새에 거주하는 원주민들을 살해했다. 또한 그들은 3,000장의 모피를 탈취하고 건조 중인 배를 불태웠다.[55] 2년 후인 1804년에 시트카의 요새 건설이 완성된 이후에도 틀링깃족의 저항은 사라지지 않았다. 틀링깃족의 저항을 억제하기 위해 그들 중 가장 강력한 부족의 추장 자제들을 인질로 억류

---

54 Jones, *Empire of Extinction,* p. 157
55 Gibson, "Sitka versus Kodiak," p. 71.

하는 방법까지 동원했지만 가시적 성과를 거둘 수는 없었다. 루스카야-아메리카의 총독 바라노프는 틀링깃족에 의한 시트카 요새 공격을 임기 말에 가서도 염려해야 했다.[56]

틀링깃족이 이렇게 종속적 위치에 머물지 않고 독립적 성향을 보이며 러시아 식민세력에 저항할 수 있었던 이유는 다른 무엇보다도 그들이 러시아와 같이 북서 태평양 지역의 모피 무역에 관심을 가졌던 외국 세력들을 적절히 이용했기 때문이다. 알래스카의 남동쪽 해안과 섬들을 생활 근거지로 삼고 있던 틀링깃족은 이미 1780년대 중반부터 미국 및 영국과 교역 관계를 맺고 있었기 때문에 두 국가의 상선들을 통해 금속 식기, 칼, 도끼. 총, 의복 등의 생활용품을 획득할 수 있었다. 러시아의 상선들은 영국과 미국의 상선들과의 경쟁력 면에서 뒤떨어졌는데 영국과 미국의 상선들이 러시아인들보다 유럽의 질 좋은 다양한 상품들을 공급했기 때문이다. 또한 그들은 상품 운송비용 면에서도 러시아의 운송비보다 2배 내지 3배가량이 저렴했다.[57]

가족 단위나 부족 단위로 독자적인 생활방식을 틀링깃족은 유지했지만 이방인에게 종족의 긍지를 침해받는 경우 그들은 남다른 연대 의식을 또한 가지고 있었다. 틀링깃족의 이러한 특질은 러시아 식민세력에 의한 이들의 통제가 쉽지 않았던 또 다른 이유였다. 틀링깃 부족 한 사람이 러시아인에 의해 모욕을 당했을 경우 그들은 그것을 당사자 일인의 문제로 보지 않았다. 틀링깃족은 자신들 부족의 일원의 긍지를 훼손한 상대방에게 연대감을 드러내며 단결했다. 1803년부터 1805년까지 1차 러시아 세계일주 항해에 참석했던 박물학자인 그리고리 랑스도르프(Г.Лангсдорф)의 기록에 의하면 틀링깃족은 가족 간 혹은 부족 간에 분쟁도 있었지만 공동의 적이라고 생각

---

56   Ibid., p. 72.

57   Grinëv, "The Dynamics of Barter between the Russians and Alaska Natives," p. 70.

하는·러시아인들의 공격을 받으면 공동의 방어를 위해 단결했다.[58]

틀링깃족은 전투 능력 면에서도 러시아 식민세력에 뒤지지 않았다. 그들은 재래식 칼은 물론 총기도 능숙하게 사용할 수 있었다. 미국 상선의 선장들은 무기 사용방법을 틀링깃족에게 전수함으로써 루스카야-아메리카에서 러시아의 세력확장을 저지하려고 했다. 알래스카의 탐험에 나선 유노호의 선장에 의하면 시트칸의 틀링깃족은 남녀 모두 총기 사용의 전문가였고 그러한 총기의 성능을 잘 알고 있었다.[59] 네바호의 선장 리샨스키에 의하면 틀링깃족이 소총은 물론 소형 대포 등을 구비하고 있으며 일부 소총수의 자질은 매우 뛰어나서 외부세력을 물리치는 전사로서 손색이 없었다.[60]

루스카야-아메리카의 안정적 관리를 위해서는 원주민에게만 의존할 수는 없었다. 시베리아에서 이미 모피동물 사냥과 모피거래의 경험을 축적한 바 있는 모피 상인들의 다수가 루스카야-아메리카로 이주한다면 인종적 갈등을 완화할 수 있다고 기대되었다. 그렇지만 모피 상인들의 해외 식민지로의 이주를 어렵게 하는 구조적 한계도 있었다. 신민들의 육체는 물론 재산까지도 국가의 소유로 간주했던 러시아 전제정은 신민들의 이동성을 제한함으로써 통제의 효율을 높일 수 있다고 생각했다. 이를 위해 도입된 것이 통행증이었다. 통행증은 농민으로 대변되는 가난한 사람들의 이동을 현저히 제한하고 그들의 위치를 확정함으로써 국가에 의한 사회의 감시를 단순화한 제도였다.[61]

지역 구성원의 동의와 지역 당국의 허가라는 번잡한 단계를 거쳐야 하는

---

58 G. H. Von Langsdorff, *Voyages and Travels in Various Parts of the World* (New York, 1817), p. 411

59 John D'Wolf, *A Voyages to the North Pacific* (Fairfield, Wash., 1968), p. 48.

60 Lisiansky, *A Voyages round the World,* p. 231,

61 В. Г. Чернуха, "Паспорт в Российской империи: Наблюдения над законодательством," *Исторические записки,* no. 4 (2001), p.101.

통행증 발급 규정을 엄격히 거쳐야 한다면 모피 확보를 위해 루스카야-아메리카로 장거리 항해에 나서는 모피 상인들이 늘어날 것이라고 기대하기는 어려웠다. 러시아-아메리카 회사의 관점에서 통행증으로 인한 모피 상인들의 이주 억제는 루스카야-아메리카의 식민화의 장애요인이었다. 회사의 경영진은 1808년, 이미 고인이 된 레자노프에게 모피 상인들이 보낸 청원을 언급하며 루스카야-아메리카에서 통행증 제도의 예외적 적용이 필요하다고 역설했다. 레자노프는 루스카야-아메리카에서 원주민 여성과 가정을 이루고 그곳에 영구 정착을 원하는 33명의 모피 상인에게 통행증 갱신을 위해 시베리아의 러시아로 돌아가라고 요구하는 것은 회사에 큰 손실이라고 지적하며 이에 대한 선처를 시베리아 당국에 요구한 바 있었다.[62]

회사의 이러한 요구는 이미 1805년에 있었던 국무협의회의 결정에 부합하지 않는 것이었다. 시베리아의 총독은 시베리아에서 가장 오래된 도시 중 하나인 톰스크의 주민이었지만 많은 부채를 해결하지 않고 러시아-아메리카 회사에 통행증 없이 고용된 이반 슈토프의 사례를 국무협의회에 보고했다. 이러한 사례가 지속된다면 루스카야-아메리카는 채무자와 사기꾼들의 도피 장소로 타락하며 이는 결국 러시아 중앙정부의 재정에도 타격을 입힌다고 시베리아 총독은 우려했다. 국무협의회는 이에 따라 회사의 피고용인은 이르쿠츠크 당국에 의해 발행된 통행증을 소지하여야 하며 지역 당국의 요구가 있을 시 통행증이 만료되지 않았더라도 자신의 이전 거주지로 돌아와야 한다고 결정했다.[63]

통행증과 결부된 모피 상인들의 루스카야-아메리카 거주 여부 문제는 물

---

62 Andrei Grinëv, "The Watchful Eye of the empire: Passports and Passport Control in Russian America," *Alaska History*, vol. 23, no. 1/2 (2008), p. 28.

63 Ibid., p. 27.

론 이렇게 단순하게 귀결되지는 않았다. 러시아-아메리카 회사는 차르의 도움을 받아 기한이 만료된 통행증을 지닌 피고용인이 루스카야-아메리카에 거주하길 원하면 이전과 같이 러시아로 무조건 돌려보내지 않고 새로운 통행증을 발급받을 수 있다는 완화 규정을 1821년 제정했다. 다만 새로운 통행증 발급을 위해 러시아-아메리카 회사는 회사의 고용인이 루스카야-아메리카에 남기를 원한다는 서명이 첨부된 진술서를 관계 당국에 제출해야 했다.[64] 유효한 통행증의 소유 여부에 따라 러시아-아메리카 회사에 고용된 모피 상인들의 송환여부에 다소간의 융통성이 있었지만 통행증 제도는 루스카야-아메리카를 다수의 충성스러운 러시아 신민들의 거주지역으로 전환하는 것을 방해했다. 1861년 1월을 기준으로 총 54명의 남성과 40명의 여성만이 식민지 거주 주민으로 분류되었다.[65]

루스카야-아메리카에 거주하는 러시아인들이 소수에 불과한 상황을 보완하기 위한 대처가 없지는 않았다. 원주민과의 혼인으로 가정을 구성하여 그곳에 정착하기를 원하는 러시아인의 가족 구성원을 러시아-아메리카 회사의 고용인력으로 더 적극적으로 활용하자는 것이었다. 러시아인과 루스카야-아메리카 원주민 사이의 결합으로 크레올(креолы)이라는 새로운 인종 집단이 러시아 제국 내에서 출현했다. 크레올이라는 명칭은 러시아의 해군이 루스카야-아메리카의 식민화에 착수할 때 에스파냐의 아메리카의 식민지를 경유하는 과정에서 발견한 에스파냐 식민세력과 원주민과의 인종적 결합을 지칭하는 용어의 차용이었다. 기록에 따르면 루스카야-아메리카의 식민화를 위한 1차 세계일주 항해의 핵심 구성원이었던 니콜라이 레자노프가 공식적으로 통용되지 않았지만 크레올이라는 명칭을 처음 사용했다고

---

64   *Полное собрание законов Российской империи,* том 37, p. 844.

65   Grinëv, "The Watchful Eye of the Empire," p. 32.

한다. 1821년에 제정된 러시아-아메리카 회사의 2차 헌장은 크레올을 완전히 러시아인도 아니지만 완전히 원주민도 아닌 독특한 인종 집단의 구성원으로 공식 규정했다.[66] 그러한 공식적 규정은 루스카야-아메리카의 식민화에 이들을 유리하게 활용할 수 있다는 고려, 즉 원주민 여성과 가정을 형성한 러시아인을 식민지에 계속 거주하게 함으로써 원주민과 혈연적으로 연결된 거주민의 수를 늘릴 수 있을 것이라는 기대의 반영이었다.

러시아 제국의 루스카야-아메리카에서 유일하게 존재했던 크레올에게는 식민지의 운영에 도움을 줄 것이라는 기대가 있었기 때문에 러시아의 엄격한 신분 구조 아래에서 착취에 시달렸던 농노계층과 달리 사회적 유동성의 기회도 있었다. 특히 러시아 해군 장교인 러시아 남성과 원주민 여성 사이에 출생한 크레올은 해군 항해사관학교에서의 교육을 마친 이후 러시아-아메리카 회사 선단의 부함장과 같은 최상의 엘리트 지위까지 오를 수 있었다. 이러한 지위는 모피 상인 출신의 남성과 원주민 여성 사이에서 출생한 크레올이 기대할 수 없는 지위였다.[67] 그렇지만 이러한 정도의 지위까지 올라갈 수 있었던 크레올은 극히 소수였고 대다수는 선원이나 수공업자와 같은 낮은 지위에 머물러 있었다.

루스카야-아메리카에서 부족한 러시아인을 보완하기 위한 수단으로 크레올의 활용도 고려되었지만 그들의 존재 가치는 러시아-아메리카 회사의 목적에 이바지하는 것이었다. 모피획득을 통한 이익 창출이 최대 목적이었던 러시아-아메리카 회사는 크레올을 이러한 목적의 수단으로 간주했다. 크

---

66 Ilya Vinkovetsky, "Circumnavigation, Empire, Modernity, Race: The Impact of Round-the World Voyages on Russia's Imperial Consciousness," *Ab Imperio* no. 1-2 (2001), pp.201~203.

67 Susan Smith-Peter, "'A Class of People Admitted to the Better Ranks': The First Generation of Creoles in Russian America, 1810-1820s," *Ethnohistory,* vol. 60, no. 3 (2013), pp. 376-378.

레올은 에스파냐의 아메리카의 식민지에서 볼 수 있었던 식민 모국의 대리 경영인의 지위를 갖지 못했다. 해군 장교로 대표되는 루스카야-아메리카 식민 경영의 주체들은 크레올에 대한 인종적 편견을 거두지 않았다.

V. 나가는 말

루스카야-아메리카는 러시아 제국의 유일한 해외 식민지였다. 시베리아의 식민화로 가능했던 모피거래를 통한 재정 수입 유지를 위해 러시아 전제정은 해양공간으로 진출을 시도하여 루스카야-아메리카와 같은 식민지를 확보했다. 이러한 식민지를 통한 지속적 이윤 확보를 위해서는 모피동물 사냥과 거래에서 많은 경험을 축적한 바 있는 모피 상인들을 활용할 필요가 있었다. 모피 상인들의 경제적 이득을 일정 정도 보장하면서 전제정의 재정 강화에도 도움을 줄 수 있는 연결고리가 필요했는데 러시아-아메리카 회사가 이런 맥락에서 출범했다. 러시아-아메리카 회사의 성공적 경영은 궁극적으로 러시아 전제정의 해외 식민지를 유지할 수 있게 하는 기반이었다.

모피 상인들의 경험을 활용하면서 러시아-아메리카 회사의 출범을 위해서는 셸리호프와 골리코프 형제로 대표되는 상인자본이 필요했다. 그들은 일회성의 항해를 마치고 획득한 모피를 분배하는 방식으로 사업을 지속할 수 없다고 판단하고 자본을 공동 출자한 회사를 통해 사업의 지속성을 확보하려고 했다. 이들은 또한 주식발행이라는 근대적 방법을 통해 사업의 지속을 위한 추가자본 확보에도 나섰다. 자본의 규모 면에서 여타 상인세력을 압도한 셸리호프-골리코프 회사는 루스카야-아메리카의 모피 사업을 독점하려고 했지만 예카테리나 2세의 반대로 독점시도는 좌절되었다. 그렇지만 셸리호프의 사망 이후 그의 아내 셸리호바, 골리코프, 그리고 또 다른 유력 상인 밀리니코프는 1797년 합자 아메리카 회사를 출범시켰다. 파벨 1세의 국무위원회는 이러한 합자 아메리카 회사에는 상인들의 자본 투자가 가능하다는 이유로 회사는 독점적 지위를 가지지 않는다고 결정했지만 실제로는 루스카야-아메리카에서 이들의 독점적 지위에 저항할 만한 상인세력은 존재하지 않았다. 1799년, 이들의 합자 아메리카 회사는 러시아-아메리카 회사로 공식 출범했다.

러시아-아메리카 회사의 사업 이익의 증대를 위한 중앙정부와의 관계 설정은 중요했다. 셸리호프의 사망 이후 남편의 유지를 계승하기 위해 노력했던 셸리호바의 사위 레자노프는 정부요직을 거치면서 주요 인사들과 관계를 넓혀 나갔다. 레자노프는 그러한 관계망을 활용하여 루스카야-아메리카의 모피 무역에 진출하려는 영국과 미국의 상선들을 막아달라고 요구했다. 이르쿠츠크에서 페테르부르크로 회사의 경영본부를 이전하여 회사 내에서 셸리호프 가문의 결정에 반대하는 세력들을 억제할 수도 있었다. 러시아-아메리카 회사가 그렇지만 셸리호프 가문의 사적 이익에만 봉사하는 기구일 수는 없었다. 회사의 관리 업무를 맞는 특별 조정위원회는 해군성이나 외무성 같은 정부 대리인과 해군 관련 인사들로 구성되어 전제정의 의지를 드러낼 수 있었다. 특히 모피의 운송과 거래에 선박의 중요성이 증대함에 따라 해군 장교들이 회사의 운영에 관여하는 비중이 높아졌는데 이들은 러시아의 신분체계에서 자신들보다 낮은 신분인 상인들의 지시를 따르려 하지 않았다. 회사 경영진의 지시를 무시하며 회사의 운영에 영향을 행사하는 해군 장교들의 존재는 회사의 지속적 이익 창출을 어렵게 했다.

러시아-아메리카 회사가 활용할 수 있는 인적자원에서도 문제는 있었다. 루스카야-아메리카의 낯선 자연환경과 식생은 러시아 내륙으로부터의 이주를 촉진하는 요소는 아니었다. 더구나 러시아-아메리카 회사의 주된 수익원인 모피동물 사냥 기술 면에서 내륙의 이주민은 원주민을 능가하지 못했다. 수익 창출을 위한 회사의 경영에 원주민의 협력은 가볍게 지나칠 수 있는 문제가 아니었다.

광범위한 지역에 분산 거주하고 있어서 회사의 식민화에 대항할 단결력도 미비하고 출중한 사냥 실력도 갖추고 있던 알류트족은 회사가 선호하는 고용인력이었다. 그렇지만 회사 경영진의 시각에서 그들은 회사의 이익에 봉사하고 러시아의 식민세력에 의해 교화되어야 할 열등한 집단이었다. 더구나 알류트족의 착취를 기반으로 획득한 모피의 수량이 감소하면서 회사는 모피획득을 위한 장소를 알래스카 해안의 도서 지역으로 이동해야 했는데 이 지역에는 회사에 대해 적대의식이 가장 강했던 틀링깃족이 거주하고 있었다. 전반적으로 러시아-아메리카 회사는 내륙으로부터 신뢰할 만한 러시아인의 이주도 부족하고 루스카야-아메리카 원주민의 전면적 협조도 기대하기 어려운 상황이었다. 상대적으로 소수인 이주 러시아인들과 원주민들과의 통혼을 통해 형성된 크레올의 활용이 대안으로 제시된 적도 있었다. 그렇지만 이들에 대한 인종적 차별의식은 사라지지 않아서 러시아-아메리카 회사에 대한 지속적 기여를 이들로부터 기대하기는 어려웠다.

루스카야-아메리카를 미국에 양도하기 직전에 회사의 주가를 보면 루스카야-아메리카는 투자자들에게 더 이상 매력적 대상이 아니었다. 1863년 말에 회사의 주가는 주당 155루블, 1864년 10월에는 주당 145루블로 하락했다.[68] 이러한 하락은 러시아-아메리카 회사의 장기지속을 어렵게 했던 구조적 요인, 즉 러시아-아메리카 회사의 출범에 적극적이었던 상인들에 대

---

68   Petrov, "The Activity of the Russian-American Company," p.72.

한 통제 강화, 러시아 제국 최변경 지역의 구체적 상황을 파악하지 못하는 중앙정부 인사들에 의한 회사경영의 간섭, 회사 수익 창출의 동력인 원주민들과 그릇된 관계 설정은 결국 회사의 존속을 어렵게 하는 요인들이었다. 러시아 제국의 유일한 해외 식민지 관리기구였던 러시아-아메리카 회사의 이러한 내부적 한계는 그 식민지 자체의 존속을 어렵게 하는 요인들이었다.

참고문헌

1차 사료

Полное собрание законов Российской империи с 1694 года (Санкт Петербург 1830–1839), том 22, 23, 25, 37.

Пётр А. Тихменев, *Историческое обозрение образования Россйско—Американской компании и действий её до настоящаго времени,* часть 1, 2 (Санктпетербуругъ: 1861).

Lisiansky, U. *A Voyages round the World in the Years 1803, 4, 5 & 6* (London, 1814).

Von Langsdorff, G. H. *Voyages and Travels in Various Parts of the World* (New York, 1817).

2차 사료

버뱅크, 제인, 프레더릭 쿠퍼(2016), 『세계제국사: 제국은 어떻게 세계를 상상했는가』, 이재만 역, 책과함께.

이상철, 박종관(2022), 「비투스 베링 캄차카 원정대의 탐사에 관한 연구」, 『중소연구』 46(3).

Алексеев, А. И., *Освоение русскими людьми Дальнего Востока и Русской Америки до конца XIX века* (Москва, 1982).

—————————, *Русские географические иследования на Дальнем Востоке и в северной Америке, XIX - начало XX века* (Москва, 1976).

Болховитинов, Николай Н. *Русско—американские отношения и продажа Аляски, 1834-1867* (Москва, 1990).

Гринёв, Андрей, *Кто есть кто в истории Русской Америки* (Москва, 2009).

Петров, Александр, "Образование Россииско—американскои компаний," Николай Болховтинов, *История Русской Америки 1732-1867, в трех томах* (Москва, 1997–99).

Чернуха, В. Г., "Пасспорт в Россииской империи: Наблюдения над законодательством," *Исторические записки,* no. 4 (2001)

Bychkov, Oleg V.(1994) "Russian Hunters in Eastern Siberia in the Seventeenth Century: Lifestyle and Economy," *Arctic Anthropology,* 31(1).

Davydov, G. I.(1977) *Two Voyages to Russian America, 1802-1807.* Kingston, Ont.

Dmytryshyn, Basili(1994) "The Administrative Apparatus of the Russian-American Company, 1798-1867," *Canadian-American Slavic Studies,* 28(1).

D'Wolf, John(1968) *A Voyages to the North Pacific.* Fairfield, Wash.

Jones, Robert E.(1997) "Morals and Markets: The Conflict of Traditional Values and Liberal Ideas in the Economic Thought and Policies of Catherine II," *Jahrbüer für Geschichte Osteuropas,* 45(4).

Jones, Ryan T.(2014) *Empire of Extinction: Russians and the North Pacific's Strange Beasts of Sea, 1741-1867.* New York.

Gibson, J. R.(1978) 'Old Russia in the New World: Adversaries and Adversities in Russia America' in J. R. Gibson (ed..) *European Settlement and Development in North America: Essays on Geographical Change in Honor and Memory of Andrew Hill Clark.* Toronto and Buffalo.

_____(1976) *Imperial Russia in Frontier America: The Changing Geography of Supply of Russian America.* New York.

_____(1999) *Otter Skins, Boston Ships, and China Goods: The Maritime Fur Trade of the Northwest Coast, 1785-1841.* Montreal.

_____(1999) "Sitka versus Kodiak: Countering the Tlingit Threat and Situating the colonial Capital in Russian America," *Pacific Historical Review,* 67(1).

Grinëv, Andrei V.(2013) "The Firist Russian Settlers in Alaska," *The Historian,* 75(3).

_____(2017) "The Dynamics of Barter between the Russians and Alaska Natives, 1741-1867," *Folk Life: Journal of Ethnological Studies,* 55(2).

_____(2008) "The Watchful Eye of the empire: Passports and Passport Control in Russian America," *Alaska History,* 23(1/2).

Mazour, Anatole G.(1944) "The Russian-American Company: Private or Government Enterprise?," *Pacific Historical Review,* 13(2).

Petrov, Aleksandr Iu.(2015) "The Activity of the Russian-American Company on the Eve of the Sale of Alaska to the United States (1858-67)," *Russian Studies in History,* 54(1).

Sarafian, Winston L.(1970) 'Russian-American Company Employee Policies and Practices, 1799-1867,' Ph.D. Dissertation. University of California, Los Angeles.

Smith-Peter, Susan(2013) "'A Class of People Admitted to the Better Ranks': The First Generation of Creoles in Russian America, 1810-1820s," *Ethnohistory,* 60(3).

Sokol, A. E.(1952) "Russian Expansion and Exploration in the Pacific," *The American Slavonic and East European Review,* 11(2).

Solovjova, Katerina and Aleksandra Vovnyanko(1999) "The Rise and Decline of the Lebedev-Lastochkin Company: Russian Colonization of South Central Alaska, 1787-1798," *The*

Pacific Northwest Quarterly, 90(4).

Vanstone, James W.(1959) "Russian Exploration in Interior Alaska: An Extract from the Journal of Andrei Glazunov," *The Pacific Northwest Quarterly.* 50(2).

Vinkovetsky, Ilya(2014) *Russian America: An Overseas Colony of a Continental Empire, 1804-1867.* Oxford.

_____(2001) "Circumnavigation, Empire, Modernity, Race: The Impact of Round-the World Voyages on Russia's Imperial Consciousness," *Ab Imperio,* 1-2..

Welch Jr. Richard E.(1958) "American Public Opinion and the Purchase of Russian America," *American Slavonic and East European Review,* 17(4).

Wheeler, Mary(1965) 'The Origins and Formation of the Russian-American Company,' Ph.D. Dissertation.

_____(1966) "The Origins of the Russian-American Company," *Jahrbücher für Geschichte Osteuropas,* 14(1).

_____(1987) 'The Russian American Company and the Imperial Government, Early Phase' in S. Frederick Starr (ed.) *Russia's American Company.* Durham, NC.

03

개항 시기 태평양(太平洋)을 건넌 청국과 조선사절단[*]

조세현

들어가는 말

개항 이후 청국인이나 조선인의 구미 여행은 대부분 외교사절단에 의해 이루어졌다. 보통 이들의 세계 일주는 일본과 마찬가지로 두 가지 노선으로 이루어졌다. 첫 번째 코스는 청국 상해(혹은 일본 요코하마)에서 출발해 태평양, 미대륙, 대서양, 영국, 유럽, 지중해, 홍해, 인도양, 남중국해를 거쳐 상해(요코하마)로 들어오는 경로이다. 태평양을 건너 미대륙을 횡단한 후 다시 대서양을 건너는 동쪽 방향이다. 두 번째 코스는 청국 상해(혹은 일본 요코하마)에서 출발해 동중국해, 싱가포르, 인도양, 수에즈운하, 지중해, 유럽과 영국을 거쳐 다시 거꾸로 지중해, 수에즈운하, 인도양, 싱가포르, 동중국

---

[*] 이 글은 필자의 졸저 『근대 중국인의 해국탐색』(소명출판, 2022년)과 『대양을 건넌 근대 동아시아 사절단』(소명출판, 2024년) 가운데 태평양 항행과 관련한 내용을 편집해 재구성한 것임.

해를 거쳐 상해(요코하마)로 돌아오는 경로이다. 이른바 제국 항로(帝國航路)는 영국이 인도와 중국으로 진출하던 과정에서 개척한 항로인데, 동아시아인의 입장에서 바라보면, 유럽 항로라고 부를 수 있는 서쪽 방향이다. 물론 각 사절단마다 왕복하는 코스는 조금씩 달랐으며, 특히 조선의 경우 상해와 요코하마로 건너가서 이런 국제노선을 이용하였다.

본문에서는 개항 시기 청국과 조선사절단의 대양항로 가운데 미국으로 건너가는 태평양 노선에 주목하고자 한다. 청국인과 조선인에게는 5대양 6대주의 개념이 아직 정착하지 않았고, 대서양의 상대어인 '대동양(大東洋)'이란 용어가 '태평양(太平洋)'으로 바뀌는 중이었다. 이와 상대적으로 일본인들의 대양 인식은 막말 해외사절단의 정보를 통해 상당 정도 심화되어 있었다. 청국과 조선 두 나라 사절단의 태평양을 항행하는 개별 경험을 비교 정리하면서 세계관의 전환과정의 일단을 알아볼 것이다. 그 과정 중에 해양사의 관점에서 전통적 중국 중심의 세계관이 해체되는 과정을 일정 정도 파악할 수 있으리라 기대한다.

Ⅰ. 개인 자격으로 태평양을 건넌 청국인들

아편전쟁 이후 중국인이 직접 외국에 갔다 와서 기록을 남긴 첫 번째 인물은 임침(林鍼)으로, 그의 『서해기유초(西海紀游草)』는 현존하는 근대 시기 가장 빠른 해외 여행기이다. 임침이 1847년(道光 27년) 봄 미국에 간 원인은 "가세가 빈곤하여 부모와 조모를 봉양할 수 없어 풍랑에 몸을 실어 해외로 나가게 되었다."라고 한 것으로 보아 경제적인 원인이었던 듯싶다. 그는 하문에서 미국 상인의 통역을 하다가 한 미국인을 따라 광동에서 미국으로 건너가 1년 넘게 중국어 번역과 교사를 담당했으며 1849년 2월 고향인 복건으로 돌아와 기록을 남겼다.[1] 임침이 태평양을 건너갈 때 탄 배는 윤선이 아니라 세 개의 돛대를 가진 범선이었다. 중국에서 미국까지 가는 도중에 정박한 시간을 포함해 무려 140일이나 걸리는 무척 힘든 여행이었다.[2] 대양을 횡단하면서 경험한 검푸른 해수면에 대한 강렬한 인상과 거친 풍랑과 뱃멀미에 대한 기억은 여행자의 기록에 공통적으로 나타난다. 『서해기유초(西海紀游草)』서문에는 자신이 타고 갔던 미국(花旗)호에 대한 웅장한 모습을 묘사했고, 미국 항구에 입항할 때 바라본 도시의 거대한 건축물에 대한 인상도 남아있다. 아울러 선박이 항구를 드나드는 풍경과 배를 도선하기 위해 길게 늘어선 모습 등을 기록하였다.[3]

임침은 "대지가 회전하는 것을 쉬지 않기 때문에 중국이 낮이면 서양은 밤이다."라며 지구가 둥글고 자전한다는 사실을 남겼다. 그리고 서양인들이 거리를 정확하게 측정해 항해하는데 오차가 없는 사실에 경탄했으며, 마테오 리치(Matteo Ricci)의 지리설도 이들보다 상세하지는 않을 것이라고 했다.[4] 그는 미국인의 각종 과학기술, 특히 증기기관을 이용한 기계의 작동에 찬탄을 아끼지 않았다. "옛날에는 우물에 앉아 하늘을 보았다면, 요즘은 겨우 조개껍데기로 대해를 측량한다."라며 자신의 서술을 '측해규려(測海窺蠡)'에 비유하였다. 물론 작은 조개로 대해를 측량할 수는 없겠지만 바다와 전혀 접촉하지 않았거나 바다를 본 적이 없는 사람보다는 낫다고 생각한 것

---

1 鍾叔河, 『走向世界-近代中國知識分子考察西方的歷史』(中華書局, 2000年) p.51; 陳室如, 『近代域外游記研究1840-1945』, 臺北, 文津出版社, 2008年, p.70.
2 鍾叔河, 『從東方到西方』, 岳麓書社, 2002年, p.12.
3 林鍼, 『西海紀游草』(『走向世界叢書』第1輯 第1冊), 岳麓書社, 1985年, p.36.
4 林鍼, 『西海紀游草』, pp.36-37.

이다.[5] 임침은 전통 사대부가 아니었기 때문에 자만심이 적었고, 미국의 선진적인 모습을 배워야 한다고 보았다. 비록 그의 여행기는 아편전쟁 이후 최초의 중국인 해외 여행기라는 상징성이 있지만 견문기의 전체 분량이 많지 않고 학문 수준도 그리 높지 않았다.

근대중국 최초의 유학생 용굉(容閎)이 남긴 유명한 여행기 『서학동점기(西學東漸記)』의 영문 제목은 『My Life in China and America』이다. 이 책은 그가 1847년 미국으로 건너가 1854년까지 겪은 현지 생활을 말년인 1909년에 쓴 영문 회고록이다.[6] 1847년 1월 용굉, 황승(黃勝), 황관(黃寬) 세 사람은 황포강에서 범선 헌트러스(Huntress)호를 타고 미국 여행길에 올랐다. 용굉 일행이 미국 유학 갈 때 탄 선박은 뉴욕의 올리펀트 형제공사(The Olyphant Brothers)의 배로 중국에서 차를 실어 미국으로 운반하는 범선이었다. 그 항로는 임침과 반대 방향으로 인도양을 지나 희망봉을 경유한 후 대서양으로 북상하여 뉴욕에 도착하는 항로였다. 용굉 일행은 황포에서 출발해서 희망봉에 이르는 구간은 비교적 순항했으나, 그 후 대서양의 거친 파도에 고생했으며 망망한 바다 가운데 하늘의 별들에 의지하며 오랜 항해를 버티었다.[7] 이 범선의 항행기간은 98일이었는데, 임침보다는 짧은 것이다. 용굉은 그 후로도 여러 차례 미국을 방문했는데, 어떤 경우에는 동쪽으로 어떤 경우에는 서쪽으로 대양을 항행하였다.

---

5 林鍼, 『西海紀游草』, p.39.

6 容閎은 광동 향산인으로 1836년 마카오의 메리슨 남자학교에서 교육을 받았고, 1847년 1월 4일 미국인 선생과 함께 미국 유학길에 올랐으며, 예일대학의 첫 번째 중국인 졸업생이 된 후 1854년 11월 13일 뉴욕에서 귀국하였다. '西學東漸'이라는 번역 서명에서 알 수 있듯이 서양 근대문명을 중국에 전파하여 중국이 서양 국가와 같은 근대국가로 변하길 바라는 희망이 담겨 있었다(陳室如, 『近代域外游記研究1840-1945』, p.72; 鍾叔河, 『走向世界』, p.123).

7 容閎, 『西學東漸記』(『走向世界叢書』第1輯 第2冊), 岳麓書社, 1985年, pp.50-51.

훗날 용굉의 미국 유학 사업과 관련해 기조희(祁兆熙)라는 인물이 1874년(동치 13년) 제3차 아동의 미국행 호송을 담당했는데, 미국으로 가는 여정을 담은 견문기 『유미주일기(遊美洲日記)』가 남아있다. 이들 일행이 미국으로 갈 때 일본에서 중국(China)호라는 배를 타고 갔다. 먼 외국에 가는 어린 학생들이 자신의 나라 이름을 딴 선박을 타는 것은 묘한 인연이었다. 아이들이 탄 배는 명륜선(明輪船)이었는데, 이런 선박은 양쪽에 큰 바퀴가 달려 있고 배 안에 두 현이 안장되어 있었다. 큰 바람과 파도가 일면 쉽게 전복될 위험성이 있었다. 당시 점차 사라져가는 모형이었는데 광동과 홍콩 간에 오는 연해 선박 중에는 종종 볼 수 있었다.[8] 아이들은 처음 배가 출발할 때는 천진난만했으나 비바람에 풍랑이 일어 배가 흔들리자 대부분 울고 잠을 이루지 못하였다.[9] 중국호는 태평양을 횡단하는 데 불과 28일이 걸렸다.[10] 그는 아동을 관리하는 자신의 임무를 마치고 미국을 유람하다 1875년 초 귀국하였다.

1840년대 미국으로 건너갔던 임침과 용굉은 범선을 탔는데 반해, 1870년대에 미국으로 건너간 기조희는 새로운 교통수단인 윤선을 이용하였다. 그 사이에 원양항해의 혁신이 이루어진 사실을 경험한 것이다. 이처럼 선박의 개량에 따라 항로의 단축이 하루하루 빠르게 진행되었다.[11]

청말 중국인의 구미 여행기 중에는 청조 관리가 아닌 경우가 드문데, 그

8   祁兆熙, 『游美洲日記』(『走向世界叢書』第1輯 第2冊), 岳麓書社, 1985年, pp.269-270.

9   祁兆熙, 『游美洲日記』, p.212.

10 鈴木智夫, 『近代中國と西洋國際社會』, 汲古書院, 2007年, p.43.

11 祁兆熙의 기록에 따르면, 당시 샌프란시스코에서 요코하마로 돌아오는 항로는 세 가지였다. 해도를 보면 중간 항로가 가장 빠른데, 대신에 풍랑이 가장 세다. 5월 이후에 운항하면 17일 만에 도착할 수 있다. 북쪽 항로로도 여름에 갈 수 있다. 남쪽 항로는 겨울에 갈 수 있지만 항로가 길어져 28일 만에 요코하마에 도착할 수 있다(祁兆熙, 『游美洲日記』, p.247).

런 면에서 중국 상공업계를 대표해 세계박람회에 참여하고 세계를 일주한 이규(李圭)의 여행기는 이채롭다. (후술할) 벌링게임(Burlingame)사절단보다 시기적으로 늦었지만, 그를 간단히 소개하면 다음과 같다. 1876년 미국이 건국 100주년을 경축하기 위해 필라델피아에서 대규모 세계박람회를 열었다. 중국은 해관의 서양인 관리 주관 아래 이규를 참가시켰는데, 그해 5월 광동인 통역 한 사람을 데리고 미국 상인과 함께 상해로 향했다. 이규는 미국을 거쳐 유럽을 여행한 세계 여행기 『환유지구신록(環游地球新錄)』을 남겼다.

그때까지도 여전히 상해에서 직접 미국으로 가는 항로가 없었기 때문에 일본 요코하마로 건너가 당시 미국해운회사 태평양우선의 정기선을 타는 것이 빠른 방법이었다. 이규는 요코하마에서 북경호라는 배에 올랐는데, 북경호는 태평양우선의 5,500톤급 대형 외륜선이었다. 이 배는 동경호, 중국호, 일본호, 아메리카호 등 태평양우선의 동양 항로에 취항한 11척의 신식 윤선 가운데 가장 크고 성능이 좋은 배였다. 이 선박에는 중국인 노동자들이 2층의 중등 선실에 많이 있었는데, 홍콩에서 미국으로 가는 화공들이었다. 이런 화공과 같은 화교들은 별로 기록을 남기지 않았으나, 어쩌면 가장 먼저 서양의 근대를 몸소 체험한 사람들일 것이다. 일본 요코하마에서 미국 샌프란시스코까지 가는 여행 기간은 18일이었는데, 1840년대 임칙이 태평양을 건널 때보다 무려 122일이나 단축된 것이다. 그리고 몇 년 전인 1871년 일본의 이와쿠라(岩倉)사절단이 23일 만에 태평양우선의 아메리카호를 타고 요코하마에서 미국으로 건너간 때에 비하면 5일 단축된 것이었다.[12]

---

12 이와쿠라 사절단의 경우, 1871년 12월 23일에 미국 태평양우편기선회사의 증기선 아메리카(SS America)호를 타고 요코하마를 출발해 태평양을 건너 샌프란시스코로 향하였다(鈴木智夫, 『近代中國と西洋國際社會』, pp.163-171).

II. 벌링게임사절단의 태평양 횡단기

1860년대에 이르러 양무운동이 일어나 서양 열강의 선진적인 물질문명을 수입해 부국강병을 이루려는 움직임이 일부 관료를 중심으로 나타났다. 양무파는 청조 내 보수파와 경쟁하면서 서양의 '선견포리(船堅炮利)'를 중심으로 한 군사 무기를 수입할 필요성을 느꼈다. 이에 청국은 공식적으로 구미 국가에 사절단을 파견하는 계획을 세우고 이를 실행하였다. 1866년 빈춘(斌椿)사절단이 유럽방문을 방문하자 "중국에서 서양으로 온 첫 번째 사람"이라는 평가를 받았다. 하지만 이번 사절단은 기본적으로 유람 성격이 농후해서 실질적인 외교활동을 벌이지는 않았다. 얼마 후 1868년에 미국과 유럽을 방문한 벌링게임(Anson Burlingame, 중국명 蒲安臣)사절단(1868-1870)은 구체적인 임무를 가지고 출사했는데, 빈춘사절단과 달리 능동적인 성격을 띠고 있었다. 그뿐만 아니라 세계 일주를 한 최초의 사절단이었다.[13] 빈춘사절단이 제국 항로(유럽 항로)를 따라 서쪽으로 유럽에 간 반면, 벌링게임사절단은 태평양 항로를 따라 동쪽으로 미국을 향했다.

벌링게임사절단은 1868년 2월 25일 상해를 출발해 요코하마를 경유한 후 미국 증기선 코스타리카(Costa Rica)호를 타고 태평양을 건너 샌프란시스코에 도착하였다. 사절단장 앤슨 벌링게임은 워싱턴에서 공화당 정부와의 개인적인 관계를 이용해 이른바 「청미속증조약」(淸美續增條約, 혹은 「벌링게임조약」)을 성공적으로 체결한 후, 다시 대서양을 건너 영국과 유럽 대륙 등 여러 국가들을 방문해 외교협상과 문화탐방에 주력하였다. 비록 벌

13 　郭嵩燾가 영국 주재 청국 공사로 런던에 상주하기 전에 구미로 파견한 대표적인 해외사절단으로는 斌椿사절단(1866년, 유럽 6개국), 벌링게임(蒲安臣)사절단(1868년, 세계일주, 11개국), 崇厚사절단(1870년, 프랑스) 등이 있다. 이에 대한 개괄적인 소개로는 鍾叔河의 『走向世界』의 관련 내용을 참고할 것.

링게임은 1870년 2월 23일 러시아 상트페테르부르크에서 갑작스런 병으로 사망했으나, 청국사절단은 거의 3년에 가까운 기간 동안 11개 국가를 방문하는 힘든 일정을 무사히 마치고 1870년 10월 18일 상해로 귀환하였다. 벌링게임일행 가운데 지강(志剛)은『초사태서기(初使泰西記)』를, 장덕이(張德彝)는『구미환유기(歐美環游記)』(혹은『재술기(再述記)』)를 남겨 그들의 여행 족적을 알 수 있다.[14] 벌링게임사절단의 경우 미국과의 외교 문제 때문에 태평양을 가로지르는 코스를 이용하면서 태평양에 대한 비교적 자세한 기록을 남겼다.

참고로, 양무운동 초기 벌링게임사절단과 메이지 초기 이와쿠라사절단은 비슷한 시기에 국가적 사명을 띠고 전 세계를 일주한 대표적인 사절단이라 양국 근대사에서 중요한 위치를 차지하고 있어 서로 비교할 만하다.[15]

---

14 벌링게임사절단에 관한 연구는 중국, 미국, 일본 등에서 중국 양무운동사, 중미관계사, 미국외교사 차원에서 이루어졌다. 과거 미국학계의 연구는 벌링게임 개인을 중심으로 이루어졌는데 서구 중심주의적 시각이 강하였다. 중국학계의 경우 개혁개방 이전에는 혁명 사관에 따라 사절단 파견을 청조의 실패와 연결시켜 전면적인 부정이 많았으나, 개혁개방 이후에는 긍정적인 평가가 추가되었다. 2000년대에 들어와서 중국과 일본학계에서 사절단 관련 단행본 연구서가 두 권 출판되었다. 중국에서는 閔銳武의『蒲安臣使團硏究』(中國文史出版社, 2002年)가 나왔는데, 청말『籌辦夷務始末』과 같은 외교 사료나 중국사학회가 편찬한『洋務運動』과 같은 자료집을 이용하고 영문 기록도 일부 활용해 연구서를 펴내었다. 같은 해 일본에서도 사카모토 히데키(阪本英樹)의『달을 끄는 뱃사공: 청말 중국지식인의 미구회람(月を曳く船方-淸末中國人の美歐回覽)』(成文堂, 2002)이 나왔는데, 張德彝의『歐美環游記』를 중심으로 주요 내용을 번역하면서 사절단의 행적을 추적하였다. 그리고 두 사람의 벌링게임사절단 연구서는 이와쿠라사절단과 비교하는 대목도 있는데, 주로 중국근대화와 관련한 일본의 위상 때문이었다(王大宝,『蒲安臣使節團の硏究-淸朝最初の遣外使節團-』, 広島大學大學院, 文學硏究科 博士學位論文, 2017, p.19, 참고). 閔銳武와 사카모토 히데키의 연구는 벌링게임사절단의 출사 의미를 적극적으로 재평가하지만, 기본적으로 일본사절단과 비교해서 청국사절단의 한계를 지적하는 데 중점을 두고 있어서, 19세기 후반 동아시아 사회를 보는 통설적인 관점을 그대로 계승하고 있다는 지적을 받았다(미야지마 히로시,「'화혼양재'와 '중체서용' 재고: 일본·중국과 구미와의 만남」, 백영서 외,『동아시아 근대이행의 세 갈래』(창비, 2009년), p.161).

15 조세현,「벌링게임사절단과 이와쿠라사절단의 세계일주 항로」『동양사학연구』153, 2020년; __,

1. 대양 항해의 경험

벌링게임일행은 1868년 2월 24일에 미국 증기선 코스타리카호를 타고 상해 항을 떠나 일본 나가사키와 시모노세키를 거처 요코하마로 향하였다. 그 배는 명륜선으로 길이 27장(丈), 폭 2장 정도였다. 내부는 중국풍 객실을 갖추었는데, 미국 측의 배려 혹은 벌링게임의 지시에 따른 것으로 보인다. 출발부터 풍랑으로 간담이 서늘했으며 오래지 않아 일본해역으로 접어들어 나가사키에 도착하였다. 얼마 후 요코하마에서 미국 태평양우편기선회사 소속 차이나호로 옮겨 탔는데 4천 톤급 대형 증기선이었다. 장덕이는 이 선박을 묘사하면서 명륜선이고 대략 길이가 45장이며, 폭이 10장인데, '재납(齋納)'이란 영어 이름의 뜻은 '중화(中華)'라고 했다. 이 배에는 서양인 24명과 중국인 남녀 1,234명이 탔는데 모두 광동 사람이었다.[16] 아마도 중국인의 대부분은 미국으로 건너가는 쿠리들이었을 것이다.

지강은 양무사업에 종사한 인물로 그가 쓴『초사태서기』는 과학기술 관련 내용이 책의 4분의 1가량을 점하는 것이 특징이다. 여행기의 앞부분에 증기선의 구조와 작동 원리를 자세히 기록하였다. 그는 철로 만들어진 증기선이 바람의 도움을 별로 받지 않고 대양을 건넌다는 사실에 호기심을 가졌다. 그래서 화로에 열을 가해 증기를 만들어 피스톤을 상하로 움직여 기계를 돌린다는 사실을 세심하게 관찰했다. 비록 기술적인 과정은 어느 정도 이해했지만, 그 이면에 작동하는 과학적인 원리는 파악하지 못했다.[17] 지강

「벌링게임사절단이 이와쿠라사절단이 경험한 미국과 영국의 해양문명」,『중국근현대사연구』88, 2020년); ___「벌링게임 사절단과 이와쿠라 사절단이 경험한 유럽과 아시아의 해양문명」,『동북아문화연구』68, 2021년) 등 참고.

16　張德彝,『歐美環游記』(『走向世界叢書』第1輯 第1冊)(岳麓書社, 1985年), p.629.

17　志剛,『初使泰西記』(『走向世界叢書』第1輯 第1冊)(岳麓書社, 1985年), pp.255-256.

은 근대과학의 이론 부족으로 인해 전통적인 천인합일(天人合一) 사상으로 증기기관의 원리를 설명할 수밖에 없었다. 엔진의 축이 상하로 왕복하면서 기계를 작동하는 원리를, "마치 사람의 생명과 같아서 심장의 불(火)이 내려가면 콩팥의 물(水)이 올라가니 물이 불의 성질을 품기 때문이다. 열은 곧 기계를 움직여 기운(氣)을 만들고, 만들어진 기운이 앞뒤로 오르내리니, 순환하는 것을 통제해 사지와 모든 근육으로 퍼지게 한다."[18]라고 설명했다. 이질적인 문명을 접했을 때 자신이 지닌 전통적 사유 방식으로 새로운 사물을 이해하려는 경향을 전형적으로 보여준다. 물론 중서과학관의 차이를 어느 정도 인지했지만, 유가나 도가적 관점에서 서양의 기계문명을 비판적으로 바라보곤 했다. 이처럼 양무운동 시기 청국 지식인들은 전통적인 도기(道器)관으로 서양 기술을 나름대로 이해할 수 있었으나 과학 원리를 파악하는 일은 결코 쉽지 않았다.[19]

벌링게임사절단이 세계 최대의 해양인 대동양(大東洋, 태평양)을 건넌 기록은 상세한 편인데, 지강과 장덕이 여행기에는 대동양과 태평양이란 용어를 함께 사용한다. 항해의 고달픈 여정은 대양을 항행한 거의 모든 여행기에 고루 나타나는데, 대표적인 고통은 폭풍우를 만났을 때의 뱃멀미였다. 사절단 일행이 경험한 뱃멀미 가운데 가장 힘들었던 것은 아마도 태평양을 건너며 겪은 거대한 풍랑일 것이다. 요코하마에서 출발한 후 사흘째 되던 날 큰바람을 만나 선박에 요동치고 큰 소리가 들려 혼비백산하였다. 이를 두고 "윤선이 흔들리자 사신과 수행 학생들은 이미 어지러워 크게 토하였다."거나 "배 안의 물건 중에 둥근 것은 구르고, 네모난 것은 부러지며, 서 있는 것

---

18   志剛, 『初使泰西記』, pp.256-257.
19   尹德翔, 『東海西海之間-晚淸使西日記中的文化觀察 · 認證與選擇』(北京大學出版社, 2009年), p.75.

은 넘어지고, 매달린 것은 요동쳤다."[20]라며 그 광경을 기록했다. 중국 강호(江湖)나 내해(內海)에서 겪었던 파도와 달리 선박의 전후좌우를 거대한 파도가 충격하는 상황에 겁을 크게 집어먹었다.

장덕이는 "대동양은 태평양이라고도 부른다. 풍랑이 이같이 험악하니 이름과 실제가 서로 부합하지 않는다. '험조양(險阻洋)'이라고 부르거나 '구풍양(颶風洋)'이라고 부르는 것이 마땅하다. 그런데 사람들이 이 대양을 '태평'이라 부르는 까닭은 그 험악함 때문에 태평이라고 명명해 두려운 마음을 안정시키려 했기 때문일 것이다. 아니면 다른 대양이 태평양보다 더욱 험악하기 때문에 태평이라는 이름을 부여했을 터인데, 그 여부는 알 수 없다."[21]라고 썼다. 사실 태평양(Pacific Ocean)을 처음으로 횡단한 포르투갈 항해가 마젤란이 남미에서 아시아로 항해하던 중 폭풍우를 전혀 만나지 않고 잔잔한 대양에 이르렀다고 해서 이 바다를 'mar Pacifico'라고 명명하였다. 따라서 장덕이의 두 가지 추측 중 역사 사실은 후자에 가까운데, 벌링게 임사절단은 불운하게도 태평양에서 심한 풍랑을 만난 듯싶다.[22] 오늘날 사용하는 태평양이라는 해양명은 중국 옛 문헌에는 '태평해(太平海)'로 표기

---

20   志剛, 『初使泰西記』, p.252, p.258.

21   張德彛, 『歐美環游記』, p.632.

22   중국에서 예수회 선교사 마테오 리치가 1602년 제작한 최초의 한역 세계지도인 「坤與萬國全圖」에서 이 바다를 '太平洋'으로 표기했으며, 이 의역이 일본으로 전해져 현재까지 사용된다. 그렇지만 태평양이라는 한자표기가 일반화되기 전까지 중국에서는 '太平海'라는 용어와 함께 '大東洋'이라는 용어도 함께 사용되었다(박성희, 『明治期 日本의 西洋地名 表記 硏究-『特命全權大使 美歐回覽實記』를 중심으로-』, 고려대학교 대학원 일어일문학과 대학원 박사학위논문, 2012년, pp.116-117). 유럽의 대항해시대에 스페인들은 태평양을 남해(南海, South Sea)로 불렀는데, 해양 주도권이 네덜란드를 거쳐 영국으로 넘어가면서 태평양(Pacific Ocean)으로 바뀌었다. 중국은 마테오 리치의 영향으로 세계 지리 지식이 증대되었고, 대서양과 대칭되는 개념으로 대동양이나 여러 가지 용어로 불리다가 점차 태평양으로 바뀌었다(고정휴, 「태평양의 발견-그 바다 이름의 생성 · 전파와 조선에의 정착」, 『한국근현대사연구』 83, 2017년, p.106).

되었으며, 혹은 '대동양(大東洋)'으로도 불렀다. 이것은 '해'와 '양'을 고루 사용하는 현상과 대서양의 상대어로 대동양이라고 부르던 사실에서 비롯되었다.

일행이 탄 차이나호는 견고한 철골로 만들어져 수많은 사람과 짐을 실을 수 있다며 격랑 속에서도 별 탈 없는 것은 튼튼하기 때문이라고 보았다. 장덕이는 "해양의 광활함과 여행의 요원함 때문에 만약 배가 없다면 어떻게 건널 수 있겠느냐?" 혹은 "배를 타서 풍랑을 만나지 않았다면 어찌 항해의 어려움을 알겠느냐?"라면서 거친 바람과 큰 파도를 만나 고생한 것은 불행이 아니라 당연한 것이라고 스스로를 위로하였다.[23] 지강 역시 이곳을 태평양이라고 부르지만, 험난한 것이 이와 같으니 사실과 맞지 않는다면서 선박의 견고함에 새삼 감탄하였다.

『구미환유기』에는 미국에 도착할 무렵 태평양 항해를 회고하는 구절이 있다. 요코하마에서 증기선에 올라 지금까지 40여 일가량 지났는데 만 리가 요원하고 오직 하늘과 물만 보았을 뿐이다. 멀리 배가 한 척이라도 보이면 사람들은 반가운 모습으로 바라보니 항해의 외로움을 족히 알 수 있다. 식사를 마치면 사람들이 기립해서 축복의 노래를 부르는데 이 뜻은 대양을 안전하게 건너게 해달라는 기도라고 썼다.[24] 결국 고단한 항행 끝에 1868년 4월 1일 미국 캘리포니아주 샌프란시스코 항구에 도착하면서 태평양을 건너는 긴 여행을 마쳤다. 샌프란시스코 항구는 한자로 금문(金門)이라고 표기하는데, 남북으로 돌출한 구릉이 문처럼 생겼기 때문에 붙여진 이름으로, 그 사이에 수로가 있어 증기선들이 오고 갔다. 샌프란시스코는 1848년 무렵

---

23 張德彝, 『歐美環游記』, p.632.

24 周佳榮, 「第一個環游地球的中國外交人員: 張德彝對近代海防和西方船炮的認識」, 『我武維揚-近代中國海軍史新論』(香港海防博物館, 2004年), p.172.

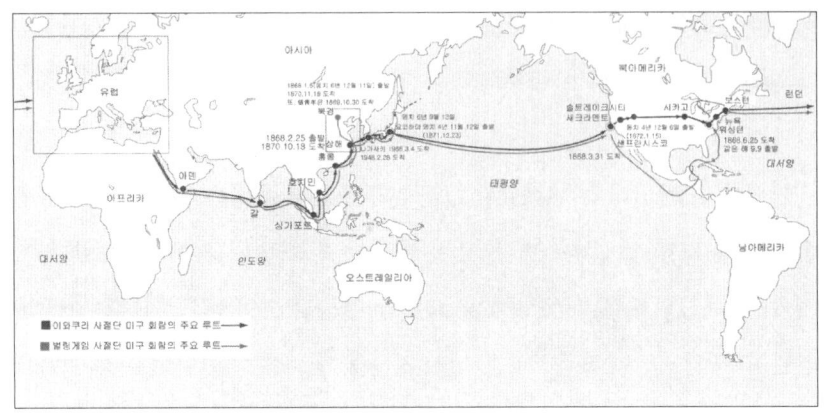

〈벌링게임사절단과 이와쿠라사절단의 세계 일주 경로 비교〉[25]

금광이 발견되어 이른바 골드러시가 일어나 폭발적인 성장을 하면서 금산 (金山)이란 이름으로 널리 알려졌다. 나중에 오스트레일리아의 멜버른 부근에서 금광이 발견되어 금산이란 동일한 지명이 생기자, 양자를 구분하기 위해 구금산(舊金山)이라고 불렀다.

덧붙이자면, 일본사절단 가운데 가장 먼저 태평양을 건넌 해외사절단은 개국 후 1860년 도쿠가와 막부가 미일수호통상조약을 비준하기 위해 미국으로 파견한 신미(新見) 견미사절단이다. 이 사절단은 최초라는 의미도 있지만 막말 가장 규모가 큰 사절단이기도 했다. 미국 정부는 일본사절단을 환영하기 위해 식비, 교통비, 숙박비를 비롯한 모든 비용을 부담했으며 왕복하는 데 필요한 군함을 제공하였다.[26] 1860년 2월 13일 77명의 사절단은 미국 해군 군함 포하탄(Powhatan)호를 타고 우라가(浦賀)항을 출발하였다. 이때 막부는 네덜란드로부터 구매한 군함 간린마루(咸臨丸)도 함께 출발시

25   阪本英樹,『月を曳く船方-淸末中國人の美歐回覽』, 成文堂, 2002, 속표지 지도를 편집

26   熊田忠雄,『世界は球の如し』, 新潮社, 2013, 70쪽.

컸다. 이 군함에는 장거리 항해 훈련을 위해 일본 해군사관생도들이 타고 있었는데, 태평양을 건너 샌프란시스코에 도착한 후 다시 돌아오는 모험적인 훈련이었다. 여기서 알 수 있듯이 일본인은 어느 정도 바다에 익숙했을 뿐만 아니라 청국보다 일찍 대양 항해를 할 수 있는 인력을 양성하고 있었다.[27]

2. 시 · 공간 관념의 전환

대부분 여행기가 지리서의 성격이 있다는 말처럼 청국의 근대 여행기에도 외국 지리에 관한 내용이 풍부하다. 과거에 경험하지 못한 대양 항해를 통해 세상이 무척 넓어 바다가 오히려 육지를 둘러싸고 있다는 사실을 깨달았고, 지구의 자전과 공전으로 밤낮의 구분이나 사계절이 나눠진다는 사실을 확인할 수 있었다. 장덕이는 자신의 첫 번째 여행기인 『항해술기(航海述奇)』의 본문 앞부분에 「지구설(地球說)」을 썼다. 여기서 가벼운 기운은 위로 올라가 하늘을 만들고, 무거운 기운은 가라앉아 땅을 만들었다는 전통적인 지리관을 언급하였다. 하늘이 둥글다거나 덮개와 같다는 주장이 있지만 하늘과 땅이 계란 모양이라는 주장이 설득력이 있다고도 썼다. 장덕이는 전통적 지리관에 근대적 지리 지식을 혼용하였다.

"하늘의 형태는 밖으로 원형을 이루고 있고, 땅의 형태는 가운데로 원형을 이루고 있으므로 공의 형태가 지구의 모습이다. 형태를 나누어 동반구와 서반구가 있다. 실제로는 하나이지만 억지로 나눈 것이다. 지구는 직경이 3만 리이고 주위를 돌면 대략 9만 리이다. 운행하는 것이 바퀴가 도는 것과 같은데, 한 바퀴 돌면 하루 밤낮이고 태양을 한 번 돌면 1년이다. 모든 육지는 오대주(五大洲)로 나눌 수 있는데,

---

27 간린마루(咸臨丸)호의 태평양 횡단 과정에 대해서는 宗像善樹의 저서 『咸臨丸の絆』(海文堂, 2014)에 자세하다.

동반구에는 아시아, 유럽, 아프리카가 있으며, 서반구에는 남아메리카와 북아메리카가 있는데 두 대륙 간에는 좁은 땅으로 이어져 있다. 또한 바다는 모두 오대양(五大洋)이 있는데, 대동양(또는 태평양), 대서양, 인도양, 남빙양, 북빙양이다. 그밖에 수십 개의 바다(海)가 있다."[28]

「지구설」과 더불어 「지구도」라는 세계지도를 실었다. 동반구 지도에는 아시아와 유럽 및 아프리카대륙이, 서반구 지도에는 북아메리카와 남아메리카대륙이 그려져 있다. 지도를 자세히 살펴보면 사절단이 상해에서 마르세유로 이동하는 항로를 점선으로 표시하였다.[29] 위의 기사에서 알 수 있듯이 아직 오스트레일리아대륙에 대한 인식이 없어 육대주가 아닌 오대주라고 보았다. 이런 지구 인식은 여행이 반복되면서 점차 구체화되었다.

지강 여행기의 말미에서도 다시 한번 지구관에 대한 언급이 나타나 흥미롭다. 여기서는 사마천의 『사기(史記)』에서 추연(騶衍)이 유가가 말하는 중국은 천하의 81분의 1에 불과하다고 했다. 오늘날 서양인이 만든 지구도는 지강 본인이 지구를 일주하면서 보고 들은 바에 따르면, 추행의 설이 모두 잘못된 것은 아니다. 그는 자의적으로 지구를 아홉 구역으로 나누었는데, 큰 바다가 이런 구주를 둘러싸고 있다고 보았다. 그런데 서양인이 증기선과 기차로 수륙을 교통한 후에 인간과 금수가 서로 통하게 되었다는 것이다.[30] 여전히 전통적인 지리관과 근대적인 지리관이 서로 유사하다고 믿으려 했다.

만약 근대적 지구설을 그대로 수용한다면 세계 어느 지역도 중심일 수 없다는 관념을 형성하게 된다. 이런 관념은 곧 세계 어느 국가도 중심일 수 없

---

28   張德彝, 『航海述奇』(『走向世界叢書』第1輯 第1冊), 岳麓書社, 1985年, p.441.

29   張德彝, 『航海述奇』, p.443의 「地球圖」 참고.

30   志剛, 『初使泰西記』, p.379.

다는 생각으로 이어진다. 즉 중국이든 영국이든 어느 나라도 세계의 중심이라고 주장할 수 없게 되는 것이다. 근대 지리학이 근대 정치학과 연결되면서 이런 탈중심화가 가속화되었는데, 이것은 자연스레 전통적 중국 중심의 세계질서가 해체되는 것을 의미하였다. 세계일주 여행을 통해 중화 중심의 세계관이 서서히 붕괴되고 대신에 새로운 세계관이 동아시아 지식인의 머릿속에 형성되었다. 하지만 장덕이와 지강 등 양무운동 초기의 청국지식인들은 여전히 고적에서 역사적 근거를 찾으며 "화인(華人)들이 일찍부터 보았다."든지 "서양인들의 독창적인 것은 아니다."라며 서양에 대한 중국의 우월성을 고집하였다.

사절단의 여행기에는 날짜변경선[31] 문제도 나타난다. 지강의 일기에는 '중일설(重日說)'이라는 용어로 여행에 따른 시차 문제를 소개하였다. 유럽에서 동쪽 방향인 청국이나 일본으로 올 경우 매 경도 당 4분이 빨라진다. 영국의 그리니치천문대가 기준점인데, 유럽에서 서반구(미국과 유럽)라고 부르는 곳보다 동반구(아시아와 유럽 일부)는 반일(半日) 정도 빠르며, 거꾸로 방향은 반일 정도 느리다. 따라서 태평양의 중간쯤은 영국의 기준점에 비해 하루 정도 빠르다. 태평양을 건너면서 날짜변경선에 이르면 날짜가 하루 더 늘어난다는 것이다.[32] 벌링게임사절단은 "태양의 반대 방향으로 여행하면 하루가 더 많아진다."라는 사실을 책이 아닌 경험으로 확인한 최초

---

31 날짜변경선은 경도의 기준이 되는 영국 그리니치천문대를 지나는 본초자오선의 정반대쪽, 즉 경도 180도를 따라 북극과 남극을 잇는 가상의 선을 말한다. 이 선은 날짜를 변경하기 위해 편의상 만들어놓은 경계선으로 날짜선 또는 일부변경선(日附變更線)이라고도 한다. 그리니치천문대 동쪽으로 경도 15도를 지나면 1시간이 빨라지고, 서쪽으로 15도를 가면 1시간 늦어지므로, 천문대를 출발해 지구를 동쪽과 서쪽으로 한 바퀴 돌아 제자리로 오면 같은 장소에서 하루 차이가 나는 문제점을 해결하기 위해 만든 것이다(정수일 편저, 『해상 실크로드 사전』(창비, 2014년), p.40).

32 志剛, 『初使泰西記』, p.257.

의 중국인들이었다.[33]

장덕이의 글에도 태평양을 건너며 비슷한 시차 문제를 언급하였다. "서양 사람이 말하기를, 이 배가 요코하마에서 샌프란시스코로 가면 도중에 반드시 하루가 늘어나며, 샌프란시스코에서 요코하마로 가면 도중에 반드시 하루가 줄어든다. 태양을 향해 주행하면 지구의 시간은 매일 몇 분씩 늦어지고, 태양을 따라 주행하면 지구의 시간은 매일 몇 분씩 빨라진다. 만약 그 증감을 계산하지 못하면 어떤 곳에 도착하는 날짜와 시간을 맞출 수 없다."[34]고 썼다.

청국사절단은 지구가 둥글다거나 자전과 공전에 의해 밤낮과 사계절에 영향을 미치고 시차가 발생한다는 기존의 논쟁적 사실들을 여행경험으로 확인할 수 있었다. 청국사절단 여행기의 초반부에 전통적 거리와 시간 단위를 사용하다가 점차 서양식 거리와 시간 단위를 병용하는 것으로 바뀐 사실에서 간접적으로 인지할 수 있다.

한편 막말 해외사절단이 남긴 기록을 통해 이와쿠라사절단은 이미 대양 항해의 어려움을 잘 알고 있었으며, 실제로 사절단 중에는 이토 히로부미를 비롯해 해외여행 경험이 있는 사람들도 있었다. 일본사절단의 경우 상대적으로 태평양에 대한 기록이 의외로 적으며, 단지 서양식 거리와 시간뿐만 아니라 서양식 온도(화씨)와 기압 등을 일기에 날마다 기재하였다. 이런 사실

---

33 志剛은 여행기에 다른 날 기록에서도 이 문제를 언급한다. 그에 따르면, 옛날에 서양인들이 처음 세계를 일주할 때 하루를 잃어버린다는 설이 있었는데, 어디서 잃어버리는지 알 수 없었다. 후에 그 까닭을 고찰해 보니 서쪽에서 동쪽으로 일주할 경우 해를 따라 역행하다 보니 하루가 많아졌고, 거꾸로 동쪽에서 서쪽으로 일주할 경우 해를 따라 순행하다 보니 하루가 적어졌다. 즉 지구의 자전과 경도의 차이에 따라 시간의 증감이 이루어진다는 사실을 인식하였다(志剛, 『初使泰西記』, pp.371-372).

34 張德彝, 『歐美環游記』, p.633.

은 벌링게임사절단과는 크게 다른 점이다. 그리고 청국인의 여행기도 대양 항해의 경험이 축적되면서 태평양에 대한 기록은 점점 줄어들었다.

III. 보빙사 일행과 주미공사 박정양의 태평양 횡단기

얼마 후 일본을 방문한 조선의 수신사(修信使) 일행은 태평양이란 신조어를 그들의 보고서에 처음 실어 뒤늦게나마 시·공간 관념에 대한 인식 전환을 준비하였다. 제2차 수신사 김홍집(金弘集) 일행의 항로와 관련해서 주목할 만한 점은 조선 사회에 태평양(太平洋)이란 이름을 처음 알린 것이 그의 「복명서(服命書)」라는 사실이다. 여기서 "하늘과 땅이 맞닿고 사방이 탁 트여 바람이 자고 파도가 잔잔할 즈음 갑자기 (배가) 몹시 울리고 흔들려 바로 설 수가 없었는데, 이 바다를 일컬어 태평양이라고 한다."[35]라고 썼다. 사절단의 여행 일정을 소개하면서 고베에서 대양 항해가 가능한 큰 배로 갈아 타고 요코하마로 가는데, 고베에서 내해를 빠져나가면서 태평양으로 들어갔다는 것이다. 수행원이던 박상식도 "고베 동남쪽을 통해 골짜기 밖으로 나와 도토미주(遠江州)의 경계에 이르면 하늘과 물이 맞닿아 끝없이 펼쳐지는데, 바람이 잠잠하고 고요할 때도 파도가 요동치며 물결이 가라앉지 않으니 곧 태평양이라는 곳이다."[36]라고 기록했다.

제1차 수신사 김기수의 기록에는 대양(大洋)이나 무변대해(無邊大海) 정도의 표현이 나오지만, 그가 가져온 「지구전도」를 통해 김홍집이 태평양

35　『수신사기록』(한국사료총서 제9집), 국사편찬위원회, 1971년, p.149.

36　박상식 지음, 장진엽 옮김, 『동도일사(東渡日史)』(수신사기록 번역총서 4), 보고사, 2018, p.99.

의 존재를 알았을 가능성이 있다.[37] 하지만 이미 10여 년 전 태평양을 건너 미국으로 간 청국의 벌링게임사절단이나 일본의 이와쿠라사절단에 비하면 태평양에 대한 공간 인식에 큰 차이를 보인다. 게다가 청국인과 일본인의 경우 두 사절단 이전에도 개인 자격이든 사절단 자격이든 태평양을 건넌 사례가 여러 번 있었다. 일본 외해인 태평양은 모든 바다가 그렇듯 바람이 있고 없는 날과 물결이 잔잔하거나 거친 날이 일정하지 않았다. 그리고 태평양을 처음 직접 건넌 조선인은 얼마 후 미국을 방문한 보빙사였다.

1. 보빙사, 태평양을 건너다

1883년 7월 16일 민영익을 전권공사로 하는 보빙사(報聘使) 일행은 미국 공사 푸트(L. H. Foote)의 배려로 해군 군함 모노카시(Monocasy)호를 타고 제물포를 출발해 21일 나가사키에 도착한 다음 배를 갈아타고 요코하마로 향하였다. 개항 이후 조선은 일본 기선회사에 의해 부산과 인천에서 일본의 항구들과 연결되었다. 나가사키, 고베, 요코하마로 이어지는 일본의 내해 항로는 수신사와 조사시찰단의 기록에도 풍부하게 묘사된 코스였다. 특히 고베에서 요코하마로 갈 때는 태평양의 광활함을 잠시 경험하기도 했다. 이들의 태평양 항행은 벌링게임사절단보다 무려 20여 년 늦은 것이다.

보빙사는 거의 1개월간 도쿄에 체류하면서 주일 미국 공사 빙햄(Bing-ham)의 도움을 받았다. 드디어 8월 15일 동서양 기선회사(Occidental and Oriental Company) 소속인 4천 톤급 태평양 횡단 여객선 아라빅(Arabic)호에 승선하였다. 승객은 조선사절단을 포함해서 모두 256명이었다. 이 정기

---

37   고정휴, 「태평양의 발견-그 바닷길의 개통과 조선사절단의 세계일주 기록 검토」, 『한국사학보』 제73호, 2018, pp.86~87. 고정휴는 조선사절단의 태평양 횡단에 관한 선구적인 연구를 하였다.

여객선은 홍콩-요코하마-샌프란시스코를 연결 운행하는 증기선으로 요코하마에서 샌프란시스코까지 약 22일 소요되었다.[38] 증기선은 기차, 전기와 함께 서구의 근대를 상징하는 대표적인 발명품으로 조선인에게는 서양의 힘을 보여주는 문물이었다. 당시 조선인은 청국의 상해나 일본의 요코하마를 통해 대양 항해를 할 수 있었는데, 유길준의 『서유견문(西遊見聞)』에는 이런 신형 여객선을 다음과 같이 소개하였다.

"선박에 화물을 적재하는 곳이 아주 견고해서 파도가 갑판 위로 올라와도 침수할 우려가 없었고, 또 여객의 객실은 침구, 세면도구 및 일용품 등을 고루 갖추고 있다. 식당, 목욕실, 주방의 위치가 모두 차례대로 배치되어 있으며 음식물도 육·해산물로 골고루 갖추어 승객이 주문하면 순식간에 제공된다. 승객들의 각종 오락 도구도 구비하고 있으니, 서화 및 음악을 준비해 관람의 편의를 제공한다. 그뿐만 아니라 의약품을 갖추어 불의의 질병에 대비하니 묘망(杳茫-멀고 아득한)한 만경창파에 한 조각 배를 타고 가는 데도 그 생활의 편리함은 마치 대도시 가운데 살고 있는 것과 다름이 없다."[39]

유길준에 따르면, 태평양은 북쪽의 베링 해협에서 시작되어 남쪽으로는 남극의 주위까지 이르는데, 서쪽은 아시아주와 오세아니아주를 경계로 삼고, 동쪽은 남·북아메리카의 두 대주를 경계로 삼는다고 했다.[40] 당시에는 여전히 태평해와 태평양이란 표기가 공존하고 있었다. 오대양을 언급하면서는 태평양, 태서양, 인도양, 남빙양, 북빙양이라고 썼는데, 일본의 영향으

---

38 김원모, 『상투쟁이 견미사절 한글 국서 제정-朝鮮開港과 韓美修交史』(上), 단국대학교 출판부, 2019, p.351.

39 유길준 지음, 허경진 옮김, 『西遊見聞-조선 지식인 유길준, 서양을 번역하다』, 서해문집, 2004, p.498.

40 위의 책, p.67.

로 태평양과 마찬가지로 대서양을 태서양이라고 불렀다.[41] 그는 바다란 고여 있는 물이지 흘러가는 물이 아니라면서, 바람으로 파도가 산같이 일어나도 바닷물은 제자리에서만 움직일 뿐이라고 하였다. 이런 세계 지리와 대양에 대한 소개는 중국이 세계 중심이라는 인식에 도전하는 것이다.

태평양 항로는 북쪽 항로와 남쪽 항로가 있었다. 보빙사가 미국으로 갈 때 는 북쪽 항로를 이용해 샌프란시스코항으로 향했고, 귀국할 때는 남쪽 항로 를 이용해 하와이를 거쳐 요코하마항으로 귀국하였다. 몇 년 후 초대 주미 공사로 미국으로 건너간 박정양의 『해상일기초(海上日記草)』에 따르면, 요 코하마에서 샌프란시스코까지는 세 개 항로가 있다고 했다. 첫째 항로는 적 도 북위 50도를 따라가는데 거리가 4,600마일이고, 둘째 항로는 적도 북위 35도를 따라 수령(水嶺)을 넘는데 4,700마일이며, 셋째 항로는 적도 북위 20도를 따라가는데 하와이를 경유해서 돌아가는데 5,595마일이라고 명시 하였다. 박정양 일행은 세 번째 항로를 따라서 곡선으로 항행했는데, 그 까 닭은 선박에 실은 물품을 하와이에 내려야 했기 때문이었다.[42] 이처럼 태평 양 항로는 시간이 흐르면서 좀 더 다양해졌는데, 1896년의 민영환사절단은 태평양을 건너 미국의 샌프란시스코항이 아닌 캐나다의 밴쿠버항으로 향하 였다. 그 까닭은 영국이 개척한 세계 항로를 이용했기 때문이다. 보빙사의 태평양 항해 경험은 기록이 없어 분명하지 않은데, 그나마 홍영익이 귀국 후 1883년 12월 20일 고종에게 복명하는 과정 중 단편적이나마 언급하였다.

---

41 후쿠자와 유키치의 초기 저작 『증정화영통어(增訂華英通語)』의 지리류 항목에는 洋을 Ocean에, 海를 Sea에 대응시키며, 오대양을 소개했는데 대서양, 태평양, 인도양, 북빙양, 남빙양 등이 그것이 다(고정휴, 「태평양의 발견-그 바다 이름의 생성·전파와 조선에의 정착」, p.87).

42 박정양 지음, 한철호 옮김, 『미행일기(美行日記)』, 푸른역사, 2015, pp.51~52.

(가는 항로)

상(上, 고종): 요코하마에서 샌프란시스코까지 수로로 몇 리나 되는가?

영식(홍영식): 미국으로 갈 때 북쪽 조금 한대(寒帶)에 가까운 항로로 갔는데 4,500마일이 되오며, 귀국할 때는 남쪽으로 멀리 돌아 회항했기 때문에 5,300마일이나 됩니다. 그리하여 우리나라 거리법으로 계산하면 이 숫자에다 3배를 더해야 합니다.

상: 참으로 멀고도 멀구나. 왕래하는 수로는 모두가 새로 난 항로인가?

영식: 신은 수로를 돌아왔는데, 샌프란시스코부터 남쪽 열대 가까운 항로로 돌아, 하와이에서 체류했다가 요코하마, 홍콩 등 항구에 이르렀습니다. 현행 수로에 비하면 그 거리가 훨씬 멉니다.[43]

고종은 홍영식에게 여행 중 날씨를 물었는데, 이에 대해 홍영식은 태평양 북쪽 항로의 경우 6월과 7월 사이였는데도 한기를 느꼈고, 샌프란시스코에 도착해 느낀 온도는 조선의 8월과 같은 날씨였으며, 워싱턴은 찌는 듯한 더위로 숨이 막힐 정도라고 대답하였다. 이처럼 지구의 광활함으로 말미암아 위도에 따라 기온 차이가 나는 놀라운 사실을 경험하고 왕에게 보고하였다.

보빙사가 미국에서 외교 임무를 마친 후 민영익 전권대신을 비롯한 몇 사람은 대서양을 건너 유럽탐방의 길에 나섰다. 홍영식 전권부대신을 비롯해 나머지 일행은 미국 대통령에게 고별인사 후 10월 16일 워싱턴을 떠나왔던 길과 정반대로 태평양 항로를 따라 귀국길에 올랐다. 홍영식 일행은 10월 24일 샌프란시스코항에서 리오(the City of Rio)호를 타고 출항해 하와이를 거쳐 요코하마항에 도착하였다. 그 후 홍영식은 귀국 항로에 관해 다음과 같은 보고를 남겼다.

---

43 「홍영식의 복명문답기」(김원모, 『상투쟁이 견미사절 한글 국서 제정-朝鮮開港과 韓美修交史』(下), 단국대학교 출판부, 2019, pp.886~887 재인용).

(오는 항로)

상: 미국 땅에서 배를 타고 며칠이면 일본에 도달하는가?

영식: 25일이 걸립니다.

상: 그렇다면 어찌 이다지도 지체되었는가?

영식: 귀국 해로의 거리가 미국으로 항행할 때의 항로에 비하면 훨씬 멀었고, 그
　　　뿐만 아니라 풍랑에 막힌 적이 있어 해상에서 며칠을 허비했기 때문입니다.

상: 바다 가운데는 또한 도서가 있었는가?

영식: 일본 요코하마로부터 샌프란시스코에 이르기까지 조그마한 조각 땅조차
　　　도 보지 못했습니다.

상: 이를 가르켜 바닷물과 하늘이 합쳐진 일망무제(一望無際)라고 말할 수 있
　　　겠다…[44]

　고종은 홍영식에게 태평양 항행시 군함의 왕래를 본 적이 있는가? 라고
물었다. 이에 홍영식은 우편선이 한 달에 두 번씩 왕래하는데 같은 항로를
따라 왕래하므로 만날 수 없고, 작은 배는 태평양을 항행할 수 없기에 해상
에서 단 한 척의 배도 볼 수 없었다고 답변했다. 다시 고종이 대서양에는 왕
래하는 선박이 많다는데, 태평양은 왕래하는 선박이 드므냐고 물었다. 이에
홍영식은 전 세계의 상황을 보면 아시아가 유럽보다 뒤떨어지는데, 미국의
샌프란시스코가 뉴욕보다 덜 발달한 사실에서도 알 수 있다고 대답했다. 보
빙사가 태평양을 건넌 기록이 이것이 거의 전부인데, 그 정보가 기초적인
수준에 불과하다는 사실을 알 수 있다. 이에 반해 보빙사보다 4년 뒤에 출사
한 주미 공사 박정양이 태평양을 건너가는 과정은 『해상일기초』이란 기록
을 남겨서 좀 더 자세히 대양 항해 과정을 알 수 있다.[45]

44　위의 책, pp.899~900 재인용.

45　태평양 항로에 관한 기록을 보완하기 위해 대한제국 말기 개인 자격으로 하와이로 건너갔던 김한

2. 박정양의 『해상일기초』

청국은 조선 정부의 주일공사 파견 때와는 달리 미국과 유럽 주재 전권공사의 파견에는 조선을 자국의 속국이라고 주장하면서 적극적으로 반대하였다. 이에 박정양 일행을 미국으로 먼저 파견하고 사후에 승인을 받는 대안을 내놓았다. 3개월에 걸친 외교적 실랑이 끝에, 마침내 초대 주미 전권공사가 된 박정양은 1887년 11월 12일 미국으로 부임하기 위해 서울을 떠났다.

태평양을 횡단하는 1887년 12월 9일부터 12월 29일(음력 1887년 10월 20일부터 11월 15일)까지는 박정양과 그의 일행인 이완용이 함께 쓴 『해상일기초』의 기록을 참고할 만하다. 여기에는 요코하마에 머무는 상황부터 배 안에 발생한 전염병 환자로 인해 샌프란시스코에 상륙하는 것을 허락받지 못하던 상황까지 대양에서의 경험을 담고 있다. 이 일기는 보빙사 공식 보고서를 확인할 수 없는 까닭에 태평양에 관한 조선인 최초의 항해일지이다.

박정양은 태평양에 대해 "하늘과 물이 서로 닿아서, 사방을 바라봐도 한 점의 산색(山色)이 없다."[46]라는 첫 감상을 남겼다. 그는 태평양에서 다른 여행객과 마찬가지로 어떤 날은 배가 조용하고, 다른 날은 배가 요동치며 항행하는 경험을 하였다. 바다 가운데서 바람과 파도를 만나 배가 전복할 듯한 경험, 즉 "파도가 세차게 일어나서 배 안에 의자와 그릇들이 이리저리 굴러다니는"[47] 당혹스런 일들은 모든 여행기에 공통으로 나타난다. 그래도 철재로 만들어진 견고한 증기선 덕분에 그나마 심리적 위안을 얻었다. 당시 태평양을 건너는 선박들은 도중에 경유하는 섬에서 석탄과 같은 연료를 공급

홍(金漢弘)의 『서양미국노정기(西洋美國路程記)』를 참고할 수 있다(박노준, 「'해유가'와 '서유견문록' 견주어 보기」, 『한국언어문화』제23집, 2003, pp.149~162에 원문이 실려 있음).

46　박정양 지음, 한철호 옮김, 『미행일기(美行日記)』(『해상일기초』), p.47.

47　위의 책, p.51.

받거나, 날씨가 나쁘면 잠시 피항하였다. 『해상일기초』에는 12월 16일 산호도(珊瑚島)라는 섬에 들러 석탄을 보급받은 기록이 남아있다.[48] 여기서 산호도가 오늘날 어떤 섬인지는 불분명한데, 구한말 일자리를 찾아 미국을 여행했던 몰락한 양반 김한홍(金漢弘)의 여행기인 『서양미국노정기(西洋美國路程記)』[49]에서 이를 추측할 수 있는 실마리를 찾을 수 있다.

김한홍은 몽고리아호라고 불리는 미국행 선박을 타고 쉬지 않고 10여 일을 항해하며 하와이로 향하던 도중 중국의 옛 전설에서 나오는 '넓이 45리에 길이 천여 리'나 되는 약수(弱水)[50]를 만나 놀라는 대목이 있다. 한 연구자는 이곳을 지금의 괌도로 추측하지만, 박정양이 들린 산호도와 같은 곳일 가능성도 없지 않다. 약수의 주변 항로에 유리등을 높이 달아 놓은 전화목(電火木)이란 것을 보았는데, 아마도 산호초 해역 주변의 전봇대에 설치한 항로 표시등으로 보인다. 그는 선원으로부터 야간에 항해하는 선박의 해상 안전을 위해 약수와 해수를 구분하기 위해 만들어놓은 등이라는 설명을 들었다.

박정양 일행이 하와이로 항행하던 도중 경험한 흥미로운 일은 12월 16일 날짜변경선을 통과한 사건이다. 이곳은 동반구와 서반구의 경계선으로 동반구에 해가 지자마자 서반구에서 해가 뜨므로 하룻밤을 지냈다 해도 역시

48　위의 책, p.48쪽.

49　김한홍(金漢弘)은 1903년 12월부터 1908년 8월까지 일본을 경유해 하와이와 샌프란시스코를 다녀와서 여행기인 『서양미국노정기(西洋美國路程記)』와 가사 작품인 「해유가(海遊歌)」를 남겼다. 박노준이 일찍이 「해유가」를 소개하고 분석했으며, 곧이어 『서양미국노정기』를 소개 번역하였다. 김한홍이 정말 샌프란시스코를 방문했는지는 의문의 여지가 있다(박노준, 「『海遊歌』(일명 西遊歌)의 세계인식」, 『한국학보』 64, 1991, pp.194~239).

50　원래 약수는 신선이 살았다는 중국 서쪽의 전설적인 강이다. 「해유가」에서 말하는 약수는 신선계를 방불케 하는 곳이라는 뜻으로 사용한 것인데, 박노준은 아마도 지금의 괌도를 말하는 것이 아닌가 추정한다(위의 논문, p.210).

같은 날이라는 논리인데, 동아시아인들이 이런 과학 원리를 이해하는 일은 쉽지 않았다. 따라서 태평양을 건넌 대부분 동아시아인의 여행기에서는 시차 문제를 기록으로 남겨놓았다. 날짜변경선에 따른 시차 문제는 과거 태평양을 건넌 벌링게임사절단의 여행기에도 비교적 자세히 기록되어 있다. 『해상일기초』에는 날짜 변경과 시차 문제를 다음과 같이 설명하였다.

"12월 16일 맑음. 하루 종일 배가 갔다. 오늘은 마땅히 (음력) 3일로 써야 하지만, 서양인은 하룻밤을 묵었더라도 2일이라고 해야 미국 경계에 도착한 뒤 차이가 없게 된다고 말한다. 이 말을 듣고 매우 당황하였다…또 시간을 우리나라와 비교하면 4시간 앞서는 차이가 있다. 우리나라는 오후 2시인데, 이곳은 오전 10시이다. 그리하여 점점 차이가 쌓여 시각이 워싱턴에 이르면 12시간의 차이가 생겨서 우리나라와 밤 12시와 낮 12시로 상반된다. 우리나라가 2일 새벽이면, 미국은 1일 저녁이다. 그러므로 우리나라에서 3일은 역시 미국에서는 2일을 사용하는 것이다. 대개 하루가 서로 차이 나는 것이 아니라 불과 반일(半日)이 차이 난다. 그리하여 미국국경에 들어가면 어쩔 수 없이 서력(西曆)으로써 우리나라 역법을 참작하여 비교해서 사용해야 한다. 그러므로 2일을 두 번 사용하고 간지 역시 전일을 사용하니, 어찌 또한 물정에 어둡지 않은가?"[51]

위와 같이 박정양은 태평양이 지구상의 동서구(東西球)가 서로 나누어지는 곳인데, 동구에서 해가 들어가면 서구에서는 해가 나온다고 했다. 그리고 날짜변경선을 지나면 하루가 지나도 똑같은 날이어서 같은 날을 두 번 사용한다고 썼다. 따라서 그의 일기에는 (양력) 12월 16일의 기사가 두 번 나온다. 이런 신기한 경험은 시간이 보편적인 것이 아니라, 상대적인 것이라는

---

51   박정양 지음, 한철호 옮김, 『미행일기(美行日記)』(『해상일기초』), p.48.

사실을 확인한 것이다. 외교사절인 박정양은 조선과 미국 사이에는 시차가 있고, 미국 현지에서는 양력을 사용한다는 사실을 정확히 인지하였다. 박정양은 미국에서 양력과 음력을 동시에 써야만 했는데, 그래서인지 일기에는 음력을 기본으로 하되 수시로 양력을 기재하였다. 이런 양력과 음력 문제는 오래전 일본을 오가던 수신사들도 경험했던 문제였다.[52]

훗날 조선으로 귀국하는 배에서도 비슷한 얘기를 반복하였다. 1888년 12월 10일의 일기에는 "오늘은 당연히 (음력) 7일로 써야 하지만, 작년에 이때를 지나면서 이미 하루를 줄였으니 지금 다시 건너면서 하루를 추가한 후에야 음·양력에 어긋남이 없게 된다. 또 시침을 비교하면, 샌프란시스코로부터 여기까지 하루에 반 시간씩 늦어져 모두 6시간이 많아지게 된다."[53]라며, 12월 9일 일기를 비워 두었다. 그는 샌프란시스코의 오전 7시가 이곳 바다의 오후 1시라고 정확하게 인지하였다. 이처럼 『미행일기』에는 공간과 시간의 근대적 의식 전환을 감지할 수 있었지만 24시간 개념이나 시(時)와 초(秒)와 같은 용어를 완전히 수용하지는 않았다.[54]

오션익호는 10일간의 항행 끝에 12월 20일 와화도(瓦和島), 삼유사도(三維斯島)를 지나 하와이(혹은 布哇國) 호놀룰루항에 입항하였다. 오늘날 하와이로 부르는 포와국은 태평양 한 가운데 있는 여러 섬들이 모여서 이루어

---

52 김한홍의 여행기에도 "역서(曆書)는 지금 이른바 양력이라 부르는 것이 그것이다. 1년이 12개월이며 1달은 31일로 정해져 있다. 대월(大月)은 31일, 중월(中月)은 30일로 정해져 있다. 매해 2월은 28일이며, 1일은 24시로 정해졌다. 이 나라의 2시는 한국의 1시이다. 대월이 31일인 까닭에 윤달이 없다. 이에 동양과 서양은 밤낮이 서로 어긋나기 때문에 한국의 오시(午時)는 미국의 술시(戌時)다. 이곳은 일본과의 거리가 일만 육천여 리고, 한국과의 거리는 일만 팔천여 리이다."라고 썼다(金漢弘, 「西洋美國路程記」(박노준, 「'해유가'와 '셔유견문록' 견주어 보기」, p.156 인용).

53 박정양 지음, 한철호 옮김, 『미행일기(美行日記)』, p.169.

54 신승엽, 「새로운 시간적 질서로의 여행-19세기 말 조선 외교사절단 및 지식인들의 근대적 시간 경험에 관한 연구」, 『Journal of Korean Culture』36, 2017, pp.172~176.

진 작은 섬나라인데, 당시 독립국으로 섬 주민의 다수는 수도인 호놀룰루에 모여 살았다.[55] 박정양은 그곳의 위치와 물산은 물론 역사에 대해 『해상일기초』에 간단히 기록해 두었다.

"하와이국은 태평양 중에 15개 섬을 합해서 이루어진 소국(小國)이다. 그 나라의 수도와 항구 한 곳이 서로 접하고, 적도 북위 20도에 있다. 그러므로 날씨가 몹시 덥고 녹음이 땅을 가리며 연안에 방초가 무성한 것이 우리나라의 5월 날씨와 비슷하다. 토산물은 설탕이고 인물은 흑인종이며, 원래 부요(富饒)한 섬이라고 칭한다. 일찍이 40여 년 전에 영국이 와서 전쟁을 벌여 수많은 인민이 손상을 입었다. 그래서 오직 미국에게 보호를 의지하고 조약을 맺어 사이좋고 지낸다. 하지만 고래잡이로 익사하거나 전염병인 천연두가 유행하는 재난을 당해 인민 40여 만 명이 사망해 인종이 매우 적다. 그러므로 유럽과 아시아 각국의 사람들이 와서 사는 것을 허락하였다."[56]

오션익호가 호놀룰루항에 닻을 내리니 세관 소속 영국인 의사 1명이 배안으로 올라와서 중등실과 하등실 승객의 전염병 여부를 검진하였다. 비록 천연두 예방 접종을 한 승객이라도 배에서 내리는 것을 허락하지 않았다. 이처럼 하와이는 한때 천연두로 말미암아 엄청난 사람들이 사망한 경험이 있었기에 전염병에 무척 예민해 엄격한 보건 법규를 실시하였다. 굳이 하와이가 아니더라도 세계 대다수 해항도시에 도착할 경우, 가장 먼저 이루어지는 일이 전염병 여부를 검진하는 절차였다.[57]

---

55 하와이는 1898년에 미국에 흡수되어 미국령이 되었고, 1900년 미국 영토로 만들어졌다. 결국 1959 년 8월에는 미국의 50번째 주로 편입되었다. 따라서 박정양 일행이 하와이를 방문할 때는 아직 미국의 공식 영토가 아니었다.

56 박정양 지음, 한철호 옮김, 『미행일기(美行日記)』(『해상일기초』), p.49.

57 김한홍의 여행기에는 하와이를 다음과 같이 소개한다. "2월 22일. 이른 아침에 포와부(布哇府) 호

한편 『승정원일기』(고종 26년, 1889년 7월 24일)에 실려 있는 박정양의 「복명문답기」는 과거 홍영식의 「복명문답기」에 비해 좀 더 구체적인데, 고종은 태평양 항로에 관한 질문은 별로 하지 않고 하와이에 흥미를 보였다. 그 내용을 인용하면 다음과 같다.

상이 "오가는 길에 호놀룰루(혹은 檀香山)가 있다고 하던데, 어떤 곳인가?"라고 물으니, 박정양이 "이는 하와이에 딸린 섬입니다."라고 아뢰었다.

상이 "하와이는 작은 나라이다. 다녀오는 길에 과연 지났을 터인데, 그 땅은 얼마나 되던가?"라고 물으니, 박정양이 "하와이는 태평양 가운데 여러 섬이 모여 한 나라가 된 것입니다. 유구국(流球國)이나 우리나라의 제주(濟州)에 비교해 크지 않습니다. 신이 미국으로 갈 때 배가 그 나라의 국경에 정박했었는데 밤이 깊어서 내릴 수 없었고, 이튿날 새벽에 바로 출발했기 때문에 비록 자세히 보지는 못했습니다만, 그 항구와 수도가 서로 접해 있는데 매우 조잔(凋殘)했습니다. 40여 년 전에 천연두가 유행해 백성들이 많이 죽었기 때문에 근년에 유럽과 아시아의 각 주(州)에서 백성들을 모집해 겨우 모양새를 갖추었다고 들었습니다."라고 아뢰었다.[58]

위의 기사에서 등장하는 단향산(檀香山)은 호놀룰루의 별칭이다. 청국인들은 호놀룰루에서 많이 자생하는 물품인 단향의 이름을 빌어 단향산이라

항(湖港)에 도착하였다. 중류(中流)에 배를 멈추고 선각(船角)을 부니 미국인 의학사(醫學士)가 작은 배를 타고 와서 배 가운데 병자의 유무를 살폈다. 곧 선창(船廠)으로 들어가 육지에 내렸다. 이곳 포와도(布哇島)는 네 개 섬 중에서 가장 요충이 되는 곳이다. 백여 년 전에는 독립된 자주국이었지만 백성들이 어리석어 미국의 속국이 되고 말았다. 이때 사람들은 '미국령 포와도'라고 일컬을 뿐이다. 땅의 형세는 네 개의 섬이 나란히 서 있는데 각 섬 사이의 길이는 오륙백 리를 넘지 않으며 길이를 합쳐도 한국의 3분의 1에 불과하다. 인구는 삼만여 명이다."(金漢弘, 「西洋美國路程記」(박노준, 「'해유가'와 '서유견문록' 견주어 보기」, 『한국언어문화』제23집, 2003, p.153 인용).

58 박정양 지음, 한철호 옮김, 『미행일기(美行日記)』(『승정원일기』 부분), p.229.

고 불렀다. 오션익호가 하와이 항로를 택한 까닭은 하와이에서 내리고 실을 화물이 있었기 때문이었다. 조선사절단은 배에서 내리지 못하고 선상에서 1박한 후 12월 21일 다시 출항해 샌프란시스코로 향하였다.

하와이에서 출항한 후 며칠 동안 하늘과 바닷물만 바라보았다. 항해 도중에 태평양에서 크리스마스를 맞이했는데, 12월 24일 저녁에는 배 안에서 축하 파티가 벌어져 술을 마시고 노래를 부르는 등 서양인의 선상 파티를 경험하였다. 다음 날인 크리스마스 당일은 조용했는데, 정오 무렵 갑자기 갑판 위에서 징을 치는 소리가 나기에 나가보니 배 안의 선원들이 모두 나와서 어떤 이는 물통을 운반하고, 어떤 이는 소방 기구를 들고 분주히 움직였다. 박정양은 이와 같은 장면에 어리둥절해서 한 선원에게 물어보니, 그가 말하기를 돌발적인 선상 화재에 대비하기 위해 소방 훈련을 하는 것이라고 설명해 주었다.[59] 아마도 크리스마스 분위기에 취해 선원들의 근무태도가 이완될 것을 경계해 벌인 훈련이었을 것이다.

요코하마를 떠난 지 19일, 하와이를 떠난 지 1주일 만인 12월 28일 미국 캘리포니아주의 샌프란시스코항에 도착하였다. 이때 박정양은 샌프란시스코 항구 주변에 설치된 포루와 등대를 보며 항구 방어의 엄중함을 실감하였다. 항구 내 선박 안에 머무르던 1887년 12월 29일자로 『해상일기초』의 기록은 끝이 난다.

항구에 입항하자마자 하와이와 마찬가지로 의사가 올라와서 승객을 검진했는데, 공교롭게도 청국인 한 사람이 천연두를 앓고 있어서 승객 전원의 하선이 금지되어 선실 안에 갇히고 말았다. 항구 의사들이 모두 배에 올라 천연두 환자를 다시 진찰했으며, 천연두 환자는 물론 청국인 하등 선객

---

59   박정양 지음, 한철호 옮김, 『미행일기(美行日記)』(『해상일기초』 부분), pp.50~51.

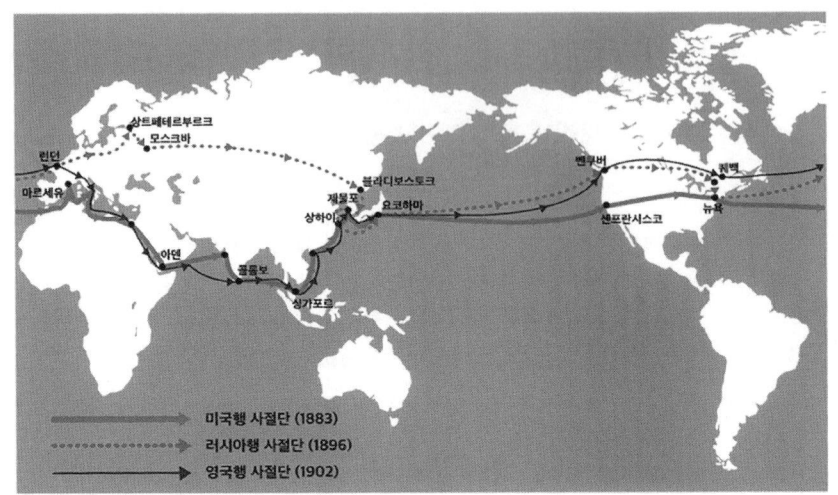

〈개항기 태평양 항로를 통해 세계 일주한 조선사절단의 경로 비교〉[61]

(1) 미국행 사절단(민영익 일행, 1883년 7월 16일~1884년 5월 31일)
(2) 러시아행 사절단(민영환 일행, 1896년 4월 1일~10월 20일)
(3) 영국행 사절단(이재각 일행, 1902년 4월 6일~8월 20일)

100여 명 모두 상륙을 허가하지 않았다. 이 사건으로 배 안에서 4일간 갇히어 꼼짝하지 못하다가 1888년 1월 1일 해관 당국이 조선사절단을 위해 특별히 상등실 승객만 상륙을 허락하자, 겨우 박정양 공사 일행은 하선할 수 있었다.[60]

덧붙이자면, 1년 후 박정양이 귀국할 때도 일기에는 태평양에 대한 소감을 남기고 있지만, 그 내용은 처음 미국으로 건너갈 때보다 간략한 편이다. 바다와 하늘이 끊임없이 펼쳐진 풍경을 바라보며 태평양의 끝에 있는 고향에 대한 그리움을 드러내는 한편, 미국에서 한 해를 보내며 해양 풍경에 낮

---

60   박정양 지음, 한철호 옮김, 『미행일기(美行日記)』, p.53.
61   고정휴, 「태평양의 발견-그 바닷길의 개통과 조선사절단의 세계일주 기록 검토」, 『한국사학보』제 73호, 2018, p.148 지도

이 익어서인지 "사해가 형제요, 모든 마을이 고향이 아니겠는가?"[62]라며 좀 더 여유로운 모습을 보여주었다. 그리고 일기의 곳곳에는 자신이 왕래한 구체적인 거리를 자세히 기록해 보빙사 일행보다 시공간의 개념을 선명하게 학습한 모습을 보여주었다.[63] 박정양은 근대적인 지리관을 수용해 세계는 넓고 중국이 세계의 중심이 아니라는 생각을 가지게 되었다. 하지만 태평양 왕복을 통해 얼마나 해양 문명의 의미를 읽었는지는 의문의 여지가 있다.[64]

IV. 세계일주 여행 중 태평양을 건넌 민영환사절단

민영환은 1896년 3월 10일 특명전권공사로 임명되어 러시아 황제 니콜라이 2세의 대관식에 참석차 조선을 떠났다. 알렉산드로 3세의 뒤를 이은 니콜라이 2세는 즉위한 지 1년쯤 지나서야 대관식을 치르게 되었다. 당시 조선은 러시아와 특별한 관계에 있었는데, 민비시해사건 후 고종이 궁궐을 떠나 러시아공사관에 머문 아관파천(1894년 2월~1897년 2월) 시기였기 때문이다. 민영환의 대관식 사행은 조선 정부와 러시아 정부 양자 간의 필요

---

62 위의 책, p.167.

63 예를 들어, "서울에서 인천을 경유해 나가사키로 갔다가 이어 홍콩으로 향하고, 요코하마를 거쳐 샌프란시스코에 도착하고 워싱턴까지 다다른 것이 육로로 10,580리이고, 수로로 28,685리이다, 수로와 육로를 합하면 39,215리이다."(정확히 계산하면 39,265리)(『미행일기(美行日記)』, p.57); "(음력) 11월 17일 오후 2시에 747리 떨어진 요코하마에 도착해 정박하였다. 샌프란시스코에서 요코하마항 앞바다까지 영리(英里)로 4,764리이고, 우리나라 거리로 환산하면 14,292리이다."(위의 책, p.173); 혹은 "워싱턴에서부터 샌프란시스코를 지나고 일본을 거쳐 동래에서 머물다가 육로로, 서울로 돌아온 것이 육지 여정으로 10,794리, 바다 여정으로 17,412리, 육지와 바다 합쳐서 28,204리(정확히 계산하면 28,206리)이며, 왕복 67,421리이다."(위의 책, p.220)라고 기록했다.

64 한 연구자는 청일전쟁으로 말미암아 중국 중심의 세계질서가 붕괴하는 것과 비슷한 시기에 태평양이 지리 용어로서 조선 사회에 정착했다고 설명한다(고정휴, 「태평양의 발견-그 바닷길의 개통과 조선사절단의 세계일주 기록 검토」, p.83, p.107).

에 의한 것이었다.[65]

4월 2일 민영환 일행은 인천항에서 러시아 군함 크레마지호에 올라 오전 10시쯤 출항하였다. 이 군함은 러시아로 가는 여행에서 가장 먼저 경험한 근대적 교통수단이었다. 사절단이 러시아 군함을 타게 된 것은 러시아 공사 베베르의 주선 덕분으로, 전용 군함으로 호위를 받으며 갈 수 있다는 사실은 특별히 우대받은 것이었다.[66] 인천항을 출항한 크레마지호는 순조로운 항해 끝에 이틀 후인 4월 4일 오전 10시 청국 상해에 도착하였다.

민영환사절단은 원래 상해에서 프랑스 선박을 타고 홍콩을 경유해서 러시아로 갈 계획이었지만, 이 배를 타지 못하였다. 왜냐하면 상해에 늦게 도착하는 바람에 선박회사에서 이미 다른 승객들에게 자리를 내주었기 때문이다. 증기선은 기차처럼 사람들에게 새로운 시간과 공간 개념을 만들어주었는데, 그중 하나는 선박을 이용하는 사람들에게 정해진 시간을 지키게 만드는 일이었다. 이 사실을 처음 자각시킨 것이 아마도 상해에서 배를 놓친 사건일 것이다. 일행은 러시아 대관식의 축하 날짜까지 도착하지 못할까 봐 무척 긴장했는데, 동행한 시테인이 여기저기 뛰어다녀 마침내 태평양을 건너 캐나다로 가는 캐나다 태평양 철도회사가 운영하는 증기선 차이나 엠프레스(皇后號, SS Empress of China)호의 배표를 구입할 수 있었다. 배를 타고 서쪽을 향하려는 계획이 동쪽을 향하는 노선으로 바뀐 것이다. 이 상선은 얼마 전 홍콩에서 상해로 왔는데, 11일에 항해를 시작해 나가사키를 경유해 요코하마로 가서 여기서 태평양을 건널 예정이었다.

좀 더 부언하자면, 일반적인 태평양 항로인 미국 샌프란시스코가 아닌 좀

---

65 류충희, 『민영환의 세계여행과 의식의 점이』, 성균관대학교 대학원 비교문화협동과정 석사학위 논문, 2007년, p.21.

66 민영환 지음, 조재곤 편역, 『海天秋帆－1896년 민영환의 세계일주』, 책과 함께, 2007년, p.26.

더 북방 항로인 캐나다 밴쿠버로 가서 캐나다대륙을 가로지르는 횡단 열차를 탄 후 최종적으로 미국 뉴욕으로 가는 코스였는데, 결국 유럽으로 가는 노선과 비교하면 사흘쯤 늦어지는 일정이었다. 태평양 항로를 우연히 선택하게 된 사절단 일행은 이로 말미암아 세계 일주를 경험하게 되었다. 민영환사절단은 4월 11일 오전 7시 마차로 상해 부두에 도착해 작은 화륜선을 타고 차이나 엠프레스호에 올랐다. 이 배를 타고 요코하마 항에 도착한 후 내려 기차를 타고 도쿄의 조선 공사관을 방문한 사절단은 잠시 휴식을 취하다가 4월 17일 드디어 태평양으로 나아갔다.

그런데 몇 년 후 민영환 일행과 유사한 태평양 항로를 통해 유럽으로 간 사절단이 있어 주목할 만하다. 1902년 대한제국 정부는 영국 에드워드 7세 대관식 축하 방문을 위해 이재각(李載覺)사절단을 파견하였다. 그들은 태평양을 건너 캐나다로, 다시 대서양을 넘어 영국으로 가는 일정이어서 민영환사절단과 비교할 만한데, 수행원인 이종응(李鍾應)이 『서사록(西槎錄)』을 남겨 그 대략을 알 수 있다.[67] 그들도 인천에서 출발해 나가사키, 고베를 거쳐 요코하마에서 한국 공사관의 도움을 받으며 태평양 항행을 준비하였다. 민영환사절단과 같은 차이나 엠프레스호를 타고 요코하마에서 밴쿠버로 향하였다.[68]

대양을 항해하는 증기선에 승선한 여행자는 상당 기간 선박이라는 공간에서 체류할 수밖에 없다. 그런 까닭에 윤선에는 긴 여행을 위해 각종 설비가 구비되었고 선실은 마치 방처럼 만들어놓았다. 그 공간에 배치된 시설

---

67 김원모, 「李鍾應의 『西槎錄』과 『서유견문록』 解題」(『東洋學』32, 2002)의 pp.133~167에 『西槎錄』의 번역문이 실려 있으며, 185~201쪽에 원문이 실려 있다(앞으로는 『西槎錄』으로 약칭해 표기할 것임).

68 이재각사절단은 캐나다에서 다시 영국 상선 누비안(SS Nubian)호를 타고 대서양을 건너 리버풀로 향하였다(고정휴, 「태평양의 발견-그 바닷길의 개통과 조선사절단의 세계일주 기록 검토」, p.149).

물도 근대문물이어서 서구 문물을 일상적으로 사용한 적이 없던 조선인에게는 윤선의 선실이 서구 근대문화를 실감나게 체험하도록 만들었다.[69] 게다가 여기서는 서양 음식과 문화는 물론 다양한 외국인들과 교류하게 된다. 대체로 여행기에는 선실의 침상이 정결하고 선체의 장식이 화려한 사실에 놀라거나 증기기관의 웅장한 규모와 정교한 구성에 감탄하였다. 훗날 이재각사절단의 이종응도 매번 기계가 움직이는 소리를 들을 때마다 "부지런히 힘써 밤낮으로 쉬지 않고 움직이는 것이 마치 지성껏 쉬지 않고 움직이는 하늘의 도에 견줄 만하다."[70]라고 생각하면서 하늘이 하는 일을 사람이 대신한다고 기록했다.

조선사절단은 4월 17일부터 28일까지 열흘 이상 태평양을 항해하였다. 민영환에게 태평양이라는 대양은 신비한 존재였다. 그는 태평양에서 경험한 일출을 "갑자기 동쪽 가에 붉은빛이 올라왔다가 꺼지는데 만 갈래가 눈을 쏘더니 조금 있다가 태양이 끓어오르는데 그 크기가 비교할 데가 없으니 참으로 장관이다."[71]라고 묘사했다. 그들의 항해 방향은 하와이를 거쳐 샌프란시스코로 가는 남방 항로가 아니라, 곧바로 태평양을 가로질러 캐나다령 벤쿠버로 향하는 북방 항로였다. 이재각사절단도 민영환 일행과 마찬가지로 영국 선박 엠프레스호를 타고 태평양을 건넜는데, 풍랑에 따른 뱃멀미나 해류의 도움을 받아 바람이 없어도 빠른 속도로 항해하는 경험을 하였다. 아울러 항해 도중 화재가 발생한 상황을 가정해 선원들이 불을 끄는 소방 훈련도 경험하였다.[72]

---

69 류충희, 『민영환의 세계여행과 의식의 점이』, p.100, p.105.

70 이종응 지음, 김원모 번역, 『西槎錄』, p.133.

71 민영환 지음, 조재곤 편역, 『海天秋帆-1896년 민영환의 세계일주』, p.42.

72 이종응 지음, 김원모 번역, 『西槎錄』, p.140.

지도상에 표시된 항로 거리는 실제와는 차이가 나는데, 왜냐하면 지구는 본래 원형이어서 평면상의 지도와 일치하지 않기 때문이다. 특히 시차 문제는 조선인들에게 놀라운 경험이었다.

"4월 22일(음력 10일) 맑음: 서양 사람의 말에 따르면, 지구는 360도인데, 동서가 각각 180도라고 한다. 낮에 동쪽이 오시(午時, 오전 11시~오후 1시)면 밤에는 서쪽이 오시이니, 이것은 아시아와 아메리카가 발꿈치와 발가락처럼 서로 접해서 낮과 밤이 서로 반대되기 때문이다. 지구는 서쪽에서 동쪽으로 도는데, 만약 두 사람이 각각 시계를 가지고 10일 정오에 동과 서로 나누어 가면 180도에서 서로 만난다. 즉 모두 같은 시간에 만나지만, 11일 축시(丑時, 오전 1시~오전 3시)가 오히려 10일 축시가 된다. 이는 지구가 동쪽은 기울고 서쪽은 높아서 낮과 밤이 서로 반대이고 서로 같으면서도 실은 하루이다. 그리고 땅이 그 시간에 해당하면 어제와 오늘이 합쳐서 하루가 되는 것(날짜변경선을 말함-옮긴이)이라 할 수 있다. 이는 이학가(理學家)의 격물치지(格物致知)의 학설로, 졸지에 연구해서 알 수 있는 것은 아니다. 22일을 연속으로 써서 그 날짜를 기록한다."[73]

민영환사절단은 태평양을 건너는 배에서 한 서양 사람으로부터 지구의 구형과 자전운동, 시간의 동서 분할에 대해 듣게 되었다. 지리적 위치에 따라 시간이 밤과 낮으로 달라지거나, 동양과 서양이 같은 시간 내에서 통합 연동한다거나, 날짜변경선이 아메리카의 서쪽 끝과 아시아의 동쪽 끝에서 시간이 거리에 비례해 바뀐다고 배웠다. 이처럼 민영환 일행은 대양을 건너는 여행에서 공간 이동과 맞물리는 시간 변동이 전 지구적 차원의 규칙임을 알게 되었다. 하지만 사람들의 말을 받아 적었을 뿐 충분히 체화된 지식은 아니었던 것으로 보인다.

---

73 민영환 지음, 조재곤 편역, 『海天秋帆-1896년 민영환의 세계일주』, pp.40~41.

태평양을 건너는 도중 심한 뱃멀미로 민영환을 비롯한 모든 수행원이 큰 고통을 겪었다. 민영환은 "바람과 물결이 크게 일어 배의 요동이 더욱 심하다. 방 안의 물건이 엎어지고 서로 부딪힌다."라며 며칠간 이어진 선체의 흔들림으로 어려워하였다. 한편으로는 이미 경험해 보았을 서양 사람인 시테인조차 뱃멀미로 힘들어하는 모습을 보고 의아해하였다. 뱃사람이 말하기를, 일전에 배가 요동친 것은 바람이 크게 일었기 때문이며 이 항로는 원래 며칠간 험한 파도가 있다고 말했다. 앞으로는 편안하고 근심이 없을 것이라 하니 크게 평온한 바다(太平洋)란 이름에 맞는 것 같다며, 매우 기쁘다고 소감을 남겼다.[74] 벌링게임사절단과 이와쿠라사절단도 태평양 항해에서 민영환사절단과 유사한 경험을 한 바 있다. 뱃멀미 경험뿐만 아니라 지구관, 공전과 자전, 날짜변경선, 시차 문제 등과 관련한 유사한 기사가 나타난다. 단지 민영환사절단이 이용한 태평양 항로는 청국과 일본이 이용한 항로보다 더욱 북쪽인 캐나다로 향하는 새로운 노선이었다.

차이나 엠프레스호는 1896년 4월 29일 오전 캐나다령 밴쿠버 항에 도착하였다. 10여 년 전 태평양을 횡단한 보빙사는 캐나다가 아닌 미국 샌프란시스코 항을 이용했고, 돌아오는 길에 하와이를 들리기도 했다. 이 무렵에 캐나다의 대륙횡단철도가 완성되어 벤쿠버와 요코하마를 연결하는 항로가 개설되었다. 그 후 서양으로 파견된 조선사절단은 태평양 횡단시 거리가 가장 짧은 밴쿠버 쪽으로 항행하였다.[75] 오랫동안 하늘과 바다만 쳐다보면서 아득하고 막막한 마음을 느꼈던 민영환 일행은 항구에 도착하자 안도감에

---

74 위의 책, p.41. 윤치호의 일기에는 태평양 항해에 관한 기록이 거의 없다. 하지만 그 역시 1885년 초 청국에서 아라빅(Arabic)호를 타고 미국으로 유학길에 올랐을 때 태평양에서 잦은 뱃멀미로 고생한 바 있었다.

75 고정휴, 「태평양의 발견-그 바닷길의 개통과 조선사절단의 세계일주 기록 검토」, p.156.

한숨을 돌렸다. 하지만 휴식할 틈도 없이 다음 날인 30일 오후 2시 다시 대류횡단철도인 캐나다 퍼시픽 열차(Canadian Pacific Train)를 타고 몬트리올로 향하였다. 민영환사절단은 나이야가라폭포를 구경한 후 국경을 넘어 미국으로 건너갔다.

한편 6년 후에 캐나다의 밴쿠버항에 도착한 이재각사절단의 경우에는 대류횡단 기차를 타면서 크게 놀랐다. 그들은 산을 돌아 계곡을 넘고 강을 따라 철교를 놓거나 산을 뚫어 터널을 만든 사실에 놀라움을 넘어 충격을 받았다. 작자는 "인공(人工)과 물력(物力)의 조화가 아닌가. 하늘은 강산을 만들고, 사람은 철로를 만들었다고 말할 만하다…물은 산꼭대기에서 동서로 나뉘어 흐르는데, 서쪽으로 흐르는 물은 태평양으로 흘러 들어가고, 동쪽으로 흐르는 물은 대서양으로 흘러 들어간다고 한다."[76]라고 썼다. 이재각 일행은 나이야가라폭포를 구경한 후 민영환 일행과는 달리 캐나다 퀘벡 항으로 가서 영국 증기선을 타고 대서양을 건넜다.

나오는 말

개항 시기 청국 지식인의 출양은 대부분 관방에서 파견한 사람들이었다. 이것은 근대 중국인과 서양인이 교류하는 특징 가운데 하나였으며, 오히려 개인 여행자는 예외적인 사례에 속하였다. 임침, 용굉, 이규 등이 남긴 개인 견문기에는 서양 문명에 대한 이미지가 대부분 단편적이다. 그들의 견문기에는 태평양을 건너는 과정에서 경험한 놀라움이 가득했지만 이와 관련한

76　이종응 지음, 김원모 번역, 『西槎錄』, p.141.

체계적인 기술을 남기지 않았다.

　그 후 청국이 파견한 대규모 해외사절단인 벌링게임일행은 세계에서 가장 큰 바다인 태평양을 산업혁명의 놀라운 발명품인 증기선으로 건너면서 지구가 둥글다거나 바다가 육지를 감싸고 있다는 사실을 직접 눈으로 확인하였다. 그리고 대양 항해 중에 지구의 자전과 공전에 따라 밤낮과 사계절이 생긴다는 근대적 시간관념을 인식할 수 있었다. 날짜변경선의 이해, 즉 "태양의 반대 방향으로 여행하면 하루가 더 많아진다."라는 시차 문제의 자각은 근대적 시간과 거리 관념의 수용을 가져왔다. 이런 근대과학의 지구설과 지리관을 수용할 경우, 세계 어느 지역도 중심이 될 수 없다는 탈중심화로 연결되면서 전통적 중국 중심의 세계질서에 균열을 일으킬 수밖에 없었다. 예를 들어, 지강이 귀국 길에 쓴 글에는 외국인으로부터 '중국'이란 명칭에 관한 질문을 받았을 때, 중국은 더 이상 지리적 중심이 아니라 도통의 맥락에서 중도(中道)의 나라라고 설명할 수밖에 없었다.[77] 왜냐하면 여행을 통해 중국의 남극이나 북극이 천하의 남극이나 북극과는 다르다는 사실이 명백해졌기 때문인데, 지리관에서 중국과 '천하'가 다르다는 사실을 인정하지 않을 수 없었다.

　청국인에 비해 조선인의 태평양 경험은 시기적으로 매우 늦었다. 조선사절단 가운데 민영환사절단이 세계 일주한 최초의 일행으로 알려졌으나, 실은 1883년 보빙사의 민영익 일행이 처음이었다. 보빙사는 조선사절단으로는 처음으로 역사적인 태평양 항행을 경험하면서 미국으로 건너갔다. 비록 「복명문답서」와 같은 매우 짧은 대화록말고는 기록이 남아있지 않아 그들의 대양항해는 잘 알 수 없지만, 태평양 항로의 경우는 몇 년 후인 1887년

77　志剛, 『初使泰西記』, p.376.

주미 초대 공사 박정양의 기록으로 보완할 수 있다. 박정양 일행은 오션익 호를 타고 요코하마 항구를 출발해 하와이 호놀룰루 항구를 거쳐 미국 샌프 란시스코 항구에 도착하였다. 일행은 항해 도중 동·서반구의 시간 표준이 갈리는 날짜변경선과 크리스마스 축하 연회를 경험했고, 소방 훈련이나 위 생 방역을 구경하였다. 특히 박정양과 이완용이 함께 쓴 『해상일기초』는 태 평양 횡단 과정이 잘 그려져 있다.

한편 민영환사절단이 러시아로 가는 대양항로 중 태평양을 건너는 과정 중 보빙사나 박정양 일행과 유사한 시공간 관념의 변화를 경험하였다. 과거 보빙사의 민영익 일행이 태평양에서 미국으로 건너가거나 대서양에서 지 브롤타 해협으로 향한 것과 달리, 민영환 일행은 캐나다로 건너가고 리버풀 항구로 향한 것은 일정한 항로 차이를 보인다. 이런 조선사절단의 태평양 항 행 경험은 청국사절단의 그것과 기본적으로 큰 차이는 없었지만, 상대적으 로 이해 수준이 구체적이지 않아 좀 아쉬움이 남는다. 그리고 20세기로 넘 어와 청국이나 조선사절단 모두 태평양에 대한 이해가 일반화되면서 여행 기에 실린 대항 항해의 기록은 줄어들었다.

참고문헌

1. 사료

구메 구니타케 (2011),『특명전권대사 미구회람실기』(총5권), 정애영 등 옮김, 소명출판.

김득련 지음 (2011)『環璆唫艸』, 허경진 옮김, 평민사.

김원모 (2002), 「李鍾應의『西槎錄』과『서유견문록』解題」,『東洋學』32,

민영환 (1959),『海天秋帆』(『使歐續草』포함), 乙酉文化社,

민영환 (2007),『海天秋帆-1896년 민영환의 세계일주』, 조재곤 편역, 책과 함께.

박정양 (2018),『미속습유(美俗拾遺)』, 한철호 옮김, 푸른역사.

박정양 (2015),『미행일기(美行日記)』, 한철호 옮김, 푸른역사.

송병기 역(2001),『국역 윤치호 일기(1)』, 연세대학교 출판부.

유길준 (2004),『西遊見聞-조선 지식인 유길준, 서양을 번역하다』, 허경진 옮김, 서해문집.

윤치호 (2015),『국역 윤치호 영문 일기(3)』, 박정신 · 이민원 번역, 국사편찬위원회.

윤치호 (2014),『민영환과 윤치호, 러시아에 가다』, 윤경남 옮김, 신앙과지성사.

斌椿(1985),『乘槎筆記 · 詩二種』(『走向世界叢書』第1輯 第1冊), 岳麓書社.

張德彝(1985),『航海述奇 · 歐美環游記』(鍾叔河 主編,『走向世界叢書』第1輯 第1冊), 岳麓書社.

鍾叔河 主篇(1985),『走向世界叢書』第1輯(第1-10冊), 岳麓書社.

志剛(1985),『初使泰西記』(鍾叔河 主編,『走向世界叢書』第1輯 第1冊), 岳麓書社.

久米邦武 編, 水澤周 譯注 (2005~2008),『現代語訳 特命全権大使米欧回覧実記』(全5卷), 慶
    應義塾大学出版会.

福澤諭吉(2009),『西洋事情』, 慶應義塾大學出版社.

市川淸流 著, 楠家重敏 編譯(1992)『幕末歐州見聞錄』, 新人物往來社.

2. 연구서

고정휴(2021),『태평양의 발견, 대한민국의 탄생』, 국학자료원.

규장각한국학연구원 엮음(2011),『조선 사람의 세계여행』, 글항아리.

김영수(2020),『100년 전의 세계 일주』, EBS BOOKS.

김원모(2019),『상투쟁이 견미사절 한글 국서 제정-朝鮮開港과 韓美修交史』(上, 下), 단국대
    학교 출판부.

김원모(1999),『한미수교사-조선보빙사의 미국사행편(1883)』, 철학과현실사.

대니얼 R. 헤드릭 (2013),『과학기술과 제국주의, 증기선 · 키니네 · 기관총』, 김우민 옮김, 티브북.

미야자키 마사카츠 (2020),『패권 쟁탈의 세계사』, 박연정 옮김, 위즈덤하우스.

서영원 편(2014),『세계를 뒤흔든 바다의 역사』, 알에이치코리아.

신승하(1985), 『근대중국의 서양인식』, 고려원, 1985년.

우미영, 『근대조선의 여행자들』, 역사비평사.

조세현(2022), 『근대 중국인의 해국 탐색』, 소명출판.

조세현(2016), 『천하의 바다에서 국가의 바다로』, 일조각.

조이스 채플린 (2013), 『세계일주의 역사』, 이경남 옮김, 레디셋고.

주경철(2011), 『바다 인류』, 휴머니스트.

주경철(2002), 『문명과 바다』, 산처럼.

쥘 베른 글, 세바스티엥 무랭 그림(2013), 『80일 간의 세계일주』, 윤진 옮김, 비룡소.

閔銳武(2002), 『蒲安臣使團研究』, 中國文史出版社.

吳以義(2004), 『海客述奇: 中國人眼中的維多利亞科學』, 上海科學普及出版社.

尹德翔(2009), 『東海西海之間-晚淸使西日記中的文化觀察,認證與選擇』, 北京大學出版社.

鍾叔河(2002), 『從東方到西方-走向世界叢書敍論集』, 岳麓書社.

鍾叔河(2000), 『走向世界-近代中國知識分子考察西方的歷史』, 中華書局.

陳室如(2008), 『近代域外游記研究1840-1945』, 臺北, 文津出版社.

(英)林肯·潘恩(Lincoln Paine) (2018), 『海洋與文明-世界航海史』, 陳建軍 羅燚英 譯, 讀書
       共和國.

橋本順光·鈴木禎宏 編著(2000), 『歐洲航路の文化誌-寄港地を讀み解く』, 靑弓社.

木畑洋一(2018), 『帝國航路を往く-イギリス植民地と近代日本』, 岩波書店.

手代木有兒(2013), 『淸末中國の西洋體驗と文明觀』, 汲古書院.

王大宝(2017), 『蒲安臣使節團の研究-淸朝最初の遣外使節團-』, 広島大學大學院, 文學研究
       科 博士學位論文.

熊田忠雄(2013), 『世界は球の如し』, 新潮社.

田中彰(2003), 『明治維新と西洋文明: 岩倉使節団は何を見たか』, 岩波書店.

田中彰(2002), 『岩倉使節團『米歐回覽實記』』, 岩波書店.

阪本英樹(2002), 『月を曳く船方-淸末中國人の美歐回覽』, 成文堂.

和田博文(2016), 『海の上の世界地圖-歐州航路紀行史』, 岩波書店.

04

전후 일본의 대외경제전략과
환태평양 연계성[*]

박상현

Ⅰ. 문제제기

냉전의 해체 이후 경제적 세계화가 가속화되고 다양한 형태의 지역통합
흐름들이 출현하는 가운데 '아시아-태평양' 지역에서도 경제통합 논의가
수면 위로 떠올랐다. 1993년에는 아시아태평양경제협력체(APEC)가 정상
회의를 개최했고 2006년에는 아시아태평양자유무역지대 구상이 발표되었
다. 이후 태평양 주변국가들을 자유무역협정을 중심으로 통합하려는 흐름
은 2008년 12개국이 참여한 환태평양동반자협정(TPP) 협상과 2018년 포
괄적·점진적환태평양동반자협정(CPTPP)으로 이어졌다.

---

* 이 글은 〈Journal of Global and Area Studies〉 Vol. 7, No. 1(2023년)에 게재된 '일본은 어떻게 태
  평양 경제통합의 주도적 국가가 되었는가?: 전후 대외경제전략의 유산을 중심으로' 논문을 수정·
  보완한 것임.

화폐통합에 기초한 유럽의 경제통합과 대조적으로 태평양 주변국가의 경제통합 논의는 대단히 다층적인 구조를 띠고 있으며 통합의 수준·범위·경계도 다양하다(이지영, 2011; 최희식, 2012; Terada, 2007). 그러나 미국이 탈퇴하고 중국이 가입하지 않은 환태평양동반자협정이 일본에 의해 지지되었던 것에서 드러나는 것처럼, '아시아-태평양' 또는 '환태평양' 경제협력에서 일본이 중요한 위치를 차지하고 있다는 것은 부정할 수 없는 사실이다.

그렇다면 '태평양 전쟁'의 패전 이후 국제적 고립상태에 있었던 일본이 어떻게 반세기만에 태평양 경제통합의 주도적 국가가 될 수 있었는가? 어떤 세력이 어떤 대외정책 노선을 따라서 그러한 경제통합을 적극적으로 추진했는가? 그리고 일본 경제의 태평양 연계성은 일본 국내의 어떤 사회적·경제적 조건과 결합되었는가?

일본의 대외정책에 관한 대다수의 논의는 2차 세계전쟁 이후 '평화주의' 또는 '탈군사주의'의 확립과 냉전 이후 일본의 '보통국가화'로 상징되는 정치군사적 역할에 초점을 맞추고 있다(이원덕, 1998; Sugita, 2016; Miyashita, 2007). 이 같은 접근에서 일본은 대체로 미국의 동아시아 전략에 수동적으로 적응하는 '반응적 국가'(reactive state)(Calder, 1988)로 묘사되는 경향이 있다. 그리고 일본 국내의 대외정책 결정과정에 고유한 분절성은 효과적인 대외정책 목표의 정립과 실행에 어려움을 낳았다는 사실도 강조된다(Potter, 2015; van Wolferen, 1990).[1] 그 결과 종종 일본의 대외정책은 '무원칙'하며 장기적인 전망을 결여하고 있다는 평가가 제기되기도 한다

---

1 정책결정 과정에서 일본 관료기구의 분권성과 불투명성을 강조하고 있는 대표적인 연구자로서 논란을 낳기도 한 van Wolferen(1990: 39)은 일본의 대외정책을 '머리가 없는 닭'(headless chicken)으로 묘사하기도 했다.

(添谷芳秀, 2008: 8).

  이런 관점에서 '태평양 국가'로서 전후 일본의 경제성장은 미국이 주도하는 '태평양 동맹'의 산물로 간주된다. 기존의 연구들(Arrighi, 1994; Palat, 2003; So and Chiu, 1995)은 주로 '초대에 의한 발전', 즉 냉전질서의 형성속에서 미국이 일본을 '자유세계'의 일원으로 초대한 것에 초점을 맞춘다. 이 같은 분석은 일본 대외정책과 수출주도 공업화의 세계적 조건을 설명해주는 장점이 있다. 그러나 이들 연구는 일본 내에서 어떤 세력이 어떤 방식으로 미국과 적극적으로 협의하면서 '태평양 국가'로서 일본을 건설했는지에 대해서는 크게 관심을 기울이지 않으며 그 결과 일본 대외정책의 국내적 형성과정은 간과하는 경향이 있다. 그러나 일본의 대외정책이 본질적으로 '반응적인' 것일 수는 있지만 결코 '수동적인 것'은 아니기 때문에(Green, 2001) 일본의 대외전략, 특히 아시아-태평양 경제협력 전략에 관해서는 추가적인 설명이 요구된다.

  한편 일본의 경제기적과 관련하여 '발전국가'에 주목하는 연구들(Johnson, 1982; Pempel, 1998; Gao, 1997; Okazaki, 1997)은 국내 관료기구의 역할과 그들이 주도한 산업정책에 주목한다. 이들 연구는 산업정책을 수행했던 통산성을 중심으로 국가-산업-기업관계와 그들을 결합시켰던 '경제민족주의'에 주목하는 반면 수출뿐만 아니라 원료의 조달과 관련된 대외전략, 특히 태평양 전략에서 국가기구의 역할에 대해서는 크게 주목하지 않는 경향이 있다. 그 결과 일본의 수출경제가 어떤 세계적 조건과 포괄적인 대외전략을 배경으로 성장할 수 있었는지는 분석되지 않는다.

  여기서는 태평양이라는 지역적 측면의 지정학과 지경학에 초점을 맞추면서 양자의 결합, 즉 동아시아 내에서 미국의 헤게모니 형성 전략과 전후 재건을 주도했던 일본 내 '태평양 세력'의 상호작용에 주목함으로써 일본의

'태평양 지역주의'의 기원과 변형과정을 밝히고자 한다. 특히 2차 세계전쟁 패전 이후 일본은 국제관계의 새로운 모형을 확립해야 했는데 그것은 일본의 '민족적 정체성'에 대한 경쟁하는 관점들의 충돌을 수반했으며 그 과정에서 평화지향적인 '통상국가'로서 일본이라는 노선이 정립되어 아시아-태평양 '경제외교'의 기초가 되었다는 점이 강조될 것이다. 또한 그런 노선이 중화학 공업에 기초한 수출경제와 태평양 연안 공업지대의 형성이라는 경제·지리적 전략과 결합되는 양상을 분석할 것이다. 마지막으로 통상국가 일본이 고도성장을 달성한 이후 아시아-태평양 지역주의를 구상하고 실현하는 과정을 추적할 것이다.

Ⅱ. 전후 재건과 '태평양 국가'로서 일본의 재구성

1. 냉전의 형성과 미국의 '역전된 과정'

'태평양 전쟁'의 종결 이후 미국은 '먼로주의'라는 대륙주의와 단절하고 세계 헤게모니 국가로서 새로운 국제질서를 구축했다. 미국의 대외전략은 주로 '대서양 동맹'에 초점을 맞추었지만, 태평양 국가로서 미국은 동아시아 지역의 안정화에도 적극적으로 관여했다.[2] 특히 초기에 미국은 민주적인 중국을 아시아의 안정세력으로 성장시키려는 구상을 가지고 있었다. 이 때문에 중화민국이 1945년 창설된 국제연합의 안전보장이사회 상임이사국

---

2   태평양과 그 건너편 지역에 대한 미국의 관심은 오랜 역사를 가졌다. 미국은 19세기 중반 '광둥체제'가 확립되었을 때 중국과 교역했을 뿐만 아니라 그런 교역의 교두보로서 일본을 개항시키기도 했다. 태평양 국가로서 미국의 역할에 대한 인식은 시어도어 루즈벨트 시기에 분명하게 드러났다. '대서양 시대'를 대체하는 '태평양 시대'라는 담론의 기원은 1920년대 미국과 일본 사이에서 태평양 군축회담이 진행된 시기로 소급된다. 더 자세한 내용은 본서의 1장을 참조하라.

이 되었다(添谷芳秀, 2008: 4). 반면 일본은 미군의 직접적 점령 하에서 '처벌'과 '개혁'의 대상이 되었다. 미국의 초기 대일정책의 기본적 목적은 비군사화와 민주화로 대표되는 일본의 개혁이었다.[3] 1946년에 미군정과의 협의를 통해 미국헌법을 모형으로 하는 신헌법이 준비되어 1947년에 제정되었는데, 신헌법의 9조는 주권적 권리로서의 전쟁의 포기를 명시했다(So and Chiu, 1995; Dower, 2000; Hook et al., 2012; 北岡伸一, 2017).

'비군사화'는 경제영역에도 중요한 영향을 미쳤다. 경제적 비군사화 정책은 일본경제에서 물리적인 전쟁능력을 제거하는 것뿐만 아니라 잠재적으로 전쟁을 지원할 수 있는 요소들을 제거하는 것을 목표로 했다. 군공창의 병기제조용 특수공작기계가 폐기되고 민수용으로 전환가능한 기계 · 설비가 해외로 반출되는 등 군수공업은 해체되었다. 군사적 목적으로 활용될 수도 있는 석탄, 철강, 조선 등의 중공업과 해운산업의 성장은 제약되었다. 나아가 군국주의의 진원지를 제거한다는 관점에서 재벌해체 · 농지개혁 · 노동개혁 등이 추진되었다(三和良一 · 三和元, 2021: 165; 北岡伸一, 2017: 212; Borden, 1984: 61; Hook et al., 2012: 283).

그러나 1947년 말부터 가시화된 냉전의 맥락은 미국으로 하여금 일본을 패배한 적(敵)이 아니라 잠재적 동맹으로 간주하게 만들었다. 미국은 일본뿐만 아니라 태평양 전체를 염두에 두고 일본에 대한 개혁정책을 평가하고

---

3   미국의 점령정책을 담당한 국무 · 육군 · 해군 삼부의 조정위원회(SWNCC)는 1945년 8월 31일에 「초기 대일 방침」을 결정했고, 이 방침은 트루먼 대통령이 9월에 재가함으로써 맥아더 최고사령관에게 정식으로 하달되었다. 이 「초기의 대일방침」과 1945년 11월에 내려진 「초기의 기본적 지령」이 대일정책의 기본문서가 되었다(三和良一 · 三和元, 2021: 164). 당시의 개혁정책은 미국에서는 반박되기 시작하던 뉴딜주의와 이상주의 그리고 사회개혁주의에 영감을 받은 것으로 미국이 점령한 다른 지역에서는 전혀 도입되지 않은 매우 독특한 것이었다(Dower, 2000).

그것을 전환하는 작업, 이른바 '역전된 과정'(Reverse Course)에 착수했다.[4] '역전된 과정'과 함께 미국의 점령정책의 목적은 비군사화에서 '경제부흥' 으로 전환되었고, 일본의 생산을 촉진시키는 동시에 수출을 증대시키는 다양한 제안들이 제시되었다(Borden, 1984; LaFeber, 1997: 270).

일본경제의 복구와 부흥이라는 목표를 달성하기 위해 1949년 2월에 디트로이트 은행장 도지(Joseph M. Dodge)가 일본에 파견되었다. 도지는 인플레이션을 유발하는 산업정책과 단절하고 수출을 장려하기 위해 엔화를 평가절하했으며 일본의 국내 총수요를 억제하는 혹독한 긴축 프로그램, 즉 '도지 노선'(Dodge Line)을 강제했다(Lefeber, 1997: 276; 三和良一·三和元, 2021: 187; Sugita, 2016: 132).[5] 도지 노선은 폭발적인 인플레이션을 진정시키고 금융안정성에 기여했다. 뿐만 아니라 도지는 금융안정성을 추구하는 기관으로서 대장성을 강화시켰고 대장성 및 일본은행과 연계된 금융공동체의 성장에 기여했다(Sugita, 2013). 또 도지의 지원 하에 설립된 통산성(Ministry of International Trade and Industry)은 민간의 무역노력을 자극함으로써 수출경제의 성장에서 핵심적 역할을 했다(Gao, 1997: 177).

---

4 소련봉쇄 전략의 입안자인 국무부의 케넌(George Kennan) 정책기획실장은 1948년 2월 방일한 이후 대일 정책의 중점을 경제부흥에 두고 더 이상의 개혁은 중지하는 등의 권고를 포함한 보고서(일명 '케넌 복구안')를 제출했고, 국무부는 그런 권고를 반영한 새로운 정책문서 원안을 1948년 5월 국가안전보장회의(NSC)에 제출했다. 그리고 1948년 10월에 국가안전보장회의에서 「미국의 대일정책에 관한 권고」(NSC-13/2)가 채택되어 정책의 전환이 확정되었다(三和良一·三和元, 2021: 184)

5 도지가 일본에 파견된 가장 큰 이유는 일본을 '아시아의 공장'으로 만들려고 했던 1949년까지의 시도가 실패한 것이었다. 1948년 말에 생산은 1930-34년 수준의 65%에 불과했다. 그런 측면에서 도지 노선은 그 이전까지 미군정이 지원했던 생산우위의 산업정책으로부터의 단절을 함의했다. 도지의 최종적 목표는 안정적인 단일환율체계 확립을 통해 일본경제를 자본주의 세계경제에 통합시키는 것이었다(Schonberger, 1989: 202-203). 일본경제의 당시 상황에 대한 도지의 전반적인 인식은 Schonberger(1989)의 7장을 참조하라.

1950년 중·소우호동맹상호원조조약과 한국전쟁이라는 새로운 상황에 대응하여 1951년 5월에 트루먼이 승인한 「아시아에 있어서 미국의 목적·정책·행동방침」이라는 국가안전보장회의 방침(NSC-48/4)은 일본이 심각한 위협, 즉 경제적 난국과 공산주의의 침투에 노출되어 있다는 점을 인정했다(三和良一·三和元, 2021: 190). 이와 함께 워싱턴에서는 일본의 경제적 난국이라는 문제를 해결하기 위해 일본이 원료와 시장에 접근할 수 있는 경로가 개방되어야 한다는 주장이 확산되었다(Lefaber, 1997: 278).

미국은 일본에 대한 중국공산당의 영향을 우려하면서 일본이 북중국 및 만주지역과의 무역을 부활시키는 것에 반대했다(Borden, 1984: 5; Lefaber, 1997: 279). 대신 잃어버린 중국시장을 대체할 동남아시아 시장과 일본을 연결시킨다는 구상이 출현했다(添谷芳秀, 2008: 14). 그러나 이런 구상은 실현과정에서 상당한 장애에 부딪혔는데, 왜냐하면 동남아시아의 많은 곳이 전쟁과 혁명으로 인해 안정적 시장이나 원료공급처가 되기 어려웠기 때문이다. 게다가 버마, 인도네시아, 베트남, 대만 등은 일본에 대해 상대적으로 관용적인 태도를 보였지만 다수의 동남아시아 국가들이 일본의 수탈적 의도를 의심하면서 경제관계의 강화를 꺼렸다(Palat, 2004: 30; Hook et al., 2012: 165; 鄭敬娥, 2004: 1165).[6] 이러한 현실은 결국 미국이 일본을 위한 시장과 원료공급처로서의 역할을 해야 한다는 것을 의미했다. 실제로 당시 일본의 수입 총액에서 미국의 원조수입이 60-70%를 차지했다(中北徹, 1996: 43).

---

6 동남아시아에서 사회주의의 확산은 1945-54년 1차 인도차이나 전쟁을 야기했고 사회주의 세력과 손을 잡은 인도네시아 민족주의 지도자 수카르노는 1955년 반둥에서 아시아-아프리카회의를 개최했다. 이런 상황에서 미국은 애초의 탈식민주의에 대한 지지를 철회하고 인도차이나에서 프랑스를 지지했다. 한편 영국은 1950년 대영제국의 과거 식민지들을 중심으로 개발원조를 수행하는 콜롬보 계획을 추진했다(Palat, 2004).

미국의 정치지도자들은 몇몇 동맹국가들의 반대에도 불구하고 일본의 대외경제활동에 대한 제약을 완전히 제거하고 서방의 시장을 일본에게 개방하는 데 적극적인 역할을 했다. 미국과 캐나다는 일본을 향한 주요 곡물 수출국으로서 유럽 국가들—제조업 제품의 수출을 둘러싸고 일본과 경쟁관계에 있었다—과 달리 일본이 세계무역에 참여하는 것을 적극적으로 지지했다(Landon, 2018; 大熊忠之, 1985: 98). 미국은 달러부족을 겪고 있는 일본이 산업원료를 구매할 자금을 '상호안전보장계획'에 따른 경제원조로 제공했을 뿐만 아니라 일본의 산업부흥, 특히 중화학공업화의 성공에 필수적인 석탄과 철광석 같은 핵심적 자원들을 제공하거나 조달경로를 주선했다(Borden, 1984: 75; Bunker and Ciccantell, 2007: 60). 미국과 캐나다, 나아가 호주 등과의 연계를 포함한 태평양 경제로의 통합은 일본의 대외정책의 기본적 조건을 형성했다(Arrighi, 2010).

2. 요시다 노선과 태평양 '통상국가' 일본

1945년 '태평양 전쟁'의 종결은 일본을 매우 특수한 지위를 갖는 나라, 즉 '패배하고, 해방되고, 점령된' 나라로 변형시켰다(Edstrom, 1999: 8).[7] 점령군에 의한 '해방'과 함께 일본은 국제사회의 '고아'로 전락했다. 미군정의 개입 하에 1947년에 제정된 헌법은 대외적인 주권의 일부로 간주되는 전쟁 수행 능력을 부인했다. 뒤이은 미 · 일안보조약과 샌프란시스코 조약을 통

---

7   일본은 2차 세계전쟁을 '대동아전쟁'이라고 불렀지만 미군정은 그것을 기각하고 대신 '태평양전쟁'이라는 명칭을 채택했다. 미국에 의해 강제된 이 같은 명칭은 2차 세계전쟁에서 동아시아 국가들에 자행된 일본의 침략적 군사행동을 비가시화시키는 동시에 전쟁을 미국과 일본의 전쟁으로 보이게 만드는 효과를 가졌다(Dower, 2000). 또 일본이 '대동아전쟁'이라는 용어를 채택했다는 사실은 2차 세계전쟁 이전의 일본에는 '태평양'이라는 지역적 발상이 사실상 존재하지 않았다는 점을 방증한다(凱田, 2007).

해 일본은 냉전질서로 편입되었다. 이 시기에 상이한 정치세력이 국제공동체에 재진입하기 위한 일본의 새로운 대외관계 모형과 '민족적 정체성'을 둘러싸고 쟁투를 벌였다.

일본의 여론이 처음부터 '평화주의'를 지향한 것은 아니었기 때문에 이른바 '평화헌법'은 정치적 갈등을 야기했다.[8] 이런 갈등은 1951년 미일안보조약과 샌프란시스코 조약의 체결 때까지 변형된 형태로 지속되었고 1960년 조약개정 시도를 둘러싸고 이른바 '안보투쟁'의 형태로 폭발하기도 했다. 미일 안보조약과 샌프란시스코 조약이 체결되는 정국에서 보수주의적인 우익 민족주의는 헌법개정을 요구했다면, 사회주의적인 좌익 민족주의는 전면강화를 요구했다. 양자는 모두 사실상 냉전을 수용하지 않았다(添谷芳秀, 2008: 6; 北岡伸一, 2017: 221). 그리고 강화조약과 냉전질서가 확립된 이후 보수파는 헌법개정을 주요한 정치적 기획으로 삼았던 반면 급진파는 헌법수호를 주요한 정치적 기획으로 삼았다(Potter, 2015; 北岡伸一, 2017).

미국의 점령기 7년 동안 7번 정부가 교체되었는데, 외교관 출신의 요시다 시게루는 그중 4번의 정부를 이끌면서 어떤 정치인보다 강한 정치적 영향력을 행사했다. 1948년에 수상으로 복귀한 그는 외무상의 임무도 동시에 맡았고 일본 대외정책의 모든 측면에 대한 확고한 통제력을 유지했다(Edstrom, 1999: 8).[9] 이른바 '국제파' · '외교파'의 수장으로서 요시다는 '국제사회의

---

8 1945년 이후 진행된 여론조사에 따르면, 패전 직후에는 재무장에 대한 찬성이 반대를 압도했다. 1955년경이 되어서야 그것이 역전되었지만, 반대가 찬성을 압도하지는 못했다. 일본공산당도 초기에는 헌법 9조에 반대했고, 일본공산당 대표는 제헌의회에서 헌법에 대해 반대표를 던진 극소수 집단에 속했다(Dower, 2000). 이런 측면에서 여론의 평화주의적 합의를 요시다 총리가 어쩔 수 없이 수용했다는 일각의 평가(石原享一, 2015)는 타당하지 않다. 오히려 요시다 노선이 확립되고 미일 안보조약이 체결되면서 안보의 비용이 감소함에 따라 여론의 평화주의적 합의가 형성되었다는 것이 더 타당할 것이다(Miyashita, 2006).

9 미국 점령기 동안 5인의 총리대신이 등장했는데, 그 중 3명이 외교관 출신이었다. 이는 미군정의

일원'이 되는 것이 일본 재건의 조건이며, 일본이 국내적 개혁을 제도화함으로써 국제적 신뢰를 다시 획득할 수 있고 생각했다(Edstrom, 1999: 13).[10] 나아가 그는 냉전과 미국이 주도하는 '집단안보'의 질서 내에서 일본이 전통적인 의미에서 국가안보를 실행할 필요가 없다는 사실, 즉 '방어비용의 외부화'가 가능하다는 사실을 발견했다(Wolferen, 1990; Arrihgi, 2010).

1951년 1월 트루먼 대통령은 일본과의 평화협정 협상을 개시하기로 결정하고 협상을 위해 덜레스를 일본으로 보냈다. 덜레스는 일본 정부가 '공산주의적 제국주의'에 대항하는 자유세계에 적극 참여하게 만드는 것을 목표로 삼았다. 트루먼과 덜레스는 일본으로부터 재무장 의지를 확인할 수 있을 것을 기대했다(Sugita, 2016: 127). 그러나 당시 수상 요시다 시게루는 전쟁 수행을 포기한 '헌법 9조'를 미국의 냉전 모험에 대항하는 가장 중요한 보험 정책으로 간주했다(Green, 1999: 12). 그는 냉전이 확립되기 이전에 미국에 의해 강제되었던 '평화헌법'에 근거해서 미국의 재무장 압력에 성공적으로 저항했는데, 이것은 이후 그의 최대 업적으로 평가받았다(添谷芳秀, 2008: 5; 이원덕, 1998: 32).[11]

이 과정에서 이후 '요시다 독트린'으로 불리게 될 대외정책 노선이 발표되었다. 그것은 평화주의와 통상국가 건설을 결합시킨 것으로서 냉전과 집

간접통치를 받던 당시 일본의 내정이 곧 외교, 특히 대미외교의 성격을 띠었던 것을 반영했다(北岡伸一, 2017: 210).

10   요시다 자신이 강조했던 것처럼, 이러한 관점은 메이지유신의 지도자들이 서방과 체결한 일본의 불평등조약을 제거하기 위해 사용했던 현대화전략의 기억을 상기시키는 것으로 사실상 '강병이 빠진 부국'을 목표로 했다(Edstrom, 1999: 13; 최희식, 2012: 15) 경제부흥과 관련해서 이런 입장은 부족한 자원을 해외에서 조달하고 수출을 통해 성장을 이룬다는 '무역파'의 관점을 반영하는 동시에 국내 자원을 개발해서 일국적인 차원에서 성장을 달성한다는 '개발파'와는 대립하는 것이었다(根岸裕孝, 2005: 44).

11   요시다에 대한 일본 국내의 전반적인 평가와 재평가, 특히 그가 점령이라는 현실 속에서 일본의 자율성을 확대하려고 노력했다는 재평가에 대해서는 김남은(2008)을 참조할 수 있다.

단안보체제의 맥락에서 일본이 안보를 미국에 의존하는 대신 모든 자원을 일본의 경제부흥에 집중하고 일본을 '통상국가', 즉 교역을 통해 부와 번영을 추구하는 국가로 변형시킨다는 것이었다. 번영은 정치적 갈등의 해결책이 될 수 있다는 인식(Edstrom, 1999: 68) 하에 평화지향적인 통상국가의 수립한다는 노선은 애덤 스미스로 소급되는 경제적 자유주의를 따르는 것이자 메이지유신 초기까지 소급되는 해양 통상국가의 전통을 잇는 것이었다.[12]

요시다 노선은 미국의 요구에 대한 단순한 수용이 아니라 좌우로 분단된 일본 국내 정치에서 상이한 요구들의 타협으로서 그러한 난국을 돌파하는 성격을 띠었다(添谷芳秀, 2008: 2; Green, 1999: 11). 좌의 사회민주주의 노선과 우의 국가주의 노선 사이의 중도적 노선으로서 요시다 노선은 양쪽 모두로부터 일본의 자립성이나 주체성이 부족하다는 비판에 직면했지만 점차 동의세력을 늘리면서 주도권을 확보했고, 이른바 '55년 체제' 하에서 포괄정당으로서 장기간 집권에 성공한 자민당 내에서 이른바 '요시다 학교'의 구성원들에 의해 자민당 '본류'의 견해가 되었다(添谷芳秀, 2008: 3; Miyashita, 2007: 111).[13]

---

12 통상을 중심으로 하는 해양국가라는 전망과 정복을 중심으로 하는 대륙국가라는 전망의 대립은 메이지 초기로 소급되는데, 요시다 노선은 전자의 전망을 부활로 묘사되었다(쇼이 준이치로, 2003: 346; 류교열, 2005: 210). 이런 관점에서 '해양국가'는 고립된 섬나라(島國)와는 구별되는 의미를 갖는다(류교열, 2005: 221). 대륙국가와 해양국가의 전략을 대비시키는 이 같은 접근은 국제질서에서 평화를 강조하는 해양국가 · 해양문명론의 형태로 최근까지도 이어지고 있다(平和政策研究所, 2017: 9; 코사카 마사타카, 1998).

13 '요시다 학교'(吉田学校)는 요시다가 자신의 정치기반을 확립하고 후진을 교육하기 위해 모았던 국회의원 집단을 지칭한다. 요시다 자신처럼 대장성을 중심으로 하는 관료 출신이 다수를 점했다. 요시다 학교의 주요 인물로는 사토 에이사쿠, 이케다 하야토, 타나카 가쿠에이, 오오히라 마사요시 등이 있는데, 이들은 요시다의 은퇴 후에도 자민당의 '본류'로서 일본을 이끌었다(Edstrom, 1999: 9).

또한 요시다 노선은 일본의 관료기구, 특히 연합군 점령행정의 '협력자'로 조직을 보존하면서 '관청 안의 관청'으로 활약했던 대장성에 의해 지지되었고, 일본의 금융계를 대표했던 일본중앙은행에 의해서도 지지되었다. 특히 요시다 노선의 경제적인 차원은 '요시다 학교'의 구성원이자 대장 대신을 역임하면서 도지와 협력했던 이케다에 의해 강화되었다(Sugita, 2013). 요시다 내각에서 대장성은 도지의 지지 하에서 예산편성에 대한 권한을 활용해서 전쟁 이전의 '통제경제' 관념을 계승했던 통산성 경제안정본부의 국내 생산우선 노선을 제압할 수 있었다(진창수, 1998; 147).[14]

요시다 수상과 대장성은 도지노선에 따라 경제부흥을 최우선 과제로 설정하면서 재군비무장은 경제부흥에 장애가 된다는 입장을 취했다(添谷芳秀, 2008: 5).[15] 대장성과 일본은행을 수장으로 하는 일본의 금융계는 한국전쟁을 계기로 경단련이 추진했던 일본경제의 군사화에 반대했다. 그들은 자원이 희소한 상황에서 그것을 더 생산적인 목적에 맞게 사용하기를 원했다(Sugita, 2016: 133). 한국전쟁에 따른 미국의 압력에 대해 요시다는 자유세계의 일원으로서 일본의 역할을 긍정하면서도 군사적 기여가 아니라 산업적 기여, 즉 미국이 일본의 산업역량을 활용할 것을 제안했다(Sugita, 2016: 127; 정진성, 2020: 197; 浅井良夫, 2003: 130).

---

14 통산성 내부에서 기시 노부스케의 노선을 따르는 '산업파'・'통제파'는 패전직후 상품의 생산과 구매를 통제했던 경제안정본부를 거점으로 했다. 반면 통상 대신을 비롯해서 요시다의 노선을 따르는 파벌은 '외교파'・'통상파'로 불렸다.

15 그렇다고 해서 그들이 '좌파'의 평화주의에 입각해서 재무장을 일반적으로 부정했던 것은 아니었다. 일례로 1950년 한국전쟁이 발발한 직후 주일미군이 한반도로 파견되면서 일본은 경찰력을 보완하기 위해 경찰예비대를 창설했고 그로부터 2년 후에 경찰예비대는 국가안보대로 재조직되었다. 그리고 1954년 국가안보대는 자위대로 개칭되었다. 요시다 노선은 경제의 우위 속에서 안보 비용을 최소화하려는 현실주의적 성격을 띠었지만 안보의 필요성을 부정하는 것이 아니었다(Miyashita, 2007: 110; 添谷芳秀, 2008: 5).

요시다 노선은 일본이 미국의 보호 하에서 경제적 자율성을 추구하는 전략으로서 당시 일본인의 민족적 부흥의 열망을 경제적 성취로 치환시키는 전망을 내포했다(Guthrie-Shimizu, 2010: 256). 요시다 노선에 따라 전후 일본의 대외정책에서는 정치·군사적 차원이 제거되었지만, 이는 일본이 순수하게 경제적 우선순위에 기초해서 다른 나라들에 대응할 수 있도록 했다(Wolferen, 1990: 41). 뿐만 아니라 일본은 중국과 같은 사회주의 국가에 대해서도 '정치와 경제의 분리'라는 관점에서 '경제외교'를 전개할 수 있었다(최희식, 2012: 16). 이 과정에서 일본은 자신들의 '경제외교'를 평화와 번영이라는 가치와 결합시키려고 노력했다.

III. 태평양 경제질서와 통상국가 일본의 임해공업화 전략

1. '태평양 석탄·철강동맹'의 형성?

일본은 냉전질서 하에서 안보를 미국에 의존한 채 환태평양 경제에 통합됨으로써 수출에 기반을 둔 '통상국가'로 성장했다. 그러나 이와 같은 통합과정이 자동적인 것은 아니었다. 그것은 냉전의 최전선이었던 동아시아에서 공산주의를 봉쇄하는 것을 최우선 과제로 설정한 미국의 안보전략과 그것을 적극적으로 활용한 일본의 경제적 전략이 결합된 결과였다. 특히 '자원빈국' 일본에서 중공업 중심의 수출경제가 성장을 주도할 수 있었던 것은 1950년대 미국의 지원과 일본 정부 및 통산성으로 대표되는 관료기구, 그리고 상호협력·경쟁하는 산업계의 지속적인 조정 노력에 기원을 두었다.

패전과 함께 일본은 석탄을 비롯한 중요한 원료의 값싼 조달처였던 북한, 만주, 중국을 상실했고 동남아시아 국가들로부터 자원을 구매하는 데에도 어려움을 겪었다(Palart, 2004: 29; 浅井良夫, 2003: 173; 鄭敬娥, 2004: 1154). 게다가 국내의 석탄과 철광석은 거의 고갈된 상태였다. 특히 전력생산을 위한 주요 에너지 자원일 뿐만 아니라 철강산업의 핵심원료이기도 했던 석탄의 부족은 심각한 위기를 낳아서 '석탄 기근'이라는 말이 유행하기도 했다(Dower, 2000: 118).

이런 위기에 대응해서 1947년에 요시다 수상의 경제자문단의 제안으로 연관효과가 높은 석탄과 철강을 결합시켜서 자원을 집중하는 '경사생산(傾斜生産)방식'이 도입되었다. 경사생산방식이 경제적 부흥에 얼마나 큰 효과가 있었는지는 평가가 엇갈리지만, 그것이 일본 내에서 중공업화 정책의 기원이 되는 동시에 중공업에 대한 미국의 지원을 획득하는 계기가 되었던 것은 사실이다(高橋洋一, 2016: 34). 미군정은 경사생산방식에 흥미를 보이면서 일본에게 석탄과 철광석을 제공하게 되었던 것이다.[16] 그 결과 1940년대 말과 1950년대에 철강산업에 투여되는 점결탄은 거의 대부분 미국으로부터 수입되었다(Bunker and Ciccantell, 2007: 89).

한국전쟁의 발발로 대표되는 1950년대 초의 경제적·지정학적 조건은 일본의 중공업을 민족적 발전과 미국의 지정학적 전략에 필수적인 것으로 만들었다. 1950년대 초 미·일 강화조약을 둘러싼 논의와 함께 1951-52년에 일본 정부, 재계, 언론, 미군정 당국, 미국 국무부 등에서 '일·미 경제협력구상'이라고 불리는 일련의 구상들이 등장하는데 그 핵심은 설비확충을 통해 일본공업의 생산능력을 증대시켜서 미국의 물자조달 요구를 충족시킨

---

16   미국 육군은 1948년 4월부터 1949년 7월까지 점령지역 경제부흥 원조 프로그램의 일부로 1억 6500만 달러의 지원금을 요청했는데, 이런 원조금은 석탄과 철광석 같은 산업원료를 구매할 수 있는 자금이 되었다(Bunker and Ciccantell, 2007: 61). 미군정의 이 같은 개입은 이후 일본 철강산업을 위한 세계은행의 대부로 이어졌다.

다는 것이었다. 미국의 군수물자 조달의 급속한 팽창은 일본의 외환수입을 증가시켰고 이에 기초해서 일본은 산업에 대한 투자와 원료수입을 증가시키면서 생산을 증대할 수 있었다(정진성, 2020: 106).[17]

이와 함께 미국과 세계은행으로부터 대규모의 외자를 도입해서 철강산업 같은 중공업 수출산업을 육성한다는 구상도 제기되었다(浅井良夫, 2003). 이 시기에 일본을 방문한 세계은행 조사단은 단순히 부흥을 위한 자금을 제공하는 것이 아니라 부흥을 위해서는 무엇이 우선시되어야 하는가 그리고 무엇이 필요한가에 대한 일본의 기본적인 정책전망을 요구했고 이들과의 협의 과정에서 통산성을 주축으로 중공업 수출산업을 중심으로 하는 개발계획이 구체화되었다(柴田茂紀, 2000: 116).

통산성은 1951년에 설립된 일본수출은행과 일본개발은행의 외환통제 및 대규모 투융자에 기반해서 1951-53년에 일련의 산업정책을 추진했다(Palart, 2004: 77). 특히 통산성이 주도한 석탄·철강산업의 '합리화' 계획에 따라 낡은 설비들이 제거되고 국내 철강기업들의 투자가 조정되었다. 이를 배경으로 새로운 철강기업들이 미국으로부터 세계 최고수준의 최신 기계를 수입하고 미국식 생산기법과 경영기법을 도입했다(정진성, 2020: 106). 이후에 통산성은 자국에 필요한 원료의 수입규모에 대한 계획을 수립했고 원료공급자에 대한 정보를 수집했으며 일본의 철강기업의 원료 구매 카르텔의 형성·운영·협상을 용이하게 만들었다(Bunker and Ciccantell, 2007: 17).

당시 철강 산업을 중심으로 중공업을 발전시키는 계획을 수립할 때 철강과 그것을 활용한 산업에서 국제경쟁력의 가장 큰 장애로 인식된 것은 원료

---

17 미국의 군수물자 조달은 1952-53년 일본의 전체 외환수입의 37%를 차지했다(Johnson, 1982: 200). 이 같은 한국전쟁 '특수'는 일본경제의 부흥에서 결정적인 역할을 했다(Arrighi, 2010: 351).

비용, 특히 높은 석탄 비용이었다. 높은 수준의 석탄비용은 철강가격을 상승시켰는데, 그것은 조선, 기계, 자동차 산업에도 부정적인 영향을 미쳤다. 뿐만 아니라 높은 석탄 비용은 새롭게 건설된 화력발전소의 전력생산 비용도 상승시켰다(Bunker and Ciccantell, 2007: 62).

이 같은 상황에서 호주 동부 연안은 일본의 석탄 문제에 대한 잠재적 해법을 제공했다. 1951년 이후 미국 국무부와 호주의 정부 관료들이 야금용 석탄을 일본으로 수출하는 계획을 추진했다. 미국 외교가는 호주의 기업가와 정치인에게 호주 석탄의 채광 및 수출의 확대가 호주에게 이득이 될 것이라고 조언했다. 미국이 일본 점령당국의 조달청—미국의 군수조달경로—을 통해 계약을 진행함으로써 일본으로의 수출에서 발생할 수 있는 정치적으로 민감한 문제들을 회피하는 수단을 고안했을 때, 일본은 호주의 석탄에 대해 성공적으로 접근할 수 있었다(Bunker and Ciccantell, 2007: 91).

석탄 운송은 1955년에 시작되었고 이후 일본과 호주 사이의 석탄교역은 장기계약과 제한적인 합작투자를 통해 급속하게 증가했다. 호주 전체 석탄 수출에서 일본의 비중은 1955년 4.4%에서 1965년 94.4%에 이르렀다(Bunker and Ciccantell, 2007: 93).[18] 이와 동시에 일본은 석탄수입 경로를 다변화하려고 노력했는데, 그 중 가장 중요한 지역은 태평양 건너편의 서부 캐나다였다. 일본의 석탄 수입에서 캐나다의 비중은 1958년 0.1%에서 1973년 19%로 증가했다(大熊忠之, 1985: 96).

철광석의 경우도 석탄과 유사한 경로를 걸었다. 1950년대 초중반에 동

---

18 일본의 해외직접투자는 과거 제국주의의 역사를 상기시켜서 투자대상국의 반감을 야기할 수 있기 때문에 일본의 기업들은 이를 피하기 위해 해외직접투자보다는 장기계약을 활용하는 경향이 있었다. 또 통산성의 지원 하에 일본의 철강 카르텔은 석탄 및 철광석 구매와 관련된 협상에서 세계에서 가장 큰 단일 구매자로 일종의 통일전선을 형성했다(Bunker and Ciccantell, 2007).

아시아 및 동남아시아가 일본의 주요한 수입원이었는데, 미국의 지원 하에 1950년대 말에 일본은 페루, 칠레, 브라질 등에서 철광석을 획득할 수 있었다.[19] 1960년대를 거치면서 마찬가지로 통산성과 철강 산업의 협력 하에 호주와 브라질 그리고 인도 등을 중심으로 하는 철광석 공급망이 구축되었다. 일본의 철강기업은 석탄처럼 장기계약과 제한적 합작투자를 통해 철광석의 안정적인 조달체계를 구축했다(Bunker and Ciccantell, 2007: 134).

'자원빈국' 일본에서 패전 이후의 재건과정에서 중공업을 중심으로 하는 수출산업이 육성되는 데에는 해외로부터 저렴한 원료가 안정적으로 공급되는 것이 필수적이었다. 미국은 일본이 태평양 건너편에 위치한 호주, 브라질, 캐나다로부터 철광석과 석탄을 수입할 수 있도록 주선했다. 당시 유럽에서 지역통합의 기초가 되는 유럽석탄철강공동체가 형성되었던 것과 유비될 수 있는 일종의 '태평양 석탄 · 철강 동맹'이 형성되었던 것이다. 일본은 이와 같은 미국의 초대를 받아 경제적 측면에서 이미 '태평양 국가'가 되었다.

2. 해양 통상국가의 기초로서 임해공업지역의 형성

전후 일본에서 경제부흥과 수출산업 육성 과정은 일본 내에서 공업지역의 지리적 재배치와 긴밀히 결합되었다. 특히 전시경제를 거치면서 석탄과 같은 국내 자원이 거의 고갈된 상태에서 '국내개발'을 통해 자원을 조달하자는 '개발주의'보다는 해외자원을 조달하자는 '무역주의'가 우위를 점하면서 원료의 조달비용이 상대적으로 낮은 태평양 연안지역이 주목을 받았다(根岸裕孝, 2005: 44). 이 같은 '공업항적 발상'(工業港的 発想)은 정부와

---

19 2차 세계전쟁 시기에 미국과 영국에게 철광석을 제공했던 브라질 국유기업은 1960년대 일본 철강기업과 장기계약을 맺으면서 안정적인 철광석 공급원이 되었다(Bunker and Ciccantell, 2007: 134).

지방자치체에 의해 공유되었고, 전국각지에서 이른바 '임해공업지대'가 형성되었다(小堀聡, 2018: 57).

1950년대에 일본 기업과 정부는 철강의 본질적 중요성과 철, 자동차, 기계, 조선 등에서 '규모의 경제'의 이득과 대규모 신규 설비투자의 필요성을 인식하고 있었다.[20] 또 투입-산출에서 높은 연관성을 보이는 철강, 기계, 조선 산업은 서로를 강화하면서 각 산업에서의 비용을 절감시킨다는 점도 인식되었다(Okazaki, 1997: 79). 이들 산업은 대체로 석탄, 석유, 철광석 등 해외로부터 수입되는 원료들에 의존하고 있었다. 이에 따라 일본정부는 임해공업지역 프로그램을 통해 원료수입에 의존하는 가공공장을 항구지역으로 재배치하는 것을 촉진하기 위해 중요한 유인들을 제공했다.

항구지역에 토지가 부족했기 때문에 임해공업지역 프로그램에 따라 대규모 매립이 이루어졌고 대부분의 중공업 공장은 매립된 토지 위에 건설되었다.[21] 세계은행으로부터 조달된 '전후 최초의 대형 외자도입'은 일본개발은행을 매개로 해서 화력발전소 건설에 투여되었다. 미국의 전력회사들로부터 수입된 최신설비로 건설된 화력발전소는 임해공업지역에 저렴하고 안정적인 전기 공급을 가능케 했다(柴田茂紀, 2000: 99). 그 밖에 다양한 지원을 받으면서 임해공업지역의 항구는 철강 및 그것과 다양하게 연계된 산업들을 포괄하면서 성장의 축이 되었다. 이후 정유, 석유화학, 알루미늄 등이 모

---

20 일본 정부 기구 내에서는 이 같은 인식이 널리 퍼져 있었다. 그러나 애초에 통산성은 높은 석탄 조달 비용으로 인해 철강 산업이 국제경쟁력을 가지지 못할 것이라는 우려를 갖고 있었다. 통산성은 1955년 경기호황이 철강산업의 성장 잠재력을 보여 준 이후에야 다양한 영역에서 산업의 조정기관으로 관여했다. 물론 통산성의 행정지도가 언제나 성공적이었던 것은 아니었다. 또 통산성의 능력은 언제나 대장성과 일본은행에 의해 제약되고 있었다(Bunker and Ciccantell, 2007: 62; 진창수, 1998: 160-161).

21 1954년부터 1970년까지 임해공업지역 개발을 위해 33,200헥타르의 매립지들이 만들어졌으며, 그 이후에도 추가적인 매립지들이 생겨났다(Bunker and Ciccantell, 2007: 66).

두 임해지역으로 이동했다(Bunker and Ciccantell, 2007: 65).

1952년 도쿄 만(灣)의 매립지에 건설된 가와사키(川崎) 제철소는 하나의 모형을 제공했다. 가와사키 제철은 일본에서 철강을 생산하는 비용을 극적으로 하락시키기 위해 세계은행으로부터 대부를 받아서 가장 현대적인 통합 철강제조시설에 막대한 투자를 실행했다. 새롭고 현대적인 항구에 인접해서 연속생산라인이 건설되어 동일한 장소에서 원료부터 최종 생산물에 이르는 생산의 모든 단계를 포괄했다. 이런 혁신은 여타의 거대 철강기업들이 경쟁적으로 자신의 제철시설을 임해지역에 건설하도록 자극했다. 유사한 방식으로 오사카 만(灣)을 비롯한 연안 지역에서 매립이 이루어지고 최신설비를 갖춘 대규모 제철소가 설립되었다(Bunker and Ciccantell, 2007: 63-64).[22]

또한 임해공업 지역에 위치하면서 한국전쟁 이후 호황을 누렸던 조선소는 이후에 낮은 가격에 석탄과 철광석을 운송할 수 있는 대규모 벌크화물선(bulk carrier)을 생산했고 그것과 쌍을 이루면서 새로운 해운기술과 해운산업이 성장했다(Bunker and Ciccantell, 2007: 88). 개별 원료에 특화된 대규모 벌크선의 활용은 해상운송비용을 대폭 절감하고 거리의 비용제약을 완화할 수 있었다. 선박 용량의 극적인 증가가 석탄과 철광석 국제교역의 급속한 증가를 경제적으로 가능케 했던 것이다(Bunker and Ciccantell, 2007: 75).

그런데 이처럼 해상운송에서 '규모의 경제'를 획득하기 위해서는 대형선

---

22 당시 일본은 전후에 미국보다 더 큰 규모의 제철소를 건설하는 동시에 미국보다 효율적인 기술을 채택했다. 특히 통산성의 '3차 합리화 계획'(1961-70)기간에 광대한 부지를 보유한 임해공업지역에 세계적 수준의 신예 제철소가 건설되었다. 이때 건설된 임해제철소는 생산과 입지 면에서 일본철강산업의 괄목할 만한 성장을 상징했고 이후 후발국의 모형이 되었다(차지훈, 2014: 47).

박을 정박시킬 수 있을 뿐만 아니라 최대한 신속하게 하역과 선적을 진행할 수 있는 대규모의 항구체계가 건설될 필요가 있었다. 항구의 수출입 체계는 비용을 절감하는 다양한 기법들을 이용할 수 있는 물리적 기반을 갖추어야 했고, 그런 기반시설을 갖춘 항구들은 서로 연계되는 경향이 있었다. 일본은 그와 같은 체계를 국내에서 신속하게 구축했으며 원료를 수출하는 미국, 호주, 캐나다의 태평양 연안지역에도 그것과 결합될 수 있는 항구의 건설을 촉진하면서 세계적인 경쟁력을 확보했다(Bunker and Ciccantell, 2007: 67, 99, 130).

1950년대를 거치면서 임해공업화의 결과로 태평양 연안 항구들을 중심으로 중공업이 집중되는 도시의 발전이 이루어졌다. 1960년 소득배증계획의 일환으로 1962년 1차 전국총합개발계획이 제시되었는데, 그 계획은 기존의 4대 임해공업지역을 연결시키고 산업기반투자를 집중하는 태평양벨트(太平洋ベルト) 지대 구상을 포함했다. 철강과 그것에 기반을 둔 산업뿐만 아니라 석유화학 등 해외의 자원에 의존하는 산업들이 모두 태평양벨트에서 성장했다(김은혜, 2014: 158). 그 결과 1962~66년 5년 동안 태평양벨트 지역은 일본 정부의 산업기반투자 총액의 59.9%를 차지하면서 공업개발의 기축이 되었다(藤井信幸, 2004; 根岸裕孝, 2005).

임해공업지역 모형은 내륙의 석탄·철광석 생산지를 중심으로 공업지역이 형성되는 유럽이나 중국의 전형적인 공업화 모형과 구별되었다. 그것은 국내 자원이 부족한 해양국가가 중공업화를 추진하고 그것에 기반해서 수출을 실행하는 특수한 전략의 산물이었다. 뿐만 아니라 이 같은 전략은 동아시아 개발도상국가들에게 하나의 모형이 되었다. 이른바 '나는 기러기 떼'(flying geese) 모형에 따라 일본의 수출주도 경제모형이 동아시아의 여타 국가로 확산될 때, 임해공업지역 모형도 동시에 확산되었다. 개혁개방 이후 중국의 급속한 경제성장도 임해공업화 모형을 따른 것으로 평가되고 있다. 그리고 임해공업지역의 발달은 이후 일본에서 해양에 기반을 둔 통상국가의 발전이나 '해양국가 일본'이라는 전망(코사카 마사타카, 1998)이 제시될 수 있는 지리적 조건 중 하나가 되었다.

Ⅳ. '고도성장'과 아시아·태평양 경제전략

1. 고도성장과 요시다 노선의 제도화

자민당 내에서 보수적 파벌을 대표하게 된 기시 총리는 미국과 '동등한 협력자'로서 더 분명하게 냉전 노선에 따른 협력관계를 강화하는 안보협정 개정에 성공했지만, 그것을 추진하는 과정에서 공격적인 '전전(戰前) 민족주의'를 상기시킨 결과로 인해 '안보투쟁'이라는 국민적 저항에 부딪혔다(添谷芳秀, 2008: 7). 기시의 사임과 함께 자유당 내 우파에 의해 옹호되고 자유당 외부의 좌파가 우려했던 군사부문의 팽창은 공식적으로 포기되었고 자민당 내부에서 보수주의자와 자유주의자의 이데올로기적 갈등도 크게 약화되었다(Korhonen, 1998: 43).[23] 일본의 정치는 안정화되었고 '국제전략'에 대해서는 사실상 요시다 노선에 기초한 국민적 합의가 출현했다(Miyashita, 2007: 111-112; Beckley et al., 2018: 7).

안보개정을 둘러싼 정치적 혼란 이후 총리에 취임한 이케다 하야토는 국민의 관심사를 경제성장으로 돌리면서 '소득배증계획'을 제시했다. 대장 대

---

23 일본정치에서 '1955년 체제'는 자민당의 성립과 장기집권을 지칭하는 데, 이와 유사하게 1960년 이후 자민당 내부의 안정이 확보되었다는 점에 주목해서 '1960년 체제'라는 용어가 사용되기도 한다(北岡伸一, 2017: 230).

신으로 '요시다 노선'의 형성과 실행과정에 참여했던 그는 평등의 증대라는 혁신파의 요구와 민족적 자부심이라는 보수파의 요구를 '국민소득배증' 계획으로 흡수하면서 요시다 노선을 '요시다 독트린'으로 승화시키고, 대외정책에서 경제중심주의의 제도화를 추구했다(添谷芳秀, 2008: 7; Gao, 1998: 233; Sugita, 2016). 이에 따라 일본의 경제적 성공은 '통상국가'로서 일본에 부과된 제약들을 극복하게 만들 것이라고 믿어졌다(Estrom, 1999: 49).

요시다가 국제공동체에 참여해서 일본을 승인받는 것을 대외정책의 주요 목표로 삼았다면, 이케다는 단순한 참여를 넘어서 국제사회의 신뢰와 존중을 받는 것을 목표로 삼았다. 그는 국가안보의 기초로서 국내 방어능력의 강화보다는 안보조약을 더 강조하면서 '우'의 재무장 요구를 비판했을 뿐만 아니라 '좌'의 '중립주의'에 대해서도 비판적인 입장을 취했다(Estrom, 1999: 47). 대신 그는 아시아와 세계에서 평화와 번영에 기여하기 위해 경제외교를 확대한다는 전망을 가졌다. 그는 그런 전망에 따라 개발협력을 중심으로 하는 대외정책을 실행하면서 '경제주의'라는 규범의 구체적인 형태를 확립했다(Estrom, 1999: 51).[24]

이케다 정부는 무역·자본 자유화 조치를 취하면서 1950년대에 확립된 수출주도형 발전전략을 확대했다(진창수, 1998: 156). 이케다는 1964년 일본의 경제개발협력기구(OECD) 가입을 성사시켰고 일본은 '선진국'에 진입함으로써 민족적 자존심을 회복했다(添谷芳秀, 2008: 7). 일본은 1965년에 최초로 미국과의 무역에서 흑자를 기록했고, 그 이후로 대미흑자가 지속되었다. 1960년대에 일본은 국민총생산 규모에서 모든 유럽 국가들을 추월

---

24 이케다는 '정치와 경제의 분리'가 일본 대외정책의 원리를 구성한다고 선언하면서 1962년 중국과의 비공식적인 무역협정을 통해 교역관계를 구축했다. 그와 같은 원리에 기초해서 중국과의 정상적인 민간무역이 발전했다(Edstrom, 1999: 55; Hook et al., 2012: 168).

했다(Hook et al., 2012: 107).

전후의 경이적인 회복과 지속적인 현대화를 경험한 1960년대는 일본의 국제적 위신이 급속히 상승했던 메이지 유신 시기와 유비되었다.[25] 당시에 미국 학자 허만 칸은 일본에 초대되어 메이지 100주년 기념강연을 했는데, 그 강연은 『떠오르는 일본 강대국』(The Emerging Japanese Superpower)이라는 제목으로 1970년에 출판되었다(Korhonen, 1998: 32). 일본의 대중 매체에서도 '경제강국 일본'이라는 표현이 유통되었다. 고도성장이 국제 사회에서의 복권과 부흥을 달성시키면서 요시다 노선의 심화에 기여했다(Edstrom, 1999: 56; Green, 2001: 15).

1969년 괌에서 발표된 '닉슨의 독트린'과 1971년 이후 미·중 관계의 개선 이후 동아시아에서 냉전질서가 이완되기 시작하는 상황에서 일본의 정치적 역할에 대한 요구와 방위비 부담에 대한 미국의 요구는 꾸준히 증가했지만, 일본은 1970년대 동안 국방정책에 대한 제도화된 제한을 표방하면서 요시다 노선에 기초한 합의를 강화시켰다. 단적인 예로 1972년 중국과의 관계를 정상화했던 다나카 수상은 군비지출에 '평화시기 방위' 제한을 부과함으로써 요시다 노선의 가장 위대한 주창자가 되었다(Green, 2001: 15-16). 일본은 '경제대국'으로서 국제적 역할에 관여할 의사를 가졌지만 군사대국의 길은 부정되었고, 대신 경제적 교류·협력과 평화의 증진이 체계적으로 결합되어 옹호되었다.[26]

---

25 1968년 사토 총리는 신년사에서 메이지 100주년이라는 용어를 사용하면서 다이쇼와 쇼와 초기를 격하하고 당시를 메이지 시기와 직접적으로 연결시켰다(Korhonen, 1998).

26 다나카 수상은 1973년 '석유위기' 이후 이스라엘과 거리를 두는 대신 아랍 산유국과 독자적인 '자원외교'를 전개함으로써 석유위기의 충격에 상대적으로 성공적으로 대처할 수 있었다. 경제안보를 중심으로 하는 이 같은 '전방위외교'는 미국의 중동정책과 다소 불일치했지만 요시다 노선을 벗어난 것은 아니었다(Hook et al., 2012).

이와 함께 동남아시아 지역과 태평양을 결합시키는 일본의 국제적 지위가 모색되었다(Korhonen, 1998: 47). 이케다 총리는 일본의 평화와 번영이 아시아의 평화와 번영에 긴밀하게 연계되어 있다고 선언하고 아시아와 서태평양 국가들 사이의 '연대관계'를 강화하는 것이 아시아의 평화와 번영에 본질적이라고 주장했다. 이케다가 사용한 '연대관계'라는 용어는 그와 긴밀한 협력관계에 있었던 오오히라 마사요시가 1970년대에 제시한 '환태평양 연대구상'의 기원이 되었다(Edstrom, 1999: 56; 凱田, 2007).

2. 요시다 노선의 심화와 동남아시아 전략

일본은 1950년대부터 미국의 헤게모니가 관철되는 태평양지역이라는 관점에서 동아시아에 접근하면서 자국의 동아시아 외교가 미일관계와 긴장을 일으키지 않도록 세심하게 배려해야 했다(凱田, 2007: 81). 미국의 정책을 따라 대륙아시아와 동남아시아가 구별되었으며, 동아시아 협력에서 중국은 제외된 대신 동남아시아 국가가 주요한 협력대상이 되었다(鄭敬娥, 2004: 1153). 특히 일본의 직접적 침략을 경험했던 동남아시아는 전후 일본의 대외정책의 중요한 시험대가 되었다. 일본은 동남아시아에서 냉전의 기본적인 틀 내에서 행동하면서도 정치와 경제를 분리하고 '경제외교'라는 형식을 확립함으로써 미국과 구별되는 '정체성'을 확립하려고 했다(Green, 2001: Hook et al., 2012: 203; Edstrom, 1999: 38).[27]

---

27 2차 세계전쟁 이전 일본의 '대동아공영' 구상의 외부적 경계는 사실상 일본의 동아시아 전선의 확대와 쌍을 이루었다. 대동아공영권 구상에서 동아시아라는 '지역'의 지위에 대해서는 임성모(2005)를 참조할 수 있다. 한편 19세기 초 프랑스인들이 고안한 '동남아시아'라는 명칭은 2차 세계전쟁 시기에 군사작전 지역의 명칭으로 활용되었고 전후에는 영국이 주도하는 '콜롬보 계획'과 결합되었다. 1954년 일본이 '콜롬보 계획'에 참여한 이후 일본에서도 동남아시아라는 용어가 널리 사용되었다(Korhonen, 1998: 44).

동남아시아 개발 구상은 1950년대 초 '일·미 경제협력 구상'이 등장했던 시기로 소급된다. 당시 유럽재건에 더 큰 우선순위를 두었던 미국은 동남아시아 개발과 관련해서는 일본을 활용한다는 구상을 가졌다. 미국 국무부는 중국공산당의 영향력 확대를 막기 위해 일본의 관료들에게 동남아시아 국가들에 대한 배상을 서두를 것을 주문했다(Green, 2001: 168). 나아가 미국은 일본이 동남아시아의 '저개발' 국가에 원조와 지원을 제공함으로써 그 지역 내에서 공산주의의 확산을 막고 정치적 안정을 확립하는 데 기여할 것을 요구했다.

이와 쌍을 이루면서 요시다 수상은 1953년 5월 각료회의에서 「동남아시아 경제협력에 관한 기본방침」을 결정했는데, 그것은 배상문제의 조기 해결을 도모하고 경제협력을 실시하기 위한 일원적 기관을 설치하는 것을 골자로 했다. 특히 그는 무역과 관련된 문제는 통산성의 소관으로 두고 개발협력과 관련된 문제는 외무성의 소관으로 두면서 개발협력이 일본의 주요한 외교 전략이 되는 토대를 닦았다(鄭敬娥, 2004: 1167). 또 일본은 동남아시아에서 공산주의를 봉쇄하려는 미국의 전략을 지지했지만, 동남아시아조약기구(SATO) 같은 다자간 안보기구에는 참여하지 않았다(김기석, 2011: 70). 대신 일본은 동남아시아 '개발'에 참가하면서 그 지역에 '재진입'했는데, 자국에 필요한 자원획득을 위한 일방적 개발보다는 동남아시아 국가의 산업화에 기여하는 '경제협력'이라는 관점을 채택했다. 1970년대 말까지 일본의 공적개발원조는 거의 배타적으로 동남아시아에 집중되어 있었다(鄭敬娥, 2004: 1168-1169; Hook et al., 2012: 16).[28]

---

28 물론 이 시기 일본의 개발협력이 자국에 필요한 자원의 획득과 완전히 분리된 것은 아니었지만, 더 중요한 것은 개발협력이 외무성의 관할로 대외정책의 중심적인 축을 이루었다는 사실이다. 일본이 대외정책 수단으로 경제원조를 적극 활용한 결과 1989년에 일본은 세계 최대규모의 양자적 증

1960년대에 일본 정부는 일관되게 경제외교, 즉 경제협력을 통해 동남아시아 정책을 추진했다. 미국이 동남아시아에서 군사행동을 지속하는 동안 일본은 미군을 위한 물자를 제공하는 '선적특수'를 누리는 동시에 버마와 인도네시아 등과 긴밀한 경제적 관계를 형성했다(정진성, 2020: 104; LaFeber, 1997). 나아가 이케다와 사토 내각은 베트남 전쟁의 덫에 빠지는 것을 피하기 위해 미·일 안보동맹의 범위에 대해 지리적 경계를 도입했다(Green, 2001: 15).

1965년 미국의 존슨 대통령은 '정복 없는 평화'라는 베트남 정책연설에서 베트남 정책의 정당성과 아울러 동남아시아 경제·사회 개발의 필요성을 강조하면서 동남아시아개발연합을 설립했는데, 이 기구는 아세안(ASEAN)의 형성으로 이어졌다. 이런 흐름에 동참하면서 일본은 1966년에 전후 최초의 국제회의로 동남아시아경제개발각료회의를 개최했는데, 이는 아시아개발은행(ADB) 설립의 기초가 되었다. 당시 미국은 일본이 경제협력을 통해 동남아시아 지역의 안정에 기여할 수 있다고 생각했기 때문에 동남아시아경제개발각료회의와 아시아개발은행 설립에서 일본의 지도력을 강력하게 지지했다(Terada, 2007: 73). 이를 배경으로 일본은 아세안과의 관계를 강화할 수 있었는데, 포스트-베트남 동남아시아 경제외교는 일본 '자립외교'의 돌파구로 간주되기도 했다(凱田, 2007: 83).[29] 이 시기에 일본은 미군이 철수한 베트남에서 재건사업을 장악했고 동남아시아에 대한 일본의 직접투자도 크게 증가했다.

여국가가 되었다(石原享一, 2015: 171).

29 이 시기에 미·일 수뇌부는 베트남 전쟁 종결 이후 아시아·태평양 지역의 질서안정을 위해 미국이 군사적 균형의 유지라는 역할을 담당하고 일본은 경제발전을 포함한 비군사적 분야를 책임진다는 역할분담에 합의했다(若月秀和, 2000: 205).

그런데 1974년 1월 국제사회에서의 책임이라는 관점에서 구상된 다나카 수상의 동남아시아 '방문외교'가 '대동아공영권'이라는 전시 관념의 부활로 간주되면서 태국과 인도네시아에서 심각한 정치적 소요와 대중적 시위에 직면했다. 이들 국가와 경제적으로 좋은 관계를 맺어왔다고 생각했던 일본인들은 여기에 큰 충격을 받았다. 경제를 과도하게 강조하는 일본의 지역적 정책에 대한 불만과 '경제적 동물'로서 일본인에 대한 동남아시아 국민들의 반감도 한몫을 했다(Edstrom, 1999: 79; 若月秀和, 2000: 205).

　미키 내각에서 대장성장을 역임했던 경제관료 출신으로 1976년에 총리에 오른 후쿠다는 자민당 파벌정치에서 반(反)요시다 파벌의 계승자였지만 대외정책에서 요시다 노선에 충실했다(Green, 2001: 16). 그는 다나카의 전철을 밟지 않기 위해 아세안의 주도성에 기초해서 동남아시아에 접근했다. 1977년 후쿠다는 쿠알라룸푸르에서 아세안 국가의 정상들과 만났는데, 이는 2차 세계전쟁 이후 일본 고위지도자가 주요 국제회의에서 동남아시아 지도자들을 만난 최초의 사례였다. 여기에는 호주와 뉴질랜드도 초대되어 '대동아공영'을 연상시키는 것을 약화시켰다.

　후쿠다는 정상회의에 뒤 이은 아세안 국가 순방 중에 아세안을 위한 10억 달러 원조를 내세운 '후쿠다 독트린'을 발표했다. 이는 일본이 공식적으로 '독트린'이라고 지칭한 전후 최초의 대외정책노선이었다(Korhonen, 1998: 82). '아시아 태평양 지역'에서 '탈냉전외교'의 '예행연습'(若月秀和, 2000: 210)으로도 평가받는 '후쿠다 독트린'은 기존 동남아시아 정책의 연장선에서 '평화'와 경제협력을 연계시키면서도 동남아시아 국가들을 '우호적 파트너'로 인정한다는 것을 공식화했다. 후쿠다 독트린을 통해 일본은 '서태평양'의 정치에서 평화의 형성자로서 자신의 위치를 안정화할 수 있었다(김기석, 2011: 74; 若月秀和, 2000: 202; Korhonen, 1998: 123).

3. 아시아 · 태평양 경제협력체의 형성과 진화

일본이 미국의 헤게모니 하에서 태평양 경제에 통합된 이후 일본은 '태평양 동맹'의 틀 안에서 동남아시아에 접근했는데, 그 결과 일본의 대외정책에서 '아시아'와 '태평양'은 다소 중첩되는 방식으로 연계되었다. 특히 일본은 1963년 경제개발협력기구(OECD) 가입을 계기로 동아시아 국가들과의 경제협력을 강화하는 동시에 태평양에 대한 독자적인 구상이 등장하기 시작했다. 당시 유럽지역의 경제통합 움직임이 '전염'되면서 일부 민간 지식인과 정부 정책결정자들이 태평양을 선진국 연대의 장으로 제창하기 시작했다. 그 중심에는 관청경제학자 오키타 사부로가 이끌던 일본경제연구센터가 있었다(凱田, 2007: 81).

오키타 사부로는 태평양 경제의 발전가능성에 대해 관심을 기울이고 있었는데, 1965년 11월 일본경제연구센터 주최의 '저개발 무역과 개발에 관한 회의'에서 히토츠바시 대학의 코지마 키요시는 유럽에서의 공동시장 흐름에 대처하기 위해 태평양 지역 선진 5개국(미국 · 캐나다 · 호주 · 뉴질랜드 · 일본)으로 구성된 '태평양자유무역지대'(PAFTA) 설립하자는 제안을 했다(Korhonen, 1998: 27; 凱田, 2007: 81; 최희식, 2012: 18). 이 같은 '코지마 구상'은 본질적으로 무역의 확대라는 관점에 입각했으며 '선진국'으로서 환태평양 국가들 사이의 교역의 증진에 초점을 맞추었다.[30]

당시 외무성 장관이었던 미키 나케오는 '코시마 구상'에 강한 관심을 보였다. 그는 1966년 12월 장관에 취임한 직후 외무성에 '아시아태평양지역 협력구상' 입안을 명령했고 1967년 3월 국회 외교연설에서는 아시아태평

---

30   이 때문에 코지마는 일본경제가 필요로 하는 자원과 시장의 주축은 아시아 대륙이 아니라 확대된 태평양 지역이라고 적시하면서 중국을 자신의 구상에서 배제했다(凱田, 2007: 81).

양지역 협력을 제창했다. 외무성의 구상은 코지마 구상과 달리 '아시아'와 '태평양'의 결합을 추구하면서 일본에 개발도상국과 선진국 사이의 '가교'의 역할을 부여했다(凱田, 2007: 81). 이와 함께 일본의 주요 교역대상국으로서 동아시아와의 연계 강화를 추진하던 호주가 주목을 받았다.[31] 일본과 호주 정부의 지원 속에 양국 학자들의 긴밀한 네트워크가 형성된 결과 1968년에는 시드니에서 태평양연안경제평의회(PBEC) 1차 총회가 개최되고 동경에서 태평양무역개발회의(PAFTAD)가 진행될 수 있었다(최희식, 2012: 18-19). 1974-76년 미키 내각에서는 '아시아-태평양'이 일본 대외정책의 지평으로 사고되기 시작했다(Edstrom, 1999: 88). 그러나 이 시기에 태평양 구상은 대체로 민간을 중심으로 진행되었고 정부 활동은 민간 네트워크를 지원하는 수준에 머물렀다(凱田, 2007: 82).

대장성 경제학자 출신으로 이케다의 후견으로 정치에 입문했던 오오히라 총리(1978-80)는 '환태평양연대구상'에 기반해서 독자적인 지역적 틀로서 '태평양연안협력체' 건설을 추진했는데, 이는 태평양 경제통합이라는 구상이 현실적인 대외정책으로 실행된 최초의 사례였다(凱田, 2007: 99). 그의 구상에서 태평양은 '문명의 합류지'로 설정되었고, 동양과 서양, 그리고 개발도상국과 선진국의 '가교'라는 일본의 고유한 국제적 지위와 정체성이 제시되었다(Green, 2001: 208; 凱田, 2007: 99; 이지영, 2011: 69). 그는 '일본의 동아시아 지배'라는 우려가 출현할 가능성을 차단하기 위해 호주를 주요한 파트너로 삼았다. 1979년에는 일본과 호주 양국 수상이 비정부기구로 태평양경제협력위원회 창설에 합의했다(凱田, 2007: 97; Green, 2001: 28).[32]

---

31 1960년대에 일본의 핵심적인 석탄·철광석 공급국가로 부상한 호주는 원료, 에너지, 오염 문제를 처리하려는 일본의 계획에 적극적으로 참여하고 있었다(Korhonen, 1998: 49).

32 일본과 호주는 '선진국'이지만 유럽국가가 아니라는 측면에서 지역적 정체성이 불안정한 '경계국

1980년 12월에 오오히라 정부에서 외무장관을 역임했던 오키타 사부로의 주도로 관 · 경 · 학 3자 체제의 '태평양협력 특별위원회'가 출범했다. 이후 '태평양경제협력회의'로 재명명되는 이 기구는 '태평양 시대'라는 수사학을 확산시키는 데 중심적인 역할을 했다(Korhonen, 1998: 132).

그러나 이 시기까지 태평양을 중심으로 하는 경제협력에 대해 동남아시아 국가들은 큰 관심을 보이지 않았다. 아세안이 성립하던 시기에 동남아시아 국가들은 각국의 독자적인 발전계획의 조정을 통해 그들 내부의 경제적 상호작용을 강화시키는 데 관심이 있었기 때문에 지역적 무역협력에 적극적으로 참여할 의사를 표명하지 않았다(Terada, 2007: 61).[33]

1980년대에 동남아시아 지역에 대한 원조와 투자의 긴밀한 관계를 배경으로 일본의 관료들은 그 지역에서 더 명시적인 경제적 지도력에 대해 사고하기 시작했다. 특히 1985년 플라자 합의 이후 엔고 상황에서 동아시아 국가들을 향한 일본의 투자는 급증했다(이지영, 2011: 63). 통산성의 보고서들은 일본의 막대한 무역흑자를 해외직접투자와 개발원조를 통해 동아시아로 환류해야 한다는 구상을 제시했다. 나아가 1980년대 중반 이후 통산성은 점차 태국, 말레이시아, 필리핀, 인도네시아의 수출주도 산업화를 인도하는 자문역할에 더 많이 관여하게 되었다. 결국 동아시아 수출국가들의 지

가'(境界國家)라는 공통점을 가졌고, 이것이 '태평양'이라는 새로운 지역주의를 추동하는 동기가 되었다는 분석도 존재한다(大庭三枝, 2004: 25-75). 이런 관점에서 보면 일본은 아시아 국가이자 태평양 국가라는 '이중 정체성' 문제에 직면해 있으며, 그 결과 '아시아주의'와 '탈아입구'라는 상반되는 전망이 반복적으로 등장하게 된다. 그러나 이 같은 지역적 정체성 문제는 대외정책의 중요한 조건일 수 있지만 2차 세계전쟁 이후 일본의 경제중심 대외전략의 원인으로 간주되기는 어렵다. 오히려 요시다 노선을 따라 확립된 통상국가라는 정체성이 다소 개방적인 일본의 지역주의를 계속해서 추동했던 것으로 보인다.

33 또 1970년대 말까지 아세안 국가들은 일본과 호주가 내세우는 '태평양' 개념을 수용하기를 주저했다. 태평양무역개발회의에 미국, 캐나다, 호주, 뉴질랜드, 일본의 학자들만 참여했다는 사실에서도 이는 분명하게 드러난다(Terada, 2007: 61).

속적인 성장과 아시아-태평양 지역에서 경제적 상호의존성의 증대는 '태평양'에 동아시아 국가들이 연계될 수 있는 조건이 되었다(Terada, 2007: 62).[34]

당시 통산성 내에는 아시아 경제문제를 미국의 간섭 없이 '아시아적 방식'으로 처리하는 것을 인정받으려는 욕구가 있었다(Green, 2001: 209). 그들은 '서태평양' 경제협력을 추진할 계획을 세우고 호주의 관료들과 토론하기 시작했다(Korhonen, 1998: 160). 1988년 중반 통산성은 아시아-태평양 국가 경제장관들의 지역적 회의를 제안했고 호주는 그런 제안에 강한 관심을 표방했다. 1989년 호주 캔버라에서 양국의 열린 회의에서는 결국 아시아-태평양경제협력(APEC)이라는 명칭이 확립되었다. 여기서 '아시아'라는 명칭이 포함된 것은 태평양의 경제적 연계 속에 아세안 국가들을 포괄하려는 노력의 일환이었다(Terada, 2007: 65).[35]

통산성은 처음부터 아시아-태평양경제협력체에 미국의 참여를 요청하면서 '아시아-태평양' 지역을 형성하려고 했다. 반면 미국은 애초에 오오히라 수상에 의해 제기되었던 '태평양 협력'이라는 일본의 개념에 대해 회의적인 태도를 보였다. 1980년대에 일본과 무역을 둘러싼 긴장을 경험하고 있던 미국에서는 '환태평양' 연대나 경제협력이 큰 관심을 끌 수 없었다(凱田, 2007: 99). 1980년대 말에 아시아-태평양경제협력체가 출범하는 시점에도 미국의 정책입안자들은 그런 기구를 활성화시키려고 하지 않았다(Hook

---

34 1980년대 중반에 라틴아메리카 국가들도 태평양경제협력회의(PECC)에 진입하기 시작했다. 콜롬비아, 칠레, 에콰도르, 페루 등 남태평양영구위원회(Comision Permante del Pacifico Sur)의 대표들은 다음 세기가 '태평양의 세기'로 불릴 것이라는 확신 속에서 태평양경제협력회의 참여를 희망했다(Korhonen, 1998: 134).

35 일본은 캔버라 회의에서 무역자유화를 강조하지 않았고 대신 개발협력의 중요성을 강조했다. 이와 같은 일본의 관점은 지역통합과 관련하여 '파트너십'(Partnership)이라는 용어로 표현되었다(Terada, 2007: 65).

et al., 2012: 123).

그러나 냉전의 해체와 '세계화'의 진전은 사태를 전환시켰다. 1993년에 클린턴 행정부가 출범한 이후 태평양 경제협력은 새로운 국면을 맞이하게 된다. 클린턴은 아시아태평양경제협력체(APEC)를 정상회의 수준으로 끌어올렸다. 이른바 '경쟁적 자유화' 전략을 채택한 미국은 아시아태평양경제협력체를 자유주의적 발전모형의 확산통로로 삼으면서 아시아-태평양 지역에서 자유무역 · 투자체제를 증진시키려고 했다(Hook et al., 2012). 이후 일본에서도 아시아-태평양 지역에서 자유무역 · 투자를 중심으로 하는 '자유화'라는 관심이 점차 개발과 협력이라는 관심을 대체하게 되었다. 이런 관심은 아시아-태평양 지역에서 다양한 양자적 · 다자적 자유무역협정 협상이라는 형태로 표출되었다(Terada, 2007: 66-67).

아시아태평양경제협력체는 궁극적으로 아시아-태평양 경제공동체의 창설이라는 지향을 가졌고, 그런 '공동체'의 기본적인 원리는 아시아-태평양에서 자유롭고 개방적인 무역 및 투자였다. 아시아-태평양지역에는 북대서양조약기구(NATO) 같은 정치군사적 질서가 존재하지 않았으며 유로화와 같은 단일화폐도 존재하지 않았다. 대신 아시아-태평양 경제공동체 구상은 규칙에 기반을 둔 자유주의적 무역체제의 증진이 국제체계에 대한 안보위협을 감축시킬 것이라는 경제적 자유주의의 전망에 기초했다(Korhonen, 1998: 169).

하나의 '지역주의'로서 아시아-태평양 지역주의는 일본의 정부기관과 민간 내에서 다양한 시기에 걸쳐 구성 · 재구성되는 불연속적인 과정을 거쳤다(大庭三枝, 2003). 그 구체적인 실행과정에서 일본은 종종 '태평양' 동맹국인 미국의 지지를 받지 못하기도 했고 '아시아' 국가들의 반대에 부딪히기도 했다. 또 아시아-태평양의 범위나 구체적인 협력방식도 상황에 따라 변화하는 양상을 보였다. 그러나 아시아-태평양이라는 지역의 형성은 전후에 형성된 '태평양' 통상국가라는 일본의 민족적 정체성과 긴밀히 결합되었다. 이런 측면에서 아시아-태평양 지역의 형성은 평화적 통상국가로서 국제적 지위를 향상시키려는 반세기에 걸친 노력의 산물이라 할 수 있다(凱田, 2007: 102).

결론

태평양을 중심으로 하는 일본의 경제협력 전략은 '태평양 전쟁' 패전 이후로 경제부흥 시기로 소급된다. 냉전의 역사적 배경 속에서 미국은 일본의 전후 재건을 지원하는 동시에 태평양을 가로지르는 무역질서를 확립함으로써 일본을 자유세계 내부로 통합시키고자 했다. 이와 함께 미국은 일본을 동남아시아 개발에 참여시킴으로써 동아시아 지역 내에서 자유세계에 속한 국가들의 안정을 강화하려 했다. 일본은 이 같은 세계적 · 지역적 조건에 적극적으로 적응하면서 '태평양'에 재진입했다.

전후 일본의 재건과 국제사회로의 재진입을 주도한 요시다 총리는 군사적 역량을 최소화하는 '통상국가'로서 일본의 전망을 확립했는데, 이는 냉전 질서의 수동적 수용이 아니라 경제관계를 중심으로 번영과 평화를 달성하려는 적극적 전략의 산물이었다. 요시다 시게루로 대표되는 자유주의 세력과 대장성 및 통산성 같은 경제적 국가장치들이 초기 대외정책을 주도하면서 통상국가 일본의 기초가 확립되었다. 요시다-이케다-다나카-오오히라로 이어지는 자민당의 '본류'는 '요시다 노선'을 제도화 · 심화하면서 일본을 아시아-태평양의 평화지향적 '통상국가'로 이끌었다.

전후 재건의 과정에서 일본은 태평양을 가로질러 핵심적인 상품의 안정적인 교역망을 확보함으로서 평화적 '통상국가'의 대외적 조건을 형성했다. 미국의 지원 아래 유럽의 석탄·철강공동체에 비견될 수 있는 환태평양 석탄·철강공동체가 형성되었다. 태평양 건너편의 미국, 호주, 캐나다, 브라질이 일본 중공업의 발전에 필수적인 석탄과 철광석을 제공했고 일본은 그것에 기초해서 철강을 생산해서 해외로 수출할 수 있었다.

이와 동시에 '통상국가'의 경쟁력을 최대화할 수 있는 공업화 전략으로서 이른바 '임해공업화' 전략이 추진되었다. 해외로부터 석탄과 철광석 같은 원료를 구매하여 중화학공업 제품을 생산한 후에 다시 수출하는 최적의 지역으로 임해지역이 선정되었고, 그곳에 입지한 철강, 기계, 자동차, 석유화학, 조선, 해운 등이 높은 산업연관 효과를 누리면서 성장했다. '태평양벨트'로 대표되는 임해공업지역은 해양국가 일본이라는 발상이 계속해서 등장하는 지리적 근거가 되었다.

1950년대부터 미국의 지원 하에 동남아시아 '개발'에 관여했던 일본은 1970년대에 아세안의 형성에 관여하면서 동남아시아 지역에 투자를 증대시켰다. 일본 정부는 요시다 노선을 계승하면서 동남아시아 국가들과의 관계에서 최대한 정치적·군사적 성격을 배제하고 경제협력을 강화하려고 했다. 그러나 동남아시아에 대한 일본 정부의 경제적 지원 계획에도 불구하고 '태평양 전쟁' 시기 일본의 군사적 개입은 동남아시아 국가들 내에서 일본에 대한 경계심을 낳았다. 호주와 뉴질랜드 같은 '태평양 국가'의 참여는 일본의 '지배'에 대한 우려를 불식시키는 효과를 가졌을 뿐만 아니라 '아시아'와 '태평양'의 연계를 추진할 수 있는 조건이 되었다.

1960년대 이후 일본 내에는 경제적 교류·협력을 통해 아시아·태평양의 연계를 강화시키겠다는 일관된 흐름이 존재했고 그런 흐름은 서양과 동양을 연결하고 선진국과 개발도상국을 연결하는 '가교'로서의 일본이라는 방향으로 진화했다. 아시아-태평양지역을 형성하려는 일본의 노력은 태평양 개념을 수용하지 않았던 동남아시아 국가들의 소극적 태도나 일본과의 무역마찰로 인한 미국의 비판적 태도에 직면하기도 했다. 그러나 냉전의 해체와 1990년대의 '세계화'를 배경으로 일본은 미국의 무역 및 투자 자유화 전략에 조응하면서 아시아-태평양 경제통합의 주도적 국가들 중 하나가 되었다. 환태평양동반자협정에서 인도-태평양경제프레임워크(IPEF)에 이르는 최근의 흐름 속에서 일본은 태평양 국가로서의 위상을 적극적으로 활용하고 있다.

참고문헌

김남은 (2018), 「미국의 대일압력과 요시다 노선의 대미협조외교에 대한 재고찰」, 『일본문화학
　　보』, 제79집.

김기석 (2011), 「일본의 동아시아공동체 정책」, 한상일 · 이숙종, 『일본과 동아시아: 지역협력과
　　공동체 구상』, EAI.

김은혜 (2014), 「일본 고도성장기, 게이힌임해공업지대의 화력발전소: 다중스케일적 관점에서 본
　　사회-경제적 변화」, 『공간과사회』, 제24권 3호.

변진석 (1995), 「일본의 아시아태평양 지역주의 정책: 이중적 구조와 일본의 전략」, 『국제정치논
　　총』, 제35집 제1호.

박상현 (2022), 「미국은 어떻게 태평양 국가가 되었나?: '장기 19세기' 미국과 태평양」, *Journal of
　　Global and Area Studies*, Vol. 6, No. 2.

박홍영 (2018), 「일본외교 50년의 정체성과 냉전 '문제'」, 『아시아문화연구』, 제48집.

류교열 (2005), 「근대 일본의 '해양진출론'과 최근의 '해양국가' 구상」, 『일어일문학연구』, 제52권

쇼지 준이치로 (2003), 「일본의 대아시아 정책의 역사적 배경」, 『국제학논총』, 제8집.

이원덕 (1998), 「55년 체제 붕괴의 정치사적 의미」, 한국일본학회 편, 『일본정치의 이해』, 시사
　　일본어사.

이지영 (2011), 「동아시아 지역제도의 다층구조와 일본의 '열린 지역주의' 이념」, 『일본연구논
　　총』, 제34호.

임성모 (2005), 「대동아공영권 구상에서의 '지역'과 '세계'」, 『세계정치』, 4집.

정진성 (2020), 「1950년대 일본의 '특수'(特需)와 냉전구조」, 『일본비평』, 22호.

진창수 (1998), 「전후 일본 정치경제의 시장지향적 특징」, 한국일본학회 편, 『일본정치의 이해』,
　　시사일본어사.

차지훈 (2014), 「한 · 중 · 일 철강산업정책 비교를 통한 한국철강산업의 발전방안」, 창원대학교
　　석사학위 논문.

최희식 (2012) 「일본에서의 열린 지역주의(open regionalism) 개념 형성 과정 연구」, 『일본연구
　　논총』, 제35호.

코사카 마사타카 (1998), 『해양국가 일본의 구상』, 이크.

浅井良夫 (2003), 「1950 年代の特需について(3)」, 『成城大學經濟研究』, 160号.

石原享一 (2015), 『戰後日本の經濟と社會─平和共生のアジアへ』, 巌波書店.

大庭三枝 (2004), 『アジア太平洋地域形成への道程』, ミネルヴァ書房.

大熊忠之 (1985), 「戰後カナダ外交における普遍主義と対日関係: 日加関係一九四六-六八

年」,『国際政治』, 1985巻 79号.

北岡伸一 (2017),『日本政治史: 外交と權力, 増補版』, 有斐閣.

黒沢文貴 (2004),「日本外交の構\想力とアイデンティティ」, 日本国際政治学会編,『国際政治』第13号.

小堀 聡 (2018),「臨海工業地帯と日本の軌跡: 臨海開発・公害対策・自然保護」,『学術の動向』, 2月号.

柴田茂紀 (2000),「世界銀行の対日火力発電借款」,『社会科学』, 64号.

杉原 薫 (2003),『アジア太平洋経済圏の興隆』, 大阪大学出版会.

添谷芳秀 (2008),「吉田路線と吉田ドクトリン-序に代えて」,『国際政治』第151号.

鄭 敬娥 (2004),「一九五〇年代初頭における「日米経済協力」と東南アジア開発」,『法政研究』, 70巻 4号.

高橋洋一 (2016),『戦後経済史は嘘ばかり』PHP新書.

遠山嘉博 (2007),「日豪経済関係の回顧と展望」,『追手門経済論集』, 42巻 1号.

田 凱 (2007),「環太平洋連帯構想: 大平外交とアジア太平洋地域秩序の模索」, 北大法学研究科,『ジュニア・リサーチ・ジャーナル』, 14号, 75-107.

中北 徹 (1996),「戦後日本の対アジア通商政策」,『重点領域研究総合的地域研究成果報告書シリーズ: 総合的地域研究の手法確立: 世界と地域の共存のパラダイムを求めて』, 19号, 41-58.

根岸裕孝 (2005),「大都市圏における臨海部立地に関する政策の歴史と課題」,『經濟地理學年報』, 61巻 4号.

藤井信幸 (2004),『地域開発の来歴: 太平洋ベルト地帯構想の成立』, 日本経済評論社.

平和政策研究所 (2017),『環太平洋文明の発展と海洋国家日本の構想: 海洋国家連合と新経済秩序の構築』, 政策提言 No. 11.

三和良一, 三和元, (2021),『概説日本經濟史 近現代』 第4版, 東京大學出版會.

若月秀和 (2000),「福田ドクトリン―ポスト冷戦外交の‘予行演習’」, 日本国際政治学会編,『国際政治』, 125号.

渡辺昭夫 (1992),『アジア・太平洋国際関係と日本』, 東京大学出版会.

Arrighi, Giovanni (2010), *Long Twentieth Century: Money, Power and the Origins of Our Time*, Verso.

Beckley, Michael, Yusaku Horiuchi and Jennifer M. Miller (2018), "America's Role in The Making of Japan's Economic Miracle," *Journal of East Asian Studies* Vol. 18.

Bunker, Stephen G. and Paul S. Ciccantell (2007), *East Asia and the Global Economy: Japan's Ascent, with Implications for China's Future*, The Johns Hopkins University Press.

Borden, William S. (1984), *The Pacific Alliance: United States Foreign Economic Policy and Japanese Trade Recovery, 1957-1955*, The University of Wisconsin Press.

Calder, K (1988), "Japanese Foreign Economic Policy Formation: Explaining the Reactive State," *World Politics*, No. 40.

Dower, John W. (2000), *Embracing Defeat: Japan in the Wake of World War II*, W.W. Norton & Company.

Edstrom, Bert (1999), *Japan's Evolving Foreign Policy Doctrine: From Yoshida to Miyazawa*, Palgrave.

Gao, Bai (1997), *Economic Ideology and Japanese Industrial Policy: Developementalism from 1931 to 1963*, Cambridge University Press.

Green, Michael (2001), *Japan's Reluctant Realism*, Palgrave.

Hook, Glenn D., Julie Gilson, Christopher W. Hughes and Hugo Dobson (2012), *Japan's International Relations: Politics, Economics and Security*, 3rd Ed., Routledge.

Guthrie-Shimizu, Sayuri (2010), "Japan, the United States, and the Cold War, 1945-1960," in Melvyn P. Leffler and Odd Arne Westad, eds., *The Cambridge History of the Cold War*, Cambridge University Press.

Kelly, Dominic (2002), *Japan and the Reconstruction of East Asia*, Palgrave.

Korhonen, Pekka (1998), *Japan and Asia Pacific Integration, Pacific Romance 1968-1996*, Routledge.

Johnson, Chalmers (1982), *MITI and the Japanese Miracle: The Growth of Industrial Policy, 1925-1975*, Stanford University Press.

Okazaki, Tetsuji (1997), "The Government-Firm Relationship in Postwar Japanese Economic Recovery: Resolving the Coordination Failure by Coordination in Industrial Rationalization," in Masahiro Aoki, Hyung-Ki Kim, and Masahiro Okuno-Fujiwara, eds., *The Role of Government in East Asian Economic Development*, Clarendon Press.

Ozaki, Robert S. (2018), "Introduction: The Political Economy of Japan' Foreign Relations", in Robert S. Ozaki and Walter Arnold, eds., *Japan' Foreign Relations: A Global Search for Economic Security*, Routledge.

Lam, Peng Er (2013), "The Fukuda Doctrine Origins, ideas, and praxis," in Lam Peng Er ed., *Japan's Relations with Southeast Asia: The Fukuda Doctrine and beyond*, Routledge.

Palat, Ravi Arvind (2004), *Capitalist Restructuring and the Pacific Asia*, Routledge.

Pempel, T. J. (1998), *Regime Shift: Comparative Dynamics of the Japanese Political Economy*, Cornell University Press.

Potter, David M. (2015), "Evolution of Japan's Postwar Foreign Policy," Manuscript, Nanzan University.

Langdon, Frank (2018), "Japan and North America," in Robert S. Ozaki and Walter Arnold, eds., *Japan' Foreign Relations: A Global Search for Economic Security*, Routledge.

LaFeber, Walter (1997), *The Clash: US-Japanese Relations Throughout History*, W · W · Norton and Company.

Miyashita, Akitoshi (2007), "Where do Norms Come From?: Foundations of Japan's Postwar Pacifism," *International Relations of the Asia-Pacific*, Vol. 7.

Schonberger, Howard B. (1989), *Aftermath of War: Americans and the Remaking of Japan, 1945-1952*, The Kent State University Press.

So, Alvin Y. and Stephen W. K. Chiu (1995), *East Asia and the World Economy*, Sage.

Sugita, Yoneyuki (2016), "The Yoshida Doctrine as a Myth," *The Japanese Journal of American Studies*, No. 27.

_____ (2015), "Constrained Rearmament in Japan, 1945-1954: US Strategic Preference for Securing Military Bases and Impact of Japanese Financial Community," in Peter N. Stearns, ed., *Demilitarization in the Contemporary World*, University of Illinois Press.

Terada, Takashi (2007), "Japan and the evolution of Asian regionalism Responsible for three normative transformations", in Heribert Dieter ed., *The Evolution of Regionalism in Asia: Economic and Security Issues*, Routledge.

Wolferen, Karel van (1990), *The Enigma of Japanese Power*, Vintage.

05

냉전의 태평양과
컨테이너 물류혁명[*]

백두주

I. 서론

역사적으로 물류는 광범위한 정치 · 경제적 활동의 핵심적인 고려사항이었다. 20세기 중반부터 시작된 컨테이너 '물류혁명'의 목적은 상품이동의 흐름에서 '마찰'을 줄이며 안정적인 순환을 보장하기 위한 것이다. 혁신기술의 개념화, 실용화, 효율적 작동에 이르는 과정은 다양한 정치 · 경제적 요인에 영향을 받는다. 지금까지 수많은 혁신적 아이디어들이 있었지만 일반적으로 혁신기술은 비교적 느리게 확산됐는데 그 이유는 기술에 대한 지식이 불완전하거나 시장의 현실 등 사회경제적 요인이 작용했기 때문이다. 증기선의 발명도 세계 물류시장의 이상형 기선이 되기까지 거의 1세기

---

[*] 이 글은 〈아시아연구〉 제28권 1호(2025년)에 게재된 '냉전의 태평양과 물류혁명: 컨테이너화의 진화를 중심으로' 논문을 수정 · 보완한 것임.

에 걸쳐 점진적 전환이 이루어졌으나 혁신기술이 중대한 역사적 변곡점을 맞이하면 사회적 적용과 확산은 매우 빠르게 일어난다. 물류의 컨테이너화 (containerization)는 냉전 시기 '열전(hot wars)' 기간 동안 급속한 확산을 경험했으며 베트남전쟁이 결정적인 계기를 제공했다. 이후 세계적 규모의 순간적인 전환이 일어났고 재래식 선박의 선단은 오래된 유물로 단죄되었다. 이와 같은 물류혁명의 속도, 강도, 범위, 영향력은 이전 어떤 기술혁명과 비교할 수 없을 정도다.

그동안 많은 학자들이 물류의 컨테이너화가 갖는 혁신성을 높게 평가했다. 표준화된 '강철 박스'가 해양의 세계화를 가능하게 했고 '세상을 작게, 세계 경제를 크게' 만들었으며 세계 기술사적으로도 세상을 바꾼 기술이자 세계경제 발전을 위한 '수문'을 개방하는 역할을 했다는 것이다(레빈슨, 2017; Cudahy, 2006a; Headrick, 2009; Krugman, 2009; Stopford, 2009). 같은 맥락에서 피터 드러거(Peter, F. Durcker)는 컨테이너화 도입기인 1960년대 초 이미 물류를 미국의 '마지막 암흑 대륙(Last dark continent)'으로 정의하여 자본주의 작동을 위해서는 저발전된 물류 문제를 해결해야 할 최대 과제 중 하나로 지목했다(Drucker, 1962). 1970년대 이후 시작된 서구의 탈산업화와 경제위기에 대응하는 초국적 기업들에게 물류는 직면한 문제해결을 위한 유력한 방법을 제시했다. 기업들은 노동차액 거래를 위한 해외진출을 본격화했으며 이를 위해 더 유연적 연결성에 기반한 공급망 관리에 노력을 기울였다. 자본의 세계화를 가능케 한 컨테이너 물류는 표준화를 통해 자동화를 용이하게 했고, 공급망 관리시스템, 적시생산방식, 노동조합의 저항을 제거하려는 모든 범위의 기획을 성공적으로 실행했다. '물류자본주의 (logistical capitalism)'라는 표현에서 보듯 물류는 자본순환의 핵심 영역이며 자본의 탈영토화 및 재영토화를 위한 기술적 하부구조를 이룬다. 이 과정에서 물류는 목적을 위한 수단일뿐만 아니라 가치 창출의 현장이었고 그 자체로 자본순환을 위한 일종의 '인지적 맵핑(cognitive mapping)'으로 과학이 됐다(Brennan, 2021; Chua, et al., 2018; Danyluk, 2018).

현재 5,852척의 컨테이너선이 2,580만개(TEU)의 컨테이너 박스로 전 세계를 촘촘하게 연결하고 있다(UNCTAD, 2023: 38). 1958년 최초의 컨테이너 운송선으로 알려진 미국의 Ideal-X호는 58개의 컨테이너 박스를 싣고 미국 내 연안운송을 시작했지만 2023년 취항한 세계 최대 컨테이너선인 M/V MSC Irina호는 23,346TEU급으로 길이 399.9m, 선폭 61.3m, 흘수(吃水) 16.5m, 총톤수 233,328톤에 달한다. 이 컨테이너들은 세계의 이질적인 공간을 연결하고 상업의 지형을 재구성하면서 세계화의 엔진 역할을 성공적으로 수행해 왔다. 국가와 도시의 영토는 물류의 컨테이너화가 선도하는 세계적 흐름에 개방됐다. 냉전 시기 민족, 영토, 지정학적 국가를 위해 복무했던 군사 기술로서 물류는 현재 지경학적 공간에서 활동하는 초국적 기업의 기술로 진화(Cowen, 2010; 2014)해 자본주의 상품이동의 흐름을 주도하고 있다.

이 연구의 목적은 냉전의 태평양과 물류혁명의 역사를 컨테이너화의 진화를 중심으로 분석하는 것이다. 베트남전쟁은 미국의 군사물류가 브레이크-벌크(break-bulk) 물류에서 컨테이너 물류로 전환된 '역사적 변곡점'으로 매우 중요한 의미를 갖는다. 물류의 컨테이너화는 한국전쟁과 베트남전쟁을 거치면서 컨테이너 '복합(intermodal)운송'의 효율성과 효과성이 검증되자 본격적인 확산단계로 들어섰고 이후 세계무역과 생산방식의 거대한 전환이 시작됐다. 아래에서는 컨테이너화의 기원, 냉전과 제국의 군사물류, 베트남전쟁 시기 물류혁명의 동학 그리고 냉전의 태평양과 삼각무역 및 탈냉전 후 환태평양 중심 컨테이너 무역의 전환내용을 다룬다.

II. 냉전과 물류

1. 컨테이너화의 전사(前史)

컨테이너화 이전 해상물류는 일반적으로 브레이크-벌크 방식에 의존했다. 화물은 다양한 종류와 형태, 크기의 상품으로 이루어져 있었고, 이 상품들은 인력에 의해 배의 위 아래로 옮겨졌다. 이후 파레트(pallet)가 도입되면서 크레인으로 화물 그물에 올려져 선적되기도 했으나 작업방식 논리에는 큰 변화가 없었다. 몇 기의 크레인, 수레, 그물을 이용한 것 이외에는 대부분 근육을 이용한 동력에 의존했으며 노동자들은 화물손상을 방지하기 위해 조심스럽게 작업을 해야만 했다. 항해 후 반대쪽 목적지에서도 동일한 방식으로 하역되었고, 이로 인해 해상물류는 장시간·고비용의 과정이었다(Bonachich and Wilson, 2018). 선박 일정의 불확실성으로 인해 아웃바운드(outbound) 화물이 예상 출항일보다 며칠, 심지어 몇 주 전에 부두에 도착하는 경우가 많았으며 파손, 분실 및 도난도 빈번하게 발생했다. 불확실하고 '적대적인' 수천 마일의 바다를 가로질러 화물을 운송하는 것보다 부두 앞 거리에서 선창으로 화물을 이동시키는 비용이 더 들기도 했다(Cudahy, 2006b; 2010).

다양한 화물을 처리하기 위한 '비정형 테트리스(unstructured tetris)' 물류는 비용이 높고 안전성, 예측성 및 효과성이 낮아 무역장벽으로 작용했다(Levine, 2023). 무엇보다 '비정형 테트리스' 물류방식은 운송모드간 호환이 불가능했기 때문에 육상 및 해상물류는 별개의 모드로 모두 노동집약적이고 상당한 비용과 시간이 소요될 수밖에 없었다. 이러한 문제점으로 인해 각 모드별 점진적 기술혁신의 성과에도 불구하고 결국 항구에서 병목현상이 발생하여 물류 흐름의 마찰은 계속됐다. 이 물류방식은 기원전

3천년 전 '페니키아(Phoenician) 무역선'이 물건을 싣고 내리는 방식과 크게 다르지 않았다(Klose, 2015).[1] 컨테이너화 이전 해운논리는 선박의 크기를 상대적으로 작게 유지하여 더 빠르고 쉽게 양·적하할 수 있도록 하는 것이다. 서비스를 늘리기 위해 더 많은 선박이 추가되고 더 많은 항구에 기항했다. 이는 선박이 화물이 있는 곳으로 이동하는 방식으로 특별한 인프라 없이 거의 모든 항구에서 화물의 양·적하가 가능하여 비교적 유연한 운송 경로를 선택할 수 있었다.

컨테이너 물류의 특성을 감안할 때, 컨테이너화의 기원은 단순 '용기'로 운송한 사례보다 '복합운송의 논리'가 적용된 시도들에서 찾는 것이 타당하다. 이 관점에 따르면 컨테이너의 원형은 산업혁명 시기 영국의 석탄운송에서 시작된 것으로 보인다(Fenton, et al., 2018). 1766년 운하운송 기업가인 제임스 브린들리(Brindley, J.)는 10개의 목재용기를 실을 수 있는 내수로 운송용 '스타비셔너(Starvationer)'를 설계하여 브리지워터 운하(Bridgewater canal)를 통해 워슬리 델프에서 맨체스터로 석탄을 운송했다. 스타비셔너는 기존 석탄을 벌크상태로 선박에 싣는 것보다 엄청난 효율성을 보였고 육상 연계 운송도 이전에 비해 훨씬 편리해졌다. 1834년 펜실베니아주 공공사업 운하노선은 더욱 진일보 했다(DoA, 1977). 필라델피아와 피츠버그를 연결하는 이 복합노선은 총 190km의 철도와 444km의 운하 이동을 포함했다. 철도와 물의 두 가지 모드 사이에서 수반되는 어려움과 불편을 해소하기 위해 내수로 운송용 선박은 화물을 싣는 동안 조립과 해체가 가능한 부분들로

---

1   페니키아는 페니키아인(Phoenicians)이 지중해 동쪽 시리아 중부지방에 건설한 도시국가(연맹)로 역사상 가장 과감한 해상활동을 벌인 민족으로 알려져 있다. 기원 전 12세기 경에 이르면 이들은 유능한 선원이자 상인으로 널리 알려지며 야간 항해와 나아가 원양항해를 처음 시도하기도 했다. 기원전 1,000년 이후 지중해는 상업네트워크를 확장한 '페니키아의 호수'가 되었다(Klose, 2015).

만들어졌다. 이 부분들은 철도 차량으로 적재와 이동을 위해 해체됐고 철도 차량에서 내린 후 운하로 다시 이동하기 위해 재조립됐다.

1840년부터 유럽과 미국의 철도회사들은 여러 종류의 컨테이너를 사용하기 시작했다. 1933년 유럽 내 도로와 철도의 단일한 컨테이너 규격을 정하기 위한 국제컨테이너사무국(BIC)이 만들어지기 전까지 다양한 복합운송 방법이 시도됐다. 예를 들어, 트럭운송회사들은 철도 평판화차(flat car)에 트레일러 운송을 위해 '피기백(Pigg-back)[2]' 방법을 채택했다(Broeze, 2002). 1906년 미국의 창고 및 이사짐 운송사는 길이 18피트, 폭 8피트, 깊이 8피트의 강철용기로 대륙 및 대서양 횡단 운송서비스를 제공했다. 1차 세계대전 이후 영국에서는 철도가 육상과 해상을 잇는 복합운송을 시작했다(Klose, 2015). 이 시기 사용된 컨테이너는 철도 평판화차로 항구에 도착후 바퀴 달린 차량 크레인이나 부두 크레인에 의해 선박으로 옮겨져 해외목적지로 이동하는 항해에 적합한 상자였다. 1933년 영국에서 가장 큰 4개 철도노선은 육류운송을 위한 약 1천개의 냉장상자 뿐만 아니라 최대 4톤을 수용하는 약 4천여 개의 비교적 큰 컨테이너를 이미 보유하고 있었다. 대형 컨테이너는 철도와 선박뿐만 아니라 철도와 트럭 간에도 비교적 원활한 양적하가 이루어졌다.

1940년대 말~50년대 초 미국 북서부에서는 현대 컨테이너와 유사한 복합운송 사례가 발견된다. 밴(Vans)서비스는 1949년 시애틀-알래스카 무역 항로에서 시작되었다. 시애틀에서 알래스카로 군용화물을 운송하던 알래스

---

2 피기백 방식은 컨테이너를 적재한 트레일러나 트럭을 철도의 무개화차(open wagon)에 실어 수송하는 방식으로 정식명칭은 TOFC(Trailer on Flat Car)이다. 도로운송(문전 운송)과 철도운송의 장점(장거리 운송)을 결합한 방식의 복합운송 방식이다(국가물류통합정보센터 물류용어사전 https://www.nlic.go.kr/).

카 플라이트라인(Alaska Freight Lines)은 예인선과 바지선을 사용하는 밴서비스를 도입했다. 밴은 트레일러에 장착된 금속 상자로, 시애틀항 내 트럭에서 분리된 후 바지선에 실려 알래스카로 운송된 다음 하역되어 다시 트럭에 연결되었다. 이 서비스는 브레이크-벌크 화물처리보다 더 효율적이고 작업 속도가 빨랐기 때문에 성공적으로 평가되었다. 1952년 오션토우사(Ocean Tow Inc.)는 밴을 효율적으로 선적하기 위해 선박을 개조해 알래스카까지 화물을 수송했다(Ott, 2014). 이러한 밴 서비스는 해상운송 시장에서 기존 화물선 일부를 대체해 나갔다.

위와 같은 시도들은 국지적이고 비교적 소규모였지만 철도, 도로, 해상을 연계한 복합운송 시스템의 구현을 의미했다. 그럼에도 불구하고 이 시기 기술적 진보는 한계가 있었다. 미국 북서부에서 시도된 리프트 밴(Lift-Van)은 사실상 현대적 문전(door to door)서비스 개념까지 적용됐지만 복합운송 시스템을 위한 표준화와 관련 기술적 요소가 부족했다. 특수 컨테이너 크레인과 장착 장치(mounting devices)가 없었고 코너 피팅(corner fittings), 트위스트 잠금장치(twist locks), 스프레더(spreaders)와 같은 장비도 존재하지 않았다. 무엇보다 적층성(stackability)이 낮았다(Klose, 2015). 또한 당시 항구를 경계로 육상운송과 해상운송이 여전히 별개의 영역으로 간주됐고 새로운 작업방식에 대한 노동자들의 저항도 컨테이너 물류혁신을 지체시켰다(레빈슨, 2023; Bernhofen, et al., 2016).

2. 제국과 초국적 물류기술

미국 루즈벨트대통령은 세계대공항 이후 미국의 산업기반을 회복하고 미래 해외 군사충돌에 대비한 새로운 항해 선박설계와 건조기준 마련을 지시했다. 이에 따라 미국해운위원회(United State Maritime Commission)는 포괄적이고 다양한 선박설계 기준을 마련했다(Cudahy, 2010). 개별 해운회사들은 새로운 선박을 주문할 때 이 설계기준을 활용할 수 있었고, 전쟁 수행을 뒷받침했던 화물선들은 전후 미국 상업선단의 중추가 됐다. 미국은 전쟁 지원을 위해 수많은 화물선을 건조했기 때문에 전쟁이 종료되자 세계 최대 규모의 상업선단을 보유하게 됐고, 그 선박들은 다수의 해운사들에 의해 운영됐다. 민간 해운사들은 잉여 전시 화물선을 거의 무료로 구입했다(Nash, 2012). 정부 자금은 민간기업의 사업에 큰 역할을 했다. 2차 세계대전 직후 민간자본이 설계 및 건조한 일반 화물선은 거의 없었고 해양청(Maritime Adminstration)은 사실상 유일한 선박 건조자였다(Rosenstein, 2000). 이 과정에서 화물선은 이전에 비해 상당히 개선됐지만 노동집약적이고 긴 화물 처리 과정으로 인한 비효율성은 여전했다.

미국은 2차 세계대전 중 효과적인 전시 해운물류를 위해 전시해운관리국(WSA: War Shipping Administration)을 설치했다. 전쟁 기간 대서양과 태평양을 횡단하는 군사물류 수요가 급증하자 미국은 조선소의 생산량을 늘려야 했고, 그 결과 선박 건조량은 엄청난 수준에 이르렀다. 대량생산 기술과 성과보상을 제공하는 계약으로 1949년에만 1,250만 톤의 선박이 미국 조선소에서 진수됐으며 미국 상선 선단의 규모는 4배 증가해 다른 국가들을 압도했다. 전쟁이 끝날 무렵 미국은 130개 해운회사와 4,500척의 선박 보유로 세계 선박 톤수의 약 60%를 차지했다(Clydesdale, 2016: 315). 또한 미국은 국가적 차원에서 선박설계, 건조 및 기계분야 기술을 발전시켰고 1958년 맷슨네비게이션(Matson Navigation)은 컴퓨터 선박설계를 최초로 선보여 세계에서 가장 앞선 해양기술을 제공했다. 곧이어 로로(RORO)선과 래

쉬LASH(Lighter Aboard SHip) 기술[3] 등 혁신적인 물류기술을 도입했으며 이러한 노력은 이후 물류의 컨테이너화 혁신으로 이어졌다.

한국전쟁과 베트남전쟁은 냉전 시기 대표적인 '열전(hot war)'이자 국제적 군사충돌 사례다. 두 전쟁을 거치면서 미군 군사물류는 군국주의와 자본주의가 뒤섞인 '냉전의 태평양'에서 한 단계 진화했다. 이 전쟁들은 '마찰적인' 태평양 횡단 공급망 문제를 해결하고 현대적 물류시스템의 효과 검증을 위한 최초의 '실시간 시험장'을 제공했다(Attewell, 2021; Chung, 2019). 냉전 당시 미국 군사정책의 핵심과제 중 하나는 비용억제였다. 따라서 미군 물류는 초국적 자본주의의 기술확산을 위한 장소였으며 컨테이너화와 같은 비용절약적 기술개발 및 적용이 절실히 필요했다. 결국 냉전 시기 발전한 컨테이너화는 미군 주도의 자본주의 세계화(US military-led capitalist globalization)의 역사적 맥락에서 이해될 수 있다. 냉전 시기 열전 이후 컨테이너화는 세계무역을 주도한 물류혁명의 핵심적 톱니바퀴 역할을 했고 미군이 주도했던 컨테이너화는 국가주도 자본주의(state-driven capitalism)의 오랜 역사와 연관되어 있다. 미군은 해상물류의 효율성에 대한 관심이 매우 높았으며 국가 개입은 이와 같은 군사적 동기로 정당화됐다(U.S. Government Publishing Office, 2010)[4]

물류기술과 기능은 '제국주의 무기의 역사'와도 결부되어 있다. 상당수

---

3 로로선(Roll on-Roll off ship)은 크레인을 사용하지 않고 선측과 안벽 사이에 걸쳐 놓은 통로(Ramp way)로 화물을 적재한 트럭이나 트레일러가 선내로 진입해 양하하는 선박 유형이다. 래쉬선(Lighter Abroad SHip)은 화물을 적재한 부선을 본선에 설치된 크레인으로 선상에 올려 수심이 낮은 하천 또는 운하를 경유하며 항만시설이 부족한 내륙지역으로 운송이 가능하도록 설계된 선박이다.

4 1936년 미국 상선법 정책선언(the Declaration of Policy of the Merchant Marine Act of 1936, Section 101)은 미국이 국내 해상 상거래와 해외 수출입 상거래의 상당 부분을 수행하기에 충분한 상선을 보유하는 것이 국방, 대외 및 국내 상업발전에 필요하며, 이는 전쟁 또는 국가 비상시 해군 및 군사보조 역할을 할 수 있다고 명시했다.

해운회사들은 식민지 확장과 관련 지식생산에 기원을 두며 제국의 시대 초
국적 물류인프라는 제국 그 자체를 재현했다(Brennan, 2021). 미군이 전 세
계적으로 진출하면서 1950년대 다양한 군사 및 민간 지원프로그램을 국가
주도로 수행했으며 해외원조는 그 운영에 필요한 기반시설, 특히 항만 등
물류인프라 구축에 사용됐다(Chung, 2019). 1950년~60년대 미국 국방부
는 민-군협력으로 군사물류의 효율성을 높이면서 해외 활동을 지원했다.
1961년 국방부장관 로버트 맥나마라(Robert McNamara)는 전쟁물류 수요
에 대응하기 위한 물류관리연구소(LMI)를 설립하고 새로운 초국적 물류기
능의 강화를 위한 연구개발에 매진했다. 맥나마라의 문제의식은 국방부가
전쟁을 위한 조달, 물류, 방위산업에서 심각한 문제에 직면해 물류혁신을 위
한 새로운 사고와 전문적 역량이 필요하다는 것이었다(Cowen, 2010). 결국
물류는 제국의 유지 및 확장을 위한 생명선(lifeline)이었고 탈식민지 태평
양 전역에서 벌어졌던 '열전'은 적시물류(just-in-time logistics) 제국 구축
에 결정적인 역할을 했다(Attewell, 2020). 즉 미군의 효율적 물류시스템 구
축은 탈식민지 세력을 자본주의 미래로 초대하는 전략으로서 지정학적 개
입의 필수 조건이었다..

3. 한국전쟁과 군사물류

한국전쟁에서 전쟁 물자보급을 위한 물류시스템은 전투의 승패를 좌우
할 정도로 매우 중요했다. 광범위하고 효율적인 태평양 횡단 군사물류가 없
었다면 미군과 유엔군은 전쟁 초기 열세를 극복하지 못했을 것이다. 한국전
쟁의 물류 및 지원은 2차 세계대전 유산에 크게 의존했다. 한국에서 사용된
수송선, 장거리 항공기 및 기타 장비의 상당수는 2차 세계대전을 위해 만들
어진 것들이었고, 이러한 군수지원체계는 이전 일본 그리고 독일과의 전쟁

을 직접 경험한 요원들이 운용했다(Mall, 2021b). 전쟁 당시 태평양 횡단 군사물류의 중심에는 이후 '상업 컨테이너화의 선구자'로 평가되는 '코넥스(CONtainer EXpress)' 활용이 있었다. 코넥스는 한국전쟁과 베트남전쟁에서 일부 군수품과 보급품의 운송 및 '보관'에 사용5되면서 전후 컨테이너화의 급속한 확산을 예고했다.

1945년 일제 강점기 종식 후 일본은 한국 철수과정에서 그동안 수탈을 위해 구축했던 철도인프라의 상당부분을 철거했다. 미군은 1946~48년까지 철도 재건사업에 착수했으며 이를 위해 일본 점령 임무를 수행하던 육군 및 해병대 사단을 배치했다. 부산항은 이 시점부터 한국 방어를 위한 초국적 군사물류의 중심지였다. 한국전쟁 발발 이후 미군의 우선적 임무는 심해항구인 부산항을 물류기지화하는 것이었다. 미국과 일본에서 온 병력과 물자가 부산항에 집중됐고, 전쟁이 격화되자 물류공간 확대에도 불구하고 포화상태의 물자 수용에는 한계가 있었다. 1950년 8월 부산항은 한 달에 100만 톤 이상의 화물을 처리했지만 도착한 선박들이 몇 주 동안 정박해 있는 등 심각한 병목현상을 경험했다. 1950년 9월 인천상륙작전에 따라 미군은 대규모 병력과 물류부대를 신속히 투입했으며 인천항 운영을 위한 물류사령부를 창설했다(Killblane, 2020; Gough, 1987). 문제는 부산항과 인천항의 물류 병목현상을 최대한 해소하면서 전장으로 군수 보급물자를 전달하는 것이었다. 이러한 상황 속에서 미군의 코넥스 사용은 전쟁 물류기술을 한 단계 진전시키는 시험대였다.

---

5   베트남 전쟁 중 코넥스의 '재사용'은 부분적으로만 성공했다. 코넥스의 3/4 이상이 단 한번만 운송되었고 실제로는 전투지역 내에서 그 자체로 물품 창고 · 보관, 임시대피소 심지어 방어 구조물의 임시 보강재 등 다기능적으로 사용되었다(Cargo-partner, https://www.cargo-partner.com/trendletter/issue-26/conex-box).

코넥스의 탄생은 2차 세계대전 중 미군이 동일한 크기의 품목들을 결합해 파레트를 채워가면서부터였다. 통합의 이점을 확신한 미군은 보급품 선적을 위해 작은 컨테이너 실험을 시작했으며 1947년 미육군수송단(The U.S. Army's Transportation Corps.)은 첫 번째 성과물을 개발 및 테스트했다. '표준' 금속 컨테이너인 '트랜스포터(Transporters)'는 약 4톤의 화물을 철도와 트럭에 실을 수 있도록 설계됐으며 길이 2.59m, 폭 1.91m, 높이 2.08m의 크기로 양쪽에는 이중문이 있고 상단 네 모서리에는 리프팅 링(lifting rings)이 달려 있었다. 미 육군은 초기 23개의 실험용 코넥스를 시작으로 한국전쟁을 거치면서 1955년 10만개, 베트남 전쟁 시기인 1967년에는 20만개 이상을 활용했다. 공군 역시 육군 타입의 소형버전 코넥스 5천여개를 사용했고, 미 해병대도 병력 배치를 위한 두 개의 표준크기 탑재상자를 개발했다(DoA, 1977; Ham and Rijsenbrij, 2012; Heiser, 1991).

미 육군이 최초 표준크기의 컨테이너를 개발한 이유는 미국 본토 창고에서 해외부대 군수품 창고로 군수품과 보급품을 효율적으로 이동시키기 위해서였다. 코넥스는 내후성이 있어 선박 갑판 위 아래에 쌓을 수 있었고 1950년대 초 대규모 병력이 한국전쟁 지원을 위해 도착하면서 실증화가 이루어졌다. 이는 코넥스가 사실상 부산과 인천항에서 처음 실전 사용됐다는 의미다. 코넥스는 다양한 군수품과 물자를 싣고 미국 서부항만에서 출발하여 일본을 거쳐 한국으로 운송됐으며 이후 육상운송 수단으로 전장으로 옮겨졌다. 1952년경 코넥스는 완전한 표준화에 이르렀으며 개조된 크레인으로 하역되어 물류 처리 속도가 매우 빨랐다. 코넥스 시스템은 모듈식으로 제작되어 크기를 절반으로 줄인 유닛을 추가할 수도 있었고, 최대 세 개까지 쌓을 수 있어 적층성 문제도 상당부분 해결했다. 이러한 미군의 물류혁신 노력을 감안할 때 이 기간 아시아 항구들은 미군의 코넥스 박스를 처리하면서 혁신적 물류기술을 경험했을 것으로 추정된다(DiMoia, 2020). 같은 시기 한국의 지구 반대편에서는 코넥스의 '민간용 버전' 개발과 실험이 본격화되고 있었다.

III. 냉전의 태평양과 물류혁명

1. 컨테이너 물류혁명의 서막

1956년 4월 26일은 컨테이너 물류혁명의 서막을 알리는 상징적인 운항이 시작된 날이다. 2차 세계대전 시 활약했던 전쟁용 T-2 유조선은 상업용 컨테이너선으로 개조되어 Ideal-X호로 거듭났다. 뉴저지주 뉴어크항에서 컨테이너 58개를 크레인으로 선적한 이 선박은 5일 후 텍사스주 휴스턴항에 도착했다. Ideal-X호는 메인 데크(갑판)에 세로 슬롯이 있는 특수 스파데크(Spar deck)를 설치했다.[6] 스파데크는 2차 세계대전 중 북대서양을 횡단하여 연료를 운반하는 유조선이 전쟁에 필요한 비행기, 트럭 및 기타 부피가 큰 장비도 수송할 수 있도록 해주었다. 58개의 컨테이너는 항구 내 트럭에서 분리되어 선박으로 옮겨졌고 휴스턴항에 도착한 새로운 트레일러는 선박에서 양하된 컨테이너를 싣고 항구에서 중간 작업과정 없이 각각의 목적지로 지체 없이 운송되었다(레빈슨, 2017; Cudahy, 2006b; 2010). 이른바 복합운송에 의한 문전서비스 시스템이 구현된 것이다. 이 물류 시스템은 곧이어 시작될 역사적인 '컨테이너 물류혁명'의 서막을 알리는 사건으로 기록됐다.

---

6   Ideal-X호에는 58개의 35피트 컨테이너들과 1만 5천톤의 석유가 실려 있었다. 말콤 맥린은 초기 새시를 선박에 싣고 내리는 방식을 구상했지만 바퀴, 베드(beds) 그리고 차축이 공간을 차지한다는 사실에 포기했다. 낡은 유조선을 개조한 이유는 저렴한 구입비용도 있지만 왕복으로 석유를 운송할 수 있어 위험을 최소화할 수 있기 때문이었다(Nash, 2012).

컨테이너 물류혁명의 서막을 연 말콤 맥린(Malcolm McLean)의 비전은 복합운송을 통해 '마찰 없는 물류 흐름'을 실현하는 것이었다(Klose, 2015; Nash, 2012; Singh, 2019). 1950년대까지 맥린트럭운송회사는 직원 2천여 명과 37개의 트럭 터미널을 갖추고 있었다. Ideal-X호 출항 이전 맥린은 이미 육상과 해상을 연결하는 새로운 복합운송서비스를 광고하기 시작했으며 물류서비스의 전략적 무게중심이 육상에서 해상으로 이동하고 있다는 것을 이해했다. 1955년 맥린은 팬애틀란틱사(Pan-Atlantic Steamship Corp.)를 인수한 후 그동안 구상해온 복합운송서비스를 실행에 옮겼다(Broeze, 2002). Ideal-X호 후속모델(1957년)인 게이트웨이시티(Gateway City)호는 갑판 위뿐만 아니라 아래에도 수직형 셀로 226개의 컨테이너를 선적할 수 있는 특수 컨테이너선이다. 이 선박 역시 2차 세계대전 당시 사용되었던 화물선으로 포트뉴어크에서 남쪽 마이애미로 향했다가 휴스톤으로 운항했다(Cudahy, 2006b; 2010). Ideal-X호가 프로토타입 컨테이너선이었다면 게이트웨이시티는 컨테이너 전용선으로 이 선박을 현대 컨테이너선의 출발점으로 평가하기도 한다. 이로써 스파데크는 퇴출되었고 모든 종류의 오래된 화물선들이 전용 컨테이너선으로 개조되면서 현대 컨테이너선의 기본설계가 빠르게 확산됐다.

팬애틀란틱사는 육로 및 해상운송의 '다중모드' 결합을 요약한 시랜드(Sea-Land Service)로 재브랜드화 했으며 전쟁에서 사용했던 잉여선박을 구입해 미국 동부해안을 중심으로 서비스를 확장해 나갔다. 이 시기 컨테이너 선박들은 미국 대서양과 걸프연안을 오르내리기 시작했고 이후 미국 서부해안, 캘리포니아에서 하와이까지, 그리고 미국 동부해안에서 푸에르토리코까지 유사한 실험들을 계속했다(Nightingale, 2012; Rosenstein, 2000). 시랜드 이외에도 맷슨네비게이션, 그레이스라인(Grace Line) 등 주요 선사들이 미국 연안 컨테이너 운송에 나서면서 확장과 경쟁이 본격화됐다.

컨테이너화의 성공적 확산을 위해서는 무엇보다 육상-항구-해상을 아우르는 '시스템' 구축이 중요했다. 그러나 전통적으로 보수적인 해운물류 선사들은 컨테이너화를 잠시 미루거나 기존 화물 운송방식에 컨테이너를 혼합해 사용하려 했기 때문에 초기 신기술의 이점을 충분히 누리지 못했다 (Fitzgerald, 1986). 컨테이너 전용 항구개발도 난제였다. 물류의 컨테이너화는 항구산업을 노동집약적 산업에서 대규모 투자가 동반되는 자본집약적 산업으로 전환시켰다(Bonacich and Wilson, 2008). 따라서 혁신효과가 불투명한 상황에서 일부 선도적 항구 이외에는 충분한 투자 여력이 부족했다. 컨테이너 항구는 넓은 야적장뿐만 아니라 복합운송의 특성을 감안할 때 고속도로와 철도노선으로 높은 접근성 및 연결성이 필요했다. 무엇보다 컨테이너 표준화의 부재로 운송모드 내 그리고 모드 간 호환문제가 완전히 해결되지 못했다. 각 선사들은 각자의 상황에 맞는 컨테이너 규격을 사용했기 때문에 '시스템' 구축을 위한 표준화의 필요성이 높아져 갔다.

초기 문제에도 불구하고 혁신은 멈추지 않았다. 1959년 파세코사(Paceco)가 최초로 개발한 컨테이너 전용 부두 크레인(Quay cranes)은 서부 알라메다(Alameda) 터미널(Encinal terminal)에서 가동되기 시작했다(Bartosek and Marek, 2013: 9). 크레인 생산성은 3분마다 컨테이너 1개를 적재하고 시간당 400톤의 화물을 처리할 수 있어 이전 근육 노동과 비교할 수 없었다. 이는 항구 인력 작업반의 평균 생산성 대비 40배가 넘는 수준이다 (Bernhofen et al., 2016). 당연히 선박의 항구 체류시간도 극적으로 감소했으며 미국 동부의 뉴욕/뉴저지항, 서부의 시애틀항은 선도적으로 컨테이너 항구개발을 추진했다. 특히 서부항구들은 태평양 횡단 무역량 증가로 빠르게 성장했다. 화주들도 서부항구에서 컨테이너를 받아 철도를 통해 대륙 전역으로 운송하는 게 경제적이라 판단했다(Chilcote, 1988). 이러한 환경적 조건에서 시애틀항은 1950년대 작은 성과를 바탕으로 1962년 3천만 달러 규모의 컨테이너터미널 개발 계획을 발표했다. 이 계획은 컨테이너용 부두 크레인, 야적장, 냉장 컨테이너에 전력 공급장치 등을 포함했다(Ott, 2014).

2. 베트남전쟁과 물류혁명

1) 베트남전쟁 초기: 물류 대혼란과 마찰 조정

베트남전쟁은 내전이자 냉전 시대 체제 간 대결이 벌어진 국제적 열전의 장이었다. 전쟁 당시 군사물류의 기술적·전략적 역할과 공급망 관리는 전쟁의 승패를 좌우할 만큼 중요한 요인이었다(Gruenward, 2015). 미국은 1950년대 중반부터 남베트남 지원을 위해 '자문관(advisors)'을 파견했으며 1954~60년 기간 동안 평균 640여명이 상주했다. 1964년 8월 '통킹만 사건' 이후 미국은 대규모 군사력을 증강시키면서 베트남전 개입을 본격화했

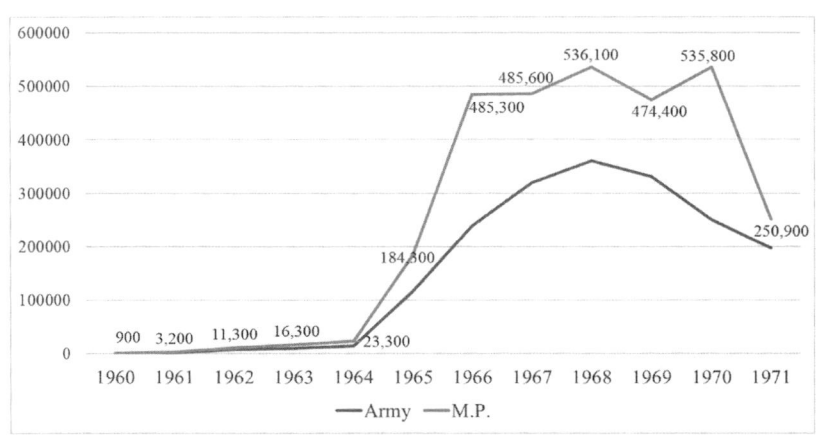

〈그림 1〉 남베트남 주둔 미군과 총 군사요원 수 변화 추이(1960~71년)(단위: 명)
* 각 년도 12월 기준(1971년 6월 기준)

출처: Heiser(1972) p. 14 데이터를 토대로 작성

다. 〈그림 1〉에서 보듯, 1960년 미국의 군사요원(military personnel)은 900명에 불과했으나 이 사건 후 1965년에는 184,300명으로 급격히 증가했다. 군사요원들은 지속적으로 증가하여 1968년 536,100명으로 최고치를 기록했다(Hamilton and Shin, 2016; Heiser, 1972). 군사력 증강은 곧 군사물류의 폭발적인 증가를 의미했지만 남베트남의 열악한 물류환경은 미국 역사상 유례없는 대혼란 초래했다. 이 시기 미군의 전쟁전략과 전술은 '물류 흐름' 수준에 의존할 수밖에 없었고 군사물류 흐름의 '마찰'을 줄이는 것이 핵심적 과제였다.

전쟁 초기 비교적 수심이 깊은 남베트남 항구는 사이공항(Saigon port) 한 곳에 불과했으며 전투로 파괴되어 거의 운영되지 않는 철도선과 비포장 도로, 그나마 중간에 끊긴 곳도 많아 최소한의 물류 이동마저 어려웠다. 베트남으로 향하는 대부분 화물은 미국 내륙의 창고와 공급업체에서 서부항구 또는 공항으로 운송된 후 선박이나 항공기에 실려 베트남으로 직송되거나 백업 지원을 제공했던 일본 오키나와로 옮겨졌다. 베트남 사이공항과 탄손 응(Ton Son Nhm)공항은 물류의 거점 역할을 했다. 그러나 화물이 폭발적으로 증가하면서 사이공항은 곧 물류마비 사태에 빠졌다[7] 당시 미국은 1965년까지 모든 미군을 철수한다는 가정 아래 작전을 수행했기 때문에 물류인프라 투자가 부족했다. 미군 군수품을 실은 선박들은 물류 적체와 낮은 수심으로 항구 접안이 어려웠고 바지선이나 흘수(吃水)가 작은 상륙용 주정(LST)과 민간 거룻배까지 동원해 내륙으로 화물을 이동시켰다. 또한 베

7　베트남에 도착한 화물 상당수는 서류 누락으로 물품과 최종 목적지를 식별할 수 없었다. 이른바 화물의 가시성이 낮은 '회색 상자(gray boxes)'들이다. 미군은 이런 '회색 상자'들을 다시 오키나와로 옮겨 내용물을 확인한 후 조립라인 형태의 작업장에서 사용가능한 상태로 만들어서 다시 베트남으로 보내거나 폐기했다(Fuson, 1994).

트남의 열악한 물류환경은 태평양 전체 군사물류 흐름의 적체를 심화시켰다. 군수품을 실은 100척 이상의 선박은 하역과 보관 계획도 불투명한 상황에서 베트남 연안에 대기 정박했고, 그 여파는 필리핀, 오키나와, 괌 그리고 선박의 출발점인 미국 서부항구의 적체까지 초래했다. 이 선박들은 이동수단이 아니라 '부유식 창고(floating warehouse)' 이상의 역할을 제대로 수행하지 못했다[8](Aaron and Baker, 2020; Heiser, 1972; Mercogliano, 2017).

태평양 횡단 군사물류의 적체 해소를 위한 유일한 해법은 베트남 항구에 가해지는 압력을 혁신적으로 해결해 원활한 물류 흐름을 보장하는 것이었다. 베트남은 효과적인 '통합물류(Integrated logistics) 접근'을 위한 역사적인 '물류 시험장'을 제공했다(Aaron and Baker, 2020). 베트남 군사원조사령부(MACV)는 물류문제 해결을 위한 계획수립에 착수했다. 우선 사령부는 해상물류 인프라 투자를 확대했는데 만성적인 물류적체에 시달리던 사이공항 문제해결을 위해 인근에 '뉴포트(Newport)'를 건설했다. 이 계획은 4개의 심해 선석, 창고 그리고 선박 정박지 건설을 포함했고 1966년 부분가동을 시작으로 1967년 7월 완전 개장하여 화물 수용능력을 높였다. 미군당국은 군사물류 공급망을 개선하기 위해 1964년 사이공에서 북쪽으로 약 290km 떨어진 캄란만(Cam Ranh Bay) 항구개발에도 나섰다. 사이공항이

---

8 상업용 화물, 주로 원조화물이 군수품과 같은 항만 시설을 통해 운송되면서 베트남 항구는 더욱 혼잡해졌다. 미국 국제개발처(AID: Agency for International Development) 화물은 일반적으로 2가지 유형이었다. 쌀, 비료와 같은 벌크제품과 베트남 경제를 활성화하기 위해 상업수입 프로그램(CIP: Commercial import program)에 따라 선적된 기타 자재로 AID 지원센터 조달청(CPA: Center Procurement Agency) 화물이다. 문제는 베트남에 이러한 물품을 취급할 수 있는 공급 또는 유통시스템이 거의 없었다는 것이다. CIP 이전 베트남 수입업체는 수입하여 판매할 수 있을 때까지 물품을 항구에 보관했다. 고객이 항구에 와서 물품과 관세를 지불하고 가져가는 방식이다. 수입업자들은 CIP가 구상한 방식으로 사업을 계속할 자본이 부족했다. 곧 항구는 군수품, CPA, CIP 수입품으로 몸살을 앓기 시작했다(Fuson, 1994).

주로 베트남인 관할에 있었던 반면 새로운 캄란만 항구는 미군주도로 운영되었고 향후 핵심적인 물류기지 역할을 했다. 캄란만 항구개발은 신속한 건설과 운영을 위해 드롱부두(DeLong pier)[9] 방식을 도입했다. 이외에도 미군의 군사물류 개선 계획은 다낭(Da Nang)에 주요 물류기지를 개발하고 소규모 항구 6곳에 작은 전투지원 기지 설립을 포함했다.[10]

1965년 미군 연구팀은 전시 물류시스템의 근본적 변화를 권고했는데 권고안 중 주목할 만한 내용은 모든 선적을 '통일된 포장' 방식으로 해야 한다는 것이다. 이 제안은 한국전쟁 이후 표준화된 코넥스를 의미한 것이었다(레빈슨, 2017: 323-324). 미군은 한국전쟁에 사용했던 코넥스를 베트남에서도 일부 사용했지만 그 수량은 제한적이었다. 또한 한번 도착한 이 박스들은 현장에서 다용도로 사용되어 재사용이 사실상 어려웠다. 그럼에도 불구하고 미군은 코넥스가 비용 대비 가치가 충분하다고 판단해 추가 구매하여 한 동안 사용했다. 이제 남은 과제는 컨테이너화 물결이 확장된 물류인프라를 타고 '물류 시험장'으로 넘어오는 것이다.

2) 컨테이너화의 역사적 변곡점: 실시간 물류시험장

1966~67년은 미군 물류의 컨테이너화가 순차적으로 확대된 시기다. 그 시작점은 1966년 1월 호놀룰루에서 열린 미군 최고위급 회의에서 민간기업과 계약을 맺어 군사물류를 위탁한다는 정책 결정이다(레빈슨, 2017: 325).

---

9   드롱부두는 "길이가 90m가 넘는 바지선 형태의 거대한 잔교(棧橋)"이며 "여러 구멍을 뚫어, 이 구멍을 통해 항구 바닥을 말뚝을 박아서 고정시키는 구조물"이다. 미 해군은 드롱부두를 미국 내에서 제작 후 베트남으로 직접 운송했다(레빈슨, 2017: 320-321).

10   미군은 아시아에서 이전 경험을 바탕으로 베트남, 한국, 필리핀 등 '다국적 인력'을 고용하여 태평양 횡단 군사물류 인프라를 구축했다(Attewell, 2020).

이 정책은 1966년 5월 미군해상수송지원단(MSTS)과 시랜드가 컨테이너선 3척을 계약하여 미국 오클랜드-캘리포니아에서 베트남전쟁의 백업 기지인 일본 오키나와 간 476개의 컨테이너를 12일마다 운항하는 계약으로 시작됐다. 이 운항이 성공적으로 수행되자 미군은 같은 해 미군 해군기지가 있는 필리핀 수빅만(Subic Bay) 컨테이너운송 계약을 추가로 체결했고, 10월 전시 물류시험 현장의 컨테이너 운송입찰을 시행했다. 입찰결과 시랜드가 압도적 우위의 계약내용을 제시하면서 낙찰받았다. 1967년 3월 미군과 시랜드는 컨테이너 7척으로 태평양 횡단 군사물류 계약을 체결했으며 1967년 8월, 베트남 운항 최초 컨테이너선인 비앙빌(Bienville)호가 오클랜드를 출발 해 다낭항에 도착했다.

당시 미군과 시랜드 간 계약은 컨테이너 물류의 특성과 물류이동 경로를 잘 보여준다(레빈슨, 2017; Gills, 2018; Ham and Rijsenbrij, 2012, Nash, 2012). 투입된 컨테이너선은 총 7척으로 이중 3척은 오클랜드~다낭 서비스를 제공하는 컨테이너 274개(35피트) 용량의 자급식(self-sustaining) C2형이다. 또 다른 3척은 오클랜드/시애틀~캄란만항까지 운항하는 컨테이너 609개 용량의 비자급식(non-self-sustaining) C4형이고, 나머지 한 척은 캄란만항~사이공항~퀴논항 사이를 셔틀로 운항은 자급식 C2형이다. 이 셔틀 자급식 C2형 선박은 C4형 비자급식 선박일정과 일치하도록 배치했다. 선박 이외에도 미국 서부항구에서 베트남 내륙 군사기지까지 완벽한 문전서비스를 제공하는데 필요한 컨테이너, 트레일러, 트랙터 및 기타 장비 일체를 제공했다. 또한 시랜드는 정부가 지정한 시애틀 또는 샌프란시스코-오클랜드만 상업구역 내 군용화물을 채울 컨테이너를 필요한 만큼 제공하기로 했다. 이 컨테이너들은 컨테이너선에 선적하기 위해 시랜드가 자체 운영하는 항구터미널로 운송되고 컨테이너선이 베트남에 도착하면 하역한 후 자체

트랙터를 사용하여 하역부두 약 48km 이내 군당국이 지정한 지점으로 운송해야 했다. 마지막으로 컨테이너 재사용을 위해 미군이 30일 이내 화물을 처리하면 빈 컨테이너를 미국으로 반환하는 조건이다.

시랜드가 베트남으로 운송했던 컨테이너는 1967년 매달 456개에서 1969년에는 2,677개로 급증했으며 이 컨테이너선은 기존 재래식 화물선의 3배 물량을 옮겼다.[11] 1967년~73년까지 시랜드는 베트남 컨테이너 운송으로 약 4억 5천만 달러 이상의 수입을 거뒀다(Mercogliano, 2017). 미군이 시랜드와 계약을 체결한 가장 큰 이유는 비용절감이다. 1960년대 초부터 미 국방부는 냉전 시대 과도한 군사프로그램 예산의 효율화를 위해 '군사물류의 민영화'를 가속화했다. 군사물류 임무를 민간으로 아웃소싱함으로써 미군은 더 적은 수의 지상병력으로 전쟁 수행이 가능했다. 더 중요한 것은 전쟁에 필요한 대규모 노동력을 직접 관리하고 유지하는 책임에서 벗어날 수 있었기 때문이다(Chung, 2019). 실제 민·군협력에 기초한 컨테이너 복합운송은 미군의 비용절감에 크게 기여했다. 미군은 베트남전쟁이 본격화된 이후 1968년까지 컨테이너화를 통해 888.3백만달러의 전쟁 물류비용을 절감한 것으로 추정했다(〈표 1〉 참조). 이 추정액 이외에도 잠재적 추가 절감비용은 화물의 분실, 도난, 파손의 감소와 추가 항만시설 건설비, 포장비 필요 선박 수의 감소 등을 포함한다.

---

11 시랜드는 1967년부터 베트남에 냉장 컨테이너 서비스도 제공했다. 예를 들어, 미국 서부해안에서 캄란만에 도착한 컨테이너선에는 130개의 냉장 컨테이너와 530개의 일반 건조화물이 있었다 (Aaron and Baker, 2020: 2-19). 1969년 말에는 미군과 시랜드는 컨테이너로 탄약운송 서비스도 성공하여 효율성을 입증했으나 새로운 절차 수립에 따라 이후 컨테이너를 사용하지 않았다 (Forrest, 2017).

〈표 1〉 컨테이너화를 통한 베트남전쟁 물류비용 절감 규모(1965~68년)

(단위: 백만 달러, %)

구분	항목	비용 절감 규모			합계 (비중)
		금액	비중	소계(비중)	
정기비용	선적(항만 처리 포함)비	344.6	97.5	353.5 (40.0%)	881.3 (100.0%)
	창고화물 처리비	8.9	2.5		
일회성 비용	공급경로 단축	147.2	27.9	527.8 (60.0%)	
	항만시설(부두)비	181.0	34.3		
	선박 지연비	89.7	17.0		
	보관비	86.9	16.5		
	냉장 보관비	23.0	4.4		

출처: US Govt.(1970). p. 70 내용을 토대로 재구성.

3) 혁신적 컨테이너 군사물류의 시험효과

베트남전쟁의 태평양 횡단 군사물류 실험은 컨테이너화의 실질적인 이점을 확인한 중요한 계기였다. 다만 컨테이너화 '시스템'은 선박과 부두 크레인을 포함하여 큰 투자가 필요한 장비를 사용해야 했다. 그럼에도 불구하고 미군은 대규모 복합운송 경험을 통해 이전과 다른 컨테이너화의 장점을 발견했다. 구체적으로 컨테이너선은 브레이크-벌크 선박보다 더 적은 인원으로 더 빠른 하역이 가능했고 접안공간과 항만운영 인원도 극적으로 감소했다. 복합운송 문전서비스의 실용성은 미국에서 미리 보관된 컨테이너가 캄란만 등 베트남 항구에 계획대로 도착 후 전장까지 일관된 흐름 속에 운송됨으로서 입증됐다. 컨테이너로 운송되는 모든 화물, 특히 탄약, 부패하기 쉬운 품목 및 PX 보급품들의 손상과 손실이 대폭 감소한 것 역시 주목할만한 성과였다.[12] 무엇보다 화물이 출발지에서 컨테이너에 적재되어 도로와 철도

---

12 시랜드는 계약 이전 컨테이너화가 효과적인 공급망 유지와 관련된 많은 문제를 해결할 수 있다고 미군 당국을 설득했다. 특히 전쟁 초기 재래식 화물선에서 해안가 절도가 너무 심각하여 상당한 인바운드 화물이 적의 수중으로 넘어가고 있음을 상기시켰다. 즉 컨테이너화가 베트콩(Viet Cong)

를 거쳐 항구로 이동했고 컨테이너선을 통해 베트남 항구로 도착한 이후에
도 같은 수단과 방식으로 전장으로 이동해 화물분류 및 가시성은 이전과 비
교할 수 없을 정도로 향상됐다. 본격적인 컨테이너운송과 함께 초기 넘쳐났
던 '회색 상자'도 사라졌다.

전쟁 물류시험의 성공적 결과는 전 세계 민간 해운선사와 군사물류의 컨
테이너화 그리고 각국 정부들의 인프라 구축 경쟁을 촉발시켰다. 베트남 항
구에 하역을 위한 평균 대기시간은 '대혼란' 시기 1965년 20.4일에서 1970
년 평균 1.5일로 단축됐다. 또한 1970년 실시된 미군의 물류효율성 시험결
과, 컨테이너 사용 후 선박회전율은 500%, 인력 효율성도 600% 높아졌다
(Bell, 1973; Chung, 2017). 이 경이적인 성과는 컨테이너화와 이를 위한 '
초국적 물류인프라' 개선의 결과였다. 컨테이너화의 효율성과 효과성에 대
한 검증이 확인되자 미국 해운선사들은 시랜드의 선례를 따를 수밖에 없었
고 곧이어 거의 모든 해운선사들이 컨테이너선 전용선으로 전환을 가속화
했다. 미군도 세계 다른 지역에서 화물운송 계약자들에게 컨테이너화 물류
방식을 요구했으며, 그 결과 미군이 유럽으로 운송하는 군사물류 중 컨테이
너 비중이 절반에 달했다.

각국 정부들도 컨테이너선 수용을 위한 초국적 물류인프라를 확대하고
표준화하는데 적극 나서기 시작했다. 가장 선두에 선 미국은 동부 뉴욕/뉴
저지항, 서부 시애틀항, LA/롱비치항을 중심으로 대규모 컨테이너 항구건
설을 이어갔다. 일본은 1966년 도쿄와 고베항에 대규모 컨테이너부두 건설
계획을 발표했다. 특히 초국적 선사들의 일본 진출은 컨테이너부두 수요를
높였다. 한국은 1973년 세계은행 지원으로 부산항 컨테이너화 프로젝트를

동조자들의 절도로 미군을 위한 전쟁물자가 유실되는 것을 원천적으로 방지할 수 있다고 주장했
다(Cudahy, 2006b).

추진했으며, 싱가포르도 컨테이너화를 매개로 남아시아의 물류중심지 비전을 내세워 1967년 세계은행 차관 1,500만 달러를 유치한 후 1972년 최초의 컨테이너터미널 완공했다. 싱가포르가 세계 최고의 컨테이너 항구로 발전한 이유는 초기 이와 같은 '급진적인 컨테이너화' 덕분이다. 홍콩은 주로 민간개발 방식을 채택하여 1972년 처음으로 컨테이너터미널(3선석)을 완공했고 이후에도 빠른 속도로 물류인프라를 늘려갔다. 대만 역시 1972년 가오슝에 최초의 컨테이너터미널을 개장하여 새로운 물류혁명의 물결에 올라 탔다(레빈슨, 2017; Bernhofen et al., 2016; Chi-pang, 2017; Chung, 2019). 미국과 일본 그리고 아시아 네 마리 용들은 환태평양 컨테이너 물류 공급망 구축을 비교적 짧은 시간 내 집중적으로 실행해 나갔다. 이 메가-지역 내 초국적 물류인프라의 확대는 역내 거대한 상품이동 흐름을 촉진하는 토대였다.

1968년 3월 기준, 전 세계적으로 컨테이너선은 53척 존재했고 149척이 건조 중이었다. 또한 98개 항구가 건설 및 개조됐고 추가로 58개 건설 중인 컨테이너터미널과 함께 46개 개발계획이 있었다(Chi-pang, 2017). 이러한 컨테이너화의 진전은 더 이상 대서양 중심의 '북-북 지역'이 해양시스템을 지배하지 않는 '다중심(multicentred) 해양시스템'으로 전환을 의미했다[13](White, 2019). 태평양 항구의 컨테이너화 물결은 전쟁 중 미국의 군사물류 기지 위치와 밀접하게 겹쳤는데, 일본과 아시아 '네 마리 용', 미군의 전략적 군사기지인 필리핀 그리고 미국 서부에서 컨테이너 항구개발이 두드러

---

13 1960~70년대 초반까지 많은 신규 선사들이 국제 컨테이너 물류시장에 진입하여 기존 유럽, 미국, 일본의 지배력에 도전했다. 그 중 두드러진 주요 선사는 대만 에버그린(Evergreen)과 양밍(Yangming), 싱가포르 넵튠오리엔트(NOL), 말레이시아 MISC, 홍콩 OCCL, 중국 COSCO가 있으며 1970년대 후반에는 한국의 한진, 현대, 조양도 진출했다(Pederson and Sornn-Grises, 2015).

졌다. 결국 베트남전쟁은 한국전쟁 당시 태평양 전역에 군수물자 보급을 위해 처음 만들어진 '공급경로'의 컨테이너화를 급진전시켰다(Chung, 2019).

4) 냉전과 컨테이너 삼각무역: 아시아의 새로운 기회

베트남전쟁은 환태평양 컨테이너 항로에서 '서향(미국→ 동아시아)' 화물의 급격한 증가를 초래했다. 상업적 관점에서 보면, 이윤율의 관건은 같은 항로에서 '동향(동아시아→ 미국)' 화물 확보 문제였다. 베트남전쟁 이전까지 국제무역은 주로 대서양 항로를 중심으로 한 '북-북 무역'이 지배적이었다. 전후 아시아는 잠재적인 무역상대국의 위치에 있었지만 일본을 제외하면 생산역량과 소비시장의 형성 수준이 매우 낮았다. 대외개방 이전 중국은 외국인투자와 대외무역이 거의 없었고 한국 역시 일부 노동집약적 제품 수출 중심의 초보적인 산업화단계에 머물렀다. 즉 아시아 국가들은 전쟁, 지정학적 요인 등으로 여전히 상업적 무역상대국으로서 존재 기반이 열악했다(레빈슨, 2017; 2023). 그러나 1960년대 일본은 세계에서 가장 빠르게 성장하는 국가 중 하나였으며 미국의 두 번째 수입국이었다. 당시 일본경제는 의류와 트랜지스터 라디오에서 전자제품, 자동차, 각종 산업장비 등으로 중심산업의 전환이 일어나고 있었다. 다른 한편, 냉전 시기 미국은 일본 및 아시아 동맹국들의 안보보장과 함께 거대한 미국 시장에 대한 접근성을 넓게 열어줬다(아리기, 2012; Tash, 2009: 182-186). 따라서 환태평양 컨테이너 항로에서 '동향' 화물은 결국 미국과 이 국가들의 상품 흐름에 달려 있었다.

환태평양 '서향' 화물은 시랜드와 미군의 베트남 컨테이너 물류 계약 이전부터 사실상 시작됐다. 1966년 7월, 시랜드는 미군과 군사물류 계약을 맺고 미국 서부해안과 일본 오키나와 간 컨테이너 운항을 시작했으며 미국 연안에서 운항했던 T3 컨테이너선(컨테이너 476개 용량)을 배치했다. 이 계약은 미국 오클랜드와 시애틀에서 오카나와와 필리핀으로 이동할 때마다 최소한의 '서향' 컨테이너 수를 보장했다. 시랜드는 컨테이너를 미국으로 반환할 때 공컨테이너(empty container)에 상품만 채울 수 있다면 이른바 '횡재수익'을 얻을 수 있었다. 왜냐하면 베트남전쟁 물류를 포함한 미군과 협상된 운임은 헤드홀과 함께 백홀을 커버했기 때문에 '동향' 화물 전체가 순수익으로 남는 구조였다(Ham and Rijsenbrij, 2012; Mall, 2021; Nash, 2012). 미군이 계약과정에서 헤드홀과 백홀 운임을 모두 포함시켜 주었다는 것은 사실상 선사에 보조금을 지원한 효과를 보였고 그 결과 베트남전쟁은 미국-베트남-일본-미국을 잇는 이른바 냉전의 태평양 '삼각무역'을 탄생시켰다.

시랜드는 전통적인 제조업이 북미에서 아시아로 이동하고 있던 흐름을 이미 포착하고 있었다. 당시 이 삼각무역의 헤드홀은 미국 서해안에서 군사화물을 선적 후 베트남(백업 기지인 아시아 미군 주둔지 포함)으로 향하는 것이었고 백홀은 베트남에서 일본 또는 동아시아 신흥경제국가(NIEs)들로 이동하여 미국 시장을 위해 준비된 상업화물을 선적한 후 태평양을 횡단하여 미국 서부항구로 귀항하는 경로였다[14](Cudahy, 2006b; Ott, 2014). 전쟁을 위해 구축된 태평양 횡단 군사물류 라인이 상업화를 위한 상품공급망과 결합하여 효율성을 극대화한 사례이다. 이 군사물류와 상업물류의 결합은 일본의 수출무역을 더욱 자극했다. 시랜드는 '횡재수익'을 높이기 위해 일본에서 상업화물을 찾는데 주력했으며 이를 위해 일본의 최대 종합무역회사인 마쓰이그룹(Mitsui business group)과 협력체계를 구축했다. 1968년 시

---

14 1969년 7월 산후안(San Juan)호가 홍콩 오션터미널(1966년 3월 개장)에 150개의 컨테이너를 싣고 출항했다. 이는 홍콩과 미국 간 최초의 정기선 운항이었다. 산후안호는 시랜드가 운영했으며 새로운 컨테이너서비스는 베트남전쟁 중 미군 군수물자를 공급하기로 한 미군-시랜드간 계약의 부산물이었다. 삼각무역은 아시아 기점은 일본을 시작으로 홍콩, 대만, 한국 등으로 확대되었다 (Farmer, 2019; Gills, 2018).

랜드와 마쓰이그룹은 일본과 미국을 오가며 일본 내 시랜드 컨테이너터미널 건설, 컨네이너 물류운송 방법, 시랜드 일본 대리점 계약 등을 협상했다. 협상결과 시랜드는 일본 TV와 스테레오 제품을 싣고 요코하마에서 시애틀 및 오클랜드까지 6일마다 운항하는 컨테이너 국제물류 서비스를 시작했다 (Hamilton and Shin, 2016, Rosenstein, 2000).

일본의 대미 해상물동량은 1967년 2,710만 톤에서 컨테이너 국제무역이 본격화된 1968년 3,030만톤, 캘리포니아로 가는 항로에 풀컨테이너선이 투입된 1969년에는 4,060만톤으로 한해 동안 전년 대비 21%나 증가했다. 일본에서 미국으로 수출되는 물동량은 컨테이너 서비스가 시작된지 단 3년만에 수출화물 1/3이 컨테이너로 운송됐다. 또한 1968~71년 기간 동안 일본의 TV 대미 수출량은 350만대에서 620만대, 녹음기 수출은 1,050만대에서 2,020만대로 두 배 성장했다. 심지어 인건비 증가로 주춤하던 일본의 의류 수출품도 컨테이너화로 물류비용이 하락하자 경쟁력을 다시 회복하기도 했다(레빈슨, 2017: 390-391).

컨테이너화 이전 일본과 아시아국가들이 생산한 소비재의 경우 대양을 횡단하는 수출은 비용적으로 효율적이지 않았다. 높은 물류비용의 장벽을 넘기 위해서는 비용절감 물류혁신이 절실했는데 베트남전쟁 이후 컨테이너화의 확산은 이러한 무역장벽을 거의 완벽하게 무너뜨렸다. 베트남전쟁 동안 형성된 '냉전의 태평양 삼각무역'은 곧이어 일본-미국-베트남-일본을 경로로 하는 '역삼각 무역'을 활성화했다. 이는 기존 환태평양 횡단 '삼각무역'의 헤드홀과 백홀이 반대로 전환된 형태다. 일본 진출을 처음 시도한 컨테이너선사는 미국정부로부터 태평양연안-하와이-극동 화물운송서비스 운영권을 가진 미국의 멧슨네비게이션이다. 멧슨의 계획은 일본 제품을 싣고 미국 서부항구에 내린 후 대륙횡단 기차를 통해 내륙 전역에 운송하고 돌아올 때는 일본과 한국을 비롯한 아시아 주둔 군수품을 싣고 귀항하는 것이었다. 1967년 맷슨은 일본우선사(NYK)와 협력하여 태평양 횡단 컨테이너서비스를 시작했다(Pedersen and Sornn-Griese, 2015). '역삼각 무역'은 '동아시아 기적'으로 미국행 물동량이 증가하면서 더욱 활발해졌다.

5) 탈냉전과 환태평양 중심의 컨테이너 무역 부상

세계화 과정의 상당부분은 초국적 물류인프라의 연결성을 통한 상품의 구체적 이동에 의해 구성된다(Danyluk, 2018). 컨테이너화는 국제무역의 폭발적인 성장을 가져왔으며 컨테이너화 발전과 국제무역의 성장은 하나의 쌍을 이뤄 상호 상승을 추동해 왔다. 세계 무역량 지수(Trade volume index)는 1950년을 100으로 봤을 때 2022년 4,473으로 약 45배 증가했으며, 세계무역 가치(Trade values) 역시 1950년 63십억 달러에서 2022년 24,715십억 달러로 약 400배 성장했다.[15] 컨테이너 물동량의 성장은 세계 GDP와 수출 가치를 훨씬 능가했다. 1980년부터 2020년까지 전 세계 물동량은 20배 증가한 반면 수출과 GDP는 각각 8.9배, 7.7배 증가했다. 1970년부터 1980년까지 컨테이너 물동량 증가율은 수출액 증가율과 거의 비슷한 수준이었지만 이후 격차가 벌었다(Notteboom, et al., 2022; Slack, 1999). 컨테이너 물동량이 감소한 해는 2008년 금융위기와 2020년 코로나19 팬데믹 등 단 두 번뿐이다.

무역성장의 원인은 전후 다자 및 양자 간 무역자유화 조치, 기술주도의 국제물류 비용 감소, 경제규모의 수렴, 글로벌 가치사슬의 확산, 수출주도형

---

15 세계 무역가치는 수출과 수입의 평균으로 계산되며, 중요한 재수출이나 재수출을 위한 수입은 제외했다. 세계 무역량과 세계 무역가치 통계수치는 세계무역기구 통계(WTO STATS https://stats.wto.org/) 데이터에서 확인할 수 있다.

무역정책 등 다양한 요인이 작용했다(Baier and Bergstrand, 2001, EI-Sahli, 2013; Krugman, 2009: 7-8; 볼드윈, 2019). 이 논쟁과 별개로 컨테이너 물동량 변화를 성장단계 중심으로 살펴보면, 컨테이너화 모색기(~1956년 이전)와 도입기(1956~66년 이전)에는 혁신기술의 검증단계로 일부 미 군사물류에 적용되었고 상업물류는 주로 미국 연안을 중심으로 국지적으로 시도됐다.[16] 베트남전쟁이 본격화되고 1966년 이후 컨테이너화가 국제무역에 적용되면서 글로벌 컨테이너 물류시대(확산기: 1966년 이후~)를 맞이했다. 특히 베트남전쟁을 계기로 한 컨테이너화의 효과 검증은 컨테이너 노선을 국제적으로 확산시킨 '결정적 국면'을 열었다. 풀컨테이너선이 증가하고 대형화되면서 각국은 '초국적 연계성'을 높이기 위해 항구를 중심으로 물리적 인프라투자를 확대했다. 초국적 선사들도 1995년 이후 급증하는 컨테이너 물동량을 효과적으로 처리하기 위해 글로벌 동맹을 구축하기 시작했다(Kuby and Reid, 1992; Pedersen and Sornn-Grises, 2015; Rodrigue, 2024). 특히 1990년대 이후 무역량 및 무역가치의 가파른 상승은 기존 무역성장 요인들에 더해 중국경제가 세계경제에 편입된 효과에 주목해야 한다. 이 시기부터 컨테이너선의 펜듈럼(pendulum)서비스와 세계일주(RTW)서비스도 활성화됐다.

냉전 시기 아시아의 새로운 기회는 탈냉전 이후 환태평양 컨테이너 물동량의 '쓰나미(Tsunami)'로 이어졌다. 글로벌 컨테이너 물류시대로 진입

---

16 1956년 최초의 컨테이너선인 Ideal-X호 이후 컨테이너화가 즉각적으로 확산될 것처럼 보였지만 많은 물류관계자들은 오랫동안 유지되어 온 브레이크-벌크방식에 대한 경로의존성으로 비현실적이고 일시적인 시도로 평가했다. 컨테이너화는 기계화에 따른 일자리 감소를 우려하는 노동자들의 투쟁을 야기했고 항구운영 당국자들의 의견도 통일되지 않았다. 1962년 컨테이너는 뉴욕항 화물의 8%, 서부항구 화물의 2%로 그쳤다. 그 결과 초기 컨테이너화를 선도했던 시랜드의 컨테이너 사업은 8백만 달러의 손실을 입었다(Nash, 2012).

하면서 가장 주목할만한 구조변화는 자본축적 공간 제약이 극복된 것과 환태평양 중심의 무역전환이다. 우선 물류의 컨테이너화는 상품이동 비용과 시간을 기적적으로 낮추면서 소비재뿐만 아니라 중간재의 마찰 없는 글로벌 이동을 가능하게 했다. 탈냉전 시기 컨테이너화는 물리적 지리의 동기화(synchronization)를 포함해 정교한 상품교환의 속도와 리듬을 조정하는 기술로 거듭나 글로벌 가치사슬 구축의 핵심적 토대가 됐다(Campling and Colas, 2021; Bonacich and Wilson, 2008; Ham and Rijsenbrij, 2012). 이 고도로 조정된 글로벌 생산네트워크는 원료, 부품, 중간재, 최종품을 포함하는 점점 더 복잡해지는 무역구조의 발전을 의미하며 이 과정에서 컨테이너화의 지원이 없었다면 자본축적을 위한 공간확장 전략은 사실상 불가능 했다.

다음으로, 컨테이너 물류혁명은 기존 북대서양 중심의 무역구조를 환태평양 중심으로 전환시켰다. 초기 컨테이너화의 적용은 유럽-북미, 유럽-대양주(Australasia), 북미-일본, 일본-유럽 등 주로 선진경제 블록 내에서 이뤄졌다. 1975년 세계 컨테이너 물동량을 보면, 대서양 횡단 무역은 10.7백만TEU로 태평양 횡단 무역 5.8백만TEU보다 45.8% 많았다. 이 격차는 1980년 27.6%로 줄었으며 1990년에는 대서양 횡단무역 29.7백만TEU, 태평양 횡단무역 39.1백만TEU로 무역흐름이 역전되었다(Slack, 1999). 환태평양 물동량 증가는 글로벌 가치사슬의 확산과 '동아시아 기적'에 기인하며 탈냉전 이후 '중국의 부상'은 환태평양 중심의 무역전환을 가속화했다.

<표 2> 세계 20대 컨테이너 항구의 지역별 분포 변화 추이(1973~2023년)

(단위: 천TEU, %)

지역		1973년		1980년		1990년		2000년		2010년		2023년	
		수	물동량	수	물동량	수	물동량	수	물동량	수	물동량	수	물동량
미국	동부	3	2,189 (24.1)	2	2,610 (14.2)	1	1,898 (4.3)	1	3,006 (2.7)	1	5,292 (2.1)	0	0 (0.0)
	서부	3	1,036 (11.4)	2	1,414 (7.7)	3	4,885 (11.1)	2	9,480 (8.7)	2	14,095 (5.5)	1	8,634 (2.2)
	합계	6	3,225 (35.5)	4	4,024 (22.0)	4	6,784 (15.5)	3	12,486 (11.4)	3	19,387 (7.6)	1	8,634 (2.2)
유럽		7	2,551 (28.1)	4	4,111 (22.4)	5	9,762 (22.3)	6	22,770 (20.8)	3	27,514 (10.8)	2	25,947 (6.7)
아시아	비중국	3	1,400 (15.4)	7	6,012 (32.8)	8	19,691 (44.9)	7	43,456 (39.7)	5	66,859 (26.3)	6	104,289 (26.9)
	중국	1	473 (5.2)	1	1,464 (8.0)	1	5,100 (11.6)	3	27,706 (25.3)	8	128,716 (50.7)	9	225,704 (58.2)
	합계	4	1,873 (20.6)	8	7,477 (40.8)	9	24,791 (56.5)	10	71,163 (65.0)	13	195,576 (77.0)	15	329,994 (85.1)
기타		3	1,428 (15.7)	4	2,710 (14.8)	2	2,505 (5.7)	1	3,058 (2.8)	1	11,600 (4.6)	2	23,086 (6.0)
합계		20	9,078 (100.0)	20	18,323 (100.0)	20	43,843 (100.0)	20	109,479 (100.0)	20	254,078 (100.0)	20	387,662 (100.0)

주: ( )안 수치는 비중이며 소수점 둘째 자리에서 반올림함. 홍콩은 중국에 포함하여 계산.
출처: Nightingale, L.(2022); Lloyd's List(2024). One Hundred Port 2024 데이터를 토대로 저자 작성.

　〈표 2〉는 1973년부터 2023년까지 세계 20대 컨테이너 항만의 지리적 위치 및 물동량 변화 추이를 나타낸 것이다. 이 기간 동안 무역전환 관련 중요한 변화는 다음과 같다. 첫째, 미국 항구들은 대서양을 마주하고 있는 동부 항구에서 태평양을 접하고 있는 서부항구들로 물동량 이동이 이루어졌다. 둘째, 유럽항구들의 물동량 비중이 현저히 낮아졌는데 이는 전 세계 무역흐름이 글로벌 가치사슬의 확산과 함께 '북-북 교역' 중심에서 '북-남 교역'이 확대된 결과다. 셋째, 환태평양 무역의 중심지인 아시아의 항구들의 비약적인 발전이다. 1973년 아시아 항구들의 물동량 비중은 20.6%에 불과했으나 2023년 현재 85.1%를 차지했으며 세계 20대 항구 중 15개가 이 지역에 있다. 마지막으로 '중국의 부상'이 본격화된 2000년대 전후 중국항구들

의 압도적인 성장추세이다. 2023년 현재 중국 항구들은 물동량의 85%를 점하고 있으며 20대 컨테이너 항구 중 절반 정도가 중국 항구들이다. 세계 10대 컨테이너 항구 중 1위 상하이항을 비롯해 7개 항만이 중국에 포진해 있다. 이와 같은 수치들은 물류의 컨테이너화 이후 환태평양 중심의 무역전환 추세를 반영한다.

IV. 결론

물류혁명은 '마찰 없는 흐름'을 위한 혁신과정이었으며 냉전 시기 컨테이너화는 복합적인 정치·경제적 요인이 상호 영향을 미치면서 진화해 왔다. 냉전의 태평양과 컨테이너 물류혁명의 결과 및 함의는 다음과 같이 요약할 수 있다. 첫째, 컨테이너화 이전 물류는 브레이크-벌크 기반 비정형 테트리스 방식에 의존하여 상당한 비용과 시간이 소요되었고 정시성 및 가시성도 매우 낮아 흐름 과정에서 심각한 마찰현상이 발생했다. 컨테이너화의 기원은 산업혁명 시기인 18세기 중반 이후 모드별로 다양한 시도들을 찾아볼 수 있으나 각기 분산적으로 이루어져 기술혁신의 효과가 제한적이었다. 이는 해상-항구-육상 연결하는 복합운송 시스템을 위한 표준화와 기술적 요소가 부족했기 때문이며 항구는 육상 및 해상운송을 통합적으로 연결하지 못해 물류 흐름의 병목현상이 계속됐다. 산업혁명 이후 생산력의 발전은 상품과 원료의 이동 수요를 증가시켰으나 낮은 물류 기술혁신 수준으로 흐름의 지체현상이 계속되었고, 이는 물류기술 혁신의 압력요인으로 작용했다.

둘째, 물류혁신은 제국의 유지 및 확장을 위한 생명줄로 기술혁신과 초국적 물류인프라 구축은 제국 그 자체의 재현이자 전제 조건이었다. 당시 미국의 군사정책은 비용절감이 중심적 과제였고 냉전 시기 대표적 열전인 한국전쟁과 베트남전쟁을 거치면서 군사물류의 혁신이 이어졌다. 이 과정은 군국주의와 자본주의 논리가 상호결합됐다는 점에서 미군 주도의 자본주의 세계화의 역사적 경로로 볼 수 있다. 즉, 냉전의 태평양에서 적시물류 제국은 군사 및 경제적 동기 하에 운송모드의 통합과 연결성을 높이면서 '마지막 암흑 대륙'을 점령해 나갔다. 미군의 지정학적 개입전략은 컨테이너 물류기술의 발전과정에 상당한 영향을 미쳤으며 이는 자본주의 세계화로 이어지는 궤적을 보였다.

셋째, 현대적 의미의 컨테이너화는 1956년 미국 연안운송을 시작으로 국제화됐다. 이러한 흐름은 베트남전쟁이 제공한 거대한 물류시험장에서 효율성과 효과성이 실증되자 군사 및 상업물류에 빠르게 확산됐다. 이를 통해 한국전쟁 당시 만들어졌던 태평양 횡단 군사물류 공급망이 컨테이너화되었을 뿐만 아니라 태평양 주요 국가들을 중심으로 초국적 물류인프라 구축경쟁이 본격화됐다. 그 선두에는 일본을 비롯한 아시아 '네 마리 용'이 있었으며 미국과 국제기구의 대외원조 상당수도 초국적 물류 인프라 구축에 투입됐다. 따라서 동아시아 국가들의 초국적 물류인프라 구축에 관한 기술사는 냉전의 태평양과 연계된 국제정치·경제적 요인이 그 시작점이 될 수 있다.

넷째, 냉전의 태평양에서 한 단계 진화한 물류의 컨테이너화는 아시아에 새로운 기회를 부여했다. 베트남전쟁은 미국-베트남-일본/신흥경제국-미국을 잇는 삼각무역과 반대 방향의 역삼각무역을 활성화시켰다. 이는 군사물류 공급망이 국제무역 상품공급망과 결합되어 효율성을 극대화한 사례이다. 높은 물류비용은 국제무역의 중대한 장벽으로 작용했기 때문에 동아시아 상품수출 경쟁력은 물류비용을 대폭 절감시킨 컨테이너화에 기인했다. 따라서 냉전 시기 컨테이너화의 진화는 동아시아의 산업화 및 경제적 발전을 설명하는 중요한 요인이다.

마지막으로, 냉전 시기 아시아의 새로운 기회와 탈냉전 이후 환태평양 중심 컨테이너 무역의 부상은 이전 북대서양 중심의 무역구조를 환태평양 중심으로 전환시켰다. 태평양 횡단 컨테이너 무역은 1990년 이미 대서양 횡단 무역을 넘어섰으며 이는 글로벌 가치사슬의 확산, 동아시아의 급속한 산업화, 이후 중국의 부상과 세계경제통합 흐름을 반영한다. 즉, 냉전 시기 환태평양 지역의 컨테이너화 확산과 진화가 탈냉전 시기 환태평양 중심의 무역구조 형성에 결정적으로 기여했다.

컨테이너화는 역사적 변곡점인 베트남전쟁을 거친 이후 세계화의 엔진 역할을 성공적으로 수행해 왔으며 그 파급효과가 매우 컸다. 각 지역 및 국가들의 세계경제 통합과정을 추적할 때 해상-항구-육상 운송모드를 아우르는 초국적 물류인프라 구축 및 그 동학은 매우 중요한 연구주제이다. 따라서 컨테이너화와 관련한 향후 연구과제는 지역 및 국가별로 컨테이너화의 진화 및 차별적 궤적을 탐색하는 것이다.

참고문헌

국가물류통합정보센터 물류용어사전. https://www.nlic.go.kr/

레빈슨, 마크 (2017), 『더 박스: 컨테이너는 어떻게 세계 경제를 바꾸었는가』, 이경식 역, 청림출판.

레빈슨, 마크 (2023), 『세계화의 종말과 새로운 시작』, 최준영 역, 페이지2 북스.

볼드윈, 리처드 (2019), 『그레이트 컨버전스』. 엄창호 역, 세종연구원.

아리기, 조반니 (2012), 「장기적 관점으로 본 중국의 시장경제」, 홍호평·아리기, 조반니, 『중국, 자본주의를 바꾸다』, 하남석 외 역, 미지북스

Aaron, J. and Baker, S.C. (2020), Vietnam war: logistics support on U.S. military installations Vietnam historic context subtheme, Department of Defense Legacy Resource Management Program.

Attewell, W. (2020), The Lifelines of Empire: Logistics as Infrastructural Power in Occupied South Vietnam, *American Quarterly*, 72(4), 909-935.

Attewell, W. (2021), Just-in-Time imperialism: The logistics revolution and the Vietnam War, *Annals of the American Association of Geographers*, 111(5), 1329-1345.

Baier, S.L. and Bergstrand, J.H. (2001), The growth of world trade: tariffs, transport costs, and income similarity, *Journal of International Economics*, 53(1), 1-27.

Bartosek, A. and Marek, O. (2013), Quay cranes in container terminals, *Transaction on Transport Sciences*, 6, 9-18.

Bell, W.G. (1973), Department of the Army: Historical Summary, Fiscal Year 1970, Center of Military History United State Army.

Bernhofen, D.M. et al. (2016), Estimating the effect of the container revolution on world trade, *Journal of International Economics*, 98, 36-50.

Bonacich, E. and Wilson, J.B. (2008), *Getting the Goods: Port, Labor and the Logistics Revolution*. Ithaca: Cornell University Press.

Brennan, E. (2021), Mapping logistical capitalism, *Theory, Culture & Society*, 38(4), 1-12.

Broeze, F. (2002), *The Globalisation of the Oceans: Containerisation from the 1950s to the Present*. Research in Maritime History. No. 23, Liverpool University Press.

Campling, L. and Colas, A. (2021), *Capitalism and the Sea: The Maritime Factor in the Making of the Modern World*. New York: Verso.

Cargo-partner. The CONEX box: a direct precursor of the container

https://www.cargo-partner.com/trendletter/issue-26/conex-box

Chilcote, P.W. (1988), The Containerization Story: Meeting the Competition in Trade, in Hershman, M. J. (ed.). *Urban Ports and Harbor Management: Responding to Chang along U.S. Waterfronts*. New York: Routledge.

Chi-pang, L. (2017), Part 1. Chapter 7. 1967-1996 Getting to world class: The container terminals. History of the Port of Hong Kong and Marine Department, Marine Department, The Government of the Hong Kong Special Administrative Region.

Chua, C. et al. (2018), Introduction: Turbulent Circulation: Building a Critical Engagement with Logistics, *Environment and Planning D: Society and Space*, 36(4), 617-629.

Chung, P. (2017), Building Global Capitalism: Militarization, Standardization, and US-South Korean Relation, 1950-present. Ph.D. Dissertation. Brown University

Chung, P. (2019), From Korea to Vietnam: Local Labor, Multinational Capital, and the Evolution of US Military Logistics, 1950-97, *Radical History Review*, 113, 31-55.

Clydesdale, G. (2016), *Waves of Prosperity: India, China and The West- How Global Trade Transformed the World*. Glasgow: Robinson.

Cowen, D. (2010), A Geography of Logistics: Market Authority and the Security of Supply Chains, *Annals of the Association of American Geographers*, 100(3), 600-620.

Cowen, D. (2014), *The Deadly Life of Logistics: Mapping Violence in Global Trade*. Minneapolis. University of Minnesota Press.

Cudahy, B.J. (2006a), *Box Boats: How Container Ships Changed the World*. New York: Fordham University Press.

Cudahy, B.J. (2006b), The containership revolution: Malcom McLean's 1956 innovation goes global, *TR News* 246 Sept.-Oct., 5-9.

Cudahy, B.J. (2010), Evolution of freight transportation, in Hoel, L. A. et al. (eds.) *Intermodal Transportation: Moving Freight in a Global Economy*, Eno Transportation Foundation. Inc.

Danyluk, M. (2018), Capital's logistical fix: Accumulation, globalization, and the survival of capitalism, *Environment and Planning D: Society and Space*, 36(4), 630-647.

DiMoia, J.P. (2020), Reconfiguring transport infrastructure in post-war Asia: mapping South Korean container port, 1952-1978, *History and Technology* 36, NOS. 3-4, 382-399.

DoA. (1977), Army transportation container operations. Headquarter, Department of the Army, Washington, DC. 2 May 1977(FM 55-70).

Drucker, P. (1962), The economy's dark continent, *Fortune*, April, 103-104.

EI-Sahli, Z. (2013), Estimating the Effects of Containerisation on World Trade. Ph.D. Dissertation. The University of Nottingham.

Farmer, H. (2019), 45th Anniversary of first scheduled shipping container service HK-USA,

Vietnam war connection, The Industrial History of Hong Kong Group, June 22, 2019 https://industrialhistoryhk.org/

Fenton, C. et al. (2018), Brave new world?: Container transport in 2043, McKinsey & Company.

Fitzgerald, D. (1986), A history of containerization in the California maritime industry: the case of San Francisco, Ph.D. Dissertation, University of California.

Forrest, J.D. (2017), Containerizing containment: The Automation and Globalization of the National Security Waterfront, 1945-1997, Ph.D. Dissertation, Mississippi State University.

Fuson, J.C. (1994), Transportation and logistics one man's story, Center of Military History, United States Army.

Gillis, C. (2018), Pyron, a transpacific container services pioneer, dies, American Shipper, 16 Feb. https://www.freightwaves.com/news/pyron-a-transpacific-container-services-pioneer-die.

Gough, T.J. (1987), U.S. Army mobilization and logistics in the Korean War: A research approach, Center of Military History United States Army.

Gruenwald, H. (2015), Military logistics efforts during the Vietnam war supply chain management on both sides, *Journal of Social and Development Sciences*, 6(2), 57-66.

Ham, H.V. and Rijsenbrij, J. (2012), *Development of containerization: success through vision, drive and technology*, Amsterdam: IOS Press.

Hamilton, G.G. and Shin, S. (2016), Change with Continuity: Asian Capitalism in Transition, in Whitley, R. and Zhang, X. (eds.), *Changing Asian Business Systems: Globalization, Socio-Political Change, and Economic Organization*, Oxford University Press.

Headrick, D. (2009), *Technology: A World History*, Oxford University Press.

Heiser, J.M. (1972), *Vietnam studies: Logistic support,* Department of The Army.

Heiser, J.M. (1991), *Logistic Support,* U.S. Department of the Army.

Killblane, R.E. (2020). *Delivering victory: The history of US military transportation*, Bingley: Emerald Publishing Limited.

Klose, A. (2015), *The container principle: how a box changes the way we think*, Massachusetts: The MIT Press.

Krugman, P. (2009), Reflctions on Globalization: Yesterday and Today, Citigroup foundation special lecture, Festschrift paper in honor of Alan V. Deardorff, University of Michigan IPC Working Paper.

Kuby, M. and Reid, N. (1992), Technological change and the concentration of the U.S. general cargo port system: 1970-88, *Economic Geography*, 68(3), 272-289.

Levine, J. (2023), The History of the shipping container, *Freightos*, April 24.

Lloyd's List. (2024), One Hundred Port 2024.

Mall, S. (2021a), Malcom McLean changed the freight world with intermodal containers, *Freight-Wave Classics*. Thursday, May 27.

Mall, S. (2021b), The importance of logistics in the Korean war, *FrieghtWaves*. 25 June.

McNamara, J. (2018), Maritime history notes: a pioneering containership, *FreightWaves*. Friday, Nov. 02.

Mercogliano, S.R. (2017), *Moving cargo onto along the shore. Fourth Arm of Defense: Sealift and Maritime Logistics in the Vietnam War*. Naval History & Heritage Command.

Nash, B.J. (2012), The voyage to containerization: how a North Carolina trucker freed world trade, *Region Focus*, Second/Third Quarter, 1-4.

Nightingale, L. (2022), One hundred ports: The numbers tell the story, Lloyd's List.

Notteboom, T. et al. (2022), *Port Economic, Management and Policy*. New York: Routledge.

Ott, J. (2014), Container Shipping in Seattle: Origins and Early Years, HistoryLink.org 10924

Pedersen, T. and Sornn-Griese, H. (2015), A Business Model Innovation by an Incumbent Late Mover: Containerization in Maersk Line. in Foss, Nicolai J. and Saebi, T. (eds.) *Business Model Innovation: The Organizational Dimension*. Oxford University Press.

Rodrigue, J.P. (2024), *The geography of transport systems*.(Sixth Edition) Routledge.

Rosenstein, M. (2000), The Rise of Maritime Containerization in the Port of Oakland 1950 to 1970. M.A. Dissertation. New York University

Singh, L. (2019), The metal box that transformed global trade: the innovative vision of Malcom McLean behind the container revolution, *Legacy*, 19(1), 31-45.

Slack, B. (1999), Across the pond: container shipping on the North Atlantic in the era of globalisation, *GeoJournal*, 48, 9-14.

Stopford, M. (2009), *Maritime Economics*(Third edition). London: Routledge.

Tasi, S.H. (2009), *Maritime Taiwan: Historical encounters with the East and the West*, An East Book.

U.S. Government Publishing Office (2010), United State Code, 2010 edition, Title 46 Shipping, Subtitle V-Merchant Marine. https://www.govinfo.gov/content/pkg/USCODE-2010-title46/html/USCODE-2010-title46-subtitleV.htm

UNCTAD (2023), *Review of Maritime Transport 2023*.

US Govt. (1970), Logistic support in the Vietnam era: monograph 7 containerization. The joint logistics review board.

White, N.J. (2019), Thinking outside 'The Box': Decolonization and containerization, in Petersson, N. P. et al. (eds.) *Shipping and globalization in the post-war era: contexts, companies, connections*. Palgrave Macmillan.

WTO STATS. https://stats.wto.org/

제2부

환태평양
연계성과
도시의 진화

06

캘리포니아 관문 도시의 형성과
환태평양 연계성[*]

현민

Ⅰ. 트랜스퍼시픽 월드로 가는 관문, 캘리포니아

북아메리카의 태평양 연안, 캘리포니아는 단지 미국 서부, 태평양 연안
의 한 주에 그치지 않고 아시아 · 아메리카 · 태평양 도서를 가로지르는 거
대한 환태평양 메가지역의 결절점으로 기능해왔다. 다양한 환태평양 연계
성이 교차하는 캘리포니아는 사람 · 자본 · 기술 · 문화의 흐름이 만나는 실
험적 공간이자 트랜스퍼시픽 월드의 중심 무대이다. 캘리포니아州를 하나
의 국가로 가정한다면, 1980년대 이후 인구규모에서 캐나다를 앞질렀으며,
경제규모는 2005년 중국에 필적하였고 2022년 현재도 세계 5위권의 경제

---

[*] 이 글은 『환태평양 도시연구:횡단과 연계의 탐색(이담북스,2023)』의 1장 '샌프란시스코: 19세기
    말-20세기 초 태평양 관문도시의 형성과 연계성'과 2장 '로스앤젤레스: 태평양 연계의 확대와 횡
    단의 꿈'을 통합하여 수정 · 보완한 것임.

규모를 유지하고 있다. 캘리포니아의 인구 구성을 살펴보면 2020년 기준으로 미국 전체 히스패닉의 25.1%, 아시아계의 30.6%, 아메리카 인디언과 알래스카 출신의 16.9%, 하와이와 여타 태평양 섬 출신의 22.8%가 살고 있다.[1] 이처럼 캘리포니아는 미국내 다른 주뿐만 아니라 세계 여러 지역 및 환태평양지역으로부터 유입되는 사람들에 의해 형성된 장소이며, 이러한 '유동적' 인구가 창출하는 삶의 실험실이 되어 왔다. 케빈 스타(Kevin Starr, 2005:5)는 캘리포니아가 오랜 동안 "미국인에게 있어 (캘리포니아는) 보다 낫든 보다 절망적이든 자신들의 미래를 가늠할 수 있는 하나의 프리즘"이라고 지적한다.

19세기 중반 미국에 합병된 직후의 캘리포니아는 그저 서부 변방에 불과하였으나 골드러시와 1-2차 세계대전을 거치면서 '미국의 태평양 세기'의 전초기지이자 물질적 풍요를 상징하는 장소가 되었다(브루스 커밍스, 2011). 종전 이후 샌프란시스코를 포함한 캘리포니아 일대는 1960-70년대 급진주의 운동, 1990년대 닷컴버블, 2020년대 빅테크 혁신 등을 거치며 문화적·기술적 첨단이자 미국을 대표하는 문화적 풍경으로 자리잡았고, 이는 단순히 미국인의 꿈을 넘어 전세계인의 꿈을 대변하게 되었다. 또한 미·중관계 또는 교류를 분석하는 저자들이 사용하는 캘리차이나(Calichina; Babones, 2017:48-53)나 트랜스퍼시픽 실험(Sheehan, 2020) 등의 표현에서 볼 수 있듯이 세계의 중심은 대서양에서 태평양으로 이동하고 있으며 환태평양 권역이 하나의 메가지역으로 등장하고 있음을 알 수 있다. 이제 캘리포니아는 사람, 사물, 문화, 자본과 교역품 등의 환태평양적 흐름이 집중된 장소로, 다소 과장하자면 그 자체가 하나의 트랜스퍼시픽 월드이다.

---

1   United States Census Bureau(https://www.census.gov/, 검색일: 2023.04.04)

그러나 캘리포니아의 환태평양성 또는 태평양과의 연계성(Trans-Pacific Connectivity)이 단지 20세기에 새롭게 등장한 것은 아니다. 이는 미국 서부 태평양 연안에 정착촌들이 형성될 당시부터 중요한 요인이었다. 심지어 미국의 '명백한 운명' 아래 일어난 우연적 사건처럼 보이는 '골드러시' 조차 서부로의 확장의 결과라기보다는 태평양과의 연계성 또는 횡단태평양 · 환태평양성의 결과라고 할 수 있다. 본고는 이러한 환태평양 메가지역의 연계성(환태평양성)의 단면을 19세기 샌프란시스코와 로스앤젤레스가 관문도시로 형성되는 과정 속에서 살펴보고자 한다. 북아메리카 태평양 연안의 작은 마을 예르바 부에나는 어떻게 환태평양 연계망속에서 동방으로 향하는 골든게이트로 상징되는 관문도시 샌프란시스코로 변모하였는가? 또한 천혜의 입지를 갖추지 못한 불모지였던 로스앤젤레스는 어떻게 태평양 연안 최대의 컨테이너 항구이자 환태평양 관문도시로 발전할 수 있었는가? 북아메리카의 많은 연안 도시 중에서도 샌프란시스코와 로스앤젤레스는 각기 다른 지리적 · 역사적 조건 아래 서로 다른 발전 경로를 거쳐 관문도시로 발전해왔다. 본고는 두 도시가 '환태평양 연계성(Trans-Pacific connectivity)' 속에서 각각 해양상업과 국제무역망을 기반으로, 또는 철도 · 항만 · 항공 인프라의 구축을 통해 환태평양 관문도시로 변모한 과정을 고찰할 것이다. 이를 통해 캘리포니아가 단지 아메리카 대륙의 서부 변경이 아니라 태평양 너머를 향한 욕망과 동경이 물질화된 공간으로 재구성되는 과정을 살펴볼 것이다.

Ⅱ. 태평양을 잇는 골든게이트의 도시, 샌프란시스코의 형성과 성장

1. 세계적 무역연계망으로의 태평양 통합

2001년 9월 샌프란시스코 시내에 있는 11층짜리 호텔의 공사 도중 골드러시의 '유물' 중 하나가 발견되어 공사가 중단되고 발굴이 시작되었다 (Ferguson, 2018). 이 현대의 '유물'은 골드러시 시기 너무나 많이 밀려들었던 배들이 빠져나가지 못해 부둣가에 정박된 채 개조되었던 수많은 배들 중 하나였던 제너럴 해리슨호였다. 이전에 발견된 나이안틱호(the Niantic), 호프상점(Hoff's store) 등의 유물과 더불어 제너럴 해리슨호의 다양한 서류와 유품들의 발굴성과에 기반하여 해양고고학자 델가도(Delgado, 2006)는 샌프란시스코가 급조된 인스턴트 도시(Barth, 1975)가 아니라 전세계적인 해양무역연계망의 일부로서 개척된 도시임을 주장하였다(Delgado, 2009).[2] 북동태평양 연안도시의 형성은 미국서부팽창의 결과가 아니라 선박을 통한 세계무역망이 태평양으로 확장되면서 형성되었음을 해양고고학의 입장에서 밝힌 것이다.[3] 미국은 이들 연안도시의 교역망의 잠재성을 인정하고 이들을 민족적 경계내로 흡수하는 동시에 이를 확대하면서 환태평양 국가로 성

---

2 델가도(Delgado)의 태평양 연계성에 대한 설명외에 골드러시와 홍콩과의 관계, 홍콩과 샌프란시스코의 연계성을 연구한 엘리자베스 신(Elizabeth Sinn,2012)의 *Pacific Crossing: California Gold, Chinese Migration, and the Making of Hong Kong*, Hong Kong University Press는 광둥체계쪽에서 바라본 환태평양 연계성의 대표적 예이다. 또한 대서양에서 태평양까지의 연계를 추적한 Igler(2013), The Great Ocean:Pacific Worlds from Captain Cook to the Gold Rush, Oxford University Press도 대표적 저작이다.

3 국내에서 환태평양성 연계에 관한 연구는 박상현(2022), 이민용(2019, 2021) 등이 있다. 박상현(2022)은 연구대상이 환태평양연계성에 있어 도시가 아닌 미국 국가에 초점을 두고 있으며, 이민용의 경우는 환태평양 증기선을 중심으로 한 이주와 그 노선들이 기항하는 지역들에서의 변화적 변동과 역사에 주목하고 있다.

장하게 된 것이다. 미국의 태평양연안으로의 진출 혹은 태평양 변경도시의 성장은 태평양 너머 '중국시장'에 대한 욕망 또는 중국 계몽정에 대한 동경을 배경으로 국제적 교역망내에 태평양이 통합되어가는 과정에 미국이 참여한 결과이다(박상현, 2022; 이민용, 2021).

통상 '명백한 운명'에 따른 서부 개척과 골드러시의 결과 오늘날의 캘리포니아가 탄생하였다고 알려져 있다. 그러나 서부로의 '명백한 운명' 혹은 미국 초기 서부 팽창이 필연적으로 태평양 연안으로의 진출을 의미하지는 않는다. 미국 태평양 연안도시의 성장은 미국 내부식민지화와는 다른 과정을 거쳐 형성되었다. 우선, 캘리포니아 연안도시로의 정착패턴 자체가 전통적인 미국의 서부개척패턴과는 다르다. 미국의 전통적 서부개척 모델은 지리적으로 전략적으로 유리한 거점을 탐사하고 교역, 농업 그리고 정착에 이르는 농업중심적 정착모델이며 이러한 마을들이 하나하나 연결되면서 도시로 성장한다(Billington, 1956). 그리고 이 도시에 상인·자본가가 도착한다. 그러나 캘리포니아 연안의 도시, 예르바 부에나(샌프란시스코의 옛 이름)는 그러한 육로로의 연결이 아니라 전세계 교역망이 태평양을 통합하는 지점인 발파라이소(Valparaiso, 칠레), 카야오(Callao, 페루), 산블라스(San Blas)와 아카풀코(Acapulco, 멕시코), 시트카(Sitka, 알래스카), 호놀룰루 그리고 멀리 중국 광둥으로 이어지는 교역망 사이에서 출현한다. 이러한 교역망은 그 거점의 발굴에서부터 해양상인세력의 영향력하에서 추진되었다(Delgado, 2006: 5; Igler, 2004).

이러한 태평양 교역망의 연계는 유럽제국들이 태평양을 자신의 지배권하에 통합시켜가는 과정이기도 하였으나 19세기초 이후 알타캘리포니아 일대의 동태평양과의 연계에서는 이전과는 다른 경향이 등장하였다. 급증하는 상업항구, 보다 개방된 교역시장, 특정상품의 거래를 위해 만들어진 일종의 해운 벤처, 그리고 지정학적 경계에 관심을 기울이지 않는 민간 무역업자가 등장한 것이다. 이러한 경향 속에 하와이가 태평양교역의 중심지가 되고 캘리포니아 지역은 하와이와 대서양 사이의 중요한 북동태평양 연결 지점으로 등장하며, 모피, 고래, 백단목 등이 중요한 교역품, 최종적으로는 중국과의 교역에 있어 중요한 상품으로 등장하였다(Delgado, 2006:46-67; Igler, 2004:709)

북동 태평양의 새로운 경향 중 중요한 것은 동인도회사와 같은 특권기업을 반대하고 아담스미스의 '자유무역'을 추구하는 상인들, 특히 미국 상인들의 등장이다. 이들은 자유무역의 이상을 믿고 영국 동인도회사의 독점을 점점 대체하였으며 미국 태평양연안과 중국 광저우 지역을 연계하였다. 이러한 미국상인들의 경향은 미국의 정치지도자들과 공명하였는데 자신들의 기원을 반제국주의적인 것으로 규정하며 태평양을 '자유의 제국'으로서 미국 확립의 주요 요소로 간주하는 경향이 있었고 따라서 태평양 연안의 개척은 서부 개척과는 별개로 이루어졌다. 1822년 캘리포니아가 스페인의 지배에서 벗어나 멕시코의 통제하에 놓이면서 태평양 무역은 더욱 확대되었고 미국의 무역업자들은 광둥무역체계로의 캘리포니아 통합의 중요성을 인식하게 된다. 그리고 이들은 러시아와 경쟁을 하고 영국과 분쟁을 벌이던 북서부 오레건보다는 알타캘리포니아의 샌프란시스코나 샌대에이고가 환태평양 무역에 보다 적합하다고 여기게 되었고 미국 선박들은 북서연안에서 캘리포니아로 이동하게 된다. 이 과정에서 미국은 태평양국가로서의 기초를 놓게 된다(박상현, 2022:11-18, Sinn, 2012). 이러한 과정 속에 캘리포니아는 서서히 미래의 '태평양 국가' 미국의 영향력하에 통합되어갔다. 그러나 캘리포니아 특히 샌프란시스코는 이러한 통합속에서도 '민족적'이기보다는 '국제적'인 장소로서 세계적 교역망의 일부로 기능하였고 그러한 기능을 위해 도시의 형성이 해양상인층에 의해 계획적으로 이루어졌다.

이글레르(Igler, 2004:705-709)는 1786년과 1848년 사이 캘리포니아 지역에 입항한 선박에 대해 조사하였는데, 그에 따르면 골드러시 이전에 이미 953척의 선박이 알타캘리포니아 지역에 접근하였으며 동태평양에서 가장 많이 방문하는 지역 중 하나가 되었다. 캘리포니아지역을 왕래하던 배들은 미국이 태평양 영토를 병합하기 이전부터 상업 항구의 네트워크를 따라 북서 해안, 알래스카, 하와이로 그리고 극서의 중국으로 나아갔다. 태평양 무역은 멕시코 독립과 함께 태평양 전역과 캘리포니아의 발전, 다수 항구들의 무역제한 조치의 해제, 태평양무역로의 가능성이 널리 알려지면서 1820년 대까지 점진적으로 증가하였다. 그리고 태평양의 섬들과 중국사이의 백단목, 해삼무역의 증가와 더불어 미국 포경선들이 1820년대 태평양으로 진입하면서 급격히 증대되었다.

태평양교역이 증가함에 따라 캘리포니아로 진입하는 선박도 증가하였는데 19세기 초반 캘리포니아로 진입하는 선박의 국가별 비율은 미국이 44%,

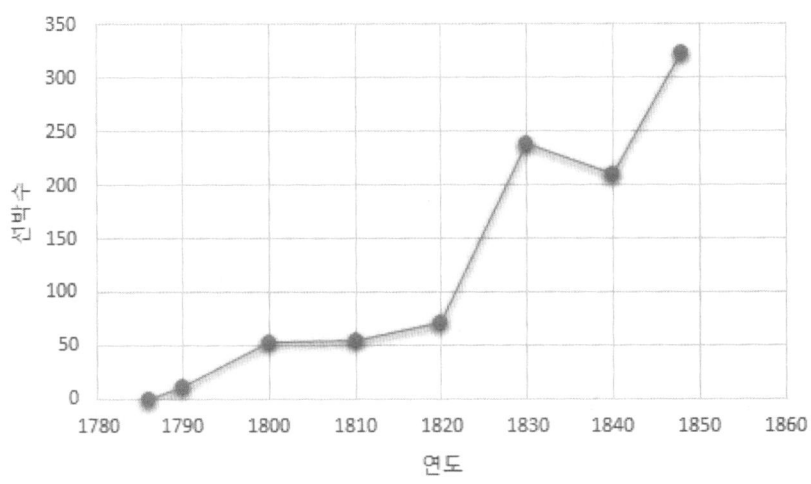

〈그림 1〉 알타캘리포니아 지역에 정박한 선박의 추이(Igler, 204:706에서 재인용)

영국 13%, 스페인 12%, 멕시코 12%, 러시아 7% 였다. 여기에 포함되지 않은 여타 국가의 무역선 비율도 11%에 달해 적어도 17개국 이상의 배들이 캘리포니아 일대를 왕래하고 있었다. 이글레르의 이러한 통계는 태평양에 대한 미국의 상업적 이해가 골드러시 이전부터 존재하였음을 알려주는 동시에 19세기 초반 적어도 20개국 이상의 최소 527척의 배가 태평양과 연계된 무역로를 이용하기 위해 샌프란시스코를 중심으로 한 캘리포니아 지역을 오가고 있었음을 알려준다. 골드러시 이전부터 샌프란시스코를 포함한 캘리포니아는 국제적인 지역이었던 것이다.

이러한 태평양의 상업적 연계가 캘리포니아 변경에 정착지가 형성되는 동기가 되었으며 세계적 무역망을 연계하는 해상운송을 통해 이 변경의 정착지들은 동아시아 특히 중국의 변경인 광동체계와 긴밀히 연계되었다. 19세기말 '환태평양 메가지역 연계성'이 형성된 것이다. 그리고 이 연계의 잠재성을 간파한 미국 상인들은 캘리포니아의 중요성을 연방정부에 설득하였으며 1848년 2년에 걸친 멕시코와의 전쟁을 통해 미국이 이 지역을 점령하도록 하였다(박상현, 2022; Delgado, 2006; Sinn,2012:37).

초기 샌프란시스코의 형성과 관련하여 중요한 것은 이때까지도 골드러시의 소식이 미국을 포함한 다른 전세계 지역에 알려지지 않았다는 사실이다. 1848년 1월 24일 제임스 마샬이 금을 발견하였지만 샌프란시스코 금광업에 종사하는 광부는 4-5천명에 불과하였으며 그해 7월 캘리포니아스誌 특별판 2000부가 미주리주에 도착하고 8월 뉴욕 헤럴드에 캘리포니아 금광발견 소식에 대한 기사 게재때까지도 캘리포니아 금광은 큰 화제가 되지는 못했다. 물론 이는 SNS에 친숙한 현대적 감각일지도 모른다. 그러나 12월 미국 대통령이 의회 연설에서 이 소문을 공식 확인할 쯤에는 미 전역과 여타 국가들이 캘리포니아의 금광 소식을 접하였다(Clay and Jones,

2008:997-1027).

예를 들어 캘리포니아 골드러시의 소식은, 1848년 미국 동부와 캘리포니아를 연결하는 태평양우편증기선 회사의 첫 번째 정기노선인 캘리포니아호가 남아메리카 최남단인 케이프혼을 돌아 파나마로 가는 도중에 타전된다. 그리하여 캘리포니아호가 남아메리카 남단을 돌아 1849년 1월 파나마항에 입항하였을 때 파나마항은 샌프란시스코행 증기선에 탑승하기 위한 승객들로 북적였다. 미국 동부해안을 따라 파나마를 경유해 다시 서부해안으로 연계되는 우편통신망에 열의를 가졌던 미국 체신국과 태평양 무역에 열의를 가졌던 미국 동부 자본가들의 열망이 결합된 이 노선은, 골드러시를 계기로 해상 여객운송망으로 부상하게 된다(이민용, 2019:106-119; Clay and Jones, 2008:999-1001). 이후 캘리포니아로 금을 캐기 위해 사람들이 몰려듦에 따라 1849년 12월말까지 금광업자의 수는 4만명에 육박하였으며 1852년 10만명에 이르러 정점을 기록하게 된다.

요컨대 골드러시 이전에 이미 환태평양 연계망이 샌프란시스코에 존재하였으며 골드러시는 기존의 전세계적 해양무역망이 태평양을 포괄하고자 한 시점에서 이러한 흐름에 대한 촉매제 역할을 하였던 것이다. 깁슨과 화이트헤드(Gibson&Whitehead, 1993:171-190)는 이미 중국과의 연계성을 가진 태평양무역망에 정통한 해양자본가들이 '골드러시'라는 조금 빨리 다가온 기회를 보고 이를 선취해 샌프란시스코를 국제항으로 형성했다고 주장하기도 한다. 골드러시와 샌프란시스코와의 연계성에 대한 수많은 논란에도 불구하고 1849년 이전에 이미 전세계적 연계망이 먼저 존재해야 했어야 하는 것은 분명한 사실이다(Delgado, 2006:9). 골드러시를 계기로 미국의 동부뿐 아니라 중국, 하와이, 유럽에서도 수많은 이들이 캘리포니아의 금을 찾아 몰려 왔으며 이는 19세기 가장 극적인 이주운동 중 하나를 촉발하게 되었고 샌프란시스코와 캘리포니아는 폭발적으로 성장하였다(박상현, 2022:18-19). 이 과정에서 샌프란시스코는 최초의 환태평양 도시가 되었다. 그러나 이러한 골드러시를 통한 19세기의 1차 환태평양 이주가 가능했던 것은 이미 샌프란시스코가 태평양 교역망 또는 이주네트워크에 연계되어 있었기 때문이다.

2. 골든게이트, 동방으로 가는 길

천연 양항의 구조를 가진 샌프란시스코만 일대를 발견한 이들은 아이러니하게도 바다를 거치지 않고 육로를 통해 샌프란시스코에 도착하였다. 짙은 안개가 자욱한 이 지역에 좁은 해협이 자리잡고 있음을 발견한 것은 1769년 11월 호세 오르테가(Juan Francisco Ortega)가 이끄는 일군의 탐험대였다. 탐험대는 바다가 아니라 산타크루즈 산맥의 고지에서 처음으로 샌프란시스코만을 바라보았고, 이들은 해협으로 인해 더 갈 수 없다고 기록하였다. 이로부터 몇 년이 지난 1755년 8월에 이르러서야 후안 데 아얄라(Juan de Ayala)가 이끄는 산카를로스호가 해안선 전체를 탐사하는 과정에서 해협을 지나 샌프란시스코만에 접어들었고 1840년대까지 이 해협은 '보카 델 푸에르토 드 샌프란시스코(샌프란시스코항의 입)로 불렸다(윗필드, 2010:180).

1840년내까시만 해도 샌프란시스코는 태평양까지 확장된 무역밍의 주요 기점이긴 하였지만 그 규모면에 있어서는 태평양연안의 외딴 포구라는 이미지를 가지고 있었다. 그러나 골드러시는 초라한 '국제'포구 샌프란시스코를 거대한 국제항으로 변모시켰다. 1849-1852년 골드러시 기간에 샌프란시스코는 수백명이 거주하던 작은 마을에서 수천명이 거주하는 도시로 탈바꿈하였고 이후 미국의 태평양연안에 있어 주요 항구도시이자 환태평양의 관문도시가 되었다. 이러한 이유로 샌프란시스코의 기원에는 '골드러시'라는 신화가 늘상 자리잡고 있다. 그러나 지속적으로 논의하였듯이 골드러시는 샌프란시스코의 기원이 아니라 태평양 무역의 변경의 일부에서 중심으로 자리잡게 한 촉진제라고 표현하는 것이 더 정확할 것이다.

골드러시가 일어나기 2년 전, 미국 육군 대령 존 프레몬트(John C. Fremont)는 태평양과 샌프란시스코만을 가르는 좁은 해협을 바라보며 "동방과 무역하는 골든게이트"라고 언급하였다. 골든게이트라는 이 이름은 1848년 7월 5일 미상원에 제출한 그의 지리적 회고록에서 처음으로 공식적으로 등장하게 되는데, 그는 "이 입구에 나는 크리소필래(Chrysopylae) 또는 골든게이트라고 이름을 붙인다. 그 이유는 비잔티움이 크리소세라스(Chrysoceras) 또는 골든혼이라고 불렸기 때문"이라고 언급한다. 같은 해 의회는 프레몬트의 저널과 함께 로키산맥과 태평양 사이의 미국 서부를 가장 정확히 묘사한 것으로 알려진 찰스 프레우스의 지도 발간을 승인하였고 골든게이트라는 명칭이 처음으로 지도에 공식적으로 사용되었다(골든게이트 홈페이지;Ferguson, 2018:603-624). 골드러시 이전에 명명된 이 명칭의 공식적 사용은 골드러시와 공명하면서 샌프란시스코를 상징하는 금문교로 이어지게 된다. 여기에서 중요한 것은 앞에서 보았듯이 사실 골드러시 이전에 이미 동방과의 무역의 지점으로서, 태평양무역의 연결지점으로서 샌프란시스코가 등장하였다는 것이다. 이러한 프레몬트의 명명은 태평양무역망에 샌프란시스코가 등장하게 되었다는 것이 아니라 이 태평양무역망에 대한 미국의 지배의 시작을 선언했다고 보는 것이 타당하다.

프레몬트의 골든게이트가 초기 일부 미국 지도자들의 태평양에 대한 민족적·군사적 관심과 연계되어 있었지만(Ferguson, 2018:605-607) 골드러시 이후 샌프란시스코의 발전은 초기정착과 마찬가지로 상인들이 주도하였

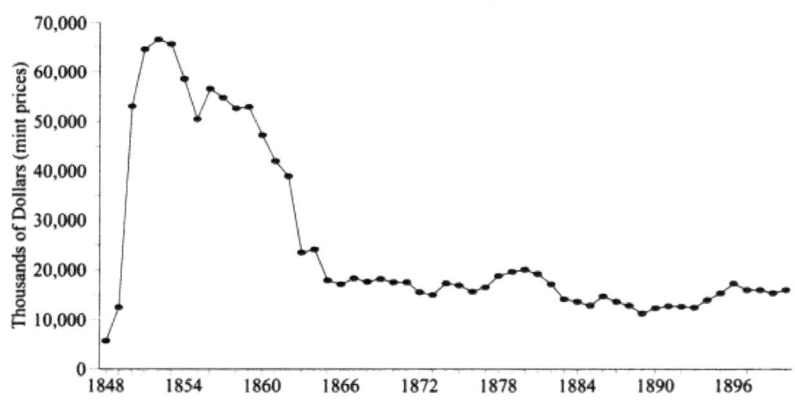

〈그림 2〉 캘리포니아 금채굴량의 변화(1848–1900)(Clay and Jones, 2018:1000에서 재인용)

다. 금을 찾기 위해 다양한 경제적·사회적 상황에 처해있던 사람들이 미국의 각주 또는 전 세계 각국에서 샌프란시스코로 몰려들었다. 1850년에 실시된 인구센서스를 토대로 캘리포니아 특히 샌프란시스코로 실질적으로 누가 어떻게 이주해왔는가를 조사한 클레이와 존스에 따르면 1848-1850년까지 샌프란시스코를 포함한 캘리포니아로 이동한 사람은 육로로 최소 101,000명 이상, 해상으로 도착한 사람은 최소 75,462명이다. 이주자들은 실제로는 (생각보다는) 노동자 계층보다는 문해력이 높은 상대적 고학력자들이 많았으며, 실제로 샌프란시스코의 금광이 주는 소득이 크지 않았기 때문에 이들은 재빨리 각종 서비스업으로 직업을 전환하였다(Clay and Jones, 2008). 여기서 주목할 것은 샌프란시스코가 단지 금채굴을 위한 광산도시였다면, 금이 사라지고 나면 그 도시의 존재의 이유가 없어지고 이주자들의 재빠른 직업의 전환 또한 이루어지지 못했을 것이라는 점이다(Paul, 1982:1-21). 그림 2에서 보듯이 금채굴량은 1853년에 정점을 이룬다.

그러나 샌프란시스코가 비록 金山으로 불렸을지언정 오직 금으로 만들어진 도시는 아니었다. 골드러시는 사람들이 몰려드는 기폭제였을뿐 샌프란시스코의 초기 정착과 발전을 추동한 이들은 무역망을 지배하고자 하였던 상인들이었다. 이들은 골드러시를 통해 몰려든 인적자본과 투기자본을 밑거름으로 하여 조그마한 항구였던 예르바 부에나를 국제항 샌프란시스코로 만들고 이를 통해 태평양을 세계적 교역망에 연결시켰다. 샌프란시스코의 국제주의는 우연이 아니며 이전부터 여기에 집결한 각국의 국제적 해양자본가들이 샌프란시스코를 세계 무역의 핵심지역으로 통합하기 위한 시도의 결과였던 것이다(Barth, 1975). 초기 샌프란시스코가 '서부의 파리'로 불리며 각종 문화시설과 빅토리아풍의 집들이 생겨났던 것은 이러한 국제적인 도시의 성격을 배경으로 한 것이다.[4] 골드러시로 축적된 부를 통해 19세기 중반의 샌프란시스코의 거리와 집들은 가스등으로 환하게 빛나고 있었다.

3. 샌프란시스코 항만개발과 환태평양 관문도시로의 확장

골드러시 이후 샌프란시스코는 정치적 · 상업적 엘리트들의 주도하에 태평양제국의 중심도시 또는 관문도시로 성장해 갈 것이라는 프레몬트의 예언을 실현하는 방향으로 지속적으로 성장해갔다. 19세기 중반 샌프란시스코는 이미 캘리포니아 전역, 러시아령 알래스카에서 멕시코에 이르는 태평양 연안 대부분을 포함하는 지역과 하와이 제도를 위한 창고, 도매, 금융, 통신, 레크리에이션, 여행의 중심지가 되었다(Paul, 1982). 샌프란시스코를 태평양무역 연계망의 독점적 거점으로 형성한 것은 골드러시 이후 샌프란시스코의 신흥 정치적 · 상업적 엘리트뿐만 아니라 당초 이 지역을 태평양무

---

4 이러한 초기 유럽적 도심의 형성은 오늘날 탈중심적 도시의 기원이 되는 로스앤젤레스의 발전과는 사뭇 다른 것이다.

역에 연계시키고자 한 미동부 자본가들의 이해이기도 하였다.예를 들어 정부재정 지원하에 운영되었던 파나마와 샌프란시스코 간 태평양 우편증기선회사는 샌프란시스코를 중심으로 운영되었지만 뉴욕시에 본사를 둔 그룹에 의해 관리되었고, 샌프란시스코에 본사를 둔 웰스파고 또한 1852년 뉴욕에서 조직되고 뉴욕으로부터 자금을 가지고 왔다(Turrentine, 1966:291-324).

이들을 중심으로 한 샌프란시스코의 경제활동이 골드러시 이후 순탄하게 흘러가지는 않았으나 골드러시 이후 금광업의 쇠퇴 이후 샌프란시스코의 상업적·정치적 엘리트들은 샌프란시스코만의 배들에서 빈번하게 반복되는 화재 위에 상점, 호텔, 사무실, 은행, 살롱, 극장, 교회, 학교 등의 서비스시설을 건설하였고 이를 통해 금을 찾아온 배들이 빠져나가지 못해 진흙투성이가 된 배들의 무덤이었던 지역을 워터프런트로 변화시켜나갔다. 이 과정은 샌프란시스코의 정치적·상업적 엘리트들에 의해 계획적으로 수행되었고 태평양제국의 중심도시 또는 관문도시를 목적으로 하였다(Ferguson, 2018, Pastron and Delgado, 1991:61-77).

프레먼트의 조사 이후 클라크포인트를 중심으로 한 항만 개발을 통해 통해 샌프란시스코항은 전 세계 무역망의 연결지점으로 구체화되는데 이러한 항구개발은 물을 부동산으로 바꾸는 사업의 일환이기도 하였다. 따라서 샌프란시스코항의 개발은 태평양연안의 갯벌에 대한 소유권의 재정립인 동시에 지배계층인 상인계급의 부의 축적 과정이기도 하였다. 미국이 캘리포니아를 병합한 이후에도 멕시코 란쵸 소유지의 권리가 인정되는 상황이었으며 연방 정부 소유의 땅이 어디인가에 대해서는 불명확하였다. 그러한 이유로 부두건설은 속도가 더뎠고 밀어닥치는 배들은 만을 가득채우는 가운데 진흙투성이 갯벌이 바로 거리로 전환되었다. 샌프란시스코는 국제항으로서, 태평양의 관문으로 자리잡기 시작했지만 여전히 항구가 없는 관문이었던 것이다. 그러나 소유권의 난립,[5] 부두건설자금의 부족 등으로 인해 샌프 란시스코 의회는 부두 건설을 민간에 위임하였다. 이 과정에서 태평양우편 증기선 회사는 샌프란시스코와의 정기노선을 설립하였고 물이 땅으로 뒤바 뀌면서 오늘날 수변의 모습을 갖추어 갔다. 그리고 샌프란시스코만에 정박 했던 수많은 배들은 호텔, 술집, 창고로 바뀌어갔다(Ferguson, 2018; Pastron and Delgado, 1991). 2001년 발굴된 제너럴 해리슨 호는 이러한 배들 중에 하나였다. 만을 메운 배들을 육지로 탈바꿈시키는 이러한 모든 작업은 해안 가 전체를 부동산으로 만드는 거대한 프로젝트의 일환이었고 여기에 골드 러시로 몰려든 과잉공급된 노동자들이 투여되었다.

샌프란시스코 항만의 개발자들은 샌프란시스코의 모든 지역에서 매립물 을 가져와서 샌프란시스코만을 땅으로 또한 동시에 깊이를 가진 항구로 만 들고자 하였으며 그 과정은 다소 무질서하고 불안정하였다. 배로 바다를 메 우고, 정기적으로 반복되는 화재속에 항만을 확장하고 다시 매립하고, 다시 파고, 다시 소유권을 정립하고, 부동산을 사들여 호텔, 술집, 창고를 건설하 고, 이 과정에서 부를 축적하고, 항만을 건설할 수 있는 자재 배후지를 건설 하고, 샌프란시스코항을 이용할 경제적 배후지와 연결하고, 샌프란시스코 를 드나드는 정기노선을 설립하고 등등 이러한 모든 과정을 통해 샌프란시 스코항은 전세계적 무역망과 국제교통망을 연결하는 관문도시로서의 물리 적 윤곽을 갖추어 갔다(Ferguson, 2018).

프리몬트가 예르바 부에나에 골든게이트라는 이름을 부여했을 때 단지

---

5 샌프란시스코만을 둘러싼 소유권 분쟁은 Shelton(2010), 'A More Loyal, Union Loving People Can Nowhere Be Found': Squatters' Rights, Secession Anxiety, and the 1861 'Settlers' War' in San Jose 과 Shelton(2013), 'A Squatter's Republic: Land and the Politics of Monopoly in California, 1850- 1900'등을 참고할 수 있다. 갯벌을 둘러싼 소유권 분쟁과 부동산 싸움은 로스앤젤레스항에서도 그 대로 반복되며, 이는 캘리포니아연안 도시의 항구형성의 모델이기도 하다.

환영에 지나지 않았던 진흙투성이의 만은, 이러한 과정을 거쳐 관문도시 항구로 거듭나게 되었다. 이 과정에 골드러시를 계기로 샌프란시스코로 이주해 온 각국의 풍부한 노동력이 동원되었고 이들과 달리 국제적 성격을 지니고 미국 동부와 여타 국가에서 이주한 상인층들은 이 기회를 포착하였다. 국제적 상인들에게 있어 골드러시는 우연이 부여한 필연적 역사의 기회였다.

샌프란시스코의 관문도시적 성격은 1869년 첫 번째 대륙횡단철도인 서던퍼시픽철도가 완공됨으로써 더욱 공고화되었다. '태평양철도'의 건설은 미국에 있어서는 서부연안의 영토적 공고화인 동시에 샌프란시스코에게 있어서는 관문도시로서의 성격을 강화한 것이다. 이 대륙횡단철도의 완공에는 중국무역으로 부를 축적한 뉴잉글랜드 상인,[6] 몇몇 중국의 홍방 자본 그리고 파나마철도에서 그 효용이 입증된 중국인 노동력이 대규모로 동원되었다. 태평양철도가 완공됨에 따라 샌프란시스코, 중국, 일본, 호주와 뉴질랜드, 그리고 파나마를 거쳐 남아메리카와 미국 동부를 연결하였던 태평양우편의 정기노선(1867년 처음으로 운항을 시작)은, 미국의 장거리 해상운송망의 전위로서 본격적으로 기능했다(월마, 2019:203-238;이민용, 2021). 그리고 그 과정에서 중국의 홍콩항은 동아시아쪽의 관문도시로 거듭났으며, 홍콩은 샌프란시스코와 상호연계되어 골드러시 이후 대륙횡단철도를 건설하기 위한 노동력과 상품의 수출항이 되었다. 19세기 미국 서부와 동아시아의 남동부는 이렇게 환태평양 메가지역의 주요한 연계망을 형성하였던 것이다(Sinn, 2012). 이 모든 과정은 태평양 너머로의 연계에 대한 욕망과 동경 없이는, 아시아의 노동력과 시장, 그리고 중국무역을 통해 형성된 자본

---

6 대륙횡단철도 이전 미국 동부에서 미국서부로 최단경로를 제공한 계기가 되었던 파나마철도 또한 태평양증기선 회사의 윌리엄 아스핀월에 의해 주도되었으며, 윌리엄 아스핀월은 미국 동부의 상인 자본 가문 출신이었다.

없이는 불가능했다(박상현, 2022).

19세기 말엽에 이르면 샌프란시스코의 지배계층인 상인들은 샌프란시스코를 당당하게 관문도시로 선언하기에 이른다. 1899년 샌프란시스코 상공회의소 회장은 샌프란시스코를 '태평양의 항구이자 동양으로 가는 관문'이라고 불렀으며 1901년 샌프란시스코무역위원회는 샌프란시스코를 미국의 '서쪽 관문'이자 '동양으로 가는 자연적 관문'이라고 칭하였다. 무역위원회는 '뉴욕은 대서양쪽의 관문이고 샌프란시스코는 태평양쪽의 관문이며 태평양의 방대한 상업의 대부분은 골든 게이트를 통과할 운명'이라고 단언하였다. 1902년 샌프란시스코 상인거래소는 샌프란시스코를 '세계에서 가장 위대한 상업 도시 중 하나'로 만들기 위해 세계 상품 흐름에서'지배적인 위치'를 달성하는 것이 목표라고 명시적으로 밝혔다(Mayne, 2008:258-265). 이러한 과정을 통하여 세계교역망의 태평양 연안 전초기지였던 샌프란시스코는 미국이 태평양지역으로 진출함에 따라 유럽과 미국 동부 시장뿐만 아니라 기존의 중앙, 남미 및 아시아 시장과도 연결되는 그야말로 메가지역 환태평양의 관문도시로 등장하였다. 샌프란시스코가 태평양 연계의 출발점이었다면, 이후 캘리포니아 남부의 로스앤젤레스는 보다 인공적인 방식으로 트랜스퍼시픽 도시로 재편되기 시작하였다

III. 태평양 연계의 확대와 횡단의 꿈, 로스앤젤레스

1. 인공도시의 꿈, 로스앤젤레스

미국의 시인 도로시 파커(Dorothy Parker)가 "도시를 찾아나서는 72개의 교외들"이라는 표현을 썼듯이 로스앤젤레스는 단일한 도시라기보다는

수많은 교외와 범람하는 욕망들로 이루어진 광역도시권역이다. 수많은 고속도로로 연결된 로스앤젤레스는 교외지역과 산재한 공장, 다중심이 어우러진 포스트모던 도시의 전형으로 알려져 있다. 분지에 가득한 스모그는 이 도시의 사람들이 얼마나 이동하고 있는가를 보여준다. 이렇듯 로스앤젤레스는 그야말로 '이동성'의 도시이다(윌슨, 2020: 536-592). 이 이동성의 도시가 오늘날의 거인도시(Giant city)로 성장하는 과정(Trujillo & Parilla, 2016)에서 20세기초 윌리엄 멀홀랜드(William Mulholand)의 도수관 공사, 즉 이 사막의 도시에 물을 공급한 것, 자동차의 보급, 2차 세계대전의 호황이 미친 영향에 대해서는 익히 알려져 있다. 그러나 이 도시의 이동성과 다중심적 도시구조의 기원이 세계해양무역망의 태평양 통합과정, 즉 로스앤젤레스가 환태평양 교역망을 위한 인공의 항구도시로 개척되었고 19세기말-20세기초 철도혁명을 배경으로 하고 있다는 점은 잘 부각되지 않은 측면이 있다.

기실 로스앤젤레스뿐만 아니라 캘리포니아 지역의 성장 자체가 태평양의 세계무역망으로의 통합을 배경으로 한다. 미국의 '명백한 운명'에 따라 개척되었다고 알려진 캘리포니아 지역, 즉 미국의 서부 태평양 연안으로의 확장은 중국과의 교역에 대한 열망, 계몽국가로서의 중국에 대한 동경, 아담 스미스의 자유무역 이상을 태평양에서 실현하고자 한 미국의 태평양전략에 기인한다. 골드러시 이후 태평양 연안지역은 미국의 서부 영토로 공고화되는데 이 과정은 환태평양 연계성의 강화와 동시적으로 이루어졌다. 그리고 이러한 연계성의 형성은 중국무역을 통해 획득된 자본, 아시아(특히 중국)의 노동력과 시장, 그리고 이를 수행하고자 하는 열의를 가진 미국 동부 자본가계층이 없었다면 불가능한 일이었다(박상현, 2022). 이 과정에서 샌프란시스코가 최초의 환태평양 도시로 성장했으며 샌디에이고는 군항으로 성장하였다. 다만 이들 두 도시는 본래부터 천혜의 양항 조건을 갖추고 있었지만 해안선이 없었다. 이들 도시 사이에 위치한, 긴 해안선을 가진 로스앤젤레스는 미국 동부에서 파나마 지협의 철도, 운하를 통과한 배들의 중간 기착항으로 개발된 인공적 도시이다. 이러한 로스앤젤레스의 초기 형성과정은 항구의 형성, 그리고 철도와 항구의 연계가 도시 형성에 지대한 영향을 미친다는 것을 잘 보여주는 대표적 사례이다. 한편 해양에서의 태평양 연계와 미대륙내 연계이외에 로스앤젤레스는 2차 세계대전이전부터 항공산업이 생겨남으로써 태평양횡단의 또 다른 가능성을 모색하였다. 이는 항공산업이라는 단순한 테크놀로지를 넘어 인공도시 로스앤젤레스의 또 다른 꿈을 보여준다.

캘리포니아 지역의 환태평양 연계성을 염두에 두면서 태평양철도와 로스앤젤레스의 연계, 산페드로항의 건설과 철도의 연결 등을 통해 태평양 연안과 미대륙이 보다 긴밀히 연계되는 과정을 로스앤젤레스의 초기 형성과정을 통해 살펴볼 수 있다. 이에 더하여 초기 로스앤젤레스의 항공산업의 출현은 태평양 교역망 연계를 넘어선 태평양횡단의 꿈과 인공적으로 창조된 로스앤젤레스의 도시적 꿈의 단면을 보여준다.

2. 대륙횡단철도의 건설과 태평양 연계의 확장

1848년 골드러시와 거의 동시에 캘리포니아는 미국 땅이 되었으며 태평양 연안 지역의 성장과 함께 미국인들은 대서양과 태평양의 연계를 추진했다. 통상 미국의 동부연안에서 미국 서부연안으로 이동하는 방법은 캘리포니아 트레일 등의 육로를 이용하는 방법, 배로 남아메리카 최남단 케이프 혼을 돌아가는 방법, 세 번째는 배로 중앙아메리카의 파나마 지협으로 이동한 후 약 80킬로미터 거리의 정글을 육로로 통과하여 다시 해안을 따라 배로 이동하는 방법이 있었다. 이 중 파나마지협을 경유하는 해상 교통이 가장 빠른 운송 수단이었다. 동부연안에서 서부로 최초의 증기 우편선을 운항하였고 이후 태평양을 횡단하는 최초의 정기 증기선을 운항하였던 태평양 우편증기선회사의 윌리엄 아스핀월(William Aspinwall)이 76킬로미터 길이의 철도를 허가받았다. 그는 이미 파나마와 오리건주 사이의 항로에서 우편선을 운영하는 계약을 따놓은 상태였다(월마, 2019: 204; 이민용, 2019).

미국의 동부연안과 서부연안을 파나마를 횡단하여 연결한 이 철도는 미국이 수행한 대규모 해외직접투자의 산물이었으며 미국의 대륙횡단철도가 완성되기 이전까지 대서양에서 태평양으로 가는 가장 빠르고 안전한 경로를 제공했다. 이 철도는 파나마운하의 기초가 되었을 뿐 아니라 미국대륙횡단철도의 원형이 되었다. 1869년 동부 새크리멘토에서 출발한 센트럴퍼시픽철도와 미국 중부 오마하에서 출발한 유니언퍼시픽 철도가 공식적으로는 유타주 프리먼토리 지점에서 만남으로써 최초의 대륙횡단 철도가 건설되었다. 1869년 완공된 철도위로 보스턴에서 샌프란시스코까지 오는 첫 대륙횡단 열차(1870년)는 샌프란시스코만 건너편 오클랜드에서 출발하여 페리로 다시 샌프란시스코까지 도착하는 것을 포함하여 8일이 걸렸지만 수개월 걸리던 이전의 경로에 비할 바가 아니었다. 이후 네 개의 노선이 더 건설되어 미국 중서부 또는 미시시피강 유역과 태평양연안을 잇는 대륙횡단 철도 노선이 다섯 개로 늘어난다. 1869년의 철도는 그 유명한 '빅포(The Big Four)'(릴런드 스탠퍼드 Leland stanford, 찰스 크로커 Charles Crocker, 마크 홉킨스 Mark Hopkins, 콜리스 헌팅턴 Collis Potter Huntington)가 주도하였지만 이를 포함한 대륙횡단 태평양철도건설에는 중국무역을 통해 형성된 일군의 뉴잉글랜드 상인들의 자본(파나마의 윌리엄 아스핀월 또한 이들 중 하나였다)과 몇몇 중국 홍상의 자본이 투하되었고 파나마철도건설에서 그 유용성이 증명된 중국인 노동력이 대규모로 동원되었다. 1883년 9월에 완공된 미네소타에서 태평양 북서부에 이르는 노던퍼시픽철도에는 공사인원의 절반인 25,000명의 중국인 노동자가 고용되었다. 또한 정부의 지원을 받지 않은 유일한 철도인 시애틀행(行) 그레이트노던철도의 경우에도 개척자인 제임스 힐은 몬테나의 대초원에 정착민을 불러들이고 여기서 수확한 곡물을 동아시아지역에 수출하기 위해 이 노선을 계획하였다고 알려져 있다. 이러한 예에서 보듯이 미국 대륙횡단 철도가 태평양으로의 연계와 밀접히 관련되었음을 우리는 알 수 있다(월마, 2019: 203-229; 박상현, 2022; Deverell, 1994).

오랫동안 '태평양철도(Pacific railroads)'라고 불린 대륙횡단 철도가 건설됨에 따라 1867년 샌프란시스코와 홍콩을 잇는 본격적인 태평양 횡단 항로가 개설되었다. 이는 물론 대륙횡단철도의 개통으로 인해 태평양우편의 수익이 감소한 데 따른 결과였으나, 홍콩, 상하이, 요코하마 등 동아시아 항구를 연결하는 태평양 횡단 항로가 개통됨에 따라 태평양의 무역연계망은 본격적으로 동아시아와 연계되었다. 짧은 기간 환태평양 항로를 독점한 태평양우편은 샌프란시스코를 기점으로 중국, 일본, 호주와 뉴질랜드, 그리고 파나마를 거쳐 남아메리카와 미국 동부를 연결하였으며 미국의 장거리 해상운송망의 전위로서 기능했다(이민용, 2021: 155-156). 그 결과 샌프란시스코는 1870년대 이후 미국 동부와 동아시아를 가로질러 태평양을 연계하는 그야말로 환태평양 메가지역의 새로운 중심지가 되었다. 또한 여기에서 주목할 점은 파나마철도, 태평양철도 등의 건설을 통해 캘리포니아가 대서양과 태평양연계의 한 축이자 대륙적 규모의 민족국가의 서부 변경으로 형성되는 과정이 동시적으로 이루어졌다는 것이다. 샌프란시스코를 포함한 캘리포니아가 태평양교역 중심지로 형성되는 과정에서 자본과 노동이 유입되면서 태평양연안 지역이 미국의 극서부가 되고 태평양연안의 주들이 미국에 편입되면서 현대적 국경이 형성되었다. 이러한 과정 자체가 태평양 너머로의 연계에 대한 욕망과 동경없이는 시도되지 않았을 것이며, 아시아의 노동력과 시장, 그리고 중국무역을 통해 형성된 자본 없이는 불가능했다(박상현, 2022). 따라서 미국에서의 '캘리포니아'라는 공간, 그 속에 자리잡은 샌프란시스코, 로스앤젤레스 등의 주요 도시의 형성은 트랜스퍼시픽 월드 그 자체인 것이다.

한편 빅포(Big Four)에 의한 대륙횡단철도 중 하나인 서던퍼시픽철도가 1883년 로스앤젤레스까지 건설되는데 이 노선은 멕시코 국경을 따라 동쪽으로 뻗어 뉴올리언스에 이르는 노선을 완성하였다. 이른바 선셋루트가 완성된 것이다. 여기에 더해 흔히 산타페이철도라고 불리는 애치슨 · 토피카 앤드 산타페이 철도가 건설되어 1884년 뉴멕시코주 산타페이에 이르렀으며 1887년 로스앤젤레스까지 연결되었다(월마, 2019: 203-229).

1883년 서던퍼시픽철도의 완공을 통한 뉴올리언스-로스앤젤레스, 샌프란시스코에 이르는 선셋루트의 완성, 1887년 산타페이철도의 로스앤젤레스로의 연결 등에서 보듯이 로스앤젤레스의 성장은 단순히 태평양 무역망의 연결로만 이루어진 것은 아니다. 기본적으로 로스앤젤레스는 산페드로만에 설치된 화객의 환적 거점으로서 발전해갔으며 로스앤젤레스 육상쪽에서는 파나마운하가 완공되기 반세기 전 항만과 시내를 잇는 로스앤젤레스 산페드로 철도가 1868년 건설되었다. 그 이듬해에는 대륙횡단 철도가 완공되었다. 그리고 1880년대 앞에서 언급하였듯이 로스앤젤레스를 서쪽 기점으로 하는 장거리 철도들이 잇따라 개통되는데 1881년 새크라멘토 베이철도를 기원을 하는 서던퍼시픽철도가 우선 캔자스주 애치슨과 연결되고, 다시 텍사스 동부와 연결되는데 이는 텍사스주 시에라블랑카에서 텍사스퍼시픽 철도와 연결된 결과였다. 이 철도는 1883년 텍사스주의 자회사 철도와 연결되면서 로스엔젤레스와 뉴올리언스를 연결하게 된다. 미대륙내 철도의 동부 연계 중 선셋루트라 불린 로스앤젤레스-뉴올리언스 노선을 통해 남부 흑인들이 대거 캘리포니아로 몰려들게 되는데, 이를 통해 로스앤젤레스 남부에 흑인이 많은 커뮤니티가 생겨나고 로스앤젤레스의 민족적 다양성을 더욱 확대시키게 된다. 이러한 철도의 로스앤젤레스로의 연결 또는 집중 속에 로스앤젤레스는 태평양무역의 거점인 샌프란시스코, 이후 로스앤젤레스의 주요한 항만 기능을 담당하는 샌페드로 항만과 연계된다. 그리고 이를 통해 이러한 항구와 내륙으로의 연계 거점이 되고 철도 연계를 통한 화물 수송은 다시 로스앤젤레스 지역의 지속적인 항만 정비와 건설을 가져왔다(노보루, 2022: 176-179; Deverell, 1994; Marquez, 1975; Orsi, 2005).

1880년대 중반 이후 잇따른 대륙횡단철도의 연결과 함께 로스앤젤레스 지역은 더 넓은 서부지역, 그리고 자본시장과 연결되었다. 이 중 하나인 서던퍼시픽 철도는 로스앤젤레스에서 란초소유지를 지나 산페드로 강하구의 작은 항구까지 연결하는 지선을 운영했다. 이러한 철도의 연결은 로스앤젤레스에 대한 투자, 영미 이민자, 상업적 붐, 그리고 이와 더불어 부동산 붐을 가져왔다(Orsi, 2005; White, 2011). 철도의 도래와 함께1850년대 이래 하구 소유권이 복잡하게 뒤얽혀 있던 이 지역이 로스앤젤레스 항만으로 본격적으로 개발되기 시작한 것이다. 1888년에 로스앤젤레스의 모든 이해관계는 심해항구를 건설하는 데 집중되었다. 그리고 적정부지(예:산타모니카, 산페드로)를 두고 벌어진 경쟁이 뒤따랐는데 이것은 철도회사의 이권과 부동산 토지 소유를 둘러싼 것이기도 하였다. 산타모니카는 윌밍턴철도와 남태평양철도, 로스앤젤레스 헤럴드 등에 의해 지지되었고, 산페드로는 산타페철도와 로스앤젤레스 타임즈에 의해 지지되었다(Tejani, 2014; Krenkel,

1947; Krenkel, 1965).

3. 자유항의 건설과 로스앤젤레스의 성장

캘리포니아 지역이 멕시코에서 미국으로 양도된 이래 로스앤젤레스 항만의 역사는 태평양교역 참여에 대한 열망과 함께 멕시코로부터 양도된 지역의 소유권에 대한 재정립과 병합 속에 형성되었다. 이러한 미래의 항만지역에 대한 소유권의 재정립과 병합은 샌프란시스코에서도 유사하게 발생한 것으로 캘리포니아 연안의 항구 형성의 역사와 함께한다고 할 수 있다.

1870년 샌프란시스코가 인구 약 15만명의 도시로 성장하고 있을 때 로스앤젤레스는 약 15,000명의 사람들이 사는 도시였다. 로스앤젤레스는 기본적으로 천혜의 항을 가진 지역이 아니었고 내륙에서 32km가량 떨어진 산페드로 만의 해안 마을과 윌밍턴에 항구시설을 가지고 있었다(Krenkel, 1947). 이 항구들은 당시에는 샌프란시스코에 비해 매우 부실한 항구였다. 따라서 1869년 데일리알타캘리포니아(Daily Alta California)의 통신원 리처드 오그든(Richard Ogden)이 샌프란시스코에서 로스앤젤레스지역으로 왔을때까지만 해도 이 지역은 그야말로 온갖 소유권이 뒤엉킨 무질서한 땅임과 동시에 새로운 기회와 가치를 가진 땅이었다.

로스앤젤레스의 대표적 항구가 될 산페드로만 하구는 1880년대까지 기존의 멕시코 란초의 소유권, 연방정부와 캘리포니아의 공공토지, 연방보호구역, 그리고 조수간만에 따라 변화하는 하구 및 항해 가능지역의 소유권의 불확실성이 뒤엉켜 있었다. 그리고 1850년대부터 1900년대 초까지 이러한 각종 소유권에 대한 분쟁과 해소과정 속에서 로스앤젤레스 항구는 건설되었다. 로스앤젤레스 지역의 항만은 외부만을 보호할 수 있는 시설이 필수적이었고 이러한 사업은 로스앤젤레스 시가 감당하기에는 규모가 너무 컸으며 1871년부터 기존 하구의 소유권 재정립과 함께 연방정부의 지원하에 항만 개선 작업이 시작되었다. 또한 뒤이어 심수항 건설계획이 뒤따랐다. 1876년 서던퍼시픽 철도가 완공되고, 1885년에는 산타페철도가 로스앤젤레스를 종착지로 하였다. 이 철도의 종착지는 샌디에고로부터는 160.9km가량 북쪽에 샌프란시스코로부터는 804.6Km가량 남쪽에 있었다. 샌프란시스코와 샌디에고 이 두 천혜의 항구 사이에는 그 어디에도 선박의 피난처나 화물 선적을 할 수 있는 심해 항구가 없었다. 따라서 로스앤젤레스 근처 어딘가에 항구를 건설하는 것에는 정당성이 있었으며, 미·서 전쟁에서도 보듯이 해군의 필요성이 있었다. 이후 미·서 전쟁의 발발 등은 로스앤젤레스 항구를 지속적으로 개발하는 동기가 되었다(Tenjani, 2014).

이러한 로스앤젤레스 항구의 발전에 있어 산페드로항을 둘러싼 자유항 논쟁, 반독점은 주목할 만하다. 산페드로항은 로스앤젤레스 초기부터 로스앤젤레스의 항구 역할을 해왔으나 지리적으로는 매우 불리하였다. 썰물 때 수심이 너무 얕아 선박을 수용할 수 없었고, 외부의 영향으로부터도 보호받을 수 없었으며 바닥은 뻘밭이었다. 이렇듯 열악한 상황에서 교역이 아니더라도 도시 성장에 따른 자원의 수입을 위해서도 항구의 확장이 필요하였다. 이를 위해 피니어스 배닝(Phineas Banning)은 항구 북쪽 끝에 윌밍턴 항을 설치하였으며 도심과의 거리를 극복하기 위해 산페드로항과 LA 도심을 연결하는 철도를 건설하였다. 한편 최초의 대륙횡단 철도를 건설한 빅포의 일원이었던 콜린스 헌팅턴(Collins P. Huntington)의 서던퍼시픽철도의 새로운 노선(샌프란시스코-애리조나주 유마)이 건설되기 시작하였는데 이 노선은 불행히도 로스앤젤레스로부터 약 241Km 떨어진 것이었다. 헌팅턴은 이 노선이 로스앤젤레스를 통과하는 댓가로 로스앤젤레스와 산페드로 사이의 철도 통제권을 요구하였으며 이는 도시의 해상무역에 대한 독점권을 행사하겠다는 의미였다(Morris, 2015: 265-267). 헌팅턴의 이러한 독점은 대체항구를 탐색하는 계기가 되었으며 이것이 1875년 이전에는 존재하지 않았던 산타모니카의 개발로 이어지게 된다. 그러나 헌팅턴과의 경쟁에서 패배하고 산타모니카는 헌팅턴에게 넘어가게 되어 이후 산타모니카항은 거의 폐쇄된다(Scott, 2004: 37-38). 이후 15년동안 헌팅턴은 철도 장악을 통해 LA 무역을 지배하게 되었으나 1891년 경쟁사인 터미널 아일랜드 철도가 산페드로만과 경쟁하기 위해 철도를 건설하는 등 헌팅턴의 독점에 도전하게 된다(Morris, 2015: 267).

1886년부터 1888년까지 단 2년동안 로스앤젤레스의 인구는 7만명에서 20만명으로 급증하여 대량의 목재를 운반할 필요가 있었으나 산페드로항은 이를 수용할 수 없었다. 더 나아가 급속하게 증대하는 환태평양 무역의 최적지에 위치한 로스앤젤레스는 보다 큰 심해항과 방파제가 필요하게 되었다. 이러한 일은 연방정부 정도의 재정을 가진 곳만이 추진할 수 있는 일이었으며 연방정부는 새로운 항구에 대한 조사를 실시하고 1890년 산페드로가 새로운 항구로서 가장 적절하다고 결론을 지었다(Willard, 2011: 54-57).

그러나 여전히 산타모니카행 철도를 소유하고 있던 헌팅턴은 산타모니카에 새로운 항구를 건설하고 여기에 연방정부의 지원을 끌어들이는 야심찬 계획을 세웠다(Morris, 2015: 267-269; Marquez, 1975). 결국 이는 연방정부의 지원이 산페드로에게 돌아갈 것인지, 산타모니카로 돌아갈 것인지의 문제가 되었다. 산타모니카의 지지자들은 새로운 항구의 부지가 로스앤젤레스에 더 가까우며 해안 교통에 유리한 점 등 지리적 이점을 호소하였으나 결국 여론은 부지의 지리적 이점보다는 서던퍼시픽의 독점에 초점이 맞추어졌다. 산페드로항의 지지자들은 도심과 항구를 연결하는 철도간의 경쟁을 허용하고자 하였으며 이들은 '자유항구연맹(Free Harbor League)'을 결성하였다. 이 논쟁은 미 의회에서 결국 산페드로항의 승리로 귀결되었다 (Krenkel, 1965; Morris, 2015) 1896년 하천·항만법이 통과되고 해군장교 등 토목기술자로 구성된 위원회가 산페드로만이 심해항과 해군을 위해 도움이 된다고 판단하였다. 1899년 산페드로항에 방파제가 착공되어 1911년에 건설되고 이후 외부항구가 준설되었다. 심해항의 건설은 또한 주변의 새로운 항만 시설을 위한 토사를 생산하였다. 이 모든 과정은 1930년까지 지속되었다(Tejani, 2014; Krenkel, 1965). 서던퍼시픽 철도는 산타모니카항을 버리고 다시 산페드로항으로 돌아와서 독점을 시도하였으나 1913년 캘리포니아대법원은 대부분의 해안가를 공공신탁하도록 결정하였다. 산페드로 항 일대의 건설기간 동안 1904년 로스앤젤레스에서 13,741 배럴 상당의 유전이 발견되었고 그 생산량이 1906년에는 235,159배럴에 이르게 되었으며 이러한 새로운 재정원의 출현은 산 페드로와 윌밍턴의 합병을 이끌게 된다 (Morris, 2015: 272-273).

4. 태평양 물류중심지로의 부상 그리고 횡단의 꿈

로스앤젤레스항의 확대와 함께 로스앤젤레스는 20세기 초반부터 급속하게 성장하기 시작하였다. 로스앤젤레스 항구의 방파제가 완성된 1912년에는 연간 3,000척 미만의 배들이 입항하였고 화물수송량은 200만 톤을 조금 웃돌았으나 제1차 세계대전이 끝날 무렵, 매년 6,000척 이상의 선박이 드나들었으며 수송량은 2,600만 톤을 초과하였다. 1914년 파나마 운하의 완공은 로스앤젤레스를 환태평양 무역의 중심지로 거듭나게 하였으며 1920년에는 샌프란시스코를 제치고 서해안에서 가장 붐비는 항구가 된다. 이러한 교역량의 증가는 정박 공간과 외부 항구의 정박지에 대한 긴급한 수요를 만들었으며, 1922년 롱비치항에 대한 조사를 시작으로 대공황 시기 롱비치항을 확대하게 된다(Krenkel, 1965). 이후 2차 세계대전 등을 통해 로스앤젤 레스는 태평양 연안 항구로서 부동의 자리를 차지하게 된다.

한편 2차세계대전은 단순히 항구의 역할 증대뿐 아니라 막대한 연방 방 위비에 힘입어 로스앤젤레스가 방위산업을 중심으로 한 산업적 거대도시로 거듭나게 하였다. 특히 로스앤젤레스시는 항공산업의 디트로이트로 등장하 였다. 20세기 초반 로스앤젤레스는 급속하게 성장하였음에도 불구하고 광 대한 황무지를 가진 도시였다. 값싼 황무지, 건조한 기후 그리고 푸른 창공 은 비행에 적합한 환경을 제공하였을 것이다. 또한 야외조립과 항공기 마감 이 가능한 온화한 겨울 등의 자연적 요소도 로스앤젤레스 항공산업에 기여 했을 것이다. 그러나 로스앤젤레스가 항공산업의 중심지가 된 것에 대한 이 유는 여전히 불분명하다. 다만 로스앤젤레스가 남부 캘리포니아의 항공산 업의 중심지가 된 이유가 단지 황무지와 기후 때문만은 아니었을 것이다(브 루스 커밍스, 2011:522-540; Verge, 1994; Scott&Mattingly, 1989).

1910년 로스앤젤레스에서는 미국 최초의 항공쇼가 개최되었다. 당시 L.A. 타임즈는 이 항공쇼를 "(미국)서부 역사 중에 가장 큰 공식 행사 중 하 나"라고 소개하였다. 로스앤젤레스항이 확대되고 있던 무렵에 개최된 로스 앤젤레스 국제항공쇼는 철도왕이자 로스앤젠레스의 전차인 트롤리 시스템 을 구축한 헨리 헌팅턴, 로스앤젤레스타임즈를 소유한 챈들러 가문, 신문재 벌인 윌리엄 랜돌프 허스트 등이 후원했기 때문에 가능했는데, 애초에 로스 앤젤레스 항공산업의 출발이 엔터테인먼트, 저널리즘과 긴밀히 결합되었음 을 시사한다.[7] 이 항공쇼에서 신문재벌 허스트는 스스로 비행기를 타고 하

---

7 1920년대 MIT에서 최초로 항공공학 학위를 받은 도널드 더글라스(Donald Doglas)가 1920년 로 스앤젤레스에서 비행기 회사를 세웠을때도 로스앤젤레스 타임스의 챈들러 가문이 후원하였다. 더 글라스는 산타모니카의 버려진 영화제작소에서 비행기를 생산하였고, 항공실험장을 건설하였고,

늘을 날았다. 20세기 초반 당시 기술의 첨단이었던 '비행'은 항구가 없는 곳에 항구를, 물이 없는 곳에 물을 창조한 인공도시 로스앤젤레스에 부합한 것이었는데 이들 후원자들은 하늘의 꿈을 창조하고자 하였던 것이다. 그리고 항공쇼 그것은 항공기술 이전에 '꿈'의 생산, '볼거리의 향연'으로 기획되었던 것이다. 이 항공쇼 이후 2주뒤에 헐리우드에서 무성영화가 촬영에 들어갔다는 것은 상징적이다(Knusten,2019;Meares, 2019;Morrison, 2023).

항공쇼 이후 1910-20년대 로스앤젤레스는 비행에 대한 열병을 앓았으며 수많은 항공 회사들이 로스앤젤레스로 몰려들었다. 이것이 노스롭코퍼레이션(현재의 노스럽 그루먼), 더글러스 항공기회사(이후 맥도널 더글러스), TRW Inc.(현재의 노스럽 그루먼), 록히드코퍼레이션(현재의 록히드마틴), 노스 아메리칸 항공(이후 록웰), 휴즈항공기회사(오늘날 레이시온과 보잉)과 같은 회사들의 기원이다. 이들이 로스앤젤레스로 몰려든 것은 공장을 위한 값싼 부지가 많았기 때문이다. 이들은 해변 가까이에 공장을 지었는데, 이러한 산업 이전에 로스앤젤레스 해변은 대부분 인구가 없었고 콩, 딸기, 옥수수밭으로 뒤덮여 있었다. 이들 공장이 2차세계대전 중에 자리잡으면서 이들 해안가는 종전이후 '깔끔하고 산뜻한' 새로운 마을이 되어 있었다(Easy reader News, 2013; 브루스 커밍스, 2011:529).

1920년대 중반 더글러스社의 더글러스가 독일로부터 폰 카르만을 데려왔으며 이미 챈들러가 '모셔온' 물리학자 밀리칸은 캘리포니아가 항공산업의 중심이 될 것이라며 그를 캘리포니아 공대로 데려왔다. 이후 로스앤젤레

1926년 캘리포니아 공대의 구겐하임항공실험실을 위한 모금을 하였다. 1935년 개발되어 상업용으로 발전할 수 있었던 최초의 여객기인 DC-3은 영화 카사블랑카에 등장하기도 하였다. 챈들러는 로스앤젤레스에서 가장 선도적이고 강력한 항공산업의 후원자로서 더글러스를 후원하였을 뿐 아니라 1921년 시카고 대학의 물리학자 밀리칸을 캘리포니아 공대로 데려왔다(브루스커밍스, 2011:523-525).

스 상공회는 공항이 '성장의 버팀목'이라고 결의했고 '항공산업 지향적'이라는 표현은 로스앤젤레스 지지자들의 또다른 수사가 되었다(브루스 커밍스, 2011:525). 하늘을 날고자 하는 꿈과 황무지 로스앤젤레스를 재창조하고자 하는 꿈이 결합된 것이다.

1920년대 53개의 비행장이 로스앤젤레스 시청 30마일내에 건설되었다. 대공황을 겪으면서 대다수 비행장과 군소업체들이 문을 닫고 그 부지는 골프장으로 탈바꿈하였지만, 제2차 세계대전은 다시 항공산업을 부활시켰다. 더글러스는 항공산업의 주요 인사들을 조직하여 남부 캘리포니아 일대의 항공산업을 주도하였으며 4년동안 2백만의 노동자가 30만대의 비행기를 제조하였다. 더글러스항공기회사는 노동력의 70%를 여성으로 고용하였으며, 아프리카계 미국인[8]을 비롯해 수많은 이들이 항공산업의 일자리를 찾아 몰려들었다(Meares 2019; Morrison, 2023).

한편 비행기 공장들은 각종 복지체계와 사회적 제도를 선보이며 항공업계를 산업계의 유토피아로 보이게 하였다. 로스앤젤레스카운티의 모든 비행기공장은 의료혜택, 예방적 건강관리, 시력검사와 치과치료, 24시간 진료와 심리상담, 급식서비스 등을 제공하였다(브루스 커밍스, 2011:529). 항공산업의 성장은 로스앤젤레스의 풍경을 바꾸어놓았다. 일본계 미국인들이 수용소로 보내져 버려진 리틀도쿄는 8만명 이상의 흑인이 몰려들어 브론즈빌로 재탄생했으며 혹시 있을 공습에 대비하여 디즈니사는 공장들을 교외 주택으로 위장하였다. 반대로 디즈니랜드는 이러한 항공 및 향후 항공우주산업의 부산물이자 광고이기도 하였다. 대부분 더글라스항공기회사의 직원

---

8 록히드는 흑인을 고용하고 무료버스를 흑인 지역까지 운행하였으며, 헤비급 챔피언인 권투선수 루이스의 이름을 딴 주거 단지를 세우기도 하였다. 더글러스는 1800명, 록히드는 7186명의 흑인을 고용했다(브루스 커밍스, 2011:529).

이 거주하게 되는 레이크우드를 비롯하여 공장 주변, 또는 공장에 고용된 노동자를 위한 대규모 교외 주택단지가 등장하였다. 그리고 이 단지의 건설에는 항공산업의 조립라인의 효율성이 가미되었다(Meares, 2019).

로스앤젤레스에서 시작된 비행의 꿈은, 1939년 샌프란시스코의 금문교박람회에서 본격적으로 펼쳐졌는데 이 박람회에서는 태평양을 가로질러 승객을 운송할 비행기 여행(Trans-Pacific의 그야말로 본래적 의미)의 가능성을 선보이게 되었다. 태평양 횡단의 꿈이 본격적으로 등장한 것이다. 1937년 힌덴부르크 비행선 사고이후 이제 비행선의 시대가 끝나고 캘리포니아 특히 로스앤젤레스를 근거지로 한 비행기의 시대가 도래한 것이다(Lutkehaus, 2021:194).

Ⅳ. 환태평양 연계망 속의 관문도시 형성과 환태평양 메가지역의 재인식

본고는 샌프란시스코와 로스앤젤레스가 환태평양 연계성을 바탕으로 관문도시로 성장해온 역사적 과정을 살펴보았다. 샌프란시스코가 천혜의 입지와 환태평양 교역망을 기반으로 형성되었다면 로스앤젤레스는 철도 · 항공 · 항만 등 인프라 건설을 통해 인공적으로 기획된 도시로서 서로 상이한 발전 경로를 따라 환태평양의 대표적 관문도시로 자리 잡았다. 이 도시들은 단순히 미국의 서부 연안에 위치한 도시가 아니라 태평양을 가로질러 아시아, 북미, 중남미를 연결하는 '트랜스퍼시픽 메가지역'의 핵심적인 연결점이었다.

샌프란시스코는 골드러시 이전부터 이미 세계적 해양네트워크와 연결된 국제적 장소였다. 골드러시는 샌프란시스코의 성장을 가속화시킨 역사적 사건이었으나 도시의 발전 자체는 태평양을 통한 글로벌 무역망의 연장선상에서 자연스럽게 이루어졌다. 즉 최초의 환태평양 관문도시인 샌프란시스코는 대서양과 태평양으로의 해양 연계의 결과이며 특히 전세계적 무역망내로의 태평양 통합의 결과였던 것이다. 이를 주도한 것은 미국 동부에서 출현한 미국의 새로운 상인세력이며 이들에 의해 골드러시 이전에 이미 샌프란시스코는 동방으로 가는 골든게이트이자 환태평양연계망의 주요 지점으로 등장하였다. 미국 태평양연안 관문도시로서의 샌프란시스코의 성장은 1906년 대화재에도 불구하고 지속되었으며 1-2차 세계대전을 전후로 더욱 성장하였다. 특히 제 2차 세계대전은 캘리포니아 다른 모든 지역과 마찬가지로 샌프란시스코의 급속한 성장을 가능하게 하였다. 그러나 1960년대 컨테이너라이제이션 이후 샌프란시스코항은 항만 기능이 오클랜드로 이전됨에 따라 쇠퇴하게 된다. 오히려 자동화로 인해 일자리가 사라지리라 우려했던 로스앤젤레스 항만 지역은 호황을 이어갔지만. 샌프란시스코는 그렇지 못하였다. 천연의 항구 샌프란시스코 지역은 상대적으로 자동화 항만을 개발할 지역이 부재했고, 지속적인 항만 확장을 꾀해왔던 일종의 인공항구 로스앤젤레스 항만 지대는 늘어나는 교역량을 감당할 능력이 되었던 것이다(브루스 커밍스, 2011; 레빈슨, 2016).

그러나 이러한 변화가 샌프란시스코의 환태평양 연계성의 약화를 의미하는 것은 아니다. 샌프란시스코는 물리적 항구로서의 연계성이 아니라 수많은 사람, 사물, 문화의 정박지이자 게이트웨이의 상징으로 자리잡았다. 1951년 9월 일본은 샌프란시스코에서 48개국과 평화조약을 체결하였으며 1952년 새로운 아시아-태평양지역의 전후 질서가 형성되었다. 제 2차 세계대전 중 샌프란시스코는 군인들의 주요 승선항구였으며 종전 이후에는 해외 복무로부터 귀환한 군인들로 북적였고, 샌프란시스코의 문화적 관용성은 샌프란시스코에 왔던 노동자들 대부분을 샌프란시스코에 머물게 했다. 전후 샌프란시스코의 산업적 기능의 쇠락과 도시의 쇠퇴는 오히려 히피문화와 함께 자유를 원하는 진보주의자, 자유주의자, 퇴역군인, 대규모 이민자들이 뒤섞여 성혁명, 평화운동, 소수자 운동의 근거지 역할을 할 수 있는 공간을 마련해주었다. 또한 한국전쟁, 베트남전쟁, 중국의 개혁개방의 흐름은 냉전이 양산하는 새로운 이주의 흐름을 샌프란시스코로 향하게 하였다. 이러한 문화적 다양성의 부침과 인간의 흐름, 그리고 도시내 젠트리피케이션의 지속적 반복 속에서 샌프란시스코는 여전히 환태평양 연계의 중심에 있다.

한편 로스앤젤레스는 천혜의 자연적 입지를 갖추지 못했음에도 불구하고 철도와 항만 건설 등 기반시설의 적극적이고 전략적인 개발을 통해 인공적 관문도시로 부상했다. 특히 산페드로 항구 개발 과정에서 나타난 자유항 논쟁과 철도 연결을 둘러싼 다양한 정치적 · 경제적 갈등과 협력은 로스앤젤레스라는 도시의 독특한 발전 양상과 경제적 기반을 형성했다. 20세기 항공산업의 발전 역시 로스앤젤레스를 환태평양 흐름의 중심지로 만들었다. 특히 로스엔젤레스의 사례를 통해 보듯이 철도의 항만 연결은 태평양 연안의 관문도시 발전에 지대한 영향을 끼쳤다. 반대로 항구의 존재(여기서는 태평양무역으로 향하는 항구의 존재)가 새로운 이동성(당시로서는 철도)의 연계를 촉진하였다. 또한 만일 자유항 논쟁에서 산타모니카가 우위를 차지했다면 오늘날과 완전히 다른 모습의 로스앤젤레스가 탄생했을 것이다. 샌프란시스코항의 개발과 달리 로스앤젤레스는 대규모 토목공사의 성격을 가진 것으로 연방정부의 관심과 재정 지원이 절대적이었다. 미국 정부는 남서부 지역의 무역을 촉진하고 샌디에고에서 샌프란시스코에 이르는 긴 해안지대를 따라가는 선박의 피난처와 함께 해군기지를 개발할 목적으로 로스앤젤레스 항구의 이점과 가용성에 주목하였고 태평양함대의 주둔은 로스앤젤레스시로서는 추진할 수 없는 항만 개선을 지속적으로 추진할 수 있게 하였다. 이러한 로스앤젤레스항의 성장과 군사적 목적의 상관성은 2차세계대전, 한국전쟁, 베트남전쟁까지 이어졌으며 이러한 역사적 과정 속에 이루어진 컨테이너라이제이션은 로스앤젤레스를 캘리포니아 부동의 무역항으로 자리잡게 하였다.

1960년대 컨테이너라이제이션 이후 기계근대화협정을 받아들인 샌프란시스코의 경우 항만 기능이 오클랜드로 이전됨에 따라 쇠퇴하게 된다. 그러나 자동화로 인해 일자리가 사라지리라 우려했던 로스앤젤레스 항만 지역은 호황을 이어갔다(레빈슨, 2016: 226). 천연의 항구 샌프란시스코 지역은 상대적으로 항만으로 개발할 지역이 부재했던 반면 지속적인 항만 확장을 꾀해왔던 일종의 인공항구 로스앤젤레스 항만 지대는 늘어나는 교역량을 감당할 능력이 되었다. 또한 이러한 능력이 더욱더 컨테이너 화물이 로스앤젤레스로 집중하게 되는 계기가 되었다(Hayut, 1981). 골드러시 이후에도 그저 조그마한 마을에 불과하였던 로스앤젤레스는 미국 동부와 서부를 보다 빠르게 연결하여 환태평양 무역거점에 도달하고자 한 대륙횡단철도의 건설, 파나마운하 개통 등 환태평양 무역의 강화로 인한 대규모 항구의 필요성 등을 통해 20세기 초반 환태평양 무역의 중심지로 그 모습을 갖추게 되었다. 이에 더하여 새로운 환태평양 연계망으로 비행기를 통한 태평양 횡단의 꿈이 등장한다. 철도 및 로스앤젤레스항의 건설, 항공산업의 성장과 헐리우드의 등장, 이 모든 것에서 보듯이 로스앤젤레스는 황무지 위에 건설된 인공도시의 꿈을 상징적으로 보여준다. 포스트모던 공간으로서 로스앤젤레스가 회자되는 것은 우연이 아니며 인공적 도시공학과 태평양으로의 연계가 다중심적이고도 복합적으로 어우러진 결과이다.

이처럼 샌프란시스코와 로스앤젤레스는 단순히 대서양에서 태평양으로의 확장이라는 미국 서부개척사의 맥락에서 성장한 것이 아니라 태평양을 통한 글로벌 무역과 문화적 교류가 이루어진 환태평양 네트워크 속에서 성장하였다. 두 도시의 발전은 태평양 너머 아시아와 중남미 등 다양한 지역과의 상호작용이 만들어낸 결과였으며 이는 캘리포니아를 오늘날까지도 트랜시퍼시픽 월드의 중심에 위치하게 한다. '트랜스퍼시픽 월드'는 추상적 개념이 아니라 이들 도시가 위치한 캘리포니아의 성장 과정을 통해 실재했던 역사적·물질적 교류의 현장이며, 지역 간 연계와 도시의 형성이 맞물려 작동했던 역사적 공간구조이다. 이를 배경으로 이들 도시가 위치한 캘리포니아는 태평양을 넘나드는 욕망과 동경이 실현되는 공간으로 발전하였다. 따라서 샌프란시스코와 로스앤젤레스의 형성 과정은 지역사적 맥락을 넘어 아시아, 아메리카, 중남미, 태평양 도서가 연결되는 세계사적 공간 형성의 사례로 읽혀야 한다.

참고문헌

낸시 루트케하우스(2021), 「미겔 코바루비아스와 태평양 전시: 금문교 국제 박람회와 환태평양 사상, 1939-1940」, 『환태평양 연구』(박상현외 옮김), 이담북스, 190-227.

마크 레빈슨 (2016), 『더 박스』, 이경식 옮김, 청림출판.

맷 셔먼 (2020), 『트랜스퍼시픽 실험』, 박영준 옮김, 소소의 책.

박상현 (2022), 「미국은 어떻게 태평양 국가가 되었나? : '장기 19세기' 미국과 태평양」, 『Journal of Global and Area Studies』, 6(2), 5-32.

벤 윌슨(2020), 『메트로폴리스』, 박수철 옮김, 매일경제신문사.

브루스 커밍스 (2011), 『바다에서 바다로: 미국 패권의 역사』, 김동노 · 박진빈 · 임종명 옮김, 서해문집.

이민용 (2019), 「캘리포니아 골드러시 시기(1848-1860) 파나마 지협 경유 해상교통망과 19세기 중엽 미국의 제국주의」, 『서양사론』, 140, 105-137.

_____ (2021), 「횡태평양 증기선 항로와 미국-동아시아 관계망 형성」, 『서양사론』149, 154-187.

크리스틴 윌마(2019), 『철도의 세계사』, 배현 옮김, 다시봄.

피터 윗필드 (2010), 『세상의 도시』, 김지현 옮김, 황소자리.

하야시 노보루(2022), 『환태평양 게이트웨이 지리학』,, 노용석 외 옮김, 이담북스.

Babones, Salvatore(2017) *American Tianxia:Chinese money, American power and the end of History*, Policy Press.

Barth, Gunther (1975), *Instant Cities: Urbanization and the Rise of San Francisco and Denver,* Oxford University Press.

Billington, Ray Allan (1956), *The Far Western Frontier, 1830-1860.* Harper and Bros.

Clay, Karen and Randall Jones (2008), 'Migrating to Riches? Evidence from the California Gold Rush', *The Journal of Economic History*, 68(4), 997-1027.

Delgado, James P.(2006), *Gold Rush Entrepot: The Maritime Archaeology of the Rise of the Port of San Francisco(Dissertaion)*, Simon Fraser University.

_____ (2009), *Gold Rush Port: The Maritime Archaeology of San Francisco's Waterfront,* University of California Press, 2009.

Deverell, W.(1991), 'The Los Angeles 'Free Harbor Fight,'' *California History*, 70(1): 12-29.

Deverell, W.(1994), *Railroad crossing: Californians and the railroad, 1850-1910*, Oakland, California: University of California Press.

Easy Reader News(2013), 'AEROSPACE: The industry that built the South Bay

(https://easyreadernews.com/aerospace-chronicles-industry-built-south-bay/, 검색일 2023.04.21)

Ferguson, Laura E. (2018), 'A Gateway without a Port: Making and Contesting San Francisco's Early Waterfront', *Journal of Urban History*, 44(4), 603-624.

Fitzgerald, Donald (1986), *A History of Containerization in the California Maritime Industry: The Case of San Francisco*(Research Theses and Dissertations), UC San Diego.

Gibson, Arrell Morgan and John S. Whitehead (1993), *Yankees in Paradise: The Pacflc Basin Frontier*. University of New Mexico Press.

Godfrey, Brian J. (1997), 'Urban Development in San Francisco', *Geographical Review*, 87(3), 309-333.

Golden Gate Bridge, 'What's In a Name – The Golden Gate?', https://www.goldengate.org/bridge/history-research/statistics-data/whats-in-a-name/(검색일, 2023. 04.04)

Hayut, Y.(1981), 'Containerization and the load center concept', *Economic Geography*, 57(2): 160-176.

Igler, David (2004), 'Diseased Goods: Global Exchanges in the Easter Pacific Basin, 1770-1850', *The American Historical Review*, 109(3), 693-719.

_____, (2013) *The Great Ocean:Pacific Worlds from Captain Cook to the Gold Rush,* Oxford University Press, 2013.

Krenkel, J.(1947), 'The port of Los Angeles as a municipal enterprise', *Pacific Historical Review,* 16(3): 285-297.

_____(1965), 'The development of the port of Los Aangeles', *The Journal of Tranport History*, 7(1): 24-33.

Knusten, Ashleen(2019), 'The History and Revival of Southern California's Aerospace Industry', KCET

(https://www.kcet.org/shows/blue-sky-metropolis/the-history-and-revival-of-southern-californias-aerospace-industry, 검색일 2023.04.21.)

Lotchin, Roger W. (1979), 'The politics of Urbanization in San Francisco between The World Wars', *Pacific Historical Review*, 48(3), 357-381.

_____ (1994), 'California Cites and the Hurricane of Change: World War II in the San francisco, Los Angeles and San Diego, Metropolitan Areas', *Pacific Historical Review*, 63(3), 393-420.

Marquez, E.(1975), *Port of Los Angeles: A phenoomenon of the railroad era*, Golden West Books.

Mayne, Alan (2008), 'Guardians at the gate: quarantine and racialism in two Pacific Rim port cities, 1870-1914', *Urban History*, 35(2), 255-274.

Meares, Hadley(2019), 'How the aviation industry shaped Los Angels, Curbed Los Angeles'

(https://la.curbed.com/2019/7/8/20684245/aerospace-southern-california-history-documentary-blue-sky, 검색일 2023.0421)

Morris, E.(2015), 'Where to put the port?: The free harbor fight and the historical development of Los Angeles', *Journal of Planning History*, 14(4): 263-386.

Morrison, Patt(2023), How a 1910 air show launched L.A.'s rise to aerospace capital, Los Angeles Times.

(https://www.latimes.com/california/story/2023-01-10/how-a-1910-air-show-launched-l-a-s-rise-to-aerospace-capital, 검색일 2023.0421)

Mullins, William H. (1991), *The Depression and the Urban West Caost, 1929-1933: Los Angeles, San Francisco, Seattle, and Portland,* Indiana University Press.

Oda, Meredith (2019), *The Gateway to the Pacific: Japanese Americans and the Remaking of San Francisco*, University of Chicago Press.

Orsi, R.(2005), *Sunset limited: The Southern Pacific Railroad and the development of the American West, 1850-1930*, University of California Press.

Park, E.(2022), 'Global cities and COVID-19: Stories of resilience and fragility in Los Angeles', *Journal of Global and Area Studies』*, 6(3): 119-133.

Pastron, Allen G. and James P. Delgado (1991), 'Archaeological Investigations of a Mid-19th-Century Shipbreaking Yard, San Francisco, California', *Historical Archaeology*, 25(3), 61-77.

Paul, Rodman W. (1982), 'After the Gold Rush: San Francisco and Portland', P*acific Historical Review*, 51(1), 1-21.

Scott, Allen J. and Doreen J. Mattingly(1989), 'The Aircraft and Parts Industry in Southern California: Continuity and Change from the Inter-War Years to the 1990s', *Economic Geograpy* 65(1), 48-71.

Scott, P.(2004), *Santa Monica: A history on the edge*, Arcadia Publishing.

Shelton,Tamara Venit (2010), 'A More Loyal, Union Loving People Can Nowhere Be Found': Squatters' Rights, Secession Anxiety, and the 1861 'Settlers' War' in San Jose,' *Western Historical Quarterly*, vol. 41(4), 473-94.

_____(2013), *A Squatter's Republic: Land and the Politics of Monopoly in California, 1850-1900*, University of California Press.

Sinn, Elizabeth (2012), *Pacific Crossing: California Gold, Chinese Migration, and the Making of Hong Kong*, Hong Kong University Press.

Starr, Kevin (2005), *California: A History,* Modern Library.

Tejani, J.(2014), 'Harbor lines: Connecting the histories of borderlands and Pacific imperialism in the making of the port of Los Angeles, 1858-1908', *Western Historical Quarterly*, 45(2): 125-146.

Trujillo, J., & Parilla, J.(2016), *Redefining global cities: The seven types of global metro economies*, The Brookings Institution.

Turrentine, Jackson, W. (1966), 'A New look at Wells Fargo, Stage-Coaches and the pony Express', *California Historical Society Quarterly*, 45(4), 291-324.

United States Census Burean, https://www.census.gov/(검색일, 2023.04.04.)

Verge, Arthur C.(1994), 'The impact of the Second World War on Los Angeles', *Pacific Historical Review*, 63(3), 289-314.

White, R.(2011), *Railroaded: The transcontinentals and the making of modern America*, W.W.Norton & Company.

Willard, C.(2011), *Free harbor contest at Los Angeles*, Nabu Press.

Wood, Raymod F. (1976), 'The Discovery of the Golden gate legend and reality', *Southern California Quartely*, 58(2), 205-225.

07

라틴아메리카 식민 도시에서 근대도시로의 전환*
19세기 페루 리마의 사례

서지현

Ⅰ. 들어가기

19세기 형성된 유럽의 산업 도시들은 당시 스페인과 포르투갈로부터 독립한 라틴아메리카 각국의 수도가 근대 도시로 전환하는 과정에 심대한 영향을 미쳤다(Navarro Jiménez, 2016: 1-2). 오스만의 파리 개조의 영향으로 19세기 중반 이후 넓은 대로와 가로수길이 더욱 빈번하게 건설되었고, 그 주변에는 파리개선문과 같은 공공 기념비적 건물이 세워졌다(Tarazona, 2021: 62). 특히 19세기 말 라틴아메리카의 자유주의 정권과 상업 엘리트들은 경제적 자유주의와 서구식 근대화를 적극적으로 추진했다. 또한, 실증주의와 과학 및 기술의 발전으로 교통과 통신 기술이 확산되기 시작했다. 이

---

* 이 글은 〈이베로아메리카 연구〉 제34권 1호(2023년)에 게재된 '식민 도시에서 근대 도시로의 전환: 19세기 페루 리마의 사례' 논문을 수정·보완한 것임.

와 더불어 도시 공간에는 새로운 주거 공간과 대로가 건설되었으며 기능적인 공간 배치가 이뤄졌고, 도시 공간에 시장의 논리가 스며들기 시작했다(Navarro Jiménez, 2016: 3).

태평양 연안에 위치한 페루 수도 리마의 경우, 1535년 스페인 정복자들에 의해 식민 지배 거점으로 성장하여 도시 구조나 기능적인 측면에서 약 400년간 식민 도시의 성격을 유지해 왔다. 19세기 초 스페인으로부터 독립한 이후에도 정치·경제적 혼란을 겪었기 때문에, 식민 도시로서의 특징을 큰 변화 없이 유지했다. 하지만 19세기 중반경에 이르면 리마의 식민 도시 공간은 증가하는 인구와 산적된 도시 문제로 파열음을 내기 시작했다.

이러한 배경에서 본 장에서는 19세기 중반 이후 리마가 어떻게 식민 도시에서 근대 도시로 전환하게 되었는지 살펴본다. 구체적으로 본장은 다음과 같은 질문에 답을 구한다. 첫째, 식민 지배 거점으로 스페인령 리마의 도시 공간은 어떤 성격을 가졌으며, 그에 따른 공간 구조는 어떤 특징을 가졌었는가? 두 번째, 19세기 중반 이후 식민 도시적 도시 공간 구조와 기능은 왜 변화했으며, 어떻게 변화했는가?

II. 스페인 식민 지배 거점으로서 리마의 성장과 도시 구조

1. 리마 성장의 배경

스페인 정복자들이 리막 계곡(valle de Rímac) 지역에 정착하기 시작한 것은 1533년부터였다(Cárdenas, 2020: 22).[9] 스페인 정복자들은 1534년 12월

---

9   스페인이 페루를 식민 지배하기 이전 현재 리마가 위치하고 있는 리막 계곡 지역에는 와리(Huari

4일 고산 지역에 있는 하우하(Jauja)[10]에 식민 도시를 세웠으나, 이내 해안 지역에 식민 도시를 건설할 필요성을 인식했다. 1535년 1월 8일 프란시스코 피사로(Francisco Pizarro)는 파차카막(Pachacamac)에서 3명[11]으로 구성된 원정대를 해안지역으로 보내 새로운 식민 도시를 건설할 곳을 찾을 것을 명했다(Robin and Terzon, 1973: 1). 1535년 1월 18일 피사로는 원정대의 조언에 따라 리마를 건설했으며, 이후 리마는 스페인령 남아메리카의 행정 중심지[12]로 자리잡으며 '왕들의 도시(Ciudad de los Reyes)'로 불렸다(Robin and Terzon, 1973: 1).

정복자들이 판단하기에 리막 계곡 지역은 식민 도시 건설에 적합한 지리적 여건을 갖추고 있었다. 우선, 태평양과 가까워 고산 지역과 비교할 때 스페인 본국으로의 접근이 용이했다(Cárdenas, 2020: 22). 또한, 리막 강에서 관개용 용수를 공급할 수 있어 농사를 짓기 비옥한 땅이었다. 이 때문에 페루 부왕령 설치 이후 리마는 식민지 본국과 남아메리카 식민지 간 전략적 연결 지역이자 식민 지배 거점으로 자리잡게 되었다(Coronado, 2020: 16, 34).

지리적 이점 이외에도 스페인의 식민 본국과 식민지의 광산 경제를 연결하는 항구에 가까운 입지 조건은 리마가 성장하게 되는 주된 요인이었

혹은 Wari), 찬카이(Chancay), 치무(Chimú), 잉카(Inca) 등 여러 문명이 자리했다. 스페인 정복자들이 페루를 지배하기 직전인 1440년~1532년 사이 잉카가 리막 계곡 지역을 지배했다(Giráldez, 2015: 59).

10 하우하는 중부 고산 지역의 매우 비옥한 땅으로 알려진 만타로 계곡(Valle de Mantaro) 지역에 위치한 도시로 오늘날 리마 주와 접하고 있는 중부 안데스 주 중 한 곳인 후닌(Junín)주에 속한다.

11 프란시스코 피사로가 보낸 원정대에는 루이스 디아스(Ruiz Díaz), 후안 테요(Juan Tello), 알론소 마르티네스 데 돈 베니토(Alonso Martín de don Benito)가 포함되어 있었다.

12 스페인은 라틴아메리카를 식민 통치하면서 4개의 부왕령을 설치했는데, 1535년 멕시코에 누에바 에스파냐(Nueva España) 부왕령을 설치한 후, 1542년 리마에 페루 부왕령을 설치했다.

다. 1545년 알토 페루(Alto Perú, 현재 볼리비아의 포토시)에서 은 채굴을 위한 광산 도시가 건설되었다. 식민 시기 포토시(Potosí)는 멕시코의 사카테카스(Zacatecas) 및 과나후아토(Guanajuato)와 함께, 스페인령 아메리카의 경제 중심지였다. 1580년에서 1630년 사이 멕시코와 페루 부왕령에서는 이들 광산에서 추출된 은 생산으로 경제적 붐을 이뤘다 (블루엣 & 블루엣, 2010: 106).

광산 경제의 붐과 더불어 부왕령이 위치한 스페인의 정치 · 행정적 지배 거점인 리마로 주변의 다른 식민지역으로부터 인구가 유입되었고, 경제 성장을 위한 투자가 이뤄졌다(Coronado, 2020: 43). 또한, 16세기 중반에서 17세기 초 스페인 본국과 식민지 곳곳에서 교류되는 상품들의 집결지로서 리마에서는 활발한 상업 활동이 이뤄졌다(Coronado, 2020: 42-43). 이 시기 리마의 대표적인 항구인 카야오(Callao) 항은 에콰도르의 과야킬(Guayaquil)항, 칠레의 발파라이소(Valparaíso)항 등과 항만 네트워크를 형성하면서 스페인 본국의 카디스(Cádiz) 항과 활발하게 교류했다(Coronado, 2017: 64). 이와 같은 카야오 항의 전략적인 위치와 리마의 상업 활동 증가로 16세기와 17세기 사이 리마는 스페인령 남아메리카에서 가장 중요한 도시 중 한 곳이 되었다(Coronado, 2017: 64).

2. 식민 도시 리마의 도시 구조

스페인령 아메리카에서 정치 · 경제적 식민 거점으로 성장한 식민 도시 리마의 도시 구조는 스페인의 정치권력과 이데올로기(로마 가톨릭이라는 종교적 성격)를 반영하고 식민 행정의 편의를 제공하기 위한 공간으로 형성되었다(Coronado, 2020: 42). 16세기 중반 이후 리마의 도시 구조는 격자형 도심(Damero de Pizarro),[13] 두 개의 원주민 집성지(Barrio de San Lázaro 와 Barrio de Cercado), 교회 교구(parroquia)가 위치한 도시 주변부라는 3 개의 핵을 중심으로 형성되었다(Giráldez, 2015: 64).[14] 한편, 17세기 중반경 리마는 식민 지배 거점이라는 지위로 인해 해적 및 외부 세력으로부터 지 속적인 공격을 받았다. 이 때문에 식민 도시의 인구와 부를 방어할 목적으 로 1684~1687년 사이 성벽(Muralla)을 건설했다. 이후 리마 성벽은 19세 기 후반 철거될 때까지 리마의 도시 경계를 정하고 식민 도시화의 성격을 규정하는 역할을 했다. 아래에서는 식민 도시 리마의 도시 구조에 관해 구 체적으로 살펴보기로 한다.

앞서 언급한 바와 같이 16세기 중반 이후 리마의 도시 구조는 행정과 종 교 권력을 반영하는 격자형 도심, 원주민 집성지, 교회의 교구들이 위치한 주변부라는 3개의 축을 중심으로 형성되었다. 먼저, 리마의 격자형 도심은 식민 지배 전부터 유지되어 온 리막 계곡 지역 원주민의 세계를 변화시켰을 뿐 아니라 정복자들의 권력 분배를 도시 공간에 반영했다. 스페인 정복 이전 에는 도농 균형 관리를 했으나, 정복 이후 정복자들은 도시와 농촌을 분리하 기 시작했다(Giráldez, 2015: 62-63).[15] 리마 건설 초기 격자형 도심은 메인 광장(Plaza Mayor)[16]과 17개의 만사나(Manzana)[17]로 구성되었다(Khahatt,

---

13 리마의 격자형 도심은 다메로 데 피사로(Damero de Pizarro) 혹은 다메로 프린시팔(Damero Prin-cipal)이라 불리며, 오늘날의 리마 역사 지구(Centro Histórico)에 해당한다. 식민지 시기 당시 격 자형 도심의 총면적은 약 214헥타르였다.

14 1553년의 인디아스 법에 따라 리마의 도시 구조는 행정과 종교 권력의 중심지인 격자형 도심과 주로 원주민, 물라토 등의 인구가 거주하는 주변부 지역으로 형성되었다(Coronado, 2020: 38).

15 다만, 정복자들은 정복 이전의 관개망을 그대로 이용했다(Coronado, 2017: 63).

16 오늘날 플라사 데 아르마스(Plaza de Armas)라고 불린다.

17 만사나(Manaza)는 스페인어로 사방이 도로로 둘러싸인 도시의 한 구획을 의미하는 블록(Block) 을 지칭한다. 만사나는 가로와 세로 각각 125m로, 11m 너비의 거리로 구분된다(Cárdenas, 2020: 23). 본 논문에서는 식민 시기의 용어를 그대로 쓰기 위해 스페인어 원음인 만사나로 명명하기로

2014: 38). 하지만 이후 리마 격자형 도심의 만사나는 117개까지 늘어났다.

격자형 도심의 시작은 메인 광장에서 출발한다. 메인 광장에는 정치적 권력과 종교적 이데올로기를 상징하는 주요 건물들이 세워졌다(Cárdenas, 2020: 23). 즉, 메인 광장에는 식민지의 정치, 행정, 종교적 권력을 상징하는 부왕청, 시청(Cabildo), 대성당(Catedral)이 세워졌다(Giráldez, 2015: 65-66; Coronado, 2020: 86). 3개의 건물은 현재 각기 대통령궁(Palacio de Gobierno), 리마시청, 리마 대성당으로 사용되고 있다. 식민시대 행정·정치 및 종교적 권력 상징의 공간으로서 메인 광장은 그밖에도 시장, 시민 및 종교 축제를 위한 공공 공간, 군대 집결지 등 다양한 기능을 수행하기도 했다(Panfichi, 2004). 때문에, 식민 시기 메인 광장으로부터 먼 곳에서 거주할수록 사회적 지위가 상대적으로 낮다는 것을 의미했다(Panfichi, 2004). 또한, 리마의 메인 광장은 라틴아메리카의 다른 식민 도시들과는 달리 격자형 도심의 한 가운데 위치하지 않고, 리막(Rímac) 강변 가까이에 위치했다(Khahatt, 2014: 38).

한편, 메인 광장 주변은 만사나들로 구성된다. 각 만사나 내부는 4개의 솔라르(solar, 구획)로 구분된다. 식민 정복 초기 피사로(Pizarro)는 정복자들과 주요 교파에 메인 광장 주변의 만사나를 분배하였다(Coronado, 2017: 63; Cárdenas, 2020: 23). 1550년 이후 프란시스코회, 도미니코회, 아우구스티누스회, 메르세드회 등 각종 교파가 리마에 도착했고, 이들은 직접적인 토지의 매입, 기부, 식민정부의 분배 등으로 식민 도시에서 넓은 토지를 차지했다(Coronado, 2017: 64). 교파들은 분배받은 토지에 거대한 성당, 수도원, 작은 광장 등의 건물을 건설하며, 공공 공간에서의 종교적 이데올로기를

한다. 오늘날 스페인 이외의 스페인어권 라틴아메리카 지역에서 블록(block)을 쿠아드라(cuadra)라고도 부른다.

설파하고자 했다(Coronado, 2017: 64).

한편, 메인 광장과 만사나로 이뤄진 격자형 도심의 외곽지역은 식민정부가 형성한 원주민 집성지와 교구들로 구성되었다. 식민 권력은 식민 도시의 공간을 인종적 분리를 통해 관리하고자 했다. 이를 위해 여러 차례의 식민 행정법을 공표하여 정복자와 원주민 간의 사회 · 공간적 분리를 실천하고자 했다. 먼저, 1549년 리마 아우디엔시아(Audiencia)[18]는 법령을 통해 원주민의 주거 분리를 규정했다(Coronado, 2020: 39). 16세기 중반 부왕 프란시스코 데 톨레도(Francisco de Toledo) 집권 시기에는 원주민들의 식민 권력에 대한 저항을 통제하기 위해 원주민 집성지(reducciones indígenas)를 만들었다. 당시 리마 사회는 초기 스페인 정복자들, 종교인, 상업가, 원주민들로 구성되었었고, 식민 도시 건설 초기 원주민들은 격자형 도심 내의 솔라르에 가까운 농장에 거주했다.

하지만 1571년 격자형 도심 외곽의 동쪽에 원주민 집성지인 세르카도 델 인디오스 데 산티아고(Cercado de Indios de Santiago, 이하 세르카도)가 형성[19]되면서, 원주민들은 이 집성지로 이주하여 거주하게 되었다(Khahatt, 2014: 38; Coronado, 2017: 64). 즉, 세르카도는 식민지 시기 원주민이 사회 · 공간적으로 분리되어 거주한 원주민 집성지이다. 이와 같은 원주민 집성지를 형성하게 된 가장 큰 목적은 특정 지역에 원주민을 집성시켜 기독교로 개종시키고, 이들을 사회적으로 통제하고, 이들로부터 재정적 소득을 더

---

18 아우디엔시아는 부왕청과 함께 식민지에서의 스페인의 주요 식민 통치 기관으로 최상급 재판소의 기능과 더불어 정치적 행정적 기능을 수행했다(우덕룡 외, 2000: 165).

19 세르카도 이외에도 1562년 리막 강 북쪽 변에 또 다른 집성지인 바리오 델 산 라사로가 형성되었다. 이 집성지는 리마에서 나병이 발병한 후 흑인과 원주민의 집성지로 형성되었다(Giráldez, 2015: 64). 1590년경에는 이곳에 살던 원주민들이 세르카도로 이주하기도 했다(Coronado, 2020: 40).

욱 쉽게 확보하기 위한 것이었다(Giráldez, 2015: 62).[20] 세르카도 형성 이후 원주민들은 오전에는 격자형 도심에 있는 만사나의 농장에서 식민 권력층을 위해 일하고, 저녁에는 주거지인 세르카도로 돌아갔다. 식민 권력은 세르카도와 같은 원주민 집성지를 격자형 도심 외곽에 형성함으로써 스페인 식민 권력과 원주민들을 인종적, 공간적으로 분리하고자 했다(Coronado, 2020: 39). 원주민 집성지는 격자형 도심과 달리 공간 면적이 작았고, 그곳에 사는 많은 가족 구성원들은 좁은 공간을 공유해야 했다(Giráldez, 2015: 70-71).

한편, 격자형 도심 외곽지역의 도시화는 교회가 원주민에게 복음을 전파하기 위해 형성한 5개의 교구 형성을 통해 진행되었다(Coronado, 2020: 86). 주요 교파들은 자신들이 차지한 토지 주변 혹은 원주민들이 집성지로 이주하고 남겨진 땅을 불법적으로 점유하여 교구를 형성했다(Coronado, 2020: 86-87).[21] 교구 형성과 함께 격자형 도심 외곽에 건설된 광장 및 작은 광장들을 중심으로 마당 극장(corral de las comedias), 도살장(matadero), 시장 등이 형성되기도 했다(Coronado, 2017: 64). 이처럼 원주민 집성지와 함께 리마 외곽지역을 형성했던 교구들은 식민 시기 교회가 사실상 토지에 대한 통제권을 쥐고 있었다는 것을 방증한다. 하지만 18세기 중반의 부르봉 개혁으로 식민 도시의 토지 획정이 교구에서 지구(cuartel)로 전환되면서 토지에 대한 교회의 권한이 점차 줄어들기 시작했다(Coronado, 2020: 89). 앞서 언급한 바와 같이, 스페인 식민 지배의 거점으로서 리마는 16세기

---

20 이후 이 집성촌은 리마 성벽이 건설되면서 일부만 리마 성벽 내부에 포함된다 (Tarazona, 2021: 64).

21 이는 17세기 말경 토지 분배와 관련해서 인디아스 법이 지켜지지 않고 있었음을 방증한다(Coronado, 2020: 86-87). 가톨릭교회가 격자형 도심 외곽지역을 차지하면서 점차 외곽 마을들은 무질서하게 성장했다.

중반에서 17세기 사이 식민 본국과의 상업 무역의 발전으로 전성기를 맞이했다. 하지만 도시의 성장과 함께 리마 식민 당국의 걱정도 배가되었는데, 내부적으로는 원주민들의 반란이 지속되었고, 초기 정복자들 간의 내전이 발발하기도 했다(Coronado, 2020: 40). 하지만 이러한 내부적 문제보다 식민 당국을 더 걱정시킨 문제는 리마 주변에서 빈번하게 출몰하는 해적의 위협이었다. 대표적으로 1579년 영국 출신의 해적 프랜시스 드레이크(Francis Drake), 1615년 조리스 밴 스필버그(Joris van Spielbergen) 등의 위협이 있었다(Coronado, 2020: 44).

이 때문에 식민 당국에선 스페인 식민 지배 거점으로서 리마를 해적과 같은 외부의 위협으로부터 방어하고 리마 시민의 재산과 생계를 보호하기 위해 성벽을 세울 필요성이 논의되기 시작했다(Coronado, 2017: 63-65; Tarazona, 2021: 64). 물론, 해적 대부분은 리마까지 도달하지 못하고 카야오(Callao) 항에서 전투를 치르는 데 그쳤지만, 외부로부터의 빈번한 위협은 리마까지 도달할 수 있는 강력한 공격의 가능성에 대한 경계심을 높였다(Tarazona, 2021: 64). 하지만 성벽 건설에 대한 논의는 17세기 초까지만 해도 큰 진전을 이루지 못하다가 17세기 중반 리마의 식민 경제가 전성기를 맞이하게 되면서 활성화되었다. 당시 리마의 권력층과 종교 지도자들은 자신들의 자산을 보호하기 위해 성벽을 건설하고 이를 위한 자금을 확보할 필요가 있다고 인식하기 시작했다(Coronado, 2017: 65). 이미 카리브해 지역의 주요 도시들에서 해적의 위협에 대응하기 위해 성벽을 지은 경험도 리마의 성벽 건설 논의를 가속하는데 일조했다(Coronado, 2017: 64-65). 결국, 리마의 권력자, 종교 지도자, 귀족들은 성벽을 건설하기로 협의했고, 성벽 건설의 필요성을 부왕에게 호소했다(Coronado, 2017: 65; Tarazona, 2021: 64).

이러한 리마 엘리트들의 제안을 받아들여 부왕 멜초르 데 나바라 이 로카 풀(Melchor de Navarra y Rocaful, 이하 멜초르: 1681~1689년 재임)은 외부 침입자들로부터의 식민 거점을 방어할 목적으로 전문가들을 대상으로 리마 성벽 건설안을 공모했다. 최종적으로 부왕은 기술적·재정적 이유로 후안 라몬 코닉(Juan Ramón Coninck)의 성벽 건설안을 받아들였다(Coronado, 2020: 44-46). 결과 부왕 멜초르의 지지 하에서 리마 성벽은 1684~1687 년 사이 건설되었다(Cárdenas, 2020: 27). 이렇게 건설된 리마 성벽은 총 길 이 11,466m로 5,059,600 평방미터의 공간을 둘러쌓았다. 높이는 3.1~2.2m 정도였고 넓이는 2.5m였으며, 5개(Guadalupe, Callo, Cocharcas, Barbones, Maravillas)의 성문[22]과 34개의 축성이 만들어졌다(Coronado, 2017: 65; Tarzona, 2021: 64).

17세기 말 리마 방어의 목적으로 건설된 성벽은 결과적으로 식민 도시의 물리적 경계를 설정하고 성벽을 중심으로 한 도시 구조를 형성하는 데 큰 영 향을 미쳤다. 성벽 건설과 함께, 식민 당국은 리마 성벽 내부 도심으로 진입 하는 사람과 상품을 통제할 수 있게 되었고, 경제적으로는 진입세를 받아 공 공사업에 투자할 재원을 마련하기도 했다(Coronado, 2017: 66). 또한, 리마 도심 공간으로 유입되는 전염병을 통제하는 역할도 했다(Coronado, 2017: 71). 도시 공간의 이용에서도 변화가 생겼는데, 성벽이 건설되면서 격자형 도심과 도심 외곽의 교구와 더불어 성벽 주변의 외곽지역에서 도시화가 진 행되었다. 특히 도심에서 성문으로 향하는 주요 거리를 중심으로 경작지였 던 공간이 상업 활동 공간으로 변모했다(Coronado, 2017: 52).

이처럼 17세기 말 리마 성벽의 건설은 외부의 위협으로부터 리마를 방어

---

22   성문은 이후 5개에서 10개로 증가했다(Coronado, 2020: 47).

하기 위한 목적으로 건설되었지만, 19세기 중반 성벽이 철거될 때까지 리마의 물리적 경계를 확정하고, 리마 도심 내부의 도시화 형태를 변화시키는 데 중요한 계기를 마련했다. 하지만 성벽 건설 이후 리마의 성장세로 인해 인구가 증가하면서 리마 성벽은 기존의 방어 목적을 중요성을 점차 잃게 되고, 인구 과밀과 그에 따른 위생 문제의 원흉으로 도시 발전의 걸림돌로 인식되기 시작했다. 다음 장에서는 격자형 도심과 원주민 집성지, 도심 외곽의 교구와 리마 성벽으로 특징지어지는 식민 도시 리마가 근대 도시로 전환되는 중요한 계기를 마련한 리마 성벽 철거에 관해 살펴보기로 한다.

III. 리마 성벽의 철거: 도시 근대화로의 전환점

1. 배경

〈표 1〉에서 살펴볼 수 있듯이, 17세기 초 1만 4천여 명에 불과했던 리마 인구는 18세기 초 3만 7천여 명으로 증가했고, 18세기 중반이 되면 5만 4천 명으로 급증한다. 17~18세기 사이 리마의 인구 성장은 자연발생적인 이유도 있지만, 스페인의 식민 지배 거점으로서 리마로의 인구 유입과 해상 무역이 활발하게 진행된 결과로 볼 수 있다(Coronado, 2020: 60). 18세기 중반 스페인 제국의 통치권은 합스부르크 왕가에서 부르봉 왕가로 넘어가게 되었다. 16~17세기 동안 합스부르크 왕가에서 식민지 본국과 아메리카 식민 거점 간의 독점적 무역만 허용했으나, 1778년 부르봉 스페인 제국은 자유 무역법(Ley de Libre Comercio)를 통해 역내의 자유무역을 허용했다. 케이프 혼(Cabo de Hornos, Cape Horn)을 통한 자유무역이 허용되면서 교역이 증가했고, 이는 무역 거점 지역 중 한 곳이었던 리마의 도시 성장에도

영향을 미쳤다(Coronado, 2020: 89).

〈표 1〉 17세기~19세기 말 리마 인구 변화

년도	인구수(명)
1600	14,262
1700	37,259
1755	54,000
1791	52,627
1877	89,434

출처: Coronado (2020)에 기반하여 저자 작성

　당시 리마는 1687년 완성된 성벽의 존재로 인해 도시의 경계가 지어져 있는 상황이었기 때문에 도시의 성장은 성벽 내부뿐 아니라 외곽 지역과 리막 강변의 도시화를 동반하기도 했다(Coronado, 2020: 89). 18세기 중반경에 이르면, 도시 성장에 따른 인구 밀도가 증가, 성벽 내 토지 공간의 부족에 따른 주거지 밀집과 위생 문제가 심각하게 제기되기 시작했다. 더욱이 식민도시 건물들은 파손 및 마모되기 시작했다. 당시 역동적으로 변모하는 도시 상황은 식민 행정과 종교적 이데올로기 확산을 위해 건설했던 도시 구조와 파열음을 내기 시작했다.

　한편, 19세기 초 라틴아메리카에서 진행된 일련의 독립운동의 물결 속에서 1821년 7월 호세 데 산 마르틴(José de San Martín) 장군이 리마에 입성하면서 페루는 스페인으로부터 독립을 달성했고, 같은 해 8월 4일 법령에 따라 리마는 공화국의 수도가 되었다(Cárdenas, 2020: 29).[23] 독립 이전인 18세기 중반에 실시된 부르봉 개혁으로 리마는 도시 근대화의 첫발을 내디뎠지만, 독립 이후 리마는 그 구조나 도시 주거지 및 인프라 측면에서 큰 변

23　산마르틴의 군대가 파라카스(Paracas)만에 도착(1820년)해서 1821년 리마 메인 광장(Plaza de Armas de Lima)에서 독립을 선언했다. 1824년 아야쿠초(Ayacucho) 전투에서 승리하면서 안데스 지역에서의 부르봉 왕가의 지배에 마침표를 찍었다(Orrego, 2018: 31).

화를 겪지는 않았다. 즉, 19세기 중반까지 리마는 여전히 식민 시기의 도시 구조(격자형 도심과 5개의 교구)를 큰 변화 없이 유지했다(Tarazona, 2021: 64). 19세기 중반까지 페루는 다른 라틴아메리카 국가들과 마찬가지로 카우디요(caudillo) 간의 권력 다툼으로 정치적 위기에 빠져있었고, 경제 침체를 겪고 있었다(Tarazona, 2021: 61).

이러한 정치·경제적 위기 상황에서 리마 시민들의 생활 여건은 더욱 열악해졌다. 19세기 초반 이촌향도, 외국인의 이주 등으로 리마의 인구 밀도가 높아졌고, 그 결과 만사나의 분화와 대중 주거지의 한 종류인 카예혼(callejón)²⁴이 형성되기 시작했다. 식민 시기 리마 격자형 도심을 구성한 117개의 만사나는 18세기를 거치면서 175개에서 211개로 분화했다(Coronado, 2020: 97). 도심 외곽지역에서도 토지 분획이 지속하였고, 도심과 도시 외곽의 슬럼화가 진행되었다. 특히 독립 이후 경제의 침체에 따라 생존이 막막해진 식민 엘리트들은 도심에 있던 자신의 집을 임대하면서 도심에서의 슬럼화에 일조했다. 하지만 점차 도심의 임대료가 높아지면서 사람들은 도심 외곽으로 이동하기도 했다(Coronado, 2020: 97-98).

이러한 상황은 리마가 18세기 중반에서 19세기를 거치며 식민 도시에서 근대 도시로 전환하게 되는 주된 동력을 제공했다. 즉, 식민지 통치에 적합하게 형성되었던 도시 구조는 리마의 급격한 변화에 맞지 않았다. 이러한 경향은 독립 이후 그 특징과 속도의 차이를 보였지만 라틴아메리카 국가 전반적으로 나타난 형상이었다. 리마의 경우, 식민 도시에서 근대 도시로의 전환 과정은 두 개의 동력에 의해 추동되었다. 첫 번째는 도시의 인구 밀도 증가

---

24 카예혼은 주로 저소득층이 거주한 주거지로 협소한 골목에 좁은 주거 공간이 집합한 다주택 주거지를 일컫는다. 카예혼은 다가구가 사는 주거지이지만, 입구는 하나의 공동 입구로 구성되어 있다(Condeso, 2019: 12).

에 따른 주거지 부족과 위생 문제라는 도시 문제이다. 두 번째는 당시 유럽과 북미에서 전개되고 있던 근대화와 진보를 라틴아메리카에서도 실현하고자 하는 엘리트들의 열망이라고 볼 수 있다. 아래에서 더욱 자세히 살펴보겠지만, 리마가 식민 도시에서 근대 도시로 전환하게 되는 과정에서는 첫 번째 동력이 담론으로 활용되기는 하였지만, 두 번째 동력, 즉 엘리트들의 근대화와 진보에 대한 열망이 더욱 강하게 작용하였음을 알 수 있다.

엘리트들의 근대화와 진보에 대한 열망에 다시 불을 지피게 된 것은 19세기 중반 페루가 구아노(guano)[25] 무역으로 약 20년간 경제 성장을 구가하면서부터였다. 1842년 이후 구아노 붐으로 국가 예산이 충족되기 시작하면서 정부는 도시 공공사업에 투자하고자 했다(Coronado, 2020: 107). 이러한 경제적 부흥으로 정치적 안정도 확보되면서 정치 엘리트들의 진보와 근대화에 대한 열망이 높아졌다. 19세기 중반 유럽에서 근대 사상이 확산하였으며, 이 시기 리마로 외국인들의 이주가 이어지면서 계몽주의 사상이 유입되었다(Tarazona, 2021: 61). 특히 아래에서는 리마의 근대 도시로의 전환 과정에서 중요한 전환점을 마련한 리마 성벽 철거에 대해 살펴보기로 한다.

2. 위생주의와 리마 성벽의 철거

근대 도시 계획의 모태로 평가되는 영국의 공중위생법(Public Health Act, 1848년)은 공중보건과 보건 환경의 개선을 위해서는 도시 건조 환경의 개선이 필수적이라는 의식에서 비롯되었다(김흥순, 2017: 80). "산업화의 공

---

25 구아노는 홈볼트 한류가 흐르는 페루 근해인 태평양에 위치한 섬에서 누적된 새똥이 인산염이 풍부하여 비료로서의 가치를 인정받게 되면서 19세기 중반 페루의 주요 수출품이 되었다. 페루 정부는 1841년부터 구아노를 개발하여, 영국, 프랑스, 미국 남서부 등지로 수출했다(블루엣 & 블루엣, 2013: 130).

간적 발현"이 도시화라고 한다면, 19세기 산업화가 한창이던 유럽에서 도시의 과밀화와 슬럼화, 열악한 노동조건, 부실한 영양 상태, 수인성 전염병 등과 같은 도시 문제가 발생한 것은 근대적 현상이라고 이해할 수 있다(김흥순, 2017; 조재성, 2020). 도시 문제라는 사회적 현상은 이에 대응하기 위해 진보적 "이성"과 "과학적 합리성"을 토대로 한 도시 계획이라는 근대적 대응 가져왔다고 볼 수 있다(김흥순, 2017: 71). 도시 문제의 발생과 이에 대한 근대적 대응은 산업혁명이 시작된 영국에서뿐만 아니라 19세기 산업화 과정을 겪고 있던 유럽과 북미 국가들의 공통된 관심이었다. 프랑스에서도 도시화에 따른 공공 위생의 문제가 제기되었다. 19세기 전반기 산업혁명에 따른 도시의 비위생적인 주거 및 노동 환경이 사회적으로 대두되면서 공공 위생에 관한 관심이 증가했다(민유기, 2007: 157). 이러한 배경에서 1832년 콜레라가 확산하면서 대중들의 공공 위생에 관한 관심이 증가했으며, 이에 따라 위생주의자들의 활동이 활발해졌다(민유기, 2007: 156-157). 이들의 활동과 함께 프랑스에서도 1902년 공중보건법이 제정되었다. 위생주의는 19세기 전반기 병과 전염병에 대처하기 위한 사회적 의사 운동으로 일차적인 도시 문제인 빈곤, 인구 밀집, 물 공급 문제, 하수도 문제 등 병과 전염병과 직접 연관이 있는 문제를 인식하고, 이와 더불어 도시민의 행동 개선 교육에도 관심을 기울였다(Salaverry, 2017: 140). 위생주의자들은 "19세기 내내 위생의 육체적, 정신적, 의학적, 사회적 중요성을 인식하고 위생 개념의 사회적 확산을 위해 활동"했다(민유기, 2007: 156-157). 이들은 "공중보건 운동을 주도하고 개인과 사회의 건강을 위해 공중보건 법률과 제도를 확립하기 위해 노력"했다(민유기, 2007: 157).

라틴아메리카의 경우에도 19세기에 들어 도시 인구가 밀도 증가하고, 그에 따른 위생 문제가 발생하면서, 도시에 대한 부정적 이미지가 형성되었다. 이러한 상황에서 특히 유럽의 파리, 빈, 베를린, 바르셀로나, 런던과 미국의 뉴욕 등지에서의 번영이 라틴아메리카 과두 지배계층의 주목을 받았다(Sánchez Ruiz, 2020: 34). 이들에게 진보와 근대화는 발전된 유럽과 미국 모델을 실천하는 것을 의미했으며, 엘리트 계급의 번영은 국가의 번영과 동일시되었다(Sánchez Ruiz, 2020: 34). 이러한 맥락에서 정부와 의사, 기술자, 건축가, 변호사 등의 전문가들이 유럽의 이론, 기술, 방법, 법, 행정 등을 수용하고 현지화하기 시작했다(Sánchez Ruiz, 2020: 31-32). 특히 도시 위생 환경과 관련해서 이 전문가들이 주목한 것은 상하수도 공급 체계, 도로포장, 여가 공간, 주거 공간, 상업과 산업 공간 등의 확보 등으로 이는 이후 라틴아메리카의 도시 근대화에 영향을 미쳤다(Sánchez Ruiz, 2020: 32). 즉, 이 전문가들에게 위생은 자선 기관과 보건 기관을 확보하여 병을 예방하고 치료하며, 상하수도를 공급하고, 도로포장, 공공장소 형성, 장비/설비 등을 공급하는 것을 의미했다(Sánchez Ruiz, 2020: 35).

한편, 리마의 도시 근대화의 시초 역시 도시 내 위생 문제가 제기되면서부터라고 볼 수 있는데, 그 시초는 18세기 중반의 부르봉 개혁 시기였다. 부왕 마누엘 데 아맛 이 후니엔(Manuel de Amat y Junient, 1761-1776년 재위) 시기 리마의 도시 개혁이 시작되었고, 1784년부터 부왕 테오도로 데 크로익스(Teodoro de Croix)는 부왕령의 근대화 캠페인을 실시했다(Cárdenas, 2020: 28).[26] 부르봉 개혁과 함께 시작된 리마의 도시 근대화 프로젝트에서 가장 눈에 띄는 것은 공동묘지(Cementerio General, 1808)의 건설이었다.

---

26 18세기 중반에서 19세기 초 사이 부르봉 개혁을 통해 교회의 토지에 대한 통제 권한을 줄이고, 일련의 근대적 건물을 건설하기 시작했다. 대표적인 근대적 건물로는 닭 싸움장(Coliseo de Gallos, 1762), 투우장(Plaza de Toros, 1780) 등의 건설 등이 있다(Joffré, 2007: 13). 이러한 건물들은 이전 시기 도시 곳곳에서 이뤄지던 활동들을 규율하기 위한 목적으로 건설되었다.

식민 시기 동안 전통적으로 사람이 죽으면 교회에 묻었지만, 18세기 중반 이후 계몽주의의 영향을 받은 리마의 관료들은 위생을 이유로 무덤을 교외 지역으로 옮길 필요가 있다고 결정했다. 이 때문에 새로운 묘지는 성곽 외곽 동쪽 지역에 위치하게 되었다(Cárdenas, 2006: 462-463; Joffré, 2004; Joffré, 2007). 하지만, 부르봉 개혁 시기에 시작된 리마의 도시 근대화는 수년간 활력을 얻지 못했다. 그 이유는 스페인 제국이 쇠락하면서 점차 군사적 방어에만 힘을 쏟았기 때문이다. 또한, 19세기 초 독립 이후에도 정치·경제적 겪었던 리마의 도시 근대화는 19세기 중반 구아노 붐 시기에 이르러서야 재개되기 시작했다(Joffré, 2007: 14).

도시 성장과 함께 두드러지기 시작했던 도시 문제들은 부르봉 개혁으로 제대로 해결되지 않았으며, 독립 이후에도 여전히 지속하였다. 이러한 배경에서 19세기 초부터 위생주의자들과 의사들이 도시 문제에 개입하기 시작했다. 1808년 리마에서는 의료 학회(Colegio de Medicina)가 만들어졌으며, 1812년에는 페루 최초의 위생 규정(el primer Reglamento de Higiene)이 제정되었다(Coronado, 2020: 79). 19세기 중반에 이르면 리마의 위생 문제가 더욱 심각해졌는데, 도시 상하수도관이 부족하여 물 오염이 심각해지고 이로 인해 수인성 질병에 취약했다. 이와 더불어 주거 환경이 열악해지면서 쉽게 전염병이 확산하기 좋은 환경이 형성되었다(Cárdenas, 2006: 461; Coronado, 2020: 123-124).

이처럼 19세기 중반 리마의 도시 환경이 나빠지고 질병과 전염병이 확산하면서 위생주의자들이 도시 문제의 원인을 분석하고 해결책을 제안하기 위해 개입하기 시작했다. 실제 1868년 황열병의 확산으로 공중보건 위기에 처하면서 성벽 철거의 필요성이 높아졌다. 1870년경 리마의 인구는 더욱 증가했고, 성벽으로 둘러싸인 도심 공간은 증가한 인구를 견뎌내기 어려웠으며, 발전의 걸림돌로 인식되기 시작했다(Orrego, 2018: 32). 황열병과 같은 전염병의 확산으로 리마의 자선 협회(la Sociedad de Beneficencia Pública de Lima)는 보다 현대적인 병원을 지을 것을 건의했고, 1868년 호세 발타 대통령 취임 후 도스 데 마요(Dos de Mayo) 병원을 개원했다(Navarro Jiménez, 2017: 6; Orrego, 2018: 32). 그리고 황열병 확산 1년 후인 1869년 성벽 철거가 결정되었다.

특히 19세기 중반 실증주의 철학, 정치·경제적 자유주의 사상의 영향을 받아 공중위생과 도시 진보의 개념이 확산하기 시작하면서 성벽의 현실에 대해 엘리트들이 인지하기 시작했다(Tarazona, 2021: 66). 1856년 리마 최고(古)의 대학인 산 마르코스(San Marcos) 국립대학교 의대 의사들이 위생 관련 잡지인 라 가세타 데 리마(La Gaceta de Lima)를 발간했다. 이들은 제2 세대 위생주의자들로 분류되는데, 주로 공중위생과 공중보건 과학을 알리고 주민에게 위생 및 보건과 관련된 교육을 하는 등의 활동을 했다(Coronado, 2020: 124). 이들은 특히 도시 환경의 위생 문제를 해결하기 위해 도시 기본 인프라의 개선이 필요함을 강조했으며, 특히 리막 강의 오염 문제와 상수도망을 개선할 필요가 있음을 강조했다(Coronado, 2020: 125-126). 이처럼 위생주의자들은 도시 근대화 과정에 결정적인 영향을 미쳤으며, 이러한 현상은 리마에만 한정되지 않았다. 이들의 개입과 함께 제정되었던 도시 관련 법제들은 같은 시기 멕시코시티, 부에노스아이레스, 산티아고 등 라틴아메리카의 주요 도시에서도 제정되었으며, 이후 보다 복합적인 도시 계획과 근대화가 진행되기 전 도시 근대화의 중요한 주춧돌을 세웠다(Sánchez, Ruiz, 2020: 40). 이러한 배경에서 1869년 호세 발타(José Balta) 대통령은 법령을 통해 도시 밀집과 위생 문제를 해결하기 위해 성벽 지역 위생 평가 위원회(La Junta de Sanidad)을 조직했다(Sánchez, Ruiz, 2020:

38; Coronado, 2020: 127).

　1684년에서 1687년 사이 해적의 침공으로부터 방어하기 위해 건설된 리마 성벽은 스페인의 식민 지배 거점의 내외부적 안정성을 확보하고, 식민 도시 리마의 경계와 도시 구조를 결정하는 중요한 상징물이었다. 하지만 200여 년이 지나는 과정에 리마가 지속해서 성장하면서 리마 성곽은 위생 문제를 비롯한 도시의 각종 문제의 온상으로 인식되기 시작했다. 19세기 중반 위생주의자들의 활발한 활동에 더해 1869년 호세 발타 대통령은 대통령령을 통해 리마 성벽을 철거하기로 결정했다(Mazuré, 2011; Aguirre, 2016: 55; Navarro Jiménez, 2016: 39-40). 공중위생 문제와 더불어 19세기 구아노 붐으로 정치·경제적 안정을 확보한 엘리트들의 도시 근대화와 진보에 대한 열망이 성벽 철거라는 결정으로 반영되었다(Coronado, 2017: 72). 1869년 12월 발표한 성명서에서 발타 대통령은 성벽 철거가 필요한 이유를 아래와 같은 6가지로 나열했다(Coronado, 2020: 134-136).

　· 이유 1: 도심 밀집도 증가로 인해 주거지 임대료 상승에 대처할 필요성
　　　　 - 주거지 건설을 위한 도심 외곽지역 이용의 필요성
　· 이유 2: 인구의 증가 및 도시 성장에 필요한 도시 공간 확보의 필요성
　　　　 - 도심 외곽지역에 대한 투자의 필요성
　· 이유 3: 도시 근대화, 진보, 발전을 통한 시민의 요구를 충족할 필요성
　　　　 - 정부는 수도의 발전과 복지에 방해가 되는 장애물을 없앨 의무가 있으며, 이를 통해 모든 주민이 삶의 필요를 충족시킬 것을 보장해야 함.
　· 이유 4: 인구 통계를 통한 정당화에 기반해 도시 확장 필요성 강조
　　　　 - 인구 재배치를 통해 도시 과밀을 줄이고 도시의 질병을 줄

일 필요성

· 이유 5: 공공사업의 필요성

　　　－ 도시 근대성을 확보하기 위한 도시산업 허용 위함

· 이유 6: 위 문제 발생의 주된 요인으로 지적된 성곽 자체의 문제

　　　－ 방어의 필요성이 낮아져 성곽 자체가 더는 존재해야 할 이
유가 없음

이처럼 성벽 철거 결정의 배경에는 공중위생의 문제와 더불어 엘리트들
의 근대화 열망이 반영되어 있었으며, 성벽 철거[27] 작업이 1872년 완결된 이
후 리마가 식민 도시에서 근대 도시로 전환하는 데 핵심적인 전환점이 되었
다. 다시 말해, 리마 성벽의 철거는 단순히 리마의 물리적 면적을 확장한다
는 의미 이외에도 또 다른 근대성을 의미하는 공공 위생의 개선이라는 의미
도 있었다. 당시 리마인들은 성벽 주변에 쓰레기를 쌓아두었으며, 이 때문에
공기가 나빠질 뿐만 아니라 질병이나 전염병이 퍼질 위험이 있었다(Orrego,
2018: 31-32). 아래에서는 리마 성벽 철거와 더불어 어떻게 리마가 식민 도
시에서 근대 도시로 변모하게 되었는지에 대해 도시 공간과 기능의 변화를
중심으로 살펴보기로 한다.

27　성벽의 성문 중 2개의 성문(portadas de Maravillas y del Callao)는 철거하지 않은 채 남겨뒀다. 그
　　이유는 그 위치의 중요성과 기능 때문이었다(Navarro Jiménez, 2017: 6).

Ⅳ. 근대 도시 전환기 리마의 공간과 기능 변화

1. 성벽 철거 이후 리마의 공간 변화와 공간 개발의 주체 변화

1860년대 말경에 이르면 정부와 엘리트들의 도시 근대화에 대한 열망은 높아졌지만, 구아노 붐이 막바지에 다다르면서 도시 근대화 프로젝트를 진행하기 위한 정부 재정은 파탄이 난 상황이었다. 호세 발타 정권(1868년~1872년 집권) 이전까지 구아노는 정부가 소유권을 독점적으로 가지고 위탁 판매자를 통해 유럽으로 매매하는 방식을 택했다. 이 과정에서 페루 정부와 계약을 맺고 구아노를 위탁 판매하는 무역상들은 수수료를 통해 부를 축적했다. 구아노 붐 기간 정부는 이들 구아노 위탁 판매상에게 국채를 발행하여 정부 재정을 확보하고자 했고, 이 과정에서 위탁 판매상과 정부 간의 결탁 관계가 형성되었다. 더욱이 1860년대 경이 되면 위탁 판매상 입장에서는 정부의 국채를 통해 확보하는 이익이 구아노 판매를 통한 수수료 수익보다 더 안정적이고 많았기 때문에 구아노를 빨리 매매해야 할 동기를 갖지 못했다(Olinger, 1980: 14). 따라서 구아노 붐 시기의 정부 재정은 위탁 판매업자들에 의존하는 형태를 띠게 되었다. 하지만 호세 발타가 집권하면서 구아노 수출 상황도 여의치 않게 되었고 정권은 재정 상황에 대한 반전을 꾀했다. 당시 재무장관이었던 니콜라스 데 피에롤라(Nicolás de Piérola)의 제안으로 구아노 위탁 판매제를 폐지하고 계약 판매제를 시행하고자 했다. 즉, 200만 톤의 구아노를 매매할 수 있는 판매자와의 '계약'을 통해 정부는 판매자로부터 매달 고정된 수수료를 확보하고, 이와 더불어 계약 판매자가 정부의 외채 이자 상환의 일부를 담당하게 함으로써 파탄지경에 이르렀던 정부 재정에 대한 개혁을 꾀했던 것이다(Olinger, 1980: 15). 이러한 정부 개혁안에 위탁 판매자들의 반반이 거세었지만, 우여곡절 끝에 1870년 의회는 드레이퍼스(Dreyfus)와의 구아노 판매 계약을 승인했다.

하지만 이러한 구아노 매매 방식의 변화가 정부의 재정 상황을 크게 개선하지는 못했다. 1870년대에 접어들면, 구아노에 대한 유럽의 수요는 점차 줄어들었으며, 초석(nitrate)이 구아노를 대신할 비료로 주목받기 시작했다. 또한, 구아노 매매에 종속된 정부의 재정으로 인해 오히려 페루의 대외 채무는 한층 더 증가했고, 그 결과 1872년 페루는 경제 위기에 처하게 된다(Coronado, 2020: 141; Tarazona, 2021: 68). 이러한 경제적 위기 상황에서 리마는 여전히 위생 및 주거 문제 등 산적한 도시 문제를 해결하지 못한 상황이었다(Coronado, 2020: 165).

앞서 언급한 바와 같이 식민 도시 공간은 주로 교회가 통제 관리했는데, 특히 도심 외곽지역의 경우 교구 형성을 통해 교회가 토지를 통제해 왔다. 하지만 18세기 말부터 식민 경제가 쇠퇴하면서 교회는 가산을 구획을 나눠 임대하거나 매매하기 시작했다(Panfichi, 2004). 이때부터 일부 엘리트 가문은 교회가 자산을 매매하는 과정에서 일부 토지(예를 들어 원주민 집성지)를 낮은 가격에 매입하기도 했다(Panfichi, 2004). 그럼에도 19세기 중반까지 리마는 여전히 격자형 도심 구조를 유지해 왔다(Navarro Jiménez, 2017: 3). 하지만 발타 정부하에서 리마 성벽 철거가 진행되면서 리마의 도시 공간도 물리적인 변화를 겪기 시작했다. 특히 성벽이라는 물리적 경계가 없어지면서 도심 외곽지역(Periferia) 개발에 대한 민간 자본의 통제가 강화되기 시작했다. 이는 당시의 정부가 재정이 어려운 상황에서 도시 개발의 이니셔티브를 민간에 넘겨주었기 때문이었고, 이 과정에서 가장 주목할 만한 인물이 헨리 메이그스(Henry Meiggs)이다.

정부는 파탄지경에 이른 재정 상황을 타개하고 산적한 도시 문제를 해결하는 것과 더불어 성벽 철거로 물리적 경계가 사라져 확장된 리마의 도시

개발과 공공사업을 진행하기 위해 민간 자본의 투자 활성화를 꾀했다. 이 과정에서 이미 칠레 철도 사업에서 성공을 거두고 리마로 넘어온 헨리 메이그스는 페루의 각종 공공사업과 도시 개발 사업에 참여하면서 주요 자산가로 자리 잡았다. 발타 정부는 '철도 건설의 전성기'라고 할 만큼 많은 철도 건설 사업을 진행했는데, 철도의 건설이 페루가 봉착해 있던 경제 성장의 정체를 해결해 줄 수 있을 것이라 확신했기 때문이다.[28] 이미 칠레에서 철도 건설에 성공을 거둔 후 페루 남부의 아레키파(Arequipa) 철도 건설 입찰을 위해 페루로 넘어온 메이그스는 발타 정부가 진행한 리마 성벽 철거 사업에도 참여하였다(Tarazona, 2021: 68). 메이그스는 성벽 철거 과정에서 페루 정부의 용인하에 리마 도심 외곽 토지 자산의 상당 부분 확보하게 되었고 리마 도심 외곽 개발의 독점적인 투자자로 자리 잡게 되었다. 당시 정부는 대규모 공공사업을 진행할 수 있는 재정적 능력이 없었기 때문에 민간 투자를 통한 도시 근대화 사업을 지원했으며, 메이그스는 성벽 철거 과정에서 대규모의 토지를 공매받았다(Coronado, 2020: 140-141). 그는 이윤을 축적하기 위해 부동산 투기, 철도 건설, 광산 개발, 공공건물 건설 등 수많은 개발 사업에 참여했다(Tarazona, 2021: 68).

특히 메이그스는 성벽 철거 이후, 도심 외곽 토지 시장에서 유일한 입찰자로 토지 공매의 낙찰을 받았는데, 이는 1872년 페루 정부가 시행한 토지 수용법의 혜택을 받은 결과이다. 1872년의 토지 수용법 제정 이후 페루에서는 민간 자본을 통한 독점적 토지 시장과 민간 주택 공급이 이뤄지기 시작했다(Coronado, 2020: 141, 165). 특히 1872년~1877년 사이 메이그스는 도심 외곽지역의 부동산을 독점했고, 이는 페루에서 막 시행된 부동산 담보

---

28 페루의 근대화 발전이 더딘 것은 지형적 조건에 따른 물자의 이동이 어려운 이유가 크다고 인식하고 있었기 때문에 철도의 발전을 위한 물리적 장애물에 대한 해결책이 될 것이라고 보았다.

대출을 통해 낮은 가격으로 토지를 매입하면서 가능했다(Coronado, 2020: 215-216). 결국, 리마의 성벽 철거와 함께 진행된 도심 외곽 지역 개발은 정부의 재정적 능력 결여로 민간 자본의 투자에 맡겨졌고, 정부의 법제적 지원 아래에 메이그스의 주도로 독점적이고 투기적인 토지 시장이 형성되는 결과를 가져왔다(Coronado, 2020: 165-166).

2. 근대 도시 계획과 도시 공간의 기능 변화

한편, 리마에서 도시 공간의 근대화는 구아노 붐 시기부터 서서히 시작되었다. 특히 라몬 카스티야 정부(Ramón Castilla, 1858~1862년 2기 정부) 하에서 시장, 도살장, 감옥 등 현대적인 공공건물이 도심에 들어섰다. 하지만, 성벽이 철거되기 이전에는 도심 외곽지역에서의 공공 인프라 사업은 거의 진행되지 않았다(Coronado, 2020: 113). 1850~1860년대 리마의 근대 공간 형성은 주로 리마 성벽 내부에서 진행되었다. 대표적으로는 1852년 중앙시장 형성(Tarazona, 2021), 볼리바르 광장(과거에 종교 재판광장(Plaza de la Inquisición)으로 불렸음)에 라틴아메리카의 독립 영웅 시몬 볼리바르의 기념비 설치(1859), 리막 지역에 있는 작은 공원인 알라메다 데 아초(Alameda de Acho)에 콜럼버스 기념비 배치(1860), 메인 광장(Plaza de Armas)의 현대화(1860) 등이 진행되었다(Orrego, 2018: 31). 이와 더불어 1855년 가스회사(Fábrica del Gas)가 건설되면서 도시에 전력이 공급되고, 전보망이 확대되기 시작했다(Tarazona, 2021: 66).

하지만, 리마의 도시 공간이 본격적으로 근대적 공간으로 변모한 것은 리마 성벽이 철거된 시기를 전후해서였다(Orrego, 2018: 31). 리마 성벽 철거와 함께 도시 공간의 확장, 도시 내 주거지, 공장 지역, 광장 등의 기능적 재배치와 새로운 기능 공간(상업, 산업, 금융 등)의 형성, 새로운 교통망(전차,

기차, 대로 등) 형성, 전기, 상하수도망, 통신 등 새로운 기술이 도입되었다(Navarro Jiménez, 2016: 5-6). 성벽 철거 이후 도시 계획에는 주거지, 철로, 교통망, 광장, 가로수길 등이 포함되어 있었고, 이는 식민 도시의 전통과의 단절과 근대화의 목적이 담겨 있었다(Navarro Jiménez, 2017: 4). 본 장에서는 특히 리마 최초의 근대적 도시 계획과 독립 50주년 기념 국제 박람회를 전후한 도시 공간의 성격 변화, 철도망의 형성을 중심으로 리마의 도시 공간이 어떻게 전통적인 식민 도시와 단절을 시도했는지에 대해 더 자세히 살펴보기로 한다.

리마 최초의 근대적 도시 계획(Plan de Ensanche)은 이탈리아 출신의 농학 기술자인 루이스 사다 디 카를로(Luis Sadá di Carlo)의 도시 계획안에 기원을 두고 있다. 1869년 사다(Sadá)는 페루 정부와 계약하고 1870년~1873년 사이 도시의 디자인을 담당했다(Coronado, 2020: 151). 1871년 승인된 사다의 도시 계획안은 이후 정부의 재정 파탄과 태평양 전쟁으로 인해 모두 실현되지 못했지만, 전후 엘리트들이 주도하는 도시 근대화 프로젝트의 기반을 마련했다(Coronado, 2020: 156; Coronado, 2017: 71; Joffré, 2007: 17).

사다의 도시 계획안의 주된 목표 중 하나는 19세기에 더욱 가시화된 도시 위생 문제를 해결하고, 도심 밀집을 줄이기 위해 도심 외곽지역을 개발하고 신규 주택을 공급하는 것이었다(Coronado, 2020: 151). 특히 리마 성벽 철거 과정에서 물리적 공간의 제한이 없어지면서 사다는 도시 계획안에 대로와 가로수 길 건설 등의 계획을 포함했다. 사다의 도시 계획안은 당시 유럽의 도시들, 특히 제2 제정기의 파리의 영향을 받았지만, 오스만의 파리 개조 계획과는 달리 도심을 그대로 두고 도심 주변을 다양한 방향으로 확장하여

제2의 리마를 형성하는 것을 목표했다(Orrego, 2018: 32).[29] 특히 사다의 도시 계획안에서 중요한 위치를 차지한 것은 성벽이 철거된 이후 도심과 도심 외곽지역을 연결하는 대로와 가로수길, 그리고 공공 공간을 형성하는 것이었다(Coronado, 2020: 155; Tarazona, 2021: 70). 이러한 특징은 식민 도시 리마의 외형에 근대성을 구현하기 위한 시도로 볼 수 있다. 즉 도심 외곽지역으로의 도로망 형성은 성벽 내부에서 격자형 도심 구조를 유지해온 식민 도시 리마의 물리적 공간에 변화를 가져오는 시도였으며, 식민시대 종교적 성격을 유지해온 공공 공간은 엘리트와 대중을 위한 공간으로 변모하게 되었다(Coronado, 2020: 153). 물론 사다의 도시 계획안에서 나타나는 근대적 성격의 실질적인 구현이 가속화된 것은 20세기에 들어서서였지만, 1870년대 초 기초적인 형태를 살펴볼 수 있다.

한편, 1872년 리마에서 개최된 국제 박람회를 전후한 일련의 도시 변화는 독립 50주년이라는 공화국 역사의 전환점을 계기로 부왕령의 도시에서 근대 도시로 변화하는데 중요한 전환점을 마련했다고 볼 수 있다. 국제 박람회는 1851년 런던에서 처음 개최된 이래 일국의 사회적·물질적 진보를 전시 혹은 과시하는 장으로 활용되었다. 이처럼 국제 박람회를 국가 근대성의 전시장으로 활용한 유럽의 경험은 19세기 막 성장하기 시작한 라틴아메리카의 부르주아들에게도 영향을 미쳤다(Orrego, 2018: 34). 리마에서는 1869년 7월 리마 시정의 주도로 성공적인 산업 박람회를 치른 후, 독립 50주년을 기념하기 위한 더 큰 규모의 행사를 개최하여, 페루의 위세를 과시하고자 했다. 1872년의 국제 박람회는 당시의 정치·경제적 위기와 더불어

---

29   도심 외곽 지역 개발은 스페인의 주요 도시들에서 진행된 구도심 보존 도시 계획과 유사한 것으로 바르셀로나(1854), 세비야(1863), 발렌시아(1865), 쿠바의 아바나(1863)의 성벽 철거와 이후의 도시 계획과 유사한 형태를 띤다(Orrego, 2018: 32).

진행 과정이 순조롭지 않아 어려움을 겪기도 했지만, 독립 50주년을 맞이하여 페루가 풍부한 자원, 발전된 수공예 기술, 과학과 기술 분야에서 이룬 성과를 전시하는 장으로서 역할을 하면서 엘리트들에게 유럽에 버금가는 진보를 이루었다는 자신감을 심어주기도 했다(Orrego, 2018: 36).

특히 국제 박람회를 준비하는 과정에서 이를 기념하기 위한 궁전(Palacio de la Exposición)과 공원(Parque de la Exposición)을 건설했다(Mazuré, 2011; Cárdenas, 2020: 31). 국제 박람회를 준비하는 과정에서 리마 도심 남부에 대규모의 공원을 건설하여 다양한 종류의 페루 유산을 전시하는 공간으로 활용하고자 하는 아이디어가 제안되었고, 1869년 8월 호세 발타(José Balta) 대통령은 법령을 통해 궁전과 공원을 건설할 것을 명했다(Orrego, 2018: 33). 이후 궁전은 리마 예술 박물관(Museo de Arte de Lima)로 운영되면서 그동안 열악한 환경에서 보존되어 온 유물을 전시하는 페루의 역사 기억의 공간으로 재탄생했다.[30] 역사 기억의 관리와 전시는 근대 국가의 민족주의 형성 과정에서 중요한 전략 중 하나인데, 페루 독립 50주년을 기념하기 위해 건설된 국제 박람회 기념 궁전은 페루의 역사적 기억을 더 나은 장소에서 국가가 관리하고 전시하는 계기를 마련했다(Orrego, 2018: 36). 특히 궁전은 정복 이전의 과거를 수용하고 독립 국가로서의 페루 주권의 정당성 기반을 확립하기 위한 유물들은 전시하는 공간으로 활용되기 시작했다(Orrego, 2018: 37).

한편, 국제 박람회 기념 궁전이 자리한 국제 박람회 기념 공원의 경우 당시 유럽에서 유행하던 경향을 반영한 것으로 도시 내 녹지 공간을 확보하여

---

30 국제 박람회 기념 궁전이 건설되기 이전 페루의 유물은 국립 도서관(Biblioteca Nacional)에서 보존되고 있었으나, 관리 상태가 열악하기도 했고, 주로 스페인 정복 이전의 물품들을 주로 보존해 왔다(Orrego, 2018: 17).

시민들의 여가 활동을 위한 새로운 형태의 공공 공간을 형성하기 위한 목적으로 만들어졌다(Orrego, 2018: 33).[31] 이러한 목적에서 건설된 국제 박람회 기념 공원에는 광활한 녹지 공간과 함께, 다양한 파빌리온, 동물원, 작은 호수들, 분수 등이 배치되었으며, 메인 광장을 대체할 만한 사회적 만남의 장소로서 자리 잡기 시작했다(Orrego, 2018: 34).

도시의 새로운 공공 공간과 더불어 교통망의 형성은 식민 도시 구조의 공간적 구조와 기능을 변화시키는 데 중요한 역할을 했다. 19세기 리마에서 철도, 도로, 전차[32] 등의 교통망이 형성되면서 식민 시기의 격자형 도심 구조가 변화하기 시작한다. 특히 19세기 중반 구아노 붐 시기 본격화되기 시작한 철도망의 건설[33]과 대로망의 형성은 성벽이 철거되면서 리마의 물리적 공간의 확장을 가속하는 데 중요한 역할을 했다고 볼 수 있다. 교통망이 형성되면서 이미 도심의 밀집과 위생 환경의 악화로 인해 도시 외곽으로 주거지를 이동할 필요성을 인식하고 있던 도시 중산층의 교외화 현상을 가속했다. 성벽 철거와 함께 사다의 도시 계획안에 식민 격자형 도시 구조를 무너뜨리기 위한 일련의 대로와 광장 건설이 포함되면서 본격화되었다(Joffré,

---

31   리마 국제 박람회 기념 공원은 당시 유럽, 북미, 라틴아메리카에서 생겨나던 대규모 시민 공원들과 맥락을 함께 한다. 대표적으로는 런던의 세인트 제임스 공원(Saint James Park)과 하이드 공원(Hyde Park), 파리의 룩셈부르크 정원(Jardin du Luxembourg), 마드리드의 레티로 공원(Parque del Retiro), 뉴욕의 센트럴 공원(Central Park), 멕시코의 차풀테펙 공원(Bosque de Chapultepec), 칠레 산티아고의 오히긴스 공원(O'Higgins Park), 부에노스아이레스의 팔레르모 공원(Bosque de Palermo) 등이 있다(Orrego, 2018: 34).

32   리마에서는 1806년 전차 서비스가 시작되었고, 총 7개의 루트, 40km가 연결되었다(Panfichi, 2004). 특히 전력망이 공급되면서 리마(Lima)-초리요스(Chorrillos) 간 전차가 활발하게 운영되었다(Navarro Jiménez, 2017: 14).

33   페루의 철도망 건설은 호세 발타 정부를 전후한 시기를 출발점으로, 태평양 전쟁이 끝난 19세기 말 이후 전국적으로 확산되었다. 특히 페루의 철도망은 주로 광산, 농업 지역과 같은 주요 생산지역과 항구 도시를 연결하는 형태로 건설되었다(Pennano, 1979). 본장은 리마의 도시 물리적 공간의 변화라는 측면에서 리마 내의 철도망을 중심에 한정해서 살펴본다.

2007: 22-3). 하지만 사다의 계획안과 같은 대로가 건설된 것은 태평양 전쟁 이후 국가 재건 과정, 특히 1920년대 현실화하였다. 이 때문에 본장에서는 철도망의 건설에 한정해서 살펴보기로 한다.

페루에서 첫 번째 철도 건설이 시도되었던 것은 1826년 리마-카야오 간 철도 건설안이었지만, 정치 · 경제적 혼란으로 현실화하지 못하다가 구아노 붐에 접어들게 되는 1845년 라몬 카스티야(Ramón Castilla) 정권 시기에 들어서서야 철도 건설의 필요성이 다시 제안되었다(Pennano, 1979: 136). 1848년 리마(Lima)-카야오(Callao) 간 철도 건설안이 승인되었고, 1850년 건설을 시작하여 1851년 개통되었다. 페루의 철도는 주로 민간 자본의 투자로 건설되었기 때문에 투자비 회수율이 높은 주요 도심들을 중심으로 노선이 형성되었다(Pennano, 1979: 136). 이 때문에 주로 상업 활동이 활발한 지역을 연결하는 철도망이 건설되었다. 리마-카야오간 철도는 카야오항이 가지고 있던 상업적 금융적 기능을 리마로 옮겨오는 데 중요한 기여를 했다(Pennano, 1979: 136). 리마-카야오 간 철도가 성공을 거두면서 1856년 리마 도심에서 도심 외곽의 해변 지역을 따라 리마-초리요스(Chorrillos) 간 철도 건설을 시작했고, 1858년 완공되었다. 원래 종착역인 초리요스는 어부들이 사는 작은 마을이었는데, 해안가에 위치하고 있어 리마의 부유층이 미라플로레스(Miraflores)와 바랑코(Barranco)와 함께 해수욕을 즐기기 위해 선호해 오던 지역이었다(Cárdenas, 2020: 30). 초리요스까지 철도망이 확장되면서 초리요스는 급격히 성장했고, 주변 지역에 새로운 주거지가 형성되었다. 특히 이탈리아, 영국, 프랑스 출신의 이민자들은 미라플로레스와 초리요스에 거주지를 마련하여 정착했다(Cárdenas, 2020: 30). 1875년에는 리마와 마그달레나(La Magdalena) 남부 해안도 철로로 연결되었다(Aguirre, 2016).

이처럼 페루 성곽 철거를 전후하여 리마의 도시 공간은 그 구조와 기능적인 측면에서 근대화의 전환점을 맞이했다. 먼저 도시 공간은 식민 통치와 종교적 이데올로기의 재현 공간에서 근대 국가가 계획하고 근대적 통치성을 발현하는 공간으로 전환하기 시작했다. 사다의 리마 최초의 근대 도시 계획안의 내용은 이를 반영하고 있으며, 특히 독립 50주년을 기념하기 위한 국제 박람회 개회를 전후하여 리마에는 근대적 도시 공간이 상징적으로 형성되었다. 대표적으로 국제 박람회 기념 궁전은 근대 국가의 역사 기억의 관리와 전시 공간으로, 국제 박람회 기념 공원은 리마의 공공 공간으로서 새로운 사회적 만남의 장소로 자리 잡았다. 또한, 성벽 철거 이전 격자형 도심 구조에 제한되었던 도시 구조는 물리적 제한이 사라지고 철도와 같은 교통망이 형성되면서 변화했다. 특히 남부 해변 지역으로 철도망이 형성되면서 중상층의 주거지의 교외화가 가속화되었다.

하지만 1850~1870년대 사이 리마의 근대 도시로의 전환은 1879년 발발한 태평양 전쟁으로 중단되었다. 특히 태평양 전쟁 기간 중인 1881~1883년 사이 리마는 칠레군에 점령되어 폐허가 되었다(Joffré, 2007: 18; Cárdenas, 2020: 32). 리마가 태평양 전쟁의 폐허에서 회복하여 근대화를 재개하는 데는 수십 년이 걸렸다. 그럼에도 1850~1870년 사이 리마 성벽 철거를 전환점으로 시도되었던 도시 근대화는 20세기 초 본격적인 근대화의 중요한 기반을 마련했다. 이미 리마는 식민 도시의 공간과 기능을 벗어버리기 시작했다.

V. 결론

본 장은 1850~1870년대 리마가 그 도시 공간과 기능적인 측면에서 어떻게 식민 도시에서 근대 도시로의 전환을 맞이하게 되었는지를 분석했다. 1535년 프란시스코 피사로가 이끄는 스페인 정복자들에 의해 건설된 리마는 지리적 위치, 경제적 중요성 등으로 인해 스페인령 남아메리카에서 식민 지배의 거점으로 성장했다. 식민 도시 리마의 도시 구조는 식민 지배 권력과 종교적 이데올로기를 반영하고 식민 행정의 편의를 제공하는 공간으로 자리잡았다. 특히 16세기 중반 이후 리마의 도시 구조는 격자형 도심, 두 개의 원주민 집성지, 5개의 교회 교구가 위치한 도시 주변부라는 3개의 핵을 중심으로 형성되었다. 17세기 들어 리마는 식민 본국과 식민지 간의 활발한 상업 활동의 거점으로 성장했고 이에 따라 리마의 인구도 증가하게 되었다. 한편, 이러한 리마의 성장은 해적과 같은 외부로부터의 위협에 리마가 취약해지는 결과를 가져오기도 했다. 이러한 배경에서 1684~1687년 사이 건설된 리마 성벽은 외부의 공격으로부터 방어 목적으로 건설되었으나, 식민 도시 리마의 물리적 경계를 형성하고 도시 내부의 도시화 형태를 변화시키는 데 중요한 역할을 했다.

한편, 18세기 중반 이후 부르봉 왕가의 지배하에서 자유 무역법이 제정되면서 식민 국가 간의 상업 활동이 활발해졌다. 그 때문에 17세기와 18세기를 거치면서 리마의 인구는 급격히 증가하게 되었다. 18세기 중반경에 이르면, 도시 내 인구 성장에 따른 인구 밀도 증가, 성벽 내 주거 공간의 부족과 주거 공간 내 인구 밀집 문제, 각종 도시 문제 등이 심각하게 가시화되기 시작했다. 더욱이 식민 도시 건물들은 파손 혹은 마모된 상태였다. 이러한 리마의 역동적인 변화 상황은 식민 행정과 종교적 이데올로기의 재현 공간으로서 건설된 식민 도시 구조와 파열음을 내기 시작했다. 특히 리마 성벽은 주거지 부족과 위생 문제 등과 같은 리마의 도시 문제를 발생시키는 온상으로 인식되기 시작했다. 하지만 리마의 도시 구조와 기능은 독립 후 수십 년간 크게 변화하지 않은 채 유지되었다. 이러한 상황이 반전되기 시작한 것은 구아노 수출 붐에 따른 경제 성장으로 페루가 정치·경제적 안정을 확보하기 시작하는 19세기 중반 경이었다. 이 시기 리마 엘리트들 역시 당시 진행되고 있던 유럽의 산업 도시들과 같은 근대화와 진보를 모방하기를 열망했다. 이러한 배경에서 리마 성벽의 존재는 근대화와 진보의 주된 걸림돌로 인식되기 시작했고, 위생주의자들의 힘이 보태지면서 1869년 리마 성벽 철거가 결정되었다.

성벽 철거(1869~1872년)를 전후해서 리마는 식민 도시에서 근대 도시로의 전환기를 맞이한다. 식민 지배 초기 격자형 도심 내부의 토지는 주로 초기 정복자들과 여러 가톨릭 교파에 분배되었고, 도심 외곽지역의 경우 주로 교회가 교구를 형성하여 도시 공간에 대한 통제권을 유지하고 있었다. 하지만 성벽 철거를 전후하여, 도심 외곽지역으로 철도 등과 같은 교통망이 연결되면서 주거지의 교외화가 진행되었다. 또한, 구아노 붐이 일단락되기 시작하면서 정부 재정이 파탄 지경에 이르렀고, 도시 공간 개발의 주체가 민간 자본으로 전환되었다. 한편, 식민 권력과 종교적 권력의 재현 공간으로 형성되었던 도시 공간에는 점차 현대적 건물이 들어서고, 국가의 근대적 통치성이 발현되는 공간으로 변모하기 시작했다. 대표적으로는 독립 50주년을 기념하기 위해 개최된 1872년 국제 박람회를 기념하기 위해 건설된 기념 궁전과 기념 공원이 있다. 국제 박람회 기념 궁전은 페루의 역사 기억의 관리와 전시 공간으로 자리 잡았으며, 기념 공원은 새로운 공공 공간으로서 기능하게 되었다.

이처럼 리마는 1850~1870년대 동안 도시 공간과 성격의 측면에서 식민 도시에서 근대 도시로의 전환기를 맞이하였다. 하지만 이러한 근대 도시로의 전환은 1879년 발발한 태평양 전쟁으로 중지되게 되었고, 1881~1883년 사이 칠레군의 리마 점령으로 도시가 상당 부분 타격을 입게 되었다. 태평양 전쟁 이전의 근대 도시 형성의 열기가 재개될 때까지는 수십 년이 걸렸다. 하지만 이 시기 리마의 근대 도시로의 전환은 1920년대 레기아(Leguía) 집권 기간 재개되는 도시 근대화의 중요한 초석을 세웠다는 측면에서 큰 의의를 지닌다고 볼 수 있다.

참고 문헌

김흥순(2017), 『역사로 읽는 도시이야기』, 보성각.

민유기(2007), 『도시이론과 프랑스 도시사 연구』, 심산.

블루엣, 브라이언 W. · 블루엣, 올린 M. (2013), 『라틴아메리카와 카리브 해: 주제별 분석과 지
   역적 접근』, Latin America and The Caribbean: A Systematic and Regional Survey, 김희순
   외 역, 까치

우덕룡 외 (2000), 『라틴아메리카: 마야잉카로부터 현재까지의 역사와 문화』, 송산출판사.

조재성(2020), 『21세기 도시를 위한 현대 도시계획론』, 한울아카데미.

하비, 데이비드(2019), 『모더니티의 수도, 파리: 자본이 만든 메트로폴리스 1830-1871』, Paris,
   Capital of Modernity, 김병화 역, 글항아리.

Aguirre, M.(2016), *Los cambios urbanisticos de Lima entre los años 1900-1960 por la Influencia de
   la Industrialización y las Políticas Urbanas.* Universidade Federal da Integração Latino-
   Americana.

Cárdenas, E. Z.(2006), "Los inicios de la higiene en Lima", *Investigaciones Sociales*, Vol. 16, 459-
   484.

Cárdenas, A. S.(2020), "Lima: La indígena, la virreinal, la moderna - Muy breve historia urbana
   de la Ciudad de Los Reyes", *Consensus*, Vol. 25, 21-40.

Condeso, R. A.(2019), *El callejón limeño como principal escenario de difusión del vals criollo a inicios
   de siglo XX*, Tesis del Bachier, Pontificia Universidad Católica del Perú.

Coronado, J.(2017), "La Muralla de Lima. Entre las razones para su construcción y demolición",
   Investigaciones en Ciudad & Arquitectura, 7(1), 61-74.

Coronado, J. E.(2020), *La Modernización Urbana de Lima a Fines del Siglo XIX.* Tesis doctoral.
   Universidad Autónoma Metropolitana. Ciudad de México.

Giráldez, E. S.(2015), *La Ciudad Progresiva: Una Lectura de los Asentamientos Humanos de Lima.*
   Tesis Doctoral. Universidad Politécnica de Madrid.

Joffé, G.(2004), "La política borbónica del espacio urbano y el cementerio general (Lima, 1760-
   1820)", *Histórica,* 23(1), 91-130.

Joffré, G. R.(2007), *El Guión de la Cirugía Urbana: Lima 1850-1940.* Ediciones Universida Catol-
   ica de Chile, 9-33.

Joffé, G.(2017), "Ilustrar la urbe: planos de Lima borbónica", *Illapa Mana Tukukuq*, Vol. 7, 63-80.

Kahatt, S.(2014), "Lima: cinco siglos de orden y caos. Breve recuento de crecimiento y transformación socio-espacial", *Revista Indexada de Textos Académicos*, Vol. 2, 38-43.

Mazuré, J. H.(2011), "El Nacimiento de Lima: La Imposición de un Nuevo Orden", on the w@ terfront. Public Art. Urban Design. Civic Participation. Urban Regeneration, No. 19 (February), 23-37. https://revistes.ub.edu/index.php/waterfront/article/view/18745.

Navarro Jiménez, F. J.(2016), *Dejar el Casco Antiguo: Dos Casos de Modernizacion Urbana en América Latina: Lima y la Ciudad de México, 1895-1910.* Tesis de Maestría. CIDE. Mexico.

Navarro Jiménez, F. J.(2017), "Del derribo de la muralla a los transvías electrificados: elementos para la moernización urbana de la ciudad de Lima, 1869-1910", *Revista Bibliográfica de Geografía y Ciencias Sociales*, 22(1), 1-21.

Olinger, J. P.(1980), "The Guano Age in Peru", *History Today*, 30(6), 13-18.

Orrego, J. L.(2018), "Lima en la década de 1870, una ciudad para el cincuentenario de la Independencia", *Historia*, Vol. 2, 30-40.

Panfichi, A.(2004), "La Urbanización de Lima, 1535-1900", En: Aldo Panfichi y Felipe Portocarrero (eds.), *Mundos interiores: Lima 1850-1950.* Lima: Universidad del Pacífico.

Pennano, Guido(1979), "Desarrollo regional y ferrocarriles en el Perú: 1850-1819", *APUNTES: Revista de Ciencias Sociales*, Vol. 9, 131-150.

Robin, J. and Terzo, F.(1973), *Urbanization in Peru.* International Urbanization Survey, Ford Foundation.

Salaverry, O.(2017), "Higienismo en el Perú del siglo XIX. Sebastián Lorente y el Catecismo de Higiene", *Revista Peru Med Exp Salud Pública*, 31(1), 139-144.

Sánchez Ruiz, G. O.(2020), "Ciudades latinoamericanas entre mediados del siglo XIX y principios del XX: del Higienismo al Urbanismo", *Arquitectura y Urbanismo*, 41(2), 31-45.

Tarzona, R.(2021), "Génesis política de la modernización de Lima a partir del derribo de la muralla colonial y el nuevo trazado urbano (1870-1878)", *Tradición*, Vol. 21, 60-71.

08

말레이시아 항구도시 페낭의
초국적 연결성과 진화[*]

백두주

Ⅰ. 서론

세계의 바다는 '가치의 순환과 실현을 위한 표면(surfaces)' 역할을 한다. 이 과정에서 항구 및 항구도시는 구조화된 상품 순환의 특성을 연결하는 핵심 노드 지점(key nodal points)을 구성한다. 그러나 역사적으로 세계 또는 지역의 연결성은 지역, 국가, 도시별로 차등적으로 이루어져 왔다. 그럼에도 불구하고 분명한 것은 항구가 상품순환의 광범위한 '물류 아키텍처(logistical architecture)' 내에서 중요한 노드역할을 해 왔다는 것이다. 항구는 시장을 연결하고 국제무역경로의 통합을 위한 '공간-경제 구조조정(spatial-economic restructuring)'을 촉진하는 특성을 갖는다(Ziadah, 2022).

---

[*] 이 글은 〈용봉인문논총〉 제63권(2023년)에 게재된 '동남아시아 항구도시의 연결성과 진화 - 말레이시아 페낭항을 중심으로' 논문을 수정·보완한 것임.

연결성의 지정학(geopolitics of connectivity)은 항구도시 역사연구에서 의미 있는 분석 관점을 제공한다(Godehardt and Postel-Vina, 2020). 연결성을 시간적으로 보면 새로움과 '친숙한 옛 것'이 뒤섞여 흥미로운 내용을 발견할 수 있다. 연결성 경쟁은 '지역들' 및 세계와 연결하기 위한 경쟁이며, 이는 연결성의 범위, 속도, 영향력, 강도 수준을 높이기 위한 것이다. 역사적으로 도시들은 외부와의 연결성 수준을 높여 왔고 일부 도시들은 연결성 경쟁에서 밀려나 쇠퇴국면을 경험한 반면 어떤 도시들은 성장과 쇠퇴의 진자 운동적 과정을 거쳐오기도 했다. 결국 다중네트워크로 구성된 연결성은 도시의 힘을 강화하는 원천으로 작용해 왔다(Pflieger and Rozenblat, 2020).

도시의 연결성은 사람, 상품, 지식, 가치의 지리적 상호 순환을 가능하게 한다. 이러한 연결성은 고정되지 않고 불안정하며 때로는 불평등한 효과를 보인다. 역사적으로 연결성을 조직하고 규제하는 것은 통치의 본질적 특성을 구성하는 요인이었다. 따라서 연결성을 위한 전략과 결과는 경제적 측면 뿐만 아니라 권력의 문제이다. 또한 연결성의 확장과 심화는 그 자체로 해당 지역, 국가, 도시의 발전 척도가 된다. 특히 항구도시는 오랫동안 사회적, 문화적, 경제적 교류의 장소로서 기능을 해왔으며 역사적으로 사람, 상품, 지식, 가치 및 제도의 내부와 외부 흐름(flows) 모두를 위한 관문이었다. 같은 맥락에서 연결성은 도시의 흐름을 의미하며 흐름은 도시에 영향을 미치고 도시는 다시 흐름을 형성한다. 이 과정에서 흐름의 집중 및 분산과 장소에 미치는 영향 사이에는 긴장이 발생하기도 한다(Hesse, 2013).

상당수의 아시아 항구도시들은 식민지 시대 제국의 '전략적 관문이자 진입 지점(entry points)'이었고 탈식민지 시대에는 지역 및 글로벌 연결성을 위한 핵심 노드로서 역할을 부여 받았다. 특히 항구는 세계화의 '최전선 병사(frontline solders)'로 간주된다(Ducruet and Lee, 2006). 따라서 항구도시의 진화과정을 이해하기 위해서는 항구의 역사적 변천과정에 대한 이해가 필수적이다. 예를 들어, 싱가포르의 경우 과거 제국의 식민 항구도시에서 세계적 항만도시로 이행한 사례(백두주, 2022a)이나 다른 항구도시들의 경우 진화의 경로가 상이하며(Ducruet and Jeong, 2015) 그 원인을 분석하는 것은 의미있는 연구주제이다. 항구도시의 공간적 진화는 환경적 조건에 따른 적응능력(adaptive capacity)과 연관되어 있으며, 항구도시의 적응능력은 "항구가 변화하는 조건, 압력, 위험 또는 기회에 잘 대처하고 관리 또는 조정하기 위한 과정, 조치 그리고 결과"(Notteboom, 2016: 298)를 의미한다. 세계 항구도시의 역사적 진화는 단일하고 단선적인 경로를 경험하는 것이 아니라 "동형화(isomorphism)와 차별화의 이중적 흐름" 속에 이루어져 왔음에 주목할 필요가 있다(백두주, 2022b: 38). 항구도시는 단순히 해안에 있는 도시가 아니라 해양적 성향(maritime orientation)을 가진 경제적 정치체(economic politics)로서의 특성을 갖는다(Leng, 2009).

바다를 통한 지역 및 국제무역은 초기 항구도시 성장을 촉진하는 엔진 역할을 담당했다. 도시의 성장은 본질적으로 상업사회의 직접적인 표현이었고 항구는 지역 산업발전과 도시 건설을 위한 견고한 기반이었다(Zhao et al., 2019). 많은 도시의 흥망성쇠는 교통과 관련이 있었다. 초기 식민지 도시는 무역항을 중심으로 공간이 확장되고 사람들이 모이며 자원수출의 중심지이자 산업제조의 현장 역할을 수행했다. 동남아시아 주요 도시들은 서아시아와 동아시아 지역간의 대외 무역으로 인해 주로 해안 및 강 근처에 형성되었다. 이 도시들은 두 고대문명, 즉 중국과 인도 사이에 위치해 있었다. 또한 토지이용 변화와 상품교환이 빈번히 이루어지면서 항구, 시장, 창고 및 정착지는 해안선을 중심으로 계층적으로 분산 배열되었다. 초기 식민시대 항구는 국제 또는 지역 내 무역 기능을 담당하며 각 지역의 상인들과 노동자들을 끌어들였다. 그러나 '근대화의 시간'을 거치면서 항만과 역사적 공간은 현대 상업공간으로 변화하고 일부는 철거되어 이전 기능을 상실하면서 점진적으로 해안가 재개발 프로젝트에 통합되는 사례가 많아졌다(Salim and Mohamed, 2018). 초기 무역항들은 현대 해상운송 기술혁신의 결정체라 할 수 있는 '컨테이너' 항구로 발전하여 도약하거나 새로운 환경변화에 적응하지 못하는 경우 쇠퇴의 길을 마주했다.

본 연구의 대상은 말레이시아 북부지역 항구도시인 페낭이다.[34] 페낭은 역사적으로 이질적 정체성이 형성된 항구도시의 특성을 잘 보여주는 사례이다. 항구도시 페낭은 1786년 영국의 식민 항구도시부터 현재까지 다민족·다문화·다종교적인 특징들이 혼합된 '용광로'로 평가받고 있다(Gin, 2015). 식민지 시대 항구가 위치해 있던 조지타운은 '문명의 교차로'라 명명될 만큼 다양한 문명이 공존하면서 문화적으로 독특한 삶의 방식을 유지하고 있다. 2008년 말라카(Melaka)와 함께 유네스코 세계문화유산(UNESCO WHS)으로 지정된 이 지역은 18세기 이후 시작된 항구도시 건설, 문화적 융합 그리고 문명 진보의 결과를 보여준다(Long et al., 2018).

---

34 페낭은 말레이시아 반도의 북서쪽 해안 근처에 위치한 13개 주 중 하나이며 페낭섬과 본토의 서베랑 페라이(Seberang Perai)로 구성된다. 총 면적은 1,031km^2이며 섬과 본토는 페리서비스와 13.5km 길이의 제1 페낭대교(Penang bridge), 24km 길이의 제2 페낭대교(Sultan Abdul Halim Muadzam Shah)로 연결되어 있다. 말레이시아 13개 주중 두 번째로 면적이 작지만 여덟 번째로 인구가 많은 주이다. 페낭주는 5개의 시(district)를 두고 있으며 2020년 현재 총 인구는 1,740천명으로 2000년(1,231천명)에 비해 41.4% 증가했다. 이는 말레이시아 전체 인구(32,447천명)의 5.36%에 해당하는 수치이다. 종교현황은 이슬람 46.05%로 가장 많고 다음으로 불교 38.06%, 힌두교 8.48%, 기독교 4.38% 순이다. 말레이시아 전체 종교비율이 이슬람 63.5%, 불교 18.7%, 기독교 9.1%, 힌두교 6.1%임을 감안하면 다른 지역에 비해 불교의 수치가 매우 높게 나타난다. 종족집단별 인구구성(2019년 기준)은 말레이계 토착민인 부미푸트라(Bumiputera) 46.2%, 중국계 42.96%, 인도계 10.28%, 기타 0.3%순이다. 말레이시아 전체(부미푸트라 69.4%, 중국계 23.2%, 인도계 6.7%)에서 중국계 비율이 가장 높은 주이다(Ministry of Economy Department of Statistics Malaysia Official Portal; Penang Population Census).

본 연구의 목적은 과거 식민지 항구도시인 페낭의 역사적 진화과정을 항구와 초국적 연결성의 변화에 초점을 맞춰 탐색하는 것이다. 주요 연구내용은 두 부분으로 구성된다. 우선, 제국의 페낭 점령 및 전략적 이익, 초기 식민지 항구도시의 형성, 페낭항구와 무역경로 등을 내용으로 하는 식민지 항구도시의 형성과 발전과정을 살펴볼 것이다. 다음으로 탈식민지 시대로 진입하면서 항구도시 페낭의 위기와 적응전략을 분석하여 항구도시인 페낭의 장기적 진화과정을 확인한다.

II. 식민지 항구도시의 형성과 발전

1. 제국과 식민지의 연결성 구축: 페낭 점령 및 전략적 이익

18세기 후반~19세기 초반, 영국은 말레이시아에서 네덜란드를 서서히 몰아내고 마지막 정복자가 되었다. 영국의 점령 이전 페낭은 원래 케다(Kedah) 술탄국의 일부였다. 페낭이 1786년 이후 항구도시로 부상하기 오랜 전부터 케다 항구는 말라카 해협을 통한 무역로와 관련된 전략적 위치로 인해 주목받아 왔다. 케다 해안의 전직 아편 무역상이던 프랜시스 라이트(Francis Light) 선장은 영국 동인도회사(BEIC: British East India Company)를 대신하여 1786년 페낭섬을 점령했다. 3척의 함대(그 중 2척은 BEIC 선박, 1척은 자신 소유의 무역선), 150명의 세포이(sepoys), 5명의 유럽 장교, 2명의 조수를 대동했다(McPherson, 1997). 페낭 점령 후 라이트는 말라카 해협에 위치한 이 작은 섬을 '프린스 오브 웨일즈(Prince of Wales)'로 명명했다. 라이트는 케다를 위협하는 샴과 버마 군대로부터 군사적 보호를 받는 대가로 페낭을 BEIC에 양도하도록 케다의 술탄을 설득했다. 그러나 1790년 케다의 술탄 압둘라는 영국이 보호해 주지 않을 것이라는 소식을 듣고 네덜란 드와 영국을 제거하기 위해 군대를 조직하여 전투를 벌였으나 패배했고, 그 결과 1791년 조약을 맺고 페낭섬을 영국에 넘겼다.

제국은 식민지 국가들로부터 빠르고 효율적으로 천연자원을 수집하고 그들의 영토에서 새로 가공된 상품들을 판매하고자 했다. 그들은 제국의 본토와 해외지역 사이에 연결이 잘 되는 접근하기 쉬운 장소가 필요했다. 영국은 1786년 페낭 점령 이후 1819년 스탬퍼드 래플스(Thomas Stamford Raffles)를 통해 싱가포르를 제국의 지배블럭으로 편입시켰다. 또한 1826년 말라카, 딘딩(Dinding), 페낭, 싱가포르 식민지를 영국 BEIC가 지배하는 영토의 일부로서 '해협식민지(Straits settlements)'를 구축했다. 말라카 해협을 따라 위치한 해협 식민지들은 영국의 무역로를 단축시켰고, 영국 동인도 아대륙 사이의 무역 네트워크와 영국 해협, 군도, 중국과의 무역 연결성을 강화했다 (Long et al., 2018). 1867년에는 이들 지역에 대한 영국의 직접 통치가 이루어졌고 1874년 팡코르 조약(Pangkor treaty)을 통해 말레이반도 전역에 식민지배를 확장하면서 이전과 다른 '개입주의 정책'을 강화했다.

19세기 '제국의 시대'는 '산업의 시대'이자 세계 경제의 경이적인 성장의 시기였으며 많은 지역들이 세계 무역 시스템으로 통합된 시기였다. 동남아시아의 궤적도 외부 세력에 의해 통합의 수준이 높아져 갔다(Leng, 2009). 라이트는 페낭섬 점령을 통해 영국이 동남아시아에서 네덜란드와 프랑스의 영토 야망을 견제할 수 있다고 생각했다. 동남아시아에서 영국의 확장은 일반적으로 영국의 상업 · 산업 자본주의의 세계적 확장, 영국령 인도의 번창, 중국에 의해 제공된 기회, 19세기 국제적인 경쟁, 특히 영국과 프랑스 경쟁에 의해 형성되었다고 설명된다(Kawamura, 2015).

다른 한편, 페낭 점령을 통한 전략적 이익은 BEIC의 재정 및 정치상태와 직접적인 관련이 있었다(McPherson, 1997). 18세기 후반 BEIC는 독점무역 기업에서 인도 아대륙의 광대한 영토를 지배하는 기업으로 변모했으나 식민지 관리를 위한 재정이 부족했으며 인도 화물에 대한 유럽의 수요 감소와 인도양과 많은 아시아 시장에서 프랑스, 네덜란드, 스페인의 무역방해로 인해 사정이 더욱 악화되고 있었다. 1760-1770년대 BEIC의 최대 전략적 이익은 새로운 시장에 진출하는 것이었고 그중 가장 크고 수익성이 높은 시장을 당시 급성장하는 중국 '차 무역'으로 판단했다. 중국무역은 인도의 주요 수출품인 면제품과 아편이 중국에서 수요가 많지 않거나 불법 수입품이라는 점에서 문제가 있었다. 따라서 중국에서 차를 구입하기 위한 은을 얻기 위해 BEIC는 중국에 팔 수 있는 후추와 주석과 같은 상품 그리고 인도 상품의 대체 시장을 찾아야 했다. 이와 같은 상황적 조건에서 BEIC가 주목한 잠재 시장이 동남아시아였다. 이 지역에서는 인도 면직물과 아편에 대한 수요가 증가하고 있었고 중국에서 좋은 가격에 판매되는 이국적인 상품들이 풍부했다. 페낭항구는 중국 무역에 이상적으로 적합하고 더불어 인도 범죄자들의 형벌 정주지로도 매력적인 지역으로 인식되었다.

2. 초기 식민지 항구도시의 형성: 이민자들의 항구도시

1786년 조지타운(George town) 설립 이후 페낭에는 상업 상점들이 격자 모양으로 늘어선 항구 근처에 마을들이 모여 있었다. 중국인과 출리아스(Chulias, 타밀 무슬림), 정부건물과 유럽인 거주지, 말레인들 마을은 공간적으로 분리는 되었지만 주로 무역항의 경제적 필요에 의해 형성되었기 때문에 인종차별에 따른 의도적인 정책이라기보다 경제적 분업 기능의 결과에 더 가까웠다. 페낭에 모여든 상인과 사람들은 새로운 페낭의 발전을 위한 공동의 관심사를 공유하고 있었고 영국 무역상들도 아시아인들과 긴밀한 관계를 유지하면서 페낭은 벵골만의 주요 '이민자들의 항구도시'로 빠르게 자리 잡아 나갔다(Goh, 2014; Hussin, 2009: 294-319).

초기 조지타운 개발은 웰드 키(Weld Quay) 해안가를 따라 집중되었다. 당시는 물이 주요 교통수단이었기 때문에 항구는 매우 분주했고 해안가는 지역 및 국제 상인들을 위한 유명한 무역 중심지였다. 1821년 조지타운의 도시화는 더 많은 행정기관 건물들이 들어섬에 따라 도심 쪽으로 계속 확산되어 갔다. 급기야 19세기 후반 조지타운은 개발할 땅이 부족해졌으며 이러한 상황은 해안선을 바깥쪽으로 밀어내는 대규모 매립으로 이어져 비치 스트리트(Beach Street)와 웰드 키 사이에 고다운(godowns)[35] 건설을 위한 새로운 땅이 만들어졌다. 고다운은 작업속도를 높이고 가능한 인적 작업량을 줄이도록 설계되었다(Salim and Mohamed, 2018).

라이트는 '자유항구(free port)' 아이디어를 페낭에 도입했다. 자유항구는 유럽인, 중국인, 인도인, 부기스인, 아랍인, 미국인, 페르시아인, 시엠레아프, 버마인, 수마트라인, 말레이인 등 다양한 지역 및 종족의 사람들을 빠르게 끌어들였다. 그 결과 1786년 점령 당시 986명에 불과했던 인구가 1792년에 1만명에 달했고 1805년에는 3만명까지 증가했다(Long et al., 2018; McPherson, 1997).[36] 페낭이 주석·고무산업으로 번성한 시기에는 이주민

---

35 고다운은 초기 단순한 주거 및 상품 저장 공간으로 활용되었지만 이후 상품의 가치를 높이기 위해 등급을 매기고, 가공·포장하는 노동집약적 생산공장으로 진화해 나갔다. 이러한 고다운은 식민지 항구도시 성장에 크게 기여한 공간이었고 '교차문화의 접촉 구역'으로 역할을 담당했다(백두주, 2022a: 47). 오늘날 남아 있는 고다운 중 일부는 카페, 주택, 커뮤니티 홀과 같은 창의적인 허브로 변모해 있다.

36 초기 식민지 항구 페낭의 인구성장 통계는 출처에 따라 상이하게 알려지고 있다. 후신(Hussin, N.) 연구에 따르면 페낭인구는 1788년 1,283명에서 1822년 13,781명으로 집계되었다. 종족별 구성비율은 출리아스 36.25%, 말레이인 24.43%, 중국인이 24.04%로 이들이 다수를 차지했으며, 유럽인(정착민과 BEIC 노예 포함)은 2.9% 수준이었다(Hussin, 2009: 184-192).

의 양적 증가세가 더욱 가팔랐다. 18세기 후반부터 조지타운의 다문화적 맥락이 확산되기 시작했고, 서로 다른 문화들이 도시발전과정에서 얽히고 도시경관에 반영되면서 '페낭은 동서양 문화의 만남을 위한 완벽한 교차로'가 되었다. 세계적 힘, 민족(종족) 공동체의 가치, 종교 그리고 예배, 의식 상징성 및 건축 전통과 같은 다차원적 문화양식들이 도시경관에 그대로 반영되었다(Long et al., 2018). 당시 소수의 부유층과 지배층은 대중문화와 가치를 지배했다. 항구도시 조지타운에는 유럽양식의 각종 건축물을 비롯하여 요새, 묘지 등이 차례로 들어섰다. 유럽인들은 그들의 문화를 식민지에 심었지만 토착문화와 이민문화가 점차 혼합되어 갔으며 이어서 유럽, 동아시아, 남아시아 및 동남아시아의 문화가 공존·융합·변형되면서 조지타운의 포괄성(inclusiveness)을 구현해 나갔다.

다양한 종족 중에서도 중국 이민자들은 페낭의 '자본의 시대'를 만드는 데 핵심적인 역할을 했다(강희정, 2019). 1740년~1840년 사이 유럽 제국의 지배력이 확고히 확립되어 갔음에도 불구하고 이 시기는 중국의 정크무역과 이주가 확대되는 이른바 '중국의 세기(Chinese century)'라고 평가된다(Reid, 2004). 이 기간 동안 동남아시아 전체 상업화 속도는 매우 빠르게 높아졌는데 주로 중국의 경제성장에 영향을 받았기 때문이다. 18세기 후반부터 동남아시아 해역에서 중국 해운의 증가, 중국인 이주자와 정착지의 증가, 그리고 많은 항구도시들과 그들의 배후지역에서 중국인 인구의 증가가 목격되었다(Kawamura, 2015).[37] 특히 중국 남부에서 이주해 온 페낭 내 '빅 5 성씨들(Khoo, Cheah, Yeoh, Lim, Tan)'은 페낭을 지역 중계무역항뿐만 아니라 농장과 농업, 광물생산을 개발하고 통제하기 위한 비즈니스 및 금융기

---

[37] 당시 중국인들의 이주를 촉진한 중국 내부적 요인은 아편전쟁 전후 청 제국의 정치적 혼란, 자연재해와 경제적 빈곤 등이다(박하영, 2020: 14).

반에 주도적인 역할을 했다. 이들은 페낭과 그 주변 주(버마 남부, 시암 남서부, 말레이 서부 주, 수마트라 북부 및 동부해안)를 연결하여 하나의 경제적으로 통합된 지역을 형성하는 네트워크를 구축했다. 더불어 혈연과 결혼을 매개로 하는 가족관계 확장을 통해 다른 민족적 배경의 그룹을 통합하고 신뢰할 수 있는 '파트너 풀'을 확대해 나갔다(Wong, 2007).[38] 토착 권력으로 견고하게 성장한 '빅 5 성씨들'은 제국의 권력과 복잡하고 미묘한 협력과 갈등 관계를 유지했다.

3. 페낭항구와 무역: 지역 상업거점항

고대 중국과 서역을 연결하던 실크로드 교역이 주로 육로를 통해 이루어졌다면 말라카해협은 바닷길로 동양과 서양의 '가교'역할을 수행했다. 페낭은 다른 제국 항구로의 운송연결 뿐만 아니라 산업국가들이 시장에 접근할 수 있는 이점을 토대로 북쪽의 중계항(entrepot)으로 성장해 나갔다(Leng, 2009). 영국의 점령 이전에 페낭은 해적들의 항구 수준이었고 점령 이후 가장 큰 과제는 '사람'을 끌어오는 것이었다. 식민정부는 이주를 통한 정착민 확대를 위해 항구에 면세 지위를 부여했고, 이주민에게는 개간할 수 있는 토지를 제공했다.

동남아시아에서 새로운 상업 기반을 구축하기로 한 BEIC의 결정은 전통적인 상업 및 전략적 이익의 맥락에서 이루어졌다. 자유항구에 대한 아이디

---

38 지역무역 중심지로서 페낭의 부상에는 중국 이주민들뿐만 아니라 말레인 상인들과 무역인의 역할도 매우 중요했다. 군도의 주요 항구마을에 도착한 상품수집과 유통인들이 바로 이들이었다. 말레이 상인들은 군도에서 온 중요한 무역인 집단이었다. 19세기에는 말레이 상인과 무역인들 중 장거리 무역에 참여할 수단과 자원을 가진 사람 적어 말레인 상인과 무역인들의 쇠퇴가 뚜렷하게 나타났다(Hussin, 2005).

어는 1787년 당시 인도 총독이었던 존 맥퍼슨(John Machpherson) 경의 의도에서도 확인된다. 그는 페낭에서 수출입하는 상품에 대해 어떠한 종류의 세금도 부과하지 않기를 바랐으며 모든 국가가 무료로 항구를 자유롭게 왕래하기를 권고했다(McPherson, 1997). 즉 페낭항은 점령 당시부터 중국 무역의 문을 여는 자유항으로 구상되었다. 페낭에서 이러한 '실험'이 있었기에 이후 싱가포르가 아시아 무역의 거대한 교차로가 되었다는 해석도 가능하다.

페낭항구는 늪지대의 매립을 통해 건설되었다. 영국 점령 이후 콘월리스 요새(Fort Cornwllis)가 건설되었고, 이 요새 주위는 곧 분주한 무역항의 중심이 되었다. 페낭항구 창고와 고다운은 비치 스트리트에서 바다 인근까지 건설되었다. 19세기 말까지 많은 토지 매립 활동으로 인해 비치 스트리트가 드라이 도크(dry dock)가 되었기 때문에 페낭항구를 위해 새로운 워터프론트 부두를 만들어야 했다. 페낭항구 근처는 해운회사, 수출입 상인 및 도매상들이 남부 비치 스트리트 사실상 지배했다. 19세기 말까지 페낭항구 북부 비치 스트리트 주변지역은 유럽 상점과 백화점이 상품을 판매하는 '번화가'로 발전해 나갔다. 번성하는 페낭항구와 조지타운은 무역을 위해 온 상인들을 매료시키기에 충분했다.

상품에 대한 세금과 관세 없이 거래할 수 있는 페낭 자유항은 상인을 유치하기 위한 것이었으며 그 결과 선박수는 1786년 85척에서 1802년 3,569척으로 기하급수적으로 증가했다(Hussin, 2009: 72). 이러한 성과는 자유항의 특성을 통해 페낭을 중심으로 한 연결성의 속도와 범위가 높은 수준을 보였기 때문이다. 19세기 초 페낭항은 동남아 향신료 수출을 위한 주요 통로였으나 페낭항의 이러한 지위는 오래가지 못했다. 1819년 스탬퍼드 래플스가 싱가포르를 '발견'한 후, 싱가포르항은 페낭항 보다 우수한 지리적 위치를 기반으로 페낭항의 무역액을 빠르게 추월해 나갔다. 그럼에도 불구하고

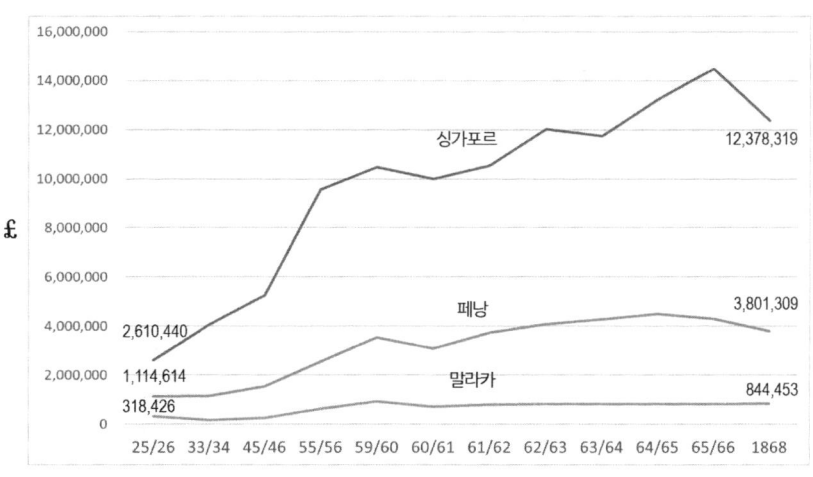

〈그림 1〉 해협식민지 무역액(수입) 변화 추이(1825–1868년)

출처: Leng, L.W. and Seow, J.(2018). p. 56 자료를 토대로 작성.

페낭항은 19세기 내내 계속 주요 지역 무역항으로서의 지위를 유지했다. 수에즈 운하의 개통과 증기선의 출현과 같은 외부 개발로 무역량이 증가하는 가운데 페낭항구는 인도 아대륙 동쪽의 첫 기항지였다. 한편 말레이 반도와 남부 시암의 주석 채굴 붐은 페낭항을 주요 주석 수출 항구로 성장시켜 싱가포르항에 직접 도전하기도 했다. 킨타밸리(Kinta Vally)와 시암의 주석은 페낭항구를 통해 유럽과 미국에 수출되기 전 제련을 위해 조지타운으로 운송되었다. 19세기 후반 몇 년동안 페낭항구의 주석 수출량과 조지타운으로의 주석 수입량은 싱가포르를 능가했을 정도였다.

싱가포르 성장은 페낭항의 위기요인이었으나 페낭항은 '지역 거점항'으로의 빠르게 전환했다. 1819년 영국의 싱가포르 발견 후 싱가포르가 페낭을 능가할 것이라는 일반적인 가정은 단기적인 상승과 하락의 순환을 고려해야 한다. 페낭 무역은 1819년 싱가포르 발견 후 처음에는 어려움을 겪지 않았다. 페낭은 1819-19년 무역액은 £949,109이었으며, 1824-25년에는

£1,182,370로 증가했다. 싱가포르에 거의 즉시 빼앗겼던 동쪽 무역의 손실분은 아친(아체)과 수마트라 동쪽 해안에 있는 항구들과의 무역관계 개선으로 보충했다. 그 당시(1821-23년) 후추에 대한 수요 증가는 페낭의 후추 재배 확산을 촉진했고 이는 중국 무역에 추가되었다(Leng and Seow, 2018: 56-57). 싱가포르는 전략적 위치를 활용해 지역 및 전 세계에서 비지니스와 투자를 빠르게 유치해 나갔다. 1822년 싱가포르의 무역량은 처음으로 페낭을 넘어섰고, 그 후 싱가포르가 페낭을 대체하여 상품을 환적할 수 있는 중계항이 되면서 페낭은 유럽과 아시아를 연결하는 무역 중심지에서 점차 지역 상업 거점으로 변모했다(Zhao et al., 2019). 즉 페낭은 수마트라 북부, 버마 남부, 시암 남서부, 말레이주 서부 주 사이의 현지 및 원주민 무역상을 위한 중계센터로 역할을 재정립했다.

〈표 1〉 페낭 무역의 지리적 분포(1841년-1914년)(%)

연도	동남아시아		서 & 동아시아		서구(West)		기타(Others)	
	수입	수출	수입	수출	수입	수출	수입	수출
1841	41.22	38.66	45.00	34.75	13.79	17.25	0.00	2.33
1851	54.13	50.15	24.40	24.00	19.99	25.47	1.48	0.38
1868	63.17	54.74	17.27	13.49	8.57	26.87	11.00	4.90
1878	47.61	66.38	21.44	7.52	30.60	26.07	0.34	0.03
1888	51.91	55.53	30.54	17.26	17.07	27.06	0.48	0.15
1898	52.51	51.23	30.42	18.06	16.17	30.67	0.90	0.04
1908	72.70	58.53	15.76	14.28	11.02	27.02	0.52	0.17
1914	69.62	36.92	17.55	9.77	11.82	52.58	1.01	0.73

출처: Leng, L.W.(2009) p. 30.

19세기 초까지 페낭은 인도-중국 무역의 기항지 역할을 했다. 영국의 '무역전환' 이후 아체(Aceh), 페디르 해안지역(Pedir Coast), 팡아(Pungah), 모울메인(Moulmein) 및 페구(Pegu)와 무역은 1819년부터 1840년까지 그리고 그 이후에도 지속적으로 이루어져 상당 정도의 '연속성'을 유지했다. 페낭 중국인의 지역 상인 네트워크(하위그룹으로 페라나칸 중국인 포함)는

20세기까지 지역(local) 항구가 아닌 지역(regional) 항구였다는 점을 무시할 수 없다. 영국이 케다를 대신하는 항구로 페낭항의 전략적 위치를 구상했지만 결과적으로 페낭은 식민지 이전 시대와 동일한 방식으로 무역을 수행한 셈이다(Leng, 2009; McPherson, 1997). 페낭은 장거리 '국제무역'보다는 '지역무역'을 위한 주요 중계지로 성장했으며 더 많은 무역은 인도 및 중국에 있는 항구와 직접 연결보다 수마트라에서 버마 및 인도 남부에 인접한 항구에서 이루어졌다.

III. 항구도시 페낭의 적응전략

1. 페낭의 도시 위기

제2차 세계대전 이후 페낭은 장기적인 경제침체 겪었다. 특히 말레이시아 독립 이후 연방정부 내에서 '경제적 민족주의'가 출현하면서 자유항구 지위는 잠식되었고, 페낭 주의 경제적 토대였던 중계무역도 심각한 수준으로 악화되었다. 영국은 페낭의 자유항 지위에 대해 공식적으로 인정했지만 전후 정권은 페낭의 이익에 반하는 무역규제를 부과했다. 경제적 민족주의의 바람은 무역과 상업의 중앙집중화를 초래하면서 페낭의 중계무역을 더욱 제한하여 경제위기를 심화시켰다(Lyn and Tuan, 2019). 이와 같은 맥락에서 1969년 연방정부는 갑자기 페낭의 자유항 지위를 박탈하였고 1970년-80년 항구도시 중심지역인 조지타운의 쇠퇴는 가속화되었다. 1960년대 초 경제 민족주의는 수마트라, 태국, 버마에 있는 페낭의 중계 파트너를 강타했다. 새로 독립한 대부분 국가들은 여러 방식으로 경제적 자립을 추구하고 '수입대체 산업'을 구축하려고 했기 때문에 무역규모의 축소는 결국 항구도시 페낭의 위기로 이어졌다.

다른 한편 해상물류의 혁명을 초래한 컨테이너화(containerization)는 항구산업을 대규모 자본집약적 산업으로 전환시켰으며 기존 항구와 달리 더 깊은 수심과 넓은 항구공간, 기계화된 설비에 대한 투자를 요구했다. 이러한 기술적 조건의 변화에 따라 페낭섬에 위치한 구 항구는 새로운 환경변화에 대응할 수 없는 한계에 봉착했다. '항구이전'이 불가피한 상황에서 신항구들이 본토 서베랑 페라이에 들어서면서 기존 구 항구의 기능은 사실상 종료되었다. 항구이전과 산업화가 조지타운에서 떨어진 섬 남부지역과 본토에 집중되면서 구 도심 젊은 주민들의 이주현상이 눈에 띄게 증가했으며 공동화(hollowing out) 현상마저 보였다. 1974년 페낭 주정부는 조지타운을 활성화하기 위해 쇼핑 및 상업단지를 건설하는 프로젝트를 실시했으나 이 과정에서 수백 개의 역사적인 상점, 학교 및 사원이 철거되고 손상되었을뿐 조지타운을 활성화 하는데 사실상 실패했다(Goh, 2014).

연방정부의 항구정책도 페낭지역의 위기요인으로 작용했다. 연방정부는 수도 쿠알라룸푸르 발전을 위한 인프라 제공의 필요성으로 구 포트스웨덴햄(Port Swettenham)인 포트클랑(Port Klang)을 개발하는데 집중했다(Lyn and Tuan, 2019). 이 과정에서 식민지 시대 최대항구였던 페낭항은 '국가적 의제의 변두리'로 밀려났다. 포트클랑과 탄중펠레파스항(PTP: Port of Tanjung Pelepas)은 국가의 적극적인 육성정책에 따라 해상무역과 환적을 위한 말레이시아의 주요 관문으로서 입지를 공고히 해나갔다. 이 두 항구는 정부의 정책개입의 최대 수혜자였다. PTP는 말레이시아의 국제환적 허브로서 부분적으로 싱가포르 항에서 넘쳐나는 화물을 수용하기 위해 개발되었다. 항구의 전략적 지원여부는 연방정부 수준에서 결정되었는데 당시 야당이 주도한 페낭 주정부와 BN(Barisan Nasional, 국민전선) 연방정부 사이의 정치적 갈등으로 인해 페낭항구의 전략적 발전 방향은 길을 잃었다. 시간이 지남에 따라 페낭항과 달리 포트클랑과 PTP는 각각의 시장에서 점점 더 지배력을 발휘하여 세계적인 항구로 항구로 성장했다(Ming et al., 2020). 2022년 전 세계 컨테이너 항구 순위에서 포트클랑 13위(13,220천TEU), PTP는 15위(10,512TEU)를 기록하면서 세계적 항구로 도약했다(Lloyd, 2023). 아래 〈그림 2〉와 〈그림 3〉은 연방정부의 차별적인 항구정책에 따른 결과를 명확히 보여주고 있다.

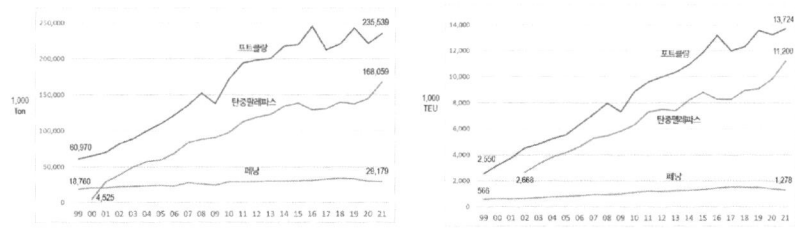

<table>
<tr><td>〈그림 2〉 총 물동량 변화 추이(천톤)</td><td>〈그림 3〉 컨테이너 물동량 변화 추이(천TEU)</td></tr>
</table>

출처: Ministry of Transport Malaysia, Malaysia Transportation Statistics 각년도 수치를 토대로 작성

페낭항의 중계무역 감소와 자유항구 지위의 잠식은 페낭 경제상황에 그대로 반영되었다. 예를 들어 페낭은 당시 반도 주에서 가장 낮은 고용률을 기록했다. 1967년 인구 791천명에 취업자 수는 230천명에 불과했고 심지어 2년 후 인구는 837천명으로 증가했지만 취업자 수는 거의 증가하지 않은 248천명에 그쳤다. 이러한 위기를 돌파하기 위해 페낭 주정부는 1964년 12월 소위 '먼로 보고서(The Munro Report)'를 통해 중장기 발전계획을 수립했으나 결과적으로 큰 성과를 거두지는 못했다(Lyn and Tuan, 2019). 이 계획의 목표는 페낭을 우수한 항구와 보조서비스를 제공하여 자본재와 소비재 모두를 공급하고 관광주도의 지역으로 육성하는 것이었다. 1950년대 후반부터 시행한 수입대체산업화(ISI: Import-Substituting Industrialization)

정책의 일환으로 제조업 육성이 핵심적인 내용이다. 그러나 중계무역의 돌이킬 수 없는 하락, ISI 정책의 한계, 페낭의 자유항구 지위의 완전한 상실 등은 먼로 보고서에 불리하게 작용했다. 무역손실은 페낭항구의 전반적인 침체를 구조화했다. 불균형한 수입-수출 무역 패턴은 페낭의 중계무역을 회생시키지 못했고, 제조업을 통한 산업화 역시 초과 노동력을 흡수할 만큼 충분한 일자리를 제공할 수 없었다. 항구도시 페낭은 이전과 다른 새로운 적응전략을 모색해야 하는 절박한 상황에 봉착하게 되었다.

2. 페낭의 적응전략

1) 공간의 재구조화 : UNESCO WHS

다문화 역사도시(multi-cultural historic city)인 조지타운은 1969년 자유무역 항구 지위가 취소된 후 지역발전 전략의 하나로 풍부하고 다양한 문화유산에 주목했다. 조지타운은 말라카 해협에서 500년 이상 무역과 동서 간의 문화 교류를 발전시켜 왔다. 아시아와 유럽의 영향으로 도시 내부에 유·무형의 다문화 유산이 풍부했고 독특한 건축과 문화가 도시 경관에 녹아 있었다(Hosagrahar et al., 2021). 일부에서는 도시 '위기'에 대응한 '적응능력'을 높이기 위해 구도심 철거와 재개발 논의가 이루어지기도 했다(Jenkins, 2019). 그러나 이는 오히려 시민사회에서 아래부터의 유산보전운동을 활성화하는 계기가 되었다. 1980년대 초부터, 페낭 내부에서는 조지타운 건축(건물) 유산 보전 문제가 사회적 쟁점으로 부상하기 시작했다. 1987년 페낭 도시 내부의 보존지역 설계지침에서 5개 유산 보존지역이 확인되었고, 이후 6개로 늘어났다. 1990년대 초부터 주정부는 건축유산을 관광상품으로 적극적으로 홍보하려는 노력도 있었다. 그 결과 2005년 페낭주의회는 구시가지 발전방향을 '살아있는 유산 도시(Living Heritage City)'로

잡았고 우여곡절 끝에 조지타운은 2008년 UNESCO WHS에 등재되었다 (Long et al., 2018).

구 항구 도심지역인 조지타운은 도시 유산 워터프론트(urban heritage waterfront)로 분류될 수 있다. 도심의 인프라 확대는 기존 해안가 근처에 위치한 중심업무지구를 내륙으로 이동시켰다. 이로 인해 구도심은 경제불황에 시달리고 사람들의 이주로 고유한 장소성과 정체성마저 흔들리는 상황에 직면하게 되었다. 다른 한편 이러한 항구도시의 쇠퇴는 수변지역을 따라 개발을 활성화하려는 아이디어의 확산을 가져왔다(Salim and Mohamed, 2018). 조지타운을 구한 것은 조지타운의 개발 정책의 의도하지 않은 결과였다. 페낭 힐(Penang Hill)을 변형하려는 개발계획은 시민사회의 '대항운동'에 활력을 불어 넣었고, 조지타운의 역사적, 유산적 가치에 대한 담론이 결합되면서 전통 유산 보존 주장이 힘을 얻어갔다. 그 결과 페낭 힐 개발계획은 결국 보류되었다.

2000년 조지타운의 임대료 통제가 폐지되고 약 6만여 명의 구도심 세입자들이 떠나기 시작하면서 부동산 소유주들은 도심을 유령 도시로 만들었다. 이에 대응한 시민사회의 페낭 도시개발 목표는 문화적 차이에 대한 관용, 민주주의에 대한 믿음, 그리고 사회의 상호 공존을 증가시키는 것이었다. 고유한 정체성 유지를 위한 유산보전과 관광 사이에 일종의 타협지점도 모색되었다. 페낭 시민사회는 조지타운이 UNESCO WHS 지위를 유지하는 것이 유산보존과 관광산업 사이의 '균형 행위(a balancing act)'라 생각했다(Goh, 2014). 2008년 조지타운의 UNESCO WHS 등재는 관광산업에 새로운 방향을 제시했다. UNESCO WHS 등재 이후에는 대부분 유산 건물이 보존되었으며 유네스코의 보존법에 따라 변경 및 개발행위는 규제를 받았다. 경제위기 극복을 위한 관광산업의 잠재력이 증가함에 따라 유산 건물은 주거용에서 상업용으로 용도가 변경되어 많은 유서 깊은 건물이 부티크 호텔, 카페, 갤러리, 박물관, 게스트하우스 등 비즈니스 공간으로 개조되었다(Salim and Mohamed, 2018). 식민 유산에 기반한 문화적 다양성과 유형의 유산들은 도시 홍보를 위해 비교적 성공적으로 활용되고 자본화되었다(Ismail and Mohd-Ali, 2011; Nasution, 2012).[39]

조지타운이 UNESCO WHS로 지정된 후 공동화의 위험에 직면했던 구도심은 세계적인 관광지로 부상했고 구 항구도심의 공간재구조화는 성공한 것으로 인식되지만 관광에 대한 의존도가 높아지면서 조지타운의 장기적 균형을 위협한다는 평가도 존재한다. 조지타운의 젠트리피케이션(gen-trification)은 1966년 제정된 임대료관리법이 폐지된 이후 1997년부터 시작되었고 UNESCO WHS 등재되면서 그 속도가 더욱 심화되었다(Chan et al., 2017). 자본유입과 투자로 인한 젠트리피케이션은 장기 거주자들의 이주를 유도하여 지역문화의 잠식을 초래할 수 있어 향후 사회적 논의가 필요한 의제이다. 역사적으로 항구도시 페낭은 섬과 식민지 초기 정착지, 식민지 무역항, 식민지 상업중심지, 식민지 또는 탈식민지 근대도시 그리고 마지막으로 말라카해협의 역사적 도시로의 발전과정을 경험했다. 이와 함께 도시경관도 열대섬 경관, 농업경관, 무역항 도시경관에서 근대도시경관, 역사적 도시경관으로 변화해 왔다. 이러한 진화과정은 정치적, 경제적 그리고 사회적 힘에 의해 영향을 받았다(Long et al., 2018). '도시는 시간의 산물'임을 감안하면 시간에 따른 공간의 역동성, 인간활동의 과정에 대한 이해

---

39 2008년 UNESCO WHS 지정 이후 페낭 관광산업은 꾸준한 성장세를 보이고 있다. 식민지 시대의 항구(Swettenham Pier)는 크루즈 항으로 재개발되었으며 연간(2019년 기준) 512,393명의 크루즈 승객이 방문했다. 페낭의 연간 관광객 수는 거의 천 만명(2018년 948만명)에 육박하는 수준이다(PETAC, 2021: 42; 54).

가 필요한 대목이다.

2) 항구의 재구조화: IMT-GT 관문항

페낭항구는 대형 컨테이너 선박의 수용을 위해 1974년 본토 지역으로 이동했다. 본토지역 항구개발은 1960년 후반에서 1977년까지 시행되었다. 페낭항은 1786년부터 식민지 항구로 운영되기 시작했으며 '개발단계'에서는 액체 벌크(liquid bulk) 및 벌크화물(bulk cargoes) 처리 시설도 구축했다. 갠트리 크레인 등을 이용한 컨테이너 화물운송 서비스는 1974년 시작했다. 페낭항에는 1966년-1977년 사이에 항구확장 및 현대화를 위한 자본투자가 이루어졌고, 그 결과 심해 부두의 건설, 컨테이너 선석 개발, 현대적인 컨테이너 취급장비가 도입되었다. 페낭항의 '시작단계'는 1978년 전용 컨테이너 터미널이 완공되면서부터이다. 컨테이너를 위한 접안공간이 마련된 이후 컨테이너 처리량이 상당히 증가했다. 1974년부터 1993년까지 페낭항의 연간 물동량 처리 증가율은 36%에 달했다. 시작단계 기간 동안 현대적인 컨테이너 취급장비, 북해협 준설, 버터워스(Butterworth)에 새로운 컨테이너 터미널 건설 여러 가지 중요한 투자가 있었다.[40] 페낭항의 '성장단계'는 1994년 완전 민영화된 이후 1994년부터이다. 1994-2017년 기간 동안 항구확장 및 건설, 인프라 및 시설, 운영 프로세스 표준화와 혁신을 위한 지속적인 투자가 이루어졌다(Jeevan et al., 2021). 2004년에는 새로운 NBCT(North

---

40 페낭항구를 관리하는 페낭항구위원회(PPC: Penang Port Commission)는 1956년 말레이시아 교통부 산하 법정기구로 법에 의해 설립되었다. PPC는 페낭항구 관리, 항구 및 페리서비스 제공, 항구 개발 및 시설개선, 항구 홍보를 담당한다. 1994년부터 페낭항구 운영 및 페리 서비스는 1990년 항구 민영화법에 따라 페낭항유한주식회사(PPSB: Penang Port Sdn Bhd)에서 운영하고 있다. PPC는 현재 관리 및 규제, 홍보 역할을 담당하며 자유상업구역(FCZ: Free Commercial Zone) 역시 관리분야이다(PPC, https://www.penangport.gov.my/en/profile/vision-mission)(검색일: 2023년 6월 15일).

Butterworth Container Terminal) 터미널 운영이 시작되었으며 페낭항의 내륙 접근성을 위해 철도 및 도로 건설로 배후지와 드라이 포트(Dry port)가 연결되었을 뿐만 아니라 많은 도시로 연결성이 확대되었다.[41]

현재 페낭항의 핵심 모토는 "세계로 향하는 북부지역의 관문항"[42]이다. 이는 페낭항의 전략적 위치를 IMT-GT(Indonesia-Malaysia-Thailand Growth Triangle)의 중심항구로 포지셔닝한 것과 연계되어 있다. IMT-GT 는 인도네시아-말레이시아-태국을 경제회랑으로 연결하는 프로젝트로 5 개의 우선적 경제회랑으로 구성되어 있다. 각 회랑들은 지리적 위치와 비교 우위로 정의되는 고유한 특성을 가지고 있으며 경제회랑간 연결성을 강화하고 회랑을 따라 산업클러스터 및 초국경 생산네트워크를 구축해 나가고 있다(Center for IMT-GT Subregional Cooperation, 2017). IMT-GT는 지역경제 통합과 포용적 성장을 통해 초국경적 지역의 성장을 촉진을 목표로 하고 있다.[43] 해당 3개국 정상들은 1993년 지역통합 및 경제협력 가속화를 위해 IMT-GT를 공식화 한 후 현재 다양한 프로젝트를 추진중에 있다. IMT-GT는 경제적 보완성을 바탕으로 경제협력과 통합을 이루고 소지역 (Subregion) 내 흐름의 집중과 연결성을 강화하고자 하는 초국가적 거버넌스의 일환이다.

동남아시아 항구는 허브항, 관문항, 피더항으로 구분할 수 있다(BMT,

---

41 페낭항의 연결성을 위한 인프라는 말레이시아-태국 국경에서 말레이시아-싱가포르 국경까지 남북 고속도로와 NBCT과 국가 철도망인 버터워스 기차역을 연결하는 2.5km 철도 트랙, 바얀 레파스(Bayan Lepas) 국제공항과 35km 거리에 있으며 전 세계 200개 이상의 항구와 연결되어 있다 (PPC. https://www.penangport.gov.my/en/profile/)(검색일: 2023년 6월 15일).

42 PPC(https://www.penangport.gov.my/en/profile/vission-mission)(검색일: 2023년 6월 15일).

43 Indonesia-Malaysia-Thailand Growth Triangle(https://imtgt.org/economic-corridor/)(검색일: 2023년 7월 4일).

2018). 허브항은 말라카 해협 내 환적 허브항구들(싱가포르, 포트클랑, PTP)로 주요 대륙간(아시아-유럽, 환태평양) 및 아시아 역내 서비스를 제공한다. 관문항은 주로 국가의 직항화물(OD)을 취급하며 아시아 내 무역 환적센터 역할을 한다. 페낭항이 여기에 속한다. 마지막 피더항은 직접적인 서비스 연결은 거의 없고 대외 무역은 대부분 허브항과 관문항에서의 환적에 의존한다. 동남아시아와 말라카해협은 세계 동서 무역로와 남북 무역로의 기로에 있어 위치적 우위성이 여전히 매우 높다. 현재 이 지역은 허브항(53%), 관문항(37%), 피더항(10%)들이 방대한 화물운송을 담당하며 전 세계 해운 중심에 있다.

페낭항은 말레이시아 북부지역 배후지[44]는 물론 현재 태국 남부 14개 지역의 수출 관문역할을 하고 있다. 태국 남부의 건축 재목, 몰딩 목재, 라텍스, 고무제품, 고무를 페낭항으로 운송하여 유럽, 중동 및 극동으로 수출하고 있으며 이 지역 물동량의 63% 이상이 페낭항을 통해 수출되고 있다(MMC Group, 2023). 페낭항은 벵골만으로부터의 신규 사업과 환적물량 유치를 주요 목표로 하고 있으며 역내 급유항으로서 입지를 넓혀나가고 있다(Chen et al., 2016; Penang Institute, 2022). 여기서 주목할 점은 페낭항의 현재 전략적 위치가 역사적으로 상당한 '연속성'을 가지고 있다는 점이다. 페낭항은 무역망 구축 초기부터 역사적으로 인도네시아 북부 및 태국 남부와 강

---

44 페낭항은 페를리스(Perlis), 케다(Kedah), 페낭, 및 페락(Perak)주를 포함하는 말레이시아 북부경제회랑(NCER: Northern Corridor Economic Region)의 관문항 역할을 하고 있다. 경제회랑은 지정된 지역이 국가, 지역, 세계무역과 효율적으로 연결되도록 접근성을 개선하기 위한 정책이다. 전략적으로 태국과 국경을 접하고, 말라카 해협을 마주하고 있는 이 지역은 수마트라, 인도네시아, 태국과의 긴밀한 연결을 목표로 한다. 이들 지역간 상호보완성, 지리적 접근성, 역사적 · 문화적 유대를 고려할 때 '아시아의 교차로' 역할을 할 수 있다(NCIA, 2020). IMT-GT를 비롯하여 ASEAN, 인도 및 중국시장에 대한 접근성이 매우 높은 경제회랑이며 그 중심에 페낭항이 있다.

한 연결성을 가지고 있었기 때문에 현재 IMT-GT의 중심항구 전략은 아주 새로운 내용이 아니다.[45] 페낭은 수마트라 북부와 태국 남부의 경제성장과 사회변혁 가속화를 위한 핵심적 기여자 역할을 해왔다(Hussin, 2007). 페낭항은 환적화물을 제외하면 PTP를 능가하여 말레이시아 제2의 항구 지위를 유지하고 있다.

페낭항이 말라카해협에 위치한 첫 번째 항구라는 점을 고려할 때 벵골만과 잠재적으로 중동에서의 환적 활동이 가능할 것으로 전망된다. 2021년 4월 29일 에버그린 마린(Evergreen Marine)사로부터 223TEU급 첫 환적화물을 공급받았다. 포트클랑과 PTP가 주로 중국에서 유럽으로 가는 많은 동서항로에 취항하는 반면 페낭항의 주요 타켓 항로는 주로 벵골만이다. 벵골만은 스리랑카에서 시작해 태국 남부까지 이어지며 2020년 벵골만 화물 처리량은 약 810만TEU로 추정된다. 페낭항은 매일 극동서비스를 제공하고 있으므로 어떤 선사라도 중국, 일본, 한국 또는 대만에 화물을 보내려면 페낭항을 이용할 수 있다는 전략을 내세우고 있다(BERNAMA, 2021). 이는 19세기 초까지 페낭항을 중심으로 이루어졌던 인도-중국 무역항로의 복원을 추진하고 있는 셈이다.

페낭항 자유상업구역(FCZ: Free Commercial Zone)의 활성화는 IMT-GT 목표달성을 위한 유력한 초국적 공간전략이다. FCZ 지위는 1990년 자유지역법에 의해 규제되며 관세, 소비세, 판매세 또는 서비스세 부과없이 재화와 서비스를 반입, 생산, 제조할 수 있다. 페낭항의 FCZ는 1996년 버터워

---

45 현재 빠르게 성장하는 인도와 중국시장 사이에 위치한 페낭은 투자자들에게도 이상적 위치에 있다는 평가를 받고 있다. 역사적으로 페낭은 이들 국가들을 연결하는 항구역할을 해왔다(Choon et al., 2012: 73). IMT-GT 중심항만 전략과 벵골만을 주요 타켓항로로 정한 것은 과거의 '전략적 위치'에 기반한 연결성을 현재화하는 경쟁전략이라 볼 수 있다.

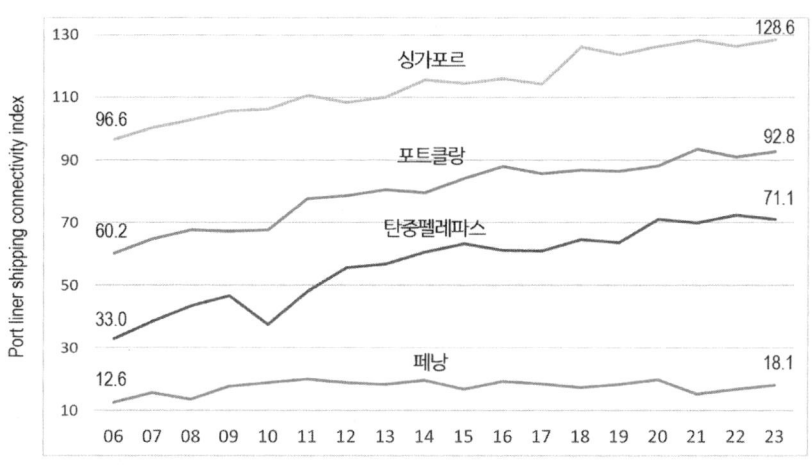

〈그림 4〉 페낭항의 항구연결성 지수(PLSCI) 변화 추이(2006–2023년)

주: 매년 1분기 결과치 기준이며, 2006년 1분기 최대값= 100(Hong Kong)
출처: UNCTAD STAT. Port liner shipping connectivity index 각년도 수치를 토대로 작성.

스 부두(Butterworth Deep Water Wharves)에 이어 2021년 북버터워스 컨테이너터미널(NBCT)이 지정되어 운영 중이다. 이 구역에서는 관세 없이 브레이크 벌킹(break-buling), 분류(grading), 재포장, 라벨링(relabelling), 환적 및 재수출이 가능하다. 이와 같은 정책적 조치는 벵골만과 극동지역을 오가는 컨테이너 환적활동을 활성화하여 물동량 유치 및 지역 내 연결성을 강화하고자 하는 전략적 노력의 일환이다(Dermawan, 2021; MMC Group, 2023; Netherlands Enterprise Agency, 2022). 역사적으로 형성되었던 자유항구 지위가 1960년대 빅딜 이후 현재 새로운 방식으로 실현되고 있다.

항구연결성(PLSCI)은 글로벌 정기선 물류네트워크에서의 해당 항구 위치를 나타낸다. 지수 값이 높을 수록 연결성이 높다는 의미이다. 2006년 1분기 최대값을 기준(100)으로 산정하며 세계 주요 항구의 순위는 상하이항(145.9), 닝보항(133.4), 싱가포르항(128.6), 부산항(125.0), 칭다오항(105.5) 순이다. 말레이시아 항구 중에는 포트클랑 8위(92.8), PTP 20위

(71.1)로 상위권에 있으며 파시르구당(Pasir Gudang, 18.4) 204위, 페낭항 (18.1)은 207위에 머물러 있다. 페낭항은 세계적 수준의 허브항과는 큰 격차를 보이고 있을뿐만 아니라 말레이시아 항구 중에서도 포트클랑, PTP와도 항구연결성 지수의 차이가 매우 크다.[46] 이러한 연결성의 차이는 글로벌 허브항과 지역 관문항의 특성을 반영한 결과로 볼 수 있다.

IV. 결론

1786년 제국의 점령으로 시작된 식민지 항구도시 페낭의 역사적 진화는 초국적 연결성의 구축 및 조정과 연계된 과정이었다. 제국의 페낭 점령은 제국의 전략적 이익을 실현하기 위한 연결성의 구축과정이었으며, 제국은 이를 통해 무역로 단축 및 효율화, 시장접근성을 높이고자 했다. 같은 맥락에서 초기 페낭의 자유항 전략은 사람들의 유입을 위한 것이었으며, 특히 상인들과 그들이 보유하고 있었던 무역 네트워크를 통해 항구의 연결성을 극대화하려는 조치였다. 제국과 연결된 페낭은 이민자들의 항구도시로써 '동서양 문화의 만남을 위한 교차로'가 되었고 이는 현재 페낭의 '문화적 포괄성'의 토대가 되었다. 페낭이 말레이시아에서 비말레이계 인구비율이 가장 높은 이유도 여기에 있다. 제국의 전략적 이익과 함께 '빅 5 성씨들'을 포함한 중국인 이주자들은 자본의 페낭의 '자본의 시대'를 선도한 핵심적 주체들이었다. 19세기 초까지 페낭은 제국의 전략적 이익에 따라 기존 무역네트

---

46 PLSCI는 다음과 같은 6개 항목으로 구성된다. 매주 예정된 선박 기항 횟수, 항만 처리 능력, 항만을 오가는 정기선 운송서비스 수, 정기선 운송서비스 회사 수, 항만 내 입항 가능한 최대 선박 크기, 정기선 운송서비스를 통해 항만에 연결된 다른 항만 수. UNCTAD STAT. *Port liner shipping connectivity index*.

워크에 더하여 인도-중국 무역의 기항지 역할을 하며 연결성의 속도와 범위를 높여갔다. 그러나 1819년 제국의 싱가포르 '발견' 이후 싱가포르항의 빠른 성장은 페낭항의 전략적 위치와 연결성 범위를 '장거리 국제무역'보다는 '지역 거점항'으로 조정하는 결과를 초래했다.

탈식민지 시대 페낭항의 '연결성 위기'는 항구도시의 경제 및 공간위기로 이어졌다. 전후 경제적 민족주의의 대두는 페낭의 자유항구 지위를 잠식했고 중계무역 기능을 축소시켰다. 해상물류의 컨테이너화라는 기술적 조건의 변화에 따른 항구이전도 구 항구도심의 공간위기의 원인이 되었다. 또한 연방정부의 포트클랑과 PTP 항구 중심의 차별적인 항구정책은 페낭항의 연결성 확대를 위한 인프라 투자를 제한했다. 연방정부의 집중적인 지원을 받은 두 항구는 글로벌 연결성 수준이 높은 세계적 항구로 성장했으나 페낭항의 경우 상대적으로 처리물동량과 항구연결성지수 모두 낮은 수준에 머물러 있다. 이러한 복합적 요인들에 따라 항구도시 페낭은 고용위기를 포함한 심각한 경제위기를 경험했다.

이와 같은 위기에 대응한 페낭의 새로운 적응전략은 공간 재구조화 전략으로서 UNESCO WHS 지정을 통한 다문화 역사도시로의 전환이었으며 그 결과 현재 조지타운은 세계적 관광도시로 성장했다. 또 하나의 적응전략은 항구 재구조화 전략이다. 페낭항은 항구이전과 함께 IMT-GT 관문항을 목표로 연결성의 인프라를 확충해 오고 있으며 특히 IMT-GT와 동시에 벵골만을 주요 타킷 항로로 전략화하고 있다. 페낭항은 무역망 초기 역사에서부터 이들 지역들과의 연결성이 높은 수준이었으며 이러한 전략적 선택이 역사적 '연속성'을 내포하고 있는 점은 주목할만 하다. 향후 항구도시 페낭의 미래는 연결성 확대 또는 심화를 위한 전략과 내용에 따라 상이한 경로로 진화해 나갈 것으로 보인다.

참고문헌

강희정 (2019), 『아편과 깡통의 궁전: 동남아의 근대와 페낭 화교사회』, 푸른역사.

박하영 (2020), 『말레이시아 코피티암으로 본 "혼종공간"의 변형』, 부경대학교 글로벌지역학과 석사학위논문.

백두주 (2022a), 「환태평양 도시국가의 역사적 진화(1819-2020년): 싱가포르 항만을 중심으로」, 『용봉논총』, 60, 39-79.

백두주 (2002b), 「동북아 항만도시의 성장과 재구조화: 부산항을 중심으로」, 『인문사회과학연구』, 23(2), 31-65.

BERNAMA (2021), FCZ status a game changer for Penang port. *The Malaysian Reserve* 17 May.

BMT (2018), *Port Planning Consultancy for the Conceptual Master Plan of Westports Expansion CT10-CT19*.

Center for IMT-GT Subregional Cooperation (2017), *IMT-GT Vision 2036*.

Chan, J.H. et al. (2017), Transition of economic structure and demography: The case of tourism gentrification in George Town, Penang. In International Society for the Study of Chinese Overseas Conference 2017, Nagasaki, Japan.

Chen, S.L. et al. (2016), Malaysian Container Seaport-Hinterland Connectivity: Status, Challenges and Strategies. *The Asian Journal of Shipping and Logistics,* 32(3), 127-138.

Choon, L.K. et al. (2012), Investment opportunities in Penang, In Hutchinson, F. E. and Saravanamuttu, J. (eds.) *Catching the wind: Penang in a rising Asia*. Penang Institute and ISEAS.

Dermawan, A. (2021), Penang port set to be focal point for shipping and transhipment activities. *New Straits Times.* 8 Feb.

Ducruet, C. and Jeong, O. (2005), European port-city interface and its Asian application. *KRIHS Research Report* 2005-17.

Ducruet, C. and Lee, S.W. (2006), Frontline soldiers of globalization: port-city evlouyion and regional competition. *Geojournal* 67(2), 107-122.

Gin, O.K. (2015), Disparate identities: Penang from a historical perspective, 1780-1941. *Journal of Malaysian Studies,* 33, 27-52.

Godehardt, N. and Postel-Vina, K. (2020), Connectivity and Geopolitics: Beware the "New Wine in Old Bottles" Approach. *SWP Comment* 35.

Goh, D.P.S. (2014), Between history and heritage: post-colonialism, globalisation, and the remaking of Malacca, Penang, and Singapore. *Trans-Regional and National Studies of Southeast*

Asia, 2(1), 79-101.

Hesse, M. (2013), Cities and flows: re-asserting a relationship as fundamental as it is delicate. *Journal of Transport Geography,* 29, 33-42.

Hussin, N. (2005), Networks of Malay merchants and the rise of Penang as a regional trading centre. *Southeast Asian Studies,* 43(3), 215-237.

Hussin, N. (2007), Charting the early history of Penang trading networks and its connections with the new ASEAN growth triangle(Malaysia-Indonesia-Thailand). *Malaysian Journal of Society and Space* 3, 75-83.

Hussin, N. (2009), *Trade and society in the straits of Melaka: Dutch Melaka and English Penang, 1780-1830,* NIAS Press.

Ismail, S. and Mohd-Ali, N.A. (2011), Heritage conservation for city marketing: The imaging of the historic city Georgetown, Penang, *Procedia Engineerin,* 20, 339-345.

Jeevan, J. et al. (2021), Extension of the seaport life cycle (SLC) by utilising existing inland capacity for current and future trade preparation. *The Asian Journal of Shipping and Logistics,* 37(1), 45-60.

Jenkins, G. (2019), *Contested Space Revisited: George town, Penang, before and after UNESCO World Heritage Listing,* Areca Books..

Kawamura, T. (2015), Maritime Asian trade and colonization of Penang, c. 1786-1830, in Mizushima, T. et al., *Hinterlands and commodities: place, space, time and the political economic development of Asia over the long eighteenth century,* Leiden, Netherlands, BRILL.

Leng, L.W. and Seow, J. (2018), *Through Turbulent Terrain: Trande of the Straits Port of Penang,* Think city & MBRAS.

Leng, L.W. (2009), Penang as commercial centre: trade and shipping networks. *Journal of the Malaysian Branch of the Royal Asiatic Society,* 82(2), 25-37.

Lloyd. (2023), *One Hundred Ports 2023.*

Long, Z. et al. (2018), The townscape evolution of historic port settlement of George town, Pulau Pinang, Malaysia, *Alam Cipta,* 11(2), 62-77.

Lyn, K.S. and Tuan, W.Y. (2019), Chapter 2 From Munro to Nathan: The Rise of a Modern Economy in Penang, In Singh, C. et al. (eds.) *From Free Port to Modern Economy: Economic Development and Social Change in Penang, 1969 to 1990.* Penang Institute & ISEAS.

McPherson, K. (1997), Penang 1786-1832: a promise unfulfilled, Broeze, F. (ed.) *Gateways of Asia: Port cities of Asia in the 13th-20th centuries.* Routledge, 1997.

Ming, L.S. et al. (2020), Instating a free commercial zone at Penang's North Butterworth Container Terminal, *Penang Institute Monographs* #04, 12 March.

MMC Group (2023), Welcome to Penang port: Selamat Datang!. Penang port corporate profile.

Nasution, K. S. (2021), George town, Penang: managing multicultural world heritage site. in Penang, In Hutchinson, F. E. and Saravanamuttu, J. (eds.) *Catching the wind: Penang in a rising Asia,* Penang Institute and ISEAS.

NCIA (2020), Northern Corridor Economic Region Strategic Development Plan (2021-2025). Northern Corridor Implementation Authority.

Netherlands Enterprise Agency (2022), *Port Development in Malaysia: An Introduction to the Country's Evolving Port Landscape.*

Notteboom, T.E. (2016), The adaptive capacity of container ports in an era of mega vessels: The case of upstream seaports Antwerp and Hamburg, *Journal of Transport Geography* 54, 295-309.

Penang Institute (2022), *Penang's Logistics Industry: connecting the parts,* Penang Ecosystem Studies Series.

PETAC (2021), *Penang Tourism Master Plan 2021-2030.*

Pflieger, G. and Rozenblat, C. (2010), Introduction. Urban Networks and Network Theory: The City as the Connector of Multiple Networks, *Urban Studies,* 47(13), 2723-2735.

Reid, A. (2004), Chinese Trade and Southeast Asian Economic Expansion in the Later Eighteenth and Nineteenth Centuries: An Overview, In Nola Cooke and Li Tana (eds.) *Water Frontier: Commerce and the Chinese in the Lower Mekong, 1750-1880.* Rowman & Littlefield Publishers.

Salim, N. and Mohamed, B. (2018), The evolution of historic waterfront: a case of study of George Town, Penang, *Journal of the Malaysian Institute of Planners,* 16(4), 40-54.

UNCTAD STAT. *Port liner shipping connectivity index.*

Wang, M. (2015), The rise of container tonnage and port development in East Asia, *Business and Management Studies,* 1(2), 189-198.

Wong, Y.T. (2007), *The rise and fall of the big five of Penang and their regional networks, 1800s-1900s,* A thesis submitted for the degree of Doctor of Philosophy of the Australian National University..

Zhao, L. et al. (2019), The evolution of George Town's urban morphology in the Straits of Malacca, late 18th century-early 21st century, *Frontiers of Architectural Research,* 8(4), 513-534.

Ziadah, R. (2022), Logistical Landscapes: Corporate Power and Capital in the Maritime Industry. in Albo, G. et al. (eds.) *Capital and Politics, Socialist Register 2023.* Monthly Review Press.

Hosagrahar, J. et al., From port city to World Heritage site: case study of Georger town(Malaysia). UNESCO Project Team (https://whc.unesco.org/en/canopy/georgetown-2/), 2021.

Ministry of Economy Department of Statistics Malaysia Official Portal. MyCensus 2020 Portal.
(https://www.dosm.gov.my/portal-main/landingv2)(검색일: 2023년 7월 21일)

Penang Population Census
(http://www.citypopulation.de/en/malaysia/admin/07__pulau_pinang/)(검색일: 2023년 7월 15일).

PPC, https://www.penangport.gov.my/en/profile/vission-mission(검색일: 2023년 6월 15일)

PPC, https://www.penangport.gov.my/en/profile/)(검색일: 2023년 6월 15일).

Indonesia-Malaysia-Thailand Growth Triangle
(https://imtgt.org/economic-corridor/)(검색일: 2023년 7월 4일).

09

중계무역항 홍콩의 역사적 변천과
환태평양 연계성[*]

박지훈

Ⅰ. 서론

이 장은 중계무역항 홍콩의 역사적 변천을 글로벌 연계성, 특히 환태평양 연계성의 맥락에서 해명한다. 잘 알려진 것처럼 중반만 하더라도 홍콩은 중국의 변방, 그중에서도 남중국해에 위치한 작은 돌섬에 불과했다. 1842년 영국군에 의해 이뤄진 인구조사에 따르면 당시 섬에는 7,450명만 거주하고 있을 뿐이었다. 더군다나 섬의 인구가 평범한 주민만으로 구성된 것도 아니었다. 홍콩섬에는 산 밑 해안가 작은 어촌 마을에 거주하는 일반 주민 외에도 청의 정치적 박해를 피해 본토에서 피신을 온 도망자와 해적도 체류하고 있었기 때문이다(전명윤, 2021: 33). 이 작은 돌섬이 극적인 변화를 겪기 시

---

[*]   이 글은 〈Journal of Global and Area Studies〉 Vol. 9, No. 1(2025년)에 게재된 '글로벌 연계성과 도시 변동: 홍콩의 흥망성쇠에 관한 사회공간이론적 해석' 논문을 수정 · 보완한 것임.

작한 시점은 1841년 영국군의 점령과 주둔지 구축 그리고 이듬해 체결된 난징조약 이후였다. 특히 1860년과 1898년 행해진 두 차례의 확장을 통해 원래의 홍콩섬이 현재의 홍콩시에 해당하는 지역으로까지 팽창했으며 인구도 대략 50배 가량 증가했다(류영하, 2023: 59). 또한 그 과정에서 새로운 홍콩은 영국 물품의 집산지 기능을 하는 자유무역항으로 발전했다. 말할 필요도 없이 이는 광둥성 지역으로의 철도 연결을 포함한 대규모의 사회간접투자와 서구문물의 이식도 수반했다.

이런 변화는 20세기 들어서도 지속되었다. 특히 2차 세계대전기에는 몇 년 간 일본에 의해 점령되기도 했지만 종전 이후 홍콩은 제3세계 전체를 통틀어 가장 급속하고 장기적인 경제성장을 이룬 사례로 주목받았다. 홍콩경제의 성장은 빈곤이나 저발전 상태로부터의 이탈을 훨씬 상회하는 성과였다. 대개의 전통적 상업중심지가 그러한 것처럼 처음에는 경공업 생산기지로 출발했으나 결국에는 아시아의 대표적인 물류허브이자—미국의 뉴욕 및 영국의 런던과 더불어—세계 3대 금융허브 중 하나로까지 도약했기 때문이다. 이로 인해 홍콩은 냉전기 경제기적을 이뤘다고 평가되는 동아시아의 네 마리 용 혹은 호랑이 가운데서도 가장 부유한 경제였다. 뿐만 아니라 이러한 경제성장과 병행하여 홍콩은 관광과 쇼핑의 천국이자 아시아 대중문화의 중심지이기도 했다. 나아가 그것은 문화혁명 이후 중국을 대신하여 중화문명의 계승지 역할도 담당했다. 그리고 이 모든 경험이 오늘날 중국 본토인은 결코 이해할 수 없다는 홍콩인만의 정체성과 자부심을 형성하는 데 기여했다.

하지만 이런 과거 위상과 달리 최근의 홍콩은 더 이상 '동방의 진주'나'아시아의 허브도시'로 칭송되지 않는다. 특히 2020년대 들어 홍콩은 아시아에 위치한 세계경제의 허브도시에서 이탈하기 시작하여 머지 않아 "중국의 변방도시", 심지어는 "광둥성의 소도시"로 전락할 것이라는 평가까지 받고 있다(송지유, 2024; 이지훈·이선아, 2024). 현지의 분위기도 크게 다르지 않다. 홍콩인 사이에서도 그 도시는 이제 금융허브가 아니라 "금융허브 유적지(遺址)"가 되고 있다는 자조섞인 평이 확산되고 있기 때문이다(이벌찬, 2023; 백우진, 2024). 나아가 서구에서도 홍콩의 미래에 대한 전망은 상당히 비관적이다. 일례로 2024년 2월 12일자 파이낸셜 타임스에 게재되어 논란을 일으킨 한 칼럼은 다음과 같이 단언했다. "홍콩은 이제 끝났다"(Roach, 2024). 요컨대 홍콩은 과거 백여년 간 변방에서 허브로 진입했지만 최근 십수년 간 허브에서 이탈하여 다시 변방으로 회귀하고 있다고 평가된다.

왜 이런 변화가 일어나고 있는가? 홍콩경제의 흥망성쇠를 장기적인 관점에서 일관성있게 해명하는 작업은 아직 이뤄지지 않았다. 다만 최근의 언론과 학계에서 좀 더 주목을 받는 사안은 2010년대 이후 홍콩경제의 급격한 쇠락이다. 그리고 이와 관련하여 가장 많이 언급되는 요인은 이른바 중국화(Sinicization) 혹은 본토화(mainlandization)다. 요지는 간단하다. 첫째, 1997년 이후에도 한동안 중국은 홍콩에 대해 "수동적 빅 브라더(passive Big Brother)"의 역할만 수행했다. 둘째, 그러나 최근 들어 중국이 "강압적 동화(coercive assimilation)"를 시도하고 있으며 이에 홍콩은 "백척간두에 선 도시(the city on the edge)"가 되었다(Hung, 2021). 셋째, 이로 인해 홍콩인과 홍콩에 진출한 외국인은 이제 "리바이어던과 함께 살아가기(living with Leviathan)"를 피하기 어려운 상황에 직면하게 되었다(Bush, 2016). 넷째, 이 상황은 홍콩인과 홍콩에 체류 중인 외국인 그리고 기업 등에게 '떠날 것인가 남을 것인가'라는 문제를 제기했다. 결국 많은 홍콩인, 외국인, 특히 해외기업이 이탈(exit)을 선택했으며 남은 이들 가운데 적지 않은 사람들이 항의(voice)를 선택했지만 아직까지 그 결과는 성공적이지 못하다. 다섯째, 이에 1990년대 말과 2000년대 초까지만 하더라도 기업가적 도시주의(entreprenurial urbanism)에 기반한 세계도시화 프로젝트(glurbanization project)의 선구적 실험장으로 간주되던 홍콩이 최근 들어 급격하게 쇠락하고 있다(홍콩의 세계도시화 프로젝트에 관해서는 Jessop and Sum, 2000 참조). 이 맥락에서 최근의 홍콩을 다루는 문헌들은 이 사안을 대체로 홍콩과 중국 간의 문제로 조망한다. 예컨대 그것은 '중국의 민족주의 대 홍콩의 로컬리즘', '중국의 국가주의적 민족주의 대 홍콩의 시민적 민족주의', '중심부 중국의 비자유주의와 주변부 홍콩의 자유주의'라는 맥락에서 검토된다. 이런 관점에서 결정적으로 중요한 주제는 홍콩의 민주주의, 자유, 인권, 법치 그리고—앞서 언급한 것처럼 중국의 본토인들은 결코 이해할 수 없는—홍콩인만의 독특한 정체성, 자율성, 자부심이다(예컨대 Fong, 2017; Kaeding, 2017; Kwong, 2018; Lo, 2015; Tusi & Lee, 2019; Yuen, 2020 참조).

하지만 영국 치하의 자유로운 홍콩, 반환 이후에도 일정 기간 동안 지속된 일국양제, 그리고 최근 완전히 중국화된, 따라서 더 이상 자유롭지 않은 홍콩을 대조하는 것은 홍콩경제의 역사적 변천과 관련하여 몇 가지 주요한 사실을 보지 못하게 한다. 일례로 홍콩은 단순히 영국 통치 하에서 자유시장경제와 법치주의를 택했기 때문에 세계금융의 3대 허브도시로 도약한 게 아니었다. 더군다나 이러한 홍콩의 부상에는—심지어 냉전의 시대였음에도 불구하고—중국도 일정한 기여를 했다. 뿐만 아니라 홍콩의 성장은 냉전기 미국의 정책, 나아가 홍콩 내외부에서 활동한 특정한 중국인들의 전략적 실천과도 관련된 문제이다. 마찬가지의 것이 홍콩경제의 쇠락에도 적용된다. 이 문제는 단순히 영국의 홍콩 대 중국의 홍콩이라는 이분법만으로는 잘 이해되지 않는다.

이에 이 글에서는 범위를 넓혀 19세기 중엽 이래 홍콩경제의 역사적 변천, 즉 변방에서 허브로의 진입과 최근 들어 허브로부터 이탈하고 있는 상황을 좀 더 일관성 있게 해석하려는 시도를 한다. 이를 위해 이 글은 사회공간이론 그리고 그러한 메타이론에 부합하는 몇몇 정치경제학적 개념을 활용한다. 그 과정에서 이 글이 주목하는 것은 '세계시장에 도시체제가 어떻게 삽입되어 있는가'라는 문제이다. 이 글의 기본적인 주장은 다음과 같다. 국가경제나 도시경제의 부상과 쇠퇴는 그것 내부의 속성이나 외부의 조건만이 아니라 훨씬 더 넓은 맥락, 특히 세계시장 내에서 일정 기간 동안 함께 안정적인 성장을 이루는 네트워크로의 접합이라는 맥락에서 보다 잘 이해될 수 있다. 즉 특정 국가의 성장체제(혹은 축적체제)나 도시의 그것(혹은 도시체제)은 다른 지역에 비해 더 높은 수준의 축적을 이뤄내는 선별적 연계망에 적절히 삽입되어 있을 때 보다 성공적으로 작동한다. 이는 이러한 연결망에서 이탈할 경우 그 경제가 침체하거나 쇠퇴한다는 것을 함의한다. 이 글은 이러한 관점을 홍콩경제의 역사적 변천에 적용할 것이다. 이를 위해 2절에서는 이론적 예비작업을 수행한다. 이에 기반하여 3절에서는 홍콩경제의 역사적 변천을 해석한다. 결론에서는 이러한 해석이 갖는 몇 가지 함의를 일반적 수준에서 정리한다.

II. 이론적 예비작업

이 글의 역사적 해석은 다음의 두 가지 이론적 자원에 의존한다. 하나는 상대적으로 추상적 층위에 위치한 사회공간이론(sociospatial theory)이고 다른 하나는 그러한 메타이론에 친화적인 정치경제학적 개념들이다. 이 절에서는 이 둘을 간략히 설명한다.

1. 공간적 전회와 사회공간이론

잘 알려진 것처럼 1980년대 이전의 사회과학에서 공간은 대체로 "죽은 것, 고정된 것, 비변증법적인 것, 부동의 것"으로 "격하"되었다(Foucault, 1980: 70). 이는 기존 사회과학의 세 가지 주요 흐름과 관련이 있다. 첫째, 근대 사회과학 자체가 시공간에 따라 변하는 가치로부터 분리된 지식의 추구라는 형태로 출현했다(Shin, 2015). 오늘날에도 지배적 위상을 차지하고 있는 이런 유형의 사회과학은 보편법칙이나 항상적 규칙성의 발견을 목표로 하기에 공간과 지리만이 아니라 시간과 역사에 관해서도 무심하다. 둘째, 19세기 들어 진화생물학이 정립됨에 따라 역사적이고 진화론적인 사회과학이 부상했다. 하지만 거대 내러티브의 생성에 주력한 이 흐름은 공간적으로 서로 다른 개별 사례를 단일하고 단순한 그리고 경우에 따라 심지어는 목적론을 내포한 진화 메커니즘에 포섭하려 했다. 이에 이런 유형의 사회과학은 역사에 대한 "19세기의 거대한 강박"에 기반했다고 평가된다(Foucault and Miskowiec, 1986: 22). 셋째는 20세기 중반 무렵 폭증한 역사적 비교연구이다. 이 경우는 앞의 두 사례에 비해 상대적으로 공간을 중시했지만 주로 방법론적 영역주의, 특히 방법론적 내셔널리즘에 의존한다는 한계를 갖는다. 이런 연구에서는 대체로 내셔널 스케일의 영토가 공간적 분석단위로 채택되었으며 그러한 주권적 영토는 외부적으로 상호 단절되고 내부적으로는 동질적인 '컨테이너'로 상상되었다(보나 상세한 설명은 박시훈, 2023: 211-218 참고).

〈표 1〉 1980년대 이래 일련의 공간적 전회들

	내용
장소	· 신자유주의의 부상에 따라 1980년대 진행된 로컬 및 지역의 경제적 구조조정과 공간적 노동분업의 변화라는 맥락에서 출현 · 장소를 고정되고 자기내포적인 지역(area) 혹은 컨테이너(container)로 보는 관점 거부 · 대신 장소를 사회관계에 감입된(embedded) 커넥터(connector)로 이해
영역	· 세계화로 인해 내셔널 영토와 주권 간의 베스트팔렌적 연결고리가 취약해지자 1980년대 말부터 주목받기 시작 · 정치권력의 폐쇄적 영역화라는 가정에 도전하면서에서 시작 · 이후 변화하는 영역성(territorialities)에 대한 논의에서 국가성(statehood)의 요소 중 하나인 영역의 공간성에 대해 논의로 확장
스케일	· 1980-90년대 들어 내셔널 스케일의 영향력이 감소하고 다른 스케일이 주목을 받음에 따라, 나아가 '글로컬'과 같은 신규 스케일에 대한 논의가 활성화됨에 따라 등장 · 스케일의 상대화(the relativization of scale)와 스케일 재편(rescaling)으로 인해 스케일이 더 이상 러시아 인형이나 안착된 계서제(nested hierarchy)로 파악될 수 없음을 강조 · 스케일 간 수직적, 수평적, 대각선적 접합에 따른 신규 사회공간의 출현에 주목
네트워크	· 2000년대 들어 공간 간 상호연결성을 리좀적(rhizomatic) 형태로 조망하는 흐름 부상 · 평평한 존재론(flat ontology)에 의거하여 마찰없는 유동 공간 및 모빌리티 등에 주목 · 가치사슬, 기업 간 상호의존, 거버넌스 체계, 사회운동연구 등에서 널리 활용

출처: Jessop, Brenner, & Jones(2008)을 참고하여 저자 작성

이에 대항한 공간의 복원은 1960-70년대 들어 앙리 르페브르, 미셸 푸코, 마뉴엘 카스텔, 데이비드 하비 등의 이론가에 의해 이뤄졌다. 그리고 1980년대 이후 이는 네 개의 연속적인—즉 장소, 영역, 스케일, 네트워크 순으로 진행된—공간적 전회들로 이어졌다(〈표 1〉 참고). 이로 인해 점점 더 많은 사회과학자들이 공간을 사전적으로 주어지고 영속적으로 고정된 대상이 아니라 사회적으로 생산되어 구조화와 행위의 변화하는 지평 역할을 하는 격자로 이해하기 시작했다. 또한 이 맥락에서 사회이론과 공간이론이 접합되어 사회공간이론이 출현하는 결과를 낳기도 하였다(이와 관련한 상징적 출판물로는 Gregory and Urry et al., 1985 참조).

2. 공간적 전회 이후

서론에서 밝힌 것처럼 이 글은 홍콩의 흥망성쇠를 글로벌 연계성의 맥락에서 검토한다. 하지만 이 글의 해석은 위의 네 가지 공간적 전회 중 마지막의 것, 즉 네트워크에 의존하지 않는다. 이는 기존의 공간적 전회에 세 가지의 상호연결된 문제가 있기 때문이다. 첫째, 기존의 공간적 전회에서는 새로운 이론적 관점을 적용한 경험연구가 충분히 이루지지 않았다. 둘째, 그러한 전회에 참여한 많은 연구자들이 "이론적 '과당매매'(theoretical 'churning')"를 저질렀다. 즉 이들은 더 많은 수수료 확보를 위해 불필요한 거래를 자행하는 주식중개인처럼 자기 연구의 독창성을 강조하거나 연구비 수주를 위해 패셔너블한 개념들을—더군다나 그 함의에 대한 충분한 검토나 그들을 적용한 경험연구 없이—빠르게 유통시키는 행태를 보였다. 셋째, 이 과정에서 기존의 공간적 전회는 서로 다른 공간적 일차원주의(spatial one-dimensionalism)로 귀결되었다. 기존의 공간적 전회는 공간의 역사적 구성과 변동 외에도 그것이 여러 차원으로 이뤄졌음을 보여줬다. 또한 최근에는 장소, 영역, 스케일, 네트워크만이 아니라 위치성(positionality)이나 자연/환경같은 사회공간적 차원도 주목을 받는다. 그에 반해 앞서 언급한 네 개의 공간적 전회는 그중 하나에만 배타적으로 주목했으며 그 과정에서 복합적이고 구체적인 사회공간을 일차원적으로 환원하는 경향을 보였다(Jessop et al., 2008, Jones and Jessop, 2010).

반면 상대적으로 최근의 대안적 접근과 경험연구는 서로 구분가능한 사회공간적 차원들의 상호구성적 역할에 주목한다. 예컨대 "네트워크로 연결된 글로컬 소수 민족 거주지(networked glocal enclave)"와 같은 개념은 '엔클레이브'를 특정 영역 내의 예외적인 장소로만 간주하지 않는다. 그것은 그러한 장소가 수직적으로는 글로벌 스케일과 로컬 스케일 간 접합 형태를 취하고 있을 뿐 아니라 다른 장소 혹은 영역과 네트워크로 연결되어 있다는 점도 포착하기 때문이다(Bunnell and Coe, 2005). 또한 현대 세계경제를 "거대 거점들의 네트워크 군도(réseau-archipel de grands pôles)"로 개념화하는 시도도 이와 유사한 특징을 보인다(Veltz, 1996). 즉 오늘날에는 브라질처럼 넓은 영토를 가진 국가보다 일개 메가도시-지역(megacity-region)에 불과한 도쿄가 세계경제에 미치는 영향력이 더 크다. 이 맥락에서 현대 세계경제는 몇몇 세계도시 혹은 세계도시-지역 간의 네트워크를 중심으로 작동한다. 따라서 그것은 네트워크로 연결된 군도의 모습과 유사하다. 이 맥락에서 이 개념에는 ① 도시-지역이라는 장소(거점), ② 그러한 거점의 스케일(거대함), ③ 그들 간 지구적 스케일의 네트워크, 그리고 ④ 그리고 그 네트워크의 독자적 영역성 혹은 차등적 중요성이 압축적으로 내포되어 있다. 최근의 사회공간이론가들이 사회공간을 여러 구성적 차원들의 앙상블로 조망하는 것은 바로 이 맥락에서이다(예컨대, Jessop et al., 2008; 관련 국내문헌으로는 박배균, 2012 참고). 이에 이 글은 홍콩의 흥망성쇠를 재해석하는 과정에서 네트워크를 중시할 것이지만 네트워크 일차원주의를 지양한다. 대신 그것은 홍콩경제의 네트워크를 다룰 때도 장소, 영역, 스케일, 위치성, 자연/환경을 함께 고려한다.

3. 세계시장과 도시체제

이 글은 이상의 사회공간이론적 관점에 부합하는 두 가지 정치경제학적 개념을 활용한다. 그것은 세계시장(world market)과 도시체제(urban regime)이다. 첫째, 여기서 말하는 세계시장은 자국시장(home market)과 해외시장들(foreign markets) 간의 계서제적 네트워크를 말한다[47](세계시장에 대한 상세한 설명은 Park, 2018: 88-107 참조). 하지만 이러한 세계시장은 그 자체로 지구적 시장(global market)을 의미하지 않는다. 왜냐면 세계란 지구(globe)를 의미할 수도 있지만―제1세계, 제2세계, 제3세계 간 구분이 그러한 것처럼―그것의 일부만을 지칭할 수도 있기 때문이다. 역사적으로 최초의 세계시장은 대륙간 스케일로 출현했다. 특정하면 그것은 십자군 전쟁 이후 콘스탄티노플을 매개로 일부 유라시아적 스케일로 등장했다.

> 예컨대 십자군은 동방의 산물을 알려지게 만듦으로써 서유럽에서 그러한 산물의 수요를 엄청나게 증가시켰다(Cf. J., Notebook III, p. 106). 교환을 위해 이러한 물품들이 흘러 모여든 장소에서 세계시장 도시들(the world market towns)이 구성되었다. 이런 형태로 세계시장은 아메리카 대륙이 발견되기 전에 출현했다. 14세기와 15세기 콘스탄티노플, 이탈리아 도시들, 브뤼주(Bruges), 런던(Marx, 1976: 574).

이러한 14세기 세계시장에서 경제적 심장지대(heartland)는 지중해 북부 이탈리아 연안이었다. 그중 제노아와 베네치아가 패권적 시장을 보유했다. 이 14세기의 세계시장은 15세기 말 신대륙의 발견으로 인해 16세기 들어 급격히 팽창했다. 이 과정에서 그것은 몇 가지의 공간적 차원의 변화를 겪는데 이는 다음과 같다. ① 세계시장의 스케일이 일부 유라시아만이 아니라 대서양 건너 아메리카 대륙의 일부로까지 확장된다. ② 이로 인해 세계시장의 해양적 중심이 지중해에서 대서양으로 이동한다. ③ 그에 따라 경

---

47 지면 제약으로 인해 충분히 설명하지는 못했지만 세계시장에 대한 이 글의 논의는 기본적으로 마르크스의 관점에 의존한다. 그는 세계시장에 대해 산발적으로, 하지만 풍부한 논의를 남겼다(이에 대한 체계적인 설명은 Park, 2018: 88-117을 참조).

제적 심장지대도 북대서양 서유럽 연안지역으로 옮겨간다. ④ 그중 16-17세기 중반까지는 합스부르크 왕조로부터 독립을 시도한 네덜란드가 그리고 17세기 중후반부터는 영국이 패권적 지위를 점한다. ⑤ 이 맥락에서 세계시장 내 핵심 결절점(nodal point)의 스케일 역시 중대한 변화를 맞는다. 그것은 도시 스케일(town scale)에서—복수의 도시와 그 배후지를 포괄하는 신규 공간 단위인—내셔널 영토 스케일(national-territorial scale)로 확장된다. ⑥ 자본관계와 자본주의적 생산은 신대륙이 발견되기 전, 즉 14세기 세계시장을 바탕으로 몇몇 도시에서 산발적으로 출현했지만 자본주의 사회, 즉 자본주의적 생산이 좀 더 일반적으로 확장된 사회는 이러한 16세기 세계시장을 기반으로 출현했다. ⑦ 그리고 이 맥락에서 16세기 세계시장부터는—예컨대 잉글랜드의 엔클로저 운동이 보여주는 것처럼—자본주의적 도농관계가 중요해진다.

16세기 세계시장은 19세기 중반 들어 영국 패권 하에서 그리고 미국의 급격한 부상과 함께 다시 한 번 팽창한다. 이 시기에는 호주, 캘리포니아, 중국, 일본이 세계시장에 편입된다. 따라서 이 세 번째의 역사적 세계시장, 즉 19세기 세계시장이 첫 번째의 지구적 시장이 되는 것이다. 다른 한편으로, 이렇게 보면 세계시장은 일차적으로 시장 간 네트워크를 지칭하지만 동시에 장소, 영역(영토), 스케일, 위치성과 같은 사회공간적 차원과도 무관하지 않음을 알 수 있다. 유사한 관점이 20세기 초중반 이후의 세계시장 그리고 냉전의 종식 이후 현재의 세계시장, 즉 이 글에서 21세기 세계시장이라 부르는 세계시장으로까지 확장가능하다(〈표 2〉 참조). 그리고 바로 이러한 구분이 홍콩경제의 역사적 변천에 관한 해석에 활용될 것이다.

	14세기 세계시장	16세기 세계시장	19세기 세계시장	20세기 세계시장	21세기 세계시장
지속 기간	14-15세기	16-19세기 중반	19세기 중반부터 20세기 초중반	냉전 시작부터 1980-90년대	20세기 말부터 현재
전체 스케일	유라시아 일부 도시 간 접합	유라시아 일부와 아메리카 대륙 일 부 간 접합	지구적 접합 (밀도성 낮음)	냉전기 자본주의 진영 내 접합 (밀도성 높아짐)	지구적 접합 (밀도성 높음)
핵심 결절점의 스케일	도시(town)	내셔널 영토국가 (유럽에서 남미를 거쳐 20세기 중반 이후 아시아 및 아프리카 등으로 확산)			세계도시-지역 (global city- region)
중심 해양	지중해	대서양			태평양
경제적 심장부	지중해 연안 이탈리아 북부	북대서양 연안 서유럽		북대서양 연안 미국 동부와 태평양 연안 미국 서부	환태평양 연안 (차이메리카의 형성과 해체)
패권	북부 이탈리아 도시국가	네덜란드	영국	미국	

출처: 저자 작성

둘째, 이상을 바탕으로 이 글은 도시체제라는 개념도 활용한다. 여기서 도시체제는 도시적 축적체제 혹은 성장체제의 축약어이다. 그리고 축적체제란 특정 도시경제 혹은 국가경제로 하여금 ① 일정한 기간 동안 ② 특정한 공간적 매트릭스를 기반으로 ③ 상대적으로 안정적인 경제성장을 가능케 한 ④ 생산과 소비의 규칙적 연결을 지칭한다(Boyer, 1990; 보다 상세한 설명을 대해서는 박지훈, 2024: 184-185 참조). 따라서 축적체제란 더 넓은 범위로 펼쳐진 생산-소비의 연결망, 즉 세계시장을 전제조건으로 한다. 이에 이 글은 도시체제를 세계시장 내 생산 및 소비 네트워크에 해당 도시가 어떻게 삽입되어 있었는지를 포착하기 위한 개념으로 활용한다. 한편 국민경제의 축적체제든 도시적 축적체제든 그것은 자연적으로 출현하여 자동적으로 작동하는 것이 아니다. 즉 그러한 동태적 규칙성은 정치사회적 개입에 의한 규칙화 혹은 거버넌스를 필요로 한다. 이 관점에서 이 글은 어떤 사회세력이 어떤 전략적 실천을 통해 어떤 식으로 홍콩을 세계경제에 삽입했는지에 대해서도 주목할 것이다.

III. 홍콩경제의 역사적 변천

이 절에서는 지금까지의 작업에 기반하여 홍콩경제의 역사적 변천을 재해석한다. 이 과정은 크게 변방에서 허브로의 진입 그리고 허브로부터의 이탈이라는 두 국면으로 나뉜다. 여기서 전자는 19세기 세계시장에서의 홍콩과 20세기 세계시장에서의 홍콩으로 세분화된다. 허브로부터의 이탈은 21세기 세계시장에서의 홍콩에 해당한다.

1. 변방에서 허브로

1) 영국 패권 하 19세기 세계시장에서 홍콩의 지전략적 입지

홍콩경제의 역사적 변천과 관련하여 가장 먼저 검토할 사항은 영국의 홍콩섬 점령과 그 이후 일어난 일련의 도시변동이 글로벌 연계성, 특히 세계시장의 역사적 변화라는 맥락에서 어떤 의미를 갖는가이다. 이와 관련하여 이 글은 1841년의 홍콩을 거대한 정치경제적 네트워크들 간의 네트워크가 형성되는 결정적인 결절점들 중 하나로 간주할 것이다. 이를 설명하기 위해서는 19세기 세계시장의 출현에 대해 좀 더 논할 필요가 있다. 1858년 10월 8일 엥겔스에게 보낸 편지에서 마르크스는 다음과 같이 썼다.

> 확실히 부르주아 사회는 두 번째의 16세기를 경험하고 있다. … 부르주아 사회의
> 적절한 역할은 최소한 대략적으로나마 세계시장을 창출하고 그에 기반하여 생산

을 하는 것이다. 세계는 둥글기 때문에 캘리포니아와 호주의 식민화 그리고 중국과 일본의 개항은 이 과정의 완료로 볼 수 있을 듯 하다. 우리에게 어려운 질문은 이것이다. [유럽] 대륙에서는 혁명이 임박했는데 그것은 사회주의적 성격을 취할 것이다. 하지만 훨씬 더 광활한 지역에서 부르주아 사회가 여전히 상승의 운동을 한다면 [세계의] 이 작은 모퉁이에서 일어난 혁명은 필연적으로 분쇄될 수밖에 없지 않는가? (Marx, 1983: 346-347; 대괄호는 인용자)

당시 마르크스의 관심은 세계시장의 지구적 팽창과 유럽 대륙의 혁명 간 관계였지만, 지금 우리의 초점은 영국의 홍콩섬 점령이 19세기 세계시장과 관련하여 어떤 의미를 갖는가이다. 마르크스의 표현을 차용하면 그것은 바로 "두 번째의 16세기"가 시작되는 과정, 즉 신대륙의 발견과 대항해시대의 개막으로 인해 14세기 세계시장이 16세기 세계시장으로 확대재편되던 과정과 비견될 수 있는 19세기 세계시장의 출현 과정과 관련이 있다. 잘 알려진 것처럼 이 시기는 18세기부터 시작된 호주의 식민화가 거의 완료된 시기인 동시에 중국이 개항된 시점이기도 하다. 이는 영국에 의해 이뤄졌다. 그리고 캘리포니아의 개척과 일본의 개항은 19세기 들어 2차 중반 산업혁명을 시작한 미국에 의해 이뤄졌다. 이 맥락에서 영국의 홍콩섬 점령은 16세기 세계시장이 19세기 세계시장으로 확대재편되는 과정의 시작점에 해당한다. 즉 그것은 "최소한 대략적으로나마" 세계시장이 역사상 처음으로 전 지구를 포괄하게 되는 과정의 결정적 계기 중 하나인 것이다.[48]

---

48 이는 과거의 경우 중국과 서방 간 교역이 없었다는 말이 아니다. 잘 알려진 것처럼 19세기 이전에도 중국과 유럽 그리고 미국은 교역을 했다. 이 과정에서 서양 상인을 의미하는 양행(洋行)이 광둥성과 마카오 등지에서 활발히 활동하기도 했다. 하지만 개항 이전 교역은 정해진 장소에서 허가받은 상인에게만 허락되었다. 개항 이후에는 이러한 양행이 대거 증가했을 뿐 아니라 홍콩과 상하이로 이동하게 된다(강진아, 2016).

이렇게 보면 홍콩은 서로 이질적인 두 공간의 게이트웨이이다. 그런데 이는 통상적인 게이트웨이, 나아가 단순히 영국과 중국 간의 게이트웨이가 아니다. 앞 절에서 언급한 것처럼 영국은 16세기부터 19세기 초까지 유지된 16세기 세계시장의 시기 중 대략 17세기 중후반부터 패권국의 지위에 올랐다. 이를 바탕으로 그것은 18세기 산업혁명을 통해 역사상 최초로 매뉴팩처에서 기계제 대공업으로의 전환에 성공한 패권국이 되었다. 따라서 19세기 세계시장의 출현은 십자군 전쟁의 여파로 생긴 상업적 거래망이나 신대륙의 우연한 발견에 의한 시장 팽창 이상을 의미한다. 그것은 그 자체로 산업적 팽창 논리에 따라 확장된 시장이기 때문이다. 반대편에서 보면 당시의 중국은 자본주의 세계시장에 복속되지 않은 외부 공간 중 가장 거대하고 융성한 세계-경제였다. 따라서 1841년 영국의 홍콩섬 점령이란 14세기 이후 경향적으로 팽창하던 세계시장, 특히 16세기 이후의 자본주의적 세계시장과 그 외부의 거대한 세계-경제 간 접합이 이뤄지기 시작한 결정적 계기가 된다. 그리고 바로 이 맥락에서 홍콩은 두 개의 거대한 정치경제적 네트워크들의 네트워크를 창출한 가장 중요한 결절점으로 이해가능하다.

말할 필요도 없이 새로운 네트워크는 중국의 세계-경제가 영국 패권 하의 계서제적 세계시장으로 불평등하게 편입되는 과정이었다는 점에서 '리좀적(rhizomatic) 팽창' 이상의 의미를 갖는다. 따라서 우리는 홍콩의 입지를 영국의 지전략적[49] 관점에서 좀 더 세부적으로 파악할 필요가 있다. 일단 1841년의 홍콩은 영국 패권 하 세계시장의 관점에서 보든 중국적 세계-경제의 관점에서 보든 하나의 프론티어(frontier)에 불과하다. 하지만 둘 중 어디를 중심으로 보는가에 따라 그 프론티어는 완전히 다른 의미를 갖는다.

---

49 지전략적(geostrategic)이란 '지정학적(geopolitical)', '지경학적(geoeconomic)' 그리고 '지문화적 (geo-cultural)'을 모두 내포하는 일종의 포괄적 용어(umbrella term)이다.

이는 프론티어라는 용어 자체가 두 가지의 서로 다른 함의를 갖는다는 점과 관련이 있다. 잘 알려진 것처럼 통상적으로 프론티어는 중심에서 멀리 떨어진 변두리 접경을 말한다. 이에 고정적인 정치경제적 영역 혹은 영토라는 관점에서 보면 그것은 사람이 별로 살지 않은 외딴 국경에 불과할 수 있다. 이러한 프론티어는 중심으로부터 별다른 관심을 받지 못한다. 반면 연구의 프론티어(research frontier)와 같은 용어가 함의하는 것처럼 그 출발점으로부터의 발전적 팽창이라는 맥락에서 보면, 프론티어는 현재까지 우리가 도달한 최첨단의 경계를 의미하게 된다. 따라서 중국의 입장에서 보면 홍콩섬은 사람이 얼마 살지 않은 남중국해 변경의 돌섬에 불과하다. 하지만 무한팽창을 열망하는 19세기 유럽의 "제국적 시선(imperial eyes)"으로 보면 홍콩은 일종의 "식민지 프론티어(colonial frontier)", 즉 유럽제국의 영향력이 팽창하는 과정에서 그 외부 공간과 이제 막 대면하기 시작한 일종의 "접촉지대(contact zone)"가 된다(19세기 유럽의 제국적 시선에 대해서는 프랫, 2015 참조; 프랫의 관점에 대한 사회언어학적 해설에 대해서는 박지훈, 2021 참고). 따라서 이런 유형의 프론티어는 팽창의 열망을 지닌 중심부가 초미의 관심을 가진 공간이 된다. 아래에서 설명하듯 실제로 영국에게 홍콩은 그러한 공간이었다.

하지만 왜 하필 홍콩섬이었는가? 일차적으로 이는 19세기 세계시장 내 영국과 중국의 자연지리와 관련된 문제로 보인다.

> 홍콩섬은 중국 대륙과 동남아시아를 연결하는 관문임과 동시에 태평양을 향하는 길목이다. 나아가서 유럽, 아프리카, 인도, 동남아의 해운을 연결하는 위치에 자리잡고 있다. 광둥성(廣東省)의 젖줄인 주강(珠江) 입구에 위치하고 있어 중국 내륙으로 진출이 쉽다. 게다가 황해로 거슬러 올라가는 길목을 차지하고 있다. … 홍콩섬은 수심이 깊어 큰 배가 정박하기에 좋은 천혜 항구였다(류영하, 2023: 31).

일단 여기서는 1841년이 아직 수에즈 운하의 개통(1869년) 이전이라는 점을 감안할 필요가 있다. 즉 영국의 입장에서는 북대서양 서유럽 연안 지역에서 출발하여 아프리카의 희망봉을 돌아 인도양을 거쳐 중국에 도달해야 한다. 이 상황에서 홍콩섬은 중국의 남서쪽에 위치하고 있기에 남서쪽에서 접근하는 영국 함선에게 유리한 위치에 있다. 더군다나 홍콩섬은 깊은 수심이라는 자연환경 외에도 중국 내륙으로 진출하기 조건도 갖추었다. 동시에 그것은 동남아 지역으로의 추가적 진출에도 적합한 위치에 있었다. 요컨대 홍콩섬은 서유럽, 아프리카, 인도를 거쳐 중국으로 진입하는 과정에서 그것의 초입에 위치할 뿐 아니라 동남아 주변 지역으로까지 팽창하기에 유리한 지점이었으며 그러한 역할을 수행할 항구가 필요로 하는 자연환경까지 갖추고 있었던 것이다. 여기에 한 가지를 추가해야 하는데, 홍콩섬은 광둥성을 통한 중국 내륙 진출만이 아니라 상하이와 톈진이 위치한 중국의 황해(한국의 서해)로 이동하기 위한 중간 거점의 역할도 할 수 있다. 그리고 위의 인용문에는 나와 있지 않지만 북대서양의 서유럽 연안에서 시작하여 아프리카, 인도, 남중국해의 홍콩, 황해의 상하이라는 해상 연결고리는 1845년 영국이 해밀턴항(Port Hamilton)이라 명명한 한반도 남서쪽의 거문도를 거쳐 태평양으로까지 이어진다.[50]

---

50 영국이 러시아 남하를 막기 위해 거문도를 점령한 기간은 1885년부터 1887년까지 2년 동안이었다. 하지만 조사단을 파견하여 거문도를 탐사하고 해밀턴항이라는 명칭으로 세계지도에 포함시킨 시점은 1845년이다. 해저지형이나 항로를 탐색하는 과정에서 거문도의 전략적 중요성을 발견한 것은 제1차 아편전쟁에 참전했던 영국의 함선 HMS 사마랑호(Samarang)였다. 이후 영국군의 거문도 점령은 블라디보스톡에 있는 러시아 해군기지와의 세력균형을 위해 이뤄졌다. 거문도 점령 당시 영국은 해저케이블을 통해 통신망부터 설치했는데 이는 섬 내에서 매립을 통해 영국군 막사까지 연결되었다. 이 통신망은 상하이와 연결되었다. 한반도에서 근대적 해외통신망이 최초로 구축된 시점이 1884년 부산과 나가사키 간의 연결이라는 점을 감안하면 1885년 거문도와 상하이 간 연결은 한반도에서 두 번째로 해외통신망이 구축된 사례가 된다. 그리고 이러한 사정을 감안하면 북대서양의 서유럽 연안에서 시작하여, 한쪽으로는 수에즈 운하 그리고 다른 한쪽으로는 아프리카

이렇게 보면 홍콩의 1차 자연(자연지리적 환경)이 2차 자연(건조환경)으로 급속히 변한 것은 당연한 일이라 할 수 있다. 물론 이 급격한 도시변동에는 무엇보다도 영국의 관점과 목적이 반영되었다. 이에 텐진조약이 체결된 이듬해(1843년)에는 홍콩섬이 빅토리아시(City of Victoria)로 명명된다. 그리고 이후 수십 년 간 각종 사회간접투자가 이뤄졌다. 여기에는 상업 및 거주용 부지 마련, 우편, 통신, 가스, 전기, 상하수도, 교통 등이 모두 포함된다. 초기 자금은 아편전쟁 이후 받은 보상금과 배상금으로 확보되었다. 또한 일부 자금은 홍콩으로 유입된 양행들에게 상업용 토지를 판매함으로써 충당되기도 했다(초기 토지 매각에 대해서는 엔다콧, 2006: 43-50). 하지만 식민정부의 입장에서는 언제나 자금 부족이 문제였다. 이런 과정을 거치며 홍콩은 영국 물품의 집산지이자 중계무역의 중심지 기능을 하는 자유무역항으로 발전한다. 또한 그곳은 물품거래만이 아니라 노동력의 거래, 특히 쿨리무역의 중심지이기도 했다(쿨리무역에 대해서는 류성희, 2023 참조). 나아가 노동력만이 아니라 구미 그리고 주변국의 양행들도 몰려들었다. 인도에서는 페르시아 상인이 건너왔으며 마카오에서는 포르투갈 상인이 이동했다(임계순, 2006). 이러한 홍콩의 빠른 변화에 대해 1859년 식민지 총독으로 부임한 허큘레스 로빈슨 경은 이듬해 7월 3일 뉴캐슬 공작에게 다음과 내용을 담은 편지를 보냈다. "홍콩은 영국의 다른 어떤 속국과도 전적으로 달랐으며, 그 지위는 많은 측면에서 매우 이상할 정도로 이례적이다"(엔다콧, 2006: 117쪽에서 재인용).

갑작스레 현대화하는 식민지의 여러 변화 중 두 가지는 각별히 상기할만

희망봉을 경유하여, 인도 그리고 중국의 홍콩, 상하이로 이어지는 산업적, 상업적, 군사적 연결망이 거문도를 거쳐 태평양으로 이어진다는 것을 알 수 있다. 하지만 당시 영국에게 태평양은 북아메리카로 진출하는 경로가 아니라 러시아의 남하를 막기 위한 지역으로 간주되었던 것으로 보인다.

한다. 하나는 1865년 HSBC의 설립이다. 말할 필요도 없이 개항 후 상업, 특히 국제무역의 발전은 금융업과 보험업을 필요로 했다. 이에 초기에는 일부 양행이 그러한 업무를 담당하거나 영국에 본사를 둔 금융회사의 지점이 개설되기도 했다.[51] 하지만 중국, 동남아 그리고 일본의 무역에는 더 거대한 금융자본이 필요했다. 또한 영국에 본사를 둔 은행의 경우 신속한 의사소통에도 문제가 있었다. 이에 주로 홍콩과 상하이를 근거로 활동하던 영국 양행 8개, 독일과 인도 각 2개, 미국과 덴마크 양행 각 1개, 이렇게 총 14개의 양행이 자본금을 모아 HSBC, 즉 홍콩상해은행을 설립하게 된다. 그리고 이듬해에는 요코하마, 오사카, 고베, 나가사키로 지점망을 확대했고, 1888년과 1897년에는 태국과 조선(제물포)로에도 지점을 설치하게 된다(강진아, 2016: 79-80). 중국과 일본 무역 및 개발에 자금을 조달하는 것을 목표로 한 HSBC의 설립은 런던 및 뉴욕과 더불어 홍콩이 독자적인 금융허브로 부상할 수 있는 단초를 마련한 사건이었다.

다른 하나는 1871년 해저케이블의 설치에 따른 현대적 통신망의 구축이다. 이러한 통신망이 구축되기 이전 홍콩의 식민총독은 마치 왕과 같은 역할을 해야했다. 영국과의 교신에 몇 달이 걸리는 바람에 식민총독 자체적으로 판단해야 하는 일이 많았기 때문이다. 하지만 1844년에는 모스부호 체계가 확립되고 1850년에는 영국과 프랑스 사이에 최초의 해저케이블이 설치된다. 그리고 20년 가량이 지난 1871년에는 홍콩-상하이-싱가포르 간에 해저케이블을 통한 통신망이 구축된다. 이로 인해 홍콩과 런던 사이에도 직

---

51   예컨대 1853년 런던에서 설립된 브리시티-차터드 오리엔탈은행(British-Chartered Oriental Banking Corporation)은 1858년 인도의 뭄바이와 콜카타 그리고 중국의 상하이에 지점을 열렸다. 또한 이듬해 그들은 홍콩과 싱가폴에 지점을 개설했다. 이들은 영국, 인도, 중국, 나아가 아시아 무역의 결제업무에 주력했다(강진아, 2016: 79).

접 통신이 가능해지게 되었다. 특히 런던과 홍콩의 통신 연결은 최초로 런던과 중국 간 통신망의 구축을 의미했다. 이는 당시 뉴욕타임즈 1면에 단신으로 실릴 정도로 중요한 뉴스였다.[52]

이상의 과정을 거치며 홍콩은 이제 게이트웨이를 넘어 허브의 역할을 하는 도시로까지 진화한다. 앞서 강조한 것처럼 이는 홍콩이 기존의 거대한 정치경제적 네트워크 간 접합이 이뤄지는 핵심적인 결절점이었기 때문에 가능했다. 즉 홍콩은 16세기 세계시장과 중국의 세계시장 간 접합이 이뤄지는 게이트웨이였으며, 이를 통해 19세기 세계시장이 형성되자마자 그러한 세계시장의 허브 중 하나로 기능하게 되었다. 물론 그러한 네트워크 간 접합에는 새로운 역사적 경로를 형성하는 전략적 조율, 특히 17세기 중후반 이래 패권국이었던 영국의 전략적 조율이 반영되었다. 이후 그러한 구조적 결속은 20세기 홍콩의 성장에 독특한 경로의존성을 미치게 된다.

2) 냉전기 미국 패권 하 20세기 세계시장에서 홍콩의 도약

홍콩이 세계 3대 금융허브 중 하나이자 아시아의 대표적 물류허브로 부상한 과정을 이해하기 위해서는 한 가지를 더 검토해야 한다. 그것은 냉전기 홍콩경제의 도약이다. 이는 1970년대 이래 '동아시아의 경제기적'이라는 맥락에서 상당히 많은 주목을 받은 사안이다. 따라서 이 사안으로 이동하면 우리는 홍콩만이 아니라 동아시아의 신흥공업경제가 보여준 급속하고 장기적인 성장을 다루는 엄청나게 많은 문헌에 대면하게 된다. 이와 관련된 대표적 주장은 〈표 3〉과 같이 요약가능하다.

---

52   기사 내용은 다음과 같다. "해저 케이블 설치―직접 통신으로 연결된 런던과 홍콩. 런던, 6월 5일 ― 싱가포르와 홍콩을 연결하는 해저 케이블이 3일 토요일에 성공적으로 설치되었다. 이제 런던은 중국과 직접 통신하게 되었다"(New York Times, 1871년 6월 6일, 1면).

〈표 3〉 냉전기 동아시아 경제의 고도성장에 대한 설명들

구분		중장기적 고도 성장의 원인
수출주도경제	생산성	무역으로 인한 국내 경제의 생산성과 효율성 증진
	투자와 고용	수출증대 과정에서 국내 투자와 고용 증진
	학습과 생산성	무역 과정에서의 학습으로 인해 국내 경제의 생산성 증진
	시장과 정부	자유무역과 정부의 적절한 역할을 함께 강조
발전국가론		선도기구의 발전합리성에 기반한 산업정책
유교자본주의론		프로테스탄트 윤리와 상응하는 역할을 하는 유교 문화
지정학적 설명		냉전기 대만, 싱가폴, 한국, 홍콩의 지정학적 중요성
안행(기러기떼)모델		일본의 역내 리더십 하에 구축된 호혜적 무역구조
식민지 근대화론		식민지 시기 일본 제국의 유산
조절접근	주변부 포드주의	세계경제의 맥락에서 포드주의와 결합된 주변부 포드주의
	수출주의	세계경제의 맥락에서 포드주의와 결합된 독자적 모델 구축

출처: 필자 구성

하지만 이 글의 관점에서 기존의 설명은 홍콩경제의 부상을 설명하는 데 불충분하다. 여기서 우리는 기존의 설명들이 20세기 중반의 세계정치경제적 상황을 반영하고 있음을 고려할 필요가 있다. 예컨대, 첫째, 기존의 설명들은 제2차 세계대전의 종전 이후 신생 독립국가의 출현이라는 맥락에서 제기되었다. 즉 이들은 새로운 국가건설과 국민형성, 나아가 국민경제의 개발이라는 맥락에서 등장했다. 둘째, 이 문헌들은 대체로 20세기 전반기에 처음으로 제기되어 1950년대 이래 서구에서 급속히 확산되기 시작한 '무역회의주의적 제3세계주의'를 반박하거나 고수하려는 목적을 가지고 있다. 실제로 수출주도경제론과 발전국가론, 그리고 유교자본주의론은 동아시아의 신흥공업경제를 무역회의주의적 제3세계주의 반례(counterexample)로 설정하고 그러한 성장의 원인을 설명하려는 시도였다. 반면 지정학적 설명은 무역회의주의를 일반적 수준에서 타당한 관점으로 전제한 후 동아시아 신흥공업경제를 그것의 이례(deviant case)로 간주한다. 이 때문에 그것은 바로 그 이례적 현상이 일어난 이유로 냉전기 자본주의 세계체계에서 동아시아 자본주의 경제의 지정학적 예외성을 강조하는 것이다. 또한 안행모델은

남미와 종속적 관계를 갖는 서구 자본주의 국가와 달리 일본은 지역 내에서 후발 경제와 호혜적 무역관계를 구축하고 있다는, 따라서 일본의 역내 리더십과 서구 선진 자본주의 국가의 그것은 다르다는 이데올로기적 함의를 담고 있다. 마찬가지의 관점이 식민지 근대화론에도 적용된다. 예컨대 조선총독부의 경험이 냉전기 한국경제발전에 도움이 되었다는 주장은 일본 제국의 경우 약탈적인 서구 제국주의와 달랐다는 함의를 갖기 때문이다. 셋째, 기존의 문헌은 북대서양 경제, 동아시아 경제, 그리고 남미 경제 간 비교라는 관점에 기반하고 있기도 하다. 따라서 이들은 네 개의 동아시아 경제가 갖는 공통적 특징을 유럽과 북미 그리고 남미와의 비교 및 대조라는 맥락에서 부각시킨다.[53]

따라서 이런 설명은 홍콩의 경우 전후 독자적인 국민국가 건설이라는 당시의 시대적 흐름 자체에 속하지 않았다는 기본적인 사실조차 간과한다 (Hamilton, 2021: 2). 홍콩은 국민국가는 고사하고 주권적인 도시국가도 아닌 식민지적 역외지역이었기 때문이다. 이에 이 글은 그러한 식민지적 역외지역의 대외적 연계성이라는 차원에서 냉전기 홍콩의 부상을 해석한다. 이 과정에서 이 글이 상대적으로 우호적인 기존 문헌은 홍콩을 수출주의적 축적체제(exportist regime of accumulation)로 해석하는 입장이다. 홍콩 출신의 정치경제학자 나일링 섬(Ngai-Ling Sum)이 제시한 이 개념은 홍콩을 다중스케일적 연계성의 맥락에서 조망할 수 있는 가능성을 제시하기 때문이다(섬, 2001; Jessop and Sum, 2006; Sum, 1998; 관련 국내 문헌은 박지훈, 2024 참조). 그러나 동시에 이 글은 섬의 연구에도 한계가 존재한다는 점을 부인하지 않는다. 왜냐면 그것은 동아시아 신흥공업경제의 축적체

---

53 무역회의주의적 제3세계주의와 동아시아 경제성장을 둘러싼 논쟁에 대한 상세한 논의는 Park(2018: 6, 17-24)을 참조하라.

제가 북대서양 경제의 그것과 달리 대외적 공간을 지향했다는 점을 밝혔을 뿐이자 홍콩의 도시체제 자체가 세계시장에 어떻게 삽입되어 있었으며, 그 과정에서 어떤 사회세력의 전략적 실천이 실현되었는지에 대해서는 규명하지 않았기 때문이다.

이를 보완하기 위해 이 글은 세계시장의 변화에서부터 다시 시작한다. 왜냐면 냉전기 홍콩의 부상은 19세기 세계시장이 아니라 20세기 세계시장을 기반으로 하고 있었기 때문이다. 이러한 세계시장은 1차 세계대전의 발발 이래 전개된 일련의 정치경제적 격변으로 인해 19세기 세계시장과 상당히 다른 특징을 갖는다. 첫째, 냉전으로 인해 20세기의 세계시장은 19세기의 그것에 비해 대폭 축소되게 된다. 물론 당시에도 자본주의 진영과 사회주의 진영이 교역을 하지 않은 것은 아니었다. 하지만 그러한 교류에는 여러 제약이 부과되었고, 이에 이를 우회하기 위한 몇 가지 방법이 생겨났다. 아래에서 설명하겠지만 홍콩은 이 맥락에서, 특히 20세기 세계시장에 속한 국가와 그렇지 않은 중국과의 교역에서 중요한 역할을 하게 된다. 둘째, 20세기 세계시장에서 패권국은 영국이 아니라 미국이었다. 그리고 이 역시 냉전기 홍콩의 도약과 밀접한 연관이 있다. 왜냐면 20세기 세계시장에서 홍콩의 도약은 영국만이 아니라 미국과의 독특한 연계성 구축에 의해 이뤄지기 때문이다. 셋째, 국제통화 및 금융질서가 금본위제에서 금환본위제로 바뀌었다. 이로 인해 이제 금과 직접적으로 연동된 것은 달러밖에 없었고 다른 통화는 달러에 고정되었다. 그리고 이 역시 홍콩의 도약과 긴밀한 관련이 있다. 홍콩은 바로 이러한 상황에서 달러 자유 거래가 허용된 예외공간이었기 때문이다. 넷째, 농수산물이나 서비스 분야에서는 제약이 있었지만 공산품 거래에 있어서는 자유무역 기조가 작동되었다. 특히 공산품 분야에서는 관세가 대폭 인하되어 국제무역이 가파르게 증가했다.

이러한 조건 속에서 홍콩은 세계의 3대 금융허브이자 아시아의 대표적 물류허브로 도약했는데 이는 자동적으로 이뤄진 결과가 아니었다. 그 과정에서 추가적으로 고려할 점은 1949년의 국공내전 이후 홍콩과 중국 본토가 단절되었다는 점이다. 이와 관련하여 우리는 몇 가지 사안을 각각 검토한 후 그들을 연결할 필요가 있다. 첫째, 홍콩과 중국 본토의 단절은 전자를 해외 화상들의 집결지로 만들었다. 전술한 것처럼 홍콩의 개항은 양행의 유입을 낳았지만 동시에 그것은 화상의 유출을 야기하기도 했다. 이들은 유럽-아프리카-인도-중국-동남아-일본 등으로 이어지는 무역망에서 중개무역상으로 활동하며 부를 축적하게 된다. 이에 국공내전 이후 홍콩은 이들이 일시적으로든 영구적으로든 귀국할 수 있는 거의 유일한 장소가 된다. 더군다나 서론에서 언급한 것처럼 냉전기 홍콩은 중국 문화의 계승지 역할을 하기도 한 지역이었다.

〈그림 1〉 페라나칸 중국인의 결혼식(왼쪽은 시기 미상, 오른쪽은 1939년)

출처: Peranakan Museum

이러한 홍콩의 특징과 관련하여 우리는 페라나칸 공동체(Peranakan community)에 대해서도 고려해야 한다. 페라나칸 공동체란 페라나칸 중국인의 공동체를 말한다. 그리고 말레이시아어에서 유래한 페라나칸은 '현지에서 태어났음'을 의미한다. 이 맥락에서 페라나칸 공동체란 동남아 지역(말레이시아, 싱가포르, 태국, 인도네시아 등)에서 중개무역으로 부를 축적한 화상의 자녀들이 이룬 공동체를 말한다. 이들은 부모의 사업적 성공으로 인해 상대적으로 여유로운 삶을 살았다. 또한 이들은 유럽이나 아프리카 등으로 이주한 중국 화상들이 현지에서 상대적으로 고립된 삶을 살았던 데 반해 국제적으로 연결되기도 했다. 이는 많은 중국인 화상들의 자녀교육방침과 관련이 있었다. 중개무역을 하며 현지에서 안정적 삶을 자는 중국인 부모들은 자신들의 자녀가 중국 문화를 잃어버리지 않기를 원했다. 이로 인해 그들은 자녀를 중국에서 교육시키려는 모습을 보였다. 하지만 국공내전 이후 이들이 돌아갈 수 있는 곳은, 아울러 중국의 전통문화를 계승하는 곳은 홍콩밖에 없었다. 더군다나 홍콩의 대학들은 이들에게 영국식 교육을 제공했다. 이에 홍콩대학은 중국 외부, 특히 동남아에서 활동하는 화상의 자녀들 간 국제적 네트워크를 맺는 곳이 된다(이 시기 홍콩대학의 기능에 대해서는 Wang, 2016 참조).

둘째, 국공내전 이후 홍콩은 해외 화상의 집결지일 뿐 아니라 중국 본토 난민의 피난처 역할도 수행했다. 즉 홍콩은 ① 사업적 목적 하에 일시적으로 홍콩에 머물던 사람들이 본토로 돌아가지 못하게 됨에 따라, 나아가 ② 중국 본토 각지에서 공산당을 피해 난민들이 몰려든 지역이었다. 이 가운데 후자는 다시 두 개의 집단으로 구분가능하다. 하나는 냉전기 홍콩의 산업화에 저임금 노동력을 제공한 이들이다. 이들은 교육기회가 제한된 상황에서 산업화의 불평등을 겪은 이들이다. 다른 하나는 19세기 후반부 이래 상업과 산업 분야에서 엄청난 부를 축적한 중국인 부르주아들, 금융인들 그리고 그들과 협력했던 변호사들, 학자들, 기술관료들이었다. 이들은 대체로 상하이에서 홍콩으로 피난을 왔다.[54] 이들은 자신의 자산 대부분을 본토에 두고 왔지만 사업 경험과 지식, 그리고 인적 네트워크를 홍콩으로 그대로 옮겨오게 된다. 더군다나 이들 중 일부는 국공내전 이전부터 구미열강과 교류하던 이들이었다. 그리고 이들이 바로 아래에서 재론할 과상이라는 사회세력을 이루게 된다.

셋째, 이 상황에서 영국은 홍콩을 매우 독특한 금융지역으로 만들었다. 상기한 것처럼 1944년 브레튼우즈 체제가 출범하면서 금환본위제가 실시되었다. 이제 국제무역의 결제수단은 금과 고정된 달러를 통해 이뤄졌다. 또한 당시 각국은 환율을 안정시키고 통화정책의 자율성을 확보하기 위해 금융의 자유로운 거래에 제약을 부과했다. 그런데 1950년대 전반기 영국은 쿠웨이트와 홍콩을 달러의 자유로운 거래가 가능한 역외금융시장을 만든 것이다. 이로 인해 홍콩은 런던씨티(런던 금융가)가 유로달러의 거래시장이 된 것처럼, 그리하여 소비에트와 같은 사회주의 국가의 달러거래처가 된 것처럼, 중국의 무역결제를 위한 달러 거래시장이 된다. 특히 한국전쟁 이후 중국경제에 대한 서방세계의 규제가 강화된 상황에서 홍콩은 중국경제와 20세기 자본주의 세계시장이 연결되는 독특한 고리로서 기능했다. 그리고 이러한 금융시장이 다시 런던씨티의 유로달러 시장과 연결되었다. 홍콩이 패권국 미국의 대표적 금융시장인 뉴욕 그리고 브레튼우즈 체제에

---

54 금융의 경우 이런 경우를 보여주는 단적인 사건은 1949년 HSBC가 상하이 본사를 철수한 것이었다. 전술한 것처럼 HSBC는 홍콩에서 출발했다. 하지만 그 명칭이 드러내는 것처럼 HSBC에게는 상하이 역시 중요한 지역 중 하나이며 이후 상하이로 팽창하여 상하이에도 별도 본사를 두게 된다. 하지만 국공내전을 거치며 1949년 상하이에서 철수했다.

서 유로달러의 대표적 거래시장이었던 런던과 더불어 세계 3대 금융허브가 된 것은 이러한 과정을 통해서였다. 특히 이런 경향은 중소분쟁으로 인해 중국이 새로운 무역망을 독자적으로 구축하면서 강화된다. 결국 홍콩금융의 엄청난 도약은 중국과 단절된 영국 치하에서 이뤄진 게 아니라 ① 금환본위제 하 미국 주도의 외환통제와 한국전쟁 이후 강화된 중국 경제 제재, ② 그럼에도 불구하고 달러 유포와 교역 확대를 위한 유로달러 시장의 암묵적 허용, ③ 소비에트 경제와 연결된 런던의 유로달러 시장, 그리고 ④ 중국과 서방 및 일본 경제를 연결하던 홍콩의 역외달러 시장의 형성이라는 맥락에서 가능했던 것이다(1950년대 홍콩의 달러 자유시장에 대해서는 Schenk, 2001 참조).

넷째, 여기서 한 가지 추가할 점은 미국의 역할과 과상의 전략이다. 여기서 과상이란 역사학자 피터 에반스 해밀턴(Peter Evans Hamilton)이 화상이라는 용어를 참조하여 주조한 신조어이다. 상기한 것처럼, 그것은 구미 열강과 네트워크를 가진 중국인 상업, 산업, 금융 자본가와 이들에 동조적인 변호사, 학자, 기술관료 등을 지칭하기 위한 용어이다. 이들은 넓은 의미의 화상에 속하지만 화상 중에서도 최상부에 위치한 권력블록에 해당한다. 이 맥락에서 과상은 초국적 혹은 과국적 자본가 계급의 중국인 버전에 해당하지만 국경을 관통 혹은 횡단(trans-)한다는 의미는 이들의 행태를 정확히 묘사하지 못한다. 이에 해밀턴은 과상을 'straddling merchant'로 영역한다. 이는 경계를 나타내는 담 위에서 다리를 양쪽으로 늘어뜨리고 앉은 상인의 이미지를 떠올리게 한다. 여기서 경계란 태평양을 말한다. 그리고 이러한 과상이 양쪽으로 다리를 걸친 지역은 홍콩을 중심으로 한 주변지역과 미국을 말한다. 해밀턴에 따르면 이러한 세력은 대체로 1949년 상하이에서 건너온 엘리트 난민이었다(Hamilton, 2021; 상하이에서 이주한 기업인에 대한 상세한 설명은 Wong, 1989). 전술한 것처럼 이들은 1949년 이전에도 구미열강과 네트워크를 보유하고 있었다. 상하이에서 홍콩으로 이주하여 다시 사업을 시작한 이들은 미국과의 네트워크를 강화하면서 자신들의 부를 축적하는 동시에 홍콩의 개발 그러한 네트워크를 활용한다. 아울러 이들은 홍콩을 중심으로 연결된 주변국의 화상 네트워크와 미국을 연결하는 역할도 수행한다.

이 과정에서 중요한 역할을 한 것은 국공내전에 대한 이들의 경험이었다. 그로 인해 상하이에서 홍콩으로 이주한 이들은 자신들이 가진 화폐와 생산수단의 상당 부분을 잃어버렸다. 이에 이들은 유형자산만이 아니라 정치권력이 절대로 뺏을 수 없는 무형자산의 축적에 몰두한다. 이들이 교육, 명성, 신용을 가장 중요한 사업 자산으로 삼은 이유는 이 때문이다. 이러한 무형자산의 구축은 자신들의 사회적 자본 혹은 네트워크 자본만이 아니라 사업을 물려받을 자식들을 통해 이뤄졌다. 이들은 특히 20세기 세계시장에서 이제 막 패권국으로 부상한 미국과의 네트워크 형성에 몰두했다. 이에 이들 다수는─동남아시아 화상들이 그들의 자녀를 홍콩에서 교육받게 한 것과 달리─자신들의 자녀를 홍콩이나 영국이 아니라 미국에서 교육받게 했다. 말할 필요도 없이 이는 자신들의 자녀와 미국 상류층 자녀 간의 네트워크 구축을 위해서였다. 그리고 이러한 인적 네트워크, 특히 사회적 자본에 대한 과상의 관점은 많은 중국인들이 그러한 것처럼 콴시(quanxi)의 형성을 중시하는 습속으로부터 영향을 받았다. 즉 이들은 서구 시민사회가 그러한 것처럼 화폐적 연결(cash network)과 같은 추상적 연결고리가 아니라 가족을 중심으로 혈연, 지연, 학연을 통해 확장되는 인적 네트워크를 구축했다. 이후 미국의 원조, 나아가 홍콩에 상업적, 산업적, 금융적 투자는 많은 경우 이런 네트워크를 통해 이뤄진다(Hamilton, 2021).

〈그림 1〉 과상의 모습(왼쪽은 잭 탕의 아버지인 P. Y. 탕의 칭화대 학생 시절, 가운데는 1937년 상하이 자본가 시절 P. Y. 탕과 네 아들들, 오른쪽은 1984년 잭 탕이 H. C. 탕 등과 함께 등소평을 만나는 모습)

출처: Hamilton (2021: 33, 50, 249).

지면 제약으로 인해 하나의 사례만 제시하면 그러한 과상 중 대표적인 이는 잭 탕(Jack Tang)과 같은 인물이다(가계 조사 및 인터뷰에 기반한 상세한 설명은 Hamilton, 2021 참조). 탕의 아버지 P. Y. 탕은 칭화대를 졸업한 후 상하이에서 방직사업을 한 산업자본가였다. 하지만 국공내전 이후 탕의 가족은 홍콩으로 이주했으며, 이후 홍콩에서는 미국을 대상으로 하는 면직물 사업을 하면서, 아울러 동남아 지역으로 사업을 확장하면서 재기에 성공한다. 이 과정에서 P. Y. 탕은 자녀들에게 무형자산, 특히 미국 상류층과의 네트워크를 강조한다. 이에 잭 탕은 어릴 적부터 미국에서 교육을 받았으며 MIT 대학과 하버드 경영대학원을 거쳐 사업인으로 성공으로 성공했을 뿐 아니라 미국 시민권도 획득한다. 1970년대 들어 탕은 미국 상공회의소의 정식 멤버로 등록되었으며, 80년대에는 덩샤오핑과 회담을 가질 정도의 인물로까지 성장하게 된다.

이 맥락에서 과상은 매우 독특한 성향을 가진 사회세력이었다. 일단 이들은 중국의 민족적 발전에 관심을 가지고 있었다. 하지만 대를 이어 유지되는 사회세력으로서 이들의 전략적 행위는 중국 민족주의나 애국주의만으로 설명되지 않는다. 이들은 국공내전 이후 사업적 목적으로 인해 중국 본토가 아니라 영국 식민지인 홍콩을 택했기 때문이다. 동시에 이들은 영국 치하에서 자유롭게 사업을 하는 것에도 만족하지 않았다. 이들은 두 가지 이유로 인해 미국 상층부와의 네트워크 형성에 몰두했다. 그중 하나는 당시 미국이 패권국이었기 때문이다. 또 다른 하나는 영국의 영향으로부터 벗어나기 위해서였다. 예컨대 모두가 그러한 것은 아닐지라도 과상들 중 적지 않은 이가 취득한 미국 시민권은 이들에게 영국의 지배로부터 자유로울 수 있는 수단으로 기능했다. 이 맥락에서 이들은 미국으로의 이주에도 만족하지 않았다. 미국에서 획득한 자신들의 사회적 자본을 홍콩의 개발 그리고 홍콩을 거점으로 한 동남아 등지에서의 사업에 활용했기 때문이다. 그 과정에서 이들은 홍콩을 구심점으로 하는 국제적인 화상 네트워크를 활용하기도 했다. 이를 통해 이들은 냉전기 홍콩에서 지배세력의 위상을 점한다. 그러나 동시에 이들은 식민지 정부의 전복에 나서지 않았다. 이들에게는 중국의 공산당 정부를 견제할 수단으로 영국이 필요했기 때문이다. 홍콩이 금융과 물류에서의 허브도시로 부상한 과정, 나아가 그 과정에서 행해진 각종 투자는 이러한 환태평양 네트워크를 통해 이뤄졌다.

2. 허브로부터의 이탈

이러한 홍콩경제의 부상 과정은 최근 들어 그것이 세계경제의 허브로부터 이탈하고 있는 상황에 대해서도 다르게 조망하게 한다. 서론에서 언급한 것처럼 오늘날 많은 이들은 홍콩경제의 쇠퇴를 단순히 중국화나 본토화의 문제로만 생각한다. 이러한 관점의 기반에는 무엇보다 자유시장경제와 법치주의를 고수한 영국과 권위주의적인 공산당 정부 간 대립이라는 이분법이 자리하고 있다. 하지만 지금까지 설명한 것처럼 홍콩이 세계의 금융 허브이자 아시아의 물류허브로까지 부상한 과정은 단순히 영국인가 중국인가라는 문제가 아니다. 또한 심지어 그것은 미국인가 중국인가라는 문제도 아니다. 19세기 세계시장의 출현과정에서는 확실히 패권국인 영국과 중국 간의 관계가 중요했다. 하지만 냉전기 20세기 세계시장에서 홍콩의 급격한 재부상은 그보다 훨씬 더 복잡한 맥락에서 이뤄졌기 때문이다. 일단 미국의 강력한 패권 하에서 작동한 금환본위제라는 국제통화질서 자체가 독특했다. 이에 기반하여 영국은 홍콩을 달러의 자유 거래가 가능한 예외적인 금융시장으로 만들었다. 이는 런던의 씨티가 유럽의 사회주의 경제와 금융적 연결고리의 역할을 했던 것처럼, 홍콩을 중국 경제와 금융적 연결고리로 작동케 하는 데 기여했다. 이 맥락에서 홍콩이 금융허브로 부상한 데는 중국이 중요한 역할을 하게 된다. 또한 냉전기 동아시아에 대한 미국의 전략적 원조나 우호적 환경 조성도 홍콩의 성장에 기여했다. 하지만 이는 단순히 영국-중국-미국의 문제도 아니었다. 19세기 중반 이래 전세계로 확장된 화상 네트워크, 특히 그러한 화상 중 최상류층인 과상의 환태평양 네트워크 형성 전략도 홍콩경제의 도약에 중대한 기여를 했기 때문이다. 이 모든 것이 응축하여 홍콩의 도시체제는 20세기 세계시장의 금융 및 상품 순환에 있어 매우 중요하면서도 이례적인 결절점의 기능을 수행하게 된다. 이는 홍콩 경제가 최근 그러한 허브의 지위로부터 이탈하고 있는 현상도 같은 맥락에서 고려돼야 함을 함의한다.

이와 관련하여 가장 먼저 고려할 점은 20세기 말 20세기 세계시장이 21세기 세계시장으로 대체되었다는 점이다. 이제 우리는 고정된 환율 하에서 자유로운 금융이동을 보장했던 19세기의 금본위제나 역시 고정환율이었지만 금융이동을 제한했던 냉전기의 금환본위제가 아니라 금융자유화와 통화정책의 자율성을 택하는 대신 환율의 안정성을 포기한 변동환율제의 시대에 살고 있다. 이러한 상황은 사실 냉전기 금융거래에서 홍콩이 차지한 위상의 근본적 조건 자체를 변화시킨 것이다. 물론 그 이후에도 경로의존적 영향력 하에 홍콩은 상당 기간 동안 금융허브의 위상을 점하고 있었다. 하지만 1980년대와 90년대를 거치며 냉전이 해체되고 홍콩이 중국에 반환되었다. 여기서는 일국양제의 유지여부도 중요하지만 더 이상 화상 네트워크가 홍콩을 매개로 재생산될 필요 자체가 없어졌다는 점에도 주목해야 한다. 이제 홍콩은 해외의 화상들이 돌아갈 수 있는 사실상의 유일한 장소가 아니다. 또한 과상의 변화에 대해서도 주목해야 한다. 위에서 언급하지 않았지만 사실 과상들 중 일부는 1980년대 이후부터 심각한 위기에 직면한다. 그 중 몇몇은 더 이상 서구 금융기관에서 자금지원을 받지 못해 파산할 지경에 처하게 된다. 이런 상황 속에서 이들을 구제한 것은 베이징의 공산당이었다. 이를 통해 화폐나 생산수단의 직접 보유 이상으로 사회적 자본이 중요하다는 것을 알고 있던 과상들 중 일부가 미국과 중국 사이에서 중국을 선택하게 된다. 더군다나 일부 과상들의 입장에서 볼 때 중국은 사업적 목적 하에 활용가능한 저가의 노동력이 풍부한 지역이기도 했다. 이에 베이징의 공산당과 홍콩의 과상 간 협력은 홍콩의 중국 반환 전부터 등장한다. 홍콩의 일반 시민들은 홍콩 반환에 있어, 그리고 자신들의 미래를 결정하는 데 있어 그 어떤 영향력도 미치지 못했다. 하지만 최소한 베이징의 공산당은 홍콩의 반환 이전부터 몇몇 과상들과 향후의 진로에 대해 상의를 하게 된다. 이를 보여주는 가장 상징적인 사건은 반환된 홍콩의 초대 행정장관으로 통치화(Tung Chee-hwa)가 임명된 것이었다. 통치화는 바로 상하이에서 홍콩으로 피난을 온, 그리고 이후 미국으로 이주하여 과상의 환태평양 네트워크 형성에 기여한 과상에 속하는 인물이었다. 그는 실제로 1980년대 들어 사업적 어려움에 처했는데, 이 문제를 중국의 공산당이 해결해주게 된다(더 많은 사례에 대해서는 Hamilton, 2021). 이는 사실상 과상의 분화를 암시하는 것이라 할 수 있다. 앞서 설명한 잭 탕의 경우 미국 시민권을 획득한 미국인이 었다. 하지만 통치화는 중국을 택한 것이다. 이에 탕은 자신의 친구였던 통치화를 "공산주의적 살찐 고양이(communist fat cat)", 즉 정부 로비를 일삼으며 사업적 성공을 거듭하지만 그 대상이 공산당인 인물로 냉정하게 평가한다(Hamilton, 2021: 287). 실제로 통치화는 부임 초기부터 노골적으로 중국 공산당의 입장을 대변했으며, 이에 부임 후 첫 번째 연설에 대한 우려가 뉴욕 타임스의 사설로 게재되게 된다(New York Times, 1997. 8. 27). 이는 홍콩의 재계 상층부의 분화, 나아가 이들이 맺은 환태평양 인적 네트워크의 변화를 상징하는 일이다.

이후 미중 간 관계의 변화에 대해서는 우리 모두 이미 잘 알고 있다. 한동안 차이메리카라 불린 새로운 경제권력이 적절히 작동하는 듯 보였지만 이제 각각은 자신들을 중심으로 한 새로운 연계망, 즉 일대일로와 인도-태평양 경제협력망 구축을 시도하고 있다. 이로써 이제 홍콩은 서로 다른 정치경제적 네트워크가 접합하기 시작한 결점점이 아니라 기존의 네트워크가 분리되는 결절점으로 보인다. 이러한 과정에 대해서는 훨씬 더 많은 연구가 필요하다. 하지만 확실한 것 중 하나는 이것이 최근에야 이뤄진 것이 아니라를 점이다. 실제로 홍콩의 초대 행정장관이었던 통치화는 2005년 건강상의 이유로 갑자기 사임을 하는 데 사실 이는 홍콩의 국가보안법을 통과시키려다 실패한 데 따른 책임을 지고 물려난 것으로 알려져있다. 따라서, 허브로부터의 홍콩의 이탈은 최근 특정한 그리고 결정적인 변수, 즉 중국의 강압적 동조화만이 영향을 미친 것이 아니다. 가장 근본적인 수준에서 그것은 홍콩으로 하여금 금융허브이자 물류허브로 도약할 수 있게 한 20세기 세계시장 자체가 변했기 때문이다. 또한 이후 전개된 일련의 정치경제적 변화들은 화상 네트워크, 과상 네트워크 등을 모두 변화시켰다. 홍콩 경제의 쇠락은 이러한 인과적 요인의 누적적 응축이 최근 들어 좀 더 가시적 형태로 표출된 결과로 이해돼야 한다.

Ⅳ. 결론적 논평

이 글은 19세기 중반 이래 홍콩경제의 역사적 부상과 쇠퇴를 글로벌 연계성의 맥락에서 재해석했다. 결론에서는 이 글의 해석을 요약하는 대신 홍콩경제의 사례가 제공하는 함의를 일반적 수준에서 정리한다. 첫째, 최소한 19세기 이래 특정 도시나 국가의 경제는 글로벌 연계성의 맥락에서 조망돼야 한다. 이는 그 시기 이후 대부분의 도시나 국가가 자립주의 경제(autarkic economy)의 형태로 존재하지 않기 때문이다. 둘째, 그러한 연계성은 평평한 존재론에 기반하여 이해될 수 없다. 즉 그러한 연계성은 오직 수평적으로 그리고 지속적으로 확장되지 않았다. 셋째, 세계경제의 연계성은 세계시장이라는 개념을 통해 잘 파악될 수 있다. 이는 세계시장이 장소, 영역(영토), 스케일, 네트워크, 위치성, 자연환경 등의 사안을 포괄적으로 다룰 수 있는 개념이기에 그러하다. 넷째, 이러한 세계시장 내에서 도시나 국가의 흥망성쇠는 그 포괄적 네트워크 내부 존재하는 선별적 네트워크, 특히 다른 지역에 비해 차등적인 축적을 성취하는 연결망에 포함되어 있는가의 여부에 달려 있다. 다섯째, 이러한 차등적 내부 네트워크에서는 세계시장 내 경제적 심장지대, 특히 패권국의 경제가 그 중심에 위치한다. 여섯째, 이러한 네트워크로의 접합은 자동적으로 이뤄지는 것이 아니다. 이와 관련해서는 패권국의 선택도 중요하지만, 그러한 네트워크에 포함되기를 원하는 경제주체의 전략적 행위도 중요한 영향을 미친다.

홍콩의 흥망성쇠에 대한 이 글의 재해석은 바로 이러한 맥락에서 제시되었다. 즉 영국 패권 하 19세기 세계시장에서 홍콩은 바로 그러한 차등적 축적의 연결망에 포섭됨으로써 급격히 발전했다. 이는 미국 패권 하 20세기 세계시장에도 적용된다. 하지만 20세기 세계시장에서 홍콩의 부상은 그곳을 거점으로 형성된 해외의 화상 네트워크 그리고 환태평양을 가르질러 홍콩 및 동아시아의 화상 네트워크과 미국 상층부에 양다리를 걸친 과상 네트워크가 중요한 역할을 했다. 같은 맥락에서 21세기 홍콩의 쇠락도 그러한 세계시장의 변화 그리고 화상 및 과상 네트워크의 분화 및 재편과 관련이 있다. 따라서 그것은 홍콩과 중국 혹은 영국과 중국이라는 대당을 훨씬 넘어서는 문제이다. 끝으로 이러한 사정은 오늘날 세계도시화를 추구하는 여러 도시, 예컨대 한국의 인천이나 부산에도 중요한 함의를 갖는다. 이는 세계도시화 프로젝트의 성공 여부가 도시의 내부적 속성 혹은 국가적 지원이 아니라 그 도시를 세계시장이라는 방대한 생산-소비의 연결망 속에 위치한—특히 경제적 심장부와 직접적으로 연결된—차등적 내부 네트워크에 접합시킬 수 있는가에 달려있기 때문이다.

참고문헌

강진아 (2016), 「근대 아시아 해양과 과국적(跨國的) 상인 디아스포라의 형성: 「양행(洋行)」에서 「구교(歐僑)」로」, 『역사학보』, 232, 61-105.

류영하 (2023), 『사라진 홍콩』, 산지니.

박배균 (2012), 「한국학 연구에서 사회-공간론적 관점의 필요성에 대한 소고」, 『대한지리학회지』 47(1), 37-59.

박지훈 (2021), 「매리 루이스 프랫과 접경 혹은 접촉지대 연구: 비판적 평가와 대안적 전망」, 『역사비평』, 136, 155-196.

_____ (2023), 「스케일과 스케일 재편: 사회사 연구의 공간적 전회를 위한 시론적 검토」, 『사회와 역사』, 139, 203-238.

_____ (2024), 「수출주의와 포스트-수출주의에 대하여: 제3세대 조절이론적 개념의 한국적 적용 검토」, 『경제와사회』, 144, 177-226.

백우진. 2024. "금융허브 유적지 홍콩". 중앙일보, 4월 12일, https://www.joongang.co.kr/article/25242032 (검색일: 2024.02.03.)

브와예, R. (1991), 『조절이론: 위기에 도전하는 경제학』, 학민글밭.

섬, 나일링 (2001), 「배태된 수출주의와 거버넌스: 홍콩과 대만을 중심으로」, 『동아시아 경제변화와 국가의 역할 전환: '발전국가'의 성립, 진화, 위기, 재편에 대한 비교정치경제학적 분석』, 김대환, 조희연 편, 한울엠플러스, 153-182.

송지유 (2024). "100년 공든 탑, 5년만에 무너졌다. '세계 3대 금융허브' 홍콩의 퇴장". 머니투데이, 3월 3일, https://news.nate.com/view/20240303n01980?mid=n1101 (검색일: 2024.02.03.)

엔다콧, G.B. (2006), 『홍콩의 역사』, 한국학술정보.

이벌찬. 2023. "중국화되며 껍데기만 남았다. '금융 허브 유적지'된 홍콩". 조선일보, 12월 21일, https://www.chosun.com/international/china/2023/12/21/IMX2FNXSWBAPTH6N-2LGRI2W5BU/ (검색일: 2024.02.03.)

이지훈, 이선아 (2024). "세계 금융허브였던 홍콩, 이젠 중 변방도시로 전락", 한국경제신문, 6월 10일, https://www.hankyung.com/article/2024060299251 (검색일: 2024.02.03.)

임계순 (2006), 「19세기 후반기 국제 항구도시, 홍콩의 서양인사회」, 『중국사학회』, 44, 245-277.

전명윤 (2021), 『리멤버 홍콩: 시간에 갇힌 도시와 사람들』, 사계절.

프랫, 메리 루이스 (2015), 『제국의 시선: 여행기와 문화횡단』, 현실문화.

Bunnell, T and N. M. Coe (2005) "Re-Framing the 'Political': Globalization, Governmentality and Malaysia's Multimedia Super Corridor", *Political Geography* 24(7), 831-849.

Bowring, P. (1997) "What's Changing in Hong Kong", *New York Times* (27 August), Available at: https://www.nytimes.com/1997/08/27/opinion/IHT-whats-changing-in-hong-kong.html (Accessed: 26 February 2025)

Bush, R. C. (2016) *Hong kong in the Shadow of China: Living with the Leviathan*. Brookings Institution Press.

Fong, B. C (2017) "One Country, Two Nationalisms: Center-Periphery Relations between Mainland China and Hong Kong, 1997-2016", *Modern China* 43(5), 523-556.\

Foucault, M. (1980) *Power/Knowledge: Selected Interviews and Other Writings 1972-1977*, Pantheon Books.

Foucault, M. and J. Miskowiec (1986) "Of Other Spaces", *Diacritics* 16(1), 22-27.

Gregory, D. and J. Urry (1985) *Social Relations and Spatial Structures*. Macmillan.

Hamilton, P. E. (2021) *Made in Hong Kong: Transpacific Networks and a New History of Globalization*, Columbia University Press.

Hung, H. (2022) *City on the Edge: Hong Kong under Chinese Rule*, Cambridge University Press.

Jessop, B., N. Brenner and M. Jones (2008) "Theorizing Sociospatial Relations", *Environment and Planning D: Society and Space*, 26(3), 389-401.

Jessop, B. and N. Sum (2006) *Beyond the Regulation Approach: Putting Capitalist Economics in Their Place*, Edward Elgar.

_____ (2000) "An Entreprenurial City in Action: Hong Kong's Emerging Strategies in and for (Inter)Urban Competition", *Urban Studies* 37(12), 2287-2313.

Jones, M and B. Jessop (2010) "Thinking State/Space Imcopossibly", *Antipode* 42(5), 1119-1149.

Kaeding, M. P. (2017) "The Rise of 'Localism' in Hong Kong", *Journal of Democracy* 28(1), 157-171.

Kwong, Y. (2016) "The Growth of 'Localism' in Hong Kong: A New Path for the Democracy Movement?", *China Perspective*, 3, 63-68.

Marx, K. (1976) 'Demand' in Daglish, R and R. Dixon (eds.) *MECW*, vol. 6, Lawrence and Wishart, 574-575.

_____ (1983) 'Marx to Engels. 8 October 1858' in Hobsbawm, E. J. and N. Jacobs (eds.) *MECW*, vol. 40, Lawrence and Wishart.

New York Times (1871) "Asia. Submarine Cable Laid—London and Hong Kong in Direct Communication". *New York Times* (6 June 1871), 1

Park, J. (2018) "A Cultural Political Economy of South Korea's Development in Variegated Capitalism", PhD Thesis, Lancaster University.

Roach, Stephen. (2024) "It pains me to say Hong Kong is over". *Financial Times*, Available at: https://www.ft.com/content/27a2c28e-d28b-444c-97fd-4616ed32c675 (Accessed: 25 February 2025)

Schenk, C. (2001) *Hong Kong as an International Financial Centre: Emergence and Development*, 1945-1965. Routledge.

Shin, K. -Y. (2015) "The Emergence of Hegemonic Social Sciences and Strategies of Non(counter) Hegemonic Social Sciences" in Kuhn, M. et. al (eds.) *Theories about and Strategies against Hegemonic Social Sciences*, Ibidem, 77-93.

Sum, N. (1998) "Theorizing Export-Oriented Economic Development in East Asian Newly-Industrializing Countries: A Regulationist Perspective" in Cook, I. et al. (eds.) *Dynamic Asia: Business, Trade and Economic Development in Pacific Asia*, Routledge, 44~78.

Veltz, P. (1996) *Mondialisation, villes et territoires: L'économie d'archipel*. PUF

Wang, G. (2016) "Hong Kong's Twentieth Century: The Global Setting" in Roberts, P and J. M. Carroll (eds.) *Hong Kong in the Cold War*, Hong Kong University Press, 15-25.

10

환태평양 시대 도시의
글로컬라이제이션*
후쿠오카시의 사례

정현일

Ⅰ. 들어가며

역사적으로 환태평양은 동양과 서양, 북반구와 남반구를 연결하는 문명의 교차로였다. 특히 20세기에 접어들어 각종 모빌리티가 발전하면서 사람과 사물의 이동은 양적으로 증가했을 뿐만 아니라 질적으로 다양해졌다. 글로벌과 로컬 사이를 오가는 사람과 사물의 이동 역시 양적, 질적으로 강화되면서 문명의 교차로인 환태평양의 의미와 가치도 그 어느 때보다 증가했다. 그런 점에서 오늘날의 시대는 곧 환태평양의 시대라 할 수 있다.

환태평양 시대의 도래는 도시의 중요성을 증가시켰다. 과거부터 도시는 다양한 사람과 사물이 오가는 곳이었다. 이러한 점에서 도시는 환태평양에

---

*　이 글은 〈Journal of Global and Area Studies, Vol. 8, No. 1(2024년)에 게재된 '환태평양 시대 도시의 글로컬라이제이션: 후쿠오카시의 도시외교와 도시브랜딩을 중심으로' 논문을 수정 · 보완한 것임.

서 벌어지는 횡단과 연계를 탐색하는 핵심적 공간이라 할 수 있다(노용석 외, 2023). 특히 환태평양 시대와 지역 간 연결성 강화는 도시에 높은 자율성을 부여했으며 이런 흐름에 맞춰 도시는 다른 도시와 지역 간의 네트워크를 형성하거나 인적·물적 교류를 극적으로 증가시키고 있다. 환태평양의 연결성 강화는 도시에 위기와 기회를 함께 제공한다. 오늘날 도시는 다른 도시나 글로벌스케일에서 자신의 생존과 함께 새로운 발전의 계기를 모색할 수 있다. 이는 곧 도시가 국가스케일을 넘어 글로벌스케일과 로컬스케일을 능동적으로 연결하며 발전해야 한다는 것을 의미한다.

따라서 도시는 글로컬(glocal) 그리고 글로컬라이제이션(glocalization)을 고려해야 한다. 글로컬은 글로벌과 로컬을 결합한 용어로 두 스케일의 상호 관계를 강조하는 개념이다. 오늘날 도시는 자신의 이점은 강화하고 결점은 보완하기 위해 글로벌과 직접 연결하여 다른 도시와 연대하며 새로운 로컬 스케일을 구축할 수 있다. 다른 한편 세계화의 압력이 거세다고 해도 도시는 세계화의 '보편적 요구'를 일방적으로 수용하지 않고 고유한 로컬을 활용하여 글로벌스케일에서 이익을 취할 수 있다.

이와 관련하여 일본 후쿠오카시에 주목할 수 있다. 인구 160만 명의 지방 도시 후쿠오카시는 글로벌과 로컬의 연결을 잘 보여준다. 후쿠오카시는 일본 서쪽에 있는 규슈의 핵심도시이자 한반도-규슈-혼슈를 연결하는 위치에 있다. 과거부터 한반도, 중국, 일본을 오가는 인적·물적·문화적 교류가 활발히 이뤄졌던 후쿠오카시는 현재 국제공항, 국제항을 갖춘 일본의 관문 도시이다. 최근에는 아시아 도시와의 교류에도 적극적으로 나서면서 '국제 교류의 DNA'가 있는 도시로 평가받고 있다(福岡市博物館, 2014: 46-63; 福岡市史編集委員会, 2021: 136-137). 한편 후쿠오카시는 일본 내에서 지역색이 강한 로컬로도 알려져 있다. 다양하고 흥미로운 문화콘텐츠를 보유하고 있어 해외에서 많은 관광객이 찾아오고 있으며 일본 내 크루즈 기항 1위를 기록하기도 했다. 최근에는 일본에서 가장 높은 수준의 인구증가율, 스타트업 창업률뿐만 아니라 '아시아에서 가장 생활하기 좋은 도시 1위', '세계에서 가장 인기 있는 10개 도시', '매력 있는 지방도시 랭킹 1위' 등을 기록하기도 했다(木下斉, 2018: 高島宗一郎, 2018). 이렇듯 후쿠오카시는 글로벌 또는 로컬 중 어느 한쪽만을 내세우지 않고, 둘을 적절히 활용하면서 글로벌 경쟁력을 확보한 것으로 보인다. 이는 환태평양 도시 중에서 주목할 만한 글로컬라이제이션 사례라고 할 수 있다.

환태평양 시대에 적극 대응하는 후쿠오카시의 사례를 통해 도시 일반이 참고할 만한 글로컬라이제이션 전략을 모색할 수 있다. 일반적으로 도시의 글로컬라이제이션 관련 논의는 서울, 도쿄, 상해와 같은 사례에 주목하곤 했다. 하지만 이들 도시는 한 국가의 수도이거나 거대한 메트로폴리스를 토대로 하여 대규모 금융자본을 집적한 '세계도시(global city)'에 속한다. 따라서 이들 사례를 환태평양의 대다수 도시에 적용하기 힘들다는 문제가 있다. 반면 인구 160만 명의 지방도시 후쿠오카시는 '보통도시'들이 환태평양에 적극적으로 대응할 수 있게 하는 보다 현실적인 모델을 제공할 것이다.

이와 같은 문제의식하에 이 장에서는 환태평양 시대 도시의 글로컬라이제이션이 어떠해야 하는지를 탐색하기 위해 후쿠오카의 사례를 살펴본다. 이를 위해 먼저 후쿠오카시의 국제화에 관한 논의를 검토한다. 다음으로 글로컬라이제이션의 주요 내용을 살펴본 후, 도시 글로컬라이제이션의 핵심 전략인 도시외교와 도시브랜딩에 주목하고 이를 이론적 자원으로 삼는다. 이들을 통해 후쿠오카시 글로컬라이제이션의 현황 및 특성을 확인한다. 결론 및 시사점에서는 환태평양 시대에서 도시 글로컬라이제이션에 필요한 방향성을 논한다.

II. 후쿠오카시의 국제화에 관한 논의

먼저 후쿠오카의 국제화에 대한 논의를 검토하여 후쿠오카시에서 진행되는 글로컬라이제이션에 관한 내용을 확인하도록 한다. 야마시타(山下永子, 2019)에 따르면 후쿠오카시는 1973년 시장실 산하 국제과를 설치한 것을 계기로 국제화 정책을 다른 도시보다 일찍 시작했다. 또한 1987년에 발표한 '후쿠오카시 기본구상'에서 '활력있는 아시아의 교류 거점 도시'를 도시상으로 설정하고 그 이후 줄곧 아시아 관련 정책을 활발히 전개했다. 후쿠오카시는 일본에서 가장 빨리 '아시아의 성장활력'에 착목했으며 아시아 관련 내용을 도시마케팅과 글로벌 경쟁력 강화에 활용했다(山下永子, 2019: 79-83). 한편 쿠보(久保隆行, 2013)는 과거부터 후쿠오카시가 일본의 아시아 관문도시 역할을 해왔으며 현시점에서 국제화가 많이 진행된 곳이라고 평가했다. 하지만 후쿠오카시의 다국적 기업, 금융센터 수, 외국인 거주자 수, 국제선 여객 수는 뉴욕, 런던, 도쿄 등 세계도시에 비해 부족한 점이 많다. 따라서 곧바로 세계를 지향하기보다는 성장세가 두드러지는 동북아의 환황해 지역에 착목하고 이곳에서 주도권을 획득할 것을 제안했다. 이렇듯 야마시타와 쿠보는 후쿠오카시의 국제화가 높은 수준이며 아시아에 초점을 두고 있다고 봤다. 하지만 이들 논의는 후쿠오카시가 아시아를 중시하는 것을 단순히 국제화 정책, 도시마케팅으로 한정하고 있어서 글로컬의 측면에서 짚어내지 못했다.

한국에서도 후쿠오카시의 아시아 특화 정책을 높이 평가했다. 박태순(1994)은 후쿠오카시의 관, 학, 재계가 합심하여 아시아태평양센터와 국제학술 심포지엄을 진행하고 있다는 점에 주목했다. 또한 도시의 생존을 위해 한국, 중국, 러시아, 몽골 등과 연계하면서 아시아태평양에 적극 대응하는 국제도시, 거점도시를 추진하고 있으며, 각종 국제기구의 참여를 비롯하여 외국공관, 자매결연, 도시외교, 국제 행사 등 다양한 부문에서 상당한 수준의 국제화를 달성했다고 평가했다. 이종국(2006: 177)도 후쿠오카시가 '아시아·태평양 교류권 구상'을 통해 아시아 중심 도시를 목표로 하여 성과를 내고 있다고 봤다.

후쿠오카시는 지리적으로 인접한 부산시와 다양한 분야에서 교류를 진행했고 관련 논의도 활발히 이루어졌다(임정덕·윤성민, 2010; 권수미, 2012; 서옥순, 2018; 우양호 외, 2018; 서한석, 2019). 예를 들어 세계화와 환태평양 시대에 대응하기 위해 부산과 후쿠오카의 지리적 연계성을 활용한 초국경 경제권을 제안하는 논의가 있었다(임정덕·윤성민, 2010; 우양호, 2012; 손기섭, 2016). 인재, 문화, 교육, 학술, 도시디자인 등 다양한 차원의 민간교류를 검토하고 그 역할을 강화해야 한다는 논의도 있었다(마이크 더글라스, 2011; 권수미, 2012; 류영진, 2016; 서옥순, 2018; 우양호 외, 2018; 서한석, 2019). 이들 논의는 후쿠오카시가 적극적으로 국제교류에 나서고 있다는 것을 시사한다.

하지만 후쿠오카시의 국제교류가 형식적이고 상징적인 것에 그친다는 지적도 있다. 류재현(2012)은 후쿠오카시가 국제교류협력체 활동에서 의례적이고 소극적인 태도를 취한다고 본다. 그런 측면에서 후쿠오카시의 국제 활동은 바깥보다는 내부를 향하는 '내재적 국제화 기반정책'에 의거한다고 진단한다(류재현, 2012: 116). 다시 말해 후쿠오카의 국제교류협력체 활동은 그 방향성이 글로벌스케일보다 로컬스케일 내의 기반 구축에 초점을 맞춘다는 것이다. 이 논의는 국제교류협력체 논의에 한정되었다는 한계가 있다. 그럼에도 후쿠오카시의 글로벌 전략이 바깥보다 내부의 로컬로 향할 수 있음을 시사했다는 점에서 의미가 있다.

기존 논의들은 후쿠오카시가 아시아 관련 정책을 일관되게 추진했으며 민관이 다양한 분야에서 활발한 교류를 펼치고 있음을 보여줬다. 한편 후쿠오카시의 글로벌 지향이 글로벌보다는 로컬 내부를 향해있을 수 있다는 것도 보여줬다. 그럼에도 기존 논의는 단순한 국제교류 활동이나 도시 마케팅의 측면에 한정되어 있었다. 도시의 글로벌 연결성을 부각해도 그 속에서 작동하는 글로컬적 측면을 짚어내지 못한 것이다.

후쿠오카시가 역사적 · 지리적 조건을 고려하면서 아시아를 강조하는 모습은 글로벌과 로컬의 결합을 암시한다. 이 사례의 함의를 더 잘 이해하기 위해서는 글로컬라이제이션에 관한 이론을 검토하고, 도시 글로컬라이제이션의 실천 전략을 포착할 수 있는 이론적 자원을 마련해야 한다.

Ⅲ. 도시 글로컬라이제이션의 의미와 실천 전략

1. 글로컬라이제이션과 도시

글로컬은 글로벌과 로컬의 합성어로 두 스케일의 상호연결성, 중첩을 의미한다. 글로컬을 인식한다는 것은 글로벌과 로컬을 대립과 긴장 관계보다는 상호 관계적이고 전체적 프레임으로 본다는 것을 의미한다(Dessì and Sedda, 2020: 1). 한편 글로컬라이제이션은 글로컬에 동적 맥락을 강조하는 '-화(-zation)를 붙인 용어이며 글로컬의 발생, 결과 발현을 의미한다(박치완 외, 2013: 270). 다시 말해 글로벌이라는 보편적 활동 · 대상이 로컬에 맞게 바뀌는 현실, 또는 로컬적인 것이 글로벌적인 것으로 발전하는 현상을 지시한다.[55] 오늘날 글로벌만이 아니라 로컬의 중요성이 부각되면서 글로컬라이제이션의 가치도 커졌다(Britannica Money, 2024).

현실에서 글로벌 보편성은 원래의 내용 그대로 현실이나 로컬에 구현되지 않으며 '현지화' 과정을 거치는 경우가 많다. 한편 글로컬라이제이션은 일방적인 세계화에 대항하여 로컬 간의 네트워크와 소통을 강화하는 과정도 포함한다(홍순권, 2010: 5). 따라서 한 로컬의 특수성이 국경을 넘어 세계로 전파되거나, 로컬 간의 연결성이 강화되면서 글로벌스케일 아래에 새로운 스케일이 구축되는 경우도 있다. 이렇듯 글로컬라이제이션은 글로벌과 로컬의 경계를 허물고 이들 간의 연결성 강화에 초점을 맞추는 과정이자, 다양한 주체와 이들 간의 연대 속에서 보편화와 특수화를 동시에 발생시킨다.

글로컬라이제이션은 다양한 각도와 맥락에서 이해될 수 있다. 강수돌 외(2010)는 글로벌과 로컬의 방향성에 초점을 맞춰 글로컬의 의미를 해석했다. 이때 글로컬라이제이션은 "로컬적인 것을 강조하면서 현지화라는 세계화의 또 다른 전략이 될 수 있다. 다른 한편으로는 글로벌과 로컬을 생산적인 방식으로 재구축하고자 하는 움직임"을 의미할 수도 있다(강수돌 외, 2010: 4). 특히 후자의 의미, 다시 말해 글로벌 속에서 로컬적인 것을 모색하는 것은 '아래로부터의 세계화'를 구측하는 것으로 볼 수 있다(김미경, 2010).

사회적 맥락에 따라 글로컬라이제이션의 의미를 더욱 세분화할 수도 있

---

55 글로컬라이제이션이란 용어는 1980년대 초 학술문헌에서 논의되었으나 그 기원은 명확히 밝혀지지 않았다(박지훈, 2023: 224). 한편 글로컬라이제이션의 관점이 최초로 등장한 것은 1900년대 초 스코틀랜드의 도시계획학자 패트릭 게디스(Patrick Geddes)의 "세계적으로 생각하고, 지역적으로 행동하라(Think globally, act locally)"라는 선언으로 여겨진다(박치완 외, 2013: 270).

다(박지훈, 2023). 첫째, 1983년 신자유주의 세계화에 대한 저항의 맥락이 있다. 이때의 글로컬라이제이션은 풀뿌리 저항운동을 지역에서 조직하고 글로벌과 로컬스케일 사이에서 정치전략적 사유를 고민하는 데에서 출현했다. 둘째, 초국적 기업의 경영 전략에서 상품과 서비스를 현지화하거나, 지구적 보편성을 현지적 특수성과 결합하는 맥락이 있다. 셋째, 자본주의 시공간의 변화를 비판적으로 분석하고, 경제·정치·문화·사회의 조직 방식이 공간적 지평을 변화시키는 것을 이해하려는 맥락에서 글로컬라이제이션 개념을 활용할 수도 있다(박지훈, 2023: 224-226).

한편 글로컬라이제이션 개념 자체를 비판적으로 검토할 수도 있다. 루도메토프(Roudometof, 2015)에 따르면 이제까지 글로컬라이제이션은 크게 두 가지 계보에서 논의되었다. 첫째는 롤랜드 로버트슨(Roland Robertson)이 제안한 '글로컬라이제이션으로서 세계화'이다. 이는 세계화와 로컬을 상호 보완적인 관계로 해석하면서 세계화의 연속선상에서 글로컬라이제이션을 이해하는 일원론적 관점을 띤다. 따라서 세계화란 곧 이질화와 파편화 과정이며 사실상 글로컬라이제이션과 동의이다. 둘째는 조지 리처(George Ritzer)가 제안한 '세계화로서 글로컬라이제이션'이다. 이는 글로벌과 로컬을 상호 배타적인 관계로 해석하며 둘 중 어느 한쪽에 의한 포섭이 일어난다고 본다. 이렇듯 글로컬라이제이션을 이원론적 관점으로 바라보기 때문에 세계화와 글로컬라이제이션이 서로 대항하고 있다고 해석한다. 하지만 아이러니하게도 이 관점을 극단으로 밀고 가면 로컬만이 명징하게 존재하기 때문에 사실상 글로컬라이제이션은 그 자체로 성립할 수 없다는 모순을 안고 있다.[56]

---

56 루도메토프(Roudometof, 2015)는 글로컬라이제이션을 자율적 개념으로 이해하기 위해 세계화를 전 세계로 뻗어가는 '파동'으로 이해하고 글로벌과 로컬의 관계를 굴절 개념으로 해석한다. 어떤

이처럼 글로컬라이제이션을 다양한 맥락에서 해석할 수 있다. 하지만 어느 입장을 택하든 글로벌과 로컬 간의 상호연결이 존재한다는 점은 널리 인정된다. 글로벌과 로컬은 상호 대립할 수도 있지만 서로 연결되면서 새로운 글로컬을 낳을 수 있다. 또한 오늘날의 시대를 이해하기 위해서는 글로컬과 글로컬라이제이션을 인식하고 이해해야 한다는 데에도 같은 입장을 띤다.

한편 글로컬라이제이션 개념을 활용한 논의의 대부분은 기업 경영, 문화 콘텐츠 관련 내용에 치중되었다. 글로컬라이제이션은 경영학, 마케팅 분야에서 세계화의 한계를 문화적으로 극복하려는 전략으로 이해되며, 현지화나 지역의 문화 콘텐츠를 활용하여 세계시장에서 이점을 확보한다는 의미로 활용되었다(박치완 외, 2013: 272).[57] 또한 도시의 글로컬라이제이션에 관한 논의도 도시의 로컬보다는 국가나 민족 문화에 기반한 현지화 전략 논의가 주를 이뤘다(Khondker, 2005; Chinomona and Sibanda, 2013; Dameri, Benevolo, Veglianti and Li, 2019; Dessì and Sedda, 2020: 14-19).[58]

하지만 국가, 민족과 구별되는 도시 차원의 글로컬라이제이션을 구상할 필요가 있다. 이와 관련해 홍순권(2010)은 세계화에 대응하는 로컬의 자율

사건이 다른 지역으로 파동을 치며 퍼져가고 이것이 로컬에 흡수·증폭되면서 다시 세계로 뻗어나갈 때 글로벌 차원의 제도적 동형화가 이뤄진다. 또한 파동이 로컬을 통과하며 굴절되는 현상, 즉 '굴절된 세계화'는 곧 글로컬라이제이션을 낳는다. 글로벌과 로컬의 최종 상태이자 동질성과 이질성을 모두 포괄하는 개념인 글로컬라이제이션은 곧 '다중 글로컬라이제이션'이며, 글로컬리티 역시 '다수의 글로컬리티'이다(Roudometof, 2015: 392-399).

57 이러한 방식으로 글로컬라이제이션을 이해하는 것은 로버트슨(Robertson, 1995)에 의한 것이라고 여겨지곤 한다. 하지만 로버트슨은 글로컬라이제이션을 단순한 비즈니스 용어로 이해하지 않았다. 사실 로버트슨은 글로컬라이제이션을 통해 기존의 세계화(문화적 동질성)에 대한 인식을 비판적으로 검토하고 글로벌 속의 로컬, 로컬 속의 글로벌이라는 관점으로 동질화와 이질화의 상호 침투성을 포착하려 했다(Robertson, 1995: 31-32, 40).

58 이와 같은 접근은 도시는 글로벌을 지향하며 국가는 글로컬을 지향한다는 관점(Brenner, 1998)을 반영한 것으로 보인다.

성을 인식하는 논의가 늘면서 글로컬라이제이션에 대한 관심도 고조되고 있다고 말했다. 그리고 이것이 지역문화에 대한 새로운 인식과 해석에 대한 욕구를 반영한다고 해석했다. 특히 세계적이면서 자국 또는 지역적인 공간을 글로컬리즘 공간이라 할 때, 글로컬리즘 공간의 문화는 단순히 민족문화의 반복이 아닌 자립을 통한 국제간 교류를 의미한다(홍순권, 2010). 다시 말해 지역의 독자적 정체성을 마련하는 형태로 글로벌과 교류할 때 비로소 글로컬리즘 시대의 도시화를 원활히 작동시킬 수 있는 것이다.[59]

결국, 도시 글로컬라이제이션의 의미는 환태평양 시대에서 도시가 자신의 활로를 모색하기 위해 자신의 독자적 정체성을 마련하고 글로벌과 로컬을 상호연결하는 과정을 의미한다. 도시는 두 스케일을 매개하면서 자신의 고유한 역할과 강점을 새롭게 찾을 수도 있다. 이는 도시가 자신의 내적 역량을 키우는 과정이자 글로벌 속에서 자신의 경쟁력을 강화하는 계기를 마련한다.

도시는 글로컬라이제이션 전개를 위한 전략을 마련하고 이를 실행에 옮겨야 한다. 이는 글로벌을 로컬에 맞게 현지화하거나, 글로벌에 대응하기 위해 로컬을 재구축하고 이를 글로벌에 투사하는 작업을 포함할 것이다. 이러한 도시 글로컬라이제이션을 확인하기 위해서는 실제 도시의 글로컬라이제이션 전략이 어떠한지를 확인해야 한다. 다시 말해 현실의 도시가 어떤 전략을 모색하고 실천하고 있는지를 구체적으로 분석해야 한다.

---

59 하지만 국내에서 도시 글로컬라이제이션 논의는 비판적 인문학, 도시 디자인학, 도시 문화 콘텐츠학 중심으로 이뤄졌다는 한계가 있다(홍순권, 2010; 곽노완, 2010; 황현택, 2010; 김희재 · 최희수, 2017).

2. 도시 글로컬라이제이션의 실천 전략

1) 도시외교

도시의 글로컬적 실천은 도시외교에 관한 논의에서 활발히 이루어지고 있다. 글로벌이 로컬에 영향을 미치고 동시에 로컬의 변화가 글로벌에 수용되는 글로컬라이제이션이 활발히 전개되고 있다. 이러한 가운데 도시는 국가의 영향력에서 벗어나 지역의 지향점을 직접 설정하고 글로벌 자원과의 연계를 통해 지역사회를 발전시킬 수 있다. 그리하여 최근 도시가 직접 국제교류와 협력을 이어가는 도시외교(city diplomacy)가 활성화되고 있다 (양기호, 2009: 68-70).

이러한 도시외교를 외교에 미달하는 준외교(paradiplomacy)로 간주하는 관점도 있다(이상현, 2023: 151). 국가 간 외교와 다르게 도시 간 외교에는 국제법이 적용되지 않는다. 이에 따라 외교를 주권국가 고유의 영역으로 바라보는 관점이 있다. 이 경우 도시외교란 국가 외교를 보완하는 잔여적 영역에 머물며 도시 간 자매결연, MOU, 도시 간 네트워크 구축 등 준외교 활동으로 한정된다(김영재, 2021: 190-191). 하지만 이는 외교의 의미를 지나치게 경직되고 축소시킨 형태로 이해하는 것이다.

도시외교의 함의를 이해하기 위해 국가 외교를 '구'외교(old diplomacy)로 설정하고 이에 대비되는 '신'외교(new diplomacy)의 가치를 새롭게 인식할 필요가 있다. 외교는 일반적으로 국가 대 국가의 관계 속에서 이해되고 정의되어 왔으며 이때 외교정책의 일반적 목적은 국가의 이익 증진과 다른 국가와의 조직 관계 강화에 초점을 맞춘다(박선희·홍석훈, 2023: 31). 이런 구외교의 현대적 외교 관행은 주권국가 간의 공식 관계 수행을 만든 1648년 베스트팔렌 조약과 1815년 빈 회의로 마련되었다. 하지만 세계화와 다극적 민주주의의 확산은 다양한 구성원들이 외교에 참여할 수 있는 공간을 만들었다. 중앙정부에 국한된 구외교 관행에서 벗어나 다양한 주체와 방식으로 외교가 이뤄지는 '외교의 민주화'가 진행된 것이다. 특히 도시외교는 국가적 차원의 갈등에서 상대적으로 자유로워 국가보다 협력의 지속성을 확보하기 쉬웠다. 또한 유연하게 다양한 협력 의제를 다루고 비공식 부문을 통한 협상을 활발히 진행했다.[60] 이렇듯 신외교에서 도시의 역할이 두드러짐에 따라 도시외교에 주목하는 논의도 늘어났다(Melissen, 2005; 양현모, 2007: 102; 고경민, 2008; 김형수 · 노병렬, 2016: 95-96, 107; 박선희 · 홍석훈, 2023: 32).[61] 도시외교의 영역은 안보, 개발, 경제, 문화, 네트워크, 대표성이며 각 영역의 주요 내용은 아래와 같다.

〈표 1〉 도시외교의 6가지 영역들

영역	주요 내용
안보	분쟁의 예방과 해결, 재건 활동
개발	개발도상국에 대한 개발원조, 인도적 개발, 긴급 개발지원
경제	관광객 · 해외기업 및 자본 · 국제기구 및 국제행사 유치, 서비스 · 지식 수출과 도시 간 파트너쉽 체결
문화	도시 간 자매결연, 국제교류와 상호 이해, 문화방문, 가치의 교환
네트워크	지역 · 대륙 · 글로벌 차원의 네트워크 조직화, 상호 이익 추구, 기술 · 정보 · 모범사례 공유, 글로벌 문제 해결 촉구
대표성	지역 및 도시의 대표 파견, 초국적 의사결정 참여, 국제기구 안팎에서 도시의 이익을 추구

출처: Plujim and Melissen(2007: 19-32)

---

60 예를 들어 유엔이 2015년 지속가능한 발전을 위한 목표를 발표하고, 세계 주요 도시들의 참여를 독려했을 때, 트럼프 미국 대통령은 파리 기후 협정 탈퇴 의사를 밝히면서 글로벌 문제를 외면했었다. 이에 대해 미국을 포함한 전 세계 50개 도시 시장이 파리협정 준수를 선언하면서 '시카고 기후 헌장'을 발표하여 글로벌 문제 해결을 촉구했다(이상현, 2023: 150).

61 이미 국내법에서 도시외교가 인정되고 있다. 2016년 제정된 국내의 '공공외교법'에서 중앙정부와 지자체는 공공외교의 주체로 규정되어 있다. 또한 시도지사는 5년마다 공공외교 수행계획 및 추진 실적을 외교부 장관에게 제출해야 한다(박선희 · 홍석훈, 2023: 33).

도시외교는 유연하고 다양한 형태로 글로벌 및 로컬 스케일을 망라하면서 각 영역에 개입한다. 또한 도시외교의 영역과 내용은 현실에서 혼재되며 공식적인 정상회담, 관료 회의만이 아니라 자금 지원, 구호 지원, 로비, 압력 및 영향력 행사, 도시 간 네트워크를 구성 등 다채로운 활동을 포함한다 (Plujim and Melissen, 2007: 19-32). 예를 들어 도시의 부족한 노동력을 확보하기 위해 다른 지역과 파트너쉽을 맺고 노동자를 초청할 수도 있다. 국가 간 협상이 교착상태에 직면하고 세계정부 논제가 대안이 되지 못하는 현실에서 도시 간의 네트워크, '글로컬' 거버넌스를 형성하여 다양한 글로벌 문제를 해결할 계기를 마련할 수도 있다(Dan Koon-hong, 2016). 도시외교는 도시의 정치적·경제적 이익만이 아니라 글로벌 문제를 해결하는 데에도 기여할 수 있는 것이다.

도시외교는 글로벌과 로컬에 대응하기 위해 도시가 활용할 수 있는 효과적인 수단이다. 도시외교는 다양한 사회 영역에 개입하고 로컬의 문제를 해결한다. 이를 통해 도시는 자신이 속한 스케일을 넘어 보다 넓은 글로벌스케일과 연결할 수 있다. 이처럼 글로벌과 로컬을 중첩하여 도시의 연결성 확장을 기하는 도시외교는 도시 글로컬라이제이션을 위한 주요한 실천 전략이라 할 수 있다.

2) 도시브랜딩

도시의 글로컬라이제이션과 도시외교는 도시에 특정한 의미와 내용을 부여하면서 문화적 상징, 도시 정체성을 만드는 과정을 수반한다. 이는 곧 도시에 특정한 이미지와 내용을 부여하는 도시브랜딩과 연관된다. 세계화는 국가, 도시가 전 세계의 소비자, 관광객, 기업가, 유학생, 문화 행사를 유치하기 위한 경쟁을 강화했다. 하지만 사람들은 자신이 찾고 소비하려는 대상이 실제로 어떤 내용을 가지는지를 꼼꼼히 확인하기 힘들다. 따라서 좋은 이미지와 평판, 풍부한 의미, 특수한 가치가 있는 대상이 글로벌 경쟁력을 갖게 된다. 이렇듯 브랜드를 통한 정체성은 세계화에서 상품, 국가 그리고 도시가 생존하기 위해서 꼭 필요로 하는 내용이 되었다(Anholt, 2007).

그리하여 기업, 국가, 도시는 자신의 이익을 극대화하기 위해 브랜드에 글로컬라이제이션을 결합하기 시작했다. 세계화에 의한 표준화는 사람들에게 획일감과 거부감을 불러일으켰기 때문에 브랜드에 로컬적 특성을 반영하는 현지화 노력이 광범위하게 진행되었다(Dumitrescu and Vinerean, 2010). 예를 들어 국가는 자국의 상품을 글로벌 시장에서 홍보하기 위해 역사적 · 사회문화적 '진정성'을 활용하여 국가브랜드를 구축했으며 이 과정에서 국민 구성원의 정체성도 고취했다(Molleda and Roberts, 2008).

도시브랜딩 전략은 어떤 대상이 지니고 있는 역사 · 지리 · 사회문화적 특수성에 진정성과 정체성을 부여하고 이를 브랜드로 구체화하는 형태를 띤다. 그렇게 마련된 도시브랜드는 도시의 경제적, 정치적, 사회적으로 다른 도시와 차별화되는 개성, 시간, 돈, 노력을 통한 인식 개선이나 도시의 이미지 개선을 통해 지역을 성장시키는 것을 목적으로 한다(Porter 1995; Kotler, Bowen, Makens and Baloglu, 2003; 김주희, 2021: 275). 또한 도시 및 시민의 정체성을 강화하고 도시의 자질을 풍부하게 만들어 도시의 경쟁력을 높이기도 한다(Kavaratzis, 2004; Julier, 2005; 이정훈 · 한현숙, 2007; 권재경 · 최원수, 2012; 양명 · 이진호, 2019; 김주희, 2021). 특히 국가의 역할 축소와 도시의 역할이 강화되고 있는 오늘날, 도시브랜드는 도시의 글로벌 경쟁력을 위한 유력한 수단이라 할 수 있다.

도시브랜딩에는 어떤 수단이 활용되는가? 도시브랜딩의 핵심 요소 중 하나는 다른 도시와 차별화된 정체성을 담은 시각적 요소이다. 도시브랜딩은 도시의 정신과 문화적 가치를 담으면서 다른 도시와 구별되는 차별화, 배타성, 유일성, 식별 가능성 등을 모색하고 이를 시각적 이미지나 도시 경관으로 구현한다(양명 · 이진호, 2019; 박상희, 2021; 신은호 외, 2021). 둘째, 용어, 기호, 슬로건, 이름처럼 언어적 요소가 중요하다(Cai, 2002). 도시의 정체성을 잘 표현하는 언어적 요소는 사람들에게 도시 고유의 정체성을 쉽게 인식시킬 수 있게 한다. 셋째, 대형 이벤트나 축제는 도시브랜드와 정체성을 공고히 하는 수단이다(이정록 외, 2015; 엄지영 · 윤선영, 2016). 도시 브랜드를 담은 대형 이벤트와 축제는 시민과 관광객에게 도시 고유의 정체성을 인상적으로 전달하며 도시의 정체성을 대내외적으로 널리 알리고 인식시킨다.

도시브랜딩은 또 다른 글로컬라이제이션 실천 전략인 도시외교와 결합할 수 있다. 도시외교는 타국민의 이해를 촉진하는 소통 수단으로써 도시의 브랜드 가치를 증진하고 이를 통해 대외적으로 도시 정체성을 강화할 수 있다(김형수 · 노병렬, 2016: 108; 김주희, 2021). 예를 들어 도시브랜딩에 의한 상징, 역사, 슬로건 등의 문화적 요소를 활용하여 글로벌스케일에서 도시 정체성을 확산시키거나, 관광객 유치, 관광산업을 촉진해 도시 발전에 기여할 수 있다. 또한 도시브랜드와 도시 정체성에 근거한 도시외교는 글로벌스케일에서 도시의 위상과 특수성을 확고히 만들고 정치적 정당성을 얻는 데 도움을 줄 수도 있다. 이렇듯 도시외교, 도시브랜딩은 서로 선순환을 이루며 도시 글로컬라이제이션의 실천 전략을 구성한다.

Ⅳ. 후쿠오카시 글로컬라이제이션의 현황 및 특성

이 장에서는 먼저 후쿠오카시의 전반적 현황을 살펴본 후 후쿠오카시에서 진행된 도시외교, 도시브랜딩을 다각도로 확인한다. 이를 통해 후쿠오카시 글로컬라이제이션의 주요 특징을 도출하도록 한다.

1. 후쿠오카시의 전반적 현황

후쿠오카시의 면적은 343.5㎢, 인구는 2022년 기준으로 약 160만 명이다. 1972년에는 지자체가 높은 수준의 자율권을 행사할 수 있는 정령지정도시 (政令指定都市, city designated by government ordinance)로 지정되었다.[62] 후쿠오카시에는 후쿠오카현청을 비롯해 우수한 인프라가 구비되어 있다. 또한 규슈 전역에서 인구를 흡수하고 있는 규슈의 중심도시이다.

후쿠오카시의 도시계획은 '후쿠오카시 종합계획체계'에 의거한다. 후쿠오카시 종합계획체계는 크게 3가지로 구성되는데, 첫째는 장기적인 '기본구상', 둘째는 10년간의 '기본계획', 셋째는 이를 구체적으로 시행하기 위한 4년간 시행계획이다. 가장 최근의 후쿠오카시 종합계획체계는 '제9차 후쿠오카시 기본구상 · 기본계획'(이하 도시기본계획)이다. 이 도시기본계획은 지역의 민관 인사로 구성된 '후쿠오카 지역전략 추진 협의회'와 산 · 학 · 관 · 민의 지속적인 워크숍과 회의, 의견 수렴을 통해 만들어졌다. 후쿠오카시는 4년간 시행계획을 통해 도시기본계획의 추진상황을 매년 엄격하고 철저하게 모니터링하고 있다(山下永子, 2019: 81-83; 福岡市, 2023; 福

---

62 정령지정도시는 일본 대도시 행정단위 중 가장 상위에 있으나 현(県)에 소속되어야 한다는 조건이 있다. 하지만 정령지정도시는 현과 거의 유사한 권한을 행사할 수 있다.

岡市, 2024).

　도시기본계획은 후쿠오카시를 '아시아 거점 도시'로 인식하며 이러한 인식에 기반하여 국제 경쟁력이 있는 도시를 지향한다. 이 계획서에는 도시의 역사, 지리, 자연, 도시경관, 인재, 음식 등 도시 전반의 자원을 국제 경쟁력의 자원으로 활용하자는 내용이 담겨 있다. 한편 '제10차 도시기본계획' 수립을 위해 2023년 마련된 산·학·관·민의 의견 수렴 보고서는 '다양한 사람이 공생하는 마을, 규슈의 현관문으로서 함께 활력을 낳는 마을'을 제안하고 있다(福岡市総務企画局企画調整部, 2023). 이렇듯 지역의 산·학·관·민의 협력하에 만들어진 도시기본계획은 로컬의 역사적·지리적·사회문화적 요소에 기반한 글로벌 지향성을 일관되게 보여준다.

　과거부터 일본과 아시아를 잇는 관문도시의 역할을 한 후쿠오카시에는 항구, 공항, 철도 등 다양한 교통 인프라가 구축되어 있다. 특히 아시아 허브 비즈니스 도시라는 점에서 교통·물류 인프라의 편리성이 좋다.[63] 도시가 글로벌과 연결되기 위해 모빌리티의 확보가 필수적이라는 점을 고려할 때, 후쿠오카시의 교통 인프라는 글로컬라이제이션을 가능하게 하는 중요한 물리적 조건이다.

　아래 그래프는 2003년부터 2022년까지 후쿠오카의 내국인 및 외국인 증가 추이를 보여준다. 파란색 막대그래프와 왼쪽 세로축은 내국인의 수를 의미한다. 주황색 꺾은선과 오른쪽 세로축은 외국인의 수를 의미한다.

63　후쿠오카에서 부산까지는 30분, 서울까지는 70분, 상해까지 90분이 소요된다. 신칸센부터 고속버스까지 일본 국내 교통수단도 충분히 완비되어 있어 해외에서 일본 각지로의 이동도 편리하다.

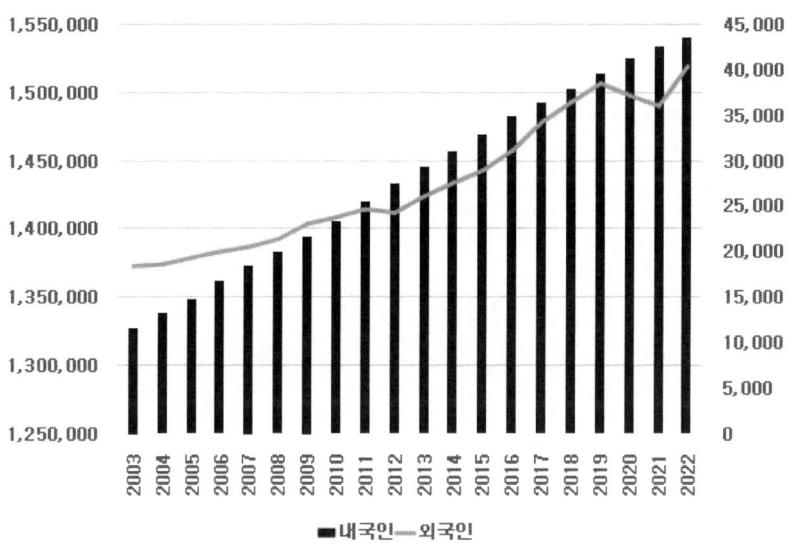

〈그림 1〉 후쿠오카시의 내국인 및 외국인 추이(단위, 만명)

출처: 福岡市(2024)

위 그래프에서 알 수 있듯이 내국인, 외국인 모두 급격한 증가 추세에 있다. 내국인 수는 2003년 약 133만 명에서 2022년 약 154만 명으로 약 21만 명 늘었다. 후쿠오카는 2010년부터 2020년간 전국 인구증가율이 10.16%로 2위 도쿄(8.8%)를 제치고 1위를 기록하기도 했다(福岡アジア都市研究所, 2022: 13). 외국인 수는 2003년 약 1만 8천 명에서 2022년 약 4만 명으로 2배 이상 증가했다. 2020년 코로나 팬데믹으로 약간의 부침은 있었으나 외국인 감소세는 적었고 2021년부터는 다시 증가세를 보였다. 다음으로 후쿠오카국제공항, 하카타국제항으로 입국한 외국인의 수를 확인했다.

2006년부터 2011년까지 후쿠오카시를 찾은 외국인의 수는 47~70만 명 수준을 유지했다. 그런데 2012년 이후 그 수가 급격하게 늘어나 2016년 257.5만 명, 2017년 298.3만 명, 2018년에는 무려 309.4만 명으로 증가했

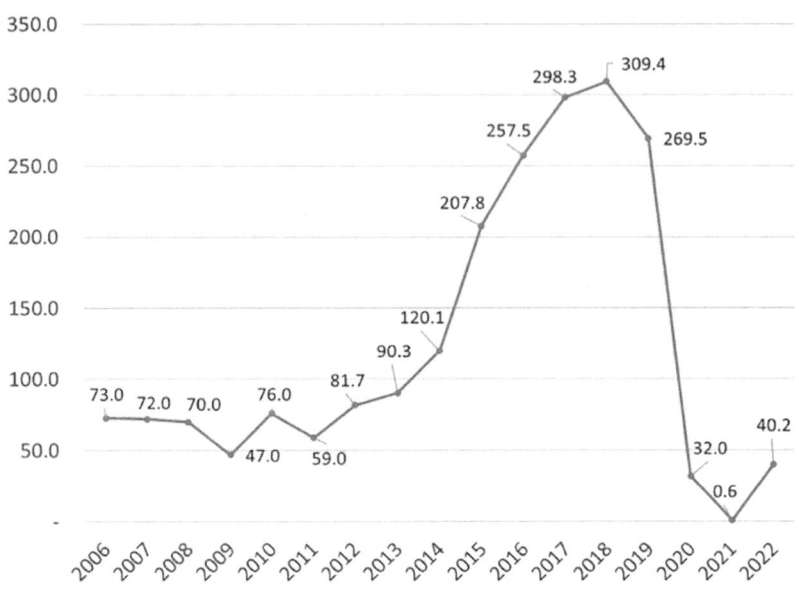

〈그림 2〉 후쿠오카시 방문 외국인 추이(단위 만 명)

출처: 福岡市経済観光文化局(2024)

다. 2019년 한국과 일본의 정치적 갈등, 2020년 코로나 팬데믹으로 인해 그 수가 급격히 감소했음에도 많은 외국인 관광객이 후쿠오카시를 찾아왔다. 이에 따라 관광산업이 급성장하고 호텔 건설 등을 위한 대규모 투자가 이어졌다.

후쿠오카시 방문 외국인의 상당수는 한국 등 아시아 출신의 국적자이다 (福岡市, 2024). 후쿠오카시의 생활 관광 정보도 주로 아시아 출신 외국인에게 특화된 정보를 제공하고 있다. 한 예로 일본 관광정보사이트 '요카요비'의 외국어별 구성비를 보면 한국어 36.7%, 중국어 번체가 28.7%, 영어 27.5%, 중국어 간체가 4.8%, 그 외가 2.3%였다(福岡市経済観光文化局, 2024). 후쿠오카시를 찾은 외국인은 후쿠오카시의 지리적 인접성, 관광의 편리성, 그리고 역사, 음식 등 다양한 문화 콘텐츠에 매료되어 후쿠오카시를 찾았다고 할 수 있다.[64] 이는 곧 후쿠오카시 종합계획체계가 말한 아시아 관련 내용이 실제적이며 후쿠오카시의 로컬적 특성이 글로벌에서 갖는 강점을 보여준다.

글로벌과 로컬의 인적 교류를 견인하기 위한 다양한 사업도 펼쳐지고 있다. 후쿠오카시청 및 산하 단체, 센터를 비롯하여 NGO 단체가 외국인의 정착과 일본인의 글로벌 역량을 기르기 위해 어학교육, 생활지원, 육아 및 쉼터, 외국인 학생지원 사업, 각종 상담업무 등을 진행하고 있다. 후쿠오카시청은 이들 사업에 예산을 지원하고 있으며 민관 차원의 활동도 활발하다(福岡県, 2023). 이들 사업은 후쿠오카를 찾은 외국인에게 일본어 교육, 일본문화, 일본의 생활 정보를 전달하고, 일본인에게는 글로벌로 나갈 수 있는 어학교육, 정보를 제공한다. 이는 글로벌과 로컬을 적극적으로 연결하면서 후쿠오카시의 글로컬라이제이션을 촉진한다.

MICE, 크루즈 기항, 외국 공관 등의 사례도 우수하다. 2017년 후쿠오카의 국제회의 개최 건수는 296건, 2018년에는 293건이었다. 일본 국내의 도시별 국제회의 개최 건수 순위에서 2009년부터 2016년까지는 도쿄에 이어 2위를 유지했으나, 그 이후에는 도쿄, 고베, 교토를 이어 4위를 유지하고 있다. 이는 도시 규모, 특히 지방도시라는 조건을 생각할 때 높은 순위라고 할 수 있다. 크루즈선 기항 횟수는 2018년 총 543건(해외 264건, 국내 279건), 2019년에는 총 435건(해외 206건, 국내 229건)이며 일본 제1의 항구인 요코하마 항구를 제치고 크루즈선 기항 횟수 1위를 달성하기도 했다(高島宗

---

64 돈코츠 라멘, 멘타이코, 모츠나베, 미즈타키 등 다양한 음식 콘텐츠가 있는 후쿠오카는 일본에서도 식도락 도시로 알려져 있으며, 야타이(포장마차) 문화도 명물이다. 또한 컴팩트 시티를 구현하여 공항, 항구, 철도, 쇼핑몰, 호텔이 서로 인접하여 관광하기에도 편리하다.

一郞, 2018: 11; 福岡市経済観光文化局, 2024). 또한 2020년 8월 기준으로 후쿠오카시에는 총 25개의 외국 공관도 있다(福岡市史編集委員会, 2021).

산·관·학·민이 함께 만든 후쿠오카시 도시기본계획은 로컬의 역사적·지리적·사회문화적 자원을 활용하여 글로벌 도시, 아시아 도시로의 도약을 목표로 했다. 아시아, 규슈, 일본을 연결하는 지리적 이점 위에 탁월한 모빌리티를 구축한 후쿠오카시는 내·외국인 수, 관광객 수에서 놀라운 성장세를 보여줬다. 후쿠오카시를 찾은 이들의 대부분은 아시아 출신 국적자였고 시 차원에서도 이들에게 특화된 정보를 제공하고 있었다. 글로벌 연결성을 위해 민관의 다양한 사업도 펼쳐졌다. 뿐만 아니라 MICE, 크루즈 기항, 외국 공관 현황에서도 좋은 성과를 보여줬다. 우수한 모빌리티와 역사적·지리적·사회문화적 조건, 민관협력에 기초한 도시종합계획, 글로벌 연결성을 확장하기 위한 노력은 '아시아 거점 도시' 후쿠오카시의 경쟁력을 증진했다.

2. 후쿠오카시의 도시외교

도시외교의 기본은 해외 도시와의 자매도시·우호도시 체결이다. 이를 통해 도시는 글로벌스케일로 진출하며 다른 로컬과 네트워크를 형성한다. 아래는 후쿠오카시가 맺고 있는 자매도시·우호도시[65]의 현황이다.

---

65 중국은 자매도시라는 명칭을 쓰지 않는다. 우호도시는 중국인민정부의 승인을 얻어야만 하며, 우호교류도시는 중국 자치단체가 자주적으로 협정 교류를 맺을 때 사용한다.

〈표 2〉 후쿠오카시의 자매도시 · 우호도시

도시	유형(연도)	체결 경위
미국 오클랜드시	자매도시 (1962)	후쿠오카 시장이 자매도시 후보지로 오클랜드시를 선택. 1961년 9월 시장 및 상공회의소 회의에서 시장들이 만나 자매도시 위원회를 만들고 자매도시를 체결
중국 광저우시	우호도시 (1979)	후쿠오카시와 광저우시 모두 남부 대도시이며 과거부터 통상항으로 번성한 역사를 가짐. 1973년부터 후쿠오카시가 우호도시 체결 의지를 표명. 1979년 2월 중국대사관으로부터 정식 회답을 받아 후쿠오카에서 우호도시 체결
프랑스 보르도시	자매도시 (1982)	1977년 규슈 일불학관 관장이 양 도시 결연을 논의함. 이후 민간단체의 보르도 방문, 아동화 전시, 사진전 상호 개최, 대학 간 자매결연 등 교류가 이어졌고 조사단의 상호 방문 후 자매도시를 체결
뉴질랜드 오클랜드시	자매도시 (1986)	1979년 하카타항과 오클랜드항이 자매항이 되어 교류가 시작. 우호방문단, 소년럭비팀 방문, 사진전 개최 등 교류가 이어지면서 항구뿐만 아니라 더욱 광범위한 교류를 위해 자매도시를 체결
말레이시아 이포시	자매도시 (1989)	1977년부터 매년 '청년우호의 날개'를 말레이시아에 파견함. 1979년 부터는 말레이시아 청년을 받아들이는 청년상호교류를 진행. 이후 이포시에서 자매도시 체결 의향을 보였고 1989년 3월 말레이시아 국왕의 후쿠오카 방문을 계기로 자매도시를 체결
대한민국 부산광역시	행정교류도시 (1989), 자매도시 (2007)	1964년부터 많은 민간단체가 자매결연을 맺어왔으며 어업, 관광, 청소년, 스포츠, 여성 등 친선방문단이 왕래하면서 다양한 분야에서 활발한 교류가 있어왔음. 향후의 도시문제나 공통된 과제 해결 협력 및 교류를 적극 추진하기 위해 행정교류합의서에 조인. 이후 한국의 1국 1자매 도시 원칙이 완화되어 자매도시를 체결
미국 애틀랜타시	파트너십도시 (1993), 자매도시 (2005)	1990년 외무수상이 애틀랜타시를 방문하여 애틀랜타 일본인 상공회에 도시 간 교류 가능성을 타진. 행정, 경제계의 논의하에 '문화 및 경제에 관한 협력 합의서'에 조인 및 제휴함. 이후 10년에 걸친 교류를 통해 자매도시를 체결
미얀마 양곤시	자매도시 (2016)	2012년 후쿠오카시 직원의 양곤 수도 분야의 기술 협력 파견을 계기로 2014년 '마을 만들기 협력 · 지원에 관한 각서' 체결. 2015년 8월에 미얀마 정부 관료 및 양곤시로부터 자매도시 체결을 요청받고 자매도시를 체결

출처: 福岡県(2023)

현재 후쿠오카시는 총 8개 도시와 자매도시 · 우호도시를 체결하고 있다. 지역을 살펴보면 아시아 4건, 오세아니아 1건, 미주 2건, 유럽 1건으로 환태평양 도시의 비중이 가장 높았다. 체결 경위에서 드러나듯이 대체로 오랜 시간을 두고 교류와 논의를 진행한 후 비로소 자매결연을 체결했다. 이는 후쿠오카시가 함부로 협정을 체결하지 않고 교류를 지속하면서 상호 신뢰가 마련되어야 체결을 진행한다는 것을 보여준다. 현재 후쿠오카시는 '후쿠오카 8'이라는 자매도시 · 우호도시 소개 홈페이지에서 자매도시 · 우호도시의 소식을 상시 전달하고 있다(Fukuoka8, 2024). 이런 점들은 여타 도시에서는 보기 힘든 사례로써 도시외교의 진정성을 돋보이게 한다.

또한 아시아를 비롯해 환태평양 도시 네트워크를 직접 구성하고 운영하고 있다. 후쿠오카시는 1994년 아시아태평양도시정상회의(Asian-Pacific City Summit)를 제창하고 현재까지 이를 주도하고 있다(Asian-Pacific City Summit, 2024). 이 회의체는 2년에 1회씩 아시아태평양의 도시 대표자들이 모여 각 도시의 과제나 그 해결책을 논의하고 도시 간의 교류 및 발전을 모색한다. 참여 도시는 아래 표와 같다.

〈표 3〉 아시아태평양도시정상회의 참여 도시 목록

국가	도시
대한민국	부산, 포항, 광양, 제주
일본	후쿠오카, 가고시마, 기타큐슈, 구마모토, 미야자키, 나가사키, 나하, 오이타, 사가
미국	호놀룰루
중국	창사, 다롄, 광저우, 홍콩, 상하이, 타이위안, 우루무치
호주	브리즈번
캄보디아	프놈펜
인도네시아	자카르타
말레이시아	이포, 쿠알라룸푸르
미얀마	양곤
뉴질랜드	오클랜드
필리핀	마닐라
러시아	블라디보스토크
싱가포르	싱가포르
태국	방콕
베트남	호치민
총 15국	총 33개 시

출처: Asian-Pacific City Summit(2024)

아시아태평양도시정상회의에는 다양한 아시아 도시가 가입하고 있다. 이들 도시 목록에서 몇 가지 특징을 확인할 수 있다. 일본의 경우 오키나와현의 나하시를 제외한 모든 도시가 규슈에 있는 도시였다. 이는 아시아태평양

도시정상회의가 규슈 지역에서 정당성과 영향력을 확보하고 있다는 점, 그리고 규슈라는 로컬스케일이 글로벌스케일로 끌어올려졌다는 점을 시사한다. 또한 대부분의 참여 도시가 항구와 공항이 있는 해양도시였다. 이는 규슈스케일, 아시아태평양스케일을 주도적으로 구성하려는 후쿠오카시의 글로컬 구상을 엿보게 한다.[66]

또한 이 회의에는 국제기구, 대기업, 대학도 함께 했다. 2022년 제13차 회의는 유엔 해비타트, 후쿠오카시, 아시아태평양도시정상회가 공동 주최했으며 미쓰비시, 히타치, 스미토모와 같은 일본 대기업, 규슈대학, OECD, 세계은행이 협찬 · 협력했다. 개별 세션에서도 유엔 해비타트 세션, 세계은행 세션이 진행되었다(アジア太平洋都市サミット事務局, 2023). 이렇듯 후쿠오카시는 아시아태평양 도시들의 네트워크를 주도하고 여기에 글로벌스케일, 국가스케일, 도시스케일의 행위자를 적극적으로 결합했다.

도시외교는 도시기본계획을 만들고 추진하는 기초가 되기도 했다. 후쿠오카시는 2008년 국제벤치마크협의회에 초청받아 글로벌 도시 간의 네트워크를 형성하고 각자의 로컬적 자원을 공유했다. 미국 시애틀의 주도로 형성된 국제벤치마크협의회는 산 · 학 · 관 협력과 지식집약산업을 중시하는 도시들의 네트워크이다. 여기에 참여하고 있는 도시는 바르셀로나, 세종, 더블린, 후쿠오카, 헬싱키, 멜버른, 뮌헨, 시애틀, 스톡홀름, 밴쿠버 등이며 이들은 인구 150~500만 명의 도시권과 연구대학을 보유하고 있다. 후쿠오카시는 이 협의회에 참가하여 도시의 로컬적 내용을 공유하고 산 · 학 · 관 ·

---

66 이 외에도 후쿠오카시는 동아시아경제교류추진기구, 아시아태평양도시관광진흥기구, 아시아태평양지역도시시장회의, 세계대도시회의, 세계지방자치단체연합 등 다양한 도시 네트워크에 가입했다(류재현, 2012: 106). 후쿠오카시는 글로벌 도시 네트워크에 적극적이며 특히 아시아 지역의 도시 네트워크에 많이 가입했다.

민이 지역 성장 전략을 만들자는 선언에 동참했다. 바로 이 선언에 근거하여 후쿠오카시는 산 · 학 · 관 · 민의 의견을 수렴해 '후쿠오카시 기본구상 · 제 9차 후쿠오카시 기본계획'을 수립했다(山下永子, 2019: 81-83). 이처럼 후 쿠오카시의 도시외교는 형식적인 내용에 그치지 않으며 도시기본계획 수립 에 실질적인 영향을 미쳤다.

　도시 네트워크를 넘어 글로벌스케일의 포럼에 초청받아 도시외교의 장 을 확장하기도 했다. 후쿠오카시는 2015년부터 세계경제포럼(World Economic Forum)의 여름 다보스에 초청받았으며 2017년에는 일본 시장으로 서는 최초로 다보스 포럼 본회의에 초청되었다. 이곳에서 후쿠오카시장은 동유럽 에스토니아의 수상, 스리랑카 수상 등과 만나 후쿠오카시의 경쟁력 을 홍보했으며 이후에도 양 국가를 오가며 경제적 · 문화적 교류를 이어갔 다(高島宗一郎, 2018: 177-183). 이 사례는 후쿠오카시의 도시외교가 글 로벌스케일에서 인정받았으며 후쿠오카시는 이를 도시 홍보 및 '세일즈' 기 회로 활용하고 있음을 보여준다.

　후쿠오카시는 민관 차원의 도시외교도 활발히 진행하고 있다. 후쿠오카 시, 의회, 후쿠오카시 관련 산하 단체에서 진행하는 국제교류 관련 사업은 2023년 총 86건에 달했다(福岡県, 2024). 이들 내역을 보면 광저우, 부산광 역시 지원파견, 자매도시 교류사업 추진, 인재 교류, 문화 교류, 경제 교류, 아시아태평양 교류사업, 외국인 유학생 지원 등 다양한 영역을 망라했다.[67]

　후쿠오카시에는 유엔 산하 기관인 유엔 해비타트 지부가 있다. 유엔 해

67　한편 후쿠오카시와 부산시청의 국제교류는 2007년부터 본격화되어 행정교류, 직원 및 청소년 등 의 인적 교류, 경제교류, 기술 · 학술교류, 문화예술, 스포츠 교류 등 다양한 분야에서 활발한 교류 가 이어졌다. 특히 2017년에는 6건, 2018년 5건, 2019년에는 무려 14건의 교류가 이뤄졌다(대한 민국시도지사협의회, 2024).

비타트의 본부는 나이로비에 있으며 지역사무소는 후쿠오카, 나이로비, 리우데자네이루, 카이로에 소재하고 있다. 이 중에서 후쿠오카시는 아시아태평양 지역을 전담하며 2022년 12월 기준 총 16개 국가에서 70개 프로젝트, 217억 엔의 사업을 진행 중이다(福岡県, 2024). 유엔 해비타트 아시아태평양 지부는 후쿠오카시의 아시아태평양 외교에 정당성을 부여한다. 다시 말해 후쿠오카시는 유엔 산하 기관의 아시아태평양 사업을 관장하여 글로벌 위상을 높이고 아시아태평양의 대표라는 정당성을 부여받는다.

최근에는 '국제 비즈니스 전개 플랫폼(International Business Platform Fukuoka)'을 만들어 아시아에 대한 더 체계적이고 적극적인 도시외교를 펼치고 있다. 이 플랫폼은 관과 민의 제휴 속에 운영된다. 현재 국제기구, 후생노동성, 국토교통성과 같은 중앙정부, 규슈국제센터, 규슈무역정보센터, 그리고 122개의 기업 및 재계 단체가 참여하여 해외 도시가 겪고 있는 각종 문제를 해결하고 지역 경제를 활성화 사업을 추진 중이다.[68] 특히 아시아 개발도상국에 대한 ODA, 기술지원, 인재 교류를 비롯하여 일본 기업의 사업 수주, 현지 정보의 일본 내 공유 등 아시아-후쿠오카-일본을 잇는 개발 · 경제 · 문화적 도시외교를 진행하고 있다(福岡市, 2024). 민관이 결합한 이 플랫폼은 아시아를 겨냥하는 적극적인 글로컬라이제이션을 보여준다.

이렇듯 민관이 함께하는 후쿠오카시의 도시외교는 외교, 경제, 문화, 네트워크, 대표성의 영역을 두루 망라했다. 도시 간 네트워크와 폭넓은 외교활동은 아시아 도시 후쿠오카의 위상을 확립했으며 도시 발전을 위한 자원과 정

---

[68] 아시아 도시 간 직원 장기 파견, 장기 연수 추천, 세계은행이나 아시아 지역의 환경기술 분야 국제 전시회에 참여했다. 또한 미얀마, 피지 공화국 등과의 수도 관련 기술 분야 협업, 양곤시 '후쿠오카식' 쓰레기 매립장 사업을 진행하기도 했다. 일본 국내에서는 아시아 개발도상국 관련 비즈니스 관련 세미나를 진행하여 아시아 지역의 현황과 새로운 비즈니스 정보를 공유했다(福岡市, 2024).

보를 글로벌스케일에서 가져왔다. 이러한 사례는 후쿠오카시와 글로벌 간의 강한 연결성을 보여준다. 다른 도시의 도시외교가 대부분 형식적인 데에 그친다면, 후쿠오카시는 자매도시와 깊은 신뢰 관계를 구축하고 이들에 대한 정보를 지속해서 소개하거나 국제협의체의 제안을 반영하여 도시기본계획을 수립하기도 했다. 특히 아시아태평양에 일관되게 주목하면서 후쿠오카시의 글로벌 위상을 확립하여 아시아태평양 전담 국제기구를 유치하고 아시아 개발도상국과 개발, 경제, 문화 교류를 이어가며 도시외교에 대한 진정성을 보여줬다. 이러한 과정을 통해 후쿠오카시는 도시외교를 도시의 글로벌화, 나아가 도시 발전의 수단으로 활용했다.

3. 후쿠오카시의 도시브랜딩

앞서 봤듯이 후쿠오카시는 환태평양, 아시아태평양, 특히 아시아를 지속해서 강조했다. 이렇듯 '아시아'를 강조하는 이유와 배경을 도시브랜딩의 일환으로 설명할 수 있다. 먼저 도시기본계획에서 아시아 관련 내용을 확인할 수 있다. 산 · 학 · 관 · 민이 함께 만든 도시기본계획의 도시상은 '살고 싶고, 가고 싶고, 일하고 싶다. 아시아 교류거점도시 후쿠오카', '아시아 속의 성숙도시'이다. 후쿠오카시가 아시아 도시를 표방한 한 이유는 역사적 · 지리적 · 사회문화적으로 아시아와 깊은 관계를 맺으며 성장했기 때문이다. 특히 자신들의 축적된 지식과 경험이 아시아 지역의 사회문제와 생활환경에 도움을 줄 수 있다고 밝히고, 학술, 시민, 문화, 경제 등 모든 면에서의 교류와 연대를 확장해 아시아가 함께 성장할 수 있다고 말한다(福岡市, 2023). 이렇듯 후쿠오카시의 도시기본계획은 후쿠오카 도시권을 넘어 일본, 규슈, 아시아를 연결하고 아시아와 공생하는 도시를 지향하고 있다. 도시기본계획의 아시아 관련 내용은 아래와 같다.

<표 4> 제9차 후쿠오카시 도시기본계획의 아시아 관련 내용

기본 구상	목표	분야별 시책
바다에서 자라난 역사와 문화의 매력으로 사람을 사로잡는 도시	갈고닦은 매력으로 다양한 사람을 매료	관광자원이 되는 매력의 재발견과 연마 녹색과 역사, 문화로 활기찬 거점 만들기 정보 접근성이 좋은 방문자 친화적 환경 만들기 교류가 비즈니스로 이어지는 MICE 거점의 형성 국제스포츠대회 유치 및 프로세스 진흥 국내외 전략적 프로모션 추진
활력과 존재감이 가득한 아시아 거점 도시	창조활동이 활발하며 다양한 인재가 새로운 가치를 창출	새로운 가치를 창출하는 스타트업 도시 만들기 창조적 활동의 기반이 되는 문화 예술의 진흥 개인의 재능이 성장을 창출하는 창조 산업 진흥 다양한 사람이 모여 교류하는 창조적인 장소 만들기 도전하는 청년, 여성이 활약하는 마을 만들기 대학이나 전문학교 등의 고등 교육 기관의 기능 강화
	국제 경쟁력이 있는 아시아 모델 도시	도시의 활력을 견인하는 도심부의 기능 강화 고도의 도시 기능이 집적한 활력 창조 거점 만들기 국제적인 비즈니스 교류의 촉진 성장을 견인하는 물류 · 인류의 관문(게이트웨이) 만들기 글로벌 인재 육성 및 활약의 장 만들기 아시아 여러 도시에 대한 국제 공헌 · 국제 협력 추진 부산광역시와의 초광역 경제권의 형성 아시아를 비롯해 세계 사람에게도 살기 좋은 마을 만들기

출처: 福岡市(2023)

위 내용은 후쿠오카시가 생각하는 아시아 관련 내용을 담고 있다. 이들 내용은 후쿠오카시가 아시아태평양 관문도시의 역사와 문화를 살려 관광, 문화행사, MICE 산업을 육성해야 하며, 아시아태평양에서 중심적 역할을 해야 한다는 것을 보여준다. 특히 아시아의 여러 도시에 공헌하고 협력해야 한다는 것, 부산광역시와 초광역 경제권을 형성해야 한다는 것, 아시아를 넘어 세계인과 교류하겠다는 내용은 로컬부터 글로벌까지 다양한 스케일을 포괄하겠다는 의욕을 보여준다.

후쿠오카시의 정체성에 아시아가 본격적으로 자리 잡은 계기는 1987년 후쿠오카시 기본구상의 '활력있는 아시아 거점도시' 선언이다. 또한 1989년에는 후쿠오카시 제정 100주년을 기념하여 '아시아태평양박람회'가 개최되었다. 아시아태평양박람회는 1989년 3월 17일부터 9월 3일까지 171

일간 "새로운 세계 덕분에 사랑을 찾아서"라는 테마로 진행되었다. '문명의
크로스로드 규슈'라는 슬로건을 제시한 이 박람회는 후쿠오카시의 역사적,
지리적 특수성을 인식하고 세계로 나가야 한다는 비전을 표명했다(公益財
団法人福岡よかトピア国際交流財団, 2024).[69] 실제로 아시아태평양박람
회에는 아시아를 포함한 전세계의 수많은 참가자와 방문객이 찾아왔다.[70] 당
시 박람회를 기념하기 위해 건설된 후쿠오카타워에는 지금도 아시아를 강
조하는 조형물이 곳곳에 있다.

〈그림 5〉 후쿠오카타워 인근의 아시아 조형물

---

69 아시아태평양박람회는 후쿠오카시의 국제교류재단인 '후쿠오카 요카토피아 국제교류재단'의 형
    성으로 이어졌다. 이 재단은 1989년 개최된 아시아태평양박람회의 성공을 기념하고 후쿠오카의
    역사, 문화를 살린 국제교류 촉진을 위해 설립되었다. 민간의 국제교류와 인재육성사업을 적극 추
    진하고 있을 뿐만 아니라 법률, 행정, 심리상담, 튜터를 통한 외국인 언어 지원, 일본 생활정보 지
    원, 봉사활동, 장학금, 어학 공부, 안전 정보, 행사 등을 진행하고 있다. 제공하는 언어도 한국어, 영
    어, 중국어를 필두로 베트남어, 네팔어, 타이어, 벵골어 등 아시아, 유럽 등 총 22개국의 언어이다
    (公益財団法人福岡よかトピア国際交流財団, 2024).
70 후쿠오카시는 박람회를 기념하여 현재 후쿠오카시의 랜드마크로 여겨지는 높이 234m의 후쿠오카
    타워를 건설했다. 이 박람회에는 37개국 · 지역, 국내 1,056개의 기업 · 단체가 참여했고 79개국 ·
    지역에서 823만 명의 입장객이 방문했다(公益財団法人福岡よかトピア国際交流財団, 2024).

1987년의 기본구상과 1989년의 박람회는 후쿠오카시의 정체성에 아시아를 각인하는 결정적 계기였다. 앞서 봤듯이 아시아태평양의 행사명, 테마, 슬로건 등은 '아시아=규슈=후쿠오카'라는 연결 고리를 설정하고 이에 기반하여 글로벌과 연결한다는 구상을 보여줬다. 이후 후쿠오카시의 '아시아화'는 일사불란했고 꾸준했다. 다양한 아시아 관련 사업과 행사가 이어졌으며 도시기본계획에서 관련 내용이 채워졌다. 도시가 나아가야 할 미래상은 '아시아 속의 성숙 도시', '아시아 리더 도시'로 설정되었다. 아시아화는 도시의 다양한 경관, 로고, 대형 이벤트로 구체화되었다. 1987년 이후 진행된 아시아 관련 주요 사업은 아래와 같다.

〈표 6〉 후쿠오카시의 아시아 관련 주요 사업

연도	아시아 관련 주요 사업
1987	후쿠오카시 기본구상에 '활력있는 아시아 거점 도시' 지향을 선언
1989	일본 최초로 '아시아태평양박람회' 개최 세계 유일 '아시아태평양어린이회의 in 후쿠오카' 개시
1990	'아시아태평양도시선언', '아시아 먼스(아시아의 달)' 개시, 세계 최초로 아시아 지성에게 시상하는 '후쿠오카아시아문화상' 개시, '아시아태평양페스티벌' 개시
1991	세계 최초의 아시아 영화제 '아시아 포커스 · 후쿠오카국제영화제' 개시
1992	아시아 학술 · 문화정보거점 '아시아태평양센터' 설립
1994	'아시아태평양도시정상회의' 개시
1996	세계 최초 아시아 영상문화재아카이브 '영상 홀 · 시네마' 설립
1997	'유엔 해비타트 후쿠오카 지부(아시아태평양담당)' 유치
1999	세계 최초로 아시아 현대미술에 특화한 '후쿠오카 아시아 미술관' 개관 세계 최초로 '아시아 아트 트리엔날레' 개시(2017년 이후 미개최)
2004	아시아태평양센터와 후쿠오카시과학연구소를 통합해 '후쿠오카아시아도시연구소' 출범 아시아 리더 육성 산 · 관 · 학 비즈니스 스쿨 'NPO 규슈 · 아시아경영숙' 창설
2012	아시아 먼스(Asia Month), 후쿠오카 아시아 문화상, 아시아태평양페스티벌을 '아시아 파티'로 재편
2014	중앙정부로부터 '그린아시아 국제전략종합특구 국가전략특구' 선정
2021	'아시아의 리더 도시로, FUKUOKA NEXT'라는 로고 제정

출처: 山下永子(2019: 80), 福岡市史編集委員会(2021: 173), 福岡市(2024)

〈그림 6〉 후쿠오카시의 로고

출처: 福岡市(2024)

이러한 기조는 지금도 이어지고 있다. 2021년 후쿠오카시는 자신들의 구상을 드러내기 위해 '아시아의 리더 도시로, FUKUOKA NEXT'라는 로고를 만들었다. 이 로고는 과거부터 현재로 이어져 온 후쿠오카시의 각종 자원을 활용하여 아시아 리더도시를 목표로 더욱 발전하고 도약하자는 목표를 담고 있다(福岡市, 2024). 특히 아시아 리더도시라는 슬로건을 명문화하여 다른 도시와 차별되는 정체성을 분명히 보여준다. 이 로고는 현재 홈페이지를 비롯해 도시 곳곳의 경관에 배치되어 있다.

이제까지 살펴본 내용은 아시아가 어떻게 후쿠오카시의 도시브랜드에 자리매김했는지를 잘 보여준다. 아시아 관련 문화예술제와 대형 이벤트는 후쿠오카시가 아시아 핵심 도시라는 점을 대외적으로 홍보한다. 아시아태평양센터, 아시아미술관, 아시아도시연구소 등의 각종 센터, 문화시설, 시정연구소, 그리고 후쿠오카시의 도시기본계획에도 아시아라는 정체성을 영속화하는 작업이 이어졌다. 이러한 도시브랜딩은 도시 정체성의 한가운데에 아시아를 배치했다. 그리하여 후쿠오카시의 아시아화는 단발적이거나 형식적

인 것에 그치지 않고 지속적인 생명을 얻게 된다.[71]

4. 후쿠오카시의 글로컬라이제이션: 민관협력을 통한 다층적 로컬의 응축과 글로벌 연결성

후쿠오카시의 도시외교, 도시브랜딩을 통해 후쿠오카시 글로컬라이제이션의 주요 특징을 도출할 수 있다. 첫째, 도시외교는 후쿠오카시를 글로벌 스케일과 다방면으로 연결하는 과정이었으며 이는 '글로컬 외재화' 과정을 잘 보여준다.[72] 도시외교는 민관의 다양한 영역에 걸쳐 이뤄졌다. 또한 글로벌 행위자에게 자신을 홍보하거나 글로벌 영향력을 행사하여 도시의 위상과 아시아 리더도시라는 정당성을 높여나갔다. 또한 글로벌스케일부터 유용한 자원과 정보 등을 끌어왔다.

둘째, 다양한 로컬스케일을 자신에게 응축하는 도시브랜딩은 도시 고유의 정체성을 만들고 이를 현실화했다는 점에서 '글로컬 내재화' 과정을 잘 보여준다. 후쿠오카시는 아시아 관문도시, 허브도시라는 역사적·지리적·사회문화적 조건에 기반하여 아시아를 자신의 정체성으로 삼았다. 그리고 이를 이미지, 경관, 표어, 대형 이벤트 등 도시 제반 영역에서 꾸준히 현실화했다. 이를 통해 아시아 도시로서의 진정성을 높이고 아시아 대표 도시라

---

71 후쿠오카시의 글로벌 업무 관련 부서는 총무기획국의 국제부이다. 국제부를 구성하는 과는 총 3개인데, 첫째는 국제화 추진에 관한 종합적인 기획과 조정을 진행하는 '국제정책과', 둘째는 자매도시 등과의 교류를 관장하는 '국제교류과', 셋째는 후쿠오카아시아문화상의 운영 등 아시아 관련 업무를 진행하는 '아시아연대과'이다(福岡市, 2024). 이처럼 후쿠오카시가 글로벌을 바라보는 관점은 단순히 글로벌을 지향하기보다는 아시아라는 가치, 아시아의 상징성, 아시아와의 연대를 지속해서 보여줬다. 이는 후쿠오카시의 글로컬 정책이 아시아에 특화하고 있음을 잘 보여준다.
72 글로벌 정책은 내재적 스톡(stock)으로 작용하는 국제화 기반 정책과 외재적 플로우로 작용하는 국제교류협력정책으로 구분할 수 있다(류재현, 2012: 116).

는 위상을 쌓아갔다.

셋째, 위의 과정은 후쿠오카시의 산ㆍ학ㆍ관ㆍ민의 협력에 기반해 이뤄졌다. 물론 글로컬라이제이션에서 후쿠오카시청의 역할은 단연 돋보인다. 그럼에도 후쿠오카시는 전반적 내용을 조율하고 지원하는 역할을 맡는 경우가 많았다. 자매도시 추진이나 각종 아시아 관련 행사의 실행에서 민간이 중요한 역할을 맡았다. 아시아를 정체성으로 삼을 것을 제안하는 후쿠오카시의 도시기본계획도 민관이 함께 만든 것이었다.

위 내용을 통해 후쿠오카시 글로컬라이제이션의 메커니즘이 어떻게 구성되고 작동하는지를 확인할 수 있다. 먼저 후쿠오카시는 산ㆍ학ㆍ관ㆍ민의 협력을 통해 민관차원의 도시외교를 펼쳤다. 이를 통해 도시를 홍보하고 개발도상국을 위한 각종 지원을 수행했다. 다른 도시와의 교류를 통해 도시의 발전을 위한 각종 자원과 정보를 적극 받아들였다. 특히 국제벤치마크협의회에서 산ㆍ학ㆍ관ㆍ민의 협력의 가치를 확인하고 이에 기반하여 아시아를 도시 정체성으로 삼는 도시기본계획을 마련했다. 1987년부터 후쿠오카시는 규슈, 일본, 아시아 등 글로벌스케일 아래의 다양한 로컬스케일을 자신에게 응축하여 '아시아 거점 도시', '아시아 속의 성숙도시', '아시아 리더 도시'를 자신의 정체성으로 삼는 작업을 꾸준히 이어왔다. 도시의 로고, 경관, 문화시설, 대형 이벤트 등에 도시브랜드를 구현하고 이를 다시 도시외교의 자원으로 활용했다. 이러한 후쿠오카시의 글로컬라이제이션은 그 가치를 인정받아 지방도시로서는 드물게 많은 외국인을 끌어왔고 국제협의체에 초청받는 등 높은 글로벌 경쟁력을 낳았다. 이제까지 살펴본 후쿠오카시의 글로컬라이제이션의 메커니즘을 아래 그림과 같이 나타낼 수 있다.

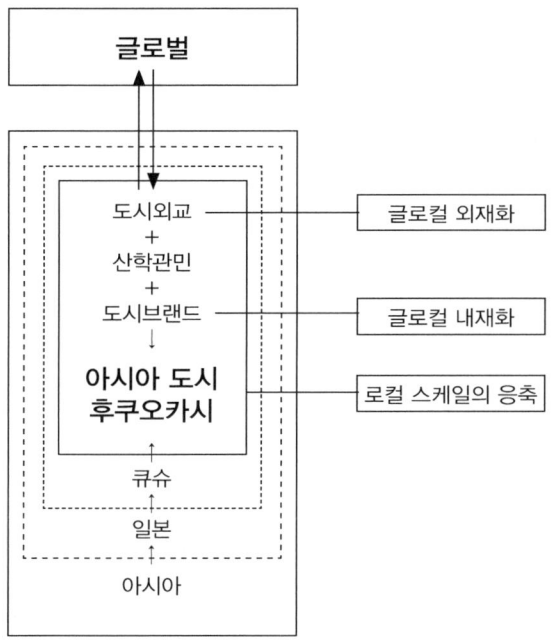

〈그림 7〉 후쿠오카시의 글로컬라이제이션 메커니즘

　결론적으로, 후쿠오카시의 글로컬라이제이션은 '민관협력을 통해 다층적 로컬스케일을 도시에 응축하고 글로벌스케일과의 연결성을 강화하는 것'이 었으며 이는 도시 경쟁력 확보에 중요한 계기를 마련했다. 글로벌스케일의 하위에 있는 규슈, 일본, 아시아와 같은 로컬스케일들은 후쿠오카시의 정체성으로 응축되었다. 그 내용이 실제적이든 상상적이든 후쿠오카시의 아시아화는 도시 곳곳에서 현실화되었고 도시외교를 위한 자원으로 활용되었다. 그 결과 후쿠오카시는 글로벌스케일의 인정을 얻어 다양한 글로벌 활동을 전개 중이다. 이는 다양한 스케일의 중첩을 통한 글로컬라이제이션이 도시의 경쟁력으로 직결된다는 것을 보여준다.

V. 결론 및 시사점

이상의 내용을 바탕으로 도시 글로컬라이제이션을 위한 시사점을 도출할 수 있다. 첫째, 도시외교와 도시브랜딩을 적극적으로 활용하여 글로컬라이제이션에 대응해야 한다. 도시외교는 로컬의 가치와 영향력을 외부로 투사하여 글로벌스케일에서 자신의 위상을 높이거나 유용한 자원을 얻게 하는 수단이다. 도시브랜딩은 로컬로부터 도시의 정체성을 마련하고 이를 도시 전반에 구현하여 도시의 자원을 확보하게 하는 수단이다. 이러한 도시외교와 도시브랜딩이 상호작용할 때 도시의 위상과 정체성이 상승 작용하면서 글로컬라이제이션을 견인할 수 있다.

둘째, 도시는 여러 스케일을 능동적으로 선별하고 중첩하여 자신만의 고유한 글로컬라이제이션을 구축해야 한다. 글로컬라이제이션은 단순한 현지화, 글로벌화에 머물러선 안 된다. 도시는 자신의 역사적 · 지리적 · 사회문화적 조건을 인식하고 자신과 관계된 여러 로컬스케일을 동원할 수 있어야 한다. 글로벌스케일로부터 얻을 수 있는 것, 투사할 수 있는 것이 무엇인지도 면밀히 검토해야 한다. 이 과정에서 도시외교와 도시브랜딩을 유용하게 활용할 수 있다. 글로컬이 글로벌과 로컬의 상호연결을 의미하는 만큼, 도시는 자신의 특수성을 고려하면서 여러 스케일을 선별하고 중첩해야 한다.

셋째, 관의 일방적 글로컬라이제이션을 지양하고 민관협력에 기초해야 한다. 글로컬라이제이션은 로컬적인 것과 글로벌적인 것을 모두 고려해야 한다. 관의 힘만으로 글로컬라이제이션을 추진한다는 것은 상당히 힘든 과업이다. 따라서 다양한 경험과 역량을 지닌 산 · 학 · 관 · 민의 협력이 절대적으로 필요하다. 이러한 민관협력 속에서 다방면에 걸쳐 적극적인 도시외교를 펼치고 시민들이 생각하고 동의하는 도시 정체성을 도출할 때 도시 글로컬라이제이션도 더욱 성숙할 수 있을 것이다.

환태평양에는 수많은 '보통' 도시가 있다. 이들 도시는 도쿄, 서울과 같이 한 국가의 수도가 아니다. 인구 1,000만 명 이상의 메트로폴리스에 속하지 않으며 금융자본이 집적된 세계도시도 아니다. 따라서 도쿄나 서울의 사례를 곧바로 보통도시에 대응하는 것은 주의를 요한다. 그런 점에서 지방도시 후쿠오카시는 앞의 사례보다 현실적인 모델을 보여준다. 모든 도시는 저마다의 로컬'들'을 품고 있다. 그렇기에 환태평양의 보통도시들도 저마다의 글로컬라이제이션을 추진할 수 있다. 수많은 도시에 의해 전개되는 글로컬라이제이션'들'은 환태평양을 더욱 풍요롭고 역동적인 공간으로 재탄생시킬 것이다.

참고문헌

강수돌, 서유석, 이재봉, 장희권, 조현미 (2010), 「로컬리티, 글로컬리즘을 재사유하다」, 『로컬리티 인문학』, 3, 3-43.

고경민, 황경수, 홍민지 (2008), 「멀티트랙 외교와 한국 지방외교의 활성화 : 제주특별자치도의 지방외교 활동 사례를 중심으로」, 『지방행정연구』, 22(3), 293-312.

고경민 (2008), 「동북아 평화번영과 한국 지방외교: 제주특별자치도 사례」, 『통일정책연구』, 17(1), 113-141.

곽노완 (2010), 「글로컬아고라와 기본소득 : 코뮌공간 및 코뮌재의 도시철학과 경제철학」, 『마르크스주의 연구』, 7(1), 75-102.

곽노완 (2013), 「공유도시 서울과 글로컬아고라의 공유도시」, 『마르크스주의 연구』, 10(3), 146-171.

권수미 (2012), 「부산-후쿠오카 초광역경제권, 교류에서 협력으로 : 영상산업 공동제작 의미지평을 중심으로」, 『동북아시아문화학회 국제학술대회 발표자료집』, 2012.10, 89-96.

권재경, 최원수 (2012), 「도시이미지 유형에 따른 도시브랜드 정체성 형성의 영향요인」, 『브랜드디자인학연구』, 10(4), 15-26.

김미경 (2010), 「세계화·세방화·다문화 - 아래로부터의 세계화를 위한 제언 -」, 『인문연구』, 59, 207-252.

김주희 (2021), 「공공외교와 도시외교: 베를린의 도시브랜딩 사례를 중심으로」, 『국제지역연구』, 25(1), 269-296.

김태수 (2015), 「"글로컬(Glocal)" 시대 지방정부의 역할 : 프랑스의 분권적 대외협력(decentralized cooperation)」, 『글로벌정치연구』, 8(1), 99-121.

김형수, 노병렬 (2016), 「한국 지방자치단체의 공공외교 활성화 방안」, 『세계지역연구논총』, 34(2), 91-113.

김희경 (2012), 「한국과 일본의 다문화교육 정책 연구 - 부산과 후쿠오카를 중심으로 -」, 『다문화사회연구』, 5(1), 75-110.

김희재, 최희수 (2017), 「강화도 지역문화의 글로컬콘텐츠화 방안」, 『글로벌문화콘텐츠학회 학술대회 자료집』, 2017년 하계, 87-91.

노용석, 현민, 정호윤, 박명숙, 문기홍, 백두주, 서광덕, 전지영 (2023), 『환태평양 도시연구 - 횡단과 연계의 탐색』, 이담북스.

대한민국시도지사협의회 (2024), https://www.gaok.or.kr/.

류영진 (2016), 『부산-후쿠오카 간 교류를 위한 대안적 공간 연계 방안에 관한 기초적 연구』, 부산발전연구원.

류재현 (2012), 「한중일 지방정부의 다자간 국제교류협력체에 관한 유형론적 비교연구 - 부산, 상하이, 후쿠오카를 중심으로 -」, 『한국자치행정학보』, 26(2), 97-120.

마이크 더글라스 (2011), 「동아시아 지역내 지구화되는 도시와 경계초월 도시 네트워크: 부산-후쿠오카 "공동생활구역(common living sphere)" 사례 연구」, 『도시인문학연구』, 3(2), 9-53.

박상현 (2023), 「일본은 어떻게 태평양 경제통합의 주도적 국가가 되었는가?: 전후 대외경제전략의 유산을 중심으로」, 『Journal of Global and Area Studies』, 7(1), 119-146.

박상희 (2021), 「한국 4대 고도(古都)의 도시브랜드 아이덴티티 디자인의 특성 분석」, 『기초조형학연구』, 22(3), 157-168.

박선희, 홍석훈 (2023), 「지방외교의 발전을 위한 문화외교 활성화 방안」, 『한국동북아논총』, 28(4), 29-45.

박지훈 (2023), 「스케일과 스케일 재편 - 사회사 연구의 공간적 전회를 위한 시론적 검토」, 『사회와 역사』, 139, 203-238.

박치완 김정희, 김기홍, 김성수, 김평수, 구모니카, 유제상, 임준철, 조소연, 홍종열, (2013), 『키워드 100으로 읽는 문화콘텐츠 입문사전』, 꿈꿀권리.

박태순 (1994), 「아시아 · 태평양시대의 중심도시를 꿈꾸는 후쿠오카」, 『황해문화』, 3, 157-167.

서옥순 (2018), 「부산 - 후쿠오카 인재교류를 위한 과제」, 『지역사회』, 2018 봄호, 27-31.

서한석 (2019), 「국제 자매도시 게이트 사인디자인에 관한 연구 - 부산시, 후쿠오카시의 융합을 통한 공동 사인시스템의 제안」, 『한국과학예술융합학회』, 37(1), 125-135.

손기섭 (2016), 「한일협력의 새로운 패러다임의 모색: 부산시 지방정부 차원의 한일협력을 중심으로」, 『정치 · 정보연구』, 19(1), 159-184.

신은호, 김종구, 반시현 (2021), 「국제관문의 경관요소 분석을 통한 도시브랜드 제고방안에 관한 연구 - 김해국제공항을 대상으로 -」, 『대한토목학회논문집』, 41(2), 173-180.

양기호 (2009), 「글로벌리즘과 일본 지방외교의 새로운 전개 -교류협력에서 네트워크로-」, 『한국국제정치학회 학술대회 발표논문집』, 2009(8), 67-88.

양명, 이진호 (2019), 「국제적인 시야를 위한 중국 저우산 도시브랜드 아이덴티티 디자인 개발」, 『한국공간디자인학회 논문집』, 14(1), 141-149.

양현모 (2007), 『한반도 평화 · 번영을 위한 로컬거버넌스 활성화 방안: 지방자치단체 남북교류를 중심으로』, 통일연구원.

엄지영, 윤선영 (2016), 「축제 이미지가 도시브랜드자산 및 지역 애호도에 미치는 영향: 안동국제탈춤페스티벌 사례에서 지역주민과 관광객들을 대상으로」, 『관광연구』, 31(2), 131-150.

우양호 (2012), 「월경한 해양도시간 권역에서의 국제교류와 성공조건 : 부산과 후쿠오카의 '초국경경제권' 사례」, 『지방정부연구』, 16(3), 31-50.

우양호, 김상구, 이원일 (2018), 「지역협력과 공생을 향한 해양도시 네트워크: 아시아와 유럽의 성공모델 비교」, 『지방정부연구』, 21(4), 1-30.

이상현 (2023), 「도시외교의 한일비교: 서울과 도쿄의 전략적 도시외교와 그 함의」, 『문화와 정치』, 10(2), 145-179.

이정록, 남기범, 지상현, 안종현 (2015), 「2013순천만국제정원박람회 개최가 순천시 도시이미지 변화에 미친 영향」, 『한국지역지리학회지』, 21(2), 273-285.

이정훈, 한현숙 (2007), 「도시브랜드 정체성 개발 방법론 연구」, 『경기개발 연구원 정책연구』, 42, 869-887.

이종국 (2006), 「일본의 지방자치제 외교 시론」, 『담론 201』, 9(2), 175-206.

이주헌 (2019), 「재스케일정치와 공간구성정책으로서의 도시외교 -서울시 사례를 중심으로-」, 『한국지방자치학회보』, 31(2), 183-208.

임정덕, 윤성민 (2010), 「동남권(부산)-규슈(후쿠오카) 초광역권 경제협력의 가능성과 방향」, 『지역사회연구』, 18(2), 91-111.

한국지방자치단체국제화재단 (2001), 『지방자치단체 국제교류 매뉴얼』, 한국지방자치단체국제화재단.

홍순권 (2010), 「글로컬리즘과 지역문화연구」, 『석당논총』, 46, 1-17.

황현택 (2010), 「세방화에 따른 한국 도시브랜드 디자인 정책의 비판적 고찰」, 『상품문화디자인학연구』, 27, 1-12.

アジア太平洋都市サミット事務局 (2023), 『第13回アジア太平洋都市サミット報告書』, 2023

グリーンアジア国際戦略総合特区 (2022), 「グリーンアジア国際戦略総合特区 パンフレット」, https://www.city.fukuoka.lg.jp/data/open/cnt/3/36658/1/r4pannfuletto.pdf?20220406101909.

高島宗一郎 (2018), 『福岡市を経営する』, ダイヤモンド社.

公益財団法人福岡よかトピア国際交流財団 (2024), https://www.fcif.or.jp/.

久保隆行 (2013), 「福岡の国際競争力—グローバル・ポジションと強化戦略—」, 『都市政策研究』, 15, 1-16.

木下斉 (2018), 『福岡市が地方最強の都市になった理由』, PHP研究所.

福岡アジア都市研究所 (2014), 『FUKUOKA GROWTH 2013-2014』, 福岡アジア都市研究所.

福岡アジア都市研究所 (2022), 『FUKUOKA GROWTH 2022』, 福岡アジア都市研究所.

福岡市 (2023), 『福岡市基本構想・第9次福岡市基本計画』, 福岡市.

福岡市 (2024), https://www.city.fukuoka.lg.jp/.

福岡市経済観光文化局 (2024), 「観光統計:福岡市の観光・MICE」, https://www.city.fukuoka.lg.jp/shisei/toukei/kankoutoukei.html.

福岡市博物館 (2014), 『福岡博覧』, 海鳥社.

福岡市史編集委員会 (2021), 『わたしたちの福岡市 : 歴史とくらし』, 梓書院.

福岡市総務企画局企画調整部 (2023), 『みんなでつくる福岡市の将来計画プロジェクト実施報告書』, 福岡市.

福岡県 (2023), 「福岡県の国際化の現状[データブック]」, https://www.pref.fukuoka.lg.jp/contents/genjo2023.html.

山下永子 (2019), 「地域の国際戦略と都市マーケティング」, 千相哲, 宗像優, 末松剛 編集. 『九州地域学』, 晃洋書房, pp.71-85.

Anholt, S. (2007) Competitive Identity: "A new model for the brand management of nations, cities and regions. Policy and Practice", *A Development Education Review*, 4, 3-13.

Asian-Pacific City Summit (2024) https://apcs.city.fukuoka.lg.jp/.

Bennett, R. and Savani, S. (2003) "The rebranding of city places: an international comparative investigation", *International Public Management Review*, 4(2), 70-87.

Brenner, N. (1998) "Global cities, glocal states: global city formation and state territorial restructuring in contemporary Europe", *Review of International Political Economy*, 5(1), 1-37.

Britannica Money (2024) 'Glocalization', https://www.britannica.com/money/glocalization.

Cai, L. (2002) "Cooperative branding for rural destinations", *Annals of Tourism Research*, 29(3), 720-742.

Chan, D. K. (2016) "City diplomacy and "glocal" governance: revitalizing cosmopolitan democracy", *Innovation: The European Journal of Social Science Research*, 29(2), 134-160.

Chinomona, R. and Sibanda, D. (2013) "When Global Expansion Meets Local Realities in Retailing: Carrefour's Glocal Strategies in Taiwan", *International Journal of Business and Management*, 8(1), 44-59.

Dameri, R. P., Benevolo, C., Veglianti, E. and Li, Y. (2019) "Understanding smart cities as a glocal strategy: A comparison between Italy and China", *Technological Forecasting and Social Change*, 142, 26-41.

Dessì, U and Sedda, F. (2020) "Glocalization and Everyday Life. GLOCALISM", *JOURNAL OF CULTURE, POLITICS AND INNOVATION*, 3, 1-13.

Dumitrescu, L. and Vinerean, S. (2010) "The Glocal Strategy Of Global Brands", *Studies in Business and Economics*, 5(3), 147-155

Fukuoka8 (2024) http://sister.city.fukuoka.lg.jp/

Julier, G. (2005) "Urban Design spaces and the Production of Aesthetic Consent", *Urban Studies*, 4(5/6), 869-887.

Kavaratzis, M. (2004) "From city marketing to city branding: Towards a theoretical framework for developing city brands", *Journal of Place Branding*, 1(1), 58-73.

Khondker, H. H. (2005) "Globalisation to Glocalisation: A Conceptual Exploration", *INTELLECTUAL DISCOURSE*, 13(2), 181-199.

Kotler, P., Bowen J., Makens, J. and Baloglu, S. (2013) *Marketing for Hospitality and Tourism*. Pearson.

Melissen, J. (2005) 'The New Public Diplomacy: Between Theory and Practice', in Melissen, J. (ed.) The New Public Diplomacy: Soft Power in *International Relations*. Palgrave Macmillan.

Molleda, J. C. and Roberts, M. (2008) "The Value of "Authenticity" in "Glocal" Strategic Communication: The New Juan Valdez Campaign", *International Journal of Strategic Communication*, 2(3), 154-174.

Pluijim, R. V. D. and Melissen, J. (2007) *City Diplomacy: The expanding role of Cities in International Politics*. Netherlands Institute of international Relations Clingendael.

Porter, E. M. (1995) 'The competitive Advantage of the Inner city', *Harvard Business Review, May-June 1995*. Routledge.

Robertson, R. (1995) 'Glocalization: Time-space and homogeneity-heterogeneity' In Featherstone, M., Lash, S. and Robertson, R. (ed.) *Global Modernities*. Sage.

Roudometof, V. (2015) "Theorizing glocalization: Three interpretations", *European Journal of Social Theory*, 19(3), 391-408.

제3부

관문도시의
이주민과
에스닉 공간

11

일계인(日系人) 디아스포라의 귀환이주와 브라질타운 형성과정[*]

시즈오카현 하마마쓰시 브라질타운 사례

정호윤

Ⅰ. 들어가며

외교부에 따르면, 2021년 기준 해외에서 체류 혹은 거주하는 한인 디아스포라(재외동포)는 약 732만 명으로 추산된다(외교부, 2021). 그 가운데 브라질에는 2021년 기준 약 36,540명의 한인이 거주하고 있다. 우리나라의 브라질 이민은 집단농업이민형태로 시작하였다. 1962년 12월 18일 103명의 제1차 농업이민자들이 네덜란드 국적의 치차렌카(Tjitjalenka)호를 타고 부산항을 출발하여 이듬해 2월 12일 브라질 산투스항(Santos)에 도착하였으며 이후 1968년까지 5차에 걸쳐 1,300명 이상의 이민자가 브라질로 이주

---

[*] 이 글은 〈포르투갈-브라질 연구〉 제20권 2호(2023년)에 게재된 '일계인(日系人) 디아스포라의 귀환이주와 브라질타운 형성과정: 시즈오카현 하마마쓰시 브라질타운 사례 연구' 논문을 수정·보완한 것임.

하였다(최금좌, 2014). 대다수의 한인들은 농촌을 떠나 상파울루시에 정착하기 시작했으며, 오늘날 중남미 최대의 한인 커뮤니티를 형성하게 되었다.

일본인도 마찬가지로 세계 각지로 이산되는 개인 및 집단이주가 지속되어 왔다. 일본인의 해외 이주의 경우 1866년 에도막부에 의한 해외도항금지령이 폐지되며 본격적으로 전개되었으며, 2차세계대전 전후까지 약 80~100여만 명이 이주하였다(임영언 · 김재기, 2011). 일본 외무성에 따르면 오늘날 일본인 디아스포라의 최대 집결지이자 일본인들이 본토를 제외하고 가장 많이 거주하고 있는 곳은 브라질으로, 약 190~200여만 명의 일본 국적자 혹은 일본인 후손이 거주하고 있다(일본 외무성, 2019). 일본의 브라질 이주는 1908년 본격적으로 시작되어 1970년대에 이르기까지 활발히 진행되었으나, 1990년 일본의 입국관리법 개정으로 인해 일본계 브라질인들이 노동을 목적으로 일본으로 귀환이주를 하는 숫자가 증가하기 시작하였다(안성주, 2020). 이로 인해 일본 내 거주하고 있는 외국인 가운데 브라질인은 중국, 베트남, 한국, 필리핀에 이어 5위를 차지하고 있다.

본 연구는 일계인(日系人)[1]이라 불리는 일본계 브라질인들의 일본으로의 귀환이주가 대규모로 진행된 사실에 주목한다. 현재 일본 내에서는 일본계 브라질인들에 대한 기존 연구가 활발히 진행되고 있으나 국내에서는 그 수가 상당부분 제한적이다. 그 가운데 일본 군마현 오이즈미초 일계브라질 타운을 연구한 임영언 · 김재기(2011)의 연구, 일계브라질인 디아스포라의 이주와 환류현상에 대해 고찰한 임영언(2010)의 연구, 일계인 디아스포라

---

1   일계인(日系人, Nikkeijin)이란 국외로 이주한 일본인과 그 후손을 일컫는 일본인 디아스포라를 의미한다. 2022년 기준 약 400만 명의 일계인이 세계 각국에 퍼져 있으며, 그 가운데 브라질에는 약 190~200만 명, 미국에는 145만 명 정도로 추산된다(The Association of Nikkei & Japanese Abroad, n.d.). 즉, 전 세계 일계인의 약 50% 정도가 일계 브라질인인 셈이다.

의 모국 브라질과의 사회경제적 관계에 대해 분석한 임영언 · 김태영(2015)
의 연구 등이 대표적이다.

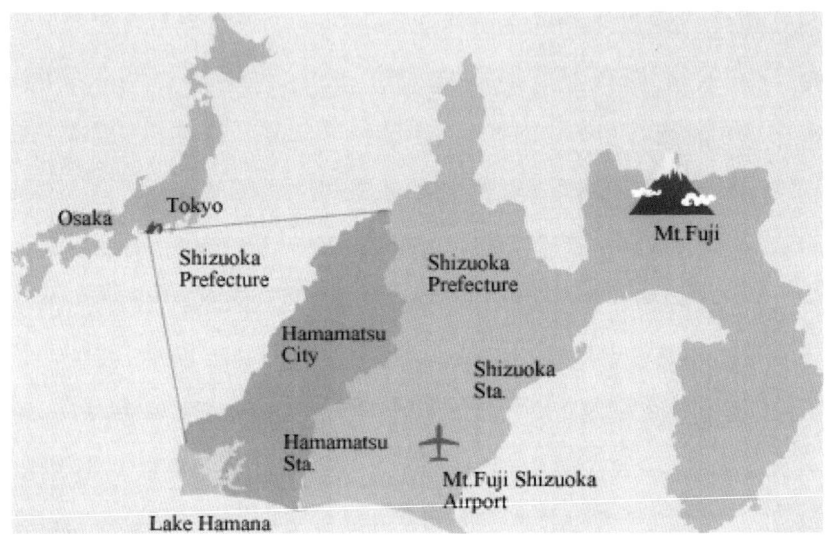

〈그림 1〉 시즈오카현 하마마쓰시의 위치〉

출처: Nakashima(2017)

　그러나 일본 내에서 일계 브라질인들이 가장 많이 거주하고 있는 하마
마쓰시의 사례에 대한 연구는 국내에 존재하지 않으며, 이와 관련한 시론
적 연구의 필요성이 존재한다고 볼 수 있다. 하마마쓰는 시즈오카현 서부
에 위치한 현내 최대인구(79만 8천 명)를 보유한 도시로, 2023년 1월 기준
약 9,648명의 일계 브라질인들이 체류 및 거주하고 있다. 이에 본 연구는 광
범위한 문헌검토를 포함하여 보다 심층적 연구를 위해 2023년 2월 2일부
터 9일까지 현지조사를 수행하였으며, 현지조사 당시 하마마쓰 다문화센터
(Hamamatsu Intercultural Center) 직원 및 다문화센터 소속 심리학자, 주
하마마쓰 브라질 총영사관(Consulate-General of the Federative Republic of
Brazil in Hamamatsu) 소속 영사 3인, 하마마쓰 기업가이자 주하마마쓰 브

라질 총영사관 내 시민상담부문 회장(Presidente do Conselho de Cidadãos)
1인²과의 반구조화(semi-structured) 심층면접을 통해 도출된 정보를 면밀
히 분석하여 일계 브라질인들의 하마마쓰 정착 배경과 과정, 그리고 그 특
성에 대해 추적하는 것을 궁극적인 목적으로 한다.

본 연구의 구성은 다음과 같다. 제2장에서는 일계인의 귀환이주에 대한
이론적·개념적 고찰을 진행하며, 제3장에서는 일본인의 브라질 이주와 일
본으로의 귀환이주 역사에 대해 살펴본다. 제4장에서는 시즈오카현 하마
마쓰시의 사례 연구를 통해 일계인들의 귀환이주 양상과 특징에 대해 논
한다. 마지막으로 결론에서는 연구를 요약하고, 후속연구에의 시사점을 제
시한다.

II. 귀환이주에 대한 개념적 고찰

이주라는 초국가적 사회현상은 이해하기 매우 어려우며, 이에 대한 설명
은 이주가 어떠한 시공간에 위치하느냐에 따라 상이할 수 있다. 즉, 어떤 이
주에 관한 이론이라 할지라도 모든 이주 형태와 그 현상을 한 번에 포괄적
으로 설명할 수 없다는 한계점이 존재한다(Samers, 2009). 이주와 관련된 연
구는 난민, 노동이민뿐만 아니라 유학생, 미등록체류자, 디아스포라, 결혼이
주자 등 매우 다양하며, 이를 토대로 사회학, 정치학, 국제학, 지리학, 교육학
등의 다양한 학문분야에서 학제간 접근을 통해 다루어지고 있다(서보영·

---

2   하마마쓰 다문화센터 직원과 소속 심리학자, 그리고 주하마마쓰 총영사관 내 시민상담위원회 회
    장은 일계브라질인으로, 귀환이주 경험자이자 현재 하마마쓰 거주 브라질인들을 돕는 역할을 하
    고 있다.

박현재, 2021). 이와 같이 이주란 현재 거주지보다 상대적으로 보다 우호적 환경이 조성되어 있는 곳을 찾아 이동하는 것을 의미하며, 많은 연구자들은 이러한 이주를 설명하기 위해 다양한 이론 및 분석틀을 제시하고 이를 실증적 · 비교적 · 역사적으로 규명하고 있다(정호윤, 2021).

이처럼 많은 학자들은 이주의 동기 혹은 동인에 대한 연구를 수행해 왔으며, 이에 따라 다양한 이론들이 제시되어 왔다. 우선 이주의 단위를 가족으로 상정하여 이주를 위험회피의 수단으로 바라보는 신경제학적 이론, 보다 거시적 측면에서 이주의 국제구조적 요인들을 강조하는 이중노동시장 이론과 세계체제론, 개인의 합리적 판단에 의거하여 이주를 설명하는 신고전주의 이론 등이 바로 그것이다(이상림, 2011). 이주를 개인의 합리적 판단과 함께 본국의 인구 배출요인, 그리고 이주대상지의 인구 흡인요인이 복합적으로 상호작용한 결과물로 바라보는 배출-흡인이론(push-pull theory)[3] 또한 유용한 이론적 자원으로 널리 활용되어 왔다(Lee, 1966). 그러나 본 연구는 이러한 일계 브라질인들의 이주 동기를 분석하는 것이 목적이 아니라, 하마마쓰로의 귀환이주 배경과 역사적 과정, 그리고 그 특성을 도출하는 것에 주안점을 둔다.

본 논문에서 다루는 것처럼 이주의 여러 형태, 혹은 현상 가운데 귀환이주(return migration)가 주목받고 있다. 어떠한 이주자들이라 할지라도 그들이 원래 살았던 곳으로 돌아갈 가능성이 있으며 실제로도 오늘날 많은 수의 이주자들이 다양한 동기로 인해 귀환이주를 선택하고 있다. 우리나라 또한 세계화 추세와 함께 1999년 재외동포의 출입국과 법적 지위에 관한 법률이 제정되는 동학이 맞물림에 따라 해외이주 재외동포들이 한국으로 다시 이

---

3   배출요인은 경제적 기회의 박탈, 낮은 생활 및 교육수준, 정치적 억압이나 박해가 있으며 흡입요인으로는 경제적 기회, 노동에 대한 수요와 정치적 자유 등이 있다(Castles & Miller, 1998).

주해 오는 현상이 가속화되고 있다. 법무부 통계에 의하면 2022년 12월 기준 국내에 체류하는 외국국적 동포의 수는 502,451명으로 현재 한국에 체류하고 있는 외국인 2,245,912명의 22.4%에 해당한다(법무부 출입국외국인정책 통계월보, 2022).

이처럼 재외동포들의 본국으로의 이주현상은 이주의 여러 형태 가운데 귀환 이주(return migration)로 정의되고 있다. 보다 구체적으로, 귀환이주란 본국으로 다시 되돌아가는 이주자들의 움직임을 의미하며(Gmelch, 1980), 본국으로 송환, 추방, 지원에 의한 귀환뿐만 아니라 개인적 주도권에 의한 귀환을 포괄한다. 이처럼 귀환이주는 크게 두 가지 형태가 있는데, 하나는 강제적 귀환이주, 나머지 하나는 자발적 귀환이주로 볼 수 있다(Carling et al., 2015). 본 연구에서 다루는 일계인의 귀환이주는 데카세기(出稼ぎ, Dekkassegui)[4]를 위한 자발적 귀환이주의 형태라 볼 수 있다.

귀환이주에 대한 연구는 1970년대 들어 서구권 학계에서 노동인구의 이동현상과 함께 논의되기 시작했다. 이러한 귀환이주가 이주의 연구분야 중 하나로 등장하게 된 것은 이주를 단순히 송출국·배출국에서 유입국·흡인국으로 이동하는 일방향적인 흐름이 아니라, 단선적 흐름과 이에 대응하는 역흐름을 포괄하는 틀로 파악하는 것과 관련이 있다. 국내의 귀환이주에 대한 논의는 귀환이주의 동기, 귀환이주 이후의 적응과정, 이주자와 정체성, 그리고 이들이 지역사회에 미치는 영향 등이 존재하나 아직 초기단계에 머물러 있다. 이는 한국사회가 서구권 국가들과 같이 광범위한 귀환이주를 경험하지 못했기 때문에 세대 및 생애과정을 포괄하는 귀환이주의 전반적인 과정을 다루는데 있어 시공간적 제한성이 존재하기 때문으로 평가된

---

4 데카세기란 '집을 떠나 일하는 것(working away from home)'을 의미하며, 주로 브라질에서 일본으로 이주한 일본계 브라질인들이 단기적으로 일하는 것을 가리키는 용어로 통용된다.

다(박신규, 2019).

일본의 경우 한국보다 광범위한 귀환이주를 경험하였으며, 특히 중남미지역 일계인의 귀환이주가 두드러진다. 서론에서 밝힌 바와 같이 국내의 몇몇 학자들을 중심으로 일계브라질인의 일본 귀환이주 양상에 대한 연구를 진행해 오고 있으나 그 수가 매우 제한적이다. 임영언(2010)의 연구에서는 일본의 출이민과 입이민 측면에서 일본인의 브라질 이주 및 일계 브라질인의 귀환이주라는 양방향적 환류현상에 주목하고 있다. 임영언 · 김재기(2011)는 일본 내 대표적인 브라질타운 형성 지역인 군마현 오이즈미초에서의 현지조사를 통해 오이즈미초 일계브라질타운에 대한 심도있는 연구를 진행하였다. 또한 임영언 · 김태영(2015)의 연구에서는 아이치현에 거주하는 일계브라질인들을 대상으로 설문조사를 실시하여 그들의 민족정체성에 따라 모국 브라질과의 사회경제관계 형성 양상을 추적하고 있다.

본고에서는 귀환이주가 활발히 진행되어 일본 내 일계 브라질인들이 가장 많이 거주하고 있는 하마마쓰 사례를 소개하여 한국의 다문화정책에 함의를 제공함과 동시에 후속연구에의 시사점을 제공하여 국내 중남미지역연구 저변 확대에 기여하고자 한다.

III. 일본인의 브라질 이주와 일본으로의 귀환이주의 역사

1. 일본인의 브라질 이주

서론에서 밝힌바와 같이 1866년 에도막부에 의한 해외도항금지령이 폐지되면서 일본인의 해외 이주가 본격적으로 진행되었다. 현재 본토를 제외하고 일본인 디아스포라가 가장 많이 거주하고 있는 곳은 브라질이며, 그 수

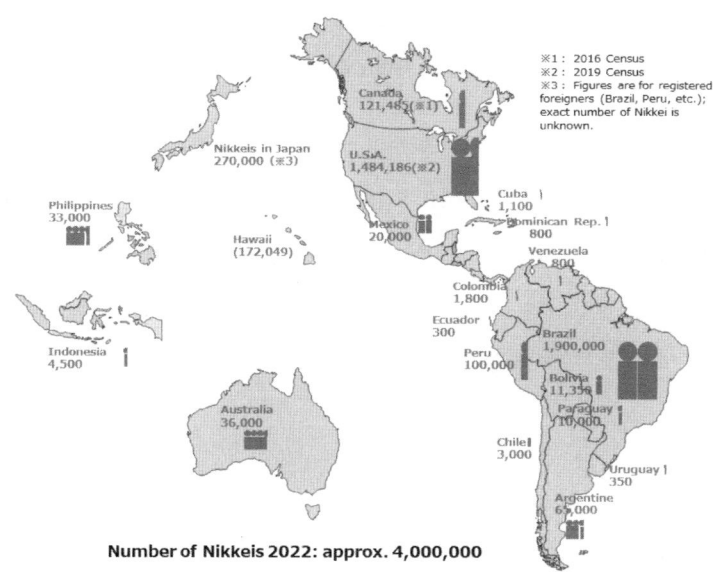

Number of Nikkeis 2022: approx. 4,000,000

〈그림 1〉 재외 일계인 디아스포라 현황(2022년)

출처: The Association of Nikkei & Japanese Abroad(n.d).

는 약 190~200여만 명으로 추산된다(일본 외무성, 2019).

일본은 19세기 말에서 20세기 초 사이, 농촌경제 불황, 부족한 자원과 인구 과잉이라는 사회적 문제를 해결하기 위한 목적으로 해외 이민을 적극적으로 장려하기 시작했다. 1945년 전후로 해외이주자들은 본국으로 다시 돌아왔으나, 대략 50만 명 정도가 아메리카 대륙에 남아 거대한 일본인 디아스포라를 형성하게 되었으며, 1940년대 초 브라질에만 약 20여만 명의 일본인들이 살고 있었다고 추산된다(Kaida, 2015). 일본인의 브라질 이주는 1905년 일본의 스기무라 후카시(Fukashi Sugimura) 장관이 브라질 대통령을 접견하며 일본인의 브라질 이민 문제에 대해 이야기를 나눈 것에서 시작된다. 같은 해 6월, 스기무라 장관은 상파울루주의 일본인의 이민 대상지로서의 적절성에 대한 보고서를 작성해 정부에 제출하기에 이른다. 이 보고서가 1905년 12월 일본 외무성에 의해 공개되었으며, 일간지에도 보도되기 시작했다(National Diet Library of Japan, 2014).

일본정부가 브라질로의 농촌출신 이민희망자를 모집하는 과정에서 일본인 이주노동자들의 고임금을 요구하였고, 브라질 정부가 이를 수용하였다. 결국 1908년 일본 선박 카사토마루(笠戸丸)가 브라질 산토스항에 도착하며 일본인의 브라질 공식이민이 처음 시작되었다.[5] 그러나 현지에서 일본인 이주노동자의 삶은 현실과 크게 달랐다. 당시 브라질 정부는 1888년 노예해방에 따른 노동력 결핍을 해소하기 위해 외국인 노동자들을 대량 수용하였으며, 일본인 노동자들의 경우 법적 지위에서 비록 자유로운 시민에 속하기는 하였으나 대부분의 실상은 노예생활과 다름없었다(임영언·김태영, 2015).

그러나 커피농장에 배치된지 3, 4년이 지난 후 일본인들은 점차 안정적인 생활을 하기 시작했다. 일부 이주자들은 커피 농장에서 벌어들인 수익으로 계약 만료 후 자영농업을 시작한 것이다. 커피농장에서 받는 노동의 댓가 이 외에도 주말에는 벼, 옥수수, 콩, 사탕수수, 채소 등의 농사를 짓고 가축을 사육해 농작물과 가축을 판매하여 추가적인 수입을 얻게 되었다. 이후 1922년 8월, 일본 내무성은 국내 인구 과잉과 실업문제를 해결하기 위해 이민사업 관련 민간기업에 보조금을 지급하여 상파울루주로의 이민을 더욱 촉진하는 방안을 마련하였다. 이민과 정착에 대한 일련의 정보를 제공하는 한편, 정착촌에 보건 및 교육시설을 설치하고 이민자들에 대한 여행보조금을 지급하는 것이 그 골자였다. 더욱이 1923년 일본을 강타한 관동대지진으로 피해를 입은 사람들의 남미 이주를 장려하기 위한 조치로 1924년부터 이주자 1인당 200엔의 보조금을 지급하기 시작하자 많은 이들이 남미로의

---

5   일본과 브라질 간의 공식적 외교관계 수립은 1895년으로, 1959년에 수립된 한-브라질 외교관계보다 약 60년 이상 앞섰다.

이민을 신청하기 시작했다. 일본 내무성은 이민 장려를 위한 보조금 지급이 효과적일 수 있음을 인식하고 1924년 7월 이민자 3,000명을 위한 여비 62만 엔을 지출하는 등 추가 예산을 편상하였으며, 1926년 5,000명, 1927년 7,750여명의 이민자들에게 할당될 예산까지 확보하기 시작했다(National Diet Library of Japan, 2014).

이처럼 이민 보조금 제공의 개시는 이민자 수의 급격한 증가로 귀결되었다. 한편, 1930년 브라질의 제툴리우 바르가스(Getúlio Vargas)에 의한 혁명이 일어났으며, 동년 12월 임시정부는 비농업 목적으로 유입되는 이민자의 입국을 제한하는 외국인 이민 제한 및 실업자 지원법(Foreign Immigration Restriction and Support for the Unemployed Law)을 제정했다. 그러나 이법은 농업이민자로 취급되는 일본인 이민자들에게는 적용되지 않았으며, 더욱 많은 수의 일본인들이 유입되기 시작했다. 당시 연간 12,000~27,000명 사이의 일본 이민자들이 유입되었다(National Diet Library of Japan, 2014). 일본인의 브라질 이민은 제2차 세계대전의 여파로 인해 일시적으로 중단되었으나, 1950년대 초에 일본에서 아메리카로의 이주가 재개되었고, 이후 20년 동안 5만 명 이상의 일본인들이 브라질에 이주하였다(Kadia, 2015).

이처럼 지속된 일본인의 브라질 이민의 여파로 일본을 제외한 해외에서 가장 큰 일본인 디아스포라 집거지가 브라질에 형성되었다. 이민 100여년이 지난 오늘날 일계인들은 4~6세대를 형성하고 있으며, 많은 수의 일계인들이 브라질 사회의 주류로 편입되고 있다.

2. 일계 브라질인의 귀환이주

그러나 일계 브라질인의 일본으로의 귀환이주는 1990년대 들어서며 본격적으로 전개되기 시작한다. 그 배경은 다음과 같다. 첫째, 1980년대 당시 브라질이 처했던 최악의 경제적 · 사회적 · 정치적 위기이다. 브라질은 외채 위기와 함께 당시 잃어버린 10년(lost decade)을 경험하고 있었으며, 군부 정권에서 민주화로의 이양과정에서 정치사회적 혼란이 극대화되었다. 이에 많은 브라질인들은 다른 나라로 이주하게 되었으며, 그 중 많은 일본계 브라질인들이 데카세기 혹은 임시 이주 노동자로서 일본에서 일하기로 결정하게 된다(Tsuda, 2004). 특히 1990년대 들어 촉발된 페르난두 아폰수 콜로르 지 멜루(Fernando Affonso Collor de Mello)[6]를 둘러싼 부패스캔들과 연이은 시위로 인해 브라질 사회는 혼란속으로 빠져들었다. 이로 인해 많은 브라질인들이 미국, 포르투갈 등지로 이주하기 시작했으며, 일계브라질인들은 일본으로 돌아오길 원했다(Torresan, 2012).

둘째, 1980년대 일본이 맞이한 거품경제로 인해 주식, 부동산 등 실물경제의 가격과 자산가치가 폭발적으로 상승하기 시작했다. 이러한 거품경제는 특히 제조업 분야에서 노동력의 심각한 부족 현상으로 이어졌다. 그러나 당시 일본정부는 외국인 노동자들의 수용에 부정적 입장이었으며, 이에 따라 동남아시아 및 남아시아 출신 남성들이 일본으로 건너와 불법체류 형태로 일하기 시작했다. 결국 일본 정부는 일본인 이민 3세가 장기체류자격으로 활동상의 제약 없이 일본에 체류할 수 있도록1990년 출입국관리 및 난민인정법(The Immigration Control and Refugee Recognition Act)을 개정하였다. 이는 일본으로 돌아온 귀환이주 노동자들에 대한 고용에 제한이 없다는 것을 의미했다(Hamamatsu Intercultural Center, 2021). 보다 구체적

---

6 콜로르 대통령은 브라질의 제32대 대통령으로, 1990년 취임하였다. 그러나 대통령 선가 당시 대규모의 부정축재를 한 혐의로 1992년 하원의 탄핵안이 가결되어 직무정지를 당했으며, 상원에서 탄핵절차가 진행중이던 1992년 12월 사임을 발표하였다.

으로, 법안 개정을 통해 일계인 2세와 3세 및 그 배우자가 장기간 일본에서 일할 수 있도록 했으며, 일계인 4세 비자의 경우 일본계 3세 부모를 동반한 경우에만 발급되었다(Clazans, 2009).

이와 같이 일본정부의 출입국관리법의 개정은 애초부터 불법취업자 · 불법체류 외국인들의 유입을 막고 합법적으로 일계인의 노동력을 활용함으로써 일본의 노동력 부족을 일거에 해소하려는 의도를 가지고 있었다. 즉, 일본정부가 일본인 배우자, 일본 정주자 등이라는 적법한 체류자격으로 일계인들에게 합법적 취업을 직접적으로 보장하는 우대조치를 시행한 것이다(임영언 · 김재기, 2011).

이처럼 브라질과 일본의 상이한 경제적 상황과 일본의 출입국관리법 개정이라는 동학이 맞물리는 복합적인 상황속에서 주로 브라질 및 다른 남미 국가들로부터 돈벌이 노동이민인 데카세기 형태로 일계인 귀환이주가 시작되었다(Hamamatsu Intercultural Center, 2021).

〈그림 2〉에서 확인할 수 있듯, 일본 출입국 재류관리청(Immigration Ser-

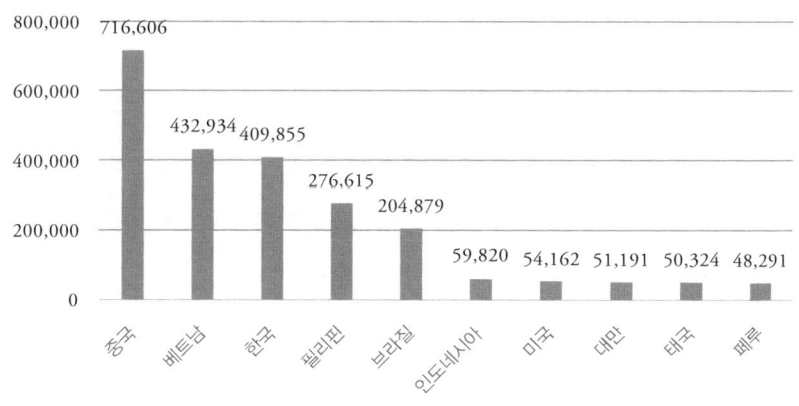

〈그림 2〉 국적별 일본 내 외국인 체류 · 거주자 수(2021년 12월)

출처: 일본 출입국 재류관리청(2022) 자료를 바탕으로 저자 작성

vice Agency of Japan, 2022)의 통계자료에 의하면 2021년 12월 기준 일본에 체류·거주중인 외국인은 총 2,760,635명으로로, 브라질인은 204,879명을 기록하며 중국, 베트남, 한국, 필리핀에 이어 5위에 올라 있다.

〈그림 3〉은 1964년에서 2021년 사이 일본 내 브라질인 증감 추이를 나타낸 것이다. 1964년부터 1990년 출입국관리법이 개정되기 전까지만 하더라도 브라질인의 수는 완만하게 증가해 왔으나, 1990년 56,429명으로 폭발적으로 증가하게 된다. 이후 2000년대 중반까지 지속적인 성장세를 유지해 왔으나 2008년 금융위기를 기점으로 그 수는 점점 감소하기에 이른다, 그러나 2016년 이후 오늘날까지 다시 완만한 증가세를 보여주고 있다. 이는 일본 내 일계브라질인의 증가가 1990년 법안 개정의 영향을 크게 받았음을 시사한다. 이어 아래의 제4장에서는 일계 브라질인의 하마마츠로의 귀환 이주에 대한 보다 구체적인 배경과 그 과정 및 주요 특성에 대해 고찰한다.

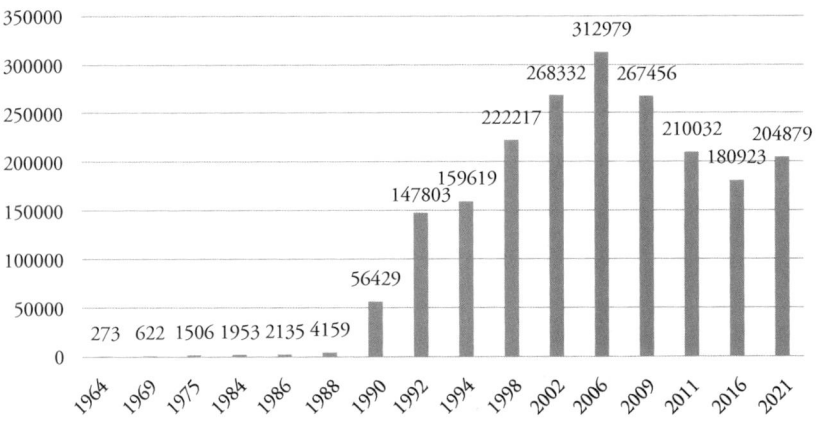

〈그림 3〉 일본 내 브라질인 증감 추이(1964~2021)

출처: 일본 출입국 재류관리청(n.d.) 자료를 바탕으로 저자 작성

Ⅳ. 일계 브라질인의 하마마쓰 귀환이주:
정착배경, 과정 및 주요 특성

1. 일계 브라질인의 하마마쓰 정착배경과 과정

2023년 1월 기준 하마마쓰에 체류 및 거주중인 외국인은 26,748명으로, 도시 전체인구인 약 79만 8천 명의 3.4%를 차지하고 있다. 그 가운데 브라질인은 9,648명으로 하마마츠 인구를 구성하는 외국인들 중 36.1%를 차지하며 가장 높은 비율을 나태내고 있으며, 이어 필리핀, 베트남, 중국, 페루, 한국인 순으로 집계된다(Hamamatsu Intercultural Center, n.d.)

〈표 1〉 최근 10년(2014~2023)간 하마마츠 체류 · 거주 외국인 현황

	2014	2015	2016	2017	2018	2019	2020	2021	2022	2023
브라질	9,017	8,706	8,454	8,667	9,007	9,619	9,635	9,486	9,482	9,648
필리핀	3,090	3,224	3,242	3,485	3,699	4,091	4,103	3,982	3,996	4,164
베트남	1,210	1,313	1,496	1,809	2,155	3,260	3,318	3,547	3,377	3,789
중국	2,657	2,483	2,447	2,443	2,499	2,585	2,553	2,528	2,307	2,255
페루	1,717	1,675	1,689	1,684	1,713	1,690	1,690	1,706	1,743	1,790
한국	1,297	1,245	1,284	1,261	1,250	1,160	1,146	1,106	1,060	1,030
기타	2,169	2,274	2,344	2,493	2,822	3,420	3,403	3,238	3,031	4,072
총계	21,157	20,920	20,956	21,842	23,145	25,825	25,848	25,593	24,996	26,748

출처: Hamamatsu Intercultural Center(n.d.) 자료를 바탕으로 저자 작성

전술한 바와 같이 2021년 기준 일본에 체류 혹은 거주중인 브라질인은 204,879명으로, 그 가운데 하마마쓰 내 브라질인은 전체의 4.6%를 차지한다. 이와 같이 하마마쓰는 일본 내에서 가장 브라질인들이 많이 모여 사는 도시로 알려져 있다.

이처럼 하마마쓰에 브라질인들이 많이 유입되게 된 이유는 도시의 특성과 관련이 깊다. 잘 알려져 있지 않지만, 하마마쓰는 세계적으로 유명한 자

동차, 오토바이 및 악기 제조업체가 다수 분포되어 있다. 대표적으로 일본의 다국적 자동차회사인 스즈키(Suzuki)의 본사가 하마마쓰에 위치하고 있으며, 참고로 혼다(Honda)의 경우 1946년 하마마쓰에서 처음 창립되어 사업을 유지해 왔으나 도쿄도 미나토구로 본사를 이전하였다. 아울러 일본 굴지의 음향기업이자 악기 매출로 세계 1위를 차지하고 있는 야마하(Yamaha)의 본사 또한 하마마쓰에 자리 잡고 있다. 이러한 큰 기업들과 이와 연관된 많은 수의 제조업체, 하청업체 및 중소기업이 활동하고 있는 하마마쓰는 노동인구 흡인요인이 큰 도시이다.

하마마쓰의 제조업체들은 1950년대 중반부터 1970년대까지 일본의 고도성장기에 노동력 확보에 사활을 걸었으나, 일본의 노동자 부족 현상으로 인해 해외 이주노동자들에게 의존하였다. 그러나 불법체류자 양산을 방지하고 일계인들이 활동상의 제약 없이 일본에서 체류할 수 있도록 하는 방안을 골자로 한 출입국관리 및 난민인정법이 1990년 개정되며 많은 수의 일계 브라질인들이 일본, 특히 하마마쓰로 유입되기 시작하였다(Clazans, 2009). 이들이 비록 일본어를 구사하지 못하더라도 여러 에이전시를 통해 하마마쓰의 각종 공장에서 근무할 수 있게 되었다.[7] 이처럼 하마마쓰의 제조업은 일본계 브라질인들의 노동력으로 지탱되어 왔으며, 페루인, 베트남인, 필리핀인 등 또한 이에 일조하였다.

7　당시, 그리고 지금까지 공장에서 근무하는 일본인의 임금체계와 일계 브라질인들의 임금체계는 상이하다. 일본인들은 월별로 급여를 지급받고 있으나, 브라질인들의 경우 시간 단위로 임금을 지급받고 있다.

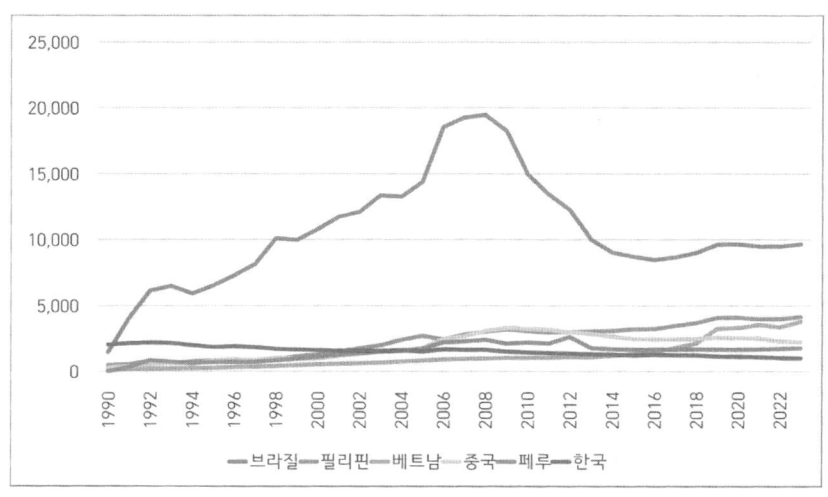

〈그림 4〉 1990년 이후 하마마쓰 내 브라질인 주이

출처: Hamamatsu Intercultural Center(n.d.) 자료를 바탕으로 저자 작성

당초 일계인들은 일본에서 몇 년간 '데카세기'를 한 뒤 다시 본국으로 돌아갈 계획을 세웠거나, 일본과 본국을 오가며 생활했다. 그러나 그들이 일본에 머무는 시간이 길어지면서 결혼, 출산 등을 통해 가정을 꾸리기 시작하면서 그들이 감당해야 하는 생활비가 증가했고, 결국 일본에서 삶의 기반을 마련하기 시작했다(Hamamatsu Intercultural Center, n.d.).

위의 〈그림 4〉는 1990년 출입국관리 및 난민정법 개정 이후 하마마쓰 내 브라질인들의 추이를 보여주고 있다. 브라질인들은 법 개정 이후 2008년까지 폭발적으로 증가하며 약 2만 명 근처까지 도달하였으나 2008년부터 2016년까지 감소세를 나타냈으며, 그 이후 다시 완만하게 증가하고 있다.

2008년을 기점으로 하마마쓰뿐만 아니라 일본 내 일계브라질인이 감소하게 된 가장 큰 원인은 당시 리먼쇼크로 인해 시작된 글로벌 금융위기의 여파였다. 이로 인해 많은 사람들의 실업을 초래했고, 비정규직으로 일하고 있던 브라질인들은 더욱 더 큰 영향을 받게 되었다. 많은 일계브라질인들은 일본 정부의 지원 하에 고국으로 돌아가게 되었으며, 다른 일부는 자녀 교육 등의 이유로 일본에 영주하는 것을 선택했다. 일본에서 영주하기로 선택한 사람들의 2세들이 일본에서 교육을 받고 직장을 얻기 시작한 반면, 귀환 이주 1세대, 즉 부모세대는 고령화가 진행되면서 연금 및 요양보호 등의 문제가 불거지기 시작했다.

2014년 이후 브라질인들의 하마마쓰 유입이 소폭 증가하거나 정체된 가운데, 동 기간 하마마쓰로 이주한 필리핀인들의 수가 증가하고 있다. 이 또한 대부분 일계필리핀인들이며, 이뿐만 아니라 베트남, 인도네시아 등 동남아지역에서 일본으로 노동을 목적으로 이주하는 청년들의 수가 증가하기 시작했다(Hamamatsu Intercultural Center, n.d.).

2. 하마마쓰 일계브라질 커뮤니티의 주요 특징과 현황

전술한 바와 같이 하마마쓰는 일본에서 브라질인이 가장 많이 거주하는 도시로, 주하마마쓰 브라질 영사관(Consulate-General of the Federative Republic of Brazil in Hamamatsu)이 위치하고 있다. 현재 일본 내 주재하는 공식적인 브라질 외교공관은 총 4개이다. 주일본 대사관 및 총영사관이 도쿄에 위치하며, 하마마쓰를 포함하여 나고야(Nagoya)에도 총영사관이 주재하고 있다. 대사관 및 총영사관 외에도 나하(Naha), 고베(Kobe), 교토(Kyoto) 및 도스(Tosu)에 명예영사관(Honorary Consulate)이 개설되어 운영중에 있다.

〈표 2〉 일본 내 브라질 외교공관 및 명예영사관 현황

위치	공관명
도쿄	주일본 브라질 대사관
	주도쿄 브라질 총영사관
나고야	주나고야 브라질 총영사관
하마마쓰	주하마마쓰 브라질 총영사관
나하	주나하 브라질 명예영사관
고베	주고베 브라질 명예영사관
교토	주교토 브라질 명예영사관
도스	주도스 브라질 명예영사관

　나고야에 브라질 총영사관이 개설된 이후, 일본 내 브라질인이 지속적으로 증가하기 시작하자 브라질 정부는 세 번째 총영사관 설치를 고려하기 시작했다. 당시 히로시마(Hiroshima), 오사카(Osaka) 및 하마마쓰가 세 번째 총영사관 개설 후보지로 물망에 올랐다. 히로시마와 오사카에 비해 비교적 소규모인 하마마쓰에 결국 총영사관이 설치되었으며, 이는 일본 내 가장 많은 브라질인을 보유한 도시라는 명분을 반영하는 조처였다.

　현재 하마마쓰에 거주하는 브라질인들은 주로 제조업체나 공장 등지에서 일하며 생계를 꾸려나가는 사람들이 대부분이다. 그러나 포르투갈어 통역사·강사, 하마마쓰시청, HR 회사, 여행사, 주짓수·카포에이라 체육관 및 브라질 슈퍼마켓과 식당과 같은 자영업을 하는 사람들도 많으며, 귀환이주 2세가 대학을 졸업하게 되면서 일본 주류사회에 편입되는 비율도 높아지고 있다. 즉, 아직까지 제조업 노동자의 비율이 높으나, 직업적 다양성 또한 점점 늘어나고 있는 추세에 있다. 하마마쓰에 이주한 일계 브라질인 노동자들은 귀환이주 초기 데카세기를 위한 목적으로한 단기체류자들이 대부분이었으나, 현재는 브라질의 혼란스러운 정치·경제·사회적 상황과 악화되는 치안 등의 문제로 장기체류자들이 더욱 많은 상황이다.

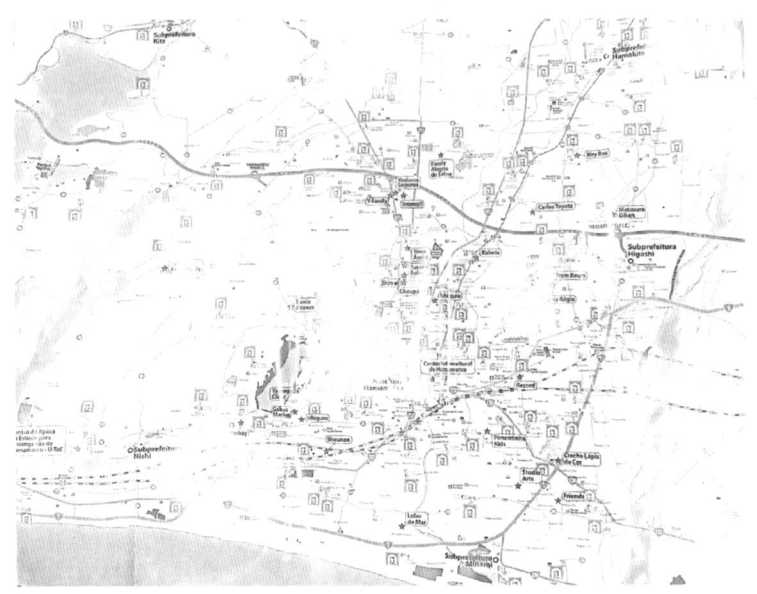

〈그림 5〉 하마마쓰 내 브라질 관련 주요 상점 및 시설

　현재 일본 전역에 존재하는 브라질 학교는 총 37개이다. 하마마쓰에는 3개가 있으며, Mundo de Alegria, Escola Alcance, Escola Alegria de Saber 가 각각 그것이다. 귀환이주자들이 자신들의 2세를 브라질 학교에서 수학하게 하는 이유는 체류의 성격과 문화적 요소와 깊이 연관되어 있다. 즉, 일본에서의 단기체류를 목적으로 하는 가정의 경우 자녀들로 하여금 모국어인 포르투갈어를 지속적으로 습득하게 하기 위한 것이 가장 대표적인 이유이다. 언젠가 브라질로 다시 돌아가게 된다면 포르투갈어를 알아야 하기 때문이다. 또 다른 이유는 일본어와 일본문화에 대한 이해도가 현저히 떨어지는 부모들은 자녀의 학교 부적응 문제 및 브라질 출신에 대한 차별과 학급내 이지메를 우려하기 때문이다. 하마마쓰 다문화센터 직원에 따르면, 예전만큼은 아니지만 여전히 브라질 출신 학생에 대한 학급 내 따돌림이 존재한다고 한다.

장기체류자들의 경우 일본사회에의 완전한 적응을 위해 현지 학교에서의 교육을 선호하고 있다. 하마마쓰가 여타 브라질인이 많이 거주하고 있는 일본의 주요 도시와 다른점은 관련 정책에 의거해 도시 내 모든 일본학교 내에 포르투갈어 조력자(Portuguese assistant)가 최소 한 명이상 배치되어 있다는 점이다. 하마마쓰는 일본어 및 일본문화에 서툰 이주가정 자녀들의 보다 원활한 적응을 돕고 일본 사회에 빠르게 통합될 수 있는 제도적 기반이 잘 마련되어 있다고 볼 수 있다. 즉 하마마쓰에 유입되는 일계 브라질인들이 많아지면서 이러한 제도적 기반이 마련되기 시작했으며, 이는 다시 다른 브라질인들의 유입을 촉진시키는 순환적 구조가 형성된 것이다.

하마마쓰로 유입된 일계 브라질인들의 2세는 다른 국적의 이주자와 마찬가지로 크게 세 가지 유형으로 분류될 수 있다. 첫째는 거의 혹은 완벽히 일본 사회에 적응하여 자신을 일본인으로 규정하는 2세 집단이다. 그들은 포르투갈어를 구사하지 않으며, 일본인 친구만을 사귀는 특징이 있다. 반면 자신들을 여전히 브라질인으로 규정하며 브라질 교회를 다니고, 포르투갈어를 구사하며, 브라질 출신의 친구만을 사귀는 유형도 있다. 마지막으로 자신을 일본인과 브라질인 정체성 사이의 중간자적 입장을 취하는 사람들 또한 다수이며, 그들은 일본 사회에서 겪은 일계인에 대한 차별과 배타적 태도를 경험한 집단이다. 이러한 2세 집단은 대개 이중언어 사용자(bilingual) 혹은 모국어가 없는 에이링구얼(alingual)적인 특성을 보인다.

하마마쓰 내 일계 브라질 커뮤니티는 다른 일본 내 브라질 커뮤니티에 비해 일종의 연대감(solidarity) 혹은 유대관계가 그리 높지 않은 특성을 보인다. 물론, 하마마쓰 내 브라질 교회[8]를 중심으로 일정 정도의 유대관계가 유

---

8 하마마쓰 내 대표적인 브라질 교회는 Catholic C?hurch of Hamamatsu가 있으며, 상파울루에 본부를 두고 있는 복음주의 기독교 교단인 Igreja Universal 또한 하마마쓰에 존재한다.

지되고 있으나, 상대적으로 타 도시에 비해 그 강도가 약하다. 이는 커뮤니티의 규모와 밀접한 관계가 있다. 예를 들면, 일계 브라질 커뮤니티의 규모가 작은 군마현 오이즈미초(群馬県大泉町)의 경우 브라질인들이 모여사는 '군집 에쓰닉 타운(Concentrated Ethnic Town)'이 잘 조성되어 있으며,[9] 상호 간 네트워크 연결강도가 강하다(Kataoka, 2013). 반면 거의 만 명에 육박하는 브라질 커뮤니티를 보유한 하마마쓰의 경우 이산적 에스닉 타운(Dispersed Ethnic Town)과 같은 특성을 보유하고 있다. 특히 많은 수의 하마마쓰 내 브라질인들이 공장에 고용되어 있으며, 일본인과는 다른 시급제로 임금을 지급받고 있는 관계로 고용 유지 및 임금 향상을 위해 잔업을 많이 하는 경향이 있는데, 이는 브라질인들끼리의 경쟁으로 비화되어 개인주의적·상호경쟁적 특성으로 귀결된다.

그러나 주하마마쓰 브라질 총영사관, 하마마쓰 다문화센터 및 하마마쓰 내 일계 브라질인 커뮤니티가 주축이 되어 문화행사 개최를 통해 자국을 홍보하고, 커뮤니티의 결속력과 문화적 자긍심을 고양하고자 하는 노력 또한 시작되었다는 점은 주목할 만하다. 그 일환으로 2022년 9월 3일~4일 양일간 브라질리언데이(Brazilian Day)가 하마마쓰에서 처음 개최되었다. 동 행사에서는 브라질의 가수이자 배우로 유명한 토니 가히두(Toni Garrido)[10]가 참석하여 많은 인기를 끌었다.

이처럼 일본 내에서 가장 많은 일계 브라질인들이 유입되고, 정착하며 사회에 적응하는 과정에서 하마마쓰시의 지대한 역할을 언급하지 않을 수 없

---

9 오이즈미의 경우 2020년 기준 41,918명의 인구가 거주하고 있으며, 일계 브라질인은 오이즈미 전체 인구의 약 10% 정도로 추산된다. 오이즈미의 경우도 마찬가지로 전기, 중공업 기업의 공장이 많이 위치해 있는 관계로 일계 브라질인들의 유입이 많았다.

10 본명은 안토니우 벤투 다 시우바 필류(Antônio Bento da Silva Filho)이며, 주로 토니 가히두라는 예명으로 불린다.

다. 특히 하마마쓰 다문화센터가 주도적인 역할을 하고 있다는 점을 주목할 필요가 있다. 일본의 다문화 정책의 가장 큰 특징은 중앙정부가 아닌 지방정부가 주체가 된다는 점에 있다. 우리나라의 경우 여성가족부와 한국건강가정진흥원에서 운영하는 다문화 가족지원 포털을 주축으로 하여 개별 지방에 산하 다문화가족지원센터가 운영되고 있는 것처럼 중앙정부가 중심이되어 다문화정책이 구현되고 있다. 그러나 일본의 경우 우리나라와는 달리 지방정부가 주요 행위주체가 되어 다문화공생정책을 주도적으로 수행하고, 중앙정부는 이에 대한 업무 가이드라인 정도만 제공하고 있다. 특히 외국인 거주비율이 높은 지역의 지자체의 겨우 일본 거주 외국인들의 요구에 맞춰 중앙정부에 필요한 제노개선을 요구하기도 하며 디문회 관련 비영리단체 활동을 지원한다(조영채, 2020).

하마마쓰의 경우도 이와 마찬가지 사례이다. 하마마쓰 다문화센터는 다

〈그림 6〉 2022년 하마마쓰 Brazilian Day 포스터

출처: Japan Guide(2022)

국어 법률상담(포르투갈어 상담 포함), 일본어 수업 제공, 외국어 수업, 비자 및 주거 지원, 고용 지원 및 다문화가정 협회 지원을 통해 다문화 지원 제도를 수행하고 있다. 또한 하마마쓰로의 이사 및 정착, 자녀 교육, 세금 및 가정폭력 대응에 대한 정보를 제공중이다. 또한 다문화센터 소속 심리학자에 따르면, 2008년 금융위기로 인해 실직한 일계 브라질인들이 정신적인 어려움을 겪었으며, 특히 오늘날까지 일계 브라질인들의 자살률이 높은 상태라고 한다. 이에 하마마쓰 다문화센터는 2명의 일계 브라질인 심리학자를 중심으로 브라질인들의 심리치료 및 지원을 해 주는 역할 또한 수행중이다.[11]

기업가이자 주하마마쓰 브라질 총영사관 내 시민상담부문 회장(Presidente do Conselho de Cidadãos)은 저자와의 심층면담에서 하마마쓰를 브라질인들의 천국(paraiso)이라 칭했다. 하마마쓰에는 브라질인들을 위한 모든 것이 항시 존재하며, 하마마쓰시 차원에서 외국인들에 대한 적극적인 도움과 지원을 아낌없이 제공하기 때문이다. 이는 하마마쓰가 일본에서 가장 많은 브라질인들이 사는 도시라는 사실을 재확인시켜줌과 동시에 그러한 이유에 대해서도 많은 것을 시사한다고 볼 수 있다.

V. 나가며

본 논문은 일계인이라 일컫는 일계 브라질인들의 일본으로의 귀환이주가 대규모로 이루어진 사실에 주목하여 시즈오카현 하마마쓰시의 브라질 커뮤

---

11   일본의 병원에서 심리치료 및 상담을 받게 되면 대체로 5,000엔 이상의 비용이 발생하나, 하마마쓰 다문화센터에서는 이를 무료로 지원하며 많은 외국인들에게 정신적·심리적·경제적 도움을 제공하고 있다.

니티에 대한 시론적 성격의 연구를 진행하였다. 이를 위해 본 연구는 광범위한 문헌검토를 진행하였으며, 보다 심층적 분석을 위해 2023년 2월 2일부터 9일까지 현지조사를 수행하였다. 현지조사에서는 6명의 전문가 심층면접을 진행하였으며, 이를 통해 도출된 정보를 분석하여 하마마쓰 내 일계 브라질인들의 정착 배경, 과정 및 주요 특성과 현황에 대해 추적하는 것을 궁극적인 목적으로 했다.

1980년대 봉착한 브라질의 경제적 · 정치사회적 위기와 1990년 일본의 출입국 관리 및 난민인정법 개정이 맞물리는 동학 속에서 일계 브라질인들의 귀환이주가 본격적으로 진행되었다. 이러한 결과로 일본 내에서 브라질인은 중국, 베트남, 한국, 필리핀에 이어 5번째로 큰 외국인 인구 규모를 보여주고 있다. 하마마쓰의 경우 2023년 1월 기준 약 9,648명의 브라질인들이 체류 및 거주하고 있으며, 하마마쓰가 보유한 풍부한 제조업 관련 공장에서 늘어나는 노동력 수요가 많은 일계 브라질인들의 유입을 견인했다. 비록 2008년 글로벌 금융위기로 인해 많은 수의 브라질인들이 모국으로 돌아가며 그 수가 2014년까지 감소했지만, 이후 다시 완만한 증가세를 보여주고 있다. 브라질 인구 수가 많은 관계로 하마마쓰에는 도쿄, 나고야에 이어 세 번째 총영사관이 설치되어 있다.

하마마쓰의 브라질 커뮤니티는 앞서 제시한 바와 같이 이산적 에쓰닉 타운 형태의 특성을 갖고 있다. 이는 오이즈미초 사례와 같이 브라질인들이 소규모로 밀집한 타 도시에서 보여주는 군집 에쓰닉 타운과는 반대 성격이다. 그럼에도 불구하고 2022년 처음으로 브라질리언 데이 행사가 개최되었으며, 행사뿐만 아니라 교회와 같은 종교활동을 중심으로 유대관계를 유지하고 있다.

중앙정부가 중심이 되어 다문화정책을 구현중인 우리나라와는 달리, 일본은 각 지방정부가 주요 수행주체가 되어 지역맞춤형 다문화정책 및 제도가 완비되어 있다. 하마마쓰도 마찬가지로 하마마쓰 시청과 하마마쓰 다문화센터를 중심으로 일계 브라질인들뿐만 아니라 시 거주 외국인들을 위한 다양한 지원 방안을 마련하고 있다. 이러한 지원은 법률상담부터 심리치료까지 그 범위가 매우 넓으며, 특히 하마마쓰시에 주목할 점은 각 일본 학교에 최소 1명 이상의 포르투갈어 조력자를 배치하고 있다는 점이다. 이러한 하마마쓰 차원에서의 브라질인에 대한 우호적인 환경 조성은 더욱 많은 수의 브라질인들의 유입이라는 선순환적 구조로 귀결되었으며, 이는 하마마쓰가 오늘날 여전히 일본에서 가장 많은 브라질인이 살고 있는 도시이자 브라질인들이 가장 살기 쉬운 도시로 손꼽히게 된 결정적인 이유이기도 하다.

우리나라는 2006년 다문화 사회로의 진입을 선언하였으며, 이후 가파른 다문화 비율의 상승을 목도하고 있다. 이러한 하마마쓰시의 사례는 한국의 다문화정책에 시사하는 바가 크다고 할 수 있다.

이 논문은 국내에서 일계 브라질인에 대한 선행연구가 제한적인 상황에서 이와 관련된 시론적 연구를 진행했다는 점에서 의의가 있으나, 논문의 한계점 또한 명확하다고 판단된다. 가장 큰 한계점으로는 선행연구 분석의 영역이 국내 및 영어권에서 출간된 논문으로 한정되어 있다는 점으로, 본 논문에서는 일본이나 브라질에서 발표된 연구에 대한 분석이 포함되지 못했다. 후속연구에서는 일본어 및 포르투갈어를 포함한 해외 연구까지 선행연구 검토의 범위를 확장하여 일계 브라질인에 대한 연구를 보다 심층적으로 진행할 필요가 있다고 사료된다.

참고문헌

박신규(2019), "두 재외한인의 삶을 통해 본 귀환이주의 특징분석: 사할린 한인 S와 중남미 한인 P의 사례를 중심으로", 『다문화와 디아스포라 연구』, 14, 151-173.

법무부(2022), "2022년 12월 출입국외국인정책 통계월보", https://www.moj.go.kr/immigration/1569/subview.do (검색일: 2023. 2. 5.)

안성주(2020), "브라질에 일본계 이민자들이 많은 이유", 아시아투데이(2020/11/22), https://www.asiatoday.co.kr/view.php?key=20201121010013844 (검색일: 2023. 1. 20.)

외교부(2021), "재외동포현황 2021", 외교부 재외동포영사기획관실 재외동포과. https://www.korea.kr/news/pressReleaseView.do?newsId=156488440 (검색일: 2023. 1. 30.)

이상림(2011), "이주와 인구: 인구학적 관점의 설명", IOM이민정책연구원 워킹페이퍼 시리즈 (No. 2011-02), 서울: IOM이민정책연구원.

일본 외무성(2019), "Japan-Brazil Relations", https://www.mofa.go.jp/region/latin/brazil/data.html (검색일: 2023. 1. 25.)

일본 출입국 재류관리청(2022), "Statistics of Foreign Residents", https://www.e-stat.go.jp/stat-search/files?page=1&layout=datalist&toukei=00250012&tstat=000001018034&cycle=1&year=20210&month=24101212&tclass1=000001060399 (검색일: 2023. 2. 1.)

일본 출입국 재류관리청, n.d. "Statistics", https://www.isa.go.jp/en/policies/statistics/index.html (검색일: 2023. 2. 1.)

임영언(2010), "일계브라질인(日系人) 디아스포라의 이주와 환류현상 고찰", 『국제문화연구』, 3(2), 169-190.

임영언, 김재기(2011) "일계인(日系人)디아스포라의 귀환과 브라질타운형성에 관한 연구: 군마겐 오이즈미초 일계브라질인타운을 중심으로", 『한국동북아논총』, 16(4), 267-291.

임영언, 김태영(2015), "일계인 디아스포라의 모국 브라질과의 사회경제적 관계 고찰", 『日本文化學報』, 66, 273-296.

정호윤(2021), "초기 하와이 포르투갈인 이민(1878-1913)의 배경과 요인 연구", 『인문사회 21』, 12(5), 609-624.

조영채(2020), "일본의 다문화정책: '공생'하는 사회", 아시안타임즈(2020/7/11), http://asiantimes.kr/news/view.html?section=86&category=103&no=1894 (검색일: 2023. 2. 13.)

최금좌(2014), "2013년 이민 50주년을 맞이한 재브라질 한인사회의 현황과 문제점", 『중남미연구』, 33(2), 49-88.

Calazans, Erika(2009) "Life as Dekkasseguis: The Brazilian Community in Japan", *Focus*, 58.

Carling, Jørgen, et al.(2015) *Possibilities and Realities of Return Migration*. Peace Research Institute Oslo (PRIO).

Castles, Stephen & Mark Miller(1998) *The Age of Migration*. New York: Guilford Press.

Gmelch, Goerge(1980) "Return Migration", *Annual Review of Anthropology*, 9, 135-159.

Hamamatsu Intercultural Center(2021) "Hamamatsu's Foreign Resident Population", https://www. hi-hice.jp/en/organization-overview/inspection/history/ (Accessed: 25 January 2023)

Hamamatsu Intercultural Center. n.d. "Number of foreign residents", https://www.hi-hice.jp/ja/ organization-overview/inspection/data/ (Accessed: 25 January 2023)

Kadia, Miriam(2015) "Repatriation But Not Return: A Japanese Brazilian Dekasegi Goes Back to Brazil", *The Asian Pacific Journal*, 13(3), 1-14.

Kataoka, Hiromi(2013) "Concentrated Ethnic Towns and Dispersed/ Assimilated Ethnic Towns: Regional Disparities in the Formation and Development of Ethnic Towns—Case Studies of Brazilian Residents in Japan", *Japanese Journal of Human Geography*, 65(6), 34-47.

National Diet Library of Japan(2014) "100 Years of Japansese Emigration to Brazil",https://www. ndl.go.jp/brasil/e/index.html (Accessed: 20 January 2023)

Lee, Everett(1966) "A Theory of Migration", *Demography*, 3(1), 47-57.

Nakashima, Daniele Arantes(2017) "Japanese Brazilians in Hamamatsu City: An Ethnographic Study on the Second Generation." Master's Thesis, Universitat Bremen.

Samers, Michael(2009) *Migration*. London: Routledge.

Tsuda, Takeyuki(2004) "No Place to Call Home: Japanese Brazilians Discover They Are Foreigners in the Country of Their Ancestors", *Natural History*, 113(3), 50-55.

Torresan, Algela(2012) "A Middle Class Besieged: Brazilians' Motives to Migrate", The Journal of Latin American and Caribbean Anthropology, 17(1), 110-130

12

중국 광저우 이주 한인과
에스닉 공간의 형성[*]

전지영

I. 서론

1. 연구배경과 목적

이주와 정착은 다양한 이유에 따라 특정 지역에 집중되는 경향이 있다. 이는 외국인 집단이 미치는 사회경제적 영향이 국가 전반에 고르게 분포되지 않고, 지역별로 상이할 수 있음을 시사한다.[12] 실제로 이민과 이주는 다국적기업의 출현, 기업의 해외진출, 외국인투자의 증가, 경제적 공동체의 형성 등과 같은 경제적 측면의 세계화보다 일상적인 삶에서 더 직접적으로 경험

---

[*] 이 글은 〈디아스포라연구〉 제18권 1호(2024년)에 게재된 'COVID-19 이전 중국 광저우 이주 한인에 관한 사례 연구' 논문을 수정 · 보완한 것임.

[12] 유광철, "계층별 외국인 주민유입이 지역경제발달에 미치는 영향에 관한 연구," 서울시립대학교 대학원 석사학위논문(2014).

되며,[13] 이주자들은 일상에서 국경을 넘어가는 정보, 사람, 재화, 서비스의 이동과 흐름을 통해 초국가적 이주를 경험한다.[14] 초국적 이주는 기업뿐만 아니라 개인 단위의 사업자들도 이주의 형태로 그들의 사업 영역을 해외로 확장시키고 있으며, 그들은 직접 경험 또는 온라인을 기반한 커뮤니티를 통한 간접 경험 등 다양한 방식으로 정보를 수집하여 이주하고 있다.[15]

특히 1992년 한 · 중 수교 이후 중국으로의 한인 이주가 급증하기 시작하였으며, 초기에 이들은 주로 베이징, 칭다오와 같은 한국과 지리적으로 근접한 지역에 대기업 주재원이 이주하였다. 2000년대 이후 대기업 주재원뿐만 아니라 유학생들도 중국 각 지역으로 퍼져나갔으며, 이러한 한인 이주자들의 증가로 인해 코리아타운이 형성되었다. 한인의 중국 이주는 각 지역에 따라 특성이 다르며, 베이징은 대기업 중국 본사와 공공기관 주재원 중심, 칭다오와 선양은 중소기업 중심, 톈진은 대기업과 중소기업이 함께 진출하고 있다.[16]

또한 중국으로의 투자 대부분은 중소업체 중심의 소규모투자로 발전해왔으며, 특히 중국의 저렴한 노동력과 원자재로 인해 국내 기업들이 중국으로 공장을 이전하는 사례가 많다.[17] 2000년 초반에는 대부분의 투자가 중국 북부연해지구와 동북지역에 집중되었으며, 광둥성은 비교적 적은 투자

13   박배균, "초국가적 이주와 정착을 바라보는 공간적 관점에 대한 연구: 장소, 영역, 네트워크, 스케일의 4가지 공간적 차원을 중심으로," 『한국지역지리학회지』제15권 제5호(2009), pp.616-634.

14   이영민, "글로벌 시대의 트랜스이주와 장소의 재구성," 『문화역사지리』제25권(2013), pp.47-62.; 이용균, "초국가적 이주 연구의 발전과 한계: 발생학적 이해와 미래 연구 방향," 『한국도시지리학회지』제16권 제1호(2013), pp.37-55.

15   김성훈 · 구양미, "베트남 하노이 이주 한인 자영업자의 특성과 한인 네트워크," 『대한지리학회지』제53권 제3호(2018), pp.387-403.

16   백권호, "재중 한인사회연구: 코리아타운을 중심으로," 경제인문사회연구회, 2010.

17   문남철, "한국 섬유 · 의류산업 해외생산입지의 동태성," 『지리학연구』제37권 제4호(2003), pp.409-426.

를 받았다.

그러나 2000년대 중반 이후 광저우의 의류도매시장이 크게 성장하면서 저가의 중국산 의류가 동대문 의류도매시장에 유입되기 시작하였고, 이러한 중국산 의류의 대량유입으로 국내 봉제공장이 타격을 입었다. 그러나 이러한 타격도 동대문 의류도매시장에 미치는 영향은 제한적이었다. 이러한 배경에는 이미 이전부터 동대문 의류도매시장 상인들이 국내 봉제공장에서 제작하기보다는 중국산 의류를 수입해서 판매하였기 때문이었다.[18]

1990년부터 2020년까지의 중국 한인 이주와 관련된 선행연구에 따르면, 2000년대부터 재중국 한인에 대한 연구가 본격적으로 이루어졌고, 이들 연구지역은 대부분 베이징과 칭다오를 중심으로 편중되어 있다. 또한 이러한 연구의 자료조사방법은 주로 참여관찰이나 인터뷰같은 질적연구가 다수를 이루고 있으며, 정부 차원에서 파악하기 어려운 재중국 한인 사회의 변화를 실증적으로 파악하고 기록했다는 점에서 의의가 있다.[19] 그러나 광저우로 이주한 한인 수가 증가함에도 불구하고 이들에 대한 연구는 상대적으로 부족한 상황이다.

이 장에서는 중국 광저우 한국인을 사례로 그들의 이주 특성과 웬징루 코리아타운의 토지이용조사를 통해 에스닉 공간의 형성을 파악하고자 한다. 이를 위해 먼저 통계자료를 활용하여 광저우에 이주한 한국인의 현황을 살펴본다. 그리고 통계로 파악하기 어려운 부분에 대해서는 광저우 한인 잡지를 참고하여 분석하였다. 더불어 본 연구의 저자는 2015년 12월부터

---

18 박찬욱, 『동대문 패션타운의 역사와 현황』, (서울: 청람, 2022).
19 구지영, "한국인의 중국 이주와 사회변동: 1990년부터 2020년까지," 『해양도시문화교섭학』제26
   권(2022), pp.33-68.; 서봉언·이채문, "키워드 분석을 통해서 본 한국의 디아스포라 연구 동향,"
   『디아스포라연구』제8권 제1호(2014), pp.45.

2018년 11월까지 중국의 광저우 중산대학에 근무하며 현지에서 만난 한국인을 중심으로 면접조사를 진행하였다. 또한 2016년 9월과 2017년 6월에는 두 차례에 걸쳐 웬징루 코리아타운의 토지이용조사를 시행하였다. 그러나 COVID-19로 인하여 최신 통계자료 구득이 쉽지 않았기 때문에, 주로 2019년 이전의 자료를 사용한 것은 본 연구의 한계점으로 지적된다.

2. 연구지역 개요와 조사방법

본 장에서는 중국의 남부에 위치한 광둥성 성도(省都)인 광저우는 고대부터 해양실크로드의 관문이며 상업도시로 '세계의 공장'으로 불리고 있다.[20] 현재 행정구역은 바이윈(Baiyun, 白云), 하이주(Haizhu, 海珠), 황푸(Huangpu, 黄埔), 리완(Liwan, 荔湾), 뤄강(Luogang, 萝岗), 판위(Panyu, 番禺), 텐허(Tianhe, 天河), 웨슈(Yuexiu, 越秀) 8개의 구(區)와 화두(Huadu, 花都), 난사(Nansha, 南沙), 충화(Conghua, 从化), 쩡청(Zengcheng, 增城) 4개의 현급(縣級)시로 나뉜다. 또한 광저우는 주장델타지대의 북부, 서강, 북강, 동강의 합류지점에 위치한 항만도시 중 하나로 주변에 선전, 홍콩, 마카오 등의 국제도시들이 위치하고 있다〈그림 1〉. 2022년 기준 광저우 인구는 1,873.4만명이며,[21] 리완구, 웨슈구, 하이주구, 텐허구의 면적은 광저우 전체의 3.8%에 불과하지만 광저우 전체 인구의 32.9%가 분포하고 있다. 광저우의 연평균 기온은 22.4도, 연평균 강수량은 1,950.1mm으로 아

---

20 오일환 · 이미, "중국 광저우 도시경관의 역사문화 관광자원," 『한국사진지리학회지』제26권 제2호(2015), pp.1-13.

21 광저우 각 지역의 인구수는 바이윈구 363.70만명, 하이주구 179.83만명, 황푸구 119.18만명, 리완구 112.37만명, 판위구 280.74만명, 텐허구 222.17만명, 웨슈구 102.85만명, 화두시 170.62만명, 난사시 92.94만명, 충화시 73.97만명, 쩡청시 155.04만명이다(广州市统计局, 2023).

〈그림 1〉 연구대상지역

열대성기후다.[22]

바이윈구에는 국제공항과 웬징루 코리아타운이 형성되어 있고 웨슈구에는 광저우 동역(Guangzhou East Railway Station), 하이쥬구에는 중산대학, 주광저우 대한민국 총영사관이 위치해 있다. 텐허구는 광저우의 신도심인 주장신청(Zhujiang New Town Central Business District, 珠江新城)

---

22 广州市统计局, http://tjj.gz.gov.cn/stats_newtjyw/tjsj/tjgb/qtgb/content/post_8910626.html(검색일: 2024.04.30.)

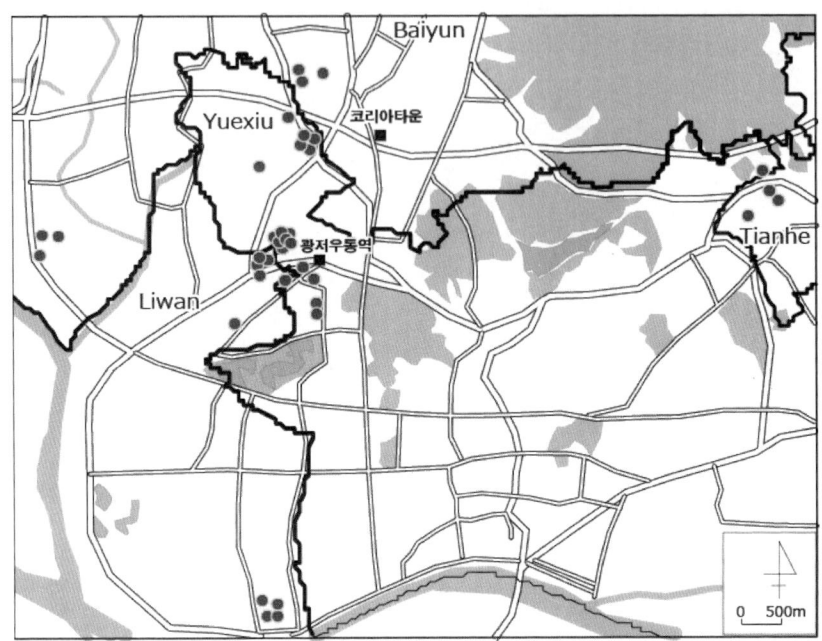

〈그림 2〉 중국 광저우 의류도매시장 분포(2016년)

출처: 현지조사에 따라 저자 작성

이 2000년대 이후 건설되어 동쪽 지역으로 고급 주거지가 형성되어 있다.[23] 2013년 9월에 광저우한국학교가 판위구에 개교하였고, 이 지역을 중심으로 대규모 아파트단지들이 밀집되어 있다.

1980년 선전(深川), 산토우(汕头), 주하이(珠海) 3곳의 경제특구가 광동성에 있으며, 이에 따라 지역적으로 거리가 가까운 홍콩, 마카오, 타이완 등지의 자본이 이곳에 대량 유입되었다.[24] 또한 1980년대 이후 광저우는 섬유

---

23 주장신청은 광저우의 공산당위원회와 시정부가 1992년에 건설을 결정하였고, 2000년대 이후 홍콩 자본 등의 시외 개발자의 잠입으로 고층 빌딩이 세워지면서 현재의 경관이 형성되었다. 이 지역은 광저우의 원도심인 중산기념당 · 광둥성정부 · 광저우정부 · 베이징루의 번화가에서 동쪽으로 약 4km 떨어진 곳에 위치하고 있다.

24 주장환 · 이동영, "중국 대도시 지역성에 관한 실증연구: 베이징 · 상하이 · 광저우 지역민의 발전

공업과 가전산업이 급성장하기 시작하였다. 이중 섬유공업은 광둥성의 전통산업으로 국영기업이 대규모 방직·메리야스업과 민영기업이 소규모 의류제조업으로 구분하여 생산하고 있으며 광둥성 섬유공업의 50% 이상을 광저우에서 생산하고 있다.[25]

광저우는 의류 전문도매시장이 총 27개로, 웨슈구의 광저우 동역을 중심으로 분포되어 있다〈그림 2〉. 2024년도 광저우 의류도매시장 순위조사에 따르면,[26] 상위 1위는 웨슈구에 위치한 광저우바이마의류시장(广州白马服装市场)으로 1993년 1월 8일에 공식적으로 개장하였으며, 해당 의류도매시장의 건축면적은 약 6만 평방미터, 총 10층으로 된 건물로 의류 도소매 점포 외에도 의류 샘플 주문 점포, 의류 브랜드 점포, 독자 브랜드 의류 점포 등 약 2,000여개의 점포들이 영업하고 있다.[27] 이중 한인들은 톈허구에 위치한 광둥싸허의류도매시장[28]의 상권인 광저우진마의류도매시장(广州金马服装

전략 선호 비교,"『중국연구』제47권(2009), pp.521-241.

25 許衛東, 1989, "中国珠江デルタにおける工業発展と外資導入,"『経済地理学年報』제35권 제4호(1989), pp.40-53.; 손용택, "광저우에 대한 지리적 고찰,"『한국경제지리학회지』제14권 제3호(2011), pp.407-418.

26 광저우 의류도매시장 상위 10위와 관련된 랭킹은 다음과 같다. 광저우홍미엔국제패션타운(广州红棉国际时装城, 웨슈구 소재), 광저우세계무역의류타운(广州世贸服装城, 리완구 소재), 광저우신중궈따샤(广州新中国大厦, 리완구 소재), 광저우진동국제의류타운(广州锦东国际服装城, 바이윈구 소재), 광저우광따의류타운(广州广大服装商贸城, 바이윈구 소재), 광저우이마의류광장(广州壹马服装广场, 웨슈구 소재), 광저우사동요리국제패션도매시장(广州沙东有利国际服装批发城, 톈허구 소재), 광저우위롱국제무역의류타운(广州御龙外贸服装城, 웨슈구 소재), 광저우완쟈의류도매광장(广州万佳服装批发广场, 톈허구 소재) 순으로 도매상들이 찾고 있다(https://www.maigoo.com/top/420789.html).

27 광저우바이마의류도매시장 홈페이지(https://www.baima.com/news/detail/1110.html) 참조하였다.

28 광둥싸허의류도매시장(广东沙河服装批发市场)은 톈허구에 위치한 광저우진마(广州金马服装批发市场), 광저우사허난청(广州沙河南城), 완쟈의류도매광장(万佳服装批发广场), 싸허베이청의류시장(沙河北城服装市场), 광둥이민의류시장(广东益民服装城)의 대형의류도매상가가 형성된 상권으로 광저우에서 두 번째로 큰 의류도매시장 상권으로 주로 중저가 의류를 취급하고 있다(百度百科广东沙河服装批发市场).

批发市场), 광저우사허난청(广州沙河南城), 완쟈의류도매광장(万佳服装批发广场)과 리완구에 위치한 스산항의류도매거리[29]에 위치한 신중궈따샤(新中国大厦)를 주로 이용하고 있다.

본 장에서의 면접조사 대상자는 한인교회 및 어학당을 통해 만난 한국인을 대상으로 선택되었으며, 그 이후에는 snow-bowling 방식을 통해 추가적인 참가자를 선정하였다. 면접은 2016년 6월 29일부터 8월 15일까지, 그리고 2017년 5월 14일부터 6월 14일까지 대면으로 진행되었으며, 주로 중산대학 근처의 카페에서 1시간에서 2시간 동안 면접조사가 이루어졌다. 본 연구에서는 총 23명의 면접 대상자 중 학생을 제외한 17명의 데이터를 사용하였으며, 일부 참가자에 대해서는 면접 내용을 확인하고 보완하기 위해 대면 또는 전화로 2차 면접을 추가로 실시하였다.

II. 중국 광저우 한국인 현황과 웬징루 코리아타운 형성

1. 광저우 한국인 현황

1992년 8월 한·중수교 이후 한국인의 중국 이동량이 현저히 증가하기 시작했다. 특히 한국과 지리적으로 인접한 중국 연안지역인 칭다오, 상하이, 선양과 수도인 베이징을 중심으로 한국인의 이주가 증가하였다. 그러나 2008년 세계금융위기 이후 한국인의 중국 이주는 계속해서 감소하고 있는

---

29   스산항의류도매거리(广州十三行服装批发街)는 리완구에 위치한 신중궈따샤(新中国大厦)와 훙비엔티엔따샤(红遍天大厦)에서 주로 중저가 및 고급 여성복을 중심으로 판매하고 있으며, 광저우의 다른 도매시장과 비교해 규모는 크지 않지만, 전국적으로 유명한 여성복 도매시장이다(百度百科广州十三行服装批发街).

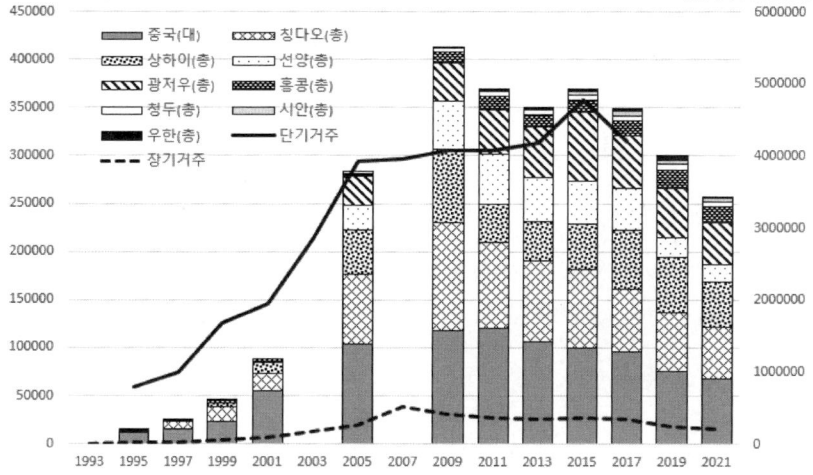

〈그림 3〉 중국 장단기체류 및 지역별 한인 추이

주: 1. 1993년, 2003년, 2007년 재외동포현황 데이터 없음.
   2. 1995년, 1997년 광동성(광저우) 한인 수는 주중국대사관에서 집계함.
   3. 단기체류 한인 수는 구지영(2022) "한국인의 중국 이주와 사회변동: 1990년부터 2020년까지" 재인용.
출처: 재외동포현황(외교부, 각 연도) 참조하여 저자 작성

추세다〈그림 3〉. 또한 중국으로의 한인 이주는 단기체류와 장기체류로 구분하여 살펴볼 필요가 있는데, 단기체류 한인 수가 장기체류의 한인 수보다 압도적으로 많은 것으로 나타났다. 이는 중국에서의 장기체류 비자 획득이 어려운 상황으로 인해, 많은 한국인들이 단기체류 비자로 입국한 후 현지에서 비공식적인 경로로 체류 기간을 연장하는 경향이 있는 것으로 분석된다.[30]

광저우는 2000년대 중반 이후 계속해서 한인 이주가 증가하고 있는 추세다.[31] 이러한 추세의 배경에는 광동성에 진출한 한국기업의 증가에 있다.

---

30 구지영, "한국인의 중국 이주와 사회변동: 1990년부터 2020년까지,"『해양도시문화교섭학』제26
    권(2022), pp.53.

31 2022년 12월 기준 광저우에 한인 30,508명이 체류하고 있다(주광저우 대한민국 총영사관).

광둥성에는 LG디스플레이, 삼성디스플레이, 현대차(수소), LG화학, SK온, POSCO 등 약 1,633개사의 한국기업이 진출해 있으며, 그중 약 47%(776개사)가 광저우에 위치하고 있다.[32] 또한 광둥성에 개인기업 진출도 이루어지고 있으며, 이는 주로 광저우, 선전, 동관 등의 지역에 분포되어 있다. 광저우에는 주로 유통업, 무역업, 의류업과 관련된 개인기업이 활동하고 있으며, 동관과 후이저우에는 주로 제조업, 선전에는 제조업뿐만 아니라 무역업, 유통업의 개인기업이 활동하고 있다〈표 1〉. 공식데이터에서는 확인할 수 없지만, 광저우에서 의류업과 관련된 한인 개인기업이 약 46개사가 활동하고 있으며, 이들은 광저우의 전통적인 산업인 섬유공업과 연관되어 있음을 추론할 수 있다.

〈표 1〉 광둥성 한인 업종별 수(2013년)[33]

지역 \ 업종	제조업	무역업	의류업	유통업	합계
광저우	30	53	46	69	198
선전	29	31	3	38	101
동관	78	4	0	15	97
후이저우	35	2	0	1	38
주하이	7	1	0	0	8
포산	5	1	0	0	6
장먼	5	0	0	0	5
중산	3	0	0	0	3

출처: 『레드북광둥』을 바탕으로 작성

---

32 주광저우 대한민국 총영사관, https://overseas.mofa.go.kr/cn-guangzhou-ko/index.do(검색일: 2024.04.30.).

33 광둥성의 산업별 데이터는 한국수출입은행의 자료가 있으나, 광둥성 전체 데이터로 광둥성의 각 시별 데이터는 발견할 수 없다. 또한 2013년 당시 한인 수와 비교하여 현재 그 수가 크게 증가하지 않았고, 이들 대부분은 통계데이터에 반영되지 않음을 확인할 때 비록 2013년이긴 하지만, 본 논문에서 논의하고자하는 의류업이 광둥성의 광저우를 중심으로 집중되고 있다는 점에서는 충분히 사용가능하다.

2. 웬징루 코리아타운 형성

2000년 이후 중국으로 이주한 한국인들은 주장삼각주에 위치한 광저우가 제조업 생산지역으로 많은 가공무역기업과 저임금 노동자들을 확보할 수 있어 베이징, 상하이에 비해 창업의 문턱이 낮으며, 오랜 상업도시로 국제무역의 역사적 전통이 있으며, 교통허브로써 광저우항만과 선전항만을 이용하여 해운을 통해 운송비를 절감할 수 있었다. 특히 바이윈구에 위치한 웬징루는 바이윈국제공항과 광저우동역 등과 지리적 가까울 뿐만 아니라 이 지역을 중심으로 광저우의 의류도매시장과 잡화도매시장 등이 밀집되어 있었기 때문에 한국인들이 증가하기 시작하였다. 또한 이러한 도매시장에

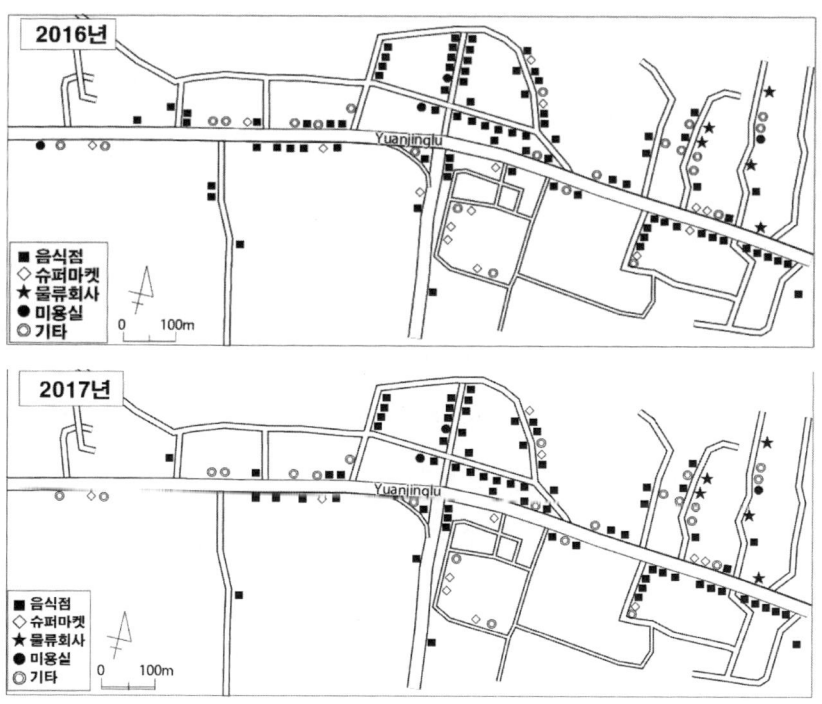

〈그림 4〉 웬징루 코리아타운의 한국 관련 점포 분포

출처: 현지조사에 따라 저자 작성

서 물건을 구입하여 한국으로 운송하려는 사람들을 대상으로 웬징루에 한국물류회사가 형성되기 시작하면서 한중 무역의 중요한 경유지 역할을 하게 되었다.[34] 이후 이 도로를 따라 한국 음식점, 슈퍼마켓, 미용실, 당구장 등 한국계 에스닉상점들이 밀집하게 되었다.

그리고 2004년 바이원구인민정부는 한인 상점들이 밀집한 웬징루의 지역적 특성을 고려하여 '한중 우정의 거리 조성계획'을 세웠고, 2011년까지 약 700만 위안의 특별 기금을 배치하여 웬징루를 중심으로 거리 경관을 조성하였다.[35] 2013년 바이원인민정부는 '한중 우정의 거리'의 지정을 기념하여 2013년 9월 28일 주광저우총영사관, 광저우한국인상공회와 협력하여 '한국문화 대잔치'를 개최하였다.

2016년 9월 웬징루 코리아타운 토지이용조사 당시, 한국 관련 점포는 총 136개였으며, 이중 음식점이 88개, 슈퍼마켓이 16개, 물류회사가 5개, 미용실이 6개, 기타가 23개가 분포하고 있었다〈그림 4, 위 그림〉. 그러나 2016년 한국의 사드배치로 인한 한·중 갈등으로 중국의 한한령(限韓令)에 따른 한류콘테츠 금지 외에도 한국계 기업 불매운동, 한국인 비자발급 지연 등으로 중국 현지 한인들이 어려움을 겪었다. 이러한 한·중 간의 정치적 갈등이 웬징루 코리아타운의 한국 관련 점포에 어떠한 영향을 미쳤는지 알아보기 위해 2017년 6월에 2차 토지이용조사를 실시하였다. 조사 결과, 웬징루 코리아타운의 한국 관련 점포는 총 119개로 17개가 감소하였다. 이중 음식점이 15개, 슈퍼마켓이 1개, 미용실이 2개, 기타가 1개로 줄어들었고, 물류

---

34 刘云刚·周雯婷·黃徐璐·全志英, "全球化背景下在华跨国移民社区的空间生产—广州远景路韩国人聚居区的案例研究-,"『地理科學』제37권 제7호(2017), pp.976-986.

35 刘云刚·周雯婷·黃徐璐·全志英, "全球化背景下在华跨国移民社区的空间生产—广州远景路韩国人聚居区的案例研究-,"『地理科學』제37권 제7호(2017), pp.976-986.

회사는 이전과 같았다〈그림 4, 아래그림〉.

그러나 오히려 코리아타운의 경관에서 2016년에 없었던 한국음식타운(韓食汇)이라는 간판이 2017년도에 생겨났다〈그림 5〉. 이를 통해 한중 갈등이 한국계 소규모 사업에는 크게 영향을 미치지 않았음을 알 수 있었던 반면, 감소 폭이 큰 음식점 중 광저우에 진출한 한국의 프랜차이즈 음식점 한 곳과 중심부에서 떨어진 서쪽 지역의 음식점들이 폐점하였다. 웬징루 코리아타운의 한국 관련 점포들의 경영자들이 한인뿐만 아니라 재중동포도 다수 포함되어 있어 유지할 수 있었다.

a. 2016년 9월   b. 2017년 6월

〈그림 5〉 웬징루 코리아타운 경관

출처: 저자 촬영

III. 광저우 한인 이주의 특성

이 면접조사에 참여한 광저우 한인은 총 17명으로, 여성이 12명이고 남성이 5명이다. 이들 중 20대가 4명, 30대가 12명, 40대가 1명으로 조사되었다〈그림 6〉.

이들 중 2000년대 초반에 입국한 한인은 2명, 2010년 이후에 입국한 한인 15명으로 대부분 2010년 이후에 입국한 한인이었다. 또한 광저우 이주 동기는 주재원, 취업, 유학 등 다양하지만, 이들은 섬유공업이 발달한 광저우의 산업과 관련된 의류업에 종사하고 있다. 이러한 면접조사 결과를 바탕으로 광저우 한인 이주에 관한 특징은 다음과 같다.

No.	연령대 20 30 40			비자 종류	입국 시기	이주동기	거주지	출신지	직업	중국어 수준
1			▲	M	2003년	친인척	판위	부산	의류 사입	○
2		▲		M	2005년	취업	바이윈	경남	의류매장 경영	○
3		●		M	2015년	사업	하이주	부산	의류매장 경영	△
4		▲		F	2012년	회사 파견	판위	서울	의류 디자이너	△
5		▲		F	2011년	한국인 지인	판위	경북	의류 디자이너	△
6	▲			F	2014년	취업	텐허	광주	의류 사입	○
7	●			M	2014년	사업	하이주	서울	의류 사입	○
8	●			M	2015년	취업	바이윈	서울	의류 사입	△
9	●			M	2015년	사업	바이윈	서울	의류 사입	△
10	▲			M	2015년	회사 파견	텐허	서울	의류 사입	△
11		●		M	2015년	사업	웨슈	서울	의류 사입·생산	○
12	▲			F	2012년	어학연수	하이주	경기	쇼핑몰직원	○
13		▲		F	2012년	사업	하이주	대구	인터넷쇼핑몰	△
14		●		Z	2013년	회사 파견	웨슈	서울	주재원	△
15		▲		M	2015년	취업	판위	인천	사무직	○
16		▲		F	2015년	한국인 지인	판위	부산	영어 과외	×
17		▲		F	2015년	한국인 지인	판위	서울	영어 과외	×

연령대: ● 남성　▲ 여성
비자종류: M 상업무역　F 방문　Z 취업
중국어수준: ○ 잘함　△ 보통　× 못함

〈그림 6〉 중국 광저우 한인(2017년)

출처: 면접조사에 따라 저자 작성

1. 의류사업과 관련된 한인의 다양화

광저우로 이주한 한국인들은 주로 의류산업과 관련하여 다양한 직업을 가지고 있으며, 이들의 중국 내 사업 형태는 주로 생산과 사입으로[36] 구분된다. 광저우의 의류산업과 관련된 한국인 상인들의 사업 유형은 주로 네 가

36　여기서 생산이란 한국에서 디자인한 옷을 중국의 봉제공장에서 생산하여 한국으로의 국제운송을 의미하고, 사입이란 광저우의 의류도매시장에서 의류를 구매하여 한국으로의 국제운송을 말한다.

지로 구분된다.[37] 첫째로, 한국에서 이미 디자인이 확정된 의류를 중국 현지에서 직접 생산하거나 의뢰하여 생산하는 경우가 있다. 둘째로, 광저우 현지 의류업체에서 디자인한 의류를 현지 공장에서 생산하는 경우가 있다. 셋째로, 광저우 의류 도매시장에서 의류를 직접 구입하는 경우가 있으며, 넷째로는 중국에 거주하는 한국인 구매대행인들을 통해 의류를 구입하는 경우가 있다.

면접조사에 참여한 광저우 한인들도 주로 의류사업과 관련된 이주를 하고 있었으며, 이들의 주요 직업은 의류 사입, 현지 의류매장경영, 현지 의류업체 디자이너 등이었다. 의류 사업과 관련하여 면접조사 결과, 동대문 의류도매시장에 매장을 가진 부모님을 대신하여 의류를 구매하는 경우(면접참가자 11번), 중대형 브랜드 의류업체의 구매대행 직원(면접참가자 1번, 9번, 10번), 광저우 현지 한인 의류업체에 취직한 경우(면접참가자 4번, 5번, 6번, 12번), 재미교포의 의류업체 구매대행 직원(면접참가자 8번) 등이다. 이들은 주로 광저우 의류도매시장에서 의류를 구매한 후 광저우 한인 물류업체를 통해 한국 또는 미국으로 보내는 사업 형태로 활동하고 있었다.

특히 면접참가자 11번은 2006년부터 베이징에서 2년간의 어학연수를 통해 중국어를 배우고, 이후 30년 이상 동대문 의류도매시장에서 매장을 운영하신 부모님의 사업을 돕기 위해 2015년 광저우로 이주하였다. 처음에는 사업만 하였으나, 의류 판매단가를 낮추기 위해 광저우 한인의 현지 의류 사무실에 생산을 의뢰하거나 광저우 의류공장에 직접 의뢰하는 방식을 병행하며 구매대행을 하고 있다. 또한 광저우 현지 한인 의류업체에 취직한 면접참가자 6번의 경우, 2012년 교환학생으로 광저우에 있는 대학에 와

---

37   박찬욱, 『동대문 패션타운의 역사와 현황』, (서울: 청람, 2022).

서 현지 한인 업체에 취직하여 의류 구매대행을 하고 있다. 면접참가자 12번도 비슷한 상황으로 일본에서 유학 중 광저우에 어학연수를 하러 왔으며, 현지 한인의 인터넷쇼핑몰회사에 취직하여 광저우 의류도매시장에서 의류를 구입하여 한국, 일본, 중국 등으로 인터넷판매를 담당하고 있다. 이와 같이 한인들은 중국에서의 사업 전개 방식인 생산과 사입을 병행하여 의류사업을 진행하고 있다.

면접조사를 통해 새롭게 드러난 점은 판매방식으로, 이전에는 중국에서 한국으로 구입한 의류를 한국에서 판매하는 방식이었으나, 현재는 중국에서 생산하고 중국에서 판매하는 방식으로 전환되고 있었다(면접참가자 2번, 3번). 특히 면접참가자 2번의 경우 2005년 11월 상공회의소 주최 인턴쉽을 통해 중국 선전으로 입국하여 4개월간의 인턴쉽을 마친 후 광저우에서 어학연수를 시작하였다. 그리고 2006년 9월부터 재미교포가 경영하는 광저우 현지 의류업체에 채용되어 2012년 12월까지 북미 중년여성의류 수출을 담당하였다. 이후 1년 정도 한국에 귀국한 뒤 2014년 다시 광저우로 돌아와 광저우훙미엔국제패션타운의 2층과 4층, 광저우유어스(U:US)[38]에 중국인을 대상으로 한 의류매장을 경영하고 있다. 또한 매장 직원은 모두 중국인으로 채용하고 있다. 이들은 대부분 의류 관련 소규모 개인사업자로 광저우에서 사입과 생산을 통해 한국으로 수출하고 있으며, 현재는 광저우 현지에서 중국인을 대상으로 한국스타일의 의류를 판매하고 있다.

38　2016년 10월 8일 동대문유어스가 광저우에 2만 2,196m²(지상1~9층) 규모, 400여개의 매장이 입점한 대형 도매쇼핑몰인 광저우유어스(U:US)를 오픈하였다. 동대문유어스는 10년 단위 장기 임차로 직접 운영하는 한국식 도매상가 운영시스템으로 경영하고 있으나, 점차 지역화된 쇼핑몰로 변모하여 큰 성공을 거두지는 못하였다(김지윤, 2021).

2. 홍콩·마카오의 지리적 근접성을 활용한 장기체류

광저우에 거주하는 한인은 주로 상용비자[39]를 통해 장기체류하고 있었는데, 이 비자는 상업무역비자(M비자)와 방문비자(F비자)로 구분된다. 2016년 당시 상용비자는 출국횟수에 따라 단수와 복수로 나누어졌는데, 단수의 경우 중국에 한 번 입국할 수 있었고, 복수의 경우에는 여러 차례 입국할 수 있다〈표 2〉. 또한 복수비자를 신청하기 위해서는 이전에 1회 이상 중국에 입국한 기록이 있어야 하며, 체류기간은 30일과 90일 두 종류가 있다. 현재 2024년에는 상용비자가 2번의 입국이 가능한 더블비자와 유효기간이 2년 또는 3년으로 늘어난 복수비자, 그리고 체류기간을 60일까지 신청할 수 있는 옵션도 있어 이전보다 체류기간에 대한 선택의 폭이 넓어졌다. 그러나 2016년 사드배치로 인한 한·중 갈등으로 상용비자가 발급이 일시적으로 제한되었고, 체류기간도 30일로 단축되어 한인들의 입국이 이전보다 어려워지는 경우가 발생하기도 했다.[40]

〈표 2〉 중국 상용비자 종류

시기	2024년 기준			2016년 기준	
종류	상업무역비자(M비자)·방문비자(F비자)			상업무역비자(M비자)·방문비자(F비자)	
	단수	더블	복수	단수	복수
유효기간	3개월	6개월	6개월, 1년, 2년, 3년	3개월	6개월, 1년
출국횟수	1번	2번	제한없음	1번	제한없음
체류기간	30일, 60일, 90일			30일, 90일	

---

39 상용비자란 중국 비자 종류 중 M비자와 F비자로, 여기서 M비자는 상업무역비자, F비자는 방문비자를 말한다.

40 면접조사자 1번의 경우로 당시 상용비자 만기가 도래하여 한국으로 귀국한 후, 6개월 지나고 한국에서 상용비자를 발급받아 광저우에 재입국하였다.

광저우에 거주하는 한인들은 다양한 경로를 통해 홍콩이나 마카오로 입국한다. 예를 들어, 대다수의 한인들은 광저우동역에서 홍콩까지 약 2시간 동안 고속기차를 이용하여 홍콩으로 출국한 뒤 당일에 광저우로 다시 입국하는 경로를 택하며, 특히 광저우동역이 상대적으로 가까운 톈허구, 바이윈구, 웨슈구에 거주하는 한인들이 주로 이용하는 경향이 있다(면접참가자 2번, 3번, 6번, 8번, 9번, 10번, 11번). 또한 하이주구에 거주하는 한인들은 중산대학 내 시외버스터미널에서 마카오 접경지역인 주하이(珠海)로 향하는 버스를 약 2~3시간 정도 타고 마카오로 입국한다(면접참가자 3번, 7번, 12번, 13번). 그리고 판위구의 싱허완과 취푸에 거주하는 한인들은 파저우(琶洲)에서 약 2시간 동안 페리를 이용하여 홍콩 침사추이로 입국하는 경로를 선택하기도 한다(면접참가자 1번, 4번, 5번, 15번, 16번, 17번).

중국의 취업비자는 1년마다 갱신 가능하며, 장기체류가 가능하기때문에 비자연장을 위해 홍콩이나 마카오에 입국할 필요성은 없다. 그러나 대기업의 주재원이 아니면 취업비자를 취득하기는 어려운 실정이다(면접참가자 14번). 결과적으로 대다수 한인은 상대적으로 발급이 용이한 상용비자를 통해 광저우에 3개월 또는 6개월이라는 외양상 단기체류의 형태로 거주하지만, 이들은 실질적으로 장기 체류자이다. 이들은 비자 만료 시기가 도래하면 광저우와 지리적으로 인접한 홍콩과 마카오를 여러 교통수단을 이용하여 당일에 왕래하여 비자 갱신을 반복하였다.

3. 광저우 신도시로의 한인 주거지 확장

앞서 살펴본 바와 같이 광저우에 거주하는 한인들 대부분이 단기체류자로서, 정확한 통계데이터를 수집하는 것은 어려운 과제다. 따라서 광저우 현지 한인정보지를 통해 한국식 음식점의 지역별 분포를 파악함으로써 어느

〈그림 7〉 광저우 한국음식점 분포(2013년)

출처: 『레드북광둥』을 바탕으로 작성

정도 한인 거주지에 대한 정보를 얻을 수 있다. 그 결과 바이윈구에는 48개, 판위구에는 15개, 톈허구에는 12개, 황푸구에는 5개, 웨슈구와 하이주구에는 각각 4개 한국식 음식점이 분포하고 있음을 확인할 수 있었다〈그림 7〉.

바이윈구에 위치한 웬징루 코리아타운은 한국식 음식점이 가장 많이 분포하는 지역으로 알려져 있다. 이 지역은 바이윈국제공항, 광저우의류도매시장, 그리고 광저우동역과 가까워 초기에 광저우에 입국한 한인들이 주로 거주하는 곳이었다(면접참여자 2번, 8번, 9번). 그러나 최근에는 주거시설의 노후화와 임대료 상승으로 인해 상대적으로 임대료가 낮고 신축 아파트 단지가 형성된 판위구의 싱허완(星河灣, 2009년부터 입주), 야쥐러화원(雅居乐花园, 2011년부터 입주), 취푸신촌(祈福新村, 2010년부터 입주)을 중심으로 한인들의 거주지가 확장되고 있는 추세다. 이는 판위구 내 한국 음식점의 수를 통해 확인할 수 있다. 또한 판위구에는 한인 의류업체가 위치해 있어 해당 업체에서 일하는 한인들이 주로 거주하고 있다(면접참여자 4번, 5번, 15번). 특히 2012년에는 판위구에 한국학교가 설립되었으며, 취푸에는 국제학교가 위치해 있어 가족과 함께 이주한 한인들이 주로 거주하고 있다. 또한 면접참가자 16번과 17번은 한인 자녀들을 대상으로 영어과외를 제공하고 있으며, 이들은 주로 판위구의 싱허완과 취푸신촌의 아파트단지에 거주하며 개인 또는 그룹과외를 하고 있다.

또한 광저우에서는 비교적 고가의 고급아파트가 형성된 톈허구에 주로 한인 주재원이 거주하고 있다. 면접참여자 10번은 대기업 의류회사의 생산 MD로 2015년 광저우에 파견되어 주거비 지원 등의 혜택을 받으며 의류도매시장 및 회사와의 접근성, 아파트의 보안 및 청결함 등을 고려하여 톈허구의 고급아파트에 거주하고 있다. 이러한 아파트의 월 임대료는 약 8,000위엔으로, 판위구의 아파트 임대료보다 약 두 배 비싼 수준이다. 이러한 사례를 통해 광저우의 한인 거주지가 직업에 따라 분리되어 있으며, 특정 지역에 국한되지 않고 광범위한 지역으로 확대되고 있다는 점을 알 수 있다.

Ⅳ. 결론

이 장에서는 현지조사를 통해 중국 광저우 한국인을 사례로 그들의 이주 특성과 웬징루 코리아타운의 토지이용조사를 통해 에스닉 공간의 형성을 살펴보았다. 그 결과, 2000년대 중반 이후 광저우 한인 이주가 증가하기 시작하였으며, 그들은 광저우의 의류도매시장이 밀집한 상업적 특성과 연관하여 의류업을 다양하게 전개하였다. 광저우 이주 한인들은 상용비자를 취득하여 외양상 단기체류의 형태로 거주하지만, 이들은 실질적으로 장기 체류자이다. 이들은 비자 만료 시기가 도래하면 광저우와 지리적으로 인접한 홍콩과 마카오를 여러 교통수단을 이용하여 당일에 왕래하여 비자 갱신을 반복하였다. 초기에 의류업 관련 한인들은 국제공항, 기차역, 의류도매시장과 인접한 바이윈구에 거주했으며, 이 지역에 그들을 상대로 물류업체가 입지하였다. 또한 한국 음식점, 슈퍼마켓 등 상점들이 밀집하여 웬징루 코리아타운이 형성되었다. 그러나 바이윈구 지역의 아파트 노후화와 임대료 상승으로 한인들은 판위구의 싱허완과 취푸 등의 대규모 신도시 아파트 밀집지역으로 거주지를 확장하였으며, 이로 인해 새로운 한인 거주지역을 중심으로 한국 음식점과 한인 경영 의류업체 등이 새롭게 형성되기 시작하였다.

특히 광저우 이주 한인들이 중국인을 대상으로 현지 의류매장을 개장한 배경에는 1990년대 후반부터 중국 내 한류가 한국 드라마를 중심으로 시작되어 중국 시청자들이 드라마 속 생활세계 및 한국 상품문화에 익숙해지고 드라마의 스타일을 따라하는 소비문화가 한국으로의 관광 및 소비로 이어졌기 때문이다.[41] 드라마 속 한국식 패션에 대한 관심이 동대문 의류도매시장으로의 구매로 이어지면서, 1990년대의 침체된 상황에서 2000년대 이후 다시 활기를 띠게 되었다. 이러한 배경으로, 한국의 의류도매시장 상인들은 중국인을 대상으로 한 광저우 현지 의류매장을 개설하여 운영하거나, 광저우 의류도매시장에서 의류를 구매하여 한국, 일본 등으로 수출하는 방식으로 다양한 수준의 초국가적 개인사업자가 활동하고 있다.

1992년 한·중 수교 이후 중국으로의 한인 이주가 급증했지만, 공적 기관이 정확한 한인 수조차 파악하기 어려운 상황에서 중국의 타지역에 비해 상

---

41   김지윤, "상상의 케이패션(K-Fashion)과 문화적 상호참조: 동대문 패션시장을 둘러싼 초국적 이동," 『Homo Migrans』제25권(2021), pp.127-165.

대적으로 관심도가 낮은 광저우 이주 한인의 실태를 현지조사를 통해 파악하여 기록하였다는 점에서 의의가 있다. 그러나 본 연구에서 면접조사 대상자들의 연령, 성별 등이 편중되어 있으므로 광저우 한인의 이주 특성을 모두 파악했다는 점에서는 한계가 있다. 마지막으로 차후에는 COVID-19 이후 광저우 한인 커뮤니티의 변화에 주목하여 일반화할 수 있는 광저우 한인 이주의 특징에 대한 후속연구가 이어져야 할 것이다.

참고문헌

구지영 (2022), 「한국인의 중국 이주와 사회변동: 1990년부터 2020년까지」, 『해양도시문화교섭학』, 26, 33-68.

김민지 (2013), 「중국 광저우 전시산업의 입지와 지역발전: 캔톤페어를 사례로」, 『한국도시지리학회』, 16(1), 131-144.

김성훈, 구양미 (2018), 「베트남 하노이 이주 한인 자영업자의 특성과 한인 네트워크」, 『대한지리학회지』, 53(3), 387-403.

김지윤 (2021), 「상상의 케이패션(K-Fashion)과 문화적 상호참조: 동대문 패션시장을 둘러싼 초국적 이동」, 『Homo Migrans』, 25, 127-165.

문남철 (2003), 「한국 섬유·의류산업 해외생산입지의 동태성」, 『지리학연구』, 37(4), 409-426.

라이프 (2013), 『레드북광둥』, 광저우: 라이프.

박배균 (2009), 「초국가적 이주와 정착을 바라보는 공간적 관점에 대한 연구: 장소, 영역, 네트워크, 스케일의 4가지 공간적 차원을 중심으로」, 『한국지역지리학회지』, 15(5), 616-634.

박찬욱 (2022), 『동대문 패션타운의 역사와 현황』, 서울:청람.

백권호 (2010), 『재중 한인사회연구: 코리아타운을 중심으로』, 경제인문사회연구회.

서봉언, 이채문 (2014), 「키워드 분석을 통해서 본 한국의 디아스포라 연구 동향」, 『디아스포라연구』, 8(1), 43-69.

손용택 (2011), 「광저우에 대한 지리적 고찰」, 『한국경제지리학회지』, 14(3), 407-418.

오일환, 이미 (2015), 「중국 광저우 도시경관의 역사문화 관광자원」, 『한국사진지리학회지』, 26(2), 1-13.

유광철 (2014), 「계층별 외국인 주민유입이 지역경제발달에 미치는 영향에 관한 연구」, 서울시립대학교 대학원 석사학위논문.

이영민 (2013), 「글로벌 시대의 트랜스이주와 장소의 재구성」, 『문화역사지리』, 25, 47-62.

이용균 (2013), 「초국가적 이주 연구의 발전과 한계: 발생학적 이해와 미래 연구 방향」, 『한국도시지리학회지』, 16(1), 37-55.

주장환, 이동영 (2009), 「중국 대도시 지역성에 관한 실증연구: 베이징·상하이·광저우 지역민의 발전전략 선호 비교」, 『중국연구』, 47, 521-241.

許衞東 (1989), 「中国珠江デルタにおける工業発展と外資導入」, 『経済地理学年報』, 35(4), 40-53.

刘云刚, 周雯婷, 黄徐璐, 全志英 (2017), 「全球化背景下在华跨国移民社区的空间生产—广州远景路韩国人聚居区的案例研究-」, 『地理科學』, 37(7), 976-986.

국가통계포탈, https://kosis.kr/index/index.do(검색일: 2024.04.30.).

주광저우 대한민국 총영사관, https://overseas.mofa.go.kr/cn-guangzhou-ko/index.do(검색일: 2024.04.30.).

广州市统计局, http://tjj.gz.gov.cn/stats_newtjyw/tjsj/tjgb/qtgb/content/post_8910626.html(검색일: 2024.04.30.)

百度百科广东沙河服装批发市场, https://baike.baidu.com/item/%E5%B9%BF%E4%B8%9C%E6%B2%99%E6%B2%B3%E6%9C%8D%E8%A3%85%E6%89%B9%E5%8F%91%E5%B8%82%E5%9C%BA/6927587?fr=ge_ala(검색일: 2024.04.30.)

百度百科广州十三行服装批发街, https://baike.baidu.com/item/%E5%B9%BF%E5%B7%9E%E5%8D%81%E4%B8%89%E8%A1%8C%E6%9C%8D%E8%A3%85%E6%89%B9%E5%8F%91%E8%A1%97/10551365?fr=ge_ala(검색일: 2024.04.30.).

广州白马服装市场, https://www.baima.com/news/detail/1110.html(검색일: 2024.04.30.).

Maigoo, https://www.maigoo.com/top/420789.html(검색일: 2024.04.30.).

13

관문도시 부산의 '텍사스촌'과 러시아어권 이주민 유입[*]

노용석

I. 머리말

한국이 다문화사회로 진입하고 있음을 모르고 있는 이들은 없을 것이다. 이제 국제적 이주와 다문화 공동체는 인류 보편의 문제가 되고 있고, 수용국 및 이주 진출국 모두 정확한 현황 분석에 기초한 알맞은 정책이 필요하다. 정책 생산을 위해서는 이주의 동기 및 목적(학업, 노동, 난민, 결혼 등)과 이주 후 거주 형태(개인 혹은 공동체), 문화적 정체성의 방향(자신들의 문화 고수, 타문화와 융합 등), 모국과의 연계성 등을 면밀히 분석하는 것이 필요하고, 생산된 정책을 통해 이주민들이 우리 사회의 구성원으로 성장할 수 있도록 하는 것이 중요하다.

---

* 이 글은 〈민족문화논총〉 제82권(2022년)에 게재된 '부산역 인근'텍사스촌'의 형성과 러시아어권 이주민 유입 연구' 논문을 수정 · 보완한 것임.

항만 도시이며 대한민국 제2의 도시인 부산에는 많은 이주민들이 살고 있다. 부산은 항구와 공항 등의 국제 교통 거점을 보유한 일종의 '관문도시(Gateway)' 역할을 하고 있다. 부산은 많은 인구와 교통이 집적하고 있으며, 또한 지리적으로 동남아시아와 중국 등과 인접해 있어서 많은 물자와 이주민이 집결하고 있고, 최근 들어 중앙아시아로부터의 이주 및 물류 교환도 상당히 활발히 진행되고 있는 곳이다. 이러한 요인으로 인해 부산 경남지역의 이주민의 수는 최근 들어 지속적으로 증가하고 있는 추세이다.

이러한 부산 경남의 이주민 문화지역 가운데서도 특이한 곳을 꼽는다면 부산역 앞 '텍사스촌'을 들 수 있다. 2022년 현재까지도 부산역 앞 '텍사스촌(부산 동구 초량동)'은 누군가에게 '러시아인의 거리'로 알려져 있으며, 또한 어떤 이들에게는 근접할 수 없는 '윤락가'와 '홍등가'로 인식되고 있다. 하지만 이곳은 역사적으로 화교와 미군을 비롯한 수많은 외국인 방문객들의 잔재가 복합적으로 엮인 곳이라 할 수 있으며, 러시아인들은 무대 주역의 한 부분일 뿐이었다. 그럼에도 한국인들은 이 구역을 러시아인들의 전유물이었다고 생각하고, 텍사스촌의 '홍등가'와 '윤락가' 인식은 러시아인들을 바라보는 관념과 동등관계가 되어버렸다. 현재까지도 텍사스촌의 러시아인은 한국인들에게 그리 좋은 인상을 주는 대상이 아니다. 하지만 텍사스촌이 1990년대 냉전 이후 한국과 처음 수교를 한 러시아의 '데뷔무대'였고, 이곳에서 러시아인들을 대상으로 한국의 경제가 상당부분 발전할 수 있었다는 것을 아는 사람은 그렇게 많지 않다.

이 장에서는 많은 이들에게 추상적 기억으로만 존재해오고 있는 부산역 인근 텍사스촌의 역사를 다각적으로 재구성하고, 이 지역에서 형성된 러시아어권 이주민 혹은 방문자들의 문화가 어떠한 특성을 가지고 있는 가에 대해 분석하고자 한다. 물론 이 논문의 대상인 텍사스촌 조사는 좀 더 거시적인 부산 경남지역의 러시아어권 이주민 생활사를 정리하는 과정에서 진행되었다. 러시아어권 이주민들이 부산 경남지역에서 텍사스촌에만 존재하는 것은 아니며, 김해시와 양산시 등 공단 밀집 지역을 중심으로 다양하게 분포하고 있다. 하지만 이 논문에서는 포괄적인 부산 경남 러시아어권 이주민들의 생활사 중 부산역 인근 텍사스촌에 좀 더 집중하였고, 향후 이 연구의 특징과 경향들은 전체적인 러시아어권 이주민들의 이주사 혹은 생활사 연구 결과와 합치되어야 할 것이다.

II. 부산 경남 러시아어권 이주민의 분류와 특성

여기서부터 시작 ~ 앞서 언급한 바와 같이, 이 연구는 부산 경남지역 내 거주하고 있는 러시아어권 이주민의 이주사와 생활사를 파악하는 과정에서 실시되었다. 최근 들어 러시아어권 이주민들이 부산 경남지역에서 상당한 비율로 증가하고 있지만, '고려인 귀환 동포'를 제외한 러시아 및 중앙아시아 여러 국가 출신의 이주노동자에 대한 조사는 많이 이루어진 것이 없다. 특히 러시아어권 이주민 연구는 화교 및 베트남, 조선족 등과 같이 '일국가 혹은 일민족 이주민 공동체'로 분류하는 것이 상당히 힘들기 때문에, 동일한 언어문화(러시아어)를 공유하고 있는 각기 다른 문화정체성 집단이 어떻게 이주사를 구성하고 있는 가에 대한 상당히 복잡한 과정을 거쳐야 한다. 부산 경남지역 러시아어권 이주사에 등장하는 주요 이주민들을 분류하고, 이들에 대한 개략적 설명을 하면 다음과 같다.

○ 러시아 국적 출신 이주민
○ 러시아어를 사용하는 구 소비에트연방 국가들로부터의 이주민(우즈

베키스탄, 카자흐스탄, 키르기스스탄, 우크라이나 등)

○ 러시아어를 사용하는 중앙아시아 국가에서 이주한 고려인 후손

1. 러시아 국적 출신 이주민

냉전으로 인해 러시아(소련)와 대한민국의 국교 수립은 상당히 늦은 시기에 이루어졌으므로, 1990년대 이전 이주와 관련한 자료는 거의 없다. 하지만 1990년 소련 해체 이후 블라디보스톡 및 사할린 등지에서 온 러시아 어선들이 선박 수리와 상품 구입을 위해 부산으로 들어온 사례가 상당하였다. 아마도 이 방문이 러시아인들의 첫 번째 한국 방문이었을 가능성이 높다. 이와 같은 러시아인의 방문은 비단 부산에 국한되지 않고 동대문 시장과 같은 서울에서도 확인할 수 있었다. 하지만 이것은 엄밀한 측면에서 이주이기보다는 단순 목적의 방문이었으며, 이후 한국과 러시아 사이의 물품 교환과 무역이 증가하면서 점차 이주 목적의 러시아인들이 한국으로 유입되었다. 이주 목적으로 한국에 입국한 러시아인들은 해외 이주민들의 일부 경우처럼 거대한 공동체를 운영하거나 한 지역에 집단적으로 거주하는 특징을 보이지 않고 있다. 또한 다른 중앙아시아 국가처럼 많은 이주민들이 거의 비슷한 일부 직업에 국한된 것이 아니라 다양한 직종에 분포하고 있다. 공식적 통계로 볼 때 2020년 현재 러시아(연방) 이주민들은 한국 내 총 12,227 명이 거주하고 있고, 부산 지역에는 992명, 경남 지역에는 725명이 거주하고 있는 것으로 파악되고 있다.[42] 또한 '한국계 러시아인'들이 2021년 현재 25,280명이 한국에 거주하고 있으며, 부산 경남지역에도 김해 1,120명, 양

---

42 법무부(2020), 「출입국자 및 체류 외국인 통계」, 시군구별 및 국적(지역)별 등록외국인 현황(2020 년 현재).

산 243명, 부산 863명이 공식적으로 등록되어 거주하고 있다.[43]

2. 구 소비에트연방 중앙아시아 국가 출신 이주민

1990년 소련 붕괴 이후, 중앙아시아 지역에서 소련의 영향 하에 있던 많은 국가와 민족들은 각기 강한 민족주의를 바탕으로 자신들의 국민국가를 만들기 위한 과정에 들어갔다. 하지만 이러한 중앙아시아 국가들의 변화는 사회구조를 급격하게 변동시켰고, 이곳의 주민들은 변화된 경제 환경의 변화로 인해 경제적 곤란을 겪으며 일자리 감소와 사회진출을 위한 기회 부족을 실감하게 되었다. 이에 우즈베키스탄과 카자흐스탄, 키르기스스탄, 타지키스스탄 등지의 많은 주민들은 경제적 이유로 인해 타국으로의 이주를 결심하게 되었고, 한국 역시 이 중의 한 국가이다. 2000년대 초반까지 중앙아시아계 이주자들은 한국의 이주노동자 수입 정책에 의거해 주로 1, 2차 산업에 고용될 수 있는 남성들이 주를 이루었고, 2002년 이후부터는 결혼이주자나 유학생 등의 한국 유입도 상당히 늘게 되었다(오종진 2009, 266). 이후 2007년 한국에서 고용허가제가 시행되면서 중앙아시아 지역의 여러 국가가 한국과 MOU를 체결하고 노동자를 송출하기 시작했는데, 여기에는 우즈베키스탄과 카자흐스탄 등이 포함되어 있다. 우즈베키스탄이나 카자흐스탄의 경우 F4(재외동포 비자) 비자로 들어온 경우가 가장 많았으나, 유학(D2)이나 단기방문(C3) 등도 포함되어 있었다. 하지만 가장 많은 비율을 차지하는 것은 E9(비전문취업) 비자를 통한 입국인데, E9 비자는 한국의 고용허가제 정책에 의거해 외국인 노동자의 고용을 허가하는 제도로서,

---

43 법무부(2021), 「출입국자 및 체류 외국인 통계」, 외국국적동포 국내거소 신고 국적별 지역별 현황 (2021년 12월 31일 현재).

이를 통해 들어온 이들이 E9 비자를 받게 된다.[44] 2022년 6월 현재 E9 비자를 받고 한국에 체류 중인 우즈베키스탄인이 10,758명으로 상당수를 이루고 있다.[45] 2022년 6월 30일 현재, 한국에 거주하고 있는 중앙아시아 지역 장단기 체류 이주민은 우즈베키스탄이 70,483명(여성 24,510명)으로 가장 많고, 카자흐스탄(34,981명, 여성 14,743명), 키르기스스탄(7,144명) 등이 그 뒤를 잇고 있다.

3. 러시아어권 구 소비에트 연방 소속 중앙아시아 국가에서 이주한 고려인 후손

'고려인'이란 러시아를 비롯한 구소련 국가에 거주하면서 러시아어를 주로 사용하는 한인 동포를 지칭한다. 고려인의 역사는 1860년부터 시작되었다고 보고 있으며 생존을 위한 자발적 이주와 1937년 소련의 강제 이주 정책에 의거해 카자흐스탄과 우즈베키스탄 등 중앙아시아 지역으로의 강제 이주 역사가 포함되어 있다. 고려인들의 한국 이주가 확장된 것은 1992년 이후 한국과 중앙아시아 여러 국가의 국교 수립 및 민간협력이 강화된 이후부터였다. 이 시기부터 카자흐스탄과 우즈베키스탄 등에 거주하던 많은 고려인들이 한국을 방문하게 되었고, 문화적 교류가 확대되기 시작했다. 하지만 이것은 단순히 소련 붕괴라는 냉전 요소의 해체만이 요인이 된 것이 아니라, 중앙아시아 여러 국가 내부의 복잡한 상황도 함께 작용한 결과이다.

44　한국은 16개 국가와 MOU를 체결하여 외국인 노동자의 고용을 허가하고 있다. 16개 국가로는 태국, 필리핀, 스리랑카, 베트남, 인도네시아, 몽골, 파키스탄, 우즈베키스탄, 캄보디아, 중국, 방글라데시, 네팔, 미얀마, 키르기스스탄, 동티모르, 라오스이다.

45　법무부(2022), 「출입국자 및 체류 외국인 통계」, 국적(지역) 및 체류자격별 장단기체류외국인 (2022년 6월 30일 현재).

소련 해체 이후 중앙아시아 여러 국가에서 대두된 강한 민족주의는 사회의 구체제적 요소를 개혁하면서 새로운 사회양식을 구성하게 되는데, 이 과정에서 많은 고려인들은 그러한 개혁에서 '이방인'에 속해 소외될 수밖에 없었다.[46] 하지만 이 당시 고려인들의 고국 방문이 영구 귀국이나 장기 체류, 취업 등의 활성화로 이어진 것은 아니었다. 고려인들이 한국에 이주하여 정착하게 된 중요한 계기는 1999년 재외동포법[47]과 2007년 방문취업제[48]가 도입되면서부터였다. 2000년 이후부터 고려인의 국내 귀환은 급격하게 증가하게 되었고, 특히 2013년 3월 23일 '고려인 동포 합법적 체류자격 취득 및 정착 지원을 위한 특별법'[49]이 시행되면서, 외형적으로 고려인 동포들의 한국에서의 권익 증진과 생활 안정을 도모하고 있다. 현재 고려인들은 경기도 안산을 비롯해 광주와 경주, 김해 등지에 폭넓게 거주하고 있으며, 2020

---

46 예를 들어 소연방 붕괴 이후 카자흐스탄에서 고련인의 경제 활동은 강화된 카자흐 민족주의로 인해 고려인들이 상위직으로부터 배제되고 국가 중요 요직의 90%를 카자흐인이 장악하게 되는 결과를 낳았다(김명희(2019), 12).

47 1999년 한국정부는 '재외동포의 출입국 및 법적 지위에 관한 법률'을 제정함으로써 재외동포는 국민에 준하는 법적 지위를 부여받게 되었다. 하지만, 중국과 CIS국가 동포는 출입국관리법시행령 제23조에의해 동 법의 적용에서 배제되었다. 이것은 중국과 CIS지역 동포들은 한국 정부가 수립되기 전에 국외 이주를 했기 때문에 동 법의 대상에서 제외한 것이고 이들에게 재외동포 자격(F-4)을 부여할 경우 국내 노동시장에 대체 우려가 있어 동 법 대상으로 포함시키지 않았다(지벽비추이노바(2017) ; 윤빅토리야(2020), 11).

48 방문취업제는 중국이나 러시아 등지에서 태어나 한국에 연고가 없는 한국인 동포들을 대상으로 한국에서 취업할 수 있는 자격을 주는 제도로서, 2007년 3월 4일부터 시행되었다. 방문취업제로 입국하는 이들은 'H-2 비자' 자격을 획득하여 한국에 체류하게 된다. 정확한 통계는 매년 변화할 수 있으나, 2000년대 이후 방문취업 지바로 한국에 들어온 고려인의 숫자는 대략 15,000여 명을 상회한다(윤빅토리야(2020), 1).

49 이 법에서 규정한 고려인 동포들이란 "1860년 무렵부터 1945년 8월 15일까지의 시기에 농업이민, 항일독립운동, 강제동원 등으로 러시아 및 구소련 지역으로 이주한 자 및 민법의 제777조에 따른 그 친족으로 현재 해당 지역에 거주하고 있는 자"로 정의되고 있다. 이 법은 고려인 동포의 합법적인 체류자격 취득과 권익증진, 생활안정을 도모함을 목적으로 하면서, 대한민국 정부가 고려인 동포의 생활안정 지원을 위한 정책 수립과 외교적 노력을 다하여야 한다고 말하고 있다.

년 4월 기준 85,072명이 국내에 거주하고 있는 것으로 보이며, 국가별 비중으로는 우즈베키스탄 46%, 러시아 33%, 카자흐스탄 15% 등의 분포를 보이고 있다(윤빅토리야 2020, 4). 이외에도 2020년에는 '사할린동포 지원에 관한 특별법'이 제정되어 많은 사할린 동포[50]들이 한국에 정착해 살고 있다. 부산 경남지역에도 126명의 사할린 동포들이 '사할린 동포 영주귀국 사업'에 따라 2009년 처음 입국했으며, 김해와 양산 등지의 아파트 단지에 집단적으로 정착해 살고 있다. 중앙아시아 여러 국가에서 들어온 고려인들은 어떤 국가에서 성장했는가에 따라 약간씩 다른 행동 패턴을 보여주고 있는데, 예를 들어 어떤 정보제공자는 한국 사회 적응력이나 조직문화 적응력, 노동의 성실성, 일상적인 행동 등을 종합해 보았을 때 우크라이나 이주 고려인이 가장 한국 문화에 잘 적응하고 있고, 그 다음으로 키르키스스탄 출신 고려인, 카자흐스탄 출신 고려인, 러시아 출신 고려인, 우즈베키스탄 출신 고려인 등을 꼽을 수 있다고 말한다.[51] 이러한 분류 및 등급 구분은 지극히 개인적인 경험에 의한 것이지만, 중앙아시아 러시아권의 여러 나라에서 이주한 이들을 동일한 범주로 묶을 수 없음을 시사하는 것이다.

위와 같이 러시아어권 이주민들의 구성은 상당히 복잡한 상황이며, 부산역 인근 텍사스촌의 경우에도 주요 러시아어권 이주민 구성이 시기별로 다르게 나타나고 있다. 예를 들어 1990년대 초반부터 2000년 초반까지는 러시아 출신 보따리상들의 대규모 진출이 있었고, 이후에는 러시아 이주민뿐

---

50   사할린 동포는 일제강점기 말 강제징용되어 2차대전 종전 후에도 모국으로 돌아오지 못하고 사할린에 남게 됐는데, 정부와 대한적십자사가 1989년부터 '사할린 동포 한인 1세 영주귀국' 사업을 시작하면서 이주하게 되었다.

51   이 분류는 지극히 개인적인 의견에 기초한 것이며, 위와 같은 등급 분류를 객관화할 수 있는 어떤 도구도 현재 개발되어 있지 않다.

만 아니라 구소련 중앙아시아 국가 출신과 고려인들이 동시에 동구 초량동 일대에 거주하고 있다. 부산역 인근 텍사스촌에 진출한 러시아어권 이주민들에 대한 보다 자세한 소개는 다음 장에서 하고자 한다.

Ⅲ. 부산 텍사스촌의 형성과 러시아어권 이주민의 진출

부산시 동구 초량동 일대에 자리 잡은 부산 '텍사스촌(Texas Street)'의 역사는 상당히 오래되었다. 이곳은 과거 1867년 왜관이 들어서면서 상당한 수의 일본인들이 거주하였고, 1884년 중국 청나라의 공관과 조계지가 형성되었던 곳이었다. 하지만 1950년 한국전쟁이 발발하여 미군들이 부산에 들어온 이후, 이곳은 미군을 대상으로 하는 유흥 시설이 들어서면서 텍사스촌라는 이름을 가지게 되었다. 이 당시 텍사스촌이라는 명칭은 상당히 부정적인 의미를 함축하고 있었으며, '윤락지역'이라는 이미지가 강했다. 또한 이 지역의 인근에는 부산 차이나타운이 인접해 있어서 부산의 대표적인 외국인 밀집지역으로 상징되고 있었다. 부산 텍사스촌은 역사적 시기별로 주요 활동 외국인과 위상이 변화하였다. 그 중에서도 차이나타운과 미군 유흥거리는 이 지역의 역사를 확인하는데 중요한 의미를 가지고 있으므로 이전 역사에 대한 간단한 개요를 기술하고자 한다.

1. 외국인 밀집지역으로서의 부산 텍사스촌

1) 청관(淸館)의 형성

부산의 차이나타운과 텍사스촌이 있는 초량골목은 조선 후기에 왜관으로 가는 길목이었으며, 개항기에는 '청국조계지(淸國租界地)'가 있었고, 일제

강점기에는 '시나마찌(支那町)', 해방이후에는 청관거리라고 불렀다(조세현 2013, 489). 해방 이후 부산의 화교 인구는 그렇게 많지 않았으나, 1950년 한국전쟁을 계기로 폭발적으로 증가하게 되었다.[52] 전쟁 중 부산에 정착한 화교들은 부산의 국제시장과 중앙동을 중심으로 상권을 형성하였고, 청관거리를 중심으로 화교들의 사회적 회합이 주로 이루어졌다. 이 당시 청관거리에는 30여 개의 화교 음식점과 잡화상, 한약방 등이 장사를 하면서 살아가고 있었고, 부산 시내에 산재한 570여 명의 중국인 아이들이 청관거리에 있는 화교 학교에서 공부를 하고 있었다. 또한 청관거리의 마지막 지점에 있던 봉래각(蓬萊閣)은 부산 개항과 함께 이름 높았던 건물로서, 부산 시민들이 중국요리 맛을 처음 보게 된 시초의 건물이라 할 수 있었으며, 당시에는 이 건물이 화교들의 본거지였으며, 2층엔 중국대사관 부산사무소가 설치되어 있었다. 이를 통해 볼 때 당시 청관거리는 화교들의 핵심적 경제 중심지와 연결되어 있으면서, 각종 사업정보가 교류되고 회합 등의 교류가 이루어지던 곳이었다. 이곳에 있던 화교들의 대부분은 산동성 출신의 가난한 이들이었으며, 한-중국 관계가 개선되면 언제든지 귀향할 생각을 가지고 있었기에 한국사회의 문화에 적응하거나 동화할 생각이 전혀 없었던 이들이었다.[53]

2) 미군의 유흥가 형성 : 텍사스촌의 시작

한국전쟁 이후 화교의 중심지가 된 청관거리에도 변화가 일어났다. 그것은 한국전쟁에 참전했던 미군 중심의 유엔 주둔군의 유흥가가 인근에 만들어진 것이다. 1901년 6월 창립된 경부철도주식회사는 1905년 1월 1일부터

---

52 1954년 한국의 화교 인구수를 보면, 1위가 부산으로 5,032명, 2위가 서울로 4, 368명이었다(조세현(2013), 498).
53 『부산일보』 1961년 3월 19일 기사(『부산일보 그때 그 뉘우스』), 조세현(2013), 499에서 재인용).

초량역을 중심으로 영업을 시작했는데, 당시 초량역은 현재의 초량동 정발장군 동상 건너편에 위치하고 있었다. 이후 경부철도주식회사는 1910년 부산역을 준공하여 초량에서 부산까지 연장하여 운행하였고, 부산역의 위치는 현재의 위치가 아닌 중앙동(부산세관 청사 부근, 부산 제2부두 앞)에 자리 잡고 있었다.[54]

조세현(2013)의 연구에 의하면 한국전쟁이 발발한 이후 중앙동 일대 부산역전 뒷골목이 미군을 중심으로 한 유엔 주둔군이 즐겨 찾는 유흥가가 되었다. 이곳에는 많은 술집과 홍등가가 생겼고, 사람들은 이곳을 '텍사스촌'이라고 부르게 되었다. 텍사스촌이라고 불리게 된 이유는 명확하게 알 수 없지만, '미군이 권총을 차고 서부활극을 연상시키는 장면을 자주 연출했기 때문'일 것이라는 추측이 돌고 있다.[55] 하지만 1953년 11월 27일 중앙동 부산역 역사에 화재가 발생하면서 기차역이 현재의 초량동 청관거리 맞은편으로 옮겨오게 되었고, 이에 중앙동 텍사스촌에 있던 많은 유흥업소들도 함께 이동하게 되었다(조세현 2013, 499-500).[56]

결국 기존에 자리 잡고 있던 청관거리는 옮겨온 텍사스촌과 상호 연계되었으며, 화교들의 음식점과 잡화점만이 존재하던 지역에는 소위 '양공주'와 클럽들이 난무하는 유흥업소들이 새롭게 들어서게 되었다. 이곳의 상권은 1970년대 잠시 주춤하기도 했지만 1990년대까지 부산역을 중심으로 한 대표적인 유흥지역과 외국인 거리라는 인식을 가지게 하였다.

---

54 부산 스토리텔링 원형정보시스템, 01 역사와 문화유산(http://busandabom.net/article/view.nm?menuCd=74&article_id=174).

55 『국제신문』, 2012년 2월 7일자, (부산은 무엇을 기억하는가. (5)바다를 메워 세계를 품다, 조세현(2013), 500에서 재인용).

56 현재의 부산역이 완공된 것은 1969년 6월 10일이며, 1953년부터 1969년까지 부산역사는 임시 역사를 사용하였다.

2. 텍사스촌의 러시아 상권 형성

1) 1990년 이후 한-러시아(소련) 국교 수립과 교역

화교와 미군의 상업지구 및 유흥거리였던 텍사스촌에 러시아인들이 들어오기 시작한 것은 1990년부터였다. 1990년 9월 30일, 한국과 소련은(1991년 연방 해체 후 러시아) 뉴욕의 UN 본부에서 양국의 대사급 외교관계를 수립하는 성명서에 서명했고, 1991년 12월 소비에트 연방이 해체되기에 이르렀다. 두 국가 사이의 문호가 개방되자 교역이 시작되었다. 초기 교역은 블라디보스톡과의 교역이 주를 이루었다. 블라디보스톡은 1992년 한국과 교역을 시작하였는데, 블라디보스톡이 위치한 극동러시아는 우리나라에서 가장 가까운 러시아 지역이다. 우리나라는 극동러시아를 신북방 경제의 관문으로 오랫동안 주목해왔으나, 냉전의 장벽으로 인해 경제협력은 많은 시간이 걸릴 수밖에 없었다.

1990년부터 러시아와 교역이 이뤄졌지만 블라디보스톡항의 출입 제한으로 극동지역을 통한 교역은 활발하지 못했다. 극동지역 최대 항구인 블라디보스톡 지역은 1991년까지 러시아 시민들만이 방문할 수 있는 폐쇄도시였다. 태평양 함대의 본부이기도 한 블라디보스톡의 군사 보안을 이유로 외국인은 드나들 수 없었다. 하지만 1991년 9월 20일 보리스 옐친 대통령이 "외국인들의 블라디보스톡 방문을 위한 개방" 법률 No.123에 서명하면서 1992년 1월 1일부터 극동러시아와 한국 간에 제대로 된 무역이 시작됐다. KOTRA 블라디보스톡 무역관도 이에 맞춰 1992년 2월에 문을 열었다. 본격적으로 무역이 가능해지면서 물류의 이동량이 많아지자, 부산에는 러시아로 식품을 수출하는 수출상사가 세워졌다. 그리고 한국의 식품 회사들이 블라디보스톡에 판매법인을 세우기도 하였다. 이후 현대그룹이 블라디보스톡에 호텔 겸 비즈니스센터를 개관하고 1998년부터 북방 협력이 힘을 받기 시작했다. 1998년부터 시작된 김대중 정권의 북한에 대한 햇볕 정책으로 남북러 협력에 대한 기대감이 급속히 커졌기 때문이었다. 이 무렵부터 한국의 개인 사업자들이 연해주에 봉제업을 하는 사례들이 나오기도 하였다.[57]

그러나 기대만큼 한국 기업들의 극동 러시아 진출은 많지 않았다. 2000년에 갑자기 푸틴 대통령이 취임한 러시아는 정치적 리스크가 커 보였다. 2000년 초반 에너지 등 원자재 가격이 급등하면서 러시아 경제는 살아났지만, 급속히 유입된 외화로 임금이 오르면서 저임금을 찾아 해외에 공장을 짓던 우리 기업에 러시아는 적당치 않았다. 봉제공장을 운영하던 한국인들도 점차 철수하거나 업종을 변경하기 시작했다. 그리고 무엇보다도 극동러시아 시장이 너무 작고 분산돼 있다는 점에서 수요를 바라보고 현지에 생산 공장을 세우기도 마땅치 않았다. 이런 배경으로 2000년대 중반까지 극동러시아에 진출한 우리 기업들은 물류운송, 무역 및 판매 등에 한정돼 있었고 진출 기업 수도 기대만큼 많지 않았다. 2005년 한국과 극동러시아의 교역액은 1억 달러를 조금 넘기는 수준이었다. 한국은 자동차, 전기기기, 신발을 주로 수출했고 원유와 목재를 수입하는 아주 단순한 구조였다.

이렇듯 국교 수립 이후 한국과 러시아 사이의 교역은 중국 및 타국가에 비해 월등한 성장을 한 것이 아니었다. 하지만 위의 공식적 교역사에 잘 드러나지 않고 있는 '소상인'들의 상호 교류는 한국 사회에 상당한 충격을 가져다주었고, 특히 부산의 텍사스촌은 가히 혁명적인 변화를 겪게 되었다.

---

57 1990년대 극동러시아에서 한국 기업의 가장 의미 있는 투자는 현대호텔이었다. 현대그룹은 1997년 당시 9600만 달러를 투자해 블라디보스톡에 호텔현대VBC (Vladivostok Business Center)를 완공했다. 3100여 평의 대지에 연면적 7000평 규모로 지상 12층, 지하 1층에 250개 객실과 식당, 수영장을 갖춘 블라디보스톡 최초의 초현대식 호텔이었다.

2) 1990년대 러시아 보따리상의 텍사스촌 진출

1990년 러시아와의 수교 이후 공식적 무역관계는 앞선 절에서 언급한 것과 같이 진행되었다. 하지만 러시아와의 실질적 교류는 오히려 비공식적 부분에서 더욱 활발히 진행되었다. 수교 이후 러시아 사람들이 한국에 가장 먼저 찾아온 곳은 부산항이었다. 당시 부산으로 들어온 상당수의 선박들은 블라디보스톡으로부터 온 배였고, 이 선박들에게 선박의 수리 및 정비라는 측면에서 조선소와 선박 정비소가 있었던 부산이 상당히 좋은 입지를 가지고 있었다.

러시아 상선들이 부산항에 들어오면 대부분 선박 수리와 인력 교체 등을 하게 된다. 이 기간 동안 선원들은 부산항 주변인 초량동과 부산역 인근을 구경하면서 필요한 물품을 구입하였다. 당시 러시아(혹은 소련)은 체제가 붕괴되기 시작하면서 공장 생산이 원활하게 되지 않아 많은 생필품이 부족한 상황이었다. 이러한 상황에서 러시아 선원들은 부산역 인근의 상권에서 많은 생필품을 일본보다 값싼 가격으로 구매할 수 있었고, 또한 인근의 텍사스촌에서 유흥도 즐길 수 있었다. 이러한 사실은 곧 바로 블라디보스톡과 연해주 등지의 러시아에 알려지게 되었고, 이후부터 상당히 많은 수의 러시아 선박들이 부산항에 정기적으로 들어오게 된다.

상선 다음으로 부산항에 입항한 것은 러시아의 관광선인데, 이것은 외형적으로 보았을 때 관광선이지 실제로는 많은 상인들, 즉 '보따리상'들을 싣고 들어온 무역선이었다. 첼나키(Chelnoki)라 불리우는 보따리상들은 구 소련방과 동구권 지역의 떠돌이상(shuttle trader)들을 일컫는 말로서, 소련의 무역규제가 엄격하던 국가계획 경제 시절 암시장을 장악하고 있던 이들이다. 이들은 1988년 소련 내 암시장이 확대되면서 세력이 커졌고, 1990년대 초반 IMF의 보고에 의하면 전체 숫자가 약 20,000명에 이르렀다. 이들 보따리상들이 주로 진출한 곳은 중국과 인도, 아랍에미레이트, 이란, 이탈리아, 시리아, 태국, 터키 등이며, 주로 교역한 물건들은 소련 내부에서 공급이 부족했던 음식물과 섬유, 가정용품 등이었다. 대부분의 보따리상들은 여성들이었는데. 이것은 여성의 장사수완이 더 좋다는 러시아 지역 관념에서 비롯되었다는 설이 있다.

많은 보따리상들은 부산에서 물건을 구입하기 위해 들어왔고, 이들은 며칠간 부산에 머물면서 러시아에 가져가 팔 수 있는 많은 상품들을 텍사스촌 인근에서 구입하였다. 일반적으로 보따리상들이 물건을 사기 위해 가지고 오는 외환은 적게는 1-2천 달러, 많게는 10만 달러 정도 였다. 1994년 당시 입항한 보따리상들의 숫자는 약 10만 명을 상회하였고,[58] 이들이 뿌리고 간 외화는 2억 달러를 넘어선 것으로 추정된다. 1993년 대 러시아 총 수출액이 6억 1백만 달러임을 감안한다면 러시아 보따리상의 교역액은 상당한 수치에 해당한다고 볼 수 있다.[59]

당시 보따리상들이 가장 많이 구매해 간 물품은 생필품이었고, 그 다음으로 많이 구매한 것은 음식과 신발, 의류, 거실가구, 침구, 주방, 가전제품, 악기, 금고, 가정용 보일러 등이었다. 보따리상들이 한국에서 구매한 제품은 러시아에서 약 10배 가격을 받고 판매를 하였다. 이것은 러시아가 자본주의 체제로 들어서면서 개인주택이 늘어나고 추운 지역에서 가정용 보일러가 인기를 얻었기 때문이다. 또한 1990년 이후 러시아에서는 정치체제의

---

58 1994년 부산경찰청에 따르면, 1994년 1월부터 5월까지 5개월 동안 부산 김해공항과 항만을 통해 입국한 외국인은 모두 31만1천1백32명으로 지난해 같은 기간 25만 7천4백86명보다 5만3천6백46명(20.8%)이 늘어난 것으로 집계됐다. 이중 러시아인은 1993년 1천5백16명에서 1만2천5백2명으로 무려 1만9백86명(7백24%)이나 증가했다고 발표했다(『부산일보』, 1994년 6월 4일자 기사, 러 보따리 장수 입국 "폭발적").

59 『중앙일보』, 1994년 9월 25일자 기사(러시아인들이 몰려온다, 부산 현지르포).

격변으로 돈이 있어도 생필품을 구매할 수 없는 상황이었기에 음식 등 여러 생필품은 상당한 인기를 얻었다. 대표적으로 '팔도 도시락 컵라면'은 한국에서 크게 재미를 보지 못한 상품이었지만, 러시아 보따리상들에게는 아주 중요한 구매 품목의 하나였고, 이외에도 마요네즈와 커피 프림, 초코파이[60] 등이 상품이 대량으로 판매되었다. 당시는 통신시설이 발달하지 않아 결제와 구매의 예약이라는 개념이 없었다. 그러므로 먼저 텍사스촌으로 가야 원하는 물품을 구매할 수 있었기에 러시아 상인들 사이의 경쟁도 상당히 치열했다고 한다.

공식적으로 러시아 보따리상들의 발길이 시작된 것은 1990년 9월, 보스토치니에서 온 알렉산드르 트바르도브스키호의 부산 입항이었다. 그리고 이후 1991년경 블라디보스톡에서 들어오는 상선(관광선)은 두 대였으며, 사할린에서 오는 배가 한 척, 그리고 나홋카(Нахóдка)[61]에서 입항하는 배 한 척이 거의 매일 부산항으로 입항하였다. 이들은 입항 후 텍사스촌을 도매상 거리로 변모시켰으며, 자신들이 물건을 확보할 수 있는 거점을 만들었다.[62] 러시아 보따리상의 많은 수는 부산에 입항할 때 '선원'의 자격으로 들어오는데, 이것은 선원 여권의 발급이 쉽고 비자가 필요 없으며 일반 관광객보다 오래 머물 수 있기 때문이었다. 보따리상들이 처음 부산에 들어올 초

---

60 1994년 초코파이를 제조하는 동양제과의 한 관계자는 '지난해 여름 이후부터 부산영업소의 월평균 제과종합선물세트 등의 매출액이 종전 4억여 원에서 8억여 원으로 늘어났으며 판매 증가분의 대부분은 초코파이가 차지하고 있다'고 말하면서, '이 같은 판매증가는 러시아 외항선원 및 관광객들의 집중구매 덕택이며, 러시아 선원들은 선박에 중고차 헌타이어와 가전제품 등을 선적한 뒤 남은 공간에 초코파이를 비롯한 한국산 과자를 채워 넣은 뒤 출항한다'고 말했다(『부산일보』, 1994년 1월 12일자 기사, 러 보따리 장수 초코파이 싹쓸이).

61 러시아 연해주의 항구 도시임.

62 『중앙일보』, 1994년 9월 25일자 기사(러시아인들이 몰려온다, 부산 현지르포). 또한 이 기사에서는 러시아 상인들이 왕복 2만원을 내고 전세버스를 이용하여 서울의 남대문과 동대문 시장으로 진출하였다고 쓰고 있다.

기에는 화물선이나 어선에서 입국 절차를 밟기 전에 선상에서 돈 쓰는 법과 물건 사는 법 등을 교육받았고, 자본주의 돈의 개념이 없었던 이들은 숙박료를 아끼기 위해 밤에는 선박에서 잠을 자기도 하였다. 하지만 시간이 조금 지나면서 이들의 일부는 입항 후 월 40여만 원을 주고 여관에서 체류하기도 했고, 혹은 월세방을 얻어 텍사스촌 인근에서 생활하기도 하였다. 이렇게 러시아 보따리상들의 텍사스촌 방문이 잦아지다보니, 일부 러시아인들은 스스로 텍사스촌을 '러시안촌'이라고 부르기도 하였다.

물론 러시아 상인들의 한국 진출이 부산에 국한되어 있었던 것은 아니었다. 1990년대부터 러시아와 카자흐스탄, 우즈베키스탄, 키르기스스탄, 투르크메니스탄 등지의 보따리 상인들은 동대문 일대 의류시장을 방문하여 많은 물품을 구입하였고, 이에 이 지역에도 중앙아시아촌이 형성되기도 하였다. 하지만 보따리상과 같은 러시아 영세업자들은 수도권 지역에서 물품을 구매할 경우 물류 비용이 상당하여 물품 반출이 용이한 부산을 주구매처로 활용하였다.

러시아 보따리상들의 구매 의욕이 높아짐에 따라, 텍사스촌 일대에서 러시아인들을 대상으로 장사를 하는 한국인들 가게가 늘어나게 되었고, 일부 한국인들은 이를 통해 상당히 큰 부를 얻게 되었다. 또한 러시아인들 중 일부는 교역을 위해 잠시 한국에 체류하다 영구적으로 정착하는 경우도 생기게 되었다. 2000년대 이후 러시아 보따리상들의 열기가 사라졌음에도 불구하고 아직까지도 텍사스촌에 러시아 관련 상점 및 유흥점이 지속되고 있는 것은 이러한 원인에 비추어 알 수 있다.

3) 2000년 이후 쇠퇴기

부산 텍사스촌은 이미 화교들이 인근에 진출하여 상권과 학교 등을 만들어 활발하게 활동하고 있던 곳이었다. 이곳에 1990년대 이후부터 러시아 상인들이 들어서면서 새로운 경제 권역을 만들면서 주변 지역의 문화변동을 초래하였다. 하지만 수많은 사람들로 북적이던 텍사스촌 일대는 1990년대 후반으로 들어서면서 주춤하기 시작했다.

한국과 러시아의 수교 이후 부산을 방문한 보따리상의 수는 1994년 15만 명이었고, 1995년에는 20만 명까지 입국했었다. 하지만 이 숫자는 2000년 56,780명 수준으로 떨어져 가장 절정기의 숫자에 비해 4분의 1 수준으로 감소하였다. 약 5만여 명의 인원 역시 러시아 선박의 선원과 매춘을 위해 입국하는 여성을 제외하면, 실제 보따리상은 10분의 1에도 미치지 못한다는 것이 한국 상인들의 의견이었다. 또한 부산 동구청은 1999년 초량동 '러시아타운'의 대러시아 수출량(방문객 88,000여 명)이 1억 5백만 달러로 추산되어 호황을 누리던 1997년(방문객 107,000여 명)의 3억 4백만 달러에 비해 무려 65% 정도 줄어들었다고 밝혔다.[63]

상권이 위축된 첫 번째 요인은 러시아 내부의 위기 요소이다. 1998년 러시아는 모라토리엄을 선언하게 되었고, 이것은 텍사스촌 보따리상에게도 그대로 영향을 주었다. 러시아 정부는 모라토리엄 이후 달러 유출을 막기 위해 이전보다 까다로워진 출국심사를 진행했고, 또한 보따리상과 같은 소규모 수업업자에 대해 2천 달러까지 주던 면세혜택을 1천 달러까지 하향조정하면서 국경세를 새로 부과하는 바람에, 보따리상들이 더 이상 이윤을 올릴 수 없는 구조에 봉착했기 때문이다.

---

63 『부산일보』, 1999년 12월 20일자 기사(초량 러시아타운 '쇠락의 길').

또 다른 두 번째 요인은 약 10여 년 동안 보따리상들이 해왔던 '대면식 현물거래'가 종결되었다는 것이다. 사실 1990년대 러시아 상인들의 거래는 정식적인 무역 거래나 계약을 통해 이루어진 것이 아니라, 텍사스촌을 방문한 이후 상품을 무작위적으로 구매하는 형식이었다. 하지만 2000년대로 들어서면서 이와 같은 방식은 서류를 요구하고 체계를 잡아가는 형식으로 바뀌게 된다.

(1990년대에는) 현금으로 (거래를) 하다가, 이후에는 외상 거래를 많이 했어요. 그러던 것이 2000년대 초부터 은행을 중심으로 거래를 했습니다. 이제 A회사 B회사 C회사 서로서로 얼굴 다 알잖아요. 그럼 내가 블라디보스톡에서 팩스 띄우고 전화하면 뭐든 무슨 물건을 어떻게 좀 보내줘 ⋯ 그 이후로 보따리상과 한국의 작은 회사는 다 정리됐고, 그래도 자금력이 있는 무역회사들만 남아서 러시아 무역을 하는 거예요. 그래서 부산에서 보따리상들은 완전히 없어졌고, (러시아 무역)하는 회사는 한 두 군데 정도 남았고, 그때부터 러시아에도 생필품이 많으니까, 러시아가 한국에 자원을 파는 거죠.[64]

그 당시에는 무역을 안 하고 그냥 돈 주고 사고 간 것이었는데 이제는 제대로 수출 면장이라는 걸 끊고 기업 대 기업으로 진행하는 겁니다. 그렇게 정상적인 궤도로 올라가면서 각 전문인들이 이제 파고 들어가서 무역 회사로 자리 잡았습니다.[65]

---

64   박OO 증언. 증언자는 한국인으로서 러시아 영주권을 소유하고 있으며, 블라디보스톡 등지에서 한국-러시아 무역업에 종사한바 있다.

65   정OO 증언. 증언자는 부산 동구 초량동에서 러시아어권 이주민들을 대상으로 다문화 사업을 진

세 번째 요인은 '차이나 쇼크'이다. 1990년대 후반부터 중국의 값싼 복제품들이 곳곳에 넘쳐나면서, 러시아 보따리상들이 한국 대신 텐진 등 중국 공장지역으로 발길을 돌렸기 때문이다.[66] 네 번째 요인은 한국측의 한층 엄격해진 입국 및 비자연장 심사이다. 부산 텍사스촌으로의 러시아인 급증은 경제적으로 긍정적 요소를 만들기도 했지만, 텍사스촌 내부에 사창가를 포함한 홍등가가 확대되면서 사회적으로 부정적 요인이 되기도 하였다. 또한 많은 러시아 여성들이 유흥가에 취업을 하기 위해 한국으로 들어오면서 입국 심사가 강화되었고, 결국 보따리상들의 무역도 이것에 다소 영향을 받을 수밖에 없었다. 다섯 번째 요인은 사회적 인프라와 관련한 것으로서, 비록 러시아 보따리상들이 텍사스촌에서 대면적 현금 거래관계를 우선시했지만 기본적으로 갖추어야 할 외국인 전용 편의시설 및 연락사무소 등이 없어서 교역이 줄어들었다는 것이다.

결국 2000년대 이후부터 부산 텍사스촌은 1990년대의 화려했던 전성기를 뒤로 하고 쇠퇴기로 접어들게 되었다. 1997년 텍사스촌 내 약 300여 개에 달하던 러시아 보따리상 관련 상점은 1999년에 150개로 줄어들었고, 통역 및 교역 상담을 진행하던 러시아인과 고려인들도 500여 명에서 100여 명으로 감소하였다.

하지만 2000년대부터 한국에 상주하게 된 러시아 무역회사 직원 및 그 가

행하고 있는 NGO 단체의 실무자이며, 1990년대 텍사스촌에서 러시아 보따리상들과 직접 무역을 경험한 바 있는 사람이다.

66 일부 한국 상인들은 텍사스촌 러시아 상권 약화와 관련하여 중국을 언급하면서 또 다른 의견을 제시하기도 하였다. 이것은 부산시가 2000년 6월 만두 전문점 홍성방 입구에 자매도시인 상해와의 교류 활성화를 위해 '상해의 문'을 설치한 이후 러시아인들의 방문이 급속도로 줄었다는 것이다. 결국 러시아인들이 텍사스촌 내 외국인 상가에 결정적인 역할을 했음에도 불구하고 한국이 이에 대한 평가를 제대로 하지 않고 있고, 결국 '상해의 문'이 만들어지면서 러시아인들이 반감을 품고 발길을 돌렸다는 것이다(『중앙일보』, 2000년 7월 13일자 기사, 부산 초량동 외국인 상가 '찬바람').

족들은 1990년대와는 달리 단순 방문이 아닌 체류를 목적으로 한국에 오게 되었고, 이에 러시아인 방문자의 숫자는 많지 않게 되었지만 장기 체류 거주민의 비율은 다소 늘어났다. 또한 현재까지도 러시아 선박의 수리 및 청소는 한국에서 계속 이어지고 있다. 이렇듯 선박의 수리 및 청소가 한국에서 계속 이어지고 있는 이유는 비용적 측면에서 한국이 일본보다 더욱 싸고, 또한 기술적 측면에서 아직까지 중국보다 우위에 있기 때문에 꾸준하게 선박 수리가 이어지고 있는 것이다. 현재 부산에서 선박 수리 및 청소가 계속되면서 우즈베키스탄이나 카자흐스탄 등지의 이주민들이 이 직종에 일부 종사하고 있으며, 이들의 일부는 부산 영도나 텍사스촌이 위치한 초량동 일대에 거주하고 있다.

IV. 부산 텍사스촌 러시아어권 이주민 담론 분석 및 현황

1990년 이후부터 2000년까지 약 10년, 길지 않은 시간이었음에도 불구하고 러시아인들의 부산 텍사스촌 방문은 사회적으로 상당한 파장을 불러일으켰다. 특히 무엇보다 부산에 유흥가로 알려져 있던 텍사스촌을 상업지구의 모습으로 변모시켰다는 점은 상당히 중요한 변동이었고, 또한 냉전으로 인해 교역이 없던 러시아인들을 한국 역사에 새롭게 편입시켰다는 측면에서도 중요한 의미를 지닌다.

텍사스촌 러시아 보따리상들의 방문이 남긴 의의는 여러 가지 측면에서 찾아볼 수 있다. 먼저 이들의 방문은 1990년대 부산 경제에 큰 활력소를 가져왔으며, 더불어 지역 중소기업들에게 상당한 도움을 주었다는 것이다. 비록 1998년을 기점으로 경기가 하락하게 되었지만, 소규모 행상을 주로 하던 부산역 일대에 상당한 경제 파급효과를 가져온 것은 사실이었다. 많은 한국 인들은 보따리상들과의 거래를 통해 대규모 외화를 벌어들였고, 이를 통해 새로운 신흥 부자가 탄생하기도 하였다. 또한 한국 기업적 측면에서도 텍사 스촌의 보따리상 교역에는 긍정적 효과가 분명히 존재하였다. 냉전으로 인 해 교역이 전무하여 러시아 내 한국 기업의 존재가 희박하던 시기에, 러시 아 보따리상들이 구매해간 많은 물품들은 러시아 내부에서 한국 기업의 이 미지를 새롭게 바라보게 하였고, 이를 통해 한국이라는 국가이미지를 러시 아 내부에 각인시키는 계기가 되었다. 이것은 현재 한류문화를 통해 한국 문화의 영역을 세계로 확장하는 것과 같은 상당한 임팩트를 가지고 있었다.

그렇다면 이 지점에서, 1990년대의 이렇게 강력했던 문화적 교류는 왜 부 산 텍사스촌에 '러시아타운'과 같은 이주문화가 형성되지 못했을까라는 의 문을 가지게 한다. 사실 엄격한 측면에서 볼 때, 텍사스촌으로의 러시아인 이동은 '이주'의 개념에서 볼 것이 아니라 '방문'의 개념에서 바라봐야 한다. 러시아 보따리상들은 한국에 거주하기 위해 들어온 것이기 보다, 단지 보다 싼 가격에 물품을 구매해 자신의 고향으로 돌아가기 위해 단순 방문했던 것 이다. 하지만 현대 전 세계의 이주역사를 본다면, 이러한 단순 방문의 형태 가 장기체류 및 이주의 형태로 이어지는 경우도 상당히 많았다. 그리고 실 제 텍사스촌이 한창 활성화될 당시에는 '러시아타운' 혹은 '러시아촌'이라 는 말이 공공연하게 나돌았던 것도 사실이다.

이 문제에 대한 해답을 얻기 위해서는 1990년대 보따리상을 경험했던 이 들에 대한 조사가 필요하지만, 이번 조사에서는 그러한 경험을 가진 이들 을 찾을 수가 없었다. 방문자(guest)의 관점에서 이 원인에 대한 답을 찾을 수 없다면 수용자(host)의 관점에서 찾는 것도 하나의 방법일 수 있다. 이에 1990년대 러시아 보따리상들이 활발하게 부산 시내를 활보하고 있을 당시,

한국 사회는 이들을 어떠한 시선으로 바라보았는가를 분석해보면서, 당시 러시아인들에 대한 한국 사회의 담론을 살펴보고자 한다. 이 조사는 1992년부터 2000년까지 한국의 언론에 러시아 보따리상들이 어떠한 모습으로 비춰지고 있는가를 분석했으며, 당시 활동했던 일부 한국 상인들의 의견도 참조하였다.

1. 한국 언론에 비춰진 텍사스촌과 러시아 보따리상

1992년부터 한국 언론에 올라온 텍사스촌과 러시아인, 그리고 보따리상들과 관련한 주요 기사는 다음과 같다.

〈표 1〉 러시아–텍사스촌 관련 언론기사 모음

매체	일자	기사제목	주요 내용
부산 일보	1992.6.13	국제여객 터미널 보따리 밀수꾼 직거래장 둔갑	부산-일본 간 국제여객선이 도착하는 국제여객터미널에서 보따리 밀수꾼들이 외국에서 사오는 물품을 사려는 상인 20~30여 명이 즉석에서 사감. 이중 일부 상인들은 즉석에서 구입한 물품을 부사세관 건물 주변에서 부산항에 입항한 러시아인들을 상대로 즉석 판매해 수익을 올림.
부산 일보	1994.8.31	총기 밀반입 속출	선박 등을 통한 러시아인들의 부산 입항이 늘어나면서 권총 등 총기류가 밀반입 돼 범죄에 이용되는 사례 속출하고 있고, 일부 살인 사건 역시 러시아인으로부터 권총을 구입하여 범행을 저지름
부산 일보	1994.8.31	광안리 권총 살인사건 문제점	한국인이 러시아 선원으로 보이는 외국인으로부터 권총을 샀고 그로 인해 살인 사건이 발생함
조선 일보	1994.9.11	권총 6정-실탄 밀반입/러시아 선원 영장	부산본부세관이 1994년 9월 10일 권총 6정과 실탄을 국내로 반입, 판매하려 한 혐의로 러시아 선적화물선 탈니키호(5천4백67t) 갑판장 보리스 페드코프씨(47)에 대해 구속영장을 신청함. 페드코프씨가 지난 8일 부산항에 입항한 탈니키호에 미제 권총 등을 숨겨들어온 뒤 부산 동구 초량-중앙동 일대 상가를 돌며 국내인들에게 판매하려 한 혐의를 받고 있다고 말함.
부산 일보	1995.1.9	외국인 범죄 수사 겉돈다	부산에서 러시아인 등 외국인들의 범죄가 잇따르고 있으나 언어장애와 외국인들의 불성실한 태도 등으로 내국인들의 피해가 속출하고 있음.

매체	일자	기사제목	주요 내용
부산 일보	1995.6.5	텍사스촌 무법천지 거리질서 회복하길	러시아 거리에 있는 외국인들이 낮이나 밤이나 항상 조금씩 취해 있으며, 장사를 함으로써 얻은 돈은 경제적 이익이 될 수 있지만 그 돈으로 잃어버릴지도 모르는 지역사회 질서와 문화를 되찾을 순 없을 것임.
부산 일보	1995.7.28	술집 종업원 취업 러시아인 3명 검거	관광 비자로 입국해 텍사스촌 일대 술집에서 종업원으로 취업, 불법 체류한 러시아인이 붙잡혔음. 최근 러시아 여인들이 관광비자로 입국, 텍사스 촌 일대서 불법윤락행위를 하고 있다는 첩보를 입수하고 일제 단속을 폈으나 이에 대한 단서를 잡지 못했음.
부산 일보	1995.8.16	택시 잡다 패싸움 러시아인 등 7명 조사	텍사스촌 앞길에서 술에 취해 서로 택시를 잡으려다 시비가 붙어 패싸움을 벌인 러시아인 3명과 方모군(17·부산K고 3년) 등 10대 4명 등 모두 7명을 폭력행위 등 처벌에 관한 법률위반 혐의로 입건 조사 중임.
부산 일보	1996.1.29	부산도 러시아 여성 윤락 수사	러시아인 출입이 잦은 동구 초량동 텍사스촌과 남구 용호동 용당세관 주변 지역에서 관광비자로 입국한 러시아 여성들이 단기체류하며 한국인들 상대로 윤락행위를 일삼고 있음. 그중 러시아 여성 3명을 법무부 출입국 관리사무소로 인계, 강제 출국 조치했음.
부산 일보	1996.10.21	러시아 마피아 총책 부산서 잠적	러시아 마피아 총책으로 알려진 40대 러시아인이 김해공항을 통해 부산으로 들어온 뒤 잠적하였다. 그는 부산 중구 모 호텔에 투숙하다 이날 이후 잠적해 현재 행방을 찾을 수 없음. 그는 러시아 마피아 총책 외에도 용홍무역이라는 러시아 내의 북한 대외무역회사와 밀접한 관계를 갖고있는 인물로 파악되고 있음.
한거레 신문	2001.1.19	유흥업소 러시아 여성 인권 실종	국내 유흥업소에서 일하는 러시아 여성들이 여권을 빼앗기고 매춘을 강요당하는 등 '인권실종 구역'에 방치되고 있음.
경향 신문	2003.4.18	러시아 마피아들 '부산은 해방구'	부산은 외항선원 출입이 잦고 러시아와의 교역이 늘면서 밀매, 매춘, 무기거래 등 러시아 마피아 주요 활동무대가 되었음. 초량동 '텍사스촌'에서는 상인들 사이 러시아제 권총이나 망원경이 부착된 소총도 구할 수 있다는 말이 공공연하게 떠돌았음.

위에서 언급한 기사 이외의 주요 보도들은 텍사스촌에서의 경제 활동이 급증하고 있어서 상당히 고무적이며, 부산을 방문하는 러시아인을 비롯한 외국인을 위한 다양한 시설이 들어서야 한다는 것들이었다. 하지만 1990년대와 2000년대 초반까지 러시아와 텍사스촌에 관련한 기사의 절반에 가까운 내용은 러시아인들이 부산에 들어와 새로운 '위협요소'가 되고 있다는

내용들이었다. 물론 기사에서 언급한 내용들은 실제 발생한 사실들이며, 텍사스촌이 '러시아타운'과 같은 새로운 외국인 주거지나 상업지구로 변형된 것이 아니라 좀 더 불법적이고 타락한 홍등가로 변모한 것도 사실이다. 그럼에도 불구하고 앞서 언급했던 러시아 보따리상들의 국내 경제에 미친 영향이나 그들의 활동은 위에서 언급한 부정적 보도로 인해 그 의미가 상당히 축소될 수밖에 없었다.

근본적으로 첼나키(보따리상)들은 한 지역에서 영구 거주 및 체류를 목적으로 하는 것이 아니라 이윤을 목적으로 여러 지역을 돌아다니는 것이 특징이다. 1990년대에 텍사스촌을 방문했던 러시아 보따리상들 역시 첼나키의 본원적 특징을 그대로 가지고 있었다. 하지만 이들이 약 10여 년 동안 부산을 꾸준하게 방문하였고, 그 과정에서 한국의 다양한 집단들과 연결망을 만들었다는 것은 익히 알려진 사실이다. 그럼에도 이들이 텍사스촌에서 더 지속적인 관계를 이어가지 못한 것은 세계적인 경제 상황의 돌변도 고려할 수 있겠지만, 한국 사회, 특히 부산지역이 처음 보는 '공산권 보따리상'들의 출현에 너무 부정적인 시각을 가졌던 것이 아닐까라는 추측을 하게 된다. 텍사스촌에서 발생한 윤락행위와 사건 사고들은 차이나타운과 또 다른 외국인 밀집지역에서도 발생할 수 있는 문제들이었지만, 한국 사회는 텍사스촌 러시아인 출현에 좀 더 많은 부정적 시각을 가졌고, 이 결과는 2022년 현재 텍사스촌에서 1990년대 왕성했던 러시아 보따리상들의 활동을 가늠할 수 없게 만들어 버렸다.

2. 현재 부산시 러시아어권 이주민 분포 현황

텍사스촌의 부흥이 사라진 이후에도 부산지역에는 상당수의 러시아어권 이주민들이 정착해 있다. 현재 이들은 보따리상과 같은 단순 방문의 형태로 온 것이 아니라 김해시 혹은 양산시와 같이 생계를 위한 단기 혹은 장기 거주 형태로 머무르고 있다. 여기에는 러시아인 이외에도 다양한 중앙아시아 국가 출신들이 포함되어 있으며, 단순 노무와 선박 수리(청소), 무역업 등에 종사하고 있다.

1) 부산시 국적별 외국인 등록 현황

2019년 현재 부산시 전체에 등록되어 있는 주요 외국인 현황과 2013년부터 2020년까지 부산시 동구에 거주하고 있는 외국인의 유형별 인구 변화는 아래 표와 같다.

〈표 2〉 2013–2020년까지의 부산시 동구 외국인 유형별 인구변화[67]

구분	총계	남	여	중국(한국계)	필리핀	베트남	러시아[68]
합계	52,723	28,681	24,041	5,470	1,961	12,131	2,414
부산진구	3,164	1,275	1,889	494	81	827	139
중구	2,162	1,347	815	132	55	453	353
영도구	1,917	1,177	740	238	58	397	125
동구	2,312	1,089	1,223	192	241	140	617
남구	6,372	3,148	3,224	284	64	1,938	119
해운대구	5,191	2,539	2,652	585	98	645	382
강서구	5,482	4,588	894	382	428	1,277	55
사하구	4,947	2,998	1,949	791	343	1,084	156
금정구	4,808	1,938	2,870	305	35	819	123

---

67 부산광역시 동구 통계 참조(http://datakorea.datastore.or.kr/profile/geo/05000KR26170/#%EB%8B%A4%EC%96%91%EC%84%B1).

68 2011년 통계부터 러시아에 한국계를 포함하였다.

위 통계와 증언자료를 바탕으로 부산시 일대의 주요 거점에 거주하고 있는 러시아어권 이주민들의 개요와 현재 방문 형태 및 직업 등을 분석해보면 다음과 같다.

2) 부산시 동구와 중구 일대

부산시 전체 통계를 볼 때, 아직까지도 다른 지역보다 동구 초량동과 중구 일대에 많은 러시아인이 거주하고 있음을 알 수 있다. 이것은 2000년대 초반 텍사스촌의 러시아 상권이 없어졌지만 현재까지도 많은 이들이 러시아 선박 입항 및 무역과 관련된 일을 하고 있다는 것을 말한다. 이 부분과 관련해 일부 사례를 소개하자면, 본 연구의 조사대상자 중 한 명인 블라디미르(1963년생)는 소련 시기 북한의 대학에서 한국어를 공부했고, 이것을 계기로 1991년 한국의 수산업 회사에 취직을 하여 부산에 오게 되었다. 이후 한국에서 여러 번 직장을 옮긴 후 현재는 선박 관리 감독을 하고 있는데, 주로 러시아 선박이 부산에 입항하게 되면 선박의 관리 및 행정적 측면을 맡아서 하는 것이다. 블라디미르는 한국에 거주하면서(취업비자) 결혼을 하여 두 명의 자녀를 낳았으며, 이들은 모두 한국의 대학을 나와 한국에서 생활하고 있다. 현재 블라디미르는 부산의 초량에 거주하고 있으며, 향후에도 계속 한국에 거주할 계획을 가지고 있다. 이렇듯 선박과 관련된 일을 하는 러시아인 이외에 또 다른 형태의 러시아인들도 초량에 거주하고 있다. 초량에 거주하는 또 다른 조사대상자 알로냐(1976년생)는 SNS상으로 한국 남성을 알게 되었고, 그 남성과 혼인을 하기 위해 이미 키우고 있던 아들과 함께 한국에 들어왔다. 하지만 한국에 들어온 이후 한국 남성과는 헤어지게 되었고, 이후 초량에서 아들을 학교에 보내면서 여러 가지 일들을 하며 생활하고 있다. 초량지역에서 러시아어권 이주민들을 지원하고 있는 NGO 단체 관계자는 초량동에 알로냐와 같은 상당수의 러시아 이주민들이 거주하고 있으며, 자신들의 지원 단체에만 50-60명 정도 연관되어 있다고 한다.

3) 부산 영도구

러시아인의 초기 방문부터 많은 사람들이 영도에 거주를 했는데, 그 이유는 조선소와 선박 수리소가 영도에 몰려 있기 때문이었다. 영도의 선박 수리업체 공장에 들어오는 선박들은 대개 냉동 운반선 종류들이며, 부산항에 들어와 싣고 온 물품을 모두 하적한 후 영도의 선박 수리소로 오게 된다. 러시아의 선박들이 부산에서 수리를 하는 것은 한국의 기술이 중국보다 좋기 때문이며, 또한 가격면에서 일본보다 싸기 때문이다. 또한 러시아인들은 러시아의 많은 선박들이 일본에서 수입해 온 것들이 많아서 일본산 대체 부품을 빠른 시간에 구입할 수 있는 한국을 선호하고 있다. 러시아 선박 선원들은 수리를 하는 동안 단기간 한국에 거주하게 되고, 선박을 수리하는 노동자 중에는 러시아인보다 중앙아시아 출신 국가 이주민들이 많다. 부산에서 선박 수리업체를 운영하고 있는 이의 증언에 의하면 상당수의 우즈베키스탄인들이 러시아 선박 수리 업체에서 일하고 있으며, 이들은 특히 언어적 이점이 있는 러시아 선박 수리에 많이 투입된다고 한다. 선박 수리 업체에서 일하는 러시아어권 이주민들이 모두 영도구에 거주하는 것은 아니며, 이들은 일정한 거주지 없이 영도와 초량 등 방값이 싼 곳을 골라 이동하면서 거주하고 있다.

4) 부산 해운대구

러시아의 블라디보스톡 인근에서 태어난 아나스타샤(1982년생)는 대학에서 국제무역을 전공한 후 고려인 2세 남편을 만나 부산에 들어오게 되었다. 한국에서 두 명의 자녀를 낳았으며, 모두 부산에서 학교를 다니면서 한국 대학으로의 진학을 희망하고 있다. 아나스타샤의 남편은 한국과 러시아를 연결하는 무역업에 종사하고 있으며, 개인 회사를 가지고 있는 경영인이다. 이러한 배경의 아나스타샤는 부산 초량과 해운대에 거주하는 러시아인들이 경제적으로나 사회적으로 지위가 조금씩 틀리며, 주로 러시아 선박의 선주나 경영인들은 해운대에 거주하고 선원과 이외의 사람들은 부산역 인근 초량동에 거주한다고 말한다. 아나스타샤의 증언을 통해 볼 때, 러시아인들은 중앙아시아 출신 러시아어권 이주민과는 다르게 김해 혹은 양산의 공단에서 일하는 경우가 상당히 드물고, 부산에 거주하는 러시아인들은 대부분 선박에 종사하는 사람들로서, 경제력이 있는 사람들은 해운대에 거주하고 그렇지 않은 경우는 초량동 인근에 거주한다는 것을 알 수 있다. 일례로 2019년 부산시 외국인 거주 등록 현황을 보면, 부산시의 공단이 집중되어 있는 강서구와 사하구 등지에 베트남과 필리핀 이주자들은 많은 인원이 몰려있는 반면에 러시아 거주자들은 각각 55명과 156명에 그치고 있다. 이것은 부산에 거주하는 대부분의 러시아인들이 초량과 해운대에 집중되어 있으며, 지역별 거주지가 다른 이유는 경제력에 기초한 것임을 알 수 있다.

V. 소결

이 장에서는 거의 최초로 부산역 인근 텍사스촌에서의 러시아어권 이주민 교역사를 조사한 연구였고, 추상적인 소문으로만 돌고 있던 텍사스촌에서의 1990년대 상황을 정리했다는데 의미가 있다. 아래의 〈표 3〉는 부산 경남지역에 러시아어권 이주민들이 거주하고 있는 주요 지역의 특징을 개략적으로 분류해 분석한 것이다. 아래 표의 분류에 의하면, 부산역 인근 텍사스촌의 러시아어권 이주민 유입은 해외이주민들이 집결하는 유형 중 '대도시 저렴 주택지'와 '외국인관련 시설 주변지역' 유형으로 볼 수 있으며, 특히 이곳은 1990년대 초 냉전의 해소와 더불어 실시된 한국-러시아 소매 무역의 핵심 지역으로 성장할 수 있었던 곳이다. 이 지역은 부산 경남지역을 비롯한 한국의 역사에서 화교 등의 정착 이주민들이 가지는 문화 특성 이외에 소규모 교역을 위한 단기방문 이주 역사의 전형적 모습을 보여준다는 의미에서 상당한 의의를 가지고 있다.

〈표 3〉 부산 경남 러시아어권 이주민 밀집지역 유형(박세훈 2010, 81 참조)

유형	입지요인 및 특징	부산 경남 러시아어권 이주민 사례
공단배후 노동자 거주지	-대규모 산업단지 주변지역 -여러 외국인들이 다국적으로 주거하고 있는 특징	-김해시와 양산시
대도시 저렴 주택지	-임대료가 저렴하고 교통이 편리한 지역 -일용직, 건설업 등	-김해시 동상동과 서상동 -부산역 인근 텍사스촌 일대
외국관련시설 주변지역	-조계지, 외국군대, 사원 등이 계기가 되어 형성 -거주지보다는 상업지역으로 형성	-부산역 인근 텍사스촌
전문인력의 고급주거지	-학교, 대사관 등을 중심으로 형성	-부산 해운대

하지만 본 연구는 향후 보완해야 할 많은 과제를 가지고 있다. 먼저 이 연구에서는 부산 텍사스촌의 역사에서 1990년대 당시 부산에서 보따리상이나 잡화점 등을 경영한 한국인 및 러시아인에 대한 직접적인 조사가 이루어지지 못했다. 과거 한국을 방문했던 러시아 보따리상들의 추적조사를 위해서는 블라디보스톡 등의 해외 현지조사가 필요할 것으로 보이고, 이들을 통해 어떤 부류의 보따리상들이 집중적으로 한국을 방문했는지에 대해 분석해볼 필요가 있다. 텍사스촌으로의 러시아 보따리상 방문이 이후 상권과 지

역 문화정체성을 구축하는데 어떠한 영향을 미쳤는가를 확인하기 위해서는 1990년대부터 현재까지 텍사스촌 인근에서 상업활동을 하고 있는 이들을 조사하는 것이 필요하다. 하지만 현재 부산 텍사스촌 일대에는 러시아어 간판으로 된 일부 술집과 상점들이 들어서 있지만, 이들이 1990년대부터 현재까지 지속성을 가지면서 활동하지는 않는 것으로 보인다. 이 영역들에 대한 향후 조사는 인포먼트의 발굴과 더불어 현지조사를 위한 물리적 시간이 필요한 부분이며, 다양한 방면으로 추가조사를 실시하도록 하겠다.

참고문헌

김원경(1999), 「부산역 상점가의 패턴 (1)」, 『한국지역지리학회지』, 5(1), 25-76.

김재기(2014), 「광주광역시 광산구 지역 귀환 고려인의 이주배경과 특성」, 『재외한인연구』, (32), 139-163.

김해시(2019), 『김해 문화다양성 실태조사 연구』.

김해시(2020), 『2020년 김해시 다문화 외국인가구통계』.

노용석(2014), 「과테말라 한인 사회의 형성과 문화적응전략으로서의 특수성」, 『민족연구』, (57), 130-153.

박세훈(2010), 한국의 외국인 밀집지역 : 역사적 형성과정과 사회공간적 변화. 도시행정학보, 23(1), 69-100.

박철희(2019), 『중앙아시아 이주노동자의 한국생활 적응에 관한 사례연구』, 경인교육대학교 교육전문대학원 석사학위논문.

부산광역시 동구(2020), 『제51회 동구통계연보 2020』.

비추이노바 지벡(2017), 『국내 고려인 이주자의 사회적 통합 현황 : 카자흐스탄 고려인 이주자 중심으로』, 서울대학교 대학원 석사학위 논문.

선봉규, & 전형권(2012), 「러시아 연해주 고려인의 디아스포라적 삶에 관한 연구 : 구술사 연구 방법론의 관점에서」, 『한국동북아논총』, (65), 271-293.

성동기(2009), 「중앙아시아 고려인 이주의 새로운 유형과 연구 과제 - 우즈베키스탄과 카자흐스탄을 중심으로」, 『민족학연구』, 8, 59-81.

안미정(2014), 「부산 사할린 영주귀국자의 이주와 가족」, 『지역과 역사』, 34, 317-359.

양경은 & 박송이(2021), 「이주민에 대한 '상징적 폭력'과 차별 : 이주민 밀집지역 내 중도입국 자녀 부모의 경험 분석」, 『현대사회와다문화』, 11(3), 39-66.

양경은 외(2020), 「이주민 밀집지역 아동의 발달권 증진을 위한 지역사회 기반 연계 모델에 관한 연구」, 초록우산 어린이재단 보고서

오종진(2009), 「한국사회에서의 중앙아시아 이주 무슬림들의 혼인과 정착」, 『韓國中東學』, 第30-1號.

윤민우(2021), 「카자흐스탄과 우즈베키스탄의 외교정책과 국내정치의 상호관계에 관한 연구」, 『한국동북아논총』, 26(3), 43-74.

윤빅토리야(2020), 『한국에 귀환한 고려인의 이주배경과 적응과정의 시사점 - 20~40대 카자흐스탄 고려인 이주자 중심으로 - 』, 동아대학교 국제전문대학원 석사학위논문.

윤윤구(2013), 『부산지역 노동시장 분석 및 고용정책방안 연구』. 한국노동연구원.

윤인진, & 김희상(2016), 「재외동포 귀환 이주민 공동체의 형성과 현황」, 『한국민족문화』, (60),

37-81.

이병철 & 송다영(2011), 「다문화가족 중도입국청소년의 학교생활 적응에 관한 질적 연구」, 『한국사회복지학』, 63(4), 131-154

이은정(2015), 「우즈베키스탄 고려인의 귀환이주 : 대구지역 고려인의 사례를 중심으로」, 『지방사와 지방문화』, 18(1), 219-249.

이정환, & 이성용(2007), 「외국인 노동자의 이주 특성과 연구동향」, 『한국인구학』, 30(2), 147-168.

이진영, & 김선아(2017), 「고려인의 음식문화와 정체성 : 이주와 혼종 문화로의 변화」, 『문화와 정치』, 4(1).

(재)부산여성가족개발원(2020), 『부산지역 외국인주민 생활 실태조사』.

조세현(2013), 「해방 후 부산의 청관 (淸館) 거리와 화교들」, 『동북아 문화연구』, 34, 489-506.

차윤정(2015), 「한국 생활의 경험과 결혼이주여성의 언어 의식 변화」, 『코기토』, (77), 223-251.

차철욱, & 차윤정(2013), 「김해 이주노동자들의 공간 의미화와 '외국인 거리'의 형성」, 『한국민족문화』, (47), 361-396.

차철욱(2014), 「김해 이주민 여가공간의 형성과 로컬리티의 재구성 : 음식점을 중심으로」, 『로컬리티 인문학』, (12), 85-119.

하선영(2011), 『김해시 결혼여성이민자의 결혼생활만족도에 관한 연구』, 인제대학교 석사학위논문.

홍지훈, & 조주연(2017), 『부산지역 외국인체류자 수의 증가가 기업 활동에 미치는 영향 분석』. 한국은행 부산본부.

〈신문〉

『국제신문』

『부산일보』

『경향신문』

『한겨레신문』

『중앙일보』

『조선일보』

14

관문도시 오사카의 에스닉 공간을 통한 도시의 포용적 발전*

정현일 · 전지영

Ⅰ. 서론

에스닉 공간이란 이국적인 에스니시티(ethnicity)가 자리 잡은 공간을 뜻한다. 과거부터 이주민은 더 나은 삶을 위해 국경을 넘으며 새로운 터전에 정착하곤 했다. 이들은 이국에서 흩어져 홀로 살기보다는, 서로 함께 모이고 어우러져 고향에 대한 그리움을 견디고 낯선 곳에서의 삶에 적응해왔다. 전 세계 곳곳에 유사한 국적, 문화의 사람들이 한 공간에 집적되면서 에스니시티가 두드러진 에스닉 공간이 형성되었다. 이러한 에스닉 공간은 건물과 간판의 구성, 좌판의 상품, 거리의 색채, 들려오는 음악과 언어, 오가는 이들의 의상, 길가에 스민 냄새 등 주류사회와 구별되는 이색적인 에스니

---

* 이 글은 〈Journal of Global and Area Studies〉 Vol. 8, No. 3(2024년)에 게재된 '에스닉 공간을 통한 도시의 포용적 발전: 오사카 이쿠노코리아타운을 중심으로' 논문을 수정 · 보완한 것임.

시티가 특징이다.

이러한 에스닉 공간은 일반적으로 게토와 슬럼으로 여겨진다. 이는 에스닉 공간의 사람과 경관이 주류사회와 섞일 수 없는 것으로 대상화되고 배제되기 때문이다. 특히 에스니시티는 현대화에 뒤처진 종족적이고 후진적인 잔재로 여겨지는 경우가 있는데(최종렬, 2013: 241) 에스니시티의 공간인 에스닉 공간 역시 열등한 자의 공간, 더욱 심각하게는 혐오의 공간으로 간주되곤 한다.

하지만 에스닉 공간은 도시 발전과 포용적 도시의 형성에 기여할 수 있다. 에스닉 공간의 문화적 특성은 공간 외부의 사람들을 끌어들일 수 있다는 점에서 도시의 관광자원으로 활용할 수 있다(심창섭 · 조은경 · 이시은, 2018). 또한 에스닉 공간은 공간 내부로부터도 발전의 동력을 마련할 수도 있는데, 이와 관련해 전지영(2023)은 김해 원도심의 에스닉 상점이 낙후된 공간에 활력을 제공한다는 점을 보여줬다. 이러한 에스닉 상점은 단순히 물건을 사고파는 곳으로 그치지 않고 이주민의 교류, 심리적 안정, 정보교환의 장으로 작동하며(차철욱 · 차윤정, 2012) 더 나아가 이주민에 대한 포용과 공존을 모색할 수 있게 했다(정현일, 2024a; 정현일, 2024b). 한편, 에스닉 공간에서 다양한 정체성이 융합하여 도시 포용성이 증가했다는 보고도 있다(이심홍 · 김민형, 2020). 이렇듯 에스닉 공간은 슬럼, 게토에 국한되지 않고 선주민과 이주민 간의 포용에 기초해 도시의 발전을 끌어낼 수도 있다.

이에 본 장은 에스닉 공간을 통한 도시의 포용적 발전을 살펴보고자 한다. 만약 에스닉 공간에서 도시의 포용적 발전을 엿볼 수 있다면 에스니시티에 대한 차별과 배제를 재고하는 데 기여할 수 있을 것이다. 또한 에스닉 공간의 가치를 새롭게 인식하여 도시 발전과 포용도시 실현을 위한 시사점을 얻을 수 있을 것이다.

이와 관련하여 에스닉 공간의 성공 사례인 일본의 관문도시 오사카 이쿠노코리아타운에 주목할 수 있다. 일본사회는 단일문화를 강조하며 재일조선·한국인에 대한 차별도 심각하다(장윤수, 2004; 김현선, 2011; 양명심, 2016). 이런 상황에서 이쿠노코리아타운은 글로벌 에스닉타운으로 평가받고 있으며 재일조선·한국인만이 아니라 일본인도 즐겨 찾는 공간으로 자리 잡았다(손미경, 2016; 吉田·八木, 2017; 八木·吉田, 2017; 福本, 2020). 이러한 이쿠노코리아타운의 사례를 통해 에스닉 공간과 포용적 발전의 연관성을 살펴볼 수 있을 것이다.

II. 기존 논의 검토

1. 이쿠노코리아타운의 다문화 공생과 도시 발전

연구대상지인 이쿠노코리아타운에 관한 기존 논의를 검토했다. 먼저 이쿠노코리아타운을 다룬 국내 연구를 살펴보도록 하겠다. 국내 연구의 전반적 동향은 이쿠노코리아타운이 일본사회에서 차별받는 현실을 지적하면서, 한류붐을 통한 다문화 공생사회의 가능성에 논의의 초점을 맞췄다(고정자·손미경, 2010; 손미경, 2016; 정성희·김경희, 2017).

손미경(2016)은 한류붐으로 많은 사람이 이 지역을 방문하고 있음에도 불구하고 여전히 '조선인'이 사는 위험한 지역으로 인식하는 일본인이 존재한다는 점, 그러면서도 다문화 공생의 가능성이 잠재한다는 점을 보여줬다. 정성희와 김경희(2017)는 이쿠노코리아타운이 한국문화를 체험하는 공간이라는 점을 강조했다. 이에 따르면 이쿠노코리아타운은 기존의 주요 고객층인 지역주민들에게 고향과 같은 공간이자 시장의 역할을 했다. 그런

데 한류를 계기로 관광객들이 증가하면서 '다민족 공생', '국제 이해'의 장으로 자리 잡고 오늘날에는 일본인들의 한국문화 체험학습장인 '문화공간'으로 변모했다.

국내 연구를 통해 이쿠노코리아타운을 둘러싼 일본사회의 차별이 없지 않다는 것을 알 수 있다. 하지만 한류라는 문화적 계기, 그리고 이주민과 선주민 간의 공생이나 이해와 같은 포용적 측면을 통해 이쿠노코리아타운은 차별을 넘어 새로운 문화를 익히고 공유하는 공간으로 재탄생했다는 점을 확인할 수 있다.

이쿠노코리아타운에서 펼쳐지는 문화와 축제는 이곳을 게토가 아닌 일본사회에 정착한 하나의 소수자 문화의 공간으로 자리매김하게 했다는 논의가 있다. 김현선(2011)은 이쿠노코리아타운의 축제가 재일조선·한국인의 대항적이고 고립된 형태의 민족문화를 탈민족적 민족문화로 전환했다고 지적했다. 이에 따라 문화적 차이를 실천하는 양상 역시 폐쇄적이지 않고 개방적이면서 다변화되고 있음을 보여줬다. 이에 따라 이쿠노코리아타운의 이미지도 바뀌어 재일조선·한국인에 대한 사회적 낙인에서 "주류 일본 지역사회"에 정착한 소수자 문화로 자리매김하게 했다(김현선, 2011: 1). 이처럼 문화와 축제는 이쿠노코리아타운이 게토에서 벗어나 일본사회와 융합할 수 있도록 했다. 이 논의는 배타적인 민족적 공간에서 출발한 이쿠노코리아타운이 문화와 축제를 동력으로 삼아 현재는 탈민족적이면서 개방적·다변적 공간이 되었음을 드러냈다.

한편, 일본에서 진행된 연구는 이쿠노코리아타운이 지역 활성화, 도시 발전에 이바지한다는 점에 주목했다. 이들 연구는 에스닉 공간이 소자·고령화로 인한 지방도시소멸을 막고 지역활성화를 위한 대안이 될 수 있음에 주목했다. 특히 한류붐으로 한국에 대한 인식이 긍정적으로 변하면서 기피지역이었던 코리아타운의 관광화를 통해 상점가의 쇠퇴를 막을 수 있었다(吉田 · 八木, 2017; 八木 · 吉田, 2017; 福本, 2020). 이러한 일본의 이쿠노코리아타운 논의는 에스닉 공간의 관광화를 통해 도시 발전의 가능성을 마련하려는 특징이 있다.

이상의 논의에서 알 수 있듯이, 국내와 일본의 이쿠노코리아타운 연구는 서로 주목하는 초점이 달랐다. 국내의 연구가 다문화 공생이라는 측면에 주목했다면 일본의 연구는 관광화를 통한 지방도시소멸 방지와 지역활성화라는 도시 발전의 측면에 주목했다. 물론 국내의 연구가 도시 발전의 측면을 도외시한다거나 일본의 연구가 다문화 공생을 도외시하진 않았다. 하지만 이들 논의는 다문화 공생과 도시 발전을 서로 외생적이고 상이한 것으로 다룬다는 한계가 있었다. 이에 따라 다문화 공생과 도시 발전은 서로 관련이 적은 것, 혹은 양자택일의 영역으로 여겨질 여지를 남겼다. 하지만 다문화 공생과 도시 발전은 서로 밀접한 관계를 맺을 수 있다. 다시 말해 이주민과 선주민이 공존하고 포용하는 과정에서 도시 발전의 계기를 마련할 수 있다. 이렇듯 다양한 문화의 공존과 도시 발전의 연관성을 탐색하기 위해 포용적 발전에 주목할 수 있다.

2. 포용적 발전

본 장은 에스닉 공간이 도시의 포용적 발전(inclusive development)과 관련된다는 것을 발견하고자 한다. 그렇다면 포용적 발전의 구체적 의미는 무엇인지, 나아가 이것이 도시와 어떻게 연결될 수 있는지를 살펴볼 필요가 있다.

포용적 발전은 경제적 · 사회적 불평등을 해소하기 위해 구상되었다. 오늘날 전 세계적으로 생활 수준이 더디게 발전하고 불평등이 심화하면서 정치적 양극화 현상과 사회 결속력 약화가 두드러지고 있다. 이러한 문제를 해결하기 위해 소수의 사람이 아닌 모든 사람이 높은 생활 수준을 누릴 수 있도록 보다 포용적이면서 지속가능한 발전 모델이 필요하다는 공감대가 형성되었다(World Economic Forum, 2018). 포용적 발전은 이와 같은 공감대를 현실화하기 위한 구상, 정책이라 할 수 있다.

이러한 포용적 발전은 포용적인 접근을 통해 다양한 정체성과 경험을 가진 모든 개인과 공동체에 사회 변화를 위한 중요 역할을 맡긴다. 그리고 이 구상을 현실화하기 위해 프로세스 전반에 공평성과 참여를 적용한다(United States Agency for International Development, 2023: 2). 이는 곧 주류사회로부터 배제된 소수자를 포용하고 이를 통해 새로운 발전 동력을 끌어와야 한다는 점에 근거한다.

포용적 발전의 유사 관점으로 포용적 성장(inclusive growth)이 있으나 둘은 엄밀한 의미에서 구분된다. 일반적으로 포용적 성장은 지속가능한 경제성장을 위해 소수자들을 경제적·사회적으로 포용하여 부정적인 외부 효과를 줄이는 것을 목표로 한다. 그런 점에서 포용적 성장은 소수자들이 시장경제와 노동시장에 원활히 참여하게 하는 것을 강조한다(정현일, 2023). 반면 포용적 발전은 단순히 경제만이 아니라 도시, 공간, 환경, 산업, 문화, 인간 역량 등 더욱 다양한 영역의 개선을 다룬다(김형식, 2012; BAO Maohong, 2015; 이태혁, 2017; Putra, 2019; Lee et al., 2023). 이때 포용적 성장이 강조하는 지속가능한 경제성장, 시장경제와 노동시장 참여에 대한 강조는 부가적이다. 이는 포용적 발전의 핵심이 다양한 정체성과 경험을 가진 이들에 대한 공평성과 참여 기회 제공을 통해 사회 변화를 끌어내려는 데 있기 때문이다.

이상의 논의에 기초하여 에스닉 공간과 포용적 발전의 관계를 살펴볼 수 있다. 에스닉 공간은 기존의 주류 사회에서 인정받지 못한 정체성과 경험을 지닌 이주민의 공간이다. 이주민이 공평성과 참여 기회를 제공받아 도시가 발전한다면 이는 곧 에스닉 공간과 포용적 발전의 관계를 시사한다고 할 수 있다.

한편, 에스닉 공간을 분석하는 데는 포용적 성장보다 포용적 발전이 더 적합한 관점이라 할 수 있다. 왜냐하면 에스닉 공간은 자신을 둘러싼 도시의 다양한 영역과 관계되기 때문이다. 에스닉 공간은 이주민과 선주민의 관계, 사람들의 인식, 문화의 발전과 다양성 증진 등 도시의 유·무형적 측면에 기여할 수 있다.[69] 이처럼 에스닉 공간의 가능성은 단순히 경제성장에 한정되지 않기에 포용적 발전이란 관점을 통해 분석을 진행해야 한다.

이러한 포용적 발전을 통해 기존 논의가 짚어내지 못한 이쿠노코리아타운의 함의를 도출할 수 있을 것으로 기대된다. 기존에 진행된 국내와 일본의 이쿠노코리아타운 연구는 다문화 공생과 도시 발전을 외생적으로 다뤘다. 하지만 포용적 발전이란 관점에서 이들 내용은 서로 무관하지 않다. 주류사회에서 배제된 정체성과 경험을 활용해야 한다는 것, 공평성과 참여를 통해 새로운 발전을 모색해야 한다는 포용적 발전이란 관점은 이쿠노코리아타운의 의미와 가능성을 새롭게 인식시켜 줄 것이다.

3. 에스노 경관

그렇다면 에스닉 공간을 구체적으로 어떻게 분석할 것인가? 본 장은 공

---

69 또한 본 연구는 포용적 개발보다 포용적 발전이란 용어를 채택했다. 일반적으로 개발이란 용어는 재개발, 토건개발처럼 도시의 물질적 개선과 관련된다. 반면에 발전은 물질적 개선과 함께 문화와 같은 무형적 측면을 아우를 수 있다. 이처럼 본 연구와 관련해서는 개발보다는 발전이란 용어가 더 적합하다고 할 수 있다.

간의 역사적·사회적 내용을 물질적으로 구체화한 경관(landscape)을 분석하여 에스닉 공간의 의미와 가능성을 확인하고자 한다. 기존 논의는 이쿠노 코리아타운을 문화, 한류, 축제, 민족 정체성, 문화 공간 등으로 표현할 뿐 이것이 경관에 어떻게 구현되었는지를 잘 드러내지 않았다. 다시 말해 이쿠노코리아타운이 지닌 긍정적 함의는 보여줬으나 이 공간이 구체적으로 어떻게 변화했는지, 그리고 에스니시티와 포용적 발전이 물질적으로 어떻게 드러나는지를 제대로 보여주지 못했다. 공간의 물질적 측면을 그 자체로 분석하고, 공간에 담긴 의미를 읽어내기 위해 경관은 유용한 분석 대상이라 할 수 있다.

특히 경관은 에스닉 공간을 분석하는 데 유용한 개념이다. 아파두라이(Appadurai, 1996)에 따르면 오늘날 세계화 시대는 상품, 화폐, 인간, 문화가 활발히 국경을 넘나든다. 이는 경관에도 영향을 미치게 된다. 특히 이주민과 문화의 뒤섞임은 공간적 변화를 끌어내어 기존의 경관과는 다른 에스노 경관(ethnoscapes)을 형성한다. 한편, 메자드라와 닐슨(2021)은 경관을 통해 이주민에 대한 포용과 배제의 경계를 읽어낼 수 있다고 말한다. 이들 논의를 종합하면 이주민과 그들의 에스니시티는 특유의 에스노 경관을 만들며 연구자는 이 경관을 분석하여 공간적 변화를 읽어내거나 포용과 배제 여부를 살펴볼 수 있다.

실제로 에스닉 공간 연구에서 경관분석이 활용되고 있다. 김무한(2020)은 경관이 이주민에게 특별한 감정을 불러일으킨다는 점을 지적하면서 경관과 인간의 밀접한 관계를 보여줬다. 또한 정현일(2024a; 2024b)은 에스노 경관을 분석하여 에스닉 공간의 특성을 드러내고 이주민에 대한 포용과 배제를 읽어냈다.

따라서 본 장은 이쿠노코리아타운의 경관을 분석하여 에스닉 공간과 포용적 발전의 관계를 추적한다. 이는 곧 에스닉 공간과 포용적 발전이 공간적으로 어떻게 구체화하고 물질화하는지를 확인하는 작업과 같다. 다시 말해 이주민이 가져온 에스니시티가 경관에 어떻게 구현되고 있는지, 이주민과 선주민의 포용적 관계가 경관에 어떻게 구현되는지, 이곳에서 펼쳐지는 포용적 발전의 경관이 어떠한지를 분석하고자 한다.

III. 이쿠노코리아타운의 형성 과정

1. 이쿠노코리아타운의 기원

이쿠노코리아타운(그림 1)은 일본 오사카시 이쿠노구에 있으며 가장 가까운 역은 쯔루하시역(鶴橋駅)이다. 이쿠노코리아타운은 서쪽, 중앙, 동쪽의 세 개의 상점가로 구성되어 있다. 가로로 긴 거리의 형태를 띤 이쿠노코리아타운의 서쪽 영역은 미유키도오리상점가(御幸通商店街), 중앙 영역은 미유키도오리중앙상점가(御幸通中央商店街), 동쪽 영역은 미유키도오리히가시상점가(御幸通東商店街)라고 부른다(矢野·湯山·全, 2020: 88).

이 지역은 1920년대부터 조선인의 집주 지역으로 형성되었으며 현재 일본의 시구정촌 중에서 가장 오래된 외국인 거주지이다.[70] 1922년 10월 제주도-오사카 간 정기연락선 운항이 시작되면서 제주도 출신 노동자들이 오사카 이쿠노구에 거주하기 시작했다. 이들이 이곳에 밀집한 배경에는 히라노강 개수 공사에 조선인 노동자들이 대거 참여했던 것과 관련이 있다(김현

---

70 이쿠노구의 인구는 총 125,938명이며 외국인은 27,480명(22%)으로 이중 한국·조선인은 19,619명(71%)이다(大阪市の推計人口年報, 2023).

선, 2011; 양명심, 2016). 또한 1926년 오사카시립쯔루하시공설시장이 개설 되면서 상점가가 형성되었고, 전후 재일조선인의 체류가 장기화되면서 고향의 식재료를 제공하는 노점상이 생겨났다(손미경, 2016). 시장 상인과 노점상의 진출로 형성된 상점가는 조선시장(현재 미유키도오리중앙문 뒤편) 으로 불리게 되었고 간사이 지역의 재일한국 · 조선인이 모여들면서 활발히 거래가 이루어졌다(조현미, 2007; 八木 · 吉田, 2017).

이곳의 지명은 역사적으로 변화했다. 1973년까지의 공식 지명은 '돼지(猪)를 기르는 사람들이 사는 토지'라는 이카이노(猪飼野)였다. 이후 나카가와(中川), 타지마(田島), 히가시나리(東成) 등의 이름으로 편입되면서 이카이노라는 지명은 사라졌다(문재원 · 박수경, 2011).

이 지역에 거주하는 재일조선 · 한국인은 일제강점기, 남북분단과 같은 특수한 역사적 맥락을 살아왔다. 일본사회에 뿌리내리는 과정에서 극심한 편견과 차별도 경험했다. 이쿠노코리아타운은 이러한 재일조선 · 한국인의 삶을 반영하며 또한 그들의 정체성을 형성했다(장윤수, 2004; 양명심,

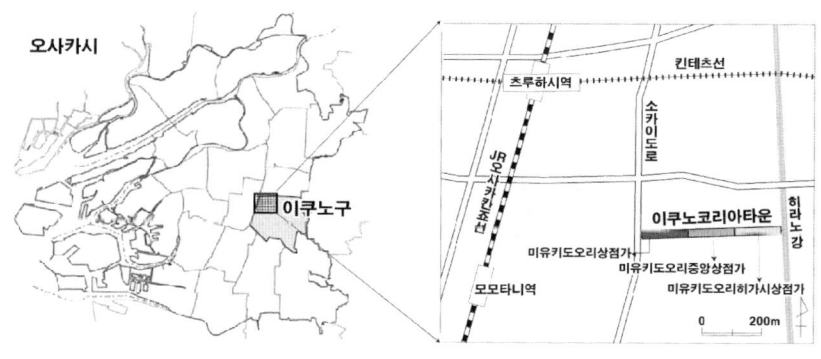

〈그림 1〉 연구대상지역

(출처: 저자 작성)

2016). 수많은 차별과 어려움 속에서도 재일조선인 · 한국인은 이곳을 삶의 터전으로 삼고 현재까지 꿋꿋이 일상을 영위하고 있다.

2. 이쿠노코리아타운의 에스노 경관 구성

이쿠노코리아타운의 에스노 경관은 세 가지 형태로 구성되었다. 첫째는 과거부터 이곳에 정착한 재일조선 · 한국인에 의한 에스노 경관이다. 1920 년대에 조선인이 밀집하면서 발생한 조선시장의 에스닉 상점은 현재 이쿠 노코리아타운의 독특한 경관을 형성한 기초였다. 이쿠노코리아타운의 재일 조선 · 한국인은 한국 식재료인 된장, 김치 등을 판매하거나 야키니쿠, 찌개, 전골 등 한국 음식을 조리하는 상점을 개업했다. 길쭉한 상점가 사이사이로 한국에서 온 에스니시티를 식별할 수 있는 요소가 점차 늘었다.

1970년대 후반부터 재일조선 · 한국인을 중심으로 이쿠노코리아타운의 에스니시티를 더욱 구체화하려는 노력이 나타났다. 1978년경 민단과 조총 련 소속 점주들은 '재일코리안'이 많이 거주하는 이곳의 지역성에 주목하 고 상점가 활성화 방안으로 '코리아타운계획'을 제안했다(谷, 2015: 139- 141). 이들의 노력에 힘입어 1993년경부터 이쿠노 상점가 일대가 코리아타 운으로 불리기 시작했다.

둘째, 재일조선 · 한국인과 현지 일본인의 공존과 참여에 의한 에스노 경 관이다. 이쿠노코리아타운를 구성하는 미유키도오리상점가, 미유키도오리 중앙상점가, 미유키도오리히가시상점가에는 재일조선 · 한국인만이 아니 라 일본인도 다수 있다. 따라서 이쿠노코리아타운에는 한국적 에스닉 상점 만이 아닌, 일본인이 운영하는 일본 주류사회의 상점도 많다. 이들은 서로 를 배제하기보다는 인정과 공존에 기초하여 커뮤니티를 형성했다(吉田 · 八木, 2017).

| 그림 2-a 한국 전통놀이 | 그림 2-b 현수막 | 그림 2-c 일본 전통춤 |

〈그림 2〉 2008년 좋아요! 코리아타운축제 현장 모습

(출처: 大阪商工会議所中小企業振興部 NewsLetter, 2008)

재일조선 · 한국인과 일본인이 공동으로 준비한 축제는 이쿠노코리아타운에서의 포용과 상점가 활성화를 위한 기폭제가 되었다. 1997년 세 개 상점회 합동으로 이벤트추진위원회를 설치하고 '이쿠노 좋아요! 코리아타운축제(生野チョアヨ! コリアタウン祭り)'를 개최하여 한국적 에스니시티를 드러내는 축제를 진행했다. 2008년에는 이쿠노코리아타운의 식문화 · 전통문화를 소개하고 지역브랜드화와 방문객 유치를 위해 세 개 상점회가 힘을 합쳐 실행위원회를 설립했다. 실행위원회는 지역주민과의 연계를 강화하기 위한 목적으로 '2008년 좋아요! 코리아타운공생축제(2008年チョアヨ! コリアタウン共生まつり)'를 개최하는 등 다양한 축제를 연이어 진행했다. 두 정체성이 힘을 합쳐 만든 축제는 에스노 경관의 특색을 사람들에게 분명하게 보여줬다(그림 2). 이러한 축제는 상점가 활성화에 그치지 않고, 기존의 배타적인 민족주의에서 탈피할 수 있는 계기를 마련했다(김현선, 2011).

| 3-a 백제문(2023년) | 3-b 중앙문 | 3-c 가로등 |

〈그림 3〉 이쿠노코리아타운 한국적 경관

(출처: 오사카코리아타운 홈페이지)

또한 미유키도오리중앙상점가, 미유키도오리히가시상점가 상인회에 소속된 일본인과 재일조선·한국인은 상호 참여와 협의를 통해 이쿠노코리아타운에 한국식 경관을 조성하기로 결정했다. 이들의 주도하에 1993년에는 백제문(百済門, 그림 3-a), 미유키도오리중앙문(御幸通中央門, 그림 3-b), 도로포장을 완성했으며, 2014년부터 2015년에 걸쳐 미유키도오리상점가의 가로등(그림 3-c)을 한국식 경관의 가로등으로 교체했다. 이들 경관은 모두 전통 한국문화를 연상하는 상징을 담고 있다. 그 결과 이쿠노코리아타운은 재일조선·한국인의 에스니시티를 적극적으로 드러내는 경관적 특색을 갖추게 되었다.

재일조선·한국인과 일본인의 공동 참여는 지속되고 있다. 2021년 12월에는 세 개의 상점가를 통합하여 일반사단법인오사카코리아타운을 설립하여 상점가를 관리 중이다(八木·吉田, 2017). 이렇듯 이쿠노코리아타운의 재일한국·조선인과 일본인은 서로를 인정하고 포용하는 가운데, 공동의 조직체를 통해 일본의 다른 곳에서 보기 힘든 한국적 에스노 경관을 구축하고 있다.

| 4-a 이쿠노코리아타운 공중화장실 건설기념판 | 4-b 남자화장실 입구의 표식 |

〈그림 4〉 이쿠노코리아타운의 공중화장실(2023년 7월)

(출처: 저자 촬영)

COVID-19가 한창인 상황에서도 재일한국·조선인과 일본인의 공동 참여는 더욱 다양한 행위자의 참여를 끌어냈다. 2021년 4월 주오사카대한 민국총영사관, 오사카부 의회 의원, 재일대한민국민단 오사카본부, 미유키도오리(御幸通)상점연합회를 비롯해 다양한 단체와 기업이 힘을 합쳐 이쿠노코리아타운의 공원에 공중화장실(4-a)을 새롭게 만들었다. 이쿠노코리아타운의 공중화장실은 조선시대 한복 그림(4-b)을 통해 남·여 화장실을 구분하는 등 일반적인 일본 공중화장실과 다른 경관을 갖췄다. 이러한 사례는 아래로부터의 참여와 포용이 다양한 단위의 행위자를 끌어낼 수 있음을 보여준다.

| 5-a 'ㅇㅋ'가 적힌 카페 | 5-b 한국식 카페 | 5-c 한국식 분식집 |

〈그림 5〉 이쿠노코리아타운의 뉴커머 상점들(2023년 7월)

(출처: 저자 촬영)

셋째, 2000년대 이후부터 진입한 한국인 뉴커머에 의한 에스노 경관 구성이다(그림 5). 2002년 한·일월드컵공동개최와 한류붐을 계기로 뉴커머가 이쿠노코리아타운에 진출하면서 기존에 볼 수 없는 새로운 업종의 한국문화 상점을 개업했다(八木·吉田, 2017; 福本, 2020). 재일코리안의 상점들이 전통적인 한국문화를 일본에 소개하고 이를 유지했다면, 뉴커머의 상점은 최근 한국에서 유행하고 있는 상품을 취급하면서 일본인에게 한국문화의 새로운 모습을 소개하는 역할을 했다.

김치, 야키니쿠로 대표되는 재일조선·한국인의 에스니시티는 20세기에 걸쳐 일본에 확산되었다. 따라서 이쿠노코리아타운의 재일조선·한국인 상점의 문화는 일본의 주류 사회에서 낯설지 않은 것이었다. 하지만 이들 상점의 문화는 널리 21세기부터 새롭게 나타난 한국문화의 현재성을 구현하는 데에는 한계가 있었다. 이런 상황에서 뉴커머는 동시기 한국에서 유행하는 문화를 일본에 소개하면서 이를 적절히 현지화(localization)하는 역할을 했다. 뉴커머의 상점은 재일조선·한국인의 에스노 경관과 구별되는 새롭고 세련된 경관을 구성했다.[71]

결과적으로 이쿠노코리아타운에는 전통적인 한국문화 상점, 현재 한국에서 유행하는 문화를 소개하는 상점, 일본 현지화를 거친 한국문화 상점, 그리고 전형적인 일본인 상점이 어우러진 독특한 경관이 구성되었다. 재일조선·한국인, 일본인, 그리고 최근 새롭게 등장한 뉴커머의 공존 속에서 이쿠노코리아타운은 포용적 발전의 기초를 마련하게 된다.

---

71 이러한 뉴커머의 진입을 젠트리피케이션 현상으로 볼 수도 있다. 이 경우 이쿠노코리아타운에 경제적 배제가 출현했다고 해석할 수 있다. 하지만 현재 이쿠노코리아타운의 특성이 잘 유지되고 있으며 여러 상점이 공존하고 있다는 점에 비춰볼 때 젠트리피케이션 현상은 두드러지지 않았다고 할 수 있다.

Ⅳ. 이쿠노코리아타운의 포용적 발전

이 장에서는 이쿠로코리아타운의 에스노 경관을 통해 포용적 발전의 세 가지 양상을 확인했다. 첫째, 에스닉 상점의 활성화 속에서 문화적 포용과 문화 다양성의 증진을 확인할 수 있었다. 이쿠노코리아타운 토지이용조사 결과, 2024년 이곳의 점포 수는 총 136개였다. 업종별로 살펴보면 카페·테이크아웃점 29개, 김치판매점 20개, 김치 외 식재료 판매점 23개, K-POP

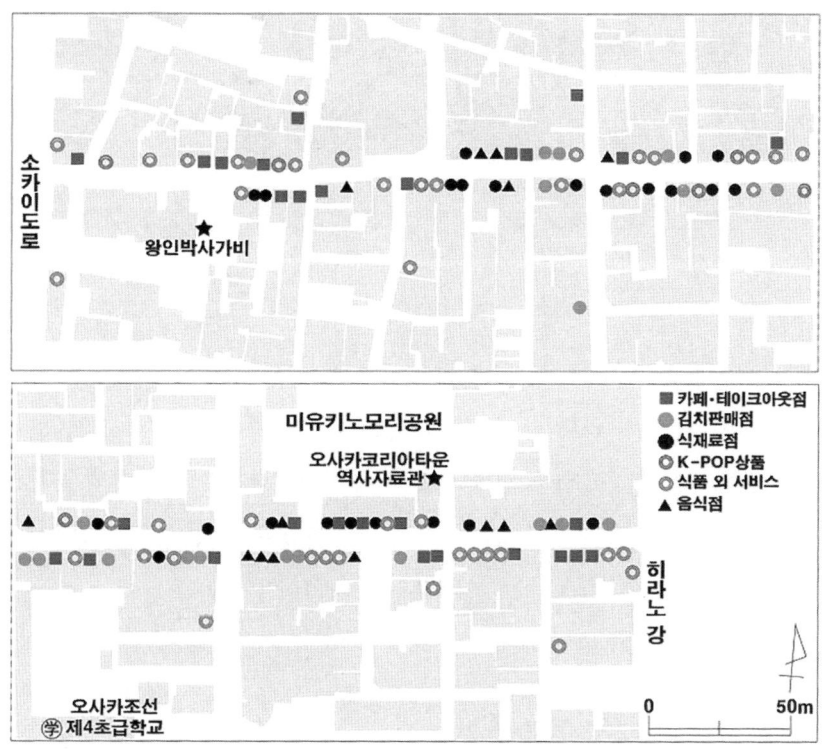

〈그림 6〉 이쿠노코리아타운 내 상점(2024년)

(출처: 大阪コリアタウンマップ(2024)를 참조하여 저자작성)

상품판매점 8개, 음식점 14개, 그 외 서비스 42개가 분포했다(그림 6).[72] 이 쿠노코리아타운의 기존 점포와 2017년 이후 오픈한 신규 점포를 살펴보면, 카페·테이크아웃점과 K-POP 상품판매점이 눈에 띄게 증가하였다(福本, 2020).[73] 반면 김치판매점은 이쿠노코리아타운의 오래된 상품으로 현재까지 많은 수가 유지되고 있었다.

7-a 테이크아웃점   7-b K-POP상품   7-c 김치판매점

〈그림 7〉 이쿠노코리아타운 한국 점포(2024년/2023년 7월)

(출처: 오사카코리아타운 홈페이지)

그림 7에서 이쿠노코리아타운의 상점을 살펴보면, 앞서 설명한 신규 점 포인 테이크아웃점(그림 7-a), K-POP 상품판매점(7-b)과 기존 점포인 김 치판매점(7-c)이 분포하고 있었다. 이중 김치판매점은 이전보다 방문객이 쉽게 상품을 구매할 수 있도록 리뉴얼된 모습이었다. 재일조선·한국인, 일 본인, 한국인 뉴커머는 서로의 공존 속에서 각자의 문화가 포용되는 경관을 보여줬다. 이는 각자의 정체성과 경험을 보존할 수 있게 했다.

---

72   업종별 분류는 후쿠모토(福本, 2020)의 2020년 11월 이쿠노코리아타운 토지이용조사 결과를 참 조하였다.

73   카페·테이크아웃점은 기존 점포 0개에서 2017년 이후 24개로, K-POP 상품판매점은 2개에서 8개로 증가하였다.

여러 정체성의 문화적 포용은 문화의 융합과 다변화를 끌어냈다. 김치맛이 나는 샌드위치와 커피세트를 파는 레스토랑(그림 8-a), "신라면의 '농심' 감수"를 홍보하는 '마시는 냉면 캔'을 파는 자판기(그림 8-b)가 상점가에 있었다. 또한 한국에서나 불법한 점집이 일본식 사당과 공존하는 모습(그림 8-c)은 한국과 일본 그 어디에서도 보기 힘든 이색적인 경관을 연출했다.

8-a 김치샌드위치와 커피　　　8-b 매운 냉면 캔 자판기　　　8-c 한국식 점집과 일본식 사당의 공존

〈그림 8〉 에스노 경관과 문화 다변화(2023년 7월)

(출처: 저자 촬영)

9-a 태국 음식점　　　　　　　　　　9-b 베트남 음식점

〈그림 9〉 이쿠노코리아타운의 새로운 에스닉상점들(2023년 7월)

(출처: 저자 촬영)

둘째, 이쿠노코리아타운의 에스노 경관에서 포용적 경계의 확장을 읽을 수 있었다. 최근 이쿠노코리아타운의 포용적 발전은 동남아시아를 비롯한 다양한 소수자 문화로 포용의 범위를 넓히고 있다. 이쿠노코리아타운 상점가와 인근 골목에 태국 에스닉 상점, 베트남 에스닉 상점이 하나씩 자리 잡고 있었다(그림 9). 비록 그 수는 많지 않으나 한국 및 일본 문화와 구별되는 새로운 에스니시티가 출현한 것이다.

이쿠노코리아타운의 형성과 전개는 재일조선·한국인과 뉴커머, 일본인의 포용적 관계에 기초한다. 하지만 이들의 포용적 관계는 자신들만의 배타적인 공간을 만들기보다는 일본에 존재하는 더욱 다양한 소수자를 받아들이는 형태로 발전하고 있다. 이러한 양상은 에스닉 공간에서 펼쳐지는 포용적 발전의 가능성을 잘 보여준다. 에스닉 공간의 포용적 발전은 소수자가 자신의 정체성과 경험을 유지하고 발전시킬 뿐만 아니라, 도시의 문화 다양성을 높이면서 지속가능한 발전 계기를 제공한다.

셋째, 이쿠노코리아타운의 포용적 발전은 수많은 사람을 모으고 있다는 점에서 놀라운 수준이다. 먼저 이쿠노코리아타운을 찾는 사람이 급증했다. 2019년 10월 이쿠노코리아타운 방문객 조사 결과, 평일 방문객 수는 2,712명(남성 481명, 여성 2,231명), 2,431명(남성 555명, 여성 2,431명), 주말 방문객 수는 7,883명(남성 1,783명, 여성 6,100명)이었다(矢野 외, 2020). 일반적으로 이쿠노코리아타운은 연간 200만 명의 관광객이 방문하며, 특히 한류붐의 성지로 여겨져 주말이 되면 젊은 사람들로 붐비고 있다(大滝, 2024). 단기간에 그치지 않고 몇 년간에 걸쳐 수많은 사람이 찾는다는 점에서 이쿠노코리아타운이 지속가능한 발전에 기여하고 있음을 짐작할 수 있다.

단순히 많은 사람이 찾는다는 의미를 넘어 다양한 정체성의 사람들이 찾고 있다. 재일조선·한국인, 일본인처럼 일본의 현지인뿐만 아니라 한국 관광객, 한국 이외의 국적 사람도 이쿠노코리아타운을 이용하고 있었다. 또한 에스닉 공간이 우범지대라는 인식을 불식시키듯이 10대 여성과 40대~50대 여성의 모녀관계 또는 10대 여성 그룹의 방문이 다수를 차지했다. 이들 여성을 따라 남성들도 이쿠노코리아타운을 이용하고 있었다.

이상의 내용은 이쿠노코리아타운을 통한 도시의 포용적 발전을 엿보게 했다. 이쿠노코리아타운은 다른 공간이 갖지 못한 독특하고 이색적인 경관을 갖추고 문화 다양성을 보여줬다. 또한 과거에 비해 많은 사람이 이곳을 방문하고 있으며 상점가를 찾는 수많은 인파와 이들의 소비는 쇠락하던 도시에 활력을 불어넣었다. 이것이 가능했던 것은 바로 이주민과 선주민이 서로를 받아들인 포용적 관계가 작동했기 때문이다. 다시 말해 에스닉 공간에서 여러 주체가 공평히 참여하고 각자의 정체성이 공존하고 융합될 때, 포용적이고 지속가능한 발전이 가능하다는 것을 알 수 있었다.

V. 결론 및 논의

이 장에서는 관문도시 오사카의 이쿠노코리아타운을 통해 에스닉 공간과 포용적 발전 간의 연관성을 확인했다. 선주민과 이주민, 에스닉 공간과 지역사회의 공존은 백제문, 가로등, 보도, 에스닉 상점처럼 이색적인 에스노 경관을 구성했다. 이쿠노코리아타운의 에스노 경관은 한국문화, 일본문화 등 어느 한쪽으로 환원할 수 없는 새로운 문화를 일궈냈다. 재일조선·한국인, 일본인이 이곳을 찾으면서 쇠퇴해 가던 도시는 활력을 얻었다. 최근에는 동남아 문화까지 받아들이며 포용의 한계를 확장하고 있다. 이처럼 이쿠노코리아타운은 다양한 정체성과 경험을 섞고, 공평성과 참여를 통해 도시를 발전시키고 있다. 이는 곧 에스닉 공간을 통한 포용적 발전이 현실에서 어떻게 이뤄지는지를 잘 보여준다.

이 결과를 통해 두 가지 논의를 제시할 수 있다. 첫째, 에스닉 공간의 의미를 재고하고 포용의 중요성을 확인할 수 있다. 일반적으로 에스닉 공간은 슬럼과 게토로 다뤄지면서 도시 문제의 일종으로 여겨지거나 도시 저발전의 예로 다뤄지곤 했다. 하지만 본 연구는 에스닉 공간이 도시민의 사회적 관계를 개선하고 경제적 · 문화적 발전을 끌어내어 포용적 발전을 가능하게 하는 공간이라는 점을 보여줬다. 특히 에스닉 공간에서의 포용, 다시 말해 여러 주체가 서로를 인정하고 더 나은 공간을 만들기 위한 참여의 과정, 각자의 정체성을 보존하게 한 공존은 독특한 에스노 경관을 만들고 문화 다양성을 높여 도시의 지속가능한 발전에 기여했다.[74] 그런 점에서 에스닉 공간에 대한 기존의 인식을 재고하고 도시의 지속가능한 발전을 끌어내기 위해 포용이 그 무엇보다 중요하다고 할 수 있다.

둘째, 포용도시를 구축하기 위해 에스닉 공간을 활용할 수 있다. '모두를 위한 도시(cities for all)'라는 아젠다를 제시한 유엔 해비타트의 포용도시(UN Habitat, 2015)를 필두로 전 세계 여러 도시가 포용성을 통한 도시 발전을 모색했다. 큰 틀에서 볼 때 포용도시는 소수자를 위한 다양한 지원책을 제공하고 배제된 이들을 사회에 참여시켜 도시의 포용적 성장, 포용적

---

74 물론 이쿠노코리아타운에서의 포용을 모든 에스닉 공간에 구현하는 것은 현실적으로 불가능하다. 본 연구에서 강조했듯이 에스닉 공간은 게토와 슬럼으로 여겨지는 경우가 대부분이다. 또한 이쿠노코리아타운의 포용은 한국의 경제성장과 그에 따라 한국인, 한국문화가 국제적 계서제 내에서 높은 위상을 차지했기 때문일 수 있다. 이러한 문제를 인지하면서, 본 연구는 에스닉 공간에서의 포용이 도시의 포용적 발전을 가능하게 한다는 논의에 초점을 맞추고자 했다. 따라서 에스닉 공간의 포용(과 배제)을 가능하게 하는 국제적 계서제의 작동은 추후 연구에서 탐구될 필요가 있다.

발전, 지속가능한 발전을 모색해 왔다. 하지만 기존의 포용도시는 과거의 도시정책을 반복하거나 지자체의 논리에 기초하여 소수자를 수단으로 동원하는 등 위로부터의 포섭과 비대칭적 권력관계를 드러냈다는 지적도 있다(정현일, 2023). 이와 같은 포용도시의 한계를 극복하기 위한 방안으로 에스닉 공간의 가능성에 주목할 수 있다. 본 연구에서 살펴본 것처럼 에스닉 공간에서의 포용은 자생적이면서도 아래로부터의 포용이 무엇인지를 잘 보여줬다. 그런 점에서 에스닉 공간에서의 포용이야말로 '모두를 위한 도시'에 더 부합할 수 있다.

　주류 사회에서 배제된 에스니시티들의 공간인 에스닉 공간은 차별과 배제, 게토와 슬럼으로 표상되는 등 도시 문제의 공간으로 여겨져 왔다. 하지만 이곳에서 포용과 평화적 공존이 작동할 때 이색적인 에스노 경관과 문화적 다양성이 그 모습을 드러냈다. 이러한 에스닉 공간을 통한 포용적 발전은 '모두를 위한 도시'와 지속가능한 발전을 실현하는 데 기여할 수 있을 것이다.

참고문헌

고정자, 손미경 (2010), 「한국문화 발신지로서의 오사카 이쿠노쿠 코리아타운」, 『글로벌문화콘
    텐츠』 5, 87-120.

김무한 (2020), 「단일민족 사회에서의 지속가능한 에스닉(ethnic) 경관」, 『예술·디자인학연구』
    23(1), 1-8.

김현선 (2011), 「재일 밀집지역과 축제, 아이덴티티: 오사카 '통일마당 이쿠노'를 중심으로」, 『국
    제지역연구』 20(1), 1-30.

김형식 (2012), 「Disability-Inclusive Development: RI's Competing Agenda」, 『재활복지』 16(4),
    1-16.

산드로 메자드라, 브렛 닐슨 (2021), 『방법으로서의 경계: 전지구화 시대 새로운 착취와 저항공간
    의 탄생』. 남청수 옮김. 갈무리.

문재원, 박수경 (2011), 「'이카이노(猪飼野)'의 재현을 통해 본 재일코리안 디아스포라 공간의 로
    컬리티」, 『로컬리티 인문학』 5, 125-165.

손미경 (2016), 「문화플랫폼으로서 에스닉타운을 가능성과 새로운 정체성-오카사 이쿠노 코리아
    타운을 중심으로-」, 『한국민족문화』 58, 45-74.

심창섭, 조은경, 이시은 (2018), 「에스닉타운의 관광자원화를 위한 국외 사례연구」, 『관광연구』
    33(2), 67-82.

이심홍, 김민형 (2020), 「심양 서탑 코리아타운의 도시 포용성 연구: 행위자-연결망 이론을 중심
    으로」, 『한국콘텐츠학회 논문지』 20(10), 177-189.

이태혁 (2017), 「포용적 개발(inclusive development)의 한계: 남미인프라통합구상(IIRSA) 과
    정 중 아끄리 강 통합다리 프로젝트의 실증적 경험을 토대로」, 『포르투갈-브라질 연
    구』 14(1), 103-137.

양명심 (2016), 「재일조선인과 '이카이노(猪飼野)'라는 장소-재일조선인발생 잡지를 중심으로」,
    『동악어문학』 67, 153-176.

장윤수 (2004), 「재일한인 집거지역 사회적 실태조사-신주쿠와 이쿠노를 중심으로-」, 『한국동
    북아논총』 31, 381-404.

전지영 (2023), 「김해 원도심 에스닉상점의 공간적 분포 특성」, 『한국지역지리학회지』 29(2),
    255-266.

정성희, 김경희 (2017), 「한류를 통한 이쿠노 코리아타운 지역활성화 방안」, 『일본언어문화』 38,
    331-351.

정현일 (2023), 『포용도시 담론의 형성과 구조』, 부산대학교 사회학과 박사학위논문.

정현일 (2024a), 「다차원적 경계를 통한 에스닉 공간의 구성: 김해의 사례를 중심으로」, 『사회사

상과 문화』27(2), 93-125.

정현일 (2024b), 「김해 다문화 공간에 대한 재인식: '무위의 공동체'와 경관분석을 중심으로」, 『사회사상과 문화』27(1), 1-34.

조현미 (2007), 「재일한인 중소규모 자영업자의 직업과 민족 간의 유대관계-오사카 이쿠노구를 사례로-」, 『대한지리학회지』42(4), 601-615.

차철욱, 차윤정 (2012), 「김해 이주노동자들의 공간 의미화와 '외국인 거리'의 형성」, 『한국민족 문화』47, 361-396.

谷富夫 (2015)『民族関係の都市社会学：大阪猪飼野のフィールドワーク』, ミネルヴァ書房.

吉田全宏, 八木寛之 (2017), 「エスニック商店街における商店街活性化の課題 —大阪・生野 コリアタウンの観光化によるニューカマー商店主の増加に注目して—」, 『日本観光学 会誌』58, 39-45.

大滝哲彰 (2024), "記者が住んだ「共生のまち」で見たものコリアタウンある大阪・生野", 朝日 新聞, 6월 11일, https://www.asahi.com/articles/ASS672JL1S67PTIL00RM.html (검색 일: 2024년 8월 19일).

大阪コリアタウンマップ (2024), https://osaka-koreatown.com/ (검색일: 2024년 8월 5일).

大阪商工会議所中小企業振興部 NewsLetter (2008), https://www.marusans.com/news/dai-syou_news_216.pdf (검색일: 2024년 8월 27일).

大阪市の推計人口年報 (2023), "令和 5 年 10 月 1 日現在の推計人口と 1 年間の人口異動の動 向", https://www.city.osaka.lg.jp/toshikeikaku/cmsfiles/contents/0000203/203035/01_ R05-10-suikei-gaiyou.pdf (검색일: 2024년 8월 19일).

福本拓 (2002), 「大阪府における在日外国人「ニューカマー」の生活空間」, 『地理科学』57(4), 255-276.

福本拓 (2020), 「韓流ブーム下での大阪・生野コリアタウンの変容 - エスニック・タウンの価 値と地域活性化 - 」, 『地理空間』13(3), 231-251.

矢野淳士, 湯山篤, 全泓奎 (2020), 「生野コリアタウン活性化に向けた実態調査報告 - コリア タウン訪問者の商店街利用とニーズに関する調査から - 」, 『都市と社会』, 4, 88-111.

八木寛之, 吉田全宏 (2017), 「エスニック・タウンで「商店街の価値を高める」ことの意味—大 阪・生野コリアタウンにおける商店街活動と「多文化共生のまちづくり」—」, 『日本都 市社会学会年報』35, 121-137.

Arjun Appadurai (1996) *Modernity at Large: Cultural Dimensions of Globalization.* University of Minnesota Press.

BAO Maohong (2015), "The Pluralism of Ethnic Cultures and Inclusive Development in the

Philippines", *SUVANNABHUMI* 7(1), 139-155.

Fadillah Putra (2019), "Examining the link between democracy, social policy, and inclusive development in South–East Asia", *Asian Social Work and Policy Review* 13(3), 226-241.

Juhyun Lee, Julia Babcock, Thai Son Pham, Thu Hien Bui and Myounggu Kang (2023), "Smart city as a social transition towards inclusive development through technology: a tale of four smart cities", *International journal of urban sciences:Journal on Asian-Pacific urban studies and affairs* 27, 75-100.

UN Habitat (2015), *HABITAT III POLICY PAPER FRAMEWORK: 1 - THE RIGHT TO THE CITY AND CITIES FOR ALL*. UN Habitat.

United States Agency for International Development (2023), "Inclusive Development – Additional Help For ADS 201", https://www.usaid.gov/sites/default/files/2023-10/USAID-ID-Hub_ADS-201-AH-Document_Oct-2023_1.pdf (검색일: 2024년 8월 19일).

World Economic Forum (2018), "The Inclusive Development Index 2018", https://www3.weforum.org/docs/WEF_Forum_IncGrwth_2018.pdf (검색일: 2024년 8월 19일).

환태평양 연계성과
도시의 변화

다중스케일적 접근

초판인쇄 2025년 6월 15일
초판발행 2025년 6월 15일

지 은 이 박상현 · 박원용 · 조세현 · 백두주
         현 민 · 서지현 · 박지훈 · 정현일
         정호윤 · 전지영 · 노용석
펴 낸 이 채종준
펴 낸 곳 한국학술정보(주)
주   소 경기도 파주시 회동길 230(문발동)
전   화 031-908-3181(대표)
팩   스 031-908-3189
투고문의 ksibook1@kstudy.com
등   록 제일산-115호(2000. 6. 19)

ISBN   979-11-7457-003-1 93300

이담북스는 한국학술정보(주)의 학술/학습도서 출판 브랜드입니다.
이 시대 꼭 필요한 것만 담아 독자와 함께 공유한다는 의미를 나타냈습니다.
다양한 분야 전문가의 지식과 경험을 고스란히 전해 배움의 즐거움을 선물하는 책을 만들고자 합니다.